2017 北京广播影视年鉴

Beijing guangboyingshinianjian

《北京广播影视年鉴》编辑委员会　编

中国广播影视出版社

图书在版编目（CIP）数据

2017北京广播影视年鉴 / 《北京广播影视年鉴》编辑委员会编. -- 北京 : 中国广播影视出版社, 2017.12
ISBN 978-7-5043-8106-4

Ⅰ. ①2… Ⅱ. ①北… Ⅲ. ①广播事业—北京—2017—年鉴②电影事业—北京—2017—年鉴③电视事业—北京—2017—年鉴 Ⅳ. ①G229.271-54②J992-54

中国版本图书馆CIP数据核字(2018)第050709号

2017北京广播影视年鉴

（2005年创刊）

《北京广播影视年鉴》编辑委员会 编

责任编辑 王丽丹
装帧设计 一北工作室

出版发行 中国广播影视出版社
电　　话 010-86093580 010-86093583
社　　址 北京市西城区真武庙二条9号
邮　　编 100045
网　　址 www.crtp.com.cn
电子信箱 crtp8@sina.com

经　　销 全国各地新华书店
印　　刷 廊坊市精彩印刷有限公司

开　　本 787毫米×1092毫米 1/16
字　　数 658（千）字
印　　张 33
版　　次 2017年12月第1版 2017年12月第1次印刷

书　　号 ISBN 978-7-5043-8106-4
定　　价 128.00元

编 辑 说 明

一、《北京广播影视年鉴》是一部综合性资料工具书和史料文献的大型年刊，由北京市新闻出版广电局主持编纂，北京广播电视台、北京人民广播电台、北京电视台、中国电影博物馆、各区县文化委员会、各区县广电中心等协助编纂。

二、本年鉴全面反映北京市广播影视的基本情况和发展变化，客观记录上一年全市广播影视业各方面的新情况、新变化。特殊事项在前后年份上有所延伸。

三、本年鉴以马克思列宁主义、毛泽东思想、邓小平理论、“三个代表”重要思想、科学发展观、习近平新时代中国特色社会主义思想为指导，坚持实事求是的编辑方针，贯彻“贴近实际，贴近生活，贴近群众”的宣传原则，为广播影视从业人员、教学科研人员、决策管理人员以及社会各界了解和研究北京市广播影视提供可靠信息。

四、本年鉴自2005年起，每年编印一卷。2017年版为第十三卷，全书共有19个栏目：图片、专项纪事、概况、频率频道、节目栏目、产业发展、新媒体、技术、电影、电视剧、书报刊出版、受众调查、组织机构、获奖作品、典型经验、交流合作、统计、人物、大事记。

五、本年鉴采用规范语体文，行文力求朴实、简洁、通畅，以记述文章体裁为主体。

六、本年鉴计量单位按照1984年2月27日公布的《中华人民共和国法定计量单位》执行。

七、本年鉴统计数字以统计部门公布的为准。统计部门缺遗的数字，以各单位的为准。

八、本年鉴稿件由各单位、各部门确定专人（特约编辑）撰写（特殊约稿除外），经各单位、各部门主要领导审核盖章后提交，最后由年鉴编委会总审。

九、本年鉴的编辑工作得到各撰稿单位、部门及各方面的热情关怀和大力支持，在此深表感谢。

由于水平有限，对本书的疏漏之处与不足，恳请各界批评指正，以利于今后改进。

北京市新闻出版广电局史志办
联系电话：010－65157478 2017年12月

编辑委员会

陈嘉平　北京市新闻出版局出版物鉴定中心主任
石　丽　北京市新闻出版局老干部服务中心主任
孙峰虎　北京市新闻出版服务中心主任
皮亚明　北京市新闻出版行业特有工种职业技能鉴定站（北京新闻出版版权人力资源服务中心）副主任
王　通　北京市新闻出版干部学校校长
钱富奎　北京市广播电影电视局离退休人员管理中心主任
邵顺荣　北京市广播电影电视局后勤服务中心副主任
郑新梅　北京市广播电影电视局信息中心主任
魏利明　北京市广播电视监测中心主任
韩　浩　北京音像资料馆副馆长、北京广播影视研究中心副主任
智黎明　北京市广播影视作品审查中心主任
张常珊　北京广播电视台办公室主任
纪烈鸿　北京人民广播电台媒体资料和版权部主任
彭司海　北京电视台党委副书记、纪委书记
宋　莲　北京电视台办公室主任
陈　工　北京歌华文化发展集团副总经理
丁颖磊　北京歌华有线电视网络股份有限公司总经理办公室副主任
张　平　北京电视艺术中心有限公司董事长兼总经理
杨　群　北京中北电视艺术中心有限公司董事长
崔　岩　北京电视台北京国际电影节运行中心副主任
许建海　北京紫禁城影业有限责任公司总经理兼书记
李　浩　北京广播电视报社社长
颜丙利　北京音像公司总经理
郭长征　北京广播电视台服务中心主任
何公明　北广传媒数字电视有限公司董事长、总经理兼瑞特影音贸易公司总经理
罗晓军　北京北广传媒移动电视有限公司董事长、总经理
刘亚辉　北京北广传媒影视有限公司董事长、总经理
罗艳红　北京北广传媒城市电视有限公司董事长兼总经理
阎伟力　北京北广传媒地铁电视有限公司总经理
蔡恒平　鼎视传媒股份有限公司总经理
裴成虎　北京北广置业有限公司总经理
丁文辉　北京中广传播有限公司董事长、总经理
王伟东　北京市东城区文化委员会主任、副书记
孙劲松　北京市西城区文化委员会主任、副书记
高春利　北京市朝阳区文化委员会主任
陈　静　北京市海淀区文化委员会主任
史文彬　北京市丰台区文化委员会书记
杨文钢　北京市石景山区文化委员会书记
常　蓉　北京市门头沟区文化委员会主任
冀显江　北京市房山区文化委员会主任
王　健　北京市大兴区文化委员会书记、主任
王立生　北京市通州区文化委员会书记、主任
马朝龙　北京市顺义区文化委员会书记、主任
王文忠　北京市平谷区文化委员会主任
夏占利　北京市怀柔区文化委员会主任
刘全新　北京市昌平区文化委员会书记、主任
郝加瑞　北京市密云区文化委员会书记、主任
张　迁　北京市延庆区文化委员会主任
张小戎　北京经济技术开发区社会发展局副局长
潘　竞　北京市朝阳区广播电视新闻中心主任
王言敏　北京市海淀区新闻中心书记、主任
何岳飞　北京市丰台区广播电视中心书记、主任
王国强　北京市石景山区广播电视中心主任、副书记
宋　奇　北京市门头沟区广播电视中心书记、主任
路建华　北京市房山区广播电视中心主任、书记
巴洪栓　北京市大兴区广播电视中心书记、主任
王志刚　北京市通州区广播电视中心书记
宋　森　北京市顺义区广播电视中心书记、主任
龚士宏　北京市平谷区广播电视中心主任
刘　剑　北京市怀柔区广播电视中心主任
刘晓梅　北京市昌平区广播电视中心书记、主任
孙明朝　北京市密云区广播电视中心主任、副书记
郭东亮　北京市延庆区广播电视中心书记、主任
王长田　北京光线传媒股份有限公司法人代表

王忠军　华谊兄弟传媒股份有限公司法人、董事长兼首席执行官
刘燕铭　海润影视制作有限公司董事长
尤小刚　北京京都世纪文化发展有限公司董事长
丁　芯　北京鑫宝源影视投资有限公司总经理
李　莉　北京小马奔腾文化传媒股份有限公司董事长
张晓武　北京东王文化发展有限公司董事长
白旭飞　北京东方飞云国际影视股份有限公司总经理
洪　涛　大唐辉煌传媒有限公司董事长
郭子琪　四达时代集团副总裁

主编　副主编

主　　编：　卞建国　北京市新闻出版广电局副巡视员
执行主编：　段燕燕　北京音像资料馆副馆长、研究中心副主任
副 主 编：　张常珊　北京广播电视台办公室主任
纪烈鸿　北京人民广播电台媒体资料和版权部主任
宋　莲　北京电视台办公室主任
王廷富　北京市新闻出版广电局史志办高级编辑（特聘）

责任编辑与特约编辑

编辑部编辑：
王志坤　北京音像资料馆（研究中心）史志部主任
闫姝行　北京音像资料馆（研究中心）史志部编辑
姚泰和　北京市新闻出版广电局史志办特约编辑
钟立红　北京市新闻出版广电局史志办特约编辑
刘书峰　北京市新闻出版广电局史志办特约编辑

特约编辑：
夏　超　北京市新闻出版广电局办公室干部
王东迎　北京市新闻出版广电局政策法规处副处长
刘民武　北京市新闻出版广电局公共服务处（安全监管办公室）调研员
訾　薇　北京市新闻出版广电局综合审批服务处干部
吴　彤　北京市新闻出版广电局规划发展处副调研员
何　薇　北京市新闻出版广电局宣传管理处干部
刘　实　北京市新闻出版广电局电影处干部
郭明泽　北京市新闻出版广电局传媒机构管理处干部
孙本秀　北京市新闻出版广电局网络视听节目管理处干部
申国政　北京市新闻出版广电局科技处（三网融合协调处）副调研员
郎志伟　北京市新闻出版广电局人事处干部
程玉生　北京市新闻出版广电局机关党委党务干部

张景峰　北京市新闻出版广电局工会干部
陈　涛　北京市纪委监察局驻北京市新闻出版广电局纪检组副处级监察员
郑　兵　北京市广播电影电视局离退休人员管理中心副主任
石立坤　北京市广播电影电视局后勤服务中心干部
田杰鹏　北京市广播电影电视局信息中心干部
马　丽　北京市广播电视监测中心综合科科长
檀鲁敏　北京音像资料馆、研究中心干部
姜　楠　北京市广播影视作品审查中心干部
张　莉　北京市广播影视协会干部
张　军　北京电影协会
唐　鸿　中国电影博物馆研究部干部
黄　静　北京广播电视台办公室干部
史博华　北京人民广播电台媒体资料与版权部台史资料科科长
周　静　北京人民广播电台媒体资料和版权部台史资料科副研究馆员
胡　泊　北京电视台史志办编辑
魏向东　北京电视台史志办编辑
姜　宣　北京电视台北京国际电影节运行中心综合科科长
刘　敏　北京紫禁城影业公司办公室主任
陈平沙　北京歌华文化发展集团研究宣传办公室宣传主管
张　刚　北京歌华有线网络公司总经理办公室文秘主管
吕　妍　北京电视艺术中心有限公司办公室干部
马晓晨　北京中北电视艺术中心有限公司办公室干部
杨　林　北京广播电视报社办公室干部
郝振林　北京音像公司办公室主任
李　苗　北京瑞特影音贸易公司办公室干部
孙　云　北京广播电视台服务中心办公室干部
郑菁菁　北京北广传媒数字电视有限公司干部
岳文娟　北京北广传媒移动电视有限公司办公室干部
杨兴辰　北京北广传媒影视股份有限公司办公室副主任
张思涵　北京北广传媒城市电视有限公司办公室干部
杨　磊　北京北广传媒地铁电视公司办公室主任
吕晓丹　鼎视传媒股份有限公司办公室干部
彭穗新　北京北广置业有限公司办公室主任
佟东旭　北京中广传播有限公司综合部经理
刘晶伟　北京市东城区文化委员会干部
王　莹　北京市西城区文化委员会办公室副主任
何　晶　北京市朝阳区文化委员会副科长
李广敏　北京市海淀区文化委员会干部
王　蕊　北京市丰台区文化委员会干部
张桂霞　北京市石景山区文化委员会主任科员
张　晨　北京市门头沟区文化委员会干部
白　杨　北京市房山区文化委员会执法队副队长
冯丽娟　北京市大兴区文化委员会干部
邱　巍　北京市通州区文化委员会干部
刘岱松　北京市顺义区文化委员会政工科
陈玉玲　北京市平谷区文化委员会科员
郭帅言　北京市怀柔区文化委员会科员
谷瑞亮　北京市昌平区文化委员会办公室主任
高文满　北京市密云区文化委员会文化市场科科长
徐柏枝　北京市延庆区文化委员会市场科科长
李哲晖　北京市经济技术开发区社会发展局主任科员
邱　阳　北京市朝阳区广播电视新闻中心总编室干部
刘丹丹　北京市海淀区新闻中心办公室干部
郑　伟　北京市丰台区广播电视中心办公室干部
白莫菊　北京市石景山区广播电视中心干部
高艳蕊　北京市门头沟区广播电视中心办公室干部
贾　颖　北京市房山区广播电视中心办公室副主任
王开余　北京市大兴区广播电视中心内审科科长
于亚辉　北京市通州区广播电视中心办公室主任
叶　平　北京市顺义区广播电视中心干部
贾晓静　北京市平谷区广播电视中心助理编辑
张　俊　北京市昌平区广播电视中心总编室副主任
王少南　北京市怀柔区广播电视中心办公室干部
石晓访　北京市密云区广播电视中心总编室主任
胡　洋　北京市延庆区广播电视中心人事科干部
陈雪飞　北京光线传媒股份有限公司
李树峰　华谊兄弟传媒股份有限公司
王存林　海润影视制作有限公司行政部总监
杨　艳　北京京都世纪文化发展有限公司行政助理
齐　爽　北京鑫宝源影视投资有限公司
于　莉　北京东王文化发展有限公司办公室主任
杨　云　北京小马奔腾壹影视文化发展有限公司
景　颢　北京东方飞云国际影视策划有限公司
张　彧　大唐辉煌传媒有限公司宣传总监
兰简瑶　四达时代集团网站运维专员

2016北京市广播影视数字

机　构

市级广播电台1座，电视台1座，市级数字付费电视、公交移动电视、城市电视、地铁电视、手机电视、网络广播电视等新媒体平台各一个；区级广播电台9座，区级广播电视台10座，近郊电视站4个；全市持有广播影视节目制作经营许可证机构6066个；网络视听网站123家。

人　员

全市广播影视从业人员6.8万人。

覆　盖

广播综合人口覆盖率100%，电视综合人口覆盖率100%。

网　络

有线广播电视网络干线总长19.41万公里，其中光缆5.79万公里，电缆13.62万公里；网络传输模拟电视节目59套，数字电视节目181套（其中高清33套）、数字广播节目18套。有线广播电视注册用户580.42万户，其中高清交互数字电视用户483.04万户。

资　产

全市广播电视总资产2140.37亿元，增加值126.68亿元。

创　收

广播影视创收721.72亿元，其中广告收入254.93亿元，电影票房收入30.28亿元。

节　目

全年制作广播节目222593小时，制作电视节目151506小时。

电视剧

全年制作电视剧64部，2673集。

动画片

全年制作动画片30部，749集，9858分钟。

电　影

北京地区全年生产影片315部，放映电影228.35万场。

2016 年 11 月 18 日，中共中央宣传部副部长景俊海（前右二）巡视 2016 年秋季北京电视节目交易会，北京市新闻出版广电局党组书记、局长杨烁（前右一）陪同。

2016 年 6 月 23 日，中宣部副部长、国务院新闻办公室主任蒋建国在由四达时代集团承办的第六届非洲数字电视发展论坛上致辞。

2016 年 4 月 16 日，中宣部副部长、国家新闻出版广电总局局长、国家版权局局长蔡赴朝出席第六届北京国际电影节开幕式，并宣布开幕。

2016 年 4 月 7 日，国家新闻出版广电总局副局长童刚（右二）、北京市副市长王宁（左二）、北京市委宣传部常务副部长王海平（右一）等领导，赴北京雁栖湖国际会展中心，视察第六届北京国际电影节筹备情况。

2016 年 4 月 12 日，北京市委常委、宣传部长李伟（左二），中宣部改革办主任黄志坚（右二），中国记协书记处书记祝寿臣（左一），中央网信办新闻传播局副局长孙凯（右一）共同启动“北京时间”网站上线仪式。

2016 年 11 月 18 日，在“美丽乡村 · 筑梦有我”大型新闻公益行动 2014—2016 年度总结暨 2017 年度启动仪式上，北京市人大常委会副主任、市总工会主席牛有成（中）宣布启动，并与相关领导共同启动 2017 年度“美丽乡村 • 筑梦有我”大型新闻公益行动。

2016 年 4 月 1 日，北京市副市长王宁（中）一行到北京歌华有线电视网络股份有限公司调研并参加座谈会。

2016 年 12 月 7 日，北京市委副秘书长、市委宣传部副部长严力强（左二）到北京电台调研采编播队伍建设工作。

（领导关怀图片：由北京市广播影视相关单位提供）

2016年11月18日，在2016年秋季北京电视节目交易会“电视剧创作发展与未来”论坛会上，北京市新闻出版广电局党组书记、局长杨烁致辞。

2016年4月16日，北京市新闻出版广电局党组书记、局长，北京广播电视台台长、北京电视台台长李春良（右）为罗马尼亚导演柯内流▯波蓝波宇颁发“天坛奖”国际评委会委员证书。

2016年10月18日，北京市新闻出版广电局党组成员、副局长王野霏走进北京市政风行风热线直播间，就“纠正庸懒散拖，树立行业新风”，回答各位网友关心的问题，并介绍局在推进党风廉政建设工作中的相关情况。

2016年11月18日，北京市新闻出版广电局党组成员、副局长戴维参加2016年秋季电视节目交易会。

2016年11月18日，北京市新闻出版广电局副局长杨培丽在市局召开的加强科技服务促进企业发展专题会上讲话。

2016 年 4 月，北京市新闻出版广电局党组成员、副局长王霞（右一）带队，参展法国戛纳电视节，与法国戛纳电视节组委会主席 Paul Zilk 先生进行会谈。

2016 年 12 月 6 日至 9 日，北京市新闻出版广电局举办贯彻党的十八届六中全会精神第二期轮训班，局党组成员、副局长胡东在轮训班上讲话。

2016 年 4 月 17 日，北京市新闻出版广电局党组成员、副局长张苏（中）会见德国阿尔伯特王子和追梦集团董事长。

2016 年 4 月 22 日，北京市新闻出版广电局副巡视员、北京国际电影节组委会副秘书长卞建国在探寻电影之美高峰论坛上致辞。

2016 年 6 月，北京市新闻出版广电局副巡视员董明（左一）赴英国参加谢菲尔德国际纪录片节，与英国谢菲尔德纪录片节首席执行官 Elizabeth Mclntyre 女士会晤，达成多项合作意向。

2016 年 9 月 27 日，在北京市新闻出版广电局主办的 2016“北京影视剧非洲展播季”坦桑尼亚站，中国影视剧配音大赛结果揭晓并举办颁奖典礼。

2016年10月26日，北京市新闻出版广电局党组书记、局长杨烁（右一）到第十一届中国北京国际文化创意产业博览会现场指导工作。

2016年4月21日，北京市新闻出版广电局举办“2016年北京市优秀网络视听节目征集评选活动启动会暨网络视听节目创新趋势论坛”。

2016年4月17日至19日，北京市新闻出版广电局组织9家北京广播影视科技企业参加2016美国广播电视展（NAB）。图为局团组一行人与参加国际交流活动的北京企业代表合影。

2016年6月，北京市新闻出版广电局在莫斯科举办北京优秀影视剧俄罗斯展播季系列活动。

2016 年 5 月 20 日，北京市新闻出版广电局召开广播电视公益广告专项资金扶持项目评审会议，对北京市征集的 2015-2016 年度广播电视公益广告专项资金扶持项目进行评审。

2016 年 11 月 17 日至 19 日，2016 年秋季电视节目交易会在北京怀柔区举办。图为推介作品海报展示。

2016 年 3 月 22 日，北京市新闻出版广电局组织召开北京市整治非法卫星电视接收设施工作会。

2016 年 9 月 21 日，2016 年北京市优秀网络视听节目征集评选总结大会召开，北京市持证视听网站发出“响应中央号召共促网络视听文化繁荣发展”倡议活动。

2016 年 9 月 25 日，北京市新闻出版广电局举办“2016 北京影视非洲展播季”卢旺达新闻发布会。

2017 年 1 月 23 日，北京市政务服务中心召开 2016 年度总结表彰大会，市新闻出版广电局获得“红旗窗口单位”荣誉称号，在窗口工作的 3 名同志被评为“服务之星”。图为市新闻出版广电局窗口部分人员合影。

2016 年 12 月 29 日至 30 日，北京市新闻出版广电局召开 2016 年广播电视节目制作经营机构管理工作会议，传达总局相关精神布置业绩审核和统计工作。

2016 年 10 月 12 日，北京市新闻出版广电局领导到局驻市政务服务中心窗口进行调研，并检查指导工作。

2016 年 12 月 16 日，北京市广播影视作品审查中心召开第四季度电视剧审查例会。

2016 年 11 月 23 日至 25 日，北京市新闻出版广电局举办市属广播电视传媒机构管理业务培训班，国家新闻出版广电总局传媒司副司长戴振宇（中）出席并授课。

2016 年 11 月 11 日，北京市新闻出版广电局举办 2016 年度电影市场管理工作会议。

行 业 管 理

2016 年 9 月 30 日，北京市新闻出版广电局党组书记、局长杨烁（左三）到北京音像资料馆调研。

2016 年 3 月，北京市广播影视协会 2015 年度优秀广播电视节目评选会现场。

2016 年 9 月，北京市新闻出版广电局党组书记、局长杨烁（前排右二）到北京市广播电视监测中心调研。

2016 年 9 月 27 日，北京市广播影视协会召开第六届理事会 2016 年度会员暨理事大会。

2016 年 6 月，北京音像资料馆录制原北京电视制片厂负责人周顺理口述历史现场。

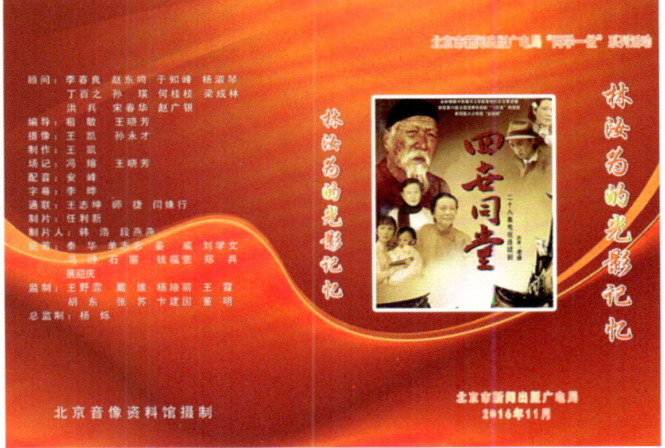

2016 年 11 月，北京音像资料馆录制林汝为导演“口述历史”，并制作成光盘。图为光盘封面。

（行业管理图片：由北京市新闻出版广电局及直属单位提供）

第六届北京国际电影节成功举办

由国家新闻出版广电总局和北京市人民政府主办，国家新闻出版广电总局电影局、北京市新闻出版广电局、北京市怀柔区人民政府和北京北控置业有限责任公司承办的第六届北京国际电影节于2016年4月16日至23日在北京成功举办。电影节坚持“大师、大众、大市场”的定位和风格，组织开闭幕式、北京展映、电影市场、主题论坛、电影嘉年华等主体活动，以及电影音乐会、新片发布、电影沙龙、行业对话、特约活动等340余项活动；500部中外佳作展映1000余场次，票房突破1000万元，同比增长25%；49个重点项目签约电影市场，签约金额达163.31亿元，再创历史新高；50余个国家和地区300余家中外电影机构、1.5万名中外嘉宾、100余万人次各界群众参加电影节；289家境内外媒体1623名记者进行全程跟踪报道，电影频道、北京电视台、四川卫视和爱奇艺网等对开闭幕式进行现场直播。

2016年4月16日，第六届北京国际电影节开幕，8名影业公司高层共同启动“北京展映”。

2016年4月23日，北京电视台“天坛奖”国际评奖委员会亮相北京国际电影节闭幕式红毯。

2016年4月17日，举办中外电影合作论坛。

2016年4月19日，第六届北京国际电影节 · 电影市场，项目创投颁奖仪式。

北京国际电影节

2016 年 4 月 16 日，《寒战 2》剧组亮相北京国际电影节开幕式红毯。

2016 年 4 月 18 日，举办中国电影衍生产业高峰论坛。

第六届北京国际电影节电影嘉年华现场。

第六届北京国际电影节展映影院售票取票现场。

2016 年 4 月 17 日，美国导演、演员娜塔莉·波特曼参加导演处女作《爱与黑暗的故事》导演交流会。

2016 年 4 月 23 日，嘉宾徐帆、朱茵为丹麦电影《地雷区》颁发北京电视台“天坛奖”最佳男主角奖。

（电影节图片：由北京电视台北京国际电影节运行中心提供）

2016 年 11 月 18 日，"美丽乡村 • 筑梦有我"大型新闻公益行动 2014–2016 年度总结暨 2017 年度启动仪式举办。

2016 年 5 月 23 日，北京广播电视台党委书记、台长兼北京电视台台长李春良在北京电视台召开"两学一做"学习教育动员会上讲话 。

2016 年 11 月 18 日，第二届两岸媒体人北京峰会在北京举行。北京广播电视台副书记、副台长、总编辑、北京电台台长赵卫东（右）应邀出席峰会，代表北京电台与台湾中原广播股份有限公司签定协议书。

2016 年 3 月 17 日，北京电台台长席伟行（左二）出席北京广播公司 2016 年工作会暨第一届职工代表大会第三次会议并讲话。

2016 年 2 月 2 日，北京广播电视台纪委书记王伟（右三）进行春节前安全工作检查。

2016 年 4 月 26 日，北京歌华有线电视网络股份有限公司党委中心组在党委书记、董事长郭章鹏（前排右）带领下前往国家中影数字制作基地参观学习。

2016 年 2 月 1 日，北京广播电视台副台长苏仁先（右一）到北京广播电视报社调研。

2016 年 1 月 10 日，北京电视台春节联欢晚会新闻发布会在北京电视台新址 41 层阳光大厅举行。

20016 年 2 月 25 日，由中华全国新闻工作者协会、北京奥运城市发展促进会、北京市教育委员会、北京广播电视台指导，北京电台主办的第八届青少年英语大赛暨 2016“我的冬奥梦”双语小记者全国选拔赛启动发布会。

2016 年 11 月 11 日，2016 年度北京广播电视台节（栏）目创新奖颁奖仪式在北京电视台大剧院举行。国家新闻出版广电总局、北京市委宣传部、北京市新闻出版广电局、北京市记协等相关领导为获奖代表颁发证书。

2016 年 10 月 27 日至 30 日，北京广播电视台在第十一届北京文博会上的展台。

2016 年 6 月 25 日，第 16 届中国电影华表奖在北京雁栖湖国际会展中心举办颁奖典礼。北京紫禁城影业有限责任公司出品的影片《狼图腾》获得华表奖优秀影片奖。

2016 年 9 月 9 日，北京广播电视报社组织老读者参加《北广人物》发展专题研讨会，为新创刊的《北广人物》杂志征集建议。

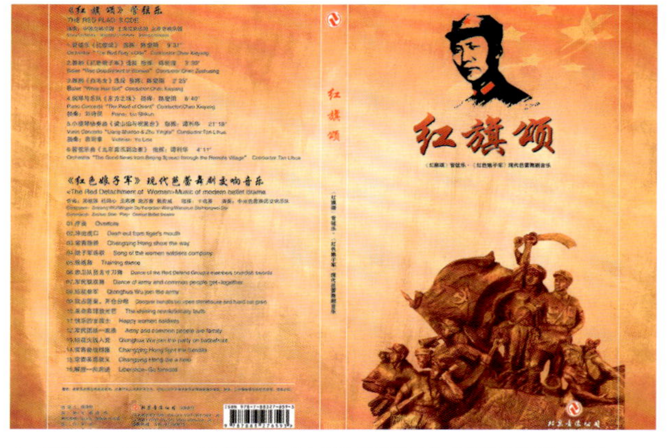

2016 年 12 月，北京音像公司出品的纪念中国共产党成立九十五周年——《红旗颂》CD 上市。图为该 CD 光盘封面。

北京新媒体集团
BEIJING NEW MEDIA GROUP

2016 年 4 月 12 日，在北京新媒体集团揭牌、北京时间网站及其客户端上线仪式上，北京新媒体集团与北京市 16 个区的宣传部长签署战略合作协议。

2016 年 4 月 12 日，北京新媒体集团及其所属北京新闻媒体有限公司、北京时间股份有限公司在北京电视台新媒体大厅举行揭牌仪式。“北京时间”网站及其移动客户端产品同步上线。同时，“北京时间”24 小时新闻直播上线。

截至 2016 年底，“北京时间”完成 24 小时播控平台整体业务建设，实现内容生产服务平台无缝对接；完成新媒体演播室系统升级，通过 IP 方式接入 4 讯道高清新媒体演播室、4 讯道新闻播报演播室及三间房新媒体演播室。“北京时间”网站已从上线之初的 7 个频道，发展成为拥有 41 个频道、14 个特色栏目、涵盖国内所有省市地方频道的完整架构。“北京时间”网站日均页面浏览量（PV）已达 1.6 亿次、峰值为 2.2 亿次，日均访问用户数（UV）达 2200 万，用户每天在北京时间停留的阅读时长高达 48 分钟。

2016 年 9 月 14 日下午，北京新媒体集团总经理金鹏（前右）代表北京新媒体集团与中国青年报社进行战略合作签约。

2016 年 9 月 19 日，北京时间网站记者与中青报记者在 G20 杭州峰会现场合作。

2016 年 4 月 12 日，在北京新媒体集团揭牌、北京时间网站及其客户端上线仪式上，北京新媒体集团常务副总经理、北京新闻媒体公司总经理蒋虎介绍产品特点。

（市级广电综合图片：由北京广播电视台及直属单位提供）

广播

RBC 北京人民广播电台

北京人民广播电台成立于1949年2月2日，最初称北平新华广播电台、北平人民广播电台、北平新华广播电台第二台、北京市人民广播电台，1951年3月11日，改为北京人民广播电台，英文缩写为“RBC”。

2016年，北京人民广播电台的市场份额为75.27%，收听率为3.72%。除了10个专业广播，全台现有17个职能部门，北京广播公司下辖北京广播大厦管理有限责任公司、北广声动、时代文广、悦库时光等16家二级子公司，员工总计956人。2016年，北京电台总资产26.29亿元，广告收入5.95亿元。

2016年2月5日，“金猴迎春 全城贺岁 广播过大年 红包滚滚来”北京电台2016年春节特别节目在交通广播直播间拉开帷幕，全台9个专业广播、北京广播网、听听FM手机客户端同步音视频直播。

2016年12月30日，北京人民广播电台与北京新媒体集团在电台主控室举行签约仪式，达成战略合作伙伴关系。北京广播电视台总编辑、北京电台台长赵卫东出席活动。

2016年7月28日—29日，北京电台召开2016年改革发展研讨会，主题为“迈出传统体制，塑造崭新频率——专业广播运行机制的改革与创新”。

2016年11月18日，“不止于声”——北京电台2017年广告资源推介会举行。北京电台总编辑王秋做“声音带来无限可能”的主题演讲。

2016年1月28日 北京电台城市广播“市民对话一把手”节目在北京市两会现场采访市发改委主任卢彦。

2016年2月15日 北京电台音乐广播转播第58届格莱美音乐奖颁奖典礼。图为主持人常晓航采访Sick Puppies。

2016年2月25日，北京电台体育广播提前策划，推出《体坛夜话》特别节目——《老马回家》。

2016年5月14日，北京电台城市广播《教育面对面》节目启动本季“名嘴探名校”活动，探访北京化工大学，图为全体家长合影。

2016年9月26日，北京电台举行首届听友节暨第七届“听众喜爱的名牌栏目”大型评选表彰典礼。

2016年2月25日，北京电台“新春走基层”采访报道小组到首都国际机场飞行区管理部实地探访，感受在高温、噪音和燃气污染下的工作人员如何坚守并保障每一个航班的安全运行。

2016 年 5 月 29 日，北京电台动听调频联合 BeBeyond 邀请五位跨界创业精英人士，推出 Metro Lab-945 碰撞实验室第一期活动。

2016 年 7 月 20 日，暴雨突袭京城。北京电台交通广播采编播人员，从早上雨量增大直到次日凌晨风停雨住，通过广播、新媒体不间断传递各类信息。图为记者王琛琛在京港澳高速岳各庄桥下积水处采访首发养护人员介绍排水进展。

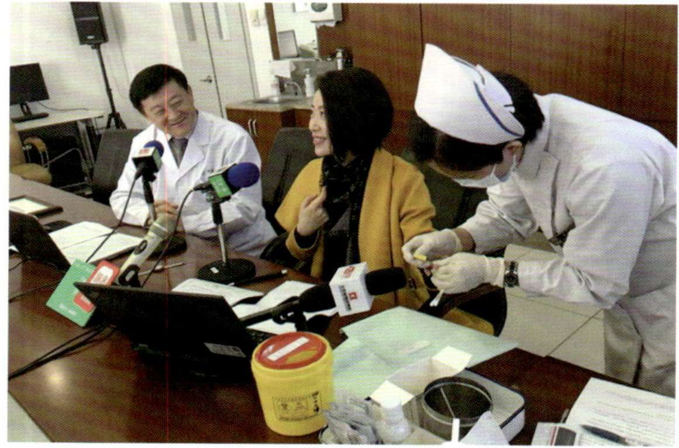

2016 年 11 月 9 日，北京电台城市广播在佑安医院进行“市民对话一把手”直播。

2016 年 11 月 21 日，京城迎来首场降雪，正逢周一早高峰，北京电台交通广播提前做好全方位报道准备，使听众能够更加便利、准确了解出行环境，选择恰当的出行方式。图为交通广播记者采访交警。

（里约当地时间）2016 年 8 月 4 日，北京体育广播报道团队登上“北京时间 2022 号”帆船。图为记者晓丽和惠凡对航海家郭川进行专访。

2016 年 11 月 11 日，由北京电台爱家广播主办的第三届“银发达人”评选活动颁奖典礼举行。该活动被授予“全国广播电视民生影响力优秀品牌活动”称号。

2016 年 7 月 1 日，为迎接党的 95 岁生日，北京电台音乐广播联合北京交响乐团举办《红旗飘飘——纪念中国共产党建党 95 周年音乐会》。著名指挥家谭利华与小提琴家吕思清现场演绎经典曲目。

2016 年 9 月 14 日，北京电台举办媒资数字化抢救及编目项目 2016–2018 年规划专家论证会。

2016 年 12 月 12 日，北京电台 AM927 频率 2017 年节目评标会在北京广播大厦举行。

2016 年 2 月 3 日，北京电台技术中心频谱监测中发现东南四环有非法广播干扰 107.3，图为技术人员携带技术设备对干扰频率进行侧向定位。

2016 年 4 月 1 日，北京电台文艺广播举办 22 周年台庆活动，5 档直播节目在直播过程中通过微信平台“摇一摇”功能为听众、网友送出上千份实物及现金红包。

2016 年 8 月 1 日起，北京电台新闻广播《新闻热线》电话 65159063 转由北京市非紧急救助服务中心 12345 接听，并开通 24 小时人工接听服务。

（市级广电广播图片：由北京人民广播电台提供）

2016 年 2 月 4 日，北京电视台 2016 年工作会议在 BTV 大剧院召开。

2016 年，北京电视台开办 BTV 北京卫视、BTV 新闻、BTV 文艺、BTV 科教、BTV 影视、BTV 财经、BTV 体育、BTV 生活、BTV 青年、BTV 卡酷少儿、BTV 纪实、外宣 12 个频道，播出 17 个频道，其中 5 个频道高清标清同播，每天播出时间 269.8 个小时。北京卫视、卡酷少儿频道、纪实频道实现上星播出。北京卫视已在全国 31 个省会及直辖市网落地，地级城市落地 100%，同时实现全国 95% 以上的区县级城市落地，覆盖总人口约 10.74 亿。开办移动客户端、IPTV、BRTN 网站等新媒体，形成多媒体互补的传播格局。

2016 年 1 月 10 日，北京电视台春节联欢晚会新闻发布会在北京电视台新址 41 层阳光大厅举行。北京广播电视台台长、北京电视台台长李春良（二排左九）与神州专车董事长一起用毛笔“画猴点金”，寓意猴年春晚星光灿烂。

2016 年 1 月 9 日，北京电视台总编辑王珏正式邀请影视演员黄渤为北京电视台春晚推广大使。

2016 年 9 月 23 日，北京电视台重点资源推介会举行。

2016年7月1日，由北京市委宣传部策划、北京电视台卫视节目中心《档案》栏目为建党95周年承制的五集大型纪录片《解放——人民的选择》研讨会举办。

2016年1月，北京电视台直播访谈特别节目“市民对话一把手——北京新表达”与广大市民就行政副中心建设等热点话题，展开面对面、零距离的沟通对话。

2016年1月21日，北京电视台时政摄像第一次使用手持稳定器进行拍摄，拍摄的画面更加稳定流畅。

2016年10月17日，为纪念红军长征胜利80周年，北京市委宣传部策划、北京电视台北京卫视《档案》栏目摄制的9集大型系列纪录片《红军不怕远征难》播出。

2016年1月27日，北京电视台举办“新理念、新机制、新形象”新春客户答谢会。

2016年6月15日，由北京电视台卡酷少儿卫视和印迹动画共同制作出品的《欢乐北极星》，在法国昂西国际动画电影节上与国外动画公司进行签约。

2016年1月19日，北京电视台《2016 BTV春晚》以"家家好 国家好"为主题，全国同时段春晚收视第一。

2016年1月11日， 2016年北京电视台《动画春晚》录制。

2016年10月12日，北京电视台"天涯共此时——BTV大型跨年新闻行动"启动仪式。

2016年1月7日，2016中国青少年网络春晚总决选在北京电视台举行。

2016年1月10日，北京电视台环球春晚邀请韩国、美国、德国、荷兰、英国等13个国家的近70位驻华使节、文化参赞、新闻官以及华侨华人代表等出席晚会录制。

2016年8月，北京电视台团队圆满完成奥运会乒乓球公共信号制作。

2016年8月9日，北京电视台记者采访奥运会帆船比赛。

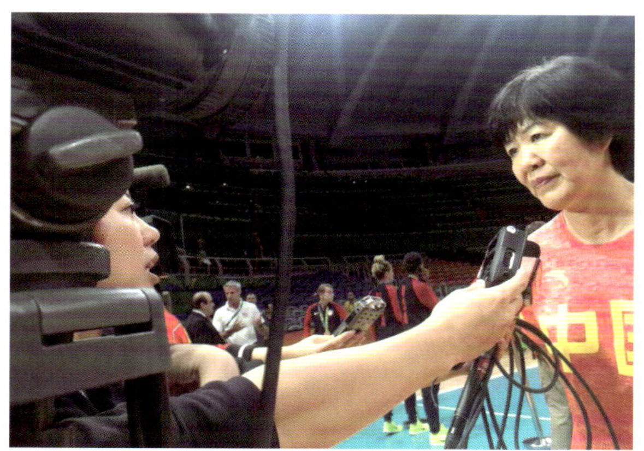
2016年8月21日，北京电视台记者采访获得奥运会冠军的中国女排郎平教练。

2016年8月，北京电视台里约奥运报道团队圆满完成前方报道。

2016年8月，北京电视台奥运直播特别节目——北京直通里约。

2016年8月，北京电视台奥运直播特别节目——北京直通里约。

（市级广电电视图片：由北京电视台提供）

2016 年 2 月 26 日，北广传媒数字电视公司参加中国购物电视联盟行业年会，会上播放总经理何公明介绍短片。

北京北广传媒数字电视有限公司

Beijing All Media and Culture Digital TV Co.,Ltd

北京北广传媒数字电视有限公司自 2003 年 7 月成立以来，已播出付费电视频道 11 套，数字音频广播 2 套，节目内容涉及教育、影视、娱乐、休闲、房产家居等领域，现已覆盖全国 1 亿收视人群。

2016 年发展情况：

《四海钓鱼》频道连续推出大型系列赛事《坑冠争霸群英会》和《四海大擂台》，赛事覆盖全国 20 个省区，历时半年时间。在优酷、CIBN 手机电视等，推出节目点播和频道节目直播。同时，推出频道 APP“去钓鱼”，形成节目互动和与植入产品的互动营销。5 月 28 日《优优宝贝》频道承办国际性论坛“六一国际儿童发展健康论坛”活动，邀请亚洲和国内顶尖专家共同探讨儿童健康问题。推出综艺互动节目《彩票大家玩》。5 月 8 日正式推出全新综艺互动节目《彩票大家玩》。公司制作两档全国竞钓赛事王牌栏目《黑坑江湖》和《四海大擂台》在《四海钓鱼》频道中播出。

全年共播出 131400 小时，安全播出无事故。

2016 年 8 月 19 日，北广传媒数字电视公司组织全体员工参观中国室内空气净化科技馆。

2016 年 11 月 16 日，北广传媒数字电视公司与北京市福利彩票发行中心联合制作的《彩票大家玩》节目录制现场。

2016 年 8 月 24 日，北广传媒数字电视公司跟随北京广播电视台参展 BIRTV。

2016 年 4 月 15 日，北广传媒城市电视公司与北京市环保局就共建楼宇电视终端平台、合作实时环境监测栏目等事宜召开了交流研讨会。

城市电视每天播出 15 小时
楼宇电视终端屏幕 6549 块
LED 大屏幕联播电视 7 处 7 块

2016 年，北京北广传媒城市电视有限公司在播栏目 18 个由三部分构成。自制、集成栏目：《城市播报》《体育新闻》《实时财经》《每日文娱播报》《中国梦 365 个故事》《非常幽默》等；委办局合作栏目：《演艺罗盘》《我的工会我的家》《96310 纪事》《城市天气站》《百姓就业》等；引进栏目：《光影大视界》《城市悠乐惠》《环球财讯》《高光点》《果酱果酱》等。2016 年对楼宇终端 B 屏内容进行了栏目化、年轻化、多元化转型，在及时性、美观性、趣味性等各方面都有大幅提升。实现静态图片的“即时”推送，在应对突发事件、重大事件、热点事件时，凸显了媒体时效性和应对速度。

2016 年 4 月 13 日，歌华传媒集团各成员单位赴北广传媒城市电视公司召开户外智能终端的专题研讨会。

2016 年 5 月 14 日，北广传媒城市电视作为北京市国资委指定户外宣传媒体平台，在“首都国企开放日”活动现场放置楼宇媒体终端展示“首都国企开放日专题节目”。

2016 年 5 月 11 日，在“第 13 届中国户外传播大会”上，北广传媒城市电视公司董事长、总经理罗艳红获得“中国户外品牌传播卓越成就奖”，北京北广传媒城市电视有限公司被授予“户外广告百强媒体”。

2016 年 4 月 21 日，北广传媒地铁电视有限公司召开第二届董事会第八次会议。

地铁电视每天播出 18.5 小时
地铁电视终端屏幕 2.63 万块

2016 年播出主要栏目 28 个，新开办 4 个，其中《原创精选》和《娱乐便利贴》栏目影响力比较大。1 月开办《原创精选》，它是一档以“有创意，有思想，有态度”为宗旨，推荐各种创意搞笑视频、优质微电影和动画以及其他优秀热门视频娱乐栏目，时长 5 分钟。3 月开办《娱乐便利贴》栏目，时长 5 分钟。分三个板块，即娱乐现场连线，国内外明星现场采访；欧美娱乐圈新闻；亚洲娱乐圈新闻。

2016 年 9 月 2 日，北广传媒地铁电视有限公司与北京广播电视台参展第 25 届北京国际广播电影电视设备展展台。

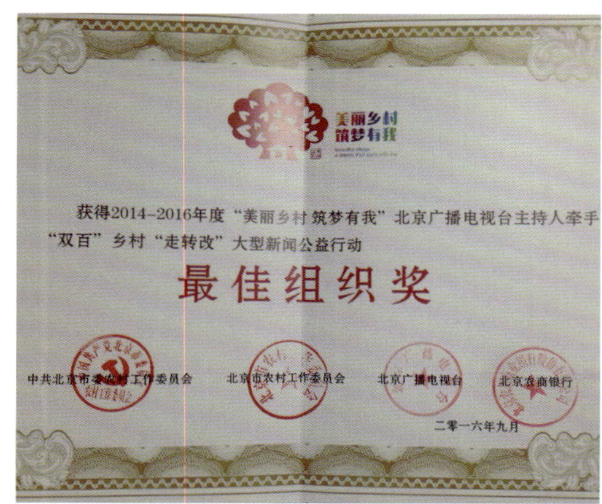
美丽乡村 筑梦有我

获得2014—2016年度“美丽乡村 筑梦有我”北京广播电视台主持人牵手“双百”乡村“走转改”大型新闻公益行动

最佳组织奖

中共北京市委农村工作委员会　北京市农村工作委员会　北京广播电视台　北京农商银行

二零一六年九月

2016 年 11 月 18 日，在“美丽乡村 · 筑梦有我”大型新闻公益行动 2014—2016 年度总结暨 2017 年度启动仪式上，北京北广传媒地铁电视有限公司获得最佳组织奖。

2016 年 6 月 16 日，北广传媒地铁电视有限公司记者采访地铁安全演练。

2016 年 7 月 18 日，北广传媒地铁电视有限公司记者拍摄地铁新站启用。

2016 年 6 月 2 日，北京市新闻出版广电局行政村发射站运维、转播站运维两个项目召开启动会，北京北广传媒移动电视有限公司中标全面介入项目运维工作，首次实现公司在无线广播电视领域的技术维护输出。

2016 年 4 月，移动电视官微“美匠人”正式上线，项目以公司官微为基础，通过移动电视、社会化媒体等多种渠道搭建技能、手艺、生活智慧的传授、分享、交流平台。公司首次实现了拥有自己的 IP 原创内容。

北京移动电视每天播出 17 小时 公交车辆终端屏幕数量 2.18 万块

2016 年，北京移动电视节目方面关注百姓视角，播出《整点播报》《体育新闻》《法治进行时》《中国梦——365 个故事》《北京旅游时间》《今天提示》《我的工会我的家》《畅行北京》《演艺罗盘》《百姓就业》《饭饭团》《悠悠团》《宝宝团》《秀逗爱生活》《我在北京挺好的》《绿动北京》《演艺罗盘》《百姓就业》《一路同行》《爱心点亮归途》《请您欣赏》《我家有明星》《身边的好学校》等主要节目栏目 36 个。新集成播出《纪实天下》《时尚印象》《奇趣自然》等节目的移动电视版。

全年实现安全播出 17542 小时（公交频道 6026 小时，城市频道 5294 小时，地铁频道 6222 小时）。完成春晚、“两会”、中国共产党成立 95 周年大会、“神 11”发射、“G20 峰会”等活动和重点赛事的转播工作共 162 次，累计转播时长 113.5 小时。大屏革新小屏改良，终端安装任务完成。32 寸下屏业务 7 月 1 日正式上线运行。

2016 年 6 月 6 日，北京北广传媒移动电视在专题服务类栏目《我在北京挺好的》播出介绍盲文校对员在北京生活工作情况。

2016 年 6 月，北京北广传媒移动电视有限公司青少传媒学院正式成立。学院以公司软硬件为依托，对 5 至 17 岁中小学生进行青少年电视艺术教育。

（市级广电新媒体图片：由北京广播电视台直属单位提供）

2016 年 2 月 2 日，北京歌华有线电视网络股份有限公司召开 2016 年工作会议。

2016 年，歌华有线公司实现营业收入 26.65 亿元，同比增长 3.77%；实现净利润 7.25 亿元，同比增长 7.79%。截至 2016 年底，公司总资产 150.84 亿元，净资产 126.9 亿元。

2016 年，歌华有线公司用户数量实现了稳定增长，截至 2016 年底，有线电视注册用户达到 580 万户；高清交互累计推广数量达到 483 万户，同比增长 23 万户；家庭宽带用户达到 50.6 万户，同比增长超过 9 万户。

2016 年，北京歌华有线电视网络股份有限公司荣获“互联网 + 企业采购标杆企业”称号。

2016 年 3 月 24 日，“京津冀上广深广电数据产品联合生产发布”研讨会在京召开。

2016 年 9 月 20 日，北京歌华有线电视网络股份有限公司旗舰营业厅正式对外营业。

2016 年 5 月 10 日，北京歌华有线电视网络股份有限公司组织召开新产品新服务发布会。

2016 年 3 月 17 日，北京歌华有线电视网络股份有限公司启动“知歌华 爱歌华”员工参观交流活动。

2016 年 3 月 16 日，国家新闻出版广电总局规划司司长朱伟峰等到北京歌华有线电视网络股份有限公司调研。

2016 年 8 月 23 日，西藏自治区人民政府党组副书记、政府顾问孟德利一行到北京歌华有线电视网络股份有限公司考察调研。

2016 年 4 月 7 日，中影股份公司董事长喇培康一行到北京歌华有线电视网络股份有限公司调研。

北京歌华有线电视网络股份有限公司党委书记、董事长郭章鹏等到河北省三河市考察调研。

北京歌华有线电视网络股份有限公司党委中心组前往中央电视台参观学习。

北京歌华有线电视网络股份有限公司党委中心组前往国家中影数字制作基地参观学习。

北京歌华有线电视网络股份有限公司党委书记、董事长郭章鹏带队到北京新航城控股有限公司调研。

国家机关事务管理局宿舍管理司司长李晓平一行到北京歌华有线电视网络股份有限公司考察调研并座谈。

北京市自来水集团董事长刘锁祥、总经理高踪阳一行到北京歌华有线电视网络股份有限公司参观交流。

网 络 传 输

2016年，北京歌华有线电视网络股份有限公司在全市雾霾红色预警期间启动教育平台“停课不停学”活动。

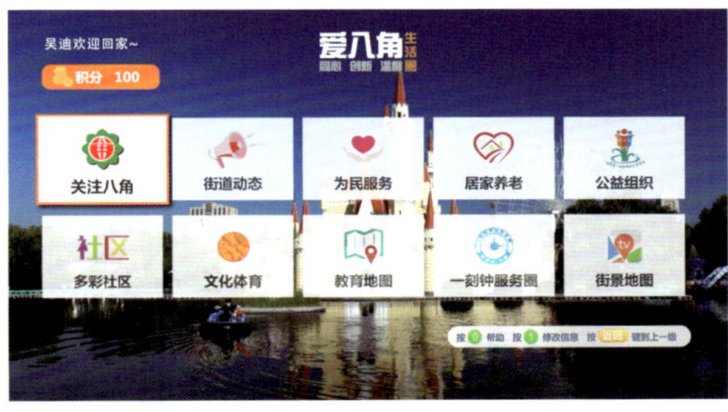

2016年8月21日，歌华有线高清交互平台“爱八角生活圈”智慧社区电视云服务在八角居民服务大厅举行上线仪式。

2016年3月31日，歌华有线高清交互数字电视平台上线“炫佳卡通”栏目。

2016年2月1日，歌华有线高清交互数字电视平台上线“朝外生活圈”和“街景地图”两项云应用。

2016年5月10日，歌华有线高清交互数字电视平台“亲情一刻”家庭电视相册云应用。

（网络传输图片：由北京歌华有线电视网络股份有限公司提供）

2016年，北京歌华文化发展集团秉承平台与资源开放的原则，结合重大项目不断强化产业平台的建设。稳步推进国家对外文化贸易基地（北京）文化贸易服务平台建设；以“Maker Faire Beijing”和中美青年创客大赛优秀作品展示项目为核心，打造集团创意设计服务平台；推动中华世纪坛世界艺术中心的内容资源平台建设；以重大品牌带动资源聚集，北京国际摄影周全力打造“摄影专题展推介平台”；北京国际设计周拉动“设计之都”文化消费。

↑ 2016年10月25日，新西兰议会议长戴维▯卡特阁下（左一）率领由新西兰驻华大使、新西兰政府重要官员和新西兰实体企业高管组成的商务代表团考察国家对外文化贸易基地（北京）。

↑ 2016年8月2日，北京歌华文化发展集团与北京市文化投资发展集团就国家对外文化贸易基地（北京）投资、建设、运营合作达成共识，推动基地招商业态、政策集成工作。

↑ 2016年10月15日至10月23日，由文化部与北京市政府共同主办，北京歌华文化发展集团联合承办的北京国际摄影周2016在中华世纪坛举办。

↑ 2016年9月23日至10月7日，由文化部与北京市政府共同主办，北京歌华文化发展集团和北京工业设计促进中心联合承办的2016北京国际设计周主体活动在京津冀三地成功举办。

2016年8月19日至21日，由北京歌华文化发展集团主办的2016 Maker Faire Beijing（北京创客盛会）在中华世纪坛举办。

2016年5月28日，由北京市国有文化资产监督管理办公室主办、国家对外文化贸易基地（北京）承办的第四届中国（北京）国际服务贸易交易会•文化新板块召开，28家重点文化、科技、金融企业和重大项目参展。

2016年1月23日，“漂流的文明”多媒体特展在中华世纪坛开幕，由中华世纪坛艺术馆发起的艺术新型平台“未来艺术实验室”同期发布。

2016年1月30日，“和合家风”文化主题展在中华世纪坛艺术馆开幕。

2016年4月1日，“2016中华世纪坛清明主题文化周”正式启动。

2016年8月15日至19日，由教育部主办，北京歌华文化发展集团等承办的2016“共创未来——中美青年创客大赛”总决赛在中华世纪坛举办。

2016年12月15日，由中华世纪坛艺术基金会和俄罗斯达西纳姆达科夫艺术文化资助基金会共同主办的《乌力格尔的神话——俄罗斯艺术家达西家族作品展》在中华世纪坛艺术馆开幕。

2016年9月14日，由中华世纪坛艺术馆联合承办的第八届“诗意中国 中华世纪坛中秋原创诗会”在中华世纪坛南广场举行。

2016年12月30日，非遗背后的故事——京剧“四大名旦”在中华世纪坛举行，标志着中华世纪坛传统文化季拉开序幕。

2016年3月31日，“镌刻世纪——中华文化先贤新影像展”在中华世纪坛开幕。

歌 华 文 化

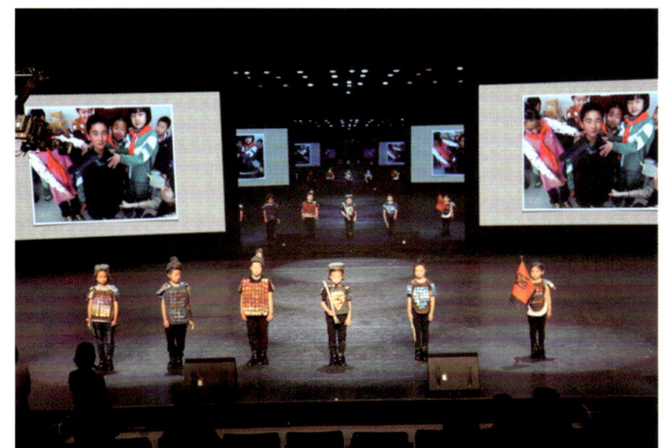

2016 年 6 月 1 日，中华世纪坛 2016“世纪之爱”六一儿童周系列活动正式展开。

2016 年 7 月 19 日，由中华世纪坛世界艺术馆、意大利文化遗产旅游活动部博物馆总局等联合主办的‘回望美好时代——意大利 19 世纪末 -20 世纪初绘画精品展”开幕。

2016 年 6 月 23 日，由中华世纪坛艺术馆、中信出版集团与上海京采文创联合主办的“安徒生超级盛典暨安徒生魔法乐园展”在中华世纪坛开幕。

2016 年 11 月 20 日，由中华世纪坛艺术馆、江西省文化厅主办的“2016 年度国家艺术基金传播交流推广项目——美术、书法、摄影青年创作人才优秀作品巡展”首站在江西省美术馆拉开帷幕。

2016 年 5 月 1 日，由深圳市小橙堡文化传播有限公司与中华世纪坛艺术馆联合主办的《印象莫奈：时光映迹艺术展》，在中华世纪坛艺术馆开幕。

2016 年 5 月 7 日，中华世纪坛“法国文化月”在中华世纪坛艺术馆举行。

（歌华文化图片：由北京歌华文化发展集团提供）

2016 年 5 月 5 日，“《中国影院简史》研讨暨推介会”在中国电影博物馆举行。

2016 年，中国电影博物馆全年服务观众 369706 人，组织活动 100 多场，接待入馆观众 281737 人次，服务馆外观众 87969 人次，服务接待电影观众 72977 人次；全年为观众讲解 1081 场，服务观众人数 12359 人次，参与互动项目体验 6976 人次。全年共征集电影物品 4511 件套、15079 件，藏品总量达到 31888 件套，140509 件。完成整理剧本、手稿、海报、照片、底片 11642 件套。

2016 年，中国电影博物馆启动“中国电影博物馆展览大纲修订”工程。12 月，2016 框架稿完成，图为展览大纲修订框架稿专家论证会现场。

2016 年 4 月 22 日，第六届北京国际电影节“探寻电影之美高峰论坛——喜剧电影的魅力”在中国电影博物馆开幕。图为四位演讲嘉宾菲诺拉▯德怀尔、饶曙光、杰森▯E▯斯奎尔、黄百鸣为论坛按制手摸。

2016 年 4 月 30 日，中国电影博物馆组织丁荫楠导演观众见面会活动，放映丁荫楠、丁震导演作品《启功》。图为丁荫楠、丁震导演与观众进行映后交流。

2016年5月，由中国电影博物馆、白俄罗斯共和国文化部等单位指导支持的《中国电影国际巡展——中国电影走进白俄罗斯》开幕。图为外交部驻白俄罗斯中国大使崔启明致辞。

2016年1月26日，中国电影博物馆举办“梁音物品捐赠展——纪念梁音逝世一周年”专题纪念展揭幕仪式。图为党委书记陈志强向俞湖女士颁发捐赠证书。

2016年7月16日至8月7日，中国电影博物馆和北京市政府外事办公室联合举办印度电影展映。图为中国电影博物馆副馆长王健接待印度使馆文化参赞瓦娜佳·德卡特。

2016年12月28日，“中国电影国际巡展——中国电影走进美加”活动在美国北卡罗来纳州罗利市拉开帷幕。

2016年8月15日，中国电影博物馆邀请故宫博物院院长单霁翔作《守望与传承——浅析故宫工匠精神的当代实践》专题报告。

2016年6月至8月，中国电影博物馆举办第七届少年儿童电影配音大赛公益活动。图为台湾高雄赛区的参赛选手合影。

（影视场馆图片：由中国电影博物馆提供）

2016 年 2 月 1 日，朝阳区广播电视新闻中心记者一线采访。

2016 年 5 月，朝阳区广播电视新闻中心记者探班孔子加油剧组。

2016 年 10 月，朝阳区广播电视新闻中心电视栏目《对话成长》录制现场

2016 年 9 月，朝阳区广播电视新闻中心《名师讲堂》录制现场。

2016 年 7 月，朝阳区广播电视新闻中心记者一线采访。

2016 年 3 月 3 日，海淀区新闻中心记者外出采访。

2016 年 3 月 3 日，海淀区新闻中心主持人录播《海淀新闻》。

2016 年 3 月 5 日，海淀区新闻中心主持人为《海淀新闻》配音。

2016 年 3 月 9 日，海淀区新闻中心记者在机房编辑新闻。

2016 年 4 月 10 日，海淀区新闻中心记者外出采访。

2016 年 8 月 31 日，海淀区新闻中心记者下基层体验生活。

丰台区

2016 年 2 月 26 日，丰台区广播电视中心技术部职工培训新播出系统。

2016 年 5 月 19 日，丰台区广播电视中心研究节目切换各项具体工作。

2016 年 5 月 10 日，丰台区广播电视中心对供电系统进行改造。

2016 年 5 月 3 日，丰台区广播电视中心新媒体部李建辰参与排练廉政剧《钓鱼》。

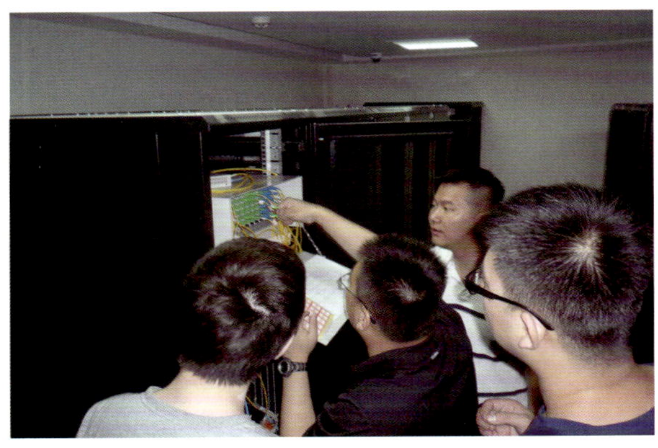

2016 年 5 月 20 日，丰台区广播电视中心连接新系统设备。

2016 年 8 月 22 日，丰台区广播电视中心《南城人物》栏目组记者外拍采访。

2016年3月31日，石景山区广播电视中心录制第九届清明诗会。

2016年6月28日，石景山区广播电视中心录制“七·一”晚会。

2016年9月23日，石景山区广播电视中心高清改造工程验收会。

2016年10月21日，石景山区政法系统宣传工作会暨《法治聚焦》电视栏目座谈会举行。

石景山区广播电视中心《记者视线》栏目记者外拍工作照。

石景山区广播电视中心《生活与信息》栏目记者外拍工作照。

门头沟区

↑ 2016 年 12 月 30 日，门头沟区广播电视新闻中心成立挂牌。

↑ 2016 年 1 月 20 日，门头沟电视台高清播出机房启动。

↑ 2016 年 10 月，门头沟区广播电视新闻中心的编辑们在制作机房进行节目后期制作。

↑ 2016 年 10 月，门头沟区广播电视新闻中心播出人员播出值机。

↑ 2016 年 9 月 22 日，门头沟区广播电视新闻中心记者现场采访。

↑ 2016 年 12 月，门头沟电视台新闻主持人出镜。

区级广电

2016 年 5 月 7 日，房山区广播电视中心全程报道“2016 春季北京国际长走大会”活动。

2016 年 12 月 7 日，房山区广播电视中心记者采访报道房山区第八次党代会。

2016 年 12 月，房山区广播电视中心编辑记者制作房山区“两会”节目。

2016 年 7 月 20 日，北京持续普降大雨，房山区降雨量较大，房山区广播电视中心及时反映，迅速组织雨情报道。

2016 年 10 月 20 日，房山区广播电视中心与区学习办、区教委共同策划的一档全新记录房山区教育改革发展的专题栏目《学通房山》开播。

2016 年 9 月 5 日，房山电视台《房山新闻》栏目正式开启高清播出，标志着房山电视台现有栏目全部实现高清化制播。

2016年4月9日，大兴区广播电视中心举办听友联谊会，主持人与听众同台互动，才艺展示。

2016年2月6日，大兴区委常委、宣传部长沈洁（右一）到大兴区广播电视中心慰问全体编辑记者。

2016年7月28日，大兴区副区长陈晓君（左二）到大兴区广播电视中心调研。

2016年9月20日，大兴人民广播电台的编辑记者主持人为南海子文化活动季倾情奉献一道文化盛宴。

2016年11月24日，大兴区广播电视中心举办广播电视宣传业务培训班，200多名编辑、记者、通讯员参加此次培训。

区级广电

2016 年 6 月 27 日，通州区广播电视中心承办“我们爱诗词现场展示会”。

2016 年 7 月 1 日，通州区广播电视中心承办通州区纪念中国共产党成立 95 周年暨表彰大会。

2016 年 12 月 20 日，通州电视台报道区“两会”直播现场。

2016 年 10 月 13 日，《小强听 · 说》栏目录制现场。

2016 年 10 月 18 日，通州电视台综合高清频道正式上线播出。

2016 年 10 月 25 日，《通州新闻》栏目演播室录制现场。

2016 年 11 月 21 日，顺义区广播电视中心承办的“顺义区第六届道德模范颁奖典礼”开幕。

2016 年 9 月 12 日，金牛山公园通过验收，顺义区广播电视中心新闻部记者顶着烈日，不惧危险在山顶取景拍摄。

2016 年 12 月顺义电视台记者采访报道区“两会”。

2016 年 10 月 26 日，顺义代表团参加全国绿色城市运动会，顺义电视台新闻部记者随团赴安徽池州采访参赛队员。

2016 年 10 月 10 日，顺义人民广播电台长篇广播小说《长征》光盘封面。

2016 年 9 月 24 日，顺义人民广播电台“第四届听众节”在顺义工人文化宫开幕。

2016 年 2 月 22 日，平谷区广播电视中心记者在一线录制大拜年活动 。

2016 年平谷区广播电视中心《快乐宝贝》十一特别节目暨一周年庆典。

2016 年 10 月 7 日，平谷区广播电视中心记者培训班开班。

2016 年 12 月 13 日，平谷区委宣传部部长王红艳（左二）参观广电“美丽平谷”图片展。

2016 年 2 月 22 日，平谷区广播电视中心记者录制区“大拜年”活动 。

2016 年 1 月 14 日，围绕高清全台网编辑系统应用，怀柔区广播电视中心对全体编辑记者进行分批次实操考核。

2016 年 2 月 15 日，怀柔区广播电视中心聘请市级有关专家举办新闻专题业务培训会。

2016 年 4 月 6 日，怀柔区广播电视中心召开 2016 年度摄像培训班。

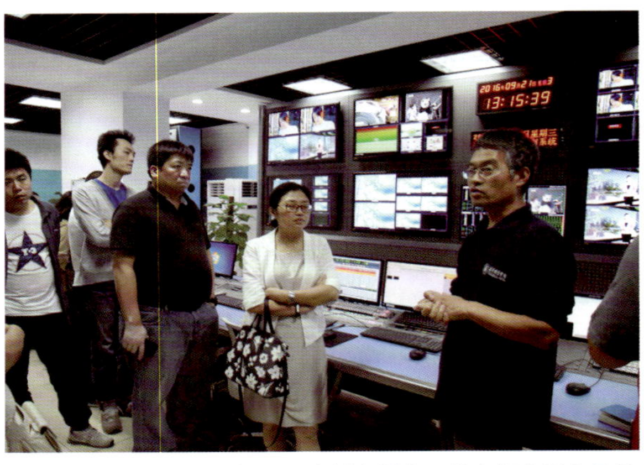

2016 年 9 月 21 日，怀柔区广播电视中心技术部主任向兄弟区县同仁介绍本单位电视节目高清化改造情况。

2016 年 9 月 21 日，怀柔区广播电视中心新媒体负责人向市内兄弟单位介绍“恋上怀柔”新媒体运行情况。

2016 年 12 月，怀柔区广播电视中心高清化改造竣工，图为投入使用的播出系统。

区级广电

2016年1月11日，昌平区广播电视中心直播区政协第四届委员会第五次会议。

2016年1月12日，昌平区广播电视中心直播区第四届人民代表大会第六次会议。

2016年10月20日，昌平区广播电视中心新型全台网系统全面启用新闻发布会召开。

2016年12月21日，昌平区电视台直播区第五届人民代表大会第一次会议开幕式。

2016年9月29日，昌平区广播电视中心录制第十三届北京昌平·小汤山温泉文化节开幕式。

2016年10月22日，昌平区广播电视中心录制“北京·昌平第十三届苹果文化节”开幕式。

↑ 2016年3月13日，密云区广播电视中心开设提高节目质量专家讲堂。

↑ 2016年8月12日，密云区广播电视中心记者涉水外拍。

↑ 2016年12月26日，密云区广播电视中心职工张博研被中共北京市委宣传部、首都文明办评为2016年十大北京榜样。图为其接受记者采访。

↑ 2015年8月10日，市级专家组到密云区广播电视中心验收高清一期数字化项目。

↑ 2016年10月28日，密云区广播电视中心召开DV信息员研讨会。

↑ 2016年9月20日，密云区广播电视中心记者外拍录制节目。

2016年1月17日，延庆区广播电视中心记者采访“世界雪日”活动。

2016年10月22日，延庆电视台大庄科记者采访大型活动“红色记忆重走长征路”。

2016年4月20日，延庆区园林局葡萄种植专家做客延庆电台《今日农村》节目谈葡萄种植。

2016年4月28日，延庆电视台专题科记者走基层采访。

2016年12月29日，《百姓大舞台》栏目组在演播大厅采录《百姓春晚》。

（区县广电图片：由各区县广电单位提供）

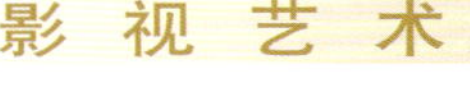

北京永利文化传媒有限责任公司、青春光线有限公司、传递光年影视传媒有限公司、华谊兄弟传媒股份有限公司等联合出品的电影《奔爱》。

北京光线影业有限公司、天津磨铁娱乐有限公司、天津橙子映像传媒有限公司等联合出品的电影《从你的全世界路过》。

北京宸铭影视文化、霍尔果斯青春光线、北京天悦东方文化、竣腾影业（北京）有限公司等联合出品的电影《在世界中心呼唤爱》。

北京光线传媒股份有限公司出品的电影《谁的青春不迷茫》。

彼岸天文化有限公司，北京光线影业有限公司，霍尔果斯彩条屋影业有限公司等联合出品的动画电影《大鱼海棠》。

中国电影股份有限公司、星辉海外有限公司、和和影业有限公司等联合出品的电影《美人鱼》。

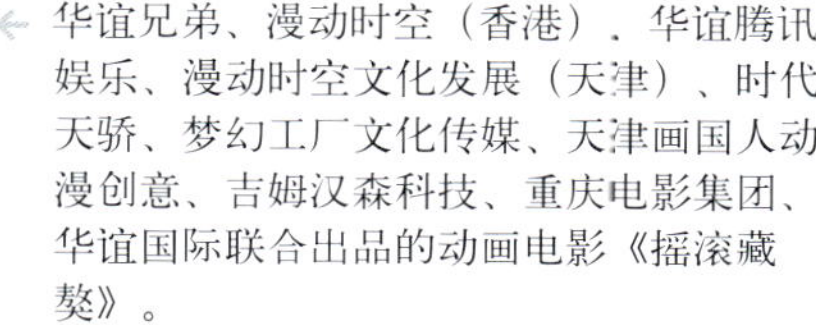

华谊兄弟、漫动时空（香港）、华谊腾讯娱乐、漫动时空文化发展（天津）、时代天骄、梦幻工厂文化传媒、天津画国人动漫创意、吉姆汉森科技、重庆电影集团、华谊国际联合出品的动画电影《摇滚藏獒》。

北京光线影业有限公司、广州蓝弧文化传播有限公司、天津夜线影业有限公司等联合出品的动画电影《果宝特攻之水果大逃亡》。

北京光线影业有限公司、彩条屋影业、北京动感光播文化传播有限公司等联合出品的动画电影《我叫 MT 之勇士战恶龙》。

新丽传媒股份有限公司、工夫影业股份有限公司、万达影视传媒有限公司等联合出品的电影《火锅英雄》。

腾讯影业、青春光线、58同城影业、春天融和、阳光影业、安瑞传媒、群英荟影业等联合出品的电影《少年》。

新线索电影、威秀电影亚洲、青春光线等联合出品的电影《捉迷藏》。

耀莱影视文化、华谊兄弟、摩天轮文化传媒、浙江东阳美拉联合出品的电影《我不是潘金莲 》

华谊兄弟、英皇影业、海南喜悦电影、海南巨艺制梦、大地时代、上海电影（集团）、上海东方娱乐传媒、重庆电影集团联合出品的电影《罗曼蒂克消亡史》

2016年4月16日，海润影视制作有限公司出品的电影《惊天大逆转》剧组在第六届北京国际电影节开幕走红毯。

2016年4月17日，编剧海岩（左）、海润董事长刘燕铭（右）在海润影视制作有限公司2016——2017投资新闻发布会上合影。

2016年4月17日，海润影视制作有限公司在北京君悦饭店举办"海润之夜"时宣布将投资30亿元人民币拍摄18部电影计划。

2016年4月17日，海润影视制作有限公司在京举办2016—2017年投资项目新闻发布会，即将开机影片《纽约人在北京》的监制黄建新（左）、导演杨子（右）、主演马布里（中）受邀上台。

2016年4月26日，由北京紫禁城影业有限责任公司，海润影业等联合出品的电影《纽约人在北京》在北京五棵松体育馆举行开机仪式。

2016年4月27日，由北京紫禁城影业有限责任公司、文漫媒体有限公司、北京正泓文化有限责任公司、中视体育娱乐有限公司共同出品的大电影《谁是球王》在北京举行启动仪式。

电视剧

北京华谊兄弟娱乐投资有限公司出品的电视剧《好久不见》。

北京小马奔腾壹影视文化发展有限公司出品的电视剧《烽火连城决》。

大唐辉煌传媒有限公司、于和伟（上海）影视文化工作室、上海千易志诚文化传媒有限公司、北京光彩世纪传媒股份有限公司、山东星点文化传媒有限公司、浙江限公司、浙江艺能传媒股份有限公司出品的电视剧《下一站，别离》。

大唐辉煌（霍尔果斯）传媒有限公司、大唐辉煌传媒有限公司、煌程影业（上海）有限责任公司、派乐影视传媒（天津）有限公司出品的电视剧《我的爱情撞上了战争》。

北京紫禁城影业有限责任公司、星映亚艺影视传媒有限公司、北京京视传媒有限责任公司联合摄制的四十集电视剧《王子咖啡店》。

北京东方飞云国际影视股份有限公司出品的电视剧《花谢花飞花满天》。

海润影视制作有限公司、东阳悦文嘉瑞影视传媒有限公司、泛亚盛世文化产业投资有限公司出品的电视剧《舒克的桃花运》。

北京电视台出品的 14 集动画片《最可爱的人》。

北京市新闻出版广电局重点扶持作品、北京嘉仁文化传媒有限公司等出品的 43 集电视剧《三八线》亮相 2016 年北京文博会。

北京嘉仁文化传媒有限公司等出品的 43 集电视剧《三八线》剧照。

北京鑫宝源影视投资有限公司、海军政治部电视艺术中心、北京电视台、星梦工场文化传媒有限公司、北京完美影视传媒有限公司等联合出品的 40 集电视剧《深海利剑》。

北京卡酷少儿等原创出品的 26 集功夫题材定格偶动画片《欢乐北极星》。

东方飞云国际影视出品的 42 集电视剧《新萧十一郎》。

北京东方飞云国际影视股份有限公司出品的电视剧《新边城浪子》

北京东方飞云国际影视股份有限公司出品的电视剧《花谢花飞花满天》剧照。

海润影视制作有限公司、北京主题传奇文化传媒有限公司、海宁壹线影视文化发展有限公司、上海新海润文化发展有限公司出品的电视剧《和平饭店》剧照。

海润影视制作有限公司、北京海润新力量影视制作有限公司、云静资本管理（鄂尔多斯）有限公司、北京乐娱文化传媒有限公司出品的电视剧《北上广依然相信爱情》剧照。

克顿影视、丰璟传媒、乐华娱乐等出品，东方卫视、北京卫视首播的54集电视剧《锦绣未央》剧照。

2016年4月24日，由北京紫禁城影业有限责任公司、星映亚艺影视传媒有限公司 、北京京视传媒有限责任公司联合摄制的四十集电视剧《王子咖啡店》在怀柔影视基地开机。

北京儒意欣欣影业、华宇嘲风影视等出品的40集电视剧《我的岳父会武术》剧照。

（影视艺术图片：由北京市影视制作相关单位提供）

2016年12月16日，北京市新闻出版广电局机关党委和工会组织全局党员干部参观通州区城市副中心建设。

2016年10月22日，北京市新闻出版广电局组织2016北京地区编辑、记者资格考试。

2016年8月18日至19日，北京市新闻出版广电局举办北京市新闻出版广电版权系统依法行政培训班。

2016年9月9日，北京市新闻出版广电局监测中心举行党日活动。

2016年3月，北京国际影视交流促进中心被评为“北京市三八红旗集体”。

2016年5月17日，北京广播电视台部署开展“两学一做”学习教育活动。

2016年4月，北京广播电视台工会在广播大厦举办讲座，全台130名工会干部参加培训。

2016年6月28日，北京广播电视台服务中心党日活动参观中国抗日战争纪念馆。

2016年9月20日，北京北广传媒数字电视公司和西城区司法局联合举办公益普法下乡活动。

2016年8月18日，北京广播电视报社组织党员参观焦庄户地道战遗址纪念馆。

2016年3月18日，北京电视艺术中心有限公司工会召开第一届会员大会。

↑ 2016 年 5 月 12 日，北京电台召开"两学一做"学习教育工作会议。

↑ 2016 年 6 月 29 日，北京电台召开纪念中国共产党成立 95 周年大会。

↑ 2016 年 11 月 30 日，北京电台举办十八届六中全会精神专题辅导报告会。

↑ 2016 年 6 月 14 日，北京电台"新媒体内容创新"系列培训拉开序幕。

↑ 2016 年 12 月 16 日，北京电台"非遗时光"培训研讨会在广播大厦举行。

↑ 2016 年 12 月 20 日，北京电台举办第二期播音员、主持人分类业务系列培训。

队伍建设

2016年5月23日，北京电视台召开“两学一做”学习教育动员会。

2016年7月21日，北京电视台党委副书记彭司海讲授“两学一做”专题党课。

2016年6月28日，北京市海淀区新闻中心开展“两学一做”学习活动。

2016年7月8日，北京市石景山区广播电视中心组织党员参观毛泽东同志工作室。

2016年5月20日，北京市门头沟区广播电视中心组织机关党员参观廉政警示教育基地。

2016年11月10日，北京市房山区广播电视中心理论学习中心组召开党的十八届六中全会精神专题学习（扩大）会。

2016年6月24日，北京市大兴区广播电视中心组织党员参观烈士广场，重温入党誓词，缅怀革命先烈的丰功伟绩。

2016年10月17日，北京市平谷区广播电视中心开展记者培训。

2016年4月6日，北京市怀柔区广播电视中心举行2016年度摄像培训班。

2016年8月11日，北京市昌平区纪委常委、研究室主任马源洪为昌平区广播电视中心全体职工讲党课。

2016年5月15号，北京市延庆区广播电视中心全体编辑记者参加高清编辑系统培训。

（队伍建设图片：由市、区广电系统相关单位提供）

文 体 活 动

2016年6月2日，北京市新闻出版广电局工会组织全体职工到首都博物馆参观《五色炫曜——南昌汉代海昏侯国考古成果展》和《王后母亲女将——纪念殷墟妇好墓考古发掘40周年特展》展览。

2016年8月26日，北京市新闻出版广电局合唱队参加北京市直机关第四届文化艺术节歌唱比赛。

2016年9月9日，北京市新闻出版广电局职工参加健步走活动。

2016年11月，北京市新闻出版广电局职工摄影作品《书香中国》在北京市市直机关摄影比赛中获得一等奖。

2016年7月5日，北京市新闻出版广电局传媒机构处和信息中心职工观看纪念战略导弹部队组建五十周年文艺演出。

2016年8月5日，北京市新闻出版广电局工会乒乓球小组举行职工比赛。

2016 年 10 月 15 日，北京广播电视台举行第三届职工羽毛球比赛，图为团体第一名合影。

2016 年 12 月，北京广播电视台组队参加总局第三届职工劳动技能练兵竞赛。

2016 年 10 月，北京广播电视台组织职工双龙峡秋游活动。

2016 年 8 月 19 日，北京北广传媒数字电视公司组织全体员工参观中国室内空气净化科技馆。

2016 年 6 月 14 日，北京广播电视台服务中心参加北京广播电视台职工乒乓球比赛。

2016 年 10 月，北京广播电视报社获北京广播电视台第三届职工羽毛球比赛团体第三名。

文 体 活 动

2016 年 2 月 9 日，北京电台工会举行职工定点投篮比赛。

2016 年 3 月 4 日，北京电台工会为即将到来的三八妇女节举办"职场魅力女性自造"专题讲座。

2016 年 10 月，北京电台工会举办"广播人的记忆"摄影获奖作品展，图为台领导在参观。

2016 年 10 月，北京电台工会举行秋季健步走活动。

2016 年 6 月 18 日，第八届北京电视台乒乓球团体赛在国家体育总局训练局健身中心乒乓球馆举行。

2016 年 3 月 8 日，北京市朝阳区广播电视新闻中心开展"巧手传情庆三八妇女节"活动。

2016 年 5 月 25 日，北京市海淀区新闻中心职工在圆明园进行长走活动。

2016 年 8 月 4 日，北京市石景山区广播电视中心工会组织职工参加羽毛球比赛。

2016 年 3 月 4 日，北京市房山区广播电视中心共青团在“学雷锋”日期间，到房山区儿童福利院看望慰问孤残儿童。

2016 年 12 月 14 日，北京市顺义区广播电视中心工会组织拔河比赛。

2016 年 5 月 12 日，北京市怀柔区广播电视中心代表参加怀柔区第四届全民运动会开幕式。

2016 年 4 月 11 日，北京市昌平区广播电视中心组织全体职工参加“春天里”长走比赛。

（文体活动图片：由市、区广电系统相关单位提供）

目 录

特 载

专项纪事

概　况

大事记

频率频道

节目栏目

产业发展

新媒体

技 术

电 影

电视剧

书报刊出版

受众调查

组织机构

获奖作品

典型经验

交流合作

统　计

人　物

特载

北京市广播影视“十三五”发展规划（摘要）

为贯彻落实依据习近平总书记视察北京重要讲话精神，依据《京津冀协同发展规划纲要》《中共北京市委关于制定北京市国民经济和社会发展第十三个五年规划的建议》《北京市国民经济和社会发展第十三个五年规划纲要》《北京市“十三五”时期文化创意产业发展规划》《北京市“十三五”时期加强全国文化中心建设规划》等，制定本规划。

一、北京广播影视发展现状

“十二五”期间，北京市广播影视围绕中心，服务大局，改革创新，快速发展，在舆论引导、媒体融合、内容生产、公共服务、产业促进、视听新媒体发展、广播影视走出去、体制改革等方面取得显著成绩，整体实力和综合竞争力明显增强。

巩固壮大宣传舆论阵地，舆论引导能力持续增强。“十二五”期间，北京广播影视围绕习近平总书记系列讲话精神、社会主义核心价值观、群众路线教育实践活动、“三严三实”专题教育、党的十八大、全国及北京市“两会”、纪念建党90周年、上合组织北京峰会、APEC会议、中国人民抗日战争暨世界反法西斯战争胜利70周年等，组织系列报道。主题宣传和重大活动报道浓墨重彩、热烈隆重，应急报道引导有力，日常报道导向鲜明，弘扬了主旋律，提振了精气神，凝聚了正能量，发挥了主力军主阵地作用。

媒体建设成效显著，融合发展加快推进。到“十二五”末，北京市共有广播电视台11座，其中市级1座下属北京电台、北京电视台、区级10座；市辖区广播电视站4座，乡镇企事业单位广播电视站48座；广播频率19个（含付费频率2个）；电视频道23个（含高清频道4个、上星频道3个、付费频道11个）。有线电视网传输177套数字电视节目、18套数字广播节目，数字节目和高清节目入户数量均居全国领先地位。媒体融合加快推进，形成了传统媒体和新媒体共同发展的格局，新型主流媒体建设取得重要进展，规模化、集约化发展步伐加快。北京市持有信息网络传播视听节目许可证的机构共123家，占全国总数量的五分之一，位居全国各省市首位，其中一些大型网络视听企业快速发展，在全国乃至全球具有重要影响力。

创作生产持续繁荣，名作精品竞相涌现。“十二五”期间，北京市共出品电影1162部，位居全国首位；电视剧433部15088集，比“十一五”增加了166部6680集；生产动画片91部5.28万分钟，比“十一五”增加了20部2.04万分钟。2015年，北京广播节目总产量达到17.89万小时，较2010年增加3.52万小时，增长24.5%；电视节目总产量为17.97万小时，较2010年增加了9.54万小时，增长113.17%。

惠民工程扎实推进，公共服务体系建设不断升级。广播电视村村通、户户通任务全面完成。有线电视网络双向化改造基本完成，截至2015年12月底，全市有线电视用户569.13万户，高清交互数字电视用户占84%，位居全国城市首位。电影公益放映在城乡全面普及，截至2015年12月底，北京市累计放映公益电影17.79万场，比“十一五”期末增长了81%，观影人次达4679.47万人，比2011年增长了310%。公益性广播影视内容生产、播映的扶持与指导管理切实加强。

广播影视产业规模和经济实力显著增强。“十二五”期间，北京市广播影视产业发展势头强劲，融资服务、交流交易、企业集聚三大平台建设取得重大进展。截至2015年年底，北京共有广播电视节目制作持证机构3848家，占全国总数量的三分之一以上，比“十一五”末增长210%；院线、影院建设全国领先，共有电影院线23条，电影院182家，银幕1050块，相比“十一五”末分别增长了76.92%、78.4%和105.9%，每十万人拥有4.9块银幕。广播电视节目制作生产市场体系基本形成。到“十二五”末，北京市民营影视企业为3658家，占全市广电企业的95.1%；民营影视企业注册资金规模占总额的77.75%，从业人员占全行业的74.54%。“十二五”期间，北京市广播影视交流交易活跃，各类国内外影视节展搭建影视节目交易平台。北京国际电影节共签约411.64亿元，第五届签约总额比第一届增长近4倍。北京影视产业园区建设取得重大进展，成为企业孵化、人才培训和资讯交流的一流平台，制作技术水平进入国际领先行列。

影视出口规模和国际化水平国内领先，参与全球文化竞争的战略区域地位凸显。“十二五”期间，全市有多家广播影视企业被列为国家文化出口重点企业，有多个广播影视项目被列为国家文化出口重点项目；电影出口数量占全国的1/4左右，电视节目出口数量占全国1/4强。北京广播影视走出去成效显著，有关企业通过建网、租赁、收购、兼并、购买播出时段等方式在境外开展网络传输和节目直播，成为我国广播影视走出去的排头兵。

广播影视体制改革不断深化，行业管理进一步规范。整合组建成立北京广播电视台，一批产业运营完成转企改制，成为合格市场主体。影视剧本审查、备案管理体系基本健全，网络视听内容管理不断完善。广播电视节目制作经营持证机构、卫星电视节目管理进一步规范，退出机制基本形成。播出传输安全保障能力和监管水平进一步提升，集监测监控、指挥调度、预警发布等功能于一体的广播电视安全播出保障技术体系基本建成。广电行业人才选聘、培养和准入退出机制基本建立，人才结构进一步优化。

“十二五”时期，北京广播影视取得了显著成绩，但整体发展状况与首都在全国的重要地位不匹配，与承担的职责和使命不相适应，一些问题亟需改进。一是北京广播影视综合实力、影响力和竞争力同首都的要求还有着较大差距，缺乏引领全国广播影视发展的频率频道与节目品牌。二是传统媒体与新兴媒体融合发展滞后，新型主流媒体和新型媒体集团建设亟待加速。主流媒体占领互联网这个宣传思想主阵地和舆论斗争主战场的能力亟待增强。三是广播影视节目和网络文艺创新能力不足。有数量缺质量、有“高原”缺“高峰”等现象还比较突出，难以满足人民群众多层次多样化的精神文化需求。四是广播影视和网络视听节目服务的结构性问题比较突出，尚处在较低水平的供求平衡，供给的适应性、灵活性和有效性不足。五是广播影视和网络视听节目服务发展还存在体制机制障碍。

二、指导思想和总体目标

(一)指导思想

高举中国特色社会主义伟大旗帜，以邓小平理论、“三个代表”重要思想、科学发展观为指导，深入贯彻党的十八大和十八届三中、四中、五中全会精神，深入贯彻习近平总书记系列重要讲话精神和中央重大部署要求，按照“五位一体”总体布局和“四个全面”战略布局，以创新发展、协调发展、绿色发展、开放发展、共享发展为主题，以加快传统媒体与新兴媒体融合发展为主线，以体制机制和供给侧结构性改革为动力，以培育和弘扬社会主义核心价值观为根本，以满足人民群众精神文化需求为出发点和落脚点，立足国内，面向国际，实施重点项目驱动战略，全面推进北京广播影视转型升级，夯实基础、补齐短板、增强活力、提高效能，围绕中心，服务大局，奋力开创北京广播影视繁荣发展新局面，为落实首都城市战略定位、加快建设国际一流的和谐宜居之都提供强大的价值引领、精神动力和文化条件。

（二）总体目标

按照实现全面建成小康社会的目标要求，根据首都城市战略定位，推动北京广播影视全面发展，成为全国广播影视繁荣发展的排头兵。“十三五”期间，北京广播影视发展目标是：

——广电媒体融合发展取得突破性进展。首都大媒体平台建成并高效运行，广电媒体的舆论引导能力、传播力、影响力大幅提升。北京广播电视台成为立足首都、影响全国、走向世界的新型主流媒体和新型媒体集团。适应新传播环境的舆论引导机制进一步健全。

——现代广播影视公共服务体系全面升级，有效供给水平显著提高。地面数字电视、数字广播全面覆盖，高清交互数字电视服务基本覆盖北京市有线电视用户，市、区两级节目制播全部高清化，网络视听节目公共服务机制基本建立，公益电影放映惠及城乡各类人群。

——广播影视创作和网络视听节目创作取得重大进步。数量稳步提高，质量显著提升，影视与网络内容“北京制作”品牌基本形成。实施“5个50”计划，包括50部优秀电影、50部优秀电视剧、50部优秀动画片、50部优秀纪录片、50位杰出影视创作人才。

——视听传媒产业实现跨越式发展，成为国民经济重要组成部分。打造几家具有全球影响力视听传媒产业企业集团和一批具有全国影响力的视听传媒企业。北京成为全国视听传媒产业中心和影视制作中心。到“十三五”末，北京视听传媒产业营业收入在2015年基础上翻一番，在GDP中的比重由2015年的2%达到3%。有线电视用户全面实现高清化，并与IPTV形成差异化运营。平均每万人拥有银幕接近1块，各乡镇实现影院全覆盖。传媒产业各环节协同发展，节目版权产业高速增长。

——全球传播能力显著增强，国际地位明显提高。全球影视产业资源加快向北京集聚，到“十三五”末，北京成为国际影视产业基地、国际影视后期制作基地和国际主要语种译制中心。北京主要影视企业实现全球业务布局，全球化进程加快，北京成为全球影视中心之一。

三、主要任务

（一）坚持新闻立台，全面提升新闻宣传和舆论引导能力

以加强新闻宣传为核心，以强化舆论引导为目的，优化频率频道和节目结构。巩固并建立“三贴近”和“走转改”常态化工作机制，不断创新宣传形式方法，增强宣传报道的亲和力、感染力，提高宣传的到达率、有效性。加强重大主题、重大活动报道策划，持续推出“中国梦”、社会主义核心价值观、全面建成小康社会、国家和北京市国民经济和社会发展第十三个五年规划、京津冀协同发展、法治中国首善之区建设、2022 年北京冬奥会筹备等重大主题报道，讲好中国故事、讲好首都故事，增强社会认同、做好社会动员，营造良好舆论氛围。

（二）加快推进传统媒体与新兴媒体融合发展，加强新型主流媒体和新型媒体集团建设

全面实施媒体融合发展战略。北京广播电视台要按照媒体发展规律，坚持首善标准，流程重组、机构再造，积极推进理念观念、体制机制、管理方式创新，打造成为新型主流媒体。发挥新技术新应用的引领作用，提高全流程数字化水平，实现多方资源的共享和开发，形成多样传播形态、多元传播渠道、多种平台终端的新型立体传播模式。

实施“广电+”行动和“宽带广电”战略。推动广播电视从技术、内容到业务、形态、功能等各方面的转型升级，加速推进北京歌华有线电视网络股份有限公司从有线网络运营商向综合信息服务商转型，构建“内容+平台+渠道+终端”完整产业链，形成“广电+”生态。推进广播电视受众向用户转变、节目向产品和服务转变、渠道向平台转变、业态向生态转变，将传统主流媒体的传播力、影响力、公信力和舆论引导力快速覆盖移动端、网络端，占领舆论主阵地，掌握融合发展的主动权、主导权。

新兴媒体全面发展。互联网等新兴媒体进一步发挥移动、社交、互动等传播专长，将新兴媒体领域的创新成果与传统广播影视深度融合，积极探索业态创新。发挥民营视听新媒体企业高度聚集优势，鼓励民营企业与广电媒体展开更深层面的合作，通过优势互补、协同创新，打通并整合资源、市场和用户，凸显新兴媒体在媒体融合发展中的重要作用，为全国媒体融合发展提供支持。

（三）全面提升内容创作能力，实现数量质量齐增

大力实施精品战略。深化社会主义核心价值观宣传和“中国梦”主题精品创作活动，加强对全面建成小康社会实践等重大现实题材和爱国主义题材的立项规划和资金支持，立足国家文化中心的资源优势和战略高度，打造彰显时代特色、中国精神、北京风格的扛鼎之作，建构影视“北京制作”品牌，讲好中国故事，弘扬主旋律，传播正能量，以优秀作品带动创优氛围，用更多优秀作品支撑和促进文艺繁荣发展，形成源源不断出精品的良好态势。

全面推进内容创作能力建设。广播电视台建立促进创新创优长效机制，释放内部创作生产活力，推出一批符合定位、有影响力的自制专业节目，加强原创节目研发，探索原创模式开发，更好地带动广播电视专业化建设、品牌化发展。进一步解放和发展广播影视生产力，充分发挥北京多元市场主体的重要作用，在政策许可范围，鼓励社会力量参与影视节目、网络视听节目制作、营销，广电机构、国有企业与民营企业优势互补、加强合作，支持内容创作工作室和小微企业发展，鼓励开展内容制作的众创、众包、众扶、众筹活动，形成大众参与的新局面，共同提高标准化、规范化、专业化生产水准，繁荣内容创作生产。

优化内容创作生产引导机制。进一步强化政府的主导作用，营造内容创新创优的良好氛围。进一步做好优秀原创剧本、项目、作品的评选、推介、展播和专项扶持工作，有效发挥政府资金示范引领作用和乘数效应，鼓励企业和资本进入内容创作生产领域，设立内容创作引导政府专项资金和投资引导基金，推动形成鼓励原创、扶持精品的调控激励机制和鲜明政策导向。坚持社会效益放在首位、实现社会效益与经济效益相统一，利用广电大数据创新并完善收视听率调查体系，进一步健全广播电视节目综合评估体系，将综合评估结果与奖惩机制挂钩，明确倡优抑劣的发展导向。

加大对公益服务类节目、文化类节目和公益广告的扶持力度，加大对纪录片、动画片以及网络视听节目的规划、引导和扶持，扩大制播比例。坚决把住审查关、播映关、准入关，绝不给有害作品提供传播渠道，为优秀作品提供更多、更好的播映时段和空间，用面向全媒体、全终端的多元精品力作丰富人民的精神文化生活。

（四）推进广播影视公共服务全面升级，不断提升有效供给能力

进一步实施重点惠民工程。巩固和提升村村响、户户通的质量和效果，引导有线网络应用和服务创新，拓展公共服务内容供给，提升公共服务品质和北京信息化服务水平。创新农村电影放映工程，实现农村乡镇影院全覆盖。

大力提升公共服务能力和水平。确定与首都经济社会发展水平相适应、具有前瞻性的广播影视基本公共服务范围和标准，明确公共服务的种类、数量、质量等方面的要求，以加强远郊农村地区和弱势群体的广播影视服务为重点，保证广播影视发展成果惠及城乡广大群众。

提高精准服务能力。广播影视公共服务建设与基层综合性文化服务中心建设有机结合，提高资源利用率。建立健全多终端的公共文化服务大数据采集系统，推动文化信息资源共建共享，促进广播影视公共服务升级。采取“菜单式”“订单式”服务，实现供需有效对接。为本市的老年人、未成年人、残疾人、农民工、外来常住人口等群体提供特色影院、社区电影等更加精准、有特色的广播影视公共服务。

（五）加快构建广播影视产业新体系，促进产业发展向质量效益型转型

加快广播影视产业转型升级。积极拓展发展空间、扩大发展规模，以产品创新、业态创新、技术创新、模式创新、市场创新、管理创新培育新动能新引擎，打造一批有实力、有竞争力的国有和国有控股骨干企业，引导非公有制企业良性有序发展，努力构建广播影视产业新体系，向创新能力强、质量效益好、结构布局合理、供需匹配度高、可持续发展能力和国际竞争力明显增强的方向发展，为北京经济增长提供动力，为国民经济健康发展、产业结构优化提供坚实支撑。

加快推动重点产业发展。进一步发挥广播影视内容产业的核心优势，大力繁荣电影、电视剧、影视动画、纪录片、网络视听节目等内容和服务产业，把优结构、提质量作为发展重心，做好广播影视供给侧结构性改革。积极培育并大力发展版权产业，推动版权产业成为带动北京广播影视产业高质量增长的新动力。增强广播影视机构版权保护意识，提高版权管理水平，提升版权价值和战略地位。以广播影视内容产业为纽带发展衍生产业，进行版权多层次开发与多价值实现，升级盈利模式，反哺内容生产，实现良性可持续发展。充分利用北京国际电影节等影视节展的国际文化交流品牌发展版权产业，进一步完善和发挥北京市版权交易平台的功能，加强版权交易平台之间的合作交流和差异化发展，借地缘优势打造“版权之都”。

充分发挥影视产业园区集中的优势。京津冀影视产业园区相对集中，聚集大量广播影视企业、优质资源要素，要统筹京津冀发展定位和发展规划，根据已有和在建园区、聚集区的情况，构建影视制作协同发展合作机制，对接三地政策、规划和项目，进一步调整优化影视产业园区功能，避免重复建设带来的资源无效投入，为广播影视企业的入驻、迁出提供必要的业务指导、政策支持和对接服务。健全影视产业园区管理体系，打造影视融资平台、交流与交易平台、研发与孵化平台、知识产权保护平台，实现园区间资源共享、企业连接，通过专业化分工、差异化联合，共建产业链、共享产业生态，优化京津冀广播影视产业空间布局、辐射带动全国广播影视产业转型升级。

发挥政府作用，健全产业体系和市场机制。充分发挥市场的主导作用和企业的主体作用，更要发挥好政府作用。强化政策的宏观调控和竞争激励功能，鼓励各类市场主体公平竞争、优胜劣汰。发挥政府产业投资引导基金作用，进一步推动金融资本、社会资本与广播影视产业资源有机结合，建立多元化的广播影视投融资体系。健全全媒体内容的版权创造、运用、管理和保护机制，依法打击侵权盗版盗播盗链行为，更好发挥首都版权产业联盟等行业组织的积极作用。

（六）大力推动广播影视科技创新应用，充分发挥科技创新的支撑引领作用

大幅增强广电融合媒体制播和服务能力。进一步加快广播电视全媒体数字化网络化制播技术、全台网技术与云计算、大数据、物联网等新技术的融合创新，整合技术资源，积极推进广播电视台全媒体内容制作和媒资管理一体化，推进智能异构、开放透明、绿色安全的广播电视全台网建设。适应融合媒体的多屏联动和协同特点，加快推动广电融合媒体制播云与广电融合媒体服务云的协同联动融合创新，积极构建广电媒体云。至“十三五”末，全市广播电视媒体全面实现数字化网络化，北京广播电视台建立融合媒体制播云平台、集成服务云平台和全台网，播出频道实现全高清化并探索开播4K超高清试验频道。

推进宽带广电和智慧广电建设。加速有线网络光纤化基础设施建设，统筹同轴电缆入户和光纤入户，全面提升有线宽带速度，建设全业务资质、全网络覆盖、全终端服务、全媒体内容的首都宽带广电平台，提升业务承载能力，巩固全国高清交互数字电视用户规模领先优势，进一步丰富基于宽带广电网的多屏互动业务和功能。以TVOS为支撑，推动广电终端融合发展和终端标准化智能化建设，大力拓展智慧城市、智慧社区、智慧家庭等综合信息服务，为首都文化产业、现代服务业发展提供融合服务支撑。依托三网融合业务经营许可与下一代广播电视网(NGB)融合业务平台实验室建设优势，抓紧突破关键技术、创新融合业务。加速三网融合全业务布局与结构优化，促进围绕NGB宽带接入技术的产业链发展，建设全业务融合平台。

加强电影科技创新应用。加强电影高新技术的创新与应用研究，不断提升影院建设水平，加大3D、巨幕影厅的建设力度。提升电影制作生产、加工存储、发行放映、市场监管以及与相关产业的融合发展等方面的科技水平，进一步推动电影全流程的现代化、智能化发展。推动公益电影放映交易服务平台、卫星传输分发系统、放映设备和用户终端设备等的技术升级，提高公益放映服务能力和质量水平。

（七）大力推动北京广播影视走出去，更好服务于国家外交战略

加强北京广播影视国际合作交流。紧密服务国家外交、外宣、外援战略布局，进一步加大广播影视产品和服务走出去力度，北京广播影视先行，成为落实“丝绸之路影视桥工程”和“中非影视合作工程”等重点工程的排头兵。加强主流频道境外落

地工作。增强国际视野，从广播影视节目策划、制作的源头就统筹考虑海外传播特性，加强影视译制基地建设，强化译制环节，使广播影视内容走出去更顺畅。提升影视剧、动画片、纪录片等出口规模，推动传播中国精神、承载中国文化的作品进入国际主流市场，扩大国际市场份额，提升国际话语权。

加大对民营企业走出去的支持力度。坚持政府推动，注重发挥企业主体作用，总结并推广现有民营企业走出去的成功经验，支持有实力的国有广电企业和民营企业以合资、合作、参股、控股等更灵活多样的方式加快国际化发展进程，提高首都广播影视产业的国际化水平。创新走出去方式，探索广电媒体带动广大中小型民营影视企业一起走出去，同等条件下节目的外包制作、发行等环节优先选择与国内企业合作。借助互联网、移动互联网等新兴媒体，拓宽走出去的渠道和方式，并逐步建立健全海外传播动态数据库，提升走出去的效果，提高走出去的效率。积极发展广播影视走出去中介机构，建立走出去综合服务平台，促进走出去资源整合。

实施广播影视国际传播的“北京行动”。从中国影响力塑造的角度，发挥北京世界知名都市、国际性区域中心城市的品牌优势，办好北京国际电影节、北京电视节目交易会、北京文博会等大型节展活动，利用参与海外影视节展、组织海外展播季等活动积极宣传推介，提升北京影视节展的国际关注度和市场竞争力，在政策许可框架内，加强国际交流合作，构建首都开放型广播影视产业发展模式，努力将北京打造成为全球影视中心，全球资源为我所用，本土内容全球传播。

（八）建立健全京津冀人才一体化机制，加强广播影视专业人才队伍建设

加强广电媒体的人才支撑。广播电视媒体要在用人制度、激励措施等方面与人才市场对接，积极探索人才制度改革，建立适应市场发展、符合媒体特色的人才制度，创新激励措施，加强对创新性、复合型人才及新媒体新业务人才的在职培训。吸引人才、培养人才、留住人才、用好人才，为媒体持续健康发展提供有力支撑。

促进京津冀人才一体化，打造全国广播影视人才中心。建立京津冀主流媒体、行业协会、国有与民营制作机构、大专院校等多方联动合作机制，促进人才互通互促和智力共享，借助京津冀三省市人才供求信息网和高级人才数据库，定期发布广播影视人才需求信息，推动人才中介组织和市场建设，为人才在区域内合理流动创造良好环境。建立从业人员培训合作机制，组织创作生产、经营管理等各类专业研讨，开展广播影视从业人员互访式、代培式培训活动。共同推进国际、本土优秀人才引进，优化人才配置，发挥京津冀作为中国广播影视人才资源聚集重要基地的独有作用，为全国和全球提供专业化的广播影视服务。

（九）建立健全一体化监管体系，提升全媒体安全保障水平

加快建设“五位一体”和新型融合监管体系，实现“技术监测、节目监管、视听新媒体监管、安全播出、信息安全”五位一体，适应媒体融合发展趋势，建成传统媒体与新兴媒体一体化监测监管体系，全面提高综合安全保障能力，建立集安全播出、监测监管、指挥调度于一体的统一监管平台，确保广播电视安全播出和网络信息安全。加强对技术创新和网络分享模式创新的适应能力，运用云计算、大数据技术，加强面向不同终端的音视频节目监管，重点是

网络视听节目的监测监管，保障三网融合环境下内容源的安全可控，营造健康良好的发展环境。提高及时应对各类突发事件和自然灾害的能力，确保播出安全。建立信息安全重大事件、突发事件的预警和处置机制。促进广告融合管理，健全广告一体化监管系统。规范视听新媒体的广告活动，提高监管的针对性和有效性，大力整顿虚假违法广告。提高农村电影服务和城市电影服务技术和质量监测能力，通过有效监管规范电影市场秩序。

四、保障措施

（一）加强组织领导

北京广播影视工作政治性、政策性强，加强党的领导是完成北京广播影视各项任务的根本保证。坚持党管意识形态、党管媒体，坚定不移地贯彻执行党的路线方针政策，始终强化政治意识、大局意识、责任意识和阵地意识、导向意识。北京各级广电部门要健全领导体制和工作机制，切实将规划的实施列入重要议事日程。北京新闻出版广电局负责本规划的统一协调和宏观指导，制定各项任务的具体实施方案，建立规划实施情况的检测、评估、考核机制。

（二）全面深化改革

完善广播影视管理模式。理顺政府与事业、事业与企业、公共服务与市场服务等方面的关系，实现由广电管理向广电治理的转变。更好地发挥政府作用，健全政策引导机制，提高广播影视行政效能；更好地发挥市场机制作用，促进产业发展与市场机制的全面对接，激活市场活力和社会创造力。进一步推进政企、政事分开，简政放权，放管结合，优化服务，分类施策，分步推进。

实施广电供给侧结构性改革，进一步解放和发展广播影视生产力。充分发挥市场机制作用，鼓励民营企业依法进入更多领域，鼓励社会资本投资部分广播影视产业和控股参与国有影视机构改制经营，全面激发市场活力。支持广播影视小微企业发展，推出孵化培育计划，开辟市场蓝海，鼓励其特色化、专业化经营。

（三）完善配套政策

落实好国家和北京市已有的关于深化文化体制改革和支持文化产业发展的各项政策。贯彻实施国家有关公共服务指导意见。贯彻落实财政、税收、专项资金、评奖评优等多项优惠政策，包括对项目的补助、贷款贴息、保费补贴、绩效奖励，对影视作品生产交易出口的营业税、增值税、所得税给予减免等。

（四）加强人才队伍建设

实施人才兴业、人才强业战略，打造国内一流、世界知名的广播影视人才基地。强化广播影视引进机制，协调相关部门从户籍、社保、房产、教育、信用等多方面建立健全激励机制，打造国际人才高地。对个别特殊专业技术岗位的人才招聘，可打破学历、职称、身份、国别等限制。建立国际、国内、京津冀区域范围内广播影视人才流动机制，探索特殊人才项目制聘用和非全职聘用机制,推动人才中介组织和市场建设，为人才有序流动创造良好环境，同时建立培训合作机制和互访式、代培式培训活动。强化影视人才联合培养机制，加强与国内外高校、影视机构等单位的合作，围绕重点项目和基础工作举办各类专业技能培训。深化人事制度改革，健全人性化、科学化、弹性化的用人机制，做到能进能出、能上能下，抓好培养、吸引、使用人才三个环节，进一步优化培养人才、吸引人才和使用人才的氛围。

专项纪事

第六届北京国际电影节举办

第六届北京国际电影节由国家新闻出版广电总局和北京市人民政府主办，国家新闻出版广电总局电影局、北京市新闻出版广电局（北京市版权局）、北京市怀柔区人民政府和北京北控置业有限责任公司承办，于2016年4月16日至23日在北京举办。来自50余个国家和地区300余家中外电影机构、1.5万名中外嘉宾和百万人次首都各界群众参加电影节，289家境内外媒体1623名记者进行了全程跟踪报道。

电影节秉承“共享资源、共赢未来”的活动宗旨，坚持“大师、大众、大市场”的风格特色，组织了开闭幕式、北京展映、电影市场、主题论坛、电影嘉年华等主体活动，以及电影音乐会、新片发布、电影沙龙、行业对话、特约活动等340余项活动。组委会紧紧围绕推动中外文化交流、促进电影产业发展、服务首都文化建设的功能定位，在主体性、多样性、国际性、创新性和高端化、市场化、专业化、大众化方面持续发力，影片质量、展映票房、嘉宾星光度、论坛专业性、市场交易、品牌影响力全面超越往届水平。

开幕式：向世界发出邀请

4月16日，第六届北京国际电影节在北京雁栖湖国际会展中心隆重开幕。

典礼以“北京邀请你”为主题，突出主体性，以“高端品质、电影情怀、中国精神”为创作基调，通过“致电影”“致北京”“致时代”“致观众”4个篇章，以电影叙事和有故事的舞台为创作原则，呼应冬奥会的申办成功，完成“天坛奖” 七大评委亮相、评委会主席讲话、15部入围影片推介等议程，表达了对电影大师的尊崇、对电影观众的感谢、对文化北京的眷念、对时代经典的感怀、对电影未来的祈福，展示中国文化的魅力。来自世界各地的国际知名电影节主席、驻华使节、电影人和电影制片机构，电影市场、论坛嘉宾代表以及新闻媒体记者等1500余人参加开幕式。

北京展映：春天，来北京看世界最好的电影

第六届北京国际电影节“北京展映”于4月8日至4月23日举行，在全市25家商业影院、学术机构及5所高校展映500余部、1000余场次中外影片精品，观影人数达22万人次，热门影片一票难求。

针对当前电影扎堆创作、同质化创作的问题，为培育多层次、差异化的电影市场，向观众提供更多电影类型的观赏机会，展映影片在精选近两年的热门商业电影之外，按照“主流关注”“作者力量”“多元视角”“中国故事”“民族电影”“经典京剧电影”等20个单元进行策划，充分体现“多国别、多类型、多主题”的特色，既有不同时期的经典电影作品，有与各国使馆或文化机构合作举办的国别电影周活动，有向大师致敬的重磅节目外，也展映了中国经典作品和新人新作，配合组织50余场主创见面会，拉近观众与电影的距离。

电影论坛：电影大师来京论道

第六届北京国际电影节北京策划•主题论坛倡导通过中国电影讲“好故事”，提升中国电影创意空间和全球语境下中国文化的银幕魅力，多维度探讨、剖析、透视中国电影产业和世界电影产业的发展趋势和方向，聚焦前沿话题，在业内产生广泛影响，形成行业热点。

“中外电影合作论坛”“中国电影衍生产业高峰论坛”“探寻电影之美高峰论坛”邀请到《天堂电影院》导演吉赛贝·托纳多雷，美国导演、演员娜塔莉·波特曼，《怪物史莱克》华裔美国导演许诚毅，美国制片人詹姆斯·沙姆斯，英国制片人伊恩·史密斯，博纳影业董事长于冬等重量级嘉宾出席，围绕“国际合作制片经验分享”“电影衍生品的市场发展趋势”“互联网背景下中国喜剧电影的演变”等众多话题展开精彩对话，专业思维碰撞，形成行业热点，现场一座难求，场面热烈。

电影市场：构建中外电影发展的“产业孵化器”

电影嘉年华是电影娱乐体验的欢乐盛会。除了买票进影院看电影，北京国际电影节还为爱好电影的北京市民准备了丰富的电影嘉年华活动。4 月 9 日至 5 月 8 日，第六届北京国际电影节电影嘉年华在北京怀柔雁栖湖·国际会都和中国（怀柔）影视产业示范区举办。活动场地安排采取“一主一分”模式：一主是雁栖湖景区，与电影节开幕式、闭幕式场地北京雁栖湖国际会展中心遥相呼应；一分是怀柔影视城。

雁栖湖景区作为本届电影嘉年华主场地，从方案策划、场地安排、活动周期到内容编排都做了精心准备。由于今年恰逢世界动画电影诞生 110 周年，活动以动漫为主题，体现“同乐·童趣·回归”，设计了打造动漫明星、动漫音乐、动漫美食、动漫跨界、动漫智趣 5 大嘉年华活动板块，汇集了音乐演出、动漫电影展映、动漫明星互动、COSPLAY 秀等，并新增了萌宠乐园、青年微电影展映征集、汽车电影等创新体验项目，让游客徜徉在 110 年的动画电影世界里，充分领略和体验动漫二次元世界的别样精彩。丰富多彩的活动深受家长和小朋友喜爱，吸引数十万市民参加。

电影论坛：电影大师来京论道

第六届北京国际电影节电影市场活动以“创新”为核心理念，为参展企业提供项目路演、新片发布、战略发布、论坛对话、沙龙、酒会等多种解决方案，满足国内外电影机构对品牌、业务及项目宣传需求，利用票房大数据、影视科技、虚拟现实技术，支持和鼓励反映产业发展新趋势、新技术的电影推广。第六届电影市场展会火爆，签约项目覆盖范围更加广泛，签约金额 163.31 亿元，再创历史新高；着力发展项目创投，打造集投资、制作、营销、宣发于一体的综合交易平台，孵化具有市场潜力的优秀电影作品，已经成为业界普遍认可和国内领先的电影新人孵化器；广泛吸纳各企业机构“行业对话”“特约活动”，交流、分享电影热点、焦点话题。

电影嘉年华：特色活动 亮点纷呈

4月9日至5月8日，第六届北京国际电影节电影嘉年华在北京怀柔雁栖湖·国际会都和中国（怀柔）影视产业示范区举办。

2016年恰逢世界动画电影诞生110周年，电影嘉年华活动以动漫为主题，体现“同乐·童趣·回归”，设计了动漫明星、动漫音乐、动漫美食、动漫跨界、动漫智趣五大嘉年华活动板块，汇集了音乐演出、动漫电影展映、动漫明星互动、COSPLAY秀等，并新增了萌宠乐园、青年微电影展映征集、汽车电影等创新体验项目，让游客徜徉在110年的动画电影世界里，充分领略和体验动漫二次元世界的别样精彩。丰富多彩的活动深受家长和小朋友喜爱，吸引数十万市民参加。

闭幕式暨颁奖典礼：打造光影盛宴

4月23日，第六届北京国际电影节闭幕式暨“天坛奖”颁奖典礼举办，组委会公布了第六届电影节活动成果，揭晓、颁发北京电视台“天坛奖”各大奖项。典礼重点突出电影元素，不仅邀请了中外著名歌手重新演绎了多首经典电影歌曲，还利用双层影响投影、全息投影等7种世界顶尖影像技术，在现场打造梦幻光影世界。

“天坛奖”评奖：天人合一 美美与共

由北京电视台主办的“天坛奖”共收到来自42个国家和地区的433部影片报名参赛，参评影片质量和水平都有很大提高，其中不少影片是全球首映或亚洲首映。经过四轮筛选，来自12个国家的15部影片入围提名。

应“天坛奖”组委会盛情之邀，7位来自世界各地的重量级电影人齐聚北京，组成“天坛奖”国际评奖委员会。美国著名导演、制片人布莱特·拉特纳担任评委会主席，中国香港导演陈德森、德国导演弗洛里安·亨克尔·冯·多纳斯马、罗马尼亚导演柯内流·波蓝波宇、日本导演泷田洋二郎、波黑导演丹尼斯·塔诺维奇、中国演员许晴担任评委。

经评委会认真观影、集中讨论，最终评选出最佳影片奖、最佳导演奖、最佳男主角奖、最佳女主角奖、最佳男配角奖、最佳女配角奖、最佳编剧奖、最佳摄影奖、最佳音乐奖和最佳视觉效果奖。

本届“天坛奖”最大赢家是阿根廷电影《帮派》，一举获得了最佳编剧、最佳女主角和最佳影片3项大奖。最佳导演奖授予了丹麦导演克里斯蒂娜；最佳男、女主角分别授予《地雷区》演员路易斯·霍夫曼、《帮派》演员多洛莉丝·房兹；最佳男、女配角奖分别授予《师父》中的演员金士杰、《命运女神》中的演员可捷万·特斯克哈卡娅，最佳视觉效果奖授予中国电影《滚蛋吧，肿瘤君》。评奖结果专业权威，实至名归。

相关活动：异彩纷呈

组委会秉持开放办节理念，除主体活动和“天坛奖”评奖外，还吸纳、组织了电影音乐会、“注目未来”单元、纪录单元、新片发布、行业对话、网络电影单元等相关活动，各电影节、基金会也积极在北京国际电影节平台举办活动。相关活动兼具专业性、大众性，线上线下全覆盖，业界人士和影迷群众反响热烈。

（北京国际影视交流促进中心）

北京新媒体集团揭牌成立

2016年4月12日，北京新媒体集团及其所属北京新闻媒体有限公司、北京时间股份有限公司在北京电视台新媒体大厅举行揭牌仪式。北京市委常委、宣传部部长李伟，中宣部改革办主任黄志坚，中国记协书记处书记祝寿臣，中央网信办新闻传播局副局长孙凯出席仪式并为三家公司揭牌。“北京时间”网站及其移动客户端产品于当日同步亮相，北京新媒体集团联合北京市16区、全国14省区市共同发起参与、历时三季的大型互联网慢直播——“北京时间 花开中国”也正式拉开帷幕。

北京广播电视台以其新媒体业务板块为基础，与市文资办共同出资，合力组建“北京新媒体集团”。按照“一个平台、多点突破”的新媒体发展思路，集团作为北京电视台新媒体业务唯一出口、汇集全市媒体资源的统一平台，发挥网上主流媒体作用。与此同时，集团与互联网平台级企业奇虎360在资本层面深度合作，合资成立“北京时间股份有限公司”，与集团旗下“北京新闻媒体有限责任公司”形成整体合作模式，利用北京电视台及市属主流媒体强大的内容资源，共建包括“内容、渠道、平台、服务”在内的互联网媒体生态系统，打造北京市互联网科技孵化基地。

北京新媒体集团的组建走出一条媒体融合发展的开创性路径：以北京网络广播电视台为基础平台，依托北京电视台独特的视频内容优势，与奇虎360科技有限公司的渠道优势相结合，以强强联合实施内容生产与技术研发双轮驱动，以强大的流量助推新闻视频资讯传播，快速占领信息传播的制高点，赢得舆论的主动权、主导权。北京新媒体集团是全市支持新媒体发展的“一个平台”，将与北京电视台彻底剥离转制，确保市场化运作，激发其强大活力，最终反哺北京电视台，服务于全市传统媒体。

为迎接新闻资讯视频迅猛发展的未来，北京新媒体集团定制了“北京时间”APP。作为一款以资讯视频为核心的新闻客户端，“北京时间”将以新闻直播、云记者、短视频为突破口，强调差异化，用“永无止境”的全新理念打造视频领域的特殊产品特点。

“北京时间”整合全球权威媒体、数万家优质自媒体内容，有刷不完的新闻资讯，用户可以像刷“朋友圈”一样“刷”新闻。利用智能新闻资讯推荐系统，依托360大数据平台，“北京时间”随时为用户智能推荐图文、视频和直播，能看、能听、能互动，打造千人千面的手机电视台，用专业新闻视频团队做深度内容支持。

在自媒体时代，“北京时间”还为广大用户提供展示自我的平台，传播优质正能量的内容就可能拥有成为大V的机会。通过海量自媒体频道的自由上传，大家可以做自己发布内容的主编，体现创作应有的价值。

（北京广播电视台）

北京动画亮相昂西动画节

由北京市新闻出版广电局主办、北京电视台卡酷少儿卫视和卡酷传媒有限公司共同承办、国内知名动漫企业参与的“北京·动画梦”专场活动2016年6月亮相法国昂西国际动画电影节。活动期间，北京代表团在动画节现场核心区域设置展位，对国产顶级动画作品进行展览推介、签约交易；举办“北京·动画梦”主题沙龙，与各国动画行业管理和产业发展人士就动漫创作、发行合作等项目进行深入交流。

昂西国际动画节是世界上最早的动画节，被誉为“动画奥斯卡”。其下设动画长篇、动画短片、电视动画等奖项。动画节包括面向儿童观众的露天上映会、主题作品企划展览、商业动画洽谈会、主题商业论坛等多项活动。

本届国际动画节全球共有来自63个国家、555家参展商参展，设立55个精英展台。北京市新闻出版广电局首次以政府名义派人赴法国昂西出席展会，既为了与各国同行交流沟通，拓展动画交易市场，也为了拓宽国产原创动画视野和领域，助力中国动画更快、更好地融入世界舞台进行积极探索。

在本次昂西动画节上，北京代表团在动画节核心区域设置近百平方米推介展位。展厅设计创意来源于“中国动漫，世界之窗”的寓意，结合中国优秀的传统文化及价值观，呈现出北京动漫越聚越厚的实力和影响。整个展台以展示窗口为主，结合中华元素，配以灵动而新颖的展示形式，给人一种身临其境之感。展台造型截取“中国红”穿插其中，以胶片画面来体现动画的主题。展台内部主背景墙的箭头造型和顶部参展公司的胶片画面，代表中国动画一直在进步。背景墙上的蓝色线条和造型，代表中国动画融合现代科技，把中国特色与现代科技结合在一起，创造出具有中国特色文化，又能让世界各地朋友欢迎的艺术效果。

展位包括接待区、展示区、洽谈区3个功能区。展示区按照不同内容和不同主题进行编排，对卡酷少儿、印迹动画、光盒力量、怪物世界等国内知名动漫原创企业及中国原创最高水准的动画精品进行展示。通过海报、宣传片等，向国外的制片人、出品人同行专家展示国产动画的全新面貌。

这次展出，北京代表团将北京的30多部优秀动画作品带到节展现场进行推介，包括卡酷少儿原创出品的《我的朋友猪迪克》《西游记的故事》《戚继光》《美食大冒险》《欢乐北极星》等。其中卡酷少儿原创出品《我的朋友猪迪克》成为动画形象上的突破之作，打破了国产动画专注于传统美术的设计质感，在创作思维上开始凸显更加前卫和国际化的样态，得到了来自美国AWN公司出版人的大加赞赏。由卡酷少儿卫视和印迹动画共同制作出品的定格偶动画《欢乐北极星》异军突起，“星”光夺目，最终获得加拿大Brain Power studio动画制作公司，法国Planet nemo发行公司，美国AWN动画公司的认可，并完成购片签约。《欢乐北极星》从灵感来源，制作工艺，到故事策划、形象设计，都符合了一流的国际化标准和品位，前来观展的法国巴黎大区电影委员会市场部经理，特别关注这部作品在法国发行播出的可能性，表达了“欢迎来法国”的国际交流愿望。法国著名创意动画公司的总监特意专访了《欢乐北极星》的制作工艺，在他看来，定格偶动画的技术就像中国古老的瓷器一样，非常经典，却又十分时髦,他甚至用了"a la mode"(法语,意为时尚的)这个词来形容。由光盒力量出品的《图腾领域》也倍受关注,来自法国及欧洲其他地区,以及印度和新加坡的发行商均有合作意愿。《怪物世界》与法国最大的动画公司Teamto达成战略合作意向,好莱坞编剧也加盟了怪物动漫原创项目。

"北京·动画梦"主题沙龙活动以"展示"和"交流"为两大主要环节贯穿,尤其是北京专场"北京·动画梦"主题沙龙,成为当天最具吸引力的活动,是一场名副其实的"重头大戏"。各个动漫公司的负责人对重点推介的作品,做了详细的演说和展示,吸引了众多海外发行商、制片人等前来交流沟通,商讨合作发行事宜。

(张斌/文 摘自北京广播影视)

北京新媒体集团与中国青年报达成战略合作

2016年9月14日下午,北京新媒体集团与中国青年报社举行战略合作签约仪式。共青团中央书记处常务书记贺军科,北京市委常委、宣传部部长李伟,共青团中央宣传部副部长张健为,北京市委副秘书长、市委宣传部副部长严力强,北京电视台总编辑王珏,共同启动"北京时间·中青报"产品,同时开启签署战略合作伙伴协议后联合进行的第一个项目——"中秋明月夜,天涯共此时"卢沟晓月大型直播活动。中国青年报社党委书记、社长、总编辑张坤,中国青年报社党组成员、副总编辑董时,北京市委宣传部新闻处处长侯健美,北京新媒体集团总经理金鹏,北京时间股份有限公司董事长、奇虎360公司总裁齐向东等出席仪式。仪式由北京新媒体集团常务副总经理、北京时间股份有限公司总裁蒋虎主持。

《中国青年报》是共青团中央机关报,是以青年为主要读者对象、具有重大影响力的一份全国性综合日报,读者规模上千万。北京新媒体集团有限公司,是在北京市委宣传部、北京广播电视台的领导下,剥离北京电视台新媒体业务板块,与北京市文投集团共同出资组建。作为北京电视台新媒体业务唯一出口、全市媒体资源的统一平台的北京新媒体集团,将发挥互联网平台媒体的引领作用,打造与首都地位相适应,具有国内一流品牌力、公信力、竞争力和全球影响力的新型传媒集团。北京新媒体集团与奇虎360公司合资成立北京时间股份有限公司,负责"北京时间"全线新媒体产品的技术、渠道和运营工作;北京新闻媒体有限责任公司作为北京新媒体集团的全资子公司,则承担内容生产任务。用"北京时间"网站和新闻客户端记录时代发展脉动,以"北京时间,直播中国"为口号,主打24小时永不停歇、独具时间属性和现场感的直播态新闻。

北京新媒体集团总经理金鹏说,北京新媒体集团将继续强化深度融合的理念,与中青报相互倚重、互为平台、选题共做、人才共用、资源共享、利益共赢,真正做到你就是我,我就是你,通过深度融合,共同成为有生命力的主流新媒体。

中国青年报社党委书记、社长、总编辑张坤表示,这次跨媒体战略合作,是深入学习贯彻落实习近平总书记系列重要讲话、推动传统媒体与新媒体融合的具体体现,是进一步加强青少年思想政治引领、积极传播正能量和讲好中国故事的改革创新举措。双方优势互补,旨在共同打造主流媒体的传播力和影响力,共同生产一批新闻精品,提升品质、打造品牌、丰富品种。

奇虎360公司总裁、北京时间股份有限

公司总经理齐向东认为，这次合作在传媒史上可能具有里程碑的意义，在北京电视台与奇虎360依托各自在视频内容领域和技术领域的优势，打造全新互联网产品的基础上，《中国青年报》作为一家重要的央媒，底蕴深厚，这样的合作注定将推动刚刚上线不久就已经取得耀眼成绩的“北京时间”，加速发展，成为互联网领域真正有影响力、传播力的主流媒体。这是台报网三者实质融合的开创之举。

在前不久闭幕的G20峰会期间，中国青年报社、北京新媒体集团合作团队生产的G20报道内容网上呈现总数达到16.27亿次。“北京时间”网站G20报道内容的总点击量达到3723.3万，访问人数达974.5万，单条稿件平均互动数（含评论、点赞等互动行为）达到1993次／条。同一时间，“北京时间”G20访问量在中国网站全网排名第一。

（北京广播电视台）

北京电台红红火火报新春

北京电台2016年春节期间，策划开展了“金猴迎春 全城贺岁 广播过大年 红包滚滚来”系列文化活动，还举办了“广播三下乡、年货送农家”以及年味特别节目等，在力倡节俭的前提下，不断突破创新，让节目和活动有暖意、有新意、有粘度、有热度；接地气、聚人气。

16档“广播过大年 红包滚滚来”——“春节百科对对碰”互动话题节目预热节日氛围。1月20日至2月4日，14天时间北京电台全台9个专业广播的16档直播节目推出“广播过大年 红包滚滚来”——“春节百科对对碰”互动话题活动，围绕“红包滚滚来”主题设置互动版块，推出“实物奖品摇一摇”“红包现金摇一摇”等参与形式，分阶段抛出活动亮点，不断制造宣传热点，汇集了台内11个微信平台跟进各栏目进行互动，听众、网友参与热情不断提升，形成喜迎春节，全城互动的热烈氛围。

趣味原创8集系列广播短剧——《年来啦！》小年欢乐登场。“二十三，糖瓜粘；二十四，扫房子……”8集新春年俗广播剧《年来了》根据这首人们耳熟能详的年俗童谣《进了腊月就是年》改编，结合“猴年”主题，“特邀”大圣孙悟空和花果山的猴儿们，生动演绎了从小年儿到正月初一喜庆的新春风俗。该剧每集3分钟，短小精悍。剧中大圣孙悟空穿越千年无所不知，娓娓讲述了如“糖瓜粘”的起源、年夜饭的讲究、年画的知识、人们对“年兽”的误读等，在浓浓的节庆氛围中传递民俗常识。全台16档节目开展第二轮“年来了”广播剧互动问答摇一摇。

“金猴迎春 全城贺岁 广播过大年 红包滚滚来”特别节目将春节活动推向高潮。2月5日（腊月二十七）16：00—19：00，“金猴迎春 全城贺岁 广播过大年 红包滚滚来”北京电台2016年春节特别节目在全台9个专业广播、北京广播网、听听FM手机客户端同步音视频直播；乐嗨直播APP也独家手机视频直播3小时精彩节目。节目内容丰富多样，既有盘点羊年热点词汇，展望猴年美好生活、经典电影名曲串烧、原创相声集锦、戏曲名家荟萃、流行音乐等内容，还特别设计了“听听他是谁”“我是卧底”互动游戏环节。

不仅直播间里的节目让听众听得过瘾，直播间外也准备了有趣的奖品派送活动。直播节目的同时，北京电台主持人分为4路，走进百姓家中、商场超市，通过“敲门送礼”“超市派送”等形式与市民朋友互动，送去丰厚的年货礼品和真挚的新春祝福，让听众朋友开开心心过大年。在3小时直播节目中，听众通过“听友吧”微信公众号边听广播边摇红包，通过6轮“摇一摇”互动游戏送出最高价值50元的单个现金红包以及价值万元的养老度假产品、新款智能手机等大奖，当天活动共投入现金8万元。

150个单元春节节目展播，百姓尽享文化盛宴。为了丰富百姓春节文化生活，北京电台从2月7日至2月14日（除夕至初七）特别推出了包括北京电台2016年“广播过大年”特别节目剪辑、“我爱段小乐”相声专场音频剪辑、14集贺岁广播剧《我要穿越》、大型报道《非遗时光》、“北京的故居”系列节目以及小品、相声、戏曲名段、音乐歌曲等各类文艺作品集萃内容的春节节目展播共154个单元，在新闻、城市、故事、交通、文艺、音乐、体育、外语、爱家广播9个频率穿插滚动播出，动听调频春节期间特别呈现——“Chinese New Year Special”，采取主持人全天非固定时段节目主持形式，向听众展示猴年元素与美食文化。全台安排播出春节节目共计800小时。

“广播过大年 红包滚滚来”——“我爱段小乐”相声喜剧专场试水文化演出市场。北京电台“广播过大年”春节系列活动品牌多年来都是在除夕前以一场在演播厅举办的多媒体视听直播节目作为重头戏，但演播厅观众容量有限。为了提升听众和粉丝的观演体验，今年春节系列活动将直播节目和演出分割，潜心打造让更多听众能够参与，且互动性更强的春节文化事件，推出“我爱‘段小乐’”北京电台2016年春节相声专场，1月26、27日在首都图书馆小剧场推出两场“我爱‘段小乐’”春节相声专场，1500名幸运听众观看演出并参与活动，成为北京电台2016年春节系列活动的第一棒。

虚拟“网红”人物形象“段小乐”作为演出的品牌象征，赋予其能说会道、呆萌、喜感十足、段子手等人物性格特质。演出缩短了“广播春晚”与听众间的距离感，减弱了相声专场演出给人以“相声大会”的固有传统印象；喜剧笑星、电台知名DJ在演出现场同台献艺，满足听众们的多种需求；现场主持人与观众展开互动，引导观众通过微信公众账号，参加“摇一摇”游戏，赢取奖品，有效激发观众对节目的参与热情，增强节目的趣味性。微信公众号“听友吧”数据统计显示：两日相声专场演出时段“听友吧”增加了近千名用户。

两日相声专场演出通过对“段小乐”的包装和运用，为观众留下深刻印象，有听众提议希望“我爱‘段小乐’”能够成长为北京电台“广播过大年”系列活动中的特色子品牌，并借此机会将相声专场晚会试水品牌化商业演出市场。同时“段小乐”的形象不仅仅出现在每年春节系列活动中，可以化身成为更多北京电台在喜剧幽默市场的一个“代言人”，用于北京电台的宣传，并结合听众对主持人群的“粉丝经济”增长点，生产“段小乐”形象周边产品。

5场温情慰问似冬日暖阳暖心感人。1月29日至2月4日，北京电台主持人和节目组走进了延庆区四海镇南湾村、永宁镇上磨村、香山老年公寓、东城区环卫中心、北京青檬志愿者联盟（通州区宏远启智孤独症儿童康复中心）和966路平西王府公交总站，送去了大米、面粉、食用油、儿童玩具、茶叶、康复训练包、棉被、春联福字、便携式音响以及三万元支票等，为3000人发放约2066件慰问品。

在5场慰问活动中，新闻广播、交通广播记者以连线的方式在《十点说唱团》《京城帮帮团》《吃喝玩乐大搜索》《一起午餐吧》《我们出发吧》等栏目与跟踪报道线下活动的动态进展，提高听众对春节系列活动的关注度。《一起午餐吧》栏目还在活动当天特别邀请了环卫工人和司售人员坐客电台直播间，线上线下齐联动，使活动和节目更好的融合呈现。

超市寻宝热烈火爆、惊喜连连。2 月 1 日至 2 月 4 日的在 4 家人气旺盛超市开展四场超市寻宝活动，送出手机、智能手表、蓝牙音箱、延庆旅游门票等 530 件物品，大约 3000 名听众参与现场活动。

在 4 场超市寻宝活动中，电台文艺广播《吃喝玩乐大搜索》栏目提前预告活动信息，每天以连线的方式跟踪报道寻宝活动的动态进展，吸引听众积极参与。主持人现场通过超市的广播向全场顾客告知寻宝活动信息，众多顾客积极参与到寻宝活动中，许多听众通过我台广播专门来到现场参与寻宝，寻宝成功的顾客朋友脸上都洋溢着惊喜、欢乐的笑容。每场寻宝活动中，主持人还从寻到宝的顾客中挑选属猴的、怀猴宝宝的、一家三口的等特色人物现场连线采访，使活动和节目更好的融合呈现。

寻宝期间正值超市年前购物高峰，每家超市客流均在 5 万至 10 万人，通过物美广播告知寻宝活动信息，间接辐射影响人群达 10 余万人，拉近了广播与百姓的距离。

（北京电台）

北京电台坚持10年“广播三下乡、年货送农家”

2016 年 1 月 29 日，北京电台一线采编播人员和多个职能部门工作人员 50 余人前往延庆四海镇南湾村和永宁镇上磨村开展“广播三下乡，年货送农家”活动，在新春来临之际为村民们送去了温暖和祝福。

2016 年是北京电台坚持开展“广播三下乡，年货送农家”公益活动的第 10 个年头。慰问团为延庆四海镇南湾村 320 户村民和永宁镇上磨村 53 户军烈属、困难家庭和残疾人送去了米、面、油新年套装及棉被、新春挂件等丰富实用的年货和便携式音响设备，并购置价值三万元的电脑、打印机等办公设备，支持南湾村的文化建设。北京电台主持人与当地村民共同表演了一台喜庆、欢快的节目，赢得了南湾村的父老乡亲阵阵掌声，欢声笑语此起彼伏。电台卫生所医生向乡亲们现场宣传讲解了日常生活中的医疗保健常识。

“广播三下乡、年货送农家”是北京电台长年坚持的一项推进农村精神文明建设的品牌项目。从 2007 年起至今，本着为乡亲们送文化、送健康、送欢乐的宗旨，10 年累计投入 140 多万元为老百姓干实事、送实惠，让村民感受到来自北京电台的新春问候。

捐冬衣，献爱心，情系京津冀发展。1月27日中午，满载着北京电台员工爱心的货车驶入河北省赤城县大海陀乡东山庙村，村民们纷纷聚在村委会，领取北京电台员工捐赠的冬衣、棉被等过冬衣物。

1 月 13 日，北京电台“新春走基层”活动拉开帷幕，电台领导率先带队调研采访 2022 年北京冬奥会赛场所在地延庆区张山营镇西大庄科村周边农户和村庄。在走访中了解到，河北省赤城县大海陀乡位于海坨山的北边，这里虽然和延庆张山营镇西大庄科村只一山相隔，但生活水平差异巨大，东山庙村 2015 年全年人均收入二千多元，属于贫困村。尽管海坨山把北京河北两地百姓分成了两地，而冬奥会和京津冀协同发展又把两地百姓连在了一起。电台领导认为北京电台不仅要好好宣传两地的互帮互助的交流活动，传达正能量，同时要积极参与其中，给志愿者们提供支持，给百姓乡亲实实在在的帮助，让“走转改”落到实处。当下要求北京电台的工作人员马上与之对接，在台内组织爱心捐赠活动。

1月15日，北京电台在全台发出号召后，立即得到了全台员工的积极响应，大家纷纷整理出家中闲置的棉衣、毛衣、保暖衣等冬装和毯子、棉被等冬季防寒保暖用品。在短短一个星期的征集时间里，全台285人捐赠了1510件冬衣、棉被等，个人最多捐赠了30多件。1月27日，满载着北京电台员工爱心的冬衣送到了河北省赤诚县大海陀乡贫困户和低保户手中。

三地联手，“乐行京津冀”活动拉开帷幕。由北京电台文艺广播、河北交通广播共同举办的“乐行京津冀——2016听众最喜爱的旅游地评选活动”2月8日大年初一在朝阳公园隆重启动。通过北京文艺广播和河北交通广播微信公众号招募的22位幸运听众受邀来到活动现场，文艺广播主持人赵亮、小邸一身喜庆行头登台与大家共度猴年新春，现场通过添加“北京文艺广播”微信公众号“抢红包”的方式，13位参与者获得了北京文艺广播送出的新年大礼包。由此2016“乐行京津冀”活动正式拉开了帷幕。

随着“京津冀协同发展”国家战略的逐步实施，京津冀地区旅游业呈现出健康快速发展的态势。为促进京津冀三地景区进一步提高软实力，增加知名度、美誉度，北京文艺广播携手河北交通广播及天津相关几个频率，2016年倾情推出“乐行京津冀——我们出发吧！”活动。通过三台强强联合，在充分发挥广播优势的基础上，利用互联网思维，整合全媒体资源，依托每个景区的不同，举办丰富多彩、形式各样的宣传活动和与听众的互动推广活动，共同打造一个具有广泛影响力的品牌活动。

加深与新媒体融合，扩大节目传播效果。2016年的“广播过大年　红包滚滚来”春节特别节目，电台加强了新媒体的策划，电台“听友吧”微信公号提前半月以“听广播、摇红包”的形式介入宣传，并对整个特别节目的花絮陆续推送，实现了新媒体提前介入和周密的营销推广。

交通广播为服务春节自驾出行的听众，增加“北京交通广播”官方微信账号的用户粘度，提前与北京市交通委和北京市交管局进行沟通，在除夕当天推出围绕“微信路况直播”和“微信红包添喜气”两个主题活动。“微信路况直播”在北京交通广播官方微信账号内，设置“除夕路况”的标签，不断更新各条出京联络线的路况信息，听众便于随时查找随时了解，并根据信息调整自己的出行计划。“微信红包添喜气”配合除夕路况直播活动，一方面为微信路况直播增添一些趣味性，另一方面也是引导用户熟悉交通广播微信号菜单功能的设计。2月7日，从早上7点一直持续到22点，活动共计39516人次参与，发出红包8959个。

（北京电台）

“我居　我管　我快乐”
第七届北京魅力社区评选活动举办

由市委社会工委、市社会办、市人力社保局主办，北京人民广播电台城市广播承办的第七届北京魅力社区评选表彰活动于2016年3月28日启动。活动以“我居 我管 我快乐”为主题，全市各社区大力支持踊跃参与。

这一活动启动以后，各区、街道、社区通过组织推荐和社区自荐相结合的形式进行申报。全市16个区共有296个社区提交推荐表。第七届“北京魅力社区”评选表彰工作领导小组办公室按照《“北京魅力社区”评选表彰办法》初选100个入围社区。为营造良好的宣传氛围，全市集中举办五场线下宣传推广活动，16个区100个入围社区千余名社区居民满怀热情参与其中。与此同时，线上宣传也同步进行。发表了官方微博近5000篇，微信平台阅读量达30万人次，官方微博话题总阅读量超过100万人次。各市属主流媒体进行了相关报道。在此基础上，召开第七届北京魅力社区评选会，邀请专家、媒体、百姓以及有关方面代表组成4个评议团，按照评审规则，从100个入围社区中投票评选出前30名作为候选社区并现场公布。经评选表彰工作领导小组审定和媒体公示，最终产生了“北京魅力社区”和“北京魅力社区单项奖”各10名，并于12月18日在首都图书馆剧场为获奖社区举办了表彰颁奖典礼活动，现场500余名来自各获奖社区的居民欢聚一堂，共同见证了激动人心的时刻。

第七届北京魅力社区评选表彰活动从启动到结束，社区与居民交流创建经验，展示各自社区的人文风貌，增加社区居民的认可和整体荣誉感，获得居民的支持与赞许。

北京魅力社区评选正在成为首都社区建设的一个重要品牌活动。魅力社区评选活动提出的“魅力十条”，是北京社区建设标准的浓缩，符合时代的要求，更符合广大社区居民的利益。这项评选活动，以满足社区居民的服务需求为导向，发动社区各方共同参与，完善社区服务体系，努力探索出一条发挥社会协同力进行和谐社会建设的新途径。

（北京电台）

“北京时间”G20峰会全景直播实现重大突破

在2016年G20杭州峰会期间，北京新媒体集团“北京时间”联手中国青年报对杭州峰会进行了直播，并实现重大突破。

这是大型国际事件第一次突破传媒想象空间、以多点同步直播为特征的多视角、立体化全景直播。

为了实现全景直播的最佳效果，联合报道组用最先进的全媒体直播技术武装前方记者，实现了演播室与直播平台对G20峰会的多点同步、全景式直播报道。通过几十场多点并发、话题广泛覆盖G20各层次内容、既有宏观国际视野和国家格局，又有微观平民视角和生活贴近性的立体化呈现，在“北京时间”网站和手机APP客户端为广大网友全景式多角度地展示了G20峰会。报道过程中，“北京时间”尝试将多路信号接入北京直播间，将高级别会议及活动直播、前方记者独家探访、志愿者的个性化视角、外景慢直播摄像头等信号汇总集结，将宏大主题与平民关注相结合，形成了只有网络时代才可以设想的真正意义上的全景直播。这也许是传播史上国际大型报道的首次全景直播。

这是传统主流媒体之间第一次用互联网资源配置方式实现战略合作的关键跨越。“北京时间”联手中青报全景报道G20

杭州峰会之所以能够创造历史，正是因为北京时间在内容生产流程上的互联网思维——开放、互联、共享。

“北京时间”与中青报之间建立了战略合作、优势互补、成果共享的运作机制。双方相互开放资源。中青报作为一家传统平面媒体的深度报道能力和优秀的记者团队与“北京时间”具有市场渗透力的移动视频直播平台以及新媒体内容生产能力真正结合，立即产生倍数效应。

早在一个月前，北京新媒体集团与战略合作伙伴《中国青年报》就提出要通过深度合作打造一场真正的全景直播。双方通过多轮沟通，前期策划选题、选择报道角度、形成联合编辑部，20 名前方记者和直播团队、165 名后方工作团队，全程全景直播峰会盛况，会场内外不留死角，陪网友观风云、赏风光。

前期的充分沟通、团队的无缝链接、完整的报道设想、完备的现场预案，这样一种全方位的深入合作为这场直播建立了坚实的基础。几天的报道时间并不长，双方形成的合作机制和观念碰撞后形成的报道智慧将进一步推进双方在互联网时代的共同发展。由此，《北京时间 • 中青报》这一全新产品模式，呼之欲出。

这是第一次全面打通多种平台、实现完全互联网化开放性直播的突破。首先是开放物理空间。相对于传统电视台封闭的演播室环境，“北京时间”全透明地把大编辑部的幕后工作全部展现出来。演播室如同一个餐厅的前台，编辑区就像“后厨”，前台和“后厨”没有隔离墙，大家可以一目了然地看到编辑区的工作，甚至连后期机房也已经全透明化。甚至在直播中、嘉宾化妆准备时、编辑工作时，都有摄像机全程跟拍，宛如一台大型真人秀，满足网友探寻内容生产流程的探秘心理。

其次是开放新闻生产空间。G20 杭州峰会报道团队通过“定制化新闻”的生产流程在报道的视角选择方面给受众和互联网用户留下了开放的空间。报道开始前的话题征集，主题设置时的世界视野与平民视角，嘉宾选择时的专家与网红，都让整个报道的视角呈现出开放性与互联网特征。直播过程中，网友们的意见让嘉宾惊诧：网民们的思考真的很专业。

同时开放信源接入渠道。在节目直播中，社交媒体编辑实时刷新最新的 G20 资讯，突发事件随时插入，针对 G20 的全媒体评论随时播报，除了主播外每一个编辑、记者都是播报岗，随时以 Breaking 的形式将 NEWS 插入到节目中去。

其中，9 月 3 日峰会开始至 9 月 5 日结束，连续直播 58 小时，加上各类全景直播，累计直播 90 小时，更是创历史地呈现了一场时间最长的国内外媒体 G20 新闻全景直播纪录，从而将众多网民的目光牢牢地锁定在“北京时间”这一视频直播平台上。

（北京广播电视台）

北京电台推出《长征——不朽的丰碑》

为纪念红军长征胜利 80 周年，由北京电台新闻广播策划采访制作的 8 集大型系列特别节目《长征——不朽的丰碑》于 2016 年 10 月 1 日起在北京新闻广播的《北京新闻》《新闻天天谈》连续播出，受到听众与专家的好评。

该系列特别节目是北京新闻广播众多记者

历时 3 个月的采访剪辑而成。节目在重温历史感人瞬间的同时，把长征精神置于当前每个人、每个群体乃至整个国家的现实境遇中，以历史的眼光，宏观的视野，为寻求当前众多具体问题的突破寻找精神力量，凝聚能够促进整个民族不断前行的正能量。

长征是人类历史上的伟大奇迹，中央红军共进行了 380 多次战斗，牺牲营以上干部多达 430 人，平均年龄不到 30 岁，共击溃国民党军数百个团，其间共经过 11 个省，翻越 18 座大山，跨过 24 条大河，走过荒草地，翻过雪山，行程约二万五千里。

长征精神所依托的实实在在的真人真事是本次系列节目寻访和挖掘的重点，但是当年参与长征的亲历者，目前大部分已经不在人世，即便健在的，基本上已经很难完整回顾，清晰表达当年的亲身经历了。好在长征作为我党我军历史的重要内容，以及中国文艺创作的重要题材，80 年来积累了一大批优秀的历史文献、文学作品、音乐作品、美术作品、戏剧影视作品，这些创作者为了能够真实地反映长征面貌，进行过大量的走访调研，掌握一手资料，也留存着大量珍贵的历史文物。

特别节目《长征——不朽的丰碑》通过对历史博物馆、研究机构的走访，对相关历史文献作者、文艺作品主创人员的现场访问，以广大人民群众熟悉的相关文化作品为引子，以作者和主创人员的亲身调研发现为载体，讲述这些以文化作品传承长征精神的人眼中的长征，展现 80 年前那场壮丽的史诗画卷。

第一集：红军的脚步。长征胜利80年间，关于长征的中外纪实文学作品不断涌现。解放军文艺出版社昆仑编辑部主任、军旅作家丁晓平向世人展现了充满传奇的长征叙述史，已故著名军旅作家王愿坚立志写尽红军英雄志，两代美国作家埃德加・斯诺、哈里森・索尔兹伯里接力叙述长征。长征题材文学作品是如何创作的？第一个向世界报告长征的人是谁？

第二集：行走的力量。歌剧《长征》，作曲印青、编剧邹静之、指挥吕嘉、导演田沁鑫、杨笑阳，主演阎维文、王宏伟、迟立明等。国家大剧院四年磨一剑，把长征这个中国革命史上的伟大历史事件搬上歌剧舞台。歌剧《长征》讲述了一段怎样的长征故事？它如何带领年轻人跨越时空体验信仰的力量？

第三集：红军的歌声。一部只有680个字的英雄史诗：数十万将士，两万五千里行走，血与火的洗礼，惊人的革命乐观主义，绝不向敌人和死亡屈服的斗志，人类历史上绝无仅有的伟大远征，这就是《长征组歌》。红色经典史诗《长征组歌》背后有哪些鲜为人知的细节？长征如何被浓缩进680个字中？

第四集：地球的红飘带。《地球的红飘带》是我国第一部描写红军二万五千里长征的长篇小说。作家魏巍于1988年创作完成，后由演播艺术家曹灿将其录制成有声小说，再后来画家沈尧伊历时6年创作了同名连环画。作家、演播艺术家、画家接力完成这部长征作品，他们经历了什么？感悟到什么？

第五集：红色记录。两部电视纪录片《风云一代长征人》《长征——不朽的史诗》以重走长征路为路线，详细记录了当年红军长征的每个足迹。特别难得的是，当年的纪录片采访到了十大元帅中的聂荣臻元帅和徐向前元帅。两部纪录片经历了怎样的拍摄过程？如何全景式真实再现长征？

第六集：历史的回响。用声音记录历史是广播人的责任，北京交通广播曾经有这样一次尝试：他们从瑞金出发，沿着当年红军的行进路线，历时 36 天，到达革命圣地延安。一路上，他们寻访红军故事，感受长征精神，也为沿线居民公益捐助。老红军记忆里的长征是什么样子？长征路上有哪些新变化？

第七集：荧屏上的红色青春。纪念红军长征胜利80周年献礼剧《红色护卫》刚刚制作完毕，即将上星播出。本剧由导演王丁执导、编剧袁琴执笔，一线青年演员孙茜、张桐主演。他们将如何为观众讲述八十年前那群革命者的青春故事？对于长征他们又有着怎样的理解和感悟？

第八集：以长征精神传承长征。在表现长征的艺术作品中，电影的影响力不容小觑。翟俊杰，八一电影制片厂导演、国家突出贡献电影艺术家，他三拍长征——《金沙水拍》《长征》《我的长征》，每一次都让长征故事深入人心、长久驻足。长征题材电影故事为何催人泪下？什么是今天的长征精神？

（北京电台）

北京体育广播报道里约奥运会

北京电台体育广播作为已经连续4届直接参与报道奥运会的广播媒体，在2016年里约奥运会的报道中再次展现了专业实力、媒体竞争力及社会影响力。

新闻报道全面及时。北京体育广播这次派出了12人组成的报道组前往里约，在里约设立报道大本营，搭建广播直播间，报道本届奥运会。报道组由北京电台总编辑王秋带队统筹指挥，分为采访组和直播组。本次奥运报道，北京体育广播获得了3个赛会注册记者名额，以赛会注册记者为主组成的采访组以中国代表团所获金牌、世界级优秀运动员表现、本届奥运会筹办运行情况、赛事进展、巴西人文社会风貌等为主要关注点，采访内容覆盖了所有中国军团金牌、部分银牌和铜牌产生的过程，以及我国一些参赛项目实现历史突破的情况。前后方采编人员通力合作，在中国代表团奖牌产生后1小时内即可完成相关新闻报道录音专题的制作。由于语言、交通、治安以及时差等方面的问题，本次奥运会报道采访难度较大，记者们克服困难，全力出击，经常每天只能休息四小时左右，有的记者带病坚持工作。赛会期间，3位注册记者合计制作录音消息和录音专题145条。

记者提前向北京电台总台的新闻报道会商平台提供采访动向，供北京电台其他专业广播选择现场连线报道和录音报道。里约奥运会期间，记者们为北京新闻广播、交通广播、体育广播连线报道共160次。奥运会开幕前，体育广播里约奥运会前方报道组完成了对“北京时间2022号”三体帆船的重点采访，所完成的报道在北京电台多个频率以及北京电视台播出。

跨洋直播日夜颠倒。里约奥运会直播是北京电台第一次在南美大陆搭设现场直播间直播，空间跨越18000公里，时差相差11个小时。每天当地时间凌晨0:00～1:30（北京时间11:00～12:30），体育广播前方报道组从里约直播间传回直播节目，此时比赛日当天的结果都已经出炉，记者对相关运动员和教练员的采访也十分完整，记者赶制的报道得以在这个时段展现。北京电台在里约前方直播间参与直播的主持人、编辑、技术人员、节目监制在无法轮休的情况下，坚守17个日日夜夜，保障节目安全播出，直播内容精益求精，出色地完成了直播节目。里约奥运会期间，体育广播有两期前方直播节目具有特别的意义。其一，7月31日，北京申冬奥成功一周年的特殊日子里，里约当地时间早9点（北京时间晚8点），中国航海家郭川船长掌舵的“北京时间2022”号帆船在顺利完成约5700海里的跨大西洋航行抵达里约热内卢海湾后，郭川船长作为特约嘉宾做客体育广播的里约直播间，接受体育广播的专访。其二，在里约奥运会闭幕式结束1小时后，北京体育广播推出总结本届奥运会的特别节目，把里约奥运16天的比赛通过“三大突破”“三大遗憾”“三大感动时刻”“三大抢镜王”等几组系列进行梳理，以重要结点回顾的方式总结整届比赛，历数收获与遗憾。这个节目中还播出了前方报道组在奥运期间采录的录音专题《来自巴西声音》，这个专题收集了巴西葡语解说、里约海滩的声音、街头小贩叫卖声、奥运赛场加油声等音响，让广大听众切身感受巴西的魅力。

特别节目丰富多元。北京体育广播在里约奥运会期间堪称名副其实的“奥运频率”，每天直接报道奥运会的节目时长达到7小时05分钟，全频率全天候奥运声音连绵不断。大版块特别节目《激情奥运 里约绽放》均匀分布于早、午、傍晚及夜间，开辟多个专题专栏，如“奥运快讯”“记者在里约”“奥运金牌榜”“奥运明星谱”“奥运锐观察”“赛事前瞻”“奥运家书”等；奥运快讯、赛事预告随时插播重要赛事消息；晚间《体坛夜话》节目邀请权威嘉宾与听友一起共话奥运；《界内界外》节目在奥运期间制作系列访谈节目，邀请十多位国家级教练详细介绍奥运会主要运动项目的观赛知识；体育广播安排专人负责《夺金时刻》宣传片花制作，金牌产生后1小时内，体育广播即开始滚动播出《夺金时刻》，表现这枚金牌产生的激情瞬间，营造了良好的奥运气氛。

对里约奥运会的赛事报道分为赛前、赛中、赛后三个阶段，每个阶段的报道特色分明，从普及相关赛事知识和赛事看点预热、赛程记录分析、赛事结果总结反思三个层面挖掘奥运赛事报道内涵，邀请资深媒体人、退役国手、专业教练、奥运专家等30余人解读奥运，整个奥运报道延续到8月26日结束。

授权转播收听飙升。北京体育广播作为中央电视台授权使用里约奥运赛场电视信号的唯一一家国内地方广播媒体，充分利用授权，现场直播有中国选手参加的焦点赛事，再次彰显了北京体育广播“听到的比赛也精彩”的节目特色。北京体育广播连续转播中国女排参加的里约奥运会女排半决赛及决赛，受到听众好评，并创下收听佳绩。据赛立信的BSM测量仪实时记录数据显示，“中国女排奥运赛事决赛直播”在北京地区的总收听率是2.80%，其中北京体育广播为1.68%，收听人数超过60万。除对中国女排的两场直播外，北京体育广播在新闻节目中随时插播里约奥运会比赛现场的信号，还利用节目时段优势现场直播了里约奥运会羽毛球男子单打谌龙对阵李宗伟的决赛，满足了广播听众的收听需求。

用有温度的语言讲好中国故事、北京故事。北京体育广播推出了系列节目《奥运家书》。节目内容有运动员、教练员征战里约前和家人的短信微信，也有他们在里约夺金后跟家人的交流，这个系列节目从最朴素的生活语言入手，展现温暖的奥运故事。《奥运家书》播出10期，采访了宫鲁鸣、许利民、邵婷、王宇、陈颖以及在本次奥运会夺金的丁宁、马龙、曹缘、林跃、刘晓彤等北京籍运动员，播出后受到听众好评。运动员、教练员与家人日常的沟通显得非常自然俏皮，他们和家人谈论更多的是心态，大家关注的是彼此的健康，想念的是家人的厨艺…… 此外，北京体育广播还策划了《巴西的七夕》《鬼马傅园慧》《老将常青、全凭热爱》《洪荒之力带来的翻译难题》等视角独特的报道，这一系列内容受到听众好评，相关内容被“今日头条”“搜狐体育”等多个客户端推荐。

奥运志愿者也成为“广播志愿者”。北京体育广播在里约奥运会期间邀请了8名中国籍志愿者为体育广播提供新闻线索，这些志愿者从原来的被采访对象转化为里约赛场的一个个采访注入点，通过志愿者的视角，介绍赛场内外的点点滴滴，直击中国军团的精彩比赛。奥运期间，这些志愿者从里约发稿18条，内容涵盖乒乓球、射击、自行车、游泳等大项和赛事运营等方面。其中，志愿者孔潇雪在游泳赛场第一时间发现了赛后发奖升旗仪式上中国国旗悬挂不规范这一事件，北京体育广播随即就此在官方微博上分析解释，该篇微博文章阅读量突破47万。此外，参与了对中国游泳运动员傅园慧的赛后发布会翻译工作的志愿者，感受到了对“洪荒之力”一词翻译的困难和多元化，也及时反馈给北京体育广播，北京体育广播随后及时制作了录音小专题《洪荒之力带来的翻译难题》，这个专题得到比较广泛的关注和转发。

（蔡可明/文　摘自北京广播影视）

第23届北京大学生电影节闭幕

第23届北京大学生电影节闭幕式暨颁奖典礼，于2016年5月8日在北京奥体中心举行。北京大学生电影节和各高校领导、数百位电影人，以及来自全国20余所高校的3000名大学生共同参与了这场年度电影盛事。

大学生电影节是经国家新闻出版广电总局、教育部和北京市政府批准，由北京师范大学、北京市新闻出版广电局主办，北京师范大学艺术与传媒学院承办的全国性电影节。23年来，大影节始终秉承“青春激情、学术品位、文化意识”的宗旨，坚持以“大学生办，大学生看，大学生拍，大学生评”为特色，奠定了不同于其他所有电影节的独特品格。

本届大影节闭幕式暨颁奖典礼分为“明星红毯”“闭幕式”“颁奖典礼”3个环节。“明星红毯”由来自CCTV−6电影频道的郭玮主持，红毯现场星光熠熠，大学生观众的欢呼与掌声此起彼伏。央视主持人周蓝羽、梁植，与从第七届大学生主持人大赛中脱颖而出的杨硕、曾学宁、孙嫣婉一起主持“颁奖典礼”。

大学生电影节各个奖项的归属，成为本次典礼之中的重要环节。现场共揭晓和颁发了14项大奖：“最受大学生欢迎导演奖”授予导演苏有朋，“最受大学生欢迎男演员奖”授予演员李晨，“最受大学生欢迎女演员奖”授予演员杨千嬅，“最佳观赏效果奖”授予电影《寻龙诀》，“艺术探索奖”授予电影《塔洛》，“最佳编剧奖”授予《唐人街·探案》编剧陈思诚，“最佳新人奖”授予小演员央金拉姆〈河〉，“最佳处女作奖”授予电影《少年巴比伦》。主竞赛单元“组委会大奖”授予电影《老炮儿》，“评委会大奖”授予电影《一个勺子》，“最佳导演奖”授予贾樟柯《山河故人》，“最佳女演员奖”授予演员白百何《滚蛋吧，肿瘤君！》，“最佳男演员奖”授予演员冯小刚《老炮儿》，“最佳影片奖”授予电影《师父》。

从1993年到2016年，大学生电影节始终陪伴着中国电影不断发展进步，始终陪伴着中国大学生不断创作创新。第23届大影节开拓进取，再创佳绩。国产影片主竞赛单元征集到300余部国产新片，大学生原创影片大赛征片量达4033部，大学生主持人大赛报名人数突破2000人，大学生摄影大赛收到超越上届15倍之多的15000幅摄影作品、大学生设计大赛也收获并嘉奖了更丰富的设计成品，青年剧本创意大赛首次与腾讯影业合作，为青年创作者搭建更优质的平台。本届大影节首次创设的“飞鹰原创”微电影大赛也征集到海内外数千部短片作品，鼓励以微电影的形式弘扬社会正能量。除了各项精彩赛事之外，本届大学生电影节还举办了多样化的电影活动，以彰显文化品牌。“华语新片点映平台”邀请到《火锅英雄》《坏蛋必须死》等9部国产新片进行点映和主创见面活动，推动更多优秀的华语电影走进校园。各主题的学术文化活动也全面开花，举行了新媒体影评与传统影评的“春天对话”“影像、媒介与民族文化传播”“非洲电影发展及中非影视合作前景”等学术研讨会；邀请台湾著名电影导演李行、朱延平，澳大利亚著名女星导演娜迪亚·泰斯，开展“电影大师面对面”系列活动；进行“致敬：90年中国动画艺术经典”及戏曲片、纪录片、动画片的特别评选推荐等。

（北京国际影视交流促进中心）

北京电视台“天涯共此时”大型跨年新闻行动启动

2016年10月12日晚7点，北京电视台41层全景大厅灯光璀璨，高朋满座，来自国家和北京市有关部门的领导及斯里兰卡、泰国、俄罗斯、乌兹别克斯坦、南非、新加坡等国家驻华使节济济一堂，共同见证“天涯共此时——BTV大型跨年新闻行动”的启动仪式。

此次新闻行动将站在国家高度、全球视野，围绕习近平总书记提出的“一带一路”发展战略在过去3年所取得的成就、现阶段所做出的努力以及未来规划进行报道。对“一带一路”沿线国家与中国在“设施联通”“贸易畅通”“民心相通”等方面所取得的成果进行重点报道。

“天涯共此时——BTV大型跨年新闻行动”定位于“分享丝路故事·见证造福时刻”。根据习总书记关于“讲好中国故事·传播中国声音”的要求，精心做好宣传报道工作，着力打造融通中外新概念新范畴新表达的电视新闻报道；按照习总书记关于让“一带一路”建设造福沿线国家和人民的要求，用镜头语言展现丝路建设造福沿线百姓的故事与历史时刻。报道内容将紧紧围绕丝路建设者的情感倾诉、丝路创业者的心路历程、丝路受益者的真心独白三个方面进行报道，将个人的命运与国家的战略紧密连接在一起，做“有血有肉”、观众喜闻乐见的好新闻。

“天涯共此时”——BTV跨年大型新闻行动将历时80天，派出40多人的前方摄制组，沿“一带一路”线路横跨亚、欧、非三大洲兵分5路，途经蒙古、俄罗斯、白俄罗斯、捷克、塞尔维亚、德国、法国、英国、泰国、孟加拉国、斯里兰卡、阿联酋、沙特阿拉伯、埃及、肯尼亚、埃塞俄比亚、南非、马来西亚、新西兰等39个国家，分别从陆路、海陆同时进行报道；与此同时，策划组为报道组提供了近400家企业和个人的采访资料，为整体新闻行动的内容呈现提供了充足的“弹药”。在10月20日开播之后，报道组还将开启新闻行动的考评体系和素材采集体系，最大限度提升报道质量，让整体新闻行动更具影响力和生动性。

在“天涯共此时——BTV大型跨年新闻行动”启动仪式现场，来自国家、北京市近百家单位和企业领导、代表以及与“一带一路”相关国家的驻华使节济济一堂，偌大的41层全景大厅座无虚席，这再次证明了北京电视台作为首都主流媒体所具有的影响力和号召力。此次行动从8月份开始策划，共有来自国务院国资委、国务院推进“一带一路”工作领导小组、国务院发展研究中心、中国侨联、中国建筑总公司、中国铁建股份有限公司、中国交通建设总公司、中远海运集团有限公司、中国路桥集团、交通银行、北京市国资委，北京市侨联，北京市外事办、北京市中关村管委会、北京汽车集团、北京工美集团有限公司、北京建工集团、北京城建集团、北京二商集团、北京一清控股有限公司、京投集团、北控集团、龙徽干红红酒集团、红星集团、海航集团、凯撒旅游、华为集团、四达公司、京东方集团等单位与企业先后参与到报道当中，随着报道的不断深入，影响力不断提升，会有更多的单位和企业参与其中，北京电视台将与各个方面携手共同开创一个合作共赢的新局面。

“天涯共此时——BTV大型跨年新闻行动”受到众多媒体的关注，来自人民日报、新华社、中央人民广播电台、光明日报、北京日报、北京晚报、北京青年报、北京晨报、京华时报、法制晚报、北京人民广播电台、央视新闻网、新浪网、腾讯新闻、搜狐新闻、今日头条等20余家媒体见证了这一时刻，并在当日和次日进行了全方位的宣传报道。

“天涯共此时”总宣传片向大家展现了穿越丝路的报道意境和宏大规模；著名演奏家李飙的“连接世界”打击乐演奏、著名演奏家张红艳的“天山之春”琵琶合演，无不彰显着“一带一路”的报道主题；宣传片——“来自世界的邀请”则汇集了来自128位分散在“一带一路”沿线中国建设者、创业者和沿线国家人民发出的最真挚邀请；“天涯共此时——BTV大型跨年新闻行动”线路图发布的宣传专题则全景展现了新闻行动百万公里行程、千人采访对象的宏大规模；“北京时间”一段现场的新媒体互动直播，更是向嘉宾展示了报道的全媒体传播渠道，也彰显了内容与技术的完美融合。

泰国大使Ms. Karntimon Ruksakiati在台上讲出“我相信北京电视台此次大型新闻行动在加强‘一带一路’沿线各国人民的相互联系方面将会起到重要作用”。

（北京电视台）

城市电视举办中秋“超级月亮”慢直播活动

2016年9月15日、16日中秋节之时，北京北广传媒城市电视策划并举行了主题为“超级月亮”慢直播大型户外赏月活动。城市电视集合旗下6处户外大屏，利用专业天文设备将震撼的满月景象以及难得一见的月表、环形山、月海等天文景观采集下来，以近距离超高清形式在户外大屏上实时呈现一轮“超级月亮”，令身处各大屏现场的观众不仅能够用肉眼直接观赏到最具视觉冲击的天文级月球画面，而且还可以同步观赏到中秋圆月从升起到天顶的全过程。

此次“超级月亮”慢直播赏月活动，围绕城市电视所属的世贸天阶大屏为活动主场开启，另外在中汇广场（东四十条桥）、富力广场（双井桥）、来福士（东直门）、王府井工美大厦、丰联广场（朝阳门外）等5处户外大屏同时进行直播。同时，城市电视携手北京新媒体集团“北京时间”为“超级月亮”的月球全景、月表局部、拍摄幕后花絮以及世贸天阶活动现场进行了全程多路网络直播。活动当晚，世贸天阶活动现场的观众还加入了直播互动，为亲朋好友送去中秋的祝福，直播画面即刻在世贸天阶城市电视大屏上实时展现，让在场观众体验到十足的参与感。中秋节当晚，数千人来到了北京世贸天阶活动现场观看城市电视“超级月亮”慢直播，大批观众在世贸天阶大屏下驻足拍照记录下震撼的一幕。同时，通过“北京时间”观看“超级月亮”网络直播，点击量逾50万人次。

城市电视首次推出的“超级月亮”慢直播活动，区别于普通赛事转播或发布会等网络直播，不仅将户外大屏当作纯粹的内容发布媒介，更是利用户外LED大屏创建了一个充满创意的伴随式场景，将大屏直播闯入式的震撼画面变成一道特殊景观吸引受众观赏，为受众提供与众不同的中秋赏月体验。

（城市电视公司）

2016“我的冬奥梦”北京电台双语小记者全国选拔赛举办

2015年，北京携手张家口获得了2022年第二十四届冬季奥林匹克运动会的举办权。北京电台作为申办城市的主流媒体之一，有义务和责任从青少年的角度去了解冬奥会，并用小记者参与的方式向国际社会介绍中国人民对举办冬奥会的自信和热情。2016“我的冬奥梦”，便成为北京电台双语小记者全国选拔赛的主题。

主题和赛制是全新的，但这个大赛是继承了已连续举办七年北京电台青少年英语大赛的品牌影响力。从2009年起，青少年英语大赛为孩子们提供了展示自己外语水平的平台，激发了孩子们外语学习的浓厚兴趣，提升了外语表达能力，因此深受孩子们的喜爱和家长、老师的支持。大赛覆盖人数由首届的一万人增长到2015年第七届的三十万人（300所中小学校），参与区域也由北京市扩展到全国。

2016年2月25日“我的冬奥梦”北京电台双语小记者全国选拔赛正式启动。经过各分赛区初赛、复赛、决赛的筛选，将有潜力的中小学生推送进最终的全国总决赛。在五个多月的时间里，大赛设立了北京、河北、内蒙、陕西、广州等五个分赛区，通过海选进入初赛的人数近3万人，经过筛选，最终有24名小学组选手和15名中学组选手进入2016年8月7日在清华大学举办的全国总决赛。在全国总决赛中，选手们经过才艺展示、冬奥知识问答、冬奥相关主题采访以及即兴问答四个环节的重重考验，发挥了出色的水平，展示了自己的风采，奉献了精彩的比赛，并最终决出特等和一、二、三等奖。

此外，为了让参赛选手更充分地了解“我的冬奥梦”北京电台双语小记者全国选拔赛的比赛内容，认真做好参赛准备，取得优异的比赛成绩，更重要的是，通过参与大赛学习冬奥知识，了解奥运精神和冬季运动项目，同时掌握新闻基本知识和简单采访技巧，为成为一名双语小记者打下良好的基础，“我的冬奥梦”北京电台双语小记者全国选拔赛组委会组织中外专家编撰了《“我的冬奥梦”——2016北京电台双语小记者全国选拔赛参赛手册》，并由中国人民大学出版社彩印出版。该书用中英双语对冬奥知识、新闻基础知识和采访入门技巧进行简单介绍，以帮助参赛选手充分了解比赛范围和考察形式，同时增长知识，激发英语学习兴趣，提升英语表达能力，提高采访技能。

本次大赛从启动到各轮比赛到颁奖典礼全程受到了媒体的广泛关注。包括新华网、人民网、央视网、央广网、中青在线、工人日报、北京电视台、北京晨报等多家中央和北京市属新闻媒体都刊发了大赛相关报道，有效地提升了北京人民广播电台的社会影响力和“我的冬奥梦”北京电台双语小记者全国选拔赛的品牌效应。

（北京电台）

北京电台推出“非遗时光”系列报道

2015年10月起，北京电台组建专门团队，开展对北京市国家级、市级非物质文化遗产项目和传承人的抢救性专访，邀请传承人讲传承、讲历史、讲艺术、讲人生、讲故事，音频、视频、图片、多媒体等手段和形式相结合，真实系统地记录传承人口述史、传统技艺流程、代表剧目节目、仪式规程等，留住这些项目、技艺及其传承人的历史记忆。

2016年，多个专业广播的编辑、记者和主持人参与，制作了34期节目。该节目具有报道选题独树一帜、呈现形式和格式标准化、多平台播出和可听可视可互动的特点，丰富了媒资的后续深度开发。“非遗时光”系列报道在北京电台新闻广播、文艺广播、交通广播、故事广播、外语广播等多个频率播出3分钟、8分钟和20分钟等三个版本。20分钟版本每期节目有统一的片头片花，有统一的格式、播音、录音合成，形成了统一的节目风格。

除了广播报道，《新广播》报还刊登相关项目及其传承人图文并茂的报道。北京广播网开设主题页面，推送音视频内容和文字、图片等。听听FM手机客户端也同步推送相关节目的音视频、文字和图片。外语广播播出了8分钟的英语版。

节目播出后，受到主管部门和广大听众的肯定和赞誉。市委宣传部《新闻阅评》多次专文表扬“非遗时光”系列报道秉持“走转改”精神，记者深入现场，近距离采访传承人和相关人员，节目有故事、有细节，突出广播特色。听众朋友认为报道留住历史，传承文明，节目现场感和可听性强。在北京广播电视台2016年度创新节目、栏目评选中，该系列报道获得银奖，在北京电台2016年度优秀节目评选中，系列报道被评为一等奖。

（北京电台）

北京电台完成1306万元数字音频版权采购项目

“北京电台数字音频版权采购项目”获得了北京市财政局2016年专项财政资金支持，已经于2016年底前完成81份合同、1306万元经费的采购项目。

该项目依托北京电台强大的音频节目资源积累和创作能力，从发掘有市场潜力的音频内容、保护历史珍贵声音资料、推动音频内容知识产权保护为出发点，将具有价值的优质音频版权内容重新整合、确权、版权采购、内容加工、数字化处理、创作生产等，并充分运用新技术创新媒体传播方式，占领信息传播制高点，这对北京电台在音频版权领域的产业化发展意义重大。

项目资金到位后，北京电台成立项目管理工作组，下设项目执行工作组、版权内容评价组等专项组织机构，总编辑王秋任管理工作组组长，媒体资料和版权部主任、各专业台副台长及相关业务部门副职作为项目组成人员，台媒体资料和版权部牵头管理并督办落实。面对内容新、人员少、时间紧、任务重、压力大的实际情况，项目组人员在王秋总编辑领导下，勇于担当、积极作为，组织协调全台力量全面启动，并撰写了项目具体实施方案，协调组织全台有项目需求的专业台和相关业务部门，对项目采购原则与项目资金使用类别进行了规定细化，并经台务会研究立项，完成音频版权采购项目工作流程并组织协调落实相关具体事宜。

为更好督办落实、按期完成项目规定任务，项目执行工作组建立并严格落实系列管理制度及工作流程，建立了由台内版权采购需求方、项目执行组负责人初审、台法务、台计财到管理工作组组长审批的联合流转审批流程；组织召开了全台有音频版权需求的相关专业台和业务部门进行了商议落实，并建立微信群、内部QQ网群等相关沟通联系机制，形成专题纪要督办落实。项目组织机构成员特别是媒体资料和版权部版权管理科作为执行工作组重要成员，负责督办工作流程落实、项目合同审核、规范合同文本制订、完成时限追踪、音频资料成品回收以及相关协调组织工作等，上下齐心，层级落实，全力推进，质量高效，成果显著。

（北京电台）

北京电台着力做好京津冀协同发展宣传报道

2016年2月22日至3月1日，北京电台在《北京新闻》、《1039新闻早报》连续九天强力推出《治国理政新实践——习近平总书记视察北京两周年专题报道“春暖京华”》，用朴实自然、生动活泼的广播语言和丰富的广播音响，大力宣传北京市积极落实总书记讲话精神的行动和成效，描述出北京的发展蓝图。既有“大而厚”的宏观叙事，也有“小而美”的百姓故事；既有总书记的温暖北京故事，也有北京迎接京津冀协同发展这场大考交出的答卷。每篇报道统一采用“上中下三明治结构”的报道格式，一是记者回访习总书记视察地点，回忆他说过的话语，视觉化描述采访中的所见所闻；二是邀请相关部门负责人予以权威介绍，专家进行生动解读；三是选取极具代表性的基层案例，由小见大，深入浅出地呈现总书记考察相关领域的变化和亮点。整个报道主线明确、音响丰富生动、首尾呼应。

11月14日至20日，北京电台还推出“北京城市副中心建设进行时”专栏和访谈，专栏播出7期录音报道，同时在北京电台新闻广播《北京新闻》交通广播《1039新闻早报》播出，以“现场采访＋相关部门采访工作进度＋未来规划”的样态呈现，记者集中走访通州多个建设工地、附近百姓及相关部门负责人，从多个侧面，展现北京城市副中心的发展历程。访谈共3期，在新闻广播《议政论坛》《新闻天天谈》播出，分别围绕医疗、教育和交通三个方面，邀请城市副中心建设的相关负责人做客直播间，介绍建设规划和进展，回应公众关切。“北京城市副中心建设进行时”受到中宣部

《新闻阅评》专刊表扬，认为报道多角度呈现了北京城市副中心建设进展和规划蓝图，生动诠释了北京城市副中心建设将使资源配置更加平衡，使百姓广泛受益。

3月10日至12日，新闻广播主动牵手河北新闻广播、天津新闻广播，联手推出、共同采访、并机直播特别节目"对话京津冀"。

1月24日，交通广播与津冀交通广播联合采访，共同报道两年来京津冀三地交通部门的成绩，形成了声势。

城市广播在市"两会"期间"市民对话一把手"围绕"加快建设科技创新中心""着力建设全国文化中心""加快市行政副中心建设""精细化管理城市""深化医药卫生体制改革""疏解非首都功能"等主题，邀请主责部门主要负责同志，联合制作播出6期"市民对话一把手•北京新表达"特别节目。

文艺广播、河北交通广播全年启动"乐行京津冀——2016听众最喜爱的旅游地评选活动"，共同打造一个线上宣传＋受众体验＋多方评价的平台，谱写京津冀协同发展新篇。

此外，9月，电台、北京电视台与张家口广播电视台签订冬奥报道合作协议，在新闻制作、节目策划、技术协同、人员交流多个领域深度合作，实现资源共享，优势互补，共同做好冬奥宣传工作。

（北京电台）

北京电台音频版权产业化运营成效显著

北京电台将音频版权产业发展作为电台产业布局的重中之重，于2015年2月成立了一家全资二级子公司——北京悦库时光文化传媒有限公司，全权负责北京电台对外版权合作及独家版权运营业务，也基于全球华语音频市场开展音频版权投资与版权运营业务。2016年，公司营业总收入749万元。主要有三个方面的做法：

一是快速整合海量优质资源。第一时间发掘优质内容资源，与中国出版集团、中信出版集团、十月文艺、长江文艺、中作华文等126家出版机构，以及刘慈欣、王海鸰、海岩、迟子建、周大新、李佩甫、石钟山等70多位知名作家建立了紧密的合作关系。目前，公司已为北京电台整合到具备市场运营价值的优质音频版权内容27916小时，文字作品的音频改编权600余部，极大提升了北京电台在节目内容生产和音频版权产业开发的竞争力。

二是构建全媒体音频版权运营渠道。公司建立了多层次的全媒体音频版权运营渠道，包括覆盖了全国21个省市90多家广播电台、频率的传统广播电台发行渠道；运营商渠道（咪咕听书、咪咕视讯、氧气听书）；互联网音频平台渠道（掌阅、蜻蜓FM、考拉FM、懒人听书、听听FM、企鹅FM、喜马拉雅等）；有线电视渠道玖扬传媒等。同时，公司还依托海量数字音频版权资源，设计音频内容数据库产品，积极拓展与国家公共文化建设、数字图书馆、"文化走出去"项目的战略合作。

三是打造有声书与图书、影视作品的"立体出版传播"。2016年10月，由悦库时光公司策划，北京电台与北京联合出版有限公司、互联网音频平台懒人听书合作，举行著名作家刘一达最新力作《红案白案》有声书与图书同步首发会。2015年12月，悦库时光公司制作的冯小刚电影《老炮》同名有声小说也与该电影同步上线，在移动互联网平台的点击量高达4800万余次。这种立体化、融合化的内容发行新模式通过声音的创作和演绎，让一部优秀的文学作品的文化价值得到新的升华，满足了受众对一部作品“可读、可看、可听”的多种体验。

（北京电台）

歌华有线公司积极参与智慧城市建设 全力推进集团客户业务发展

歌华有线公司利用首都有线电视网络运营公司的网络、技术、资源和本地化优势，深入参与“智慧北京”建设，积极开展与政府合作项目。在实现专网专线接入、IDC等集团客户业务稳定增长之外，抓住互联网+、物联网、云计算等新兴市场的崛起带来的发展机遇，加强基于云平台、视联网平台及物联网平台的新产品开发，创新产品与服务，拓展集团客户业务经营收入新的增长点。2016年，歌华有线公司集团客户业务全年净增专线730条，在用线路共27243条。多项与政府合作智慧城市建设项目取得突破性进展。

无线北京项目取得进展。歌华有线公司承接了市经信委的无线城市项目建设，全力开展市、区两级接入服务点位建设。截至12月底，项目共开通900个场所，AP数量达到5812个，奠定了公司在“无线城市”领域的品牌形象。

智慧社区建设取得新突破。结合北京市各街道、社区正积极推进的智慧社区建设工作，积极推广“歌华生活圈”智慧社区服务，让社区居民通过家中的机顶盒，即可享受社区提供的便利服务。

积极推进智慧密云项目。与密云区政府合作，依托高清交互平台打造面向全区用户的便民服务平台，提供密云新闻、教育导航、就业社保、健康医疗、为老服务等9大服务功能，实现了遥控器“0”键一键进入主页。

智慧乡村项目稳步推进。配合市农经办（市农村经济研究中心），打造“北京美丽智慧乡村信息服务平台”，通过电视机终端为乡镇提供“三务公开”、办事指南等信息服务内容，平台一期已搭建完成，并完成了32个村级单位内容上传，启动了在延庆区张山营镇的试点工作。

社区文化站改造升级稳步推进。按照市文化局要求，整合了数字文化社区和益民书屋服务平台，提供一站式基层公共文化服务。同时，积极推进项目试点建设工作。

开展“平安城市”建设。如大兴分公司，累计建设监控点位2400余个，完成了大兴天网平台与歌华云平台的对接工作，实现了监控从电视端到手机端的应用，其他分公司也开展了此项工作。

实施歌华视联网项目。2016年，公司与视联动力在北京地区联合打造“歌华视联网”品牌服务，年内完成接入点位约300处。同时，积极开发“歌华视联网”在市卫计委、市教委等领域的业务应用，不断扩大“歌华视联网”品牌的社会影响力。

完成歌华政企云平台建设。2016年，与华为公司合作搭建了“歌华政企云平台”，目前已为市环保局、市文化发展中心、抗战纪念馆等多家单位提供业务服务。

稳步推进行业专网工程建设。例如，争取到北京市卫计委光纤直连项目，为100余家医院提供光纤直连服务。另外，与物美集团合作开展专网工程，预计接入200余家商超。项目涵盖京、津、冀地区，对公司推进集客业务在京、津、冀地区发展具有示范效应。

推进自来水远程抄表项目。依据歌华有线网络通信基础，在怀柔区开展了远程抄表试点工作。

开展电梯运行安全监测项目。已在通州、石景山、海淀、丰台等多个区域开展了试点工作（在通州已监测170部电梯）。

此外，新中标了中石化专网、卫计网、物美专网、武警进京检查站、森林防火、建设银行等多家银行、北京市环境信息中心IDC业务等项目。另外，2016年加强了总分公司集团数据业务的统筹发展，总公司相关部门为分公司发展集客业务提供技术、经验、政策、建设、培训等全方面的支持，为集客业务的进一步开展打下坚实基础。

（歌华有线公司）

北京电台启动音频资料数字化抢救及编目项目

北京电台音频资料数字化抢救及编目项目始于2016年5月中旬，由媒体资料和版权部提出项目意向，依据北京市人民政府办公厅发布《北京市出台首个文创产业发展指导目录》（2016年版），结合电台实际撰写可行性研究报告，并经业内专家论证，符合北京市文化创意产业发展专项资金支持项目。项目规划时间为2016—2018年，预算经费为4558万元。项目旨在完成建台67年来存量20万小时利用数字化转储设备及技术音频资料进行数字化抢救性转储及规范化编目，建立媒资版权系统，满足采编播人员查询、下载等需求，提高资料的利用率和检索率，实现对内容资源的原貌保护、再开发、再利用，实现对媒资内容的永久保存，实现节目资料价值的增值及国有资产价值的最大化。

项目意向初步落实后，成立“北京电台音频数字化抢救及编目项目”的专项组织机构——项目领导工作组，负责项目组织领导、决定重大事项、指导推动项目进度，管理和监督项目资金的使用；下设项目执行工作组，责成媒体资料和版权部负责项目具体实施工作。项目领导工作组组长为赵卫东台长、副组长为总编辑王秋，工作组成员由办公室、计财部、技术中心和媒资版权部部门主要领导和部门主管台领导组成；项目负责人为媒体资料和版权部主任纪烈鸿，项目执行负责人为副主任孙超，组成人员由媒资版权部和技术中心相关人员，推进项目的具体落实工作。

项目执行工作组由孙超同志牵头负责组织部门人员特别是科级干部完成撰写并组织多次修改《北京人民广播电台音频资料数字化抢救及编目项目可行性研究报告》；于2016年10月上旬完成《北京电台音频资料数字化抢救及编目项目可行性报告》，并经业内专家评审论证通过；协调完成公开招投标相关技术材料撰写工作；协调完成项目场地、设施设备、人员配备等筹备工作。

由于此项目意义重大、内容抢救紧迫，经台领导指示并经市财政局审批，此项目分期推进落实，先期由北京市财政局向北京电台特别追加2016年度音频资料数字化抢救项目，预算经费为298万元，审批金额为284万元，完成抢救性转储9600盘各种介质音频资料。项目经台务会立项启动，面向社会采取公开招投标方式，选定中标公司中科汇金

（北京）科技有限公司，从1月19日到2月15日，完成音频资料转储原貌级近1000盘，项目按规定还成立了项目总审核组，负责对公司转储音频质量把关。2017年4月底前须按时完成合同规定的9600盘音频介质，并经专家组质量审核验收。

2016年11月底，相继完成《北京人民广播电台音频资料数字化抢救及编目项目管理办法》以及《保密协议》等项目相关管理制度制订工作，并组织督办落实2017年项目规划。

（北京电台）

昌平区广电中心新型全台网系统启用

2016年10月20日上午，昌平广电中心召开《新型全台网系统全面启用新闻发布会》，标志着历时四年的新型全台网建设全面完成。

该系统着眼高清和新媒体融合的综合应用，打造具有前瞻性和标杆性的新型广播电视媒体技术体系。从2013年开始，历时4年，耗资8000余万元，完成七大建设项目，具体包括：①以高清设备为核心，建设了可以满足新闻、访谈等多种节目的直播和录播需求的高清3讯道新闻演播室。②通过引入大量虚拟场景，利用虚拟三维场景与电视画面拍摄构图的数字化实时合成技术，在有限空间实现无限创意，建造了更为丰富的视觉效果的虚拟演播室。③建设了负责对全台的播出信号进行处理，提供网络化流程的综合管理，使节目播出安全可控的播出机房。④建设了具备5.1监听、环绕声制作能力和为专题、综艺等多种节目提供配音译制能力的综合录音棚。⑤配备了整个全台网三期各业务系统的服务器、存储及交换设备的服务器核心机房。⑥建设了包含29个新闻制作系统和综合节目制作系统的非线性编辑终端，负责全部新闻、专题和其它综合类节目的编辑制作和节目包装的非线性编辑系统。⑦建设了能够完成文艺演出、会议等各类大型活动的高清录制任务，同时可以满足现在高标清节目转播、直播和录制要求，具有极强的扩展性和外部级联的能力的8讯道高清转播车。

新型全台网系统在建设过程中，在资金上以及审批、立项和技术上都得到了北京市新闻出版广电局和区委、区政府的大力支持。区委、区政府还将新型全台网建设纳入《北京市昌平区2015年在直接关系群众生活方面拟办的重要实事》。在市局科技处的支持和指导下，中心通过了以安全播出为主要内容的ISO9001质量管理体系认证并运行，为实现新型全台网系统建设和高清播出提供了制度保障。全台网投入使用后，先后3次邀请专家对管理体系进行优化升级，提升了全台网的管理运行水平。

投入运行后的新型全台网系统成功将广播电视节目以快速、高效的方式传输到网站和手机APP、微信公众号等移动终端，实现了传统媒体和新媒体互相支持、互相搭台、共同发展格局，进一步整合了内部信息资源、提高了节目生产效率、降低了生产储存管理成本，为更快捷地传递政府声音，更有效地沟通民生，更全面地记录昌平发展奠定了坚实基础。

（北京市昌平区广播电视中心）

北京电视台新闻中心开展“新春走基层”报道

走进春运场站，感受服务亿万人回家的责任；来到环保一线，体会为了首都天更蓝的坚守。在2016年春节，在这个万家团圆的日子，北京电视台新闻中心的记者们走进基层，把镜头和话筒对准基层职工，通过关注热点话题，记录基层变化，书写首都时代新篇章。

春运每年承载着上亿人的回家梦，而在这大迁徙的背后是上万铁路职工的付出，这其中有很多人并不为人所知，有些人每天都工作在6米多高的列车顶，有些人每天和上万个零件打交道，还有些人每天都在和列车的对话中度过，2016年北京电视台新闻中心“新春走基层”系列报道就从这些春运幕后英雄开始的。

走基层并不是到基层，更多的是要带着问题和思考，用心去报道。在采访动车组检修工时，记者敏锐地发现了这个工种不仅工作地方有特点，他们都是在6米多高的车厢顶工作，而且还是一项细致和体力兼备的工作。在报道中，检测工具生动地化身为检修工的“吉祥三宝”，而上百块擦拭车顶设备用的抹布，则成为了他们不惜体力的代名词。

在商业服务业，张秉贵的“一抓准”为很多人所称道，而在春运的工作中，走进基层的记者也找到了属于这个行业的“一抓准”——机务段配件工。他们每天面对成千上万的零件，时时刻刻都要准确快速地完成各种零件的取用，而配件间中，此起彼伏的配送声成为记者春运报道中的最美和声。

场站值班员是一项艰辛的工作，之所以艰辛并不是有多劳累，而是一个人的寂寞。他每天面对的只有成百上千的机车，一个班次下来几乎见不到人，也说不了几句话。在报道中记者亲身体会了这项无声的寂寞工作，并把它变成了一曲对于铁路职工默默奉献的赞歌。

如果说春运服务的是回家的人，那么环保工作就和每一个人的生活都息息相关，作为2016年北京电视台新闻中心“新春走基层”系列报道的第二个主题——“为了首都的蓝天”，记者跟随市环保局的基层工作人员深入基层，全程记录了他们工作的点点滴滴。

在很多人眼中政府执法人员检查工作一定是无往而不利，但是在此次“新春走基层”报道实际采访中，记者和环保执法人员的遭遇却是险情不断。深夜在查封排污企业的时候，最初遇到的是企业员工的不配合，进而升级为辱骂，最后竟然被反锁在厂子里长达2个多小时，通过报警才脱离困境。而在采访中，记者从环保执法人员口中得知，这种不配合乃至被困并不鲜见。当这些来自环保一线的镜头和声音出现在新闻节目中，不仅深刻地揭示了环保部门工作人员为了首都蓝天所付出的努力，还展现了在挫折和危险面前执法人员不退缩的精神，更让“新春走基层”报道体现了新闻人的职业信仰。

走进基层在报道社会变迁世间真情的同时，也让记者更清晰地理解了新闻工作者的根基所在、价值所在。

记者林遴每年都会坐动车回家过年，但是2016年通过“新春走基层”报道，他更深刻地了解到春运对于铁路职工意味着什么。

他说，检修工每天在6米高的车厢顶上奔走看着就眼晕，但是他们又是那么的乐观，甚至将自己的工具取名为“吉祥三宝”。

记者闫丰涛在拍摄环保执法人员的报道中，与执法人员在寒夜中被困两个多小时，然而也正是这两个多小时，让他真正走进了环保执法人员的心里。当结束采访的时候，执法人员动情地说，只有一起患难过了才能真正成为朋友。

在采访机务段配件工时，基层春运职工为了尽快地将各种零件送到维修现场，可以几个小时不停歇，不断在几万个零件的储物室中奔走，甚至不会停下来喝一口水。记者陆林说，“我们看着他们工作，心里真的十分的感动，千万个这样的铁路职工铸就了春运的安全”。

（北京电视台）

暴雨袭京城，交通广播全天不间断传递信息陪伴出行

2016年7月20日，暴雨突袭京城，各种预警从蓝色一路上升到橙色。致力打造“应急广播”的北京交通广播在暴雨袭来之时，采编播全体人员倾力配合，从早上7点30分雨量增大直到次日凌晨风停雨住，通过广播、新媒体不间断传递各类信息，既展现出了北京交通应急能力，也为出行的听众做好了信息服务工作。

采访团队深入一线获取最新线索

交通广播新闻采编部在前一天接到预警后就启动了应急报道预案，当夜排定记者调配方案，11名记者除一人在外休假，全部转入应急备勤状态。早间《一路畅通》开播后不久，来自防汛、公交地铁和铁路民航的最新出行资讯已传递到听众耳边。

8点30分左右，雨势转急，十分钟后，暴雨预警由蓝色升级到黄色。采编部迅速动员，各路记者按照预案火速赶往市防汛指挥中心、交管局指挥中心、首发高速路指挥中心、北京西站、首都机场、郊区多条线路公交场站……记录各有关部门应急处置情况，现场直击雨情对交通各方面的影响。

大雨持续狂泻。11点30分，暴雨预警升级为橙色。部分交通节点告急：岳各庄桥下积水深度达2.5米、丽泽桥区四个方向断路、西客站隧道大水漫灌……这场应急报道至此转入短兵相接阶段，记者们迅速从各指挥中心转战各个积水现场，其中就包括积水严重的丰西铁路桥。

从中午12时一直到下午7时，记者们手举雨伞，身披雨衣，或用话筒记录现场抢险人员的忙碌工作场景，或用手机通过音视频直播各交通节点的积水状况，在暴风雨中采访报道长达7个小时。在完成记者连线报道任务外，汇集各方信息不断传回的资讯，经过信息处理中心的归纳编辑，发往直播间主持人面前的电脑屏幕上，成为主持人需要时时提醒的红色文字。为了保证信息的及时发布，信息处理中心各个岗位当天都采用双岗上岗，发布效率提高。

信息传递成为当天重中之重

随着雨情的延续，全市交通状况进一步恶化：10多条道路积水断行，100多路公交车被迫绕行，铁路和民航方面也不断传出大批车次取消和航班停运的消息。一时间，机场和火车站成为关注的重点。

围绕需要和旅客沟通的重点信息，交通广播随即加大发布力度，重点提示铁路旅客退票有效期延长到30天内，前往机场请提前与航空公司联系等，加上路面的断路和积水提示信息，播出频次密集到十多分钟一次。各个栏目主持人把这些应急信息的播出当做头等大事，特别是设在交管局直播间的《一路畅通》节目，利用可以方便查看摄像头的便利，加之交管局警官积极配合搜寻即时路况、积水路段等信息，除在节目播出外，还实时关注、更新各单位的微博，力争将第一手资讯发布给听众。

节目进行过程中，值机导播除了保证每一个电话连线线路畅通、及时切入，还不忘提醒每一位直播主持人第一时间播报应急微信群和路况平台上发布的信息，有时听到节目里忘了播就赶快提醒主持人，打印比较重要并需要反复播出的信息放在直播间供主持人使用，做好直播间内外的联系工作，保障安全及时播出。

主动出声及时澄清，解读谣言背后的真相

汛情紧急，但一些好事者却开始在微信等新媒体中传播各种谣言："居庸关长城大面积塌方""朝阳大悦城积水成灾""复兴路电线杆泡水漏电""一号线公主坟地铁站被淹"……群众难辨真假。上午11点、12点，记者杨帆与《警法时空》《一起午餐吧》等节目连线对这些谣言予以揭穿。14点56分，交通广播官方微信发布图文《【暴雨】京城升级发布橙色预警，这些提示要了解，更不要轻信群里传的小视频，大多是假的》，点击量瞬间数万，许多听众也主动担当起正面舆论的传播者，纷纷在朋友圈转发揭示真相，这篇文章阅读量达到5.4万次。

广播新媒体配合，立体传播服务更多市民

就在当天上午，交通广播官方微信号经过与技术方面紧急协调，增加了两个新功能，在官方微信页面回复"航班"和"路况直播"，就可以在合作方的页面上查询当天的航班起降延误动态，可以通过数百个高位摄像头查看主要道路的实时路况。这两项功能的推出应时应景，受到用户关注，期间还曾因同时在线人数过道技术人员紧急调整，保证了服务功能的正常运转。

上午11点，北京交通广播还通过在熊猫TV的官方直播间开始"直击北京暴雨"的直播。视频直播以位于电台20楼的交通广播路况信息中心为基地，接力直播六个小时，通过视频展示了雨况路况采集、整理、汇总、发布的全过程，并与观看直播的网友互动，随时回答网友们提出的各种雨情和道路信息的咨询。期间切入了外场记者在公交枢纽和北京西站现场通过各自手机直播的现场画面，

通过视频介绍雨情对于公交、铁路的影响。

视频直播作为北京交通广播在暴雨天气传播信息的重要补充手段，得到了听众和网友的热切关注，六小时直播共有超过五万人次观看，最高峰值在线超过一万人。

7月20日晚8点，雨势缓下来，气象分析也表明暴雨云团已经逐步移出北京，各路记者才满身泥水陆续返回，然而与现场的联系并没有停止，无论是记者还是主持人，都利用自己的信息渠道了解与出行相关的信息，直到当天晚上最后一档《有我陪着你》节目，还在不断地提醒出租司机前往机场车站接送旅客回家。

十多个小时中，交通广播前方后方积极沟通、广播新媒体配合立体传播。通过微信平台我们了解到：由于报道及时，很多听众都表示重新安排了自己的出行计划，或减少了出行的频次和时间，或选择了公共交通出行。

（北京交通广播）

中国电影博物馆举办第七届少年儿童电影配音大赛

2016年8月6日，少年儿童电影才艺展示活动暨第七届少年儿童电影配音大赛颁奖仪式在中国电影博物馆举办。这项少年儿童公益品牌活动在中国关心下一代工作委员会办公室、北京市委宣传部和北京市教育委员会的指导下，由中国电影博物馆主办，多家社会公益性机构支持和协办。活动于6月启动，历时2个多月，直接参与6万余人，吸引了60万少年儿童和家长的关注。

颁奖仪式上，中国关心下一代工作委员会常务副主任闵振环、中共北京市委宣传部副部长韩昱、北京市教育委员会副主任付志峰、中国电影博物馆党委书记陈志强、北京市人民政府港澳事务办公室副主任殷飞等负责同志及大赛评委、配音艺术家齐杰、陆揆、贾小军、姜广涛、张云龙、李宇峰等出席，为40名获得"第七届少年儿童电影配音大赛"小金星、小银星、小铜星和小亮星的小朋友们和13家优秀组织单位颁奖。

少年儿童电影配音大赛创办于2010年，已举办了七届。七年来始终坚持以"关注少儿成长，启迪少儿心智，丰富少儿生活，繁荣少儿电影"为宗旨，少年儿童免费报名参赛，免费参加在京电影文化夏令营活动，让孩子们通过电影才艺展示的方式进行交流和学习。2016年在北京、天津、河南、内蒙古、贵州、甘肃、广西、福建和香港、台湾设10个分赛区，还有广东和云南等省的小朋友跨越省市报名参赛。未设定分赛区省市的小朋友，也可以通过网络赛区和APP客户端报名参与配音大赛。本届活动进一步完善手机APP，让广大小朋友们可以轻松完成配音录制和报名上传，并推出"小影迷爱配音"和"配音大赛"官方微信，传递配音知识和活动信息，借助新媒体平台快速实现与小朋友们及家长的互动，最有效地扩大活动的持续影响力。港澳台的小朋友，汉族、傣族和蒙古族小朋友同台竞技，实现了在电影配音大赛的过程中全国各地儿童心手相连，促进交流的目的。经过分赛区和网络赛区选拔，共有80名小选手，齐聚北京参加预选赛、决赛以及相关的电影主题活动。

除紧张的配音比赛，小选手们还在电影文化夏令营中开启了奇妙有趣的电影文化之旅。“光与影”系列大讲堂开设的“动画电影之旅”“博物馆奇妙夜”“配音与表演”等体验课，传播传统光影艺术魅力；参观怀柔中影影视基地、参观配音工作室聆听电影配音专家的亲身示范，让小朋友们零距离接触电影幕后的魅力；观看电影、话剧，参加集体联谊会等丰富多彩的电影文化活动，让孩子们在活动中潜移默化地受到正能量的教育，在电影的海洋中开阔眼界、学习知识、编织友谊、共筑梦想。

中国电影博物馆举办“中国电影国际巡展”活动

2016 年 5 月，由中国电影博物馆、中央电视台电影频道和白俄罗斯共和国文化部、白俄罗斯国立电影制片厂、白俄罗斯国家图书馆、白俄罗斯电视广播公司、白俄罗斯国家历史博物馆联合主办，中国驻白俄罗斯大使馆指导支持的《中国电影国际巡展——中国电影走进白俄罗斯》在白俄罗斯明斯克开幕，展览历时 1 个月，累计参观人数 37230 人次，内容包括：新闻发布会、“中国电影 111 年”大型实物和图片展览，在白俄罗斯国家电视台播出介绍中国电影发展历程的宣传短片，同时展映中国影片《寻龙诀》。活动举办期间，白俄罗斯各大媒体给予高度的关注和肯定，白俄罗斯国家电视台、首都电视台、白俄罗斯广播电台、白俄罗斯国家通讯社、白俄罗斯国家新闻中心、明斯克真理报、共和国报等白俄罗斯国内主流媒体对活动进行了充分的报道。新华社、中国国际广播电台、人民网等 30 余家中国媒体对展览进行报道。为让中国观众第一时间了解到活动的现场情况和更多台前幕后的细节，电影频道的《世界电影之旅》栏目还特别派出摄影和文字记者赴白俄罗斯进行跟踪报道并制作专题片，于 6 月 4 日晚间在《世界电影之旅》栏目中播出，“1905”电影网也转载在网上进行了视频播放。巡展通过展览展示的方式让白俄罗斯的观众更多地了解中国电影的历史发展情况，特别是中国电影人为之奋斗的历程，为中国电影文化“走出去”在方式上做了补充，活动取得了圆满成功。

2016 年 12 月 28 日，“中国电影国际巡展——中国电影走进美加”活动在美国北卡罗来纳州罗利市拉开了帷幕。活动由中国电影博物馆和美国卡罗莱纳——中国友好交流协会、Lewis Group 集团有限公司联合主办，中国驻美国大使馆指导支持，活动内容包括：“中国电影 111 年”大型图片及部分实物展览，展映徐克执导的影片《智取威虎山》，映后进行影片交流座谈等。

Lewis Group 集团有限公司主席 Stuart Lewis、北卡华人联合会董事会主席姚承伟、卡罗莱纳——中国友好交流协会会长谢立安、中国电影博物馆党委书记陈志强等出席开幕式并致辞。此次展览是对中国电影发展历程中精华的浓缩和展示，展览是以中国电影博物馆常设展览《百年历程　世纪辉煌》内容为基础的精编版，共分 7 个部分，约 110 块展板。通过特色突出的中国书画挂轴形式呈现的图文展板和部分实物展品，第一次向美国观众全方位展示中国电影自 1905 年诞生以来这 111 年的发展历程，以及中国电影史上各个时期的重要代表作和杰出影人，既展现了中国电影人百年来对电影艺术和技术的追求探索，也反映了中华民族百年来的历史与现实、光荣与梦想。同时，展览现场播放的 1961 年版的《大闹天宫》也吸引了大量观众驻足。

开幕式后展映了徐克执导的影片《智取威虎山》。展映结束后，美国北卡罗来纳大学从事亚洲研究的教授乐钢、北卡电影电视制片人 Scott Long、中国电影博物馆青年学者杨丰与现场的美国观众就中国电影海外发展、中国动作片的创新发展等问题进行了交流互动，美国观众们对中国电影现象表现出浓厚的兴趣，踊跃参加问答环节，进一步了解中国电影知识。

（中国电影博物馆）

概况

北京市广播影视概况

2016年，北京市有市级广播电视台1座，下属北京人民广播电台（简称北京电台）、北京电视台；市级广电新媒体有北京新媒体集团、数字付费电视、公交移动电视、城市楼宇电视、地铁移动电视、手机电视、户外大屏幕电视以及数字多媒体广播等；区级广播电视台有10座，近郊电视站4个。

全市共有广播影视节目制作经营机构6066家，比上一年增加2218家。网络视听网站123家。全市广电行业从业人员6.8万人。广播电视总资产2133.83亿元，比上年增长32.6%。广播影视全年创收收入669.72亿元，同比增长27.5%。其中，广告收入254.93亿元，同比增长18.8%；电影票房收入30.28亿元，同比下降3.9%；有线电视网络经营收入34.98亿元，同比增长33.7%；其他产业收入349.53亿元，同比增长38.7%。

北京人民广播电台开办10套开路广播及15套有线调频广播、13套数字音频广播、2个数据服务频道，每天播出364小时，全年播出13.27万小时。北京电视台开办12个频道，每天播出271小时，全年播出9.8万小时。北京卫视在全国31个省会城市、33个地级市和2846个区县级城市落地，覆盖人口达11.2亿。移动电视日播出17小时，终端屏幕2.18万块；城市电视日播出15小时，楼宇电视国标屏保有量6549屏，LED大屏电视7块；地铁电视日播出18.5小时，终端屏幕2.63万块；数字电视付费频道11套，每个频道每日24小时循环播出；付费频道在全国落地销售区域258个，比去年减少5个，数字电视用户数14375.7万户。广播电视有线传输网集成数字电视节目181套、数字广播节目18套。有线网络总长19.41万公里，其中光缆干线5.79万公里、电缆干线13.62万公里；有线电视注册用户数580.42万户，其中：高清交互数字电视用户483.04万户。电影院线25条、电影院207家、银幕1273块，IMAX巨幕14块，座位18.58万个。累计放映电影228.35万场，比上年同期增加30.37万场，增长15.34%；观影人次6873.43万人次，比上年同期减少290.78万人次，同比下降4.06%。

一、宣传工作

2016年，北京市广播电视宣传导向正确，重点突出。

围绕习近平总书记考察北京两周年开展系列报道。2月26日，是习近平总书记考察北京两周年。北京电台推出9集特别报道《治国理政新实践——习近平总书记考察北京两周年专题报道“春暖京华”》，采用“上中下三明治结构”的报道模式，系统地报道北京近两年贯彻落实讲话精神，推动首都改革发展特别是疏解非首都功能、促进京津冀协同发展的重大变化。北京电视台推出总书记2·26考察北京重要讲话两周年系列报道和专题片《春潮》，以精美的画面、精准的手段、精确的数据反映北京两年来的发展成果。

纪念红军长征胜利80周年主题宣传报道。北京电视台精心创作大型纪录片《红军不怕远征难》和纪念中国共产党成立95周年纪录片《解放——人民的选择》，以充分的历史考据、鲜明的时代特色、创新的电视语言，回顾光辉历程，弘扬伟大精神。这两部纪录片不仅受到社会各界的好评，国家新闻出版广电总局、人民日报还专门刊发文章给予较高评价。北京电视台还推出大型系列报道《寻踪长征路》，从党史、军史、战史的视角，以“田野调查”的方式走进长征的历史，讴歌伟大的长征精神。对该系列报道中共中央宣传部《新闻阅评》刊发专文予以肯定。北京电台新闻广播策划采制的8集大型系列特别节目《长征——不朽的丰碑》，是多名记者历时3个月的时间采访剪辑而成。节目在重温历史感人瞬间的同时，把长征精神置于当前每个人乃至国家的现实境遇中，以历史的眼光，宏观的视野，为寻求当前实际问题的解决而寻找精神力量，凝聚中华民族不断前进的正能量。

聚焦“十三五”开展系列报道。北京电台新闻广播、城市管理广播、交通广播、外语广播联手策划了“扬帆十三五”“展望十三五发展谱新篇”等专栏及系列访谈节目，把“十三五”发展的美好前景展现在广大听众面前。北京电视台《北京新闻》《北京您早》等栏目，推出“跨越”“扬帆十三五”“京津冀协同发展”等专栏，具体生动地报道京津冀协同发展、北京城市副中心建设、疏解非首都功能等取得的进展和成就。

推出“一带一路”系列报道。北京电视台在2016年的第四季度推出大型新闻行动“天涯共此时”，历时三个多月，探访丝路沿线39个国家和地区，播出117期新闻报导，集中报道了设施联通、贸易畅通、民心相通等方方面面反映“一带一路”建设成就的可喜成果，并在年终推出特别报道《见证者》。

弘扬社会主义核心价值观新闻报道。北京电视台继续做好微纪录片《中国梦365个故事》，截至年底共播出287集。创造品牌栏目《幸福绽放》，以微电影、微视频赞颂工匠精神。北京电台交通广播开展1039行动派2016“善行者”、音乐广播精心策划“百字情书”、爱家广播开展第三届“银发达人秀”、故事广播推出“青春笔迹”等公益宣传活动，大力宣传倡导践行社会主义核心价值观。

二、艺术创作

设立北京影视创作基金，出台《北京影视出版创作基金章程》《北京影视出版创作基金项目资助管理办法》等相关制度，进一步强化影视艺术精品扶持力度。全年电影剧本（梗概）备案公示1483部，生产国产影片315部；电视剧备案346部13350集，生产电视剧64部2673集（含总局终审1部12集）；电视动画片备案41部2.02万分钟，生产电视动画片30部749集9858分钟；网络剧备案252部、网络电影备案3247部、网络动画片备案65部、网络纪录片备案21部。电视剧《三八线》《金水桥边》，电影《大鱼海棠》《湄公河行动》等播映后受到观众好评；《平凡的世界》等4部电视剧、《戚继光》等2部动画片、《人间天河》等4部音乐作品、《让我陪你看夕阳》等2部广播剧入评北京市文学艺术奖，《百团大战》等14部北京创作的影片获得第16届华表奖。

北京电视台在影视剧引进、播出等重要环节，坚持弘扬主流价值观。全年购买电视剧77部，其中卫视剧30部，地面频道剧47部。全台21个首播剧场播出电视剧2万集，总时长1.5万小时。“大戏看北京”影响力不断拓展，《红星剧场》收视率保持省级卫视前三位置，在2016年全国30部电视剧收视率超过1%的电视剧中，北京卫视的电视剧占6部。

三、公共服务

广播电视覆盖持续推进。配合新农村建设，对京郊发射站改造移机，确保农村广播电视信号覆盖。开展应急广播示范项目建设，实施北京市6个台站的中央广播电视节目无线数字化覆盖工程。总结高清交互数字电视推广经验，制定全市高清交互数字电视普及方案，彻底解决剩余100万户市民收看高清交互数字电视问题。电影文化惠及城乡群众。全年电影公益放映17.28万场，观影人次794.37万。“三网融合”全面推进。实施“互联网+”战略、“宽带广电”战略和“广电+”行动计划，稳步推进广电、电信业务双向进入。开展云游戏、云飞视、北京数字学校等系列云应用服务。截至2016年年底，全市IPTV用户达到119万，高清交互数字用户达到483万，有线电视网络个人宽带用户达到50.6万。

四、产业发展

2016北京电视节目春秋两季交易会举办，吸引海内外电视节目制作播出机构686家（次），设立节目交易、业务论坛、新剧发布会、专项活动等多项精彩项目，引入网络文学作品推介单元，促进数字出版IP衍生交易。第六届北京国际电影节举办活动340余场，100万人次参与其中，500余部中外电影佳作展映1000余场，票房突破1000万元，电影市场签约余额163.31亿元。截至年底，北京广播电视节目制作持证机构6066家，信息网络传播视听节目持证机构123家，电影院线25条、电影院207家、银幕1273块。全年广播影视产业总收入669.72亿元，同比增长27.5%。

五、新技术应用

推动传统媒体与新兴媒体融合发展。北京新媒体集团及旗下北京新闻媒体有限公司、北京时间股份有限公司于4月12日正式挂牌成立，北京时间网站和新闻客户端同步上线。北京新媒体集团在较短时间内实现信息内容、技术应用、平台终端、人才队伍的共享融通，并迅速建立起“中央厨房”式的生产机制，与中国青年报、北京电台、北京电视台等传统媒体深度融合，从社会热点难点问题切入，切实提高选题策划能力，发掘优质内容，坚持做有态度、有温度的媒体。积极探索创新报道方式，对“北京时间2022号”无动力三体帆船无动力横跨大西洋航行进行不间断全程直播，成为探索全新直播态的成功实践；与中国青年报社共同举办“中秋明月夜，天涯共此时”卢沟晓月大型直播活动，开创了24时区全球华人赏月直播的先河；对G20峰会进行开放式演播室直播，开创了多点同步、全景式直播报道模式，网站总点击量达到3723.3万，访问人数达974.5万，在中国新闻网站全网排名第一。加强新技术研究和技术产品的创新。北京电台加快融媒体平台建设步伐，新增三个小调频频率，实现所有中波频率双频播出，收听效果进一步改善。北京电视台4K、8K、虚拟植入等电视技术应用日趋成熟，引进“轨道机器人”等先进设备助力大型晚会拍摄，连续第七年荣获“金帆奖”综合大奖。北京电视台新闻频道、影视频道在歌华有线网实现高标清同步传输播出，频道高清化比例超过50%，处于国内先进水平。北京新媒体集团与中国电信北京公司联合推出天翼高清北京IPTV家庭全媒体交互平台产品，是北京IPTV从电视业务产品向平台及应用产品的转型，较2015年增加30%，用户数、收入、利润增长率均超过30%。

六、对外交流

围绕中央“一带一路”建设的重大战略和北京市外交工作部署，北京广播电视积极开展对外交流活动，拓展“走出去”工程。成功举办“北京影视走进俄罗斯”系列活动，19部京产影视剧、纪录片参加莫斯科世界内容市场交易展；20余家企业参加戛纳电视节并举办电视剧MIP Drama、华语派对等活动，北京国际电影节在戛纳电影节举办“北京之夜”推介会；“北京日”主题推介会亮相英国谢菲尔德纪录片节，31家海外机构达成合作意向；北京卡酷少儿卫视在法国昂西动画节举办“北京动画梦”主题沙龙，多家海外公司表达合作意愿。2016北京影视剧非洲展播季，17部电影、400集电视剧在四达时代公司非洲电视平台展播；7家企业参加美国电影市场交易活动，展映6部优秀影片；9家广播影视科技企业参展NAB 2016展览会，中国企业首次以展团形式亮相NAB；13家企业参展德国科隆游戏展并举办北京游戏欧洲主题日活动，200多家游戏企业有走出去项目，年外汇收入约20亿美元。

（北京市新闻出版广电局、北京广播电视台）

北京市新闻出版广电局概况

北京市新闻出版广电局成立于2014年1月，在原北京市新闻出版局和原北京市广播电影电视局合并的基础上组建，为北京市人民政府直属机构，加挂北京市版权局牌子，负责北京市新闻出版、广播电影电视和著作权管理工作。

2016年主要工作：

一、宣传监管

深入宣传习近平总书记系列重要讲话精神，圆满完成中国共产党成立95周年、长征胜利80周年、中华人民共和国成立67周年等重大宣传报道任务，全方位多层次开展“中国梦”、社会主义核心价值观等重大主题宣传报道，推出一批专题专栏，制作刊播一批感人至深、面向基层“接地气”的优秀作品。规范新闻采编出版发行秩序，严格采编流程管理和“三审三校”制度，强化市属报刊日常审读和非市属报刊重点监测；结合互联网传播变化，将网络大V30人、微信公众号26种纳入监测范围。制定《北京市网络文学出版管理规范》《游戏出版物内容审查标准》等制度，采取系统筛查和人工审读相结合，有效减少违规内容传播。完善收听收看数据库操作平台，突出数据分析和提前预警功能。健全整治非法境外电视工作领导小组，增加整治境外电视网络接收设备等职责。建立节目制作经营机构监管信息服务系统，实现动态监管。加强出版物市场日常监管，开展“清源、净网、秋风、护苗”专项行动，收缴各类违法出版物8366件，处理市属报刊违规出版等信访举报13起。开展“出版3・15质检活动”，图书市场抽检合格率98.14%，绿色印刷产品合格率100%。实现市区两级广播电视广告监管全覆盖，查处整改违规广告32起，妥善处理广告投诉300余起；查处违规占用广播电视频率、违规生产销售直播卫星接收设备、非法安装地面接收设施等行为，打击“黑广播”，查获非法广播设备19套，推动无“小耳朵”社区建设。引入安全播出管理成熟度评估概念，加强安全播出日常管理，发现播出及传输异态438频次，其中重大事故2起，及时提醒停播事故单位62次。开展云盘传播色情信息及直播平台等专项整治行动，查处无证视听网站8家，清理政治有害视频203条、淫秽色情和低俗信息21789条，下线违规网络剧、微电影23部。

二、精品生产

设立北京影视出版创作基金，组织召开第一次理事会议，制定出台《北京影视出版创作基金章程》《北京影视出版创作基金项目资助管理办法》等相关制度，对优秀原创出版物、影视剧本、网络视听节目和走出去重点项目进行支持，22家单位34个项目获得报刊出版引导资金项目资助，56个选题获得出版扶持奖励资金资助，20个选题获得长篇优秀小说扶持，14部网络文学作品、105个项目获得音像电子网络出版物奖励，66部作品获评优秀网络视听节目，85个项目获得公益广告专项扶持。年度出版选题9265个，音像选题4633个，电子出版物选题5824个。全年共核发书号11134个，电影剧本（梗概）备案公示1483部、审查国产影片315部，电视剧备案公示346部13350集、审查电视剧79部3247集，通过64部2673集，电视动画片备案41部2.02万分钟、审查通过电视动画片30部749集9858分钟；网络剧备案252部、审查网上境外电视剧总数137部；网络电影备案3247部、审查网上境外电影143部；网络动画片备案65部、网络纪录片备案21部。《少年科学画报》入选2016年全国优秀少儿报刊，十月杂志入选文学期刊全国四强，北京青年报社区生活移动互联平台等3个项目入围全国报刊媒体整合创新案例30家，《长征长征》等3部图书入选中宣部和总局2016年主题出版重点出版物目录，《汉学商兑》等4个项目入选2016年国家古籍资助项目，《秘境》等4种图书入选向全国老年人推荐优秀出版物，《北京城市发展历史研究文库》等5个项目入选国家出版资金项目，电视剧《三八线》《金水桥边》、电影《大鱼海棠》《湄公河行动》等播映后反响良好，《平凡的世界》等4部电视剧、《戚继光》等2部动画片、《人间天河》等4部音乐作品、《让我陪你看夕阳》等2部广播剧入评第八届北京市文学艺术奖终评，《百团大战》等14部北京影片获得第16届华表奖。

三、产业升级

北京华语联合出版有限责任公司“多语种图书出版基地”等2个项目入选首批新闻出版产业示范项目名单。40家企业入选新闻出版业数字化转型升级软件技术服务商名录，占全部入选企业的59.7%。建立绿色印刷示范奖励长效机制，北京市绿色印刷企业数量达到177家，位居全国首位，累计推出绿色印刷图书5100多种、印量超过1.2亿册。电商和出版单位联合开展绿色印刷图书促销，有效提升绿色印刷图书市场份额，全市中小学（含高中阶段）教科书绿色印刷全覆盖率先完成。科学调控电影市场，差别化政策条件引导，促进北京市五环外区域影院建设。扩大非公有制文化企业参与对外专项出版业务试点，促成国有出版单位五洲传播出版社和民营企业求是园联合申请对外专项出版权。支持掌阅科技股份有限公司上市融资。中国北京出版创意产业园区图书出版工作稳步推进，园区52家企业全年共出版图书2660种，市场占有率居全国前列。中国北京出版创意产业基地招商工作有序开展，红旗出版社、北京工艺美术出版社等29家企业先后入驻。北京国家数字出版基地开园在即，筹划设立基地版权登记认证中心，已有北京尚如堂国际文物艺术品投资有限公司等55家企业入驻，总注册资本5.32亿元。跟踪中国（怀柔）影视产业示范区发展，制定《北京市关于促进“中国（怀柔）影视产业示范区”建设配套政策》，加大对园区指导支持力度。2016年春秋两季北京电视节目交易会吸引海内外电视节目制作播出机构686家，设立节目交易、业务论坛、新剧发布会、专项活动等多项精彩活动，引入网络文学作品推介单元，促进数字出版IP衍生交易。第六届北京国际电影节举办活动340余场，100余万人次参与其中，500余部中外佳作展映1000余场，票房突破1000万元，电影市场签约金额163.31亿元，创历史新高。第十四届北京国际图书节汇聚86个国家和地区的2407家展商，展销精品图书50余万种，组织名家大讲堂等各类活动600余场，参观人次达30万，达成中外版权贸易合同意向880项。

2016年全年北京地区新闻出版广播影视规模以上单位创收1353.4亿元，同比增长1.48%，其中新闻出版及发行服务收入626.6亿元，广播电视电影服务收入726.8亿元。

四、公共服务

开展全民阅读、广播电视覆盖、电影惠民、“三网融合”四大公共服务工程。2016书香中国北京阅读季活动贯穿全年、覆盖城乡，创新推出“阅读+我”行动计划，主题阅读按月逐项推进，少年读书节、童书博览会、世界读书日等各类活动近2万场次，参与人次千万。北京书市530个展位展销40余万种出版物，举办名家签售等文化活动100场次，接待读者50.9万人次，实现销售4183万元。配合新农村建设，对发射站改造移机，确保农村地区广播节目信号覆盖。继续开展应急广播示范项目建设，实施北京市六个台站的中央广播电视节目无线数字化覆盖工程。完善广播电视公共服务设施运维机制，做好转播站、媒资共享平台日常运维，确保广播电视安全有效播出。开展“3D电影进乡村”“光影大兴数字新区”等特色活动，提升电影公益放映群众满意度。组织三批次国家电影数字节目中心流动放映平台系统、北京农村公益放映平台系统培训，更换播放器4051台，为325台流动放映设备加装室外天线，完成2套2K数字电影播放系统集成方案。全年电影公益放映17.28万场，观影人次794.37万。实施“互联网+”战略、“宽带广电”战略和“广电+”行动计划，稳步推进广电、电信业务双向进入，推动北京电视台和北京电信签署IPTV战略合作协议，支持歌华有线公司开展云计算、大数据、智能技术等关键技术研发应用，开展云游戏、云飞视、北京数字学校等系列云应用服务，集社区服务、健康等多项智能业务的“朝外生活圈”上线。截至年底全市IPTV用户达到119万户，高清交互数字电视用户达到483万，有线电视网络个人宽带用户达到50.6万。

五、版权保护

启动中国版权师培养计划，建立版权智库。结合“4·26世界知识产权日”知识产权版权宣传周，开展“加强版权保护　鼓励校园双创”世界知识版权日系列宣传，组织第六届音乐版权保护与产业发展论坛等活动，全方位加强版权宣传教育。软件正版化持续推进。深入开展市属国有三级以上企业软件正版化工作，确定市属国有企业软件产品采购价格优惠报价目录，规范计算机软硬件采购具体措施，圆满完成市属国有企业正版化四年工作规划。加强软件正版化检查和培训，开展专案执法工作，严厉打击未经授权非法安装软件及伪造正版软件授权等侵权行为。跟踪监测作品传播和网络转载情况，下线5000多条侵权链接。落实“剑网2016”专项行动，重点整治网络云存储领域的侵权盗版行为，完成重点案件初期取证工作并移交公安机关。落实“金曲版权工程”，建成中国音乐版权大数据平台，涵盖年度点击量排名前20000首歌曲，逐步规范音乐版权秩序。做好版权著作权登记工作，全年作品自愿登记693421件，版权合同登记10281项，计算机软件著作权登记82490件（占全国总量的20.2%）。依托国家版权监管平台，登记数据实现准时上传。加大版权行政调节力度，共受理著作权纠纷调节案件225起，调解成功率52%。

六、走出去工程

实施《北京市提升出版业传播力奖励扶持专项资金管理办法》，五洲传播出版社的西班牙语和阿拉伯语图书推广等278个项目获得奖励。《三体》荣获“雨果奖”，英文版走入西方主流社会，获得国际主流媒体广泛关注。围绕中央“一带一路”建设的重大战略和北京市外交工作部署，组织11家出版企业参加2016美国书展，北京华语联合出版有限公司与美国中点贸易图书公司签约合作；成功举办“北京影视走进俄罗斯”系列活动，19部京产影视剧、纪录片参加莫斯科世界内容市场交易展；20余家企业参加戛纳电视节，北京国际电影节在戛纳电影节举办“北京之夜”推介会；“北京日”主题推介会亮相英国谢菲尔德纪录片节，31家海外机构达成合作意向；北京卡酷少儿卫视在法国昂西动画节举办“北京动画梦”主题沙龙，多家海外公司表达合作意愿。2016北京影视剧非洲展播季，17部电影、400集电视剧在四达时代公司非洲电视平台展播；7家企业参加美国电影市场交易活动，展映6部优秀影片；9家广播影视科技企业参展2016年美国广播电视展览会（NAB 2016），中国企业首次以展团形式亮相NAB；在哥伦比亚、厄瓜多尔和古巴首次举办“2016北京影视南美展播季”，播出2部北京题材纪录片，推介6部北京优秀影视作品，展播作品播出覆盖16个国家、用户达650余万；13家企业参展德国科隆游戏展并举办北京游戏欧洲主题日活动，200多家游戏企业有走出去项目，年外汇收入约20亿美元。

七、行政审批

加大行政审批事项改革，取消行政审批事项11项、1项调整为内部管理、4项前置审批改后置审批，对拟清理的6项中介服务事项和24项非行政许可事项进行梳理。编制61项行政审批事项权力清单和责任清单，完善32个行政审批事项办事指南，推进行政审批规范化、标准化。实现京津冀图书期刊印刷委托书网上备案系统联网，提高跨省印刷审批效率。年内，行政大厅共受理各类业务1014721件，同比增加13.23%，窗口业务零投诉。截至2016年年底，北京地区登记在册的报刊总量为3221种，共有印刷企业1636家、发行单位7523家，互联网出版单位320家、音像出版单位154家、电子出版单位141家，广播电视节目制作持证机构6066家，信息网络传播视听节目持证机构123家，电影院线25条、电影院207家、银幕1273块（IMAX巨幕14块）。

八、队伍建设

结合“两学一做”活动，认真开展党的理论知识和党性观念教育培训，支部书记讲党课24人次，参训人员达3800多人次；按照要求，完成党员信息核查和党费收缴专项工作。直面巡视组反馈问题，成立整改领导小组，逐项对照梳理，逐项整改落实。制定《2016年党风廉政建设责任制检查实施方案》，对全局党风廉政建设进行随机抽查，取得较好效果。制定《北京市新闻出版广电行业领军人才遴选与培养办法》，开展领军人才遴选，推荐17人参评2016年度全国新闻出版行业领军人才，完成23名已入选全国新闻出版行业领军人才库人员的年度考核。加强执业资格注册认证规范管理工作，开展广播电视编辑记者播音员主持人资格考试、出版物发行员职业资格鉴定考试、首次数字编辑专业技术资格职称初中级考试、新闻出版系列高级职称和广播电视播音系列专业技术资格评审等工作。

（北京市新闻出版广电局办公室）

北京市新闻出版广电局直属机关工会概况

北京市新闻出版广电局直属机关工会成立于2015年7月，在原北京市新闻出版局和原北京市广播电影电视局合并后的基础上组建。

主要职责：代表和反映全局职工的意愿和要求；对局属37个工会小组实行宏观指导和分类指导；参与涉及全局职工切身利益的有关政策、法规的制定；为基层工会提供理论政策、法规咨询和信息服务，维护职工和工会组织的合法权益。

2016年主要工作：

一、组织建设

依据《工会法》《中国工会章程》《工会基层组织选举工作暂行条例》等有关规定和组织程序，进行增补委员和工会副主席选举工作。同意姜威、王珏两名同志为工会委员会委员，姜威同志为工会专职副主席。选举后，第一届工会委员会对委员分工进行优化调整，为推进全年工作持续健康发展奠定坚实基础。

二、培训活动

组织机关和事业单位全体会员进行《工会法》《职工互助保障知识》百题知识答题活动，进一步增强干部职工知法、守规、维权的能力和政治思想观念。积极配合开展“两学一做”主题教育活动，指导各工会小组积极参加专题学习、读书座谈、征文比赛等“红色主题”参观教育活动，进一步筑牢全体干部职工听党话、跟党走，坚定中国特色社会主义道路自信、理论自信、制度自信、文化自信的思想根基。

三、服务工作

一是广泛开展“送温暖”慰问广大干部职工活动。先后对22名亲属去世、30名本人住院和6名退休干部职工进行慰问帮扶，累计支出43000元；邀请“中国中医药大学——未病先治”健康理疗师来局进行免费义诊活动，为全局干部职工进行查体检测、健康咨询、理疗推拿等服务，筑牢干部职工“关爱自己、快乐工作，健康生活”养生理念；为切实维护干部职工身体健康，支出40500元购买防雾霾口罩；按照上级有关要求，精心做好劳动模范、先进工作者疗（休）养服务保障工作。二是积极发挥困难职工慰问帮扶机制。通过基层申报、层层审核、内网公示，在局福利工作领导小组和工会的统筹协调下，支出总计4万余元福利经费和工会经费，按照2000元、1500元、1000元三个档次标准，给予确定年度符合条件的32名困难职工一次性资金补助。三是高度重视在职互助保障计划投保、续保工作。对全体会员参保险种信息进行统计维护，做到各类互助保险的及时投保，按时续保，应保尽保。全年为全体干部职工和女工特疾投保金额15190元，已有5人按标准获取理赔金累计5000余元。为102人进行上半年二次报销核实，累计1万余元打入个人京卡账户。四是积极推进京卡办理工作。进一步采集完善全体会员信息，完善会员信息库维护和更改，为97名未办理京卡会员办理发放互助服务卡，会员办卡率达到100%。加大与市直机关和“12351”职工服务网沟通协作机制，及时转发相关服务信息，拓展全局会员京卡服务功能，切实让会员享受更多优惠服务。

四、文体活动

一是按照“工会管总、小组自建”的活动模式，支出20余万元组织开展健步游园、摄影、乒乓球、羽毛球、跳绳踢毽比赛和瑜伽、美食制作、健体养生等丰富多彩的文娱体育活动，丰富干部职工文化生活。二是积极参加市直机关第四届文化艺术节等各类文体交流和比赛活动，荣获摄影比赛一等奖1项、手工制作、小合唱比赛三等奖2项，布艺展示优秀奖1项，男团乒乓球获全市第六名的好成绩。三是持续推动全局健身运动热潮，在奥森公园组织第三届健步游园活动，让干部职工尽情享受健身运动放飞心情的快乐。

四是组织观摩参观通州区城市副中心规划建设，深刻领会京津冀协同发展战略重要意义，提高认识，鼓足干劲，以实际行动支持北京市城市副中心建设。五是组织干部职工分两批到首都博物馆参观《五色炫曜——南昌汉代海昏侯国考古成果展》和《王后母亲女将——纪念殷墟妇好墓考古发掘40周年特展》展览活动。六是充分利用新媒体平台做好宣传服务工作。及时开通快乐职工之家、女工之家、工会服务和九个兴趣小组微信群，积极参加上级工会组织微信群团，及时关注暖微工会、劳动午报、首都职工心理发展等微信订阅号，利用新媒体资源把相关信息及时传递到每个会员。七是认真做好2017年度《工人日报》《劳动午报》和《工会博览》等工会报刊订阅发放工作。

五、内部建设

一是严格落实八项规定要求，以为民务实清廉为前提认真做好工会各项服务保障工作。及时收缴当年工会会员个人会费，针对新建工会特点，专门对原工会三个账号进行清理，规范财务制度，确保加强基层工会经费收支管理规定落实。二是按照上级工会有关要求，及时部署填报工会工作情况统计调查半年报表、省部级以上劳模生活状况调查汇总表。三是严格落实工会经费审计制度，认真配合第三方审计人员工作，针对个别问题及时彻底地改正，努力为干部职工做好事、办实事、解难事。

（北京市新闻出版广电局直属机关工会）

北京市广播电影电视局离退休人员管理服务中心概况

北京市广播电影电视局离退休人员管理服务中心成立于2000年11月，前身为北京市广播电视局老干部活动站。2009年3月31日，由北京市广播电视局离退休人员管理服务中心更名为北京市广播电影电视局离退休人员管理服务中心。

主要职责：负责离退休人员的日常管理、服务工作；负责离退休人员政治学习和思想教育工作；负责离退休人员政治待遇和生活待遇的协调和落实；组织离退休人员开展各种文化、体育活动；开展其他有关工作。

2016年主要工作：

一、管理服务工作

组织离退休干部理论学习活动。开展两学一做教育，结合实际，在离退休党员中开展七查七看活动：查思想，看自己党性观念是否强，能否意识到在群众中自己是党员、是先锋队、是楷模、是标杆；查信念，看能否始终做到听党话、跟党走；查言论，看自己是否与党中央保持高度一致，是否说过有悖党的方针政策的话；查服从，看能否做到讲党性、顾大局，正确对待个人得失，查党纪，看自己能否遵法守纪，严格落实各项规章制度；查能力，看能否身体力行地感恩社会、回报社会、奉献社会；查德操，看能否始终保持健康向上、积极阳光的心态，教育和带动子女、亲友、邻居等身边的人崇德向善，培育和传承优良家风。结合老干部年龄大、居住分散等实际，采取送学上门和慰问看望相结合的方式 ，把慰问品和学习资料一起送到老同志手中，确保教育内容落到实处。

搞好退休干部信息采集工作，不厌其烦地与老同志多次沟通，既查档案信息，也参考个人提供的信息。2015年开始，对老同志的因私护照全部纳入集中管理，对社团兼职情况进行统计。

日常服务。把《晚情》和《大讲堂》邮寄到每一位老同志家中。为每位老同志赠阅一份报纸和一本刊物。让老同志们自学习近平总书记讲话精神和十八届四中全会精神，及时了解首都经济社会发展情况。6月份，组织部分离退休支部党员参与机关党委组织的活动，通过落实党的组织程序，进一步强化党性观念。搞好老干部的文化生活，为活动站订阅30多种报纸和杂志，购置球类棋类麻将文房四宝等，促进老同志文化娱乐活动的开展。为老干部领取抚恤金，变更房产手续，报销取暖费物业费，组织体检，等等，事无巨细，认真做好服务。8月份，为26名离休同志家中呼叫器升级进行登记和统计。全年有50多名同志先后患病住院，都能第一时间探望。在2016年春节期间，慰问130多名离退休老同志，历时一个月，中心人员分成四路，顶着寒风，一家一户登门慰问，把局党组的关心送到老同志手中。先后协助家属办理五起后事，都受到好评，满足家属的要求。

二、抓好合作增强合力

广电离退中心与新闻出版老干部中心进一步融合在一起，工作计划整合，工作实施同步，工作重点共抓，工作力量凝聚。真正使两个中心的工作分工不分家，发生化学反应。

针对部分老同志有摄影爱好，与老记协合作，中心成立摄影小组，在活动站建立摄影棚，请专家为老同志讲课，为老同志拍银婚照，办纪念建党95周年摄影展，活动开展得有声有色。与音像资料馆合作，搞好老同志口述历史的整理，2016年上半年，已为4名老同志拍摄素材，之后进行整理。与机关团委合作，做好尊老爱老教育。大力争取办公室、机关党委，人事处，财务处，后勤服务中心的支持。2016年夏季，活动站先后发生三次漏水，中心积极想办法，在局内资金紧张的情况下，争取广播电视台后勤服务中心支持，修缮屋顶，解决漏水问题。

三、内部建设

坚持把学习作为工作的牵引力。按照2016年老干部政治理论学习要点，离退中心一班人先学一步，学深一些，力争做老干部政治理论学习的骨干，把基本观点、精神实质、重点内容学通弄懂。结合两学一做教育，开展读五本书活动，即读：《推进依法行政建设法治政府》《中国共产党纪律处分条例》《微腐败警示录》《机关行为36忌》《历代名人的家风家训》，真正通读，增长知识，明白“红线”，促进工作，带着感情做好老干部工作。把老同志当成自己家人对待，把老同志的事当自己的事办。广电局离退中心和新闻出版老干部中心虽然没有合并，但已合并为一个党支部，工作基本上同步进行，在经费开支、车辆使用、大项工作等问题上，能够召开支委会集体研究，先民主后集中，建制度，明规范，进一步突出支部的战斗堡垒作用。

（北京市广播电影电视局离退休人员管理中心）

北京市广播电影电视局后勤服务中心概况

北京市广播电影电视局后勤服务中心成立于2006年8月，是正处级全额拨款事业单位，前身为北京市广播电视局机关后勤服务部。

主要职责：负责落实市委市政府及安全部门下达的各项工作，指导全局各单位安全、保卫、消防工作的开展，组织消防系统的检查，建立安全消防工作制度；负责全局的房管房改工作，对全局的房管房改工作进行政策指导并加以落实；负责局机关医疗、绿化等日常服务工作；负责局机关的政府采购和固定资产管理工作；负责局机关日常印刷品的印刷工作；负责全局交通安全管理工作；负责局机关车辆的管理、调配、使用、维护、保养以及车辆年检等相关工作；对朝内、建外两个办公区的物业管理单位落实监管职责；对朝内办公区食堂承包方落实监管职责。

2016年完成的主要工作：

一、安全保卫工作

内部安保方面，建立访客登记制度，每日不定时安全巡查和每月安全自查；消防安全方面，坚决落实“预防为主、防消结合”，确定仓库、中控室、机房等重点防火部门，组织消防安全大检查，消除火灾隐患；加强全局职工安全教育，6月进行“安全生产月”主题培训，11月组织了“119全国消防日”应急灭火演练，提高全体员工的消防处置能力。

二、房管房改工作

完成资料馆无房职工在市房改办资料备案工作。协助支持新闻出版服务中心及影促中心下属公司、新闻出版干校开展职工住房补贴政策咨询工作。根据《党政机关办公用房建设标准》，对在朝内办公区二期办公的6家纳入规范管理事业单位处级领导的办公室进行面积改造。2016年5月，经过前期调研、招标及组织现场施工等大量工作，新闻出版大厦一期五部电梯全部更新安装完毕，经北京市质量技术监督局验收合格投入使用。同时报废原有5部旧电梯，实物交市财政局指定的回收公司进行处置。

三、车辆管理工作

做好公务用车使用管理工作，保障机要交换车辆和局领导公务出行。做好车辆保险、年检和维护保养工作。做好朝内、建外办公区停车场日常进出管理。2016年，按照市车改办要求继续缩减机关公务用车数量，缩减安置司勤人员，报废20辆公务用车、移交27辆公务用车、调拨3辆公务用车。组织未参改单位参加车改基础数据统计培训，报送车改方案。

车辆节能减排工作方面，年初，在朝内办公区安装5台新能源车辆充电桩，协调新能源分时租赁车辆进驻朝内办公区。租赁2辆新能源车辆用于局机关日常机要交换。统筹协调局机关和下属事业单位，制定重污染天气车辆停驶方案并监督执行。对局机关4辆国Ⅱ车辆进行升级，对1辆国Ⅱ车辆申报更新。

四、综合服务保障

按照政府采购管理规定，购置、配发台式机和笔记本电脑。完成局本级1000余件资产的报废处置手续。配合市审计局对局固定资产实物抽查盘点。医疗保障服务方面，为局机关和部分事业单位办理数字证书和社保登记证。为部分事业单位办理社保真实代码库和派生代码库合并工作。为全局在职和离退休干部职工办理变更医院、增员、减员等医保服务近二百人次。组织安排全局在职和离退休干部职工400余人的年度体检工作。朝内职工食堂管理方面，落实朝内办公区职工食堂委托服务管理工作。粗略统计，2016年食堂用餐近8万人次，办理就餐卡充值、挂失等业务700余人次，充值金额近24万元。

2016年，后勤中心还承担着局机关和部分事业单位办公用品和办公耗材管理、办公设施设备维修、外聘人员工资管理、集体户口日常管理、朝内办公区会议室音响设备管理、建外办公区会议室、审查室（厅）日常会议服务保障、报刊年度征订、机要文件销毁等众多基础性服务保障工作。

（北京市广播电影电视局后勤服务中心）

北京市广播电影电视局信息中心概况

北京市广播电影电视局信息中心成立于2007年1月18日。主要职责：承担本市有线电视、共用天线以及地面接收卫星电视节目新建工程的检验检测工作，负责本系统信息化建设工作，承担局机关电子政务、网络运行的技术保障工作。

2016年主要工作：

一、内网运维

局内部综合业务服务平台：共支撑全局42项（新闻出版27项，广电15项）行政审批事项和其他政务事项的审批功能。截至12月31日，通过审批系统受理的广电业务事项为5619件，新闻出版（版权）业务事项共982896件。2016年上半年，配合北京市政务服务中心系统的建设，信息中心配合局相关处室，重新梳理并确定局87项行政服务事项的对接方式，完成接口开发并已投入正式运行。不断完善公文审批环节，增设“招标公示”和“巡视整改动态”栏目，整合新闻出版业务系统的短信接口。截至12月31日，通过综合平台共办理各类公文3271件（收文2106件，发文1075件，呈批件90件），局内新闻共发布各类信息774条，会议室预定次数965次，网络传真433条，局短信通道共发送信息53118条。综合平台整合“内部财务系统”，实现财务手续在线审批和预算执行进度查询等功能。截至12月31日，全局共计办理支出申请443件，报销申请1664件。

二、网站运维

网站信息发布管理工作。注重网站信息公开，提升信息的时效性，为行业机构和公众提供准确的服务数据。截至12月31日，局网站共计发布信息1851条（新闻出版298条，版权173条，广播影视1380条）。在网站首页增设“职权信息”“权力清单”和“责任清单”等栏目。按照《北京市社会信用体系建设联席会议办公室关于深入推进行政许可和行政处罚等信用信息公示工作的通知》精神，在9月30日前完成所有行政许可事项结果的网上公示。完成局新版网站的方案设计和申报工作。在对全局38个处室和单位需求调研的基础上，完善申报材料，并上报至市经信委。提前面向各处室征求新网站栏目设计意见，实现局新版政府网站在内容与操作方面更加科学、合理、实用。加强网站系统信息安全管理工作。信息中心负责网站工作人员每月前往全市政府网站统一托管机房进行两次实地检测和数据备份，每逢重大节假日期间进行漏洞扫描检查，并根据检测报告及时整改，完成一年一度的网站系统专项安全测评。截至12月31日，进行网站访问日志分析48次，月数据备份24次。

三、安全保障

朝内办公区数据机房的安全运维工作。对朝内办公区一期二期机房进行专项检查，邀请机房设备与应用领域的专家重点针对机房温湿度、综合布线、防火防雷、UPS电源以及精密空调进行排查，对安全隐患进行备案和整改，并对局机房运维方案进行评审，为机房管理出谋划策，全面保障局信息化基础设施的安全运行。截至12月31日，每天对朝内和建外办公区数据机房进行巡检从不间断，完成日常巡查和维护共计488次（建外机房245次，朝内机房243次），完成网络安全设备专项检查8次，完成全局局域网、信息系统和安全设备的巡查16次（建外机房每季度进行一次策略检查等工作，朝内机房每月进行一次备份等工作）。开展UPS电池更换和网络设备的应急维修更换工作。通过对机房设备的日常严格巡检和专项检查，信息中心对部分年久失修存在安全隐患的重要设备设施进行紧急维修和更换，更换朝内机房UPS电池组，保障机房的安全供电环境，排除安全运行隐患；更换建外机房的审批业务防火墙，保障局与位于六里桥的市政务服务中心的数据传输稳定，保证审批业务的正常办理。朝内办公区网络安全加固工作。通过增加安全审计设备、堡垒主机、部署应用防火墙等设备，一是进一步加强网络安全隔离区域主干链路、网络边界和各业务系统的安全防护能力；二是进一步强化外网访问用户的安全审计能力；三是进一步规范运维人员的操作行为，使新闻出版信息系统及朝内办公区网络的安全性和稳定性得到提升，进一步满足信息安全等级保护二级的要求；四是认真开展信息安全专项检查。按照市里要求，对两个办公区的所有信息安全设备和网络基础设备进行全面的安全检查，全力防范安全事故的发生；五是组织全局开展信息安全培训。组织信息安全管理领域专家，对全局及所属事业单位工作人员进行信息安全教育，从公民个人信息安全角度入手，逐步扩展至社会组织和国家机关的信息安全管理，以大量的案例和数据向全体人员进行事件识别、安全防范和安全意识方面的培训，全局100余人参加培训。

四、相关管理工作

开展局属事业单位自建网站的检查整改工作。针对局所属事业单位的9个自建网站系统进行两次摸底调查，组织各事业单位一把手召开10余次整改部署会议。集中开展整治工作，积极联系市公安局网安大队，主动寻求技术指导，委托专业技术公司进行两轮网站系统信息安全测评。根据测评结果，针对自建网站存在的突出问题，明确提出工作要求，全面强化责任意识和防范措施，重点强调：一是落实“信息安全等级保护”制度，做好等级保护自定级、备案和测评工作；二是加强安全运维工作，与具备维护资质的单位签订安全运维合同；三是定期进行渗透测试和漏洞扫描，及时修复系统漏洞；四是全面梳理各自负责的网站及信息系统的使用情况，形成系统备忘清单；五是建立重点时期的值守制度，确保重要会议、重大活动等关键时期的网络信息安全，以安全保发展，坚决防止发生重大网络安全事件。

制定完善局信息化相关制度。2次组织专家论证，3次开展内部讨论，起草《北京市新闻出版广电局局域网络信息安全管理办法》和《北京市新闻出版广电局信息化项目管理办法》，为进一步加强网络信息安全监管力度，落实信息安全主体责任，强化网络信息安全责任追究，严格把关信息化项目全流程环节管理，全方位保障全局网络信息安全提供制度保障。

（北京市广播电影电视局信息中心）

北京市广播电视监测中心概况

北京市广播电视监测中心成立于2006年，前身是北京广播电视技术监测台。加挂北京市广播电影电视局信息网络视听节目监管中心和北京市广播电视安全播出调度中心的牌子。

2016年主要工作：

一、监测工作

对全市19套（172路）广播节目信号实时监测，计137.9万频时；对本市19个站点108套（1143路）电视节目信号实时监测，计889.2万频时；监测到广播、电视播出及传输异态438频次，其中重大事故2起，及时提醒停播事故单位62次；通过预警信息发布平台收发预警信息314条，6358人次接收；圆满完成元旦、春节、“两会”“五一”、G20杭州峰会、“十一”等安全播出重要保障期监测任务。每月召开监测工作例会，对安全播出事故的判定、报告、短信发布等处置流程不断总结经验，改进和完善，有效提高监测工作效率。每月对广播电视监测情况及相关数据进行统计汇总和事故分析，并编印《北京市广播电视监测报告》，为局领导及行政管理部门提供管理决策依据。

二、监管工作

安排人员每日对各宾馆饭店视频点播监管系统运行情况进行测试，及时排除监测系统设备故障60余次，并对系统专网进行升级改造，显著提高监看图像的清晰度。6月下旬会同局网管处组织视频点播运营商和宾馆饭店召开年度宾馆饭店视频点播业务监管工作会，对上一年度监管系统运行情况进行总结，并提出具体工作要求，确保监管工作的有效开展。

三、查处非法广播

配合局科技处、传媒处和市无线电管理局、市文化执法总队，积极开展非法调频广播查处工作，每月两次或随时按照局传媒处要求对非法调频广播进行收测、取证，并及时上报情况。全年向局传媒处、科技处上报非法调频广播收测报告20次，取证10次。按照局传媒处要求从8月30日起每次收测都进行取证。

四、工程验收

审查有线电视网络工程验收申报材料，全年受理报验项目50个，共验收新建商品住宅小区有线电视网络工程项目53个，楼盘411栋，光工作站137个，放大器623个，用户数量40472户，用户终端数量87818个，现场测试终端数量2009个。

五、运维保障

上半年委托专业机构进行消防设施及电气防火技术检测工作，并按照2016年“安全生产月”活动方案，部署分阶段落实警示教育、隐患排查、法治宣传等相关工作，确保安全保障工作落实到人。6月初，邀请北京消防防火中心为全体人员进行消防安全知识培训，开展案例学习及知识培训。9月中旬，中心组织全体人员开展消防安全培训及演练，模拟火情进行常用消防器材实际操作演练。每月提交系统运行维护报告。定期进行系统内视频会议系统终端联调、试通，每月巡检维护预警信息发布系统。全年外出进行远端设备故障处理10余次，确保远端监测设备稳定运行，为全市广播电视安全播出提供技术保障。不断改进完善广播电视监测、信息网络视听节目监管及取证业务系统功能，加快推进“公共广播信号监测系统”项目建设，积极协调解决项目建设中遇到的问题，并针对10个远郊区公共广播信号发射站点监测前端制订测试方案。完成“高清及鼎视平台电视监测系统扩容”项目事前绩效评估及财政评审工作。

六、应急预演

会同局科技处制定2016年安全播出应急演练计划，并于5月中旬组织东城、西城、朝阳文委和14个区广电中心技术人员在密云举行防范无线广播信号干扰突发事件应急处置和800兆集群电话调度通信演练，进一步提高各单位迅速判断、查找无线广播电视干扰信号的能力，进一步熟练掌握场强仪、800M集群电话等专业设备操作使用技能，增强对广播电视安全播出突发事件的应急处置能力。

七、内部建设

全年培训中心工作人员共计104人次，提高人员业务水平与技术能力。多次组织相关人员前往广播电视播出、传输机构进行参观、座谈，加强业务交流，提高安全播出保障工作水平。认真学习《广播电视安全播出管理规定》的专业实施细则，定期进行监测业务技术培训，提高值班员对监测系统设备的操作使用及日常维护能力。认真梳理、完善各项工作制度及程序性文件，修订并印制新版工作制度，将日常工作与ISO9001质量管理体系紧密结合，严格规范开展各项工作，明显提高管理水平。严格落实廉政风险防范管理工作制度，将廉政风险防范管理与ISO9001质量管理体系紧密结合，制定“三重一大”制度实施办法，在执行项目招标等重点工作时采取有效的廉政风险防范措施。4月下旬，进行《有线广播电视网络工程验收》《监测系统运行维护》（共八包）项目的采购立项及公开招标工作，采购资金1000余万元，严格履行工作流程，确保相关工作的规范、严谨、有效开展。

进一步修订《岗位绩效考评表》，规范执行各项人事管理制度，每月开展绩效考评工作。完成上一年度人员绩效考核及民主测评、技术科正科级岗位试用期满考核等工作。深入贯彻“两学一做”学习教育，观看警示教育片，开展主题党日活动。9月上旬，为纪念建党95周年以及毛泽东逝世40周年，党支部组织全体人员前往天安门城楼和人民英雄纪念碑前举行“忆峥嵘岁月、颂丰功伟业、不忘初心、共创辉煌”主题党日活动。

（北京市广播电视监测中心）

北京音像资料馆（北京广播电影电视研究中心）概况

北京音像资料馆成立于1986年，主要从事音像资料译制、收藏、观摩、制作等工作。2008年9月加挂“北京广播电视研究中心”的牌子。主要职责是承担本市广播电视方面的政策研究和重点课题的研究工作，承担有关音像资料的收集、整理、研究以及挖掘和补救工作。2009年9月“北京广播电视研究中心”更名为“北京广播电影电视研究中心”。编印有研究月刊、年度研究成果汇编等刊物。

前后译制200余部国外影视资料片；与全国各广播影视音像系统交换影片300余部；收集有150余部“50年公共版权”范畴的电影作品；近年来还特别收藏具有浓郁北京历史文化特色的老北京影像资料和专题片《这里是北京》155集，共7000余分钟。收集、制作并收藏1995年至2005年北京广播电影电视精品荟萃《声屏华彩》，共约3000小时。购置2

套线性编辑设备，1套数字录音设备，3套数字摄像设备，1套数字照相设备，1套光盘自动检索设备，1套媒资管理设备。馆藏资料库容100余平方米，存储各种载体的音像资料3万余部集，7万余盘、册。其中，录像资料1.5万余部集，录音带1.5万余盘。

2016年主要工作：

一、研究工作

做好刊物编印工作。完成10期《北京广播影视决策参考》月刊编发工作，年底制成合订本；完成《北京广播影视发展研究文集（2015）》一书的编辑出版发放工作，共73篇文章69万字，优选编辑来自局、集团、两台一馆和区县广电中心的优秀研究成果及重大课题。

二、资料工作

进行老旧音像资料内容整理、移交登记、磁带修复、归档登记、库房存储工作，全年完成650余盘，约39000余分钟。口述历史项目全年采访7名老同志，拍摄时长约2400分钟，查找调阅馆藏资料（素材）约300分钟。已完成成片3部，其他处于初编阶段。口述历史所有影像资料将全部作为重要史料，留存于媒资系统，并以高清DVD形式保存入光盘塔。

三、史志年鉴工作

全力推进《北京志•广播电视志》二轮修志工作，编写组已完成初稿约83万字。高质量完成2016《北京广播影视年鉴》编纂工作，完成全部栏目约65万字的编写和出版工作。为市新闻出版广电局在国家新闻出版广电总局中国广播电视年鉴第32届年会上获得先进单位称号。

四、队伍建设

完成领导班子、各部（室）负责人及各工作岗位年度述职、考核，评出4名优秀工作者。

6月1日起正式实施《北京音像资料馆内部控制手册》。该手册覆盖与馆经济活动相关主要业务和管理活动，以及覆盖决策、管理、执行等各个阶段，并与资料馆其他管理规定和业务活动有效融合与衔接。

起草《北京音像资料馆考勤及请休假管理办法补充规定（试行）》，并在执行过程中多次修改，力求更严谨、规范。

五、党务工作

在局两学一做实施方案的指导下，资料馆（研究中心）党支部全年多次开展讲党课、集体学习、民主生活会等活动。2016年7月8日，邀请原北京电台台长，87岁离休老干部李克威来馆讲党课。7月27日，召开全体党员会，学习习近平总书记7月1日在庆祝中国共产党成立95周年纪念大会上的重要讲话。2016年8月31日，邀请主管局领导卞建国同志来馆讲党课，主题为：《补好精神上的钙》。10月28日，召开全体党员会，集体学习《中国共产党第十八届中央委员会第六次全体会议公报》。12月28日，召开全体会，重点学习“中国共产党北京市第十一届委员会第十二次全体会议决议”精神，召开民主生活会扩大会，群众也一并参加，支委成员们就前期代表党支部与个人的一对一谈话提出几点意见和建议与大家交流，同时播放“口述历史”林汝为专集作为学习的材料。

六、行政后勤工作

积极组织开展职工系列文体比赛活动。顺利通过各项年检及审计工作。完成工会预决算和审计、部门决算、服务业统计年报、广播电视统计年报统计上报工作；完成上报事业单位基本情况（人事、职能、社保、财务等方面）调查报表，完成人事信息更新。工会努力做好元旦春节等各大节日的相关福利工作。

（北京音像资料馆/北京广播电影电视研究中心）

北京市广播影视作品审查中心概况

北京市广播影视作品审查中心成立于2006年，由原北京市电视节目供片中心改建而成。主要职责：承担组织北京地区新出品及引进的广播影视节目内容的审查、复审的相关工作；收集、加工、整理广播影视作品各类信息以及有关公益性宣传资料片；建立和维护影视作品数据档案库；承担北京市广播影视协会秘书处日常工作。

2016年主要工作：

一、作品审查统计

全年组织初审北京地区出品的国产影片315部，同比增长8.2%，其中，故事电影279部，占88.6%；动画电影8部，占2.5%；纪录电影13部，占4.1%；特种电影及科教短片15部，占4.8%；国产数字电影289部；中外合拍片26部。重审影片89部次，其中，全片重审12部次。审读电影剧本1037部次，同比增长16.6%。审查展映影片116部，涉及法国、德国、英国、俄罗斯、瑞典、印度、西班牙、巴西、中国香港、中国台湾等10个国家和地区。

组织初审北京地区出品的国产电视剧79部3247集，其中，当代题材45部占57%，现代题材1部占1%，近代题材30部占38%，古代题材3部占4%；审查国产动画片29部702集9034分钟，引进剧1部28集；复审电视剧124部次，其中，协助总局上星复审44部次；审读电视剧立项备案公示503部，剧本审读1部2集。

组织初审境外电视剧137部1838集，同比（2015年4月－12月）增加102部1409集；复审53部次，占38.7%。初审境外电影143部，同比（2015年4月－12月）增加26部，增长率为22.2%；复审36部次，占25.2%。

二、送审作品特点

国产电影。审查数量较去年明显增长，故事电影占据主导地位；反映现实题材的作品表现突出，艺术水准较好；电影及电影续篇增加，发展势头强劲；中外合拍影片数量有所增长，质量较高；单一国家影展数量激增；综合水准不高，评分在及格线下的影片占多数。影片《北京遇上西雅图之不二情书》《生门》《不成问题的问题》为艺术评分较高的三部作品。《湄公河行动》在2016年内地票房排名第六，该片取得社会效益和经济效益双赢的好成绩。

国产电视剧。审查量同比电视剧略有下降，动画片大幅增长；现实题材剧占主流，近代题材剧较去年明显增长；问题剧较多，复审总量超初审量；更名更集重审剧目持续增长，占全年审查量的12.6%；抗战雷剧减少，大情怀剧增多；家斗戏减少，关注情感、生活、婚姻这些精神上困扰的剧目增多；“长篇剧”较2015年略有减少；上星剧复审工作常态化；电视剧备案公示管理提出新要求，对作品的内容审核从过去的“无害”标准提升为“有益”标准，加强创作前期的管理、引导。推荐优秀电视剧3部：当代农村题材《九九》、当代青少题材《小饭桌的故事》、当代其他题材《我的太阳》，推荐一部历史题材优秀动画片——《最可爱的人》。

网上境外影视剧。网上境外影视剧内容审核工作，与国产影视剧审查有明显不同，数量多，申报集中，背景复杂，语种众多，题材繁杂，时效性强，解读把握难度大。在所审影片中艺术评分8分（优秀）以上78部，总数143部，占54.5%，境外电视剧8分以上的64部，总数137部，占46.7%，整体制作水平和观赏性较高。思想性、艺术性和观赏性俱佳的作品越来越多，价值取向偏差、泛娱乐化和低俗倾向等得到有效的遏制和改变。

三、审查工作措施

继续加强审查队伍的建设，开启多条渠道挖掘资源，聘请专家；科学优化审委结构，增强审委的业务素质；管理人员跟片审查、参与讨论，提升管理队伍的业务能力；着手建立特殊题材专家库和小语种专家库；坚持做好季报分析，开好周审查管理例会和季度审委工作例会，不断总结经验、提高审查水平；积极配合业务处室检查落实总局对上星剧的审查意见，进一步与总局统一审查把关尺度。

（北京市广播影视作品审查中心）

北京国际影视交流促进中心概况

北京国际影视交流促进中心成立于2012年2月2日。主要职责：受北京市新闻出版广电局委托，承担北京国际电影节筹备、举办的具体组织、协调工作；承担北京市影视文化对外交流与合作的具体工作。

2016年主要工作：

一、筹办电影节

4月16日至23日，第六届北京国际电影节盛装亮相。本届电影节秉承“共享资源、共赢未来”的活动宗旨，坚持“大师、大众、大市场”的活动定位和风格，组织开闭幕式、北京展映、电影市场、主题论坛、电影嘉年华等主体活动，以及电影音乐会、新片发布、电影沙龙、行业对话、特约活动等340余项活动；500部中外佳作展映1000余场次，票房突破1000万元，同比增长25%；49个重点项目签约电影市场，签约金额达163.31亿元，再创历史新高；主题论坛精彩纷呈，形成行业热点；50余个国家和地区300余家中外电影机构、1.5万名中外嘉宾、100余万人次各界群众参加电影节；289家境内外媒体1623名记者进行全程跟踪报道，电影频道、北京电视台、四川卫视和爱奇艺网等对开闭幕式进行现场直播。

二、电影节推广活动

影促中心先后组团出访法国、西班牙、上海、加拿大、韩国、西安，参加戛纳国际电影节、上海国际电影节、多伦多国际电影节、釜山国际电影节、丝绸之路国际电影节（西安），拜访巴黎中国电影节、法国电影联盟、法国电影影像中心、西班牙加泰罗尼亚大区电影资料馆等机构，进一步巩固海内外推介效果，进一步加强与各电影节的沟通交流。出访期间，与各电影节组委会、相关机构和个人会面，为第七届北京国际电影节邀请优秀影片和业内知名嘉宾打下基础。

三、开展调查研究

找准北京国际电影节定位，对电影节核心理念和文化内涵进行深度挖掘，综合运用传统媒体和新媒体，使电影节的国际传播力和影响力不断增强。紧密结合第三方力量，加强合作，从而提高电影节组织运行和服务保障水平。研究电影市场招商，增加赞助商参与的形式，进一步丰富市场开发手段和方式。

四、启动划转工作

按照上级指示精神，北京市新闻出版广电局提出改革方案，9月30日，北京市编办批复同意撤销北京国际影视交流促进中心，并调整北京电视台内设机构（京编办事〔2016〕85号），将北京国际电影节的运行主体北京国际影视交流促进中心，由北京市新闻出版广电局划转到北京电视台。影促中心快速推进有关工作，截至12月31日，已完成清算审计、对外发布注销公告、债权债务清理、人员遣散、国税注销等工作。

五、启动下一届电影节工作

制定第七届北京国际电影节总体方案，明确各主体活动内容。全面启动第七届北京国际电影节评奖、展映工作。制定宣传策划方案，启动海报征集工作。考察第七届北京国际电影节的活动场地，启动电影节官网建设工作。完成与承办单位的接洽工作。同时，创新体制机制，进一步推动电影节的市场化运作。

六、内部建设

影促中心组织党员干部认真学习贯彻习近平重要系列讲话和加强意识形态工作等重要批示，以及党的十八届三中、四中全会精神，深入开展“两学一做”学习教育，将各种学习体会融入到实际工作要求及目标中。完成绩效考核工作，落实培训相关工作，配合完成审计工作，开展内部控制建设工作。

（北京国际影视交流促进中心）

北京市广播影视协会概况

北京市广播影视协会前身为北京市广播电视学会，成立于1987年7月15日，是北京市地方广播电视学术团体，社团组织，主管单位是北京市新闻出版广电局。2013年6月25日协会召开第六届会员大会，正式更名为北京市广播影视协会。

2016年完成主要工作：

一、评选优秀节目

根据中国新闻奖、中国广播影视大奖、北京新闻奖、北京市广播影视奖的类别设置、评选标准和推选周期及办法，继续完善2015年度北京市优秀广播电视节目评选办法并开展评选工作。推选工作历时两个月，严格按照评奖程序和办法，在各会员单位推荐上来的236件作品中，经过组织专家认真审听审看，反复比较，深入讨论，共评选出优秀作品149件，其中北京广播电视台11件、北京人民广播电台43件、北京电视台48件、区县广播电视中心47件，并完成证书的制作与发放工作。

二、各类奖项推选

经过认真审议，民主讨论，反复挑选比较，按时完成“第二十五届北京新闻奖”“第二十六届中国新闻奖”“2015年度中国广播影视大奖”“第六届全国广播影视‘十佳百优’理论人才评选活动”和“第14届全国广播影视学术论文评选活动”的推选工作，其中共有47件作品获得北京新闻奖，2件作品获得中国新闻奖一等奖，4篇论文在第14届全国广播影视学术论文评选中获得奖励，3人获得第六届百优理论人才的称号，向2015年度中国广播影视大奖推荐广播类作品6件、电视类作品6件；组织会员单位积极参加中广联合会等部门组织的各项会议及活动。

三、学刊编辑出版

《北京广播影视》期刊全年出版12期，刊登各类理论研讨文章300多篇。

加强对电影和电视剧创作的关注。《影视观察》栏目的内容逐渐丰富。电影节依然是期刊重点报道的内容，共组织9篇文章，近4万字。每期都保证至少有一篇电视剧的评论文章，全年共刊登电影电视剧剧评39篇，约18万字。北京春、秋季电视节目交易会，编辑部都派出编辑全程跟踪，及时反映活动进展情况及理论探索成果。2016年，期刊新开辟《网络视听》栏目，以求及时迅速反应广播影视行业媒体融合相关动态以及进行的探索与实践，全年共刊登相关文章30多篇。在《媒介管理》和《业者探究》栏目中充分展示努力探索，从媒介管理到节（栏）目的创新，全年共刊登此类稿件66篇，约20万字。对区属广电媒体的创作也坚持积极反映，基本保证每期至少刊登1篇稿件。

四、协会理事大会召开

9月27日下午，在北京广播大厦召开北京市广播影视协会第六届理事会2016年度会员暨理事大会，北京市新闻出版广电局、北京广播电视台及所属单位、中国电影博物馆、14个区广播电视中心的第六届理事会理事出席会议。协会副会长何桂芝主持大会，会长杨淑琴讲话；协会理事大会通过副会长宋春华向大会做的2013年至2015年协会理事会工作报告；监事长王立平向大会做的2013年至2015年协会监事会工作报告；以无记名投票的形式表决通过智黎明秘书长为北京市广播影视协会第六届理事会常务副会长，同时兼任法定代表人。大会通报荣获2015年度优秀节目的名单，并颁发优秀节目证书，邀请北京市记协原主席、北京市广播影视协会广播电视节目评选专家组成员于知峰同志对本次的优秀节目进行点评。

五、获奖作品研讨

11月22日上午，组织召开第二十六届中国新闻奖北京广播电视获奖作品研讨会。针对由协会推荐的北京电台广播直播节目《冰雪五环、聚焦冬奥——2022年冬奥会举办城市揭晓》和北京电视台电视纪录片《生命缘——请你替我活下去》两部荣获第二十六届中国新闻奖一等奖的作品进行研讨。获奖作品主创代表，北京广播电视台及所属北京电台、北京电视台，通州区、顺义区广电中心的有关领导和专家，围绕获奖作品的采制过程和经验，从坚持正确的舆论导向，树立精品意识，组织创新创优，发挥广电优势，坚守职业精神等方面深入研讨。会议倡议北京广电新闻采编人员学习获奖作品的创作经验和采编人员良好的新闻职业操守和专业技能，把创新创优工作提高到一个新的水平。《北京广播影视》、北京电台、北京电视台分别及时进行研讨会的报道。

六、内部建设工作

按照《北京市民政局关于开展社会组织“诚信建设行”活动的方案》的通知要求，协会秘书处召集相关人员，传达通知内容，要求大家认真学习《中华人民共和国慈善法》，充分领会《关于改革社会组织管理制度促进社会组织健康有序发展的意见》、国务院《社会信用体系建设规划纲要（2014—2020年）》及《北京市人民政府关于加快社会信用体系建设的实施意见》等文件精神，认真查找本单位在信用建设方面存在的问题，制订整改方案，完善相关内部制度。

（北京市广播影视协会）

北京电影协会概况

北京电影协会成立于2011年12月13日，在原北京市电影发行放映协会的基础上进行组建。截至2016年12月31日有团体会员266家、个人会员284名，协会下设制片、影院、编导、电影技术、化妆、电影收藏、投融资7个专业委员会。

主要职能：宣传、执行相关法律法规和政策；制定行业规范，促进和协调行业发展，发挥行业监督与自律作用；承担政府部门委托的行业管理事项，承办相关工作和活动；开展调查研究，及时搜集、整理、汇总各类行业信息，为会员提供咨询服务；向相关部门提出工作建议，促进行业发展和环境改善；举办与本行业相关的各种活动，组织推荐、表彰和奖励在电影发展中有突出贡献的单位和个人；积极为会员提供业务指导和服务，维护会员合法权益；积极推动行业内相关标准的制定和普及，做好信息交流、专业培训等工作；积极创造条件，组织会员开展对外交流和行业联系。

2016年主要工作：

经过2015年的筹备于2016年组建由银行、投资机构，金融服务机构等组成的电影投融资专业委员会，该专业委员会主要提供的服务平台是：投资机构直接投资电影项目、为中小企业提供贷款服务、为电影项目运作提供管理服务；吸收在京大型视频网站成为协会会员，包括腾讯、搜狐、爱奇艺、乐视等大型门户网站；组织不同类型的学术研讨会和座谈会，对电影行业内相关问题进行深入探讨；协会充分利用手机微信的便捷建立4个微信群，向会员单位及个人及时发布、传达相关电影行业政策、业务知识和市场动态；协助北京市新闻出版广电局电影处对北京市电影市场进行专项治理工作；完成协会及首都影院联盟的相关资料审核和年检等日常工作。

（北京电影协会）

中国电影博物馆概况

中国电影博物馆是经国务院批准，国家广播电影电视总局和北京市人民政府共同建设的大型公共文化设施，是纪念中国电影诞生100周年的标志性建筑，是展示中国电影百年发展历程、博览电影科技、传播电影文化和进行学术研究交流的艺术殿堂，是爱国主义教育基地和科普教育基地。

中国电影博物馆占地面积52亩，建筑面积近3.8万平方米，是目前世界上最大的国家级电影专业博物馆。2005年12月29日落成，2007年2月10日正式对公众开放。

2016年主要工作：

一、业务活动

全年共组织各项活动100多场，服务观众36.97万人次，其中接待入馆观众28.17万人次，服务馆外观众8.8万人次，服务接待电影观众7.3万人次。主要活动包括：第六届北京国际电影节“探寻电影之美高峰论坛——喜剧电影的魅力”；影博影人专题展五：燃烧的汪洋；第四届北京国际科技电影展；中国电影国内巡展（法大露天电影展和走进长春电影节）；中国电影国际巡展——中国电影走进白俄罗斯；第七届少年儿童电影配音大赛公益活动；“经典电影大家看，影博电影公益行”系列观影活动；举办电影音乐展示欣赏、电影大讲堂、光影知识乐园、影人作品展映，与市外办共同举办国际电影展映之俄罗斯电影周、印度电影周、西班牙电影周、瑞典电影周、巴西电影周等活动。完成第十一届中国（北京）国际文化创意产业博览会参展活动。

全年共为观众讲解1081场，服务观众总人数12359人次，参与互动项目体验6976人次。完成《第二版英文讲解词》部分的编写修订工作。全年共征集电影物品4511件套、15079件，藏品总量达到31888件套、14.05万件。积极推进“全国第一次可移动文物普查工作”第二阶段工作，完成剧本、手稿、海报、照片、底片等共计11642件套电影物品的整理。完成“梁音物品捐赠展——纪念梁音逝世一周年”专题展。

全年共举办各类专场活动和基地教育交流活动135次，总人数88775人次。其中，举办面向大学生等青年观众群体的“电影大讲堂”讲座、交流会20期，邀请18位专家学者和2位馆内主讲人，1545人次参加活动；举办以“光影知识乐园”为主体的中小学生社教专场活动40期，5567人次参加，其中22期馆内活动参与人数2517人次，18期进校园活动参与人数3050人次；举办“电影音乐展示”活动7场，参与观众760人次；开展“经典电影大家看影博电影公益行”活动30场，参与观众8620人次；举办“中国电影国内巡展”3场，参与人数10679人次；开展“会员观摩沙龙”活动和新年音乐会12场，参与人数1196人次；开展志愿者、“两基地”交流活动21期，参与人数1536人次。提供志愿服务1076人次，累计提供服务8608小时。

举办“光辉历程”——庆祝中国共产党成立95周年电影展映；“祖国颂”——庆祝新中国成立67周年电影展映；“永远的长征”——纪念红军长征胜利80周年主题电影展映；廉政建设主题影展等。积极开展影人系列电影主题展映活动，分别举办冯小刚、黄建新、丁荫楠、谢铁骊、谢晋、张艺谋、姜文影人系列作品展映活动；全年共举办主题展映活动12个，放映影片148部，611场次，接待观众24074人次。

完成部分电影衍生品开发工作，如“馆介——停车电话插页”“手环”《金鸡酉福百花齐放》主题邮品等，被列入全国博物馆文化创意产品开发试点单位。

加强对外宣传力度。共邀请和接待中央电视台新闻中心《文化十分》、北京电视台《北京新闻》等40家媒体及相关单位来馆采访、拍摄，报道百余次。全年发布各类活动新闻、活动报名、影片信息、公告等共计301条；根据重大活动需要，制作并发布4个专题页；更换网页flash12次。原创微博发布253篇；微信发布441条，微信粉丝数18152个。内网增加“研究部”和“开发部”栏目，发布302篇稿件。LED发布信息409条。

二、安全保障

年初逐级签订《安全责任书》，注重层层落实责任。全力做好“人防”，确保在运营中不出事故。建立周巡检制度进行部室交叉检查；部室自检；坚持常规检查。6月27日和10月31日分别组织“中国电影博物馆2016年反恐防爆培训”和2016年度消防演练活动，共有210余人参加活动。全年累计维修4333项次，服务保障馆内各类活动共计265余次，集中巡检49次，完成展厅多媒体设备维修，共出现故障701台次，维修701台次，维修电子办公设备878次，维修率为100%。完成1、2、3号电梯大修保养、公共区域金卤灯节能改造等项目；同时，维修餐厅设备20余次，更新厨房设备10余台。

三、内部建设

研究提出馆“十三五”发展思路初稿，完成馆年鉴编撰工作，全书5.1万字、65幅图片，按要求向《2016北京广播影视年鉴》《2016北京年鉴》《中国科普场馆年鉴（2016）》提供有关图文材料，共计文字2.3万字、图片47张。组织完成专题研究工作，组织完成9项员工课题，举办3次学术普及讲座，邀请故宫博物院院长单霁翔、中国电影家协会秘书长饶曙光、国际博协副主席安来顺主讲；举办丁荫楠作品观众座谈活动和《中国影院简史》图书推介暨研讨活动，均收到预期效果。办好馆刊《影博·影响》，全年出刊12期、90万字，开展馆刊改版效果评价研究，提高馆刊的学术性和影响力。

（中国电影博物馆）

北京广播电视台概况

北京广播电视台成立于2010年5月31日，是在原北京北广传媒集团、北京人民广播电台、北京电视台的基础上组建而成的大型传媒机构，是市委、市政府直属事业单位。2015年11月29日，北京广播电视台启动新一轮改革，现所属单位包括：北京人民广播电台、北京电视台、北京广播电视报社、北京广播电视台服务中心和北京新媒体(集团)有限公司。

2016年主要工作：

一、宣传报道

以纪念中国共产党成立95周年、长征胜利80周年为契机，精心组织主题宣传活动。北京电台推出“追寻”专栏、“当红色遇见艺术，重温红色经典”等特别节目、“口号记忆与社会变迁”15集系列报道，并与北京交响乐团联袂推出纪念音乐会；电视台推出“凝聚在党旗下——纪念中国共产党成立95周年”系列报道；“忠诚与信仰”特别节目、《为你而歌》（第十四部）系列专题片、《解放》等纪录片；北京新媒体集团创新推出24小时直播《永远的丰碑》。坚持不懈开展中国梦宣传教育，持续巩固发展“北京榜样”“美丽乡村筑梦有我”大型公益活动。

北京电视台自主研发设计“智慧党建”APP，推出“扬帆十三五”等系列节目，“跨越”等16个专栏及《治国理政新亮点新实践》等近200个系列报道；党建节目部《人才》《镜鉴》栏目策划制作“亦•麒麟之才”等系列节目；“市民对话一把手•京津冀协同发展”特别节目顺利开播；北京电视台时事政策讨论节目《大家谈》正式开播。

北京电台组织开展2016“我的冬奥梦——北京电台双语小记者全国选拔赛”；北京电视台公益活动“带本书给家乡的孩子”，累计收到社会各界“爱心图书”10余万册，捐建“BTV爱心图书室”13间；“舞动北京”全民广场舞大赛，覆盖全市16个区，共990余支队伍、33000人次报名参赛；“文明旅游‘袋’动中国”活动，在全国迅速掀起文明旅游、绿色出行的公益热潮。

二、精品生产

全面贯彻落实《中共中央关于繁荣发展社会主义文艺的意见》。2016年全台共有5件作品荣获中国新闻奖，5件作品荣获中国广播影视大奖，2个栏目分获国家新闻出版广电总局少儿节目精品发展专项资金项目三等奖和第24届星光奖“电视文艺栏目”大奖，8件作品荣获全国省级广播电视报新闻作品奖。围绕纪念建党95周年、红军长征胜利80周年等全年重大宣传主题，重点推出纪录片《长征》等一批主流文艺作品。策划推出广播春节文艺大联欢、2016BTV春节联欢晚会等主题活动。推出季播节目《跨界歌王》《传承者之中国意象》；周间“920”栏目带全面季播化，节目《暖暖的新家》服务“百姓安居工程”，受到市领导高度评价。中央有关部门和北京市领导参加《养生堂》栏目“世界防治结核病日”特别节目录制。北京电视台与日本放送协会（NHK）联合摄制的4K电视纪录片《最后的沙漠守望者》，引发日本观众热烈反响；北京电视台携《戚继光》等多部原创动画精品参展法国昂西国际动画节；第六届北京国际电影节开幕式晚会融入京腔京韵，向世界电影人展现大美北京、魅力中国。

三、经营管理

北京电台、电视台分别研究起草《北京电台五年发展规划》《北京电台媒体融合发展纲要及行动指南》《北京电视台今后五年改革发展实施方案》，全面审视新的突破和转型，为台改革发展提供基本遵循。北京电台7个创收型团队共计创收2852万元，实现利润326万元，获选2016上海广播节“中国广播创新融合十佳案例”；修订完善薪酬管理、干部管理等工作流程56项，管理工作规范高效。北京电视台制定出台青年创新工作站常态化运行管理和青年创新项目市场孵化实施办法；完善统分结合的广告经营管理机制。北京广播电视报社以太极进社区等活动，探索新的经营收入增长点。产业方面，起草出台《北京广播电视台内部管理领导干部（人员）任期内经济责任审计实施办法》，完成2015年度财务收支审计工作。北京电台投资基金运行有序，其中合音投资基金已投资5个项目，投资金额3339.83万元；北广文资歌华基金已投资2个项目，投资金额9000万元，并获批“2016年度文化产业发展专项资金”5000万元，基金规模从2.5亿元扩充到3亿元。北京电台悦库时光公司积极开展版权营销，2016年版权签约量266部；北广购物积极开拓销售模式，全渠道销售总额2205万元。截至2016年底全台资产总额166.76亿元，实现营业总收入60.1亿元。

四、融合发展

北京新媒体集团及旗下北京新闻媒体有限公司、北京时间股份有限公司于4月12日正式挂牌成立，北京时间网站和新闻客户端同步上线，标志着北京市推动媒体融合发展迈出新步伐。北京新媒体集团与中国青年报、北京电台、北京电视台等传统媒体深度融合。积极探索创新报道方式，对“北京时间2022号”无动力三体帆船无动力横跨大西洋航行进行不间断全程直播，成为探索全新直播态的成功实践；与中国青年报社共同举办“中秋明月夜，天涯共此时”卢沟晓月大型直播活动，开创24时区全球华人赏月直播的先河；对G20峰会进行开放式演播室直播，网站总点击量达到3723.3万，访问人数达974.5万，在中国新闻网站全网排名第一。北京电台新增三个小调频频率。北京电视台4K、8K、虚拟植入等电视技术应用日趋成熟，连续第七年荣获“金帆奖”综合大奖；北京电视台新闻频道、影视频道在歌华有线网实现高标清同步传输播出，频道高清化比例超过50%，处于国内先进水平。北京新媒体集团与中国电信北京公司联合推出天翼高清北京IPTV家庭全媒体交互平台产品，是北京IPTV从电视业务产品向平台及应用产品的转型，较2015年增加30%有余，用户数、收入、利润增长率均超过30%。

五、队伍建设

着力学习宣传贯彻习近平总书记系列重要讲话精神。抓好“两学一做”学习教育，全台163个党总支、党支部共开展集体学习与交流研讨会500余场、特色党日活动200余次，台领导、各支部书记、优秀党员集中讲党课总数100余场。组织全台党员干部参观

《英雄史诗 不朽丰碑——纪念中国工农红军长征胜利80周年主题展》等主题活动。北京广播电视台媒体管理部荣获中宣部第二批全国学雷锋示范点称号。开展“学习宣传贯彻习近平总书记在党的新闻舆论工作座谈会上的重要讲话精神专题培训”等市级研修项目。高度重视市委第八巡视组在台巡视的反馈意见，制定《中共北京广播电视台委员会关于巡视反馈意见整改工作分工方案》，提出三方面共31条整改措施；推动各级党组织落实从严治党主体责任，加强对中央八项规定精神和市委实施意见贯彻落实情况的监督检查，强化日常监督，严格责任追究。

（北京广播电视台）

北京人民广播电台概况

北京人民广播电台成立于1949年2月2日，最初称北平新华广播电台、北平人民广播电台、北平新华广播电台第二台、北京市人民广播电台，1951年3月11日，改称北京人民广播电台，英文缩写为“RBC”。

截至2016年底，开办新闻、城市、故事、体育、音乐、文艺、交通、外语、爱家、动听调频10套开路广播及15套有线调频广播、13套数字音频广播，2个数据服务频道，在北京有线电视网数字平台上播出16套有线数字广播节目和1个动感音乐数字电视频道，每天播音364小时，总发射功率212.5千瓦。制作的节目还在美国、加拿大、澳大利亚、新西兰、新加坡、韩国、中国台湾等7个国家和地区的15个华语电台播出。还拥有北京广播网、移动音频客户端听听FM 等新媒体产品，是以广播为主、多媒体联动的综合性传播机构。

2016年，北京电台共开办190个栏目，其中新栏目26档，日播时长（含有线广播）314小时，市场份额为75.269%，收听率为3.72%。除10个专业广播，全台现有17个职能部门，北京广播公司下辖北京广播大厦管理有限责任公司、北广声动、时代文广、悦库时光等16家二级子公司，员工总计956人。北京电台总资产26.29亿元，广告收入5.95亿元。

2016年主要工作：

一、宣传报道

开展重大宣传报道50次，开设专栏100个，宣传效果得到上级单位高度肯定。2件作品荣获中国新闻奖，其中1件问鼎一等奖，5件作品荣获中国广播影视大奖；1个栏目获得国家新闻出版广电总局少儿节目精品发展专项资金项目三等奖。推出“非遗时光”大型报道，对国家级非物质文化遗产项目及其传承人进行抢救性采访。加大创新大赛成果转化力度，《小小圆桌会》等节目创意相继变为现实。

围绕重大主题推进创新创优。9集特别报道《治国理政新实践——习近平总书记视察北京两周年专题报道“春暖京华”》采用“上中下三明治结构”的报道模式，将宏大主题娓娓道来。新闻广播、城市广播、交通广播、外语广播等策划推出“扬帆十三五”“展望十三五 发展谱新篇”等专栏及系列访谈节目。新闻广播特别策划“口号记忆与社会变迁”。

增强报道贴近性和服务性。除夕之夜跟踪报道医护人员接生猴年宝宝。大年初一清晨跟随环卫集团清运工体验清扫城市垃圾，走访铁路“修脚工”、铁路焊轨工人等不为人熟知的工种。“7·20”暴雨当天，多路记者坚守一线直到雨势减缓、夜色降临。

积极牵头，携手相关单位扩大新闻资源。北京电台、北京电视台与张家口广播电视台签订冬奥会报道合作协议，在新闻制作、节目策划、技术协同、人员交流多个领域深度合作，共同做好冬奥会宣传工作。新闻广播主动牵手河北新闻广播、天津新闻广播，联合推出、共同采访、并机直播特别节目“对话京津冀”。

二、品牌活动

继续承办好市级大型主题活动“北京榜样”，定期开展公益行动。与首都文明办共同主办“V蓝·北京——我的环保日记”活动。第七届“北京魅力社区”评选共举办服务性活动和讲座近百场。“北京最美乡村故事”聚焦新农村建设，收到来稿1300多篇。2016“我的冬奥梦”北京电台双语小记者全国选拔赛被纳入全市“中小学奥林匹克教育系列活动”，覆盖全国200多所中小学。交通广播开展“长城脚下，迷你冬奥”“1039行动派”接力跑，体育广播协办“走向2022，让北京走起来”等活动，紧扣冬奥会主题。

在台级活动方面，延续“广播过大年”品牌，推出“金猴迎春，全城贺岁，广播过大年，红包滚滚来”特别活动；第七届“听众喜爱的名牌栏目”大型评选升级为首届听友节，经历“吃友周”“乐友周”和“惠友周”三个阶段，吸引十五万名听众参与；“广播新声代”北京电台第五届全国主持人大赛历时7个月，全国3000多名选手参赛；“赢在创意”全球华语广播大赛参赛地区是去年的2.5倍。

在频率活动方面，动听调频平均每周推出1个地面活动；交通广播开展1039行动派2016“善行者”公益活动，吸引人数同比增长近6成；音乐广播精心策划“百字情书”；爱家广播第三届“银发达人秀”被授予“全国广播电视民生影响力优秀品牌活动”称号；故事广播“青春笔迹”打造一个用文字表达与实现自我的平台；体育广播开展“约战2016”大型运动体验真人秀活动，让普通百姓深度感受冠军生活，第六届“京都球侠”评选创新采用“市民用每天的运动里程为运动员投票”的方式，把全民健身与竞技体育更为紧密地联系起来。

三、媒体融合

北京电台与听众互动的“微信矩阵”平台中的33个微信公众号粉丝总量达161万。北京电台听听FM，共有上线频率1514家，在播电台节目24300档，专业主持人信息近万条，音频总时长已达1000万小时。12月底，北京电台与北京新媒体集团达成战略合作伙伴协议，新媒体集团旗下的“北京时间”客户端成为电台新媒体发布的重要平台。

四、产业运营

在广告经营方面，迎合市场实际情况对现有广告产品进行及时调整，并根据不同行业开发20多套针对性产品。围绕大事件提前出击，推出系列营销产品。探索开发新媒体产品，加大微信推广力度。改变广告招标策略，调整预售政策。举办广告资源推介会，推介电台经营策略和资源产品。结合实际修订《规范商业信息播出管理办法》《广告播出管理规定》《公益广告管理办法》，对广播节目中私插广告、广告错漏播等问题继续加强管理，防止跑冒滴漏；统筹组织公益广告制播，每天固定点位100个、播出时长68分钟，新创作公益广告170条，“公益广告资源库”积累公益广告资源达410条。制定《北京广播公司内部审计工作制度（征求意见稿）》，配备专职内部审计人员，健全内部监督机制和风险控制制度。悦库时光公司大力打造版权库并积极开展版权营销，全年版权签约量266部；北广购物积极开拓多渠道合作，全渠道销售总额3123万元。广播大厦写字楼出租率90%，酒店累计客房平均出租率77.08%。大厦演播室全部实现长租，整体运行平稳。

五、技术保障

2016年全台纳入安全播出管理节目播出时长共计77808小时，停播率0秒/百小时，可用度100%。完成故事、外语、爱家三个专业广播小调频频率的申请，所有中波频率都实现双频播出。核心播控平台改造进入系统试运行，年底投入使用；开发广告播出监测系统，实现除口播协调单广告外的广播播出全覆盖精准监测；完成交通广播路况信息系统改造升级二期项目和发射台机房控制室改造；运用项目制管理将项目整体目标分解并落实到人，实现项目全流程的科学管理；落实导播岗位整改措施，提高工作效率，满足各专业台需求。

六、体制创新

完成《2015全国广播行业调研》报告，调研涉及2015全国61家省级与省会城市级电台创收、内容创新、新媒体发展、产业经营与机制改革情况。7个创收型团队共计创收3195万元，实现团队利润370万元，其中，实现线上广告收入2713万元、线下收入482万元。爱车团队、教育面对面团队、王东工作室、运动体验团队和问医生团队超额完成线上存量的考核任务。交通广播设立品牌运营部，采取“项目负责制”操作方式，以岗定酬鼓励创新；体育广播建立体育新闻机动记者采访制度，全面实行节目综合考核制度；外语广播成立青少英语俱乐部项目团队，多种渠道自筹资金近30万元，保证2016“我的冬奥梦”北京电台双语小记者全国选拔赛的顺利进行。“北京电台数字音频版权采购项目”囤积一批具有市场升值潜力与运营价值的优质音频版权资源。“北京电台音频资料数字化抢救及编目项目”利用数字化转储设备及技术对现有20万小时存量节目资料数字化抢救性转储和编目。

七、队伍建设

以“两学一做”学习教育为主线，坚持把党的思想建设放在首位，北京电台党委组织集体学习13次，开展集中研讨2次，10位台领导班子成员分别给所在支部讲党课。各党支部以党支部或党小组为单位组织集体学习300余次，开展集中研讨100多次。首次通过社会公开招聘方式广泛吸纳优秀广播人才。经过多重考核程序，录用新员工25名，新员工中社会成熟专业人员13名，应届毕业生12名。举办或参加教育培训项目108个，学员达到5834人次，时间1242学时，发放学习材料1751本，其中专业技术类培训课时数达到总课时数的53%。引进干部档案管理信息系统，数字化制作完成381卷干部人事档案，实现人事档案电子化。

（北京人民广播电台）

北京电视台概况

北京电视台成立于1979年5月16日，英文缩写“BTV”。开办有北京卫视、新闻、文艺、科教、影视、财经、体育、生活、青年、卡酷少儿、纪实、外宣12个频道，播出17个频道，其中，北京卫视、新闻、文艺、影视、体育5个频道高标清同播，纪实频道高清播出。北京卫视、卡酷少儿、纪实、外宣是上星频道。每天播出269.8小时，全年播出98753小时。

2016年主要开展的工作：

一、宣传报道

“中国故事”“北京故事”宣传。以《北京新闻》《北京您早》《特别关注》等栏目为主阵地，推出100多个专题、专栏、系列报道，反映首都各条战线认真学习贯彻落实十八届六中全会精神、推动工作的行动和成效，全年向中央电视台送稿3300余条，其中《新闻联播》发稿91条。深入宣传阐释习近平总书记系列重要讲话精神，推出总书记“2•26”视察北京重要讲话两周年系列报道和专题片《春潮》，以精美画面、精准手段、精确数据反映北京发展成果。深挖北京历史文化富矿，联合五区委宣传部打造人文历史纪录片《大西山》，以详实叙事和精致呈现勾勒西山文化带脉络，得到各级领导和业界专家的好评。继续做好微纪录片《中国梦365个故事》，共推出287集；创新品牌专栏《幸福绽放》，以微电影、微视频、微表情包赞颂工匠精神。及时关注G20杭州峰会、天宫二号发射、世界互联网大会、北京申冬奥会成功一周年等全国和首都重大活动，圆满完成70余场直播报道。聚焦“一带一路”主题，推出大型新闻行动“天涯共此时”，历时三个多月，探访丝路沿线39个国家和地区，播出117期报道，集中报道“政策沟通、设施联通、贸易畅通、资金融通和民心相通”方面的可喜成果，并推出年终特别报道《见证者》。

纪念建党、长征主题报道。围绕纪念建党95周年、红军长征胜利80周年重大主题，精心创作大型纪录片《解放——人民的选择》《红军不怕远征难》，以充分的历史考据、鲜明的时代特色、创新的电视语汇，回顾光辉历程，弘扬伟大精神，受到社会各界普遍好评。推出60集大型系列报道《寻踪长征路》，立足党史、军史、战史视角，以“田野调查”方式走进长征历史，获得中宣部《新闻阅评》肯定。统筹全台各频道、各栏目，播出《建党伟业》《三八线》《重生》《征途——数字中的长征故事》等主题纪录片、影视剧、系列报道、专题专栏、特别节目等200余部（期），总时长超过300小时，形成有力而持续的宣传声势。

焦点热点引导。以《北京新闻》《北京您早》等重点栏目为龙头，聚焦“十三五”规划、京津冀协同发展、城市副中心建设、疏解非首都功能等主题，积极反映市委、市政府中心工作和首都发展建设新成就，推出《跨越》《扬帆十三五》《京津冀协同发展》等系列报道。创新“两会”报道，联合五大市属媒体打造《市民对话一把手》访谈节目，得到市领导高度评价。开辟时事政策讨论节目《大家谈》，探讨大气污染治理话题，汇聚政府、专家、媒体、群众四方观点，搭建密切政群沟通、理性参政议政的话语平台。继续办好《12345需求与反馈》专栏，28个区和委办局一把手接听热线，解决群众反映问题上百件。

新闻机制建设。全面升级北京卫视新闻定位，积极构建早、中、傍晚、晚间重要时段全覆盖的新闻节目体系和北京、全国、国际全覆盖的新闻内容体系。优化《北京新闻》《特别关注》等重点栏目版面，外埠、国际新闻播发数量较2015年翻一番。积极实践“中央厨房”式新闻运行机制，在南方汛情等突发应急事件报道中，构建全面统筹、迅速反应、协同作战的新闻处理体系，总编坐镇把关、前方后方联动、多维渠道传播，形成顺畅高效的新闻采、编、制、播一体化流程。

二、品牌创新

北京卫视内容品质领先。北京卫视荣获“金长城传媒奖中国十大影响力卫星频道”“博雅榜中国电视卫星频道满意度十强”“最具欣赏价值省级电视频道”“年度最具影响力省级卫视”等称号。中国广视索福瑞媒介研究（CSM）全国35城市收视率0.25%，份额2.16%，全天、白天时段收视位列省级卫视第四，晚间时段跻身前三。成功推出20余档贯穿周间周末的季播节目，大型周末综艺季播《跨界歌王》《跨界喜剧王》引发全媒体热议，多项核心数据刷新综艺节目纪录，彰显原创“跨界”IP现象级影响力；《传承者之中国意象》荟萃全国顶尖文艺院团，打造中国文化艺术盛典，赢得“2016中国电视年度掌声”“中国文化奖年度传媒责任奖”等荣誉；《我是演说家》《音乐大师课》《熊猫奇缘》《二胎时代》等创新传播核心价值观，积极弘扬社会正能量；《时光缘》《怀孕爸爸》《长大成人》《闪电大作战》等周间季播栏目样态丰富、形式新颖。《养生堂》《我是大医生》策划防治结核病、艾滋病主题日特别节目，联合国艾滋病防治亲善大使彭丽媛女士参与节目录制并给予高度评价。《暖暖的新家》服务“百姓安居工程”。北京国际电影节特别策划《大首映》，承办《2016十佳劳伦斯冠军奖颁奖典礼》。

电视剧播出。2016年购买电视剧77部，其中卫视剧30部，地面剧47部。全台21个首重播剧场（含自然重播）播出电视剧总量约为2万集，总时长约为15000小时。“大戏看北京”影响力不断拓展，红星剧场时段保持省级卫视前三；在2016年全国所有收视过1%的30部电视剧中，北京卫视独占6部，《少帅》《猎人》《小别离》《中国式关系》等剧收视突出，均获得同期的收视冠军。北京卫视首次试水周播剧成效显著，《新边城浪子》等剧拉动同时段收视提升238%，14岁至35岁年轻观众收视涨幅超360%。新闻频道坚持直播常态化、精品化，创新做好重大时政报道，融合直播、评论、系列报道多种样态，升级新闻包装。文艺频道强化《每日文娱播报》《春妮的时光》《北京喜剧幽默大赛》等品牌节目矩阵，有力夯实收视底盘；推出《哎呀妈呀》《1810我看行》等新节目，荣膺“博雅榜”十佳省级地面频道榜首，在“全国广播电视媒体整合影响力指数”评比中获“年度融合创新十大影响力省级地面电视频道”。生活频道打造频道开播20周年特别节目《20岁心•启航》，策划推出《上菜》《北京礼物》《北京影像》等精品季播项目。科教频道整合法治、健康、教育三大优势资源，办好《第三调解室》《现场说法》《健康北京》等品牌栏目，联合18省市众筹打造《法治中国60’》，携手全国兄弟台创建“TV100”法治栏目剧合作体，被评为“行业十大领军品牌频道”。财经频道打造全国首个“双创”（大众创业、万众创新）节目带。5月9日起，原创节目《创业北京》《影响者》以及既有栏目《财富故事》等构成的“双创”节目带播出。改版升级《首都经济报道》《天下财经》等品牌栏目。影视频道精心统筹影视剧购播，强化首都题材特色；充分利用明星资源，打造新节目《气象星播报》。体育频道高质量完成里约奥运会乒乓球公共信号制作、欧洲足球锦标赛等国际赛事转播任务；加大中超、中职篮等国内和北京重要赛事报道力度，引进世界拳王争霸赛、国际足球挑战赛等优质赛事资源，积极统筹布局冬奥会报道。青年频道借助《军情解码》《谁在说》《北京客》等重点栏目稳固频道收视；发力大型项目，成功打造《2016环球春晚》《第六届北京国际电影节开幕式》等晚会和活动，推出“一带一路”主题纪录片《融通之路》。卡酷少儿频道大力推进动画精品创作，全国首部抗美援朝主题动画片《最可爱的人》获国家新闻出版广电总局推荐展映，定格偶动画《欢乐北极星》享誉法国昂西动画节；推出《大玩家》《玩偶大作战》《穿越吧少年》等一系列新栏目，频道收视多次跻身省级卫视前十。纪实频道发挥专业优势，结合重大选题策划《东盟行》《一千零一夜》等五部纪录片；参与发起“一带一路”纪录片全媒体国际传播平台，推动纪录片走出去。

大型品牌活动。隆重推出以《跨越2016》跨年大型新闻直播、跨年环球歌会、跨年楼宇灯光秀为主体的系列跨年活动，打造全天候、多样态、全媒体跨年视听盛宴。《跨越2016》联合“北京时间”等五大门户网站和客户端，电视、电脑、手机跨屏实时互动，呈现10.5小时的温暖盘点与美好展望；开播仅一小时，收视率即占据全国省级卫视第一位，北京地区收视1.07%，峰值2.43%；全国35城收视0.11%。首度加入省级卫视跨年行列，以“奥运之城 冰雪邀约”为主题的环球歌会，云集国内外歌坛、体坛明星，搭建“水陆冰空”四栖梦幻舞台，用歌声寄托新年憧憬与奥运企盼；北京地区收视率6.96%，全国35城收视率达1.95%，排名第3。BTV楼宇灯光秀融合科技、文化、艺术元素，以光影霓虹展现壮美中国、美丽北京，创高度最高、面积最大、投影最多三项纪录；午夜时段播出，北京地区收视率1.91%，全国35城收视率0.57%，排名第5。“BTV春晚”品牌影响力持续升级，以“家家好 国家好”为主题的2016主春晚，连续三年蝉联省级卫视春晚收视、微博、微信三项核心数据榜首；“环球春晚”“动画春晚”凭借高品位、个性化特色，赢得业界和观众良好口碑。完成第六届北京国际电影节开幕式播出工作，通过与其他省市联动，进一步提升品牌知名度与影响力。

三、产业经营

建立统分结合经营管理机制。成立由台主要领导挂帅的节目经营统筹协调领导小组，对广告经营实行统一管理，及时研究重大问题，协调实施重要举措。调整京视传媒、京视卫星、京视电广三家公司业务，整合经营资源。完善广告经营管理、监督、保障、奖惩体系，细化制度、规范流程，严格把控协议备案、收入确认等关键环节，防范法律风险、经营风险和廉政风险，制定广告经营考核奖励办法，进一步激发经营工作活力。

推动节目经营创新。各频道开展内容定制、版权销售、商业合作、产业开发等多种经营尝试。2016主春晚特别定制“广告真人秀”，将节目内容与广告植入有机融合，获得客户良好反馈。《跨界歌王》节目热播，音视频版权销售额突破4000万元。《创业北京》《舞动北京》等项目牵手政府资源，实现可观创收；《脱口而出》《喜剧幽默大赛》等形成商演知识产权品牌，保持稳定收益；《1810我看行》《全是你的》《年货来了》等栏目探索“电视+电商”的全媒体经营模式；《生活+》《快乐健身一箩筐》等栏目依托“家博会”“电视实景健身房”等项目延伸产业链条。

调整完善广告运营机制。调整完善广告运营机制，举办“跨界，一起来”北京卫视2017重点资源推介暨广告签约会，实现签约金额15.7亿元；召开“2017BTV专业资源推介会”，整合八大地面频道、两大上星频道和北京国际电影节优质资源，吸引20余家客户现场签约。通过举办客户交流活动、参与节展论坛，大力宣传推广广告经营新理念新举措，不断提高BTV品牌知名度。会同专家资源和专业机构开展营销案例研究；京视卫星、京视体育公司等经营主体认真梳理客户资源，积极开拓潜在客户，打造精准营销预案，吸引一批新老客户增量投放。截至2016年年底，广告收入21.24亿元，比上一年减少5.4亿元，下降20.25%。

台属企业经营。卡酷传媒公司积极打造“七色光”品牌，举办“卡酷嘉年华”“能言善道”夏令营等特色活动；开发原创动漫IP，策划并推进一批动画项目。京视传媒公司不断完善“BTV+”产业布局，依托《养生堂》品牌资源开发“健康手机”项目，打造“BTV优选”销售平台，深耕“BTV少年传媒学院”等培训业务和演艺经纪；结合市场形势调整版权运营，发力图书音像、节目众筹、代理发行、原创版权研发四大业务，取得良好收益。产业发展集团依托特雷森信息中心建立国内首个全媒体多源大数据综合分析处理平台，提供多终端数据实时采集分析服务。紫禁城影业公司推出反法西斯题材电影《终极胜利》，获得高回报率；电视剧《传奇大掌柜》在央视播出，获得良好收视和口碑。黄金海岸培训中心通过节能降耗、调整客房折扣率、带动餐饮康乐项目等手段，积极促进节支增收。北视英特维公司发挥技术优势，承接30余个台内外大型项目的信号制作、录制拍摄、舞美包装任务。新纪实公司与日本放送协会（NHK）合拍纪录片《最后的沙漠守望者》，在日本播出后引发热烈反响。

四、技术保障

日常节目生产播出安全有序。17个频道（含5个高清同播频道）全年共编播10余万小时节目，开展5000余场直播，及时播发气象预警、节目变动等字幕信息10000余条次，确保春节、“两会”、G20峰会、十八届六中全会等重要保障期的安全播出。新闻频道、影视频道实现高标清同播，全台高清化频道比例超50%，处于国内领先。深化技术系统改造，开展“基于虚拟化云平台的高标清整备系统”“北斗校时钟系统”等技术项目，初步完成新闻演播室技术改造准备工作。

生产网节目日均首播数量约800条、时长约138小时，媒资系统播出版、资料版节目素材存储总量达121.2万小时，库存增长14万小时。运用IT业先进的ITIL（信息技术基础架构库）和ITSS（信息技术服务标准）管理理念，持续推进制播网架构调整，运维质量和效率进一步提高，突发故障应急处理能力有效增强。资源管理系统全面上线运行，技术设备资产到货、入库、盘退等流程全面实现网络化、信息化管理。研究制定全台“十三五”技术发展规划。参与并完成《电视台直播网运维服务管理研究》《立体影视内容生产关键系统研发集成与服务示范》等国家级重点项目。积极推进智慧媒体建设，多个项目进入测试验收阶段。北京电视台连续八年荣获“金帆奖”综合大奖，并在“王选奖”“中国电影电视技术学会科技进步奖”等行业重量级奖项中获得殊荣。

五、台网融合

北京新媒体集团挂牌运营。以北京网络广播电视台技术平台为支撑，积极推进北京新媒体集团及子公司挂牌运营及相关事宜，划拨有形资产和无形资产共计21亿元，协助做好人员划转、办公场所调配等工作。4月12日，北京新媒体集团及旗下北京新媒体科技股份公司正式挂牌成立，成为北京电视台转型升级、嫁接资本市场的重要依托和实现经营创收的新增长点。为新媒体集团业务开展提供技术支持保障，完成“北京时间”直播收录12000余小时，提供IPTV点播内容10000余条。

顺应“互联网+”时代收视习惯，积极推进台网融合、多屏互动的电视节目直播形态改造。在重大报道中成功实践“手机+电视”“VR+新闻”等全媒体、多渠道传播模式。借助微博、微信等新媒体平台拓展节目传播力、影响力，“BTV文艺频道”微信订阅号在国家新闻出版广电总局2016年度全国省级地面频道微信公众号评选中获得最具影响力Top10之首。“BTV新闻”微信公众号在腾讯区域影响力评选中荣获“2016企鹅媒体平台优秀机构自媒体”。

（北京电视台）

北京广播电视报社概况

北京广播电视报社成立于1988年9月，原隶属于北京广播电视局，2001年5月起隶属于北京广播影视集团，2010年5月起隶属于北京广播电视台。报社以报刊出版为主，后向多元化扩展。现办有《北京广播电视报》《北京广播电视报•人物周刊》《北京电视》周刊、北广报刊网。

《北京广播电视报》的前身，是北京人民广播电台1953年4月12日创办的《广播周报》，后更名为《北京人民广播电台节目报》。1976年1月9日停刊。1979年9月14日复刊。1989年更名为《北京广播电视报》。1989年1月，实行自办发行。当年发行量从邮局时最高的每期40万份，很快跃升到50万份、60万份和70万份。1990年至1993年每期分别递增到80万份、85万份和90万份。最高单期曾创115万份记录。1991年，报社被国家新闻出版署、中国报纸行业经营管理协会授予“全国报业经营管理先进集体”称号。1995年报社独家承办《北京电视》，1998年，由月刊改为周刊。2002年9月，创办《北京广播电视报•人物周刊》。2005年，取得数字电视《置业频道》的经营权并正式开播。同年还创建北广报刊网。

2016年主要工作：

一、报刊出版

2016年报社两报一刊继续贯彻四个服务原则，积极配合北京人民广播电台、北京电视台等单位做好宣传服务工作，做好百姓收视指南、养生保健服务方面的报道；努力加强评论的力度，除加强主评论策划外，还着力于增加评论的种类、样式及人员参与的广泛性，保持评论版的多样性风格，使有特色的评论成为两报一刊的旗帜性版面。4月7日原《北京广播电视报•人物周刊》改造升级为《北广人物》创刊面世。《北京电视》停刊。报社对编辑系列组织机构和《编辑部考核管理办法》相关条款进行相应调整。

二、社会活动

继续以太极进社区、读者生活馆、中老年合唱大赛为依托，开展多种形式的大型公益活动。推出翠湖春季敬老活动；北广报“孝行天下，崇尚敬老——2016年我们身边的孝星评选活动”；劲松街道、青塔街道及霍营街道太极推广活动；“第二届太极交流盛会”——体育大学太极展演活动以及“2016北京广播电视报社全民健身走进桓仁”太极交流活动；联合北京市老龄委、舞蹈协会，组织举办“老年舞蹈创新研讨会”，及“北京市第三届老年舞蹈大赛”。

三、经营创收

推行经营部门大平台合作工作模式。发行、广告、活动及新媒体中心等各部门联手开展经营促销活动。2016年读者生活会馆增加到10家实体店。截至12月，读者生活馆累计赠报36.878万人次，投递赠报44万余份，其中有800人在接受赠报后继续自费订阅本报，成为邮局订阅主渠道的补充途径。太极推广活动为报社创收64万元，读者生活馆创收37万元，舞蹈大赛创收28万元。报社全年收入2740万元，其中广告收511万元，支出2683万元，经营利润57万元。

（北京广播电视报社）

北京广播电视台服务中心概况

北京广播电视台服务中心成立于1990年10月，原称北京广播电视服务中心、北京广播影视物业管理中心，2011年更名为现名称。主要负责原北京市广播电影电视局、北京广播电视台产权房屋管理及职工住房房改；建外、安乐林、皂君庙办公区、歌华有线丰台总部基地办公区及职工宿舍区域的服务管理工作；集体户口管理；酒仙桥、铁匠营、礼士路宿舍区物业管理；经营建外、安乐林、皂君庙办公区、歌华有线顺义办公区、歌华有线志新桥办公区餐厅。以上后勤服务管理区域共10处，中心所管的房屋面积约25万平方米，员工260余人。

2016年主要工作：

一、后勤服务

完成北京人民广播电台、瑞特公司、原北京广电局物业管理合同的签订工作，完成皂君庙办公区各单位房屋使用合同续签工作，完成歌华网络、北京中北艺术中心房屋租赁合同的签定工作；收取管理费和水、电、暖等各项费用共计2800多万元；维修门窗、门锁480多个（次），维修破损地砖450多平方米，更换房屋顶板300多块，维修改造防水施工1800多平方米；清理安乐林办公区和酒仙桥、真武庙、东铁营、皂君庙宿舍区雨水管道排水口60多处；疏通厨房、卫生间污水管道160余次；完成安乐林办公区和4个宿舍区的卫生保洁工作；配合建外办公区各单位完成保洁开荒1250平方米、临时性清洁整理办公室共计1420平方米，对电台大厅、技术楼直播机房和电梯轿厢进行重点保洁，多次配合电台完成大型交流活动的参观任务；完成建外、丰台办公区室内外玻璃的清洗共计31851平方米；完成皂君庙办公区保洁、传达室收发和车场服务管理工作；完成歌华有线丰台总部基地10432.04平方米的日常保洁服务以及电气空调维修、供暖等日常管理工作。完成大学生户口日常管理服务，为职工办理迁入、借调等各项手续。传达室值班人员办理出入证登记6000多人次，全年接待工作安全无差错。完成话务和报修电话的日常服务工作，平均每月电话咨询900余人次；完成延庆绿化基地春季植树工作，植树300多棵。

二、安全保障

较好地完成节假日期间的值班及安全保卫工作。及时对设备进行检修维保，确保供电、消防、通信、空调、供水、排水、电梯等系统正常运行，大型设备运行“零故障”。完成延庆声屏苑屋顶防水1390平方米、建外办公楼空调冷却塔大修、更换建外办公楼空调机组3项工程。完成北京广播电视台3部电梯年检工作。进行供电应急预案演练。

三、就餐服务

不断调剂建外食堂饭菜的花样品种，每天主食花样不少于10种，副食12种，小炒6种，小吃4种，熟食8种，确保职工吃饱、吃好、吃营养、吃健康。此外，还承担着皂君庙办公区、歌华有线志新桥办公区、安乐林办公区、歌华有线顺义办公区食堂的用餐服务工作。中心不定期开展用餐人员满意度调查工作，根据办公区实际情况及职工建议不断提高饭菜质量，改善就餐环境，满足用餐人员的需求。以上食堂全年就餐人员达20余万人次。

四、经营接待

下属北京声屏苑培训中心全年共接待客人8800余人次。较好地完成“元旦”“春节”“五一”“端午节”“十一”期间客人的服务接待工作。同时，不断加强员工安全教育，强化服务意识，进一步提高顾客满意度。

五、队伍建设

完成“两学一做”第二阶段的学习组织工作；完成中心党员信息审核工作；完成中心在职党员党费补缴工作；完成中心2016年党风廉政建设和反腐败工作任务分工工作；中心1名党员被北京广播电视台评为“四优”共产党员。完成《部门和岗位职责汇编》的修订工作；完成中心科级干部的续聘工作；完成2015年度职工补充医疗保险报销工作；完成新增员工合同签订和劳务人员合同续签工作；完成中心退休人员退休手续的办理工作；完成事业单位养老保险制度改革信息采集和参保登记工作；完成事业单位退休人员基本养老金调整工作；接收安置1名军转干部。为90名职工办理入工会手续；为138名工会会员办理“京卡”，使职工享受到互助保障活动实惠；为17名女工会会员办理女工特种疾病互助险；看望、慰问生病住院职工12人次；结合中心工作，开展文体活动，在员工之间创造热爱集体的良好氛围。

（北京广播电视台服务中心）

北京新媒体（集团）有限公司概况

北京新媒体（集团）有限公司（以下简称北京新媒体集团）成立于2016年4月，是北京市委宣传部领导，北京广播电视台所属，剥离北京电视台新媒体业务板块，与北京文投集团共同出资组建的强势主流新媒体平台。作为北京电视台新媒体业务唯一出口、全市媒体资源统一平台，北京新媒体集团下设北京新闻媒体有限公司（以下简称新闻公司）、北京时间股份有限公司（以下简称时间公司）两家子公司。新闻公司是北京新媒体集团旗下全资子公司，承担北京新媒体集团、时间公司所有新媒体平台和产品的内容生产工作。时间公司是北京新媒体集团与奇虎360公司共同出资成立的，负责运营北京时间的全系列新媒体产品。北京时间网站和新闻客户端以“北京时间，直播中国”为口号，主打24小时永不停歇、独具时间属性和现场感的直播态新闻。

2016年主要工作：

一、机构整合与合作

2016年4月，北京新媒体集团及新闻公司、时间公司挂牌成立并开始运营，北京时间网站和新闻客户端同步上线。截至2016年12月31日，北京新媒体集团顺利完成剥离转制，三家公司工作人员已达750余人；完善法人治理结构和决策机制。同时，新闻公司和时间公司不断磨合，以联合编委会为核心，建立从内容生产、内容安全、产品运营、技术对接到市场推广的一整套工作流程。

北京新媒体集团与国家大剧院、中青报、北京电台等多家机构深度合作，组建联合编辑部，在北京时间开辟专区；与扬州、徐州等众多地级市主流媒体组建合资公司，地面频道全面铺开；开创云记者、云媒体模式，与遍布全球30多个国家和地区的近3000名专业记者签约，40余家主流媒体成为北京时间合作伙伴，超过30000个机构（包括政府机构、专业媒体和自媒体）入驻“时间号”。同时，“北京时间号”超级三体帆船、“北京时间号”专列和“北京时间号”滑翔机成为内容和品牌传播载体，引起社会广泛关注。

二、内容生产

北京新媒体集团及旗下两家公司制定一整套严谨工作流程，确保导向正确、内容安全，开发一系列开创性原创内容。北京时间开创全景直播重大新闻事件和大型活动报道全新模式；不断推进原创和深度报道，产生广泛的社会影响；精耕产品和技术工具升级，取得一系列重要研发成果。北京时间建立完整的新闻源和类目体系，不断丰富资讯内容，并准确赋予每一条内容多重标签，为智能推荐提供基础保障。北京时间已从上线之初的7个频道，发展成为拥有41个频道、14个特色栏目、涵盖国内所有省市地方频道的完整架构。实现多条突发新闻全网第一时间推送，所有重大突发事件与全网第一差距在3分钟以内，突发新闻推送平均时效进入第一梯队。通过9个月的运营，北京新媒体集团及旗下两家公司的实力、传播力和影响力正在急速提升。

三、系统建设

北京时间完成24小时播控平台整体业务建设，实现内容生产服务平台无缝对接；完成新媒体演播室系统升级，通过IP方式接入4讯道高清新媒体演播室、4讯道新闻播报演播室及三间房新媒体演播室。北京时间成功研发智能视频生产工具AlphaCut，不断设计改进智能化CMS系统功能，实现热点内容推送、直播流筛选、备播流筛选、视频串单编辑、备播单下载以及M3U8下载等功能，显著提高生产效率。

截至2016年12月31日，北京时间网站流量已经超过上线时的102%，日均页面浏览量（PV）已达1.6亿页次、峰值为2.2亿页次，日均访问用户数（UV）达2200万户，用户每天在北京时间停留的阅读时长高达48分钟。

（北京新媒体集团）

北京歌华文化发展集团概况

北京歌华文化发展集团成立于1997年12月，是北京市的大型文化机构，通过建设以中华世纪坛为依托的世界艺术中心、以国家对外文化贸易基地(北京)天竺综合保税区文化保税园为依托的文化贸易中心、以歌华大厦为依托的歌华创意设计中心，做大集团资产规模和经营规模；构建创意设计服务、文化内容服务、文化贸易服务、文化金融服务、文化信息服务、文化设施运营服务六大文化服务体系，做强集团文化服务专业力；推动北京国际设计周、北京国际摄影周等品牌项目建设，提升歌华品牌影响力，实现社会效益、经济效益的均衡发展。

2016年主要工作如下：

一、推进三大产业服务平台建设，实现资源共享、平台开放

1.坚持文化保税园区运营模式的创新与探索，推进国家对外文化贸易基地（北京）文化贸易服务平台建设

2016年，集团一方面与北京市文化投资发展集团达成合作共识，共同投资建设国家对外文化贸易基地（北京），推动基地的基础建设、业态打造、企业招商和政策集成工作。另一方面利用国家综合保税区制度设计和监管模式促进对外文化贸易便利化的实践，进行政策集成，形成北京文化保税特色。2016年，基地成功引进美国独资演出经纪机构“龙之传奇”和新西兰影视制作知名机构“HUHU”工作室等平台型企业。同时，针对影视、艺术品、设计等文化贸易业态，重点落实相关政策集成及招商工作，共引进13家文化企业，初步形成了基地的企业集聚。

2.以“Maker Faire Beijing”和中美青年创客大赛优秀作品展示项目为核心，打造集团创意设计服务平台

2016年，歌华集团启动双创板块建设。依托歌华大厦创意设计专业服务平台——DSC歌华创意设计服务中心，以设计作为撬动双创成果转化的重要支点，通过中美青年创客大赛总决赛、Maker Faire(北京创客盛会)、两岸青年设计“华灿奖”等活动，整合优秀创客力量，挖掘优秀的创新人才。将中国传统文化的传承和高新科技项目的创造巧妙地链接与融合。

由歌华集团与中国（教育部）留学服务中心、清华大学、英特尔公司共同承办中美创客大赛总决赛。此次中美青年创客大赛，为歌华DSC创客实验室的建设积累了优质的中美青年创客资源。

3.推动中华世纪坛世界艺术中心的内容资源平台建设

歌华集团坚持平台开放、共享原则。2016年，中华世纪坛联合文化艺术及各领域尖端产学研机构探索建设未来艺术孵化平台——未来艺术实验室，陆续出品了《漂流的文明——世界文明多媒体特展》《新印象莫奈:时光映迹艺术展》《技术伦理》《安徒生魔法乐园》等互动多媒体艺术展；策划举办“薪火相传——2016世纪坛清明纪念活动”“诗意中国•中华世纪坛中秋国际原创诗会”“和合家风”主题文化展等文化活动；建设基于中华世纪坛“首演剧场”与创作机构、剧场院线、票务网站的合作平台，与各大城市的院线剧场达成一站式合作，形成演出供需关系和推广渠道保障，推出的《子丑寅卯》等五部精品剧目在全国范围内成功推介，与各大合作主体实现商业利益共享，巡演足迹遍及北京、上海、深圳、广州等城市；就巡展项目与国家艺术基金达成的平台层面长期深入的推广合作，在全国20个城市进行巡展推介“2016年度国家艺术基金传播交流推广项目”“镌刻世纪——中华文化先贤新影像展”等项目，夯实中华世纪坛建立内容集散平台、传播交流推广平台、公共文化服务平台的作用。

二、以重大品牌性项目带动资源聚集，深度挖掘市场盈利模式

北京国际摄影周于2016于10月15日至10月23日举办。在中华世纪坛以及全市13个分会场共举办了65个展览、25场论坛、14场专题推介活动，参观人数共计35万人，网上在线浏览量已超过2500万人次。今年摄影周成功推出“摄影节中节”模式，首次实现以专题摄影展为核心内容产品的推介和交易，对国内外摄影产业资源的撬动作用愈发突出，

共享参与、平台效应愈发凸显。

2016北京国际设计周于9月23日至10月7日举办。本届设计周秉承“智慧城市、设计之都”理念，以“设计2020”为主题，活动覆盖京津冀三地28个分会场。期间共举办500余项创意设计活动，吸引观众近800万人次，另有超过2000万人次的在线观众。设计周主板块撬动社会投资及商业赞助2500万元，共计投资约4亿元，其中5000万元来自海外，并带动文化旅游、拉动各类设计消费总额逾20亿元。

本届设计周来自国际及中国港澳台的数百位设计师和设计机构代表为设计周带来了近150个项目，机构签约与达成意向合作的设计交易、设计贸易额、设计产业园区开发、设计创投等投资总额已超过100亿元。

三、以全面提升管理水平为抓手，集中精力解决难点、痛点问题，推进集团各项管理工作稳健发展

重大投资和项目监管方面。2016年歌华集团监审工作采取渗透过程管理，通过事前、事中管理加强对重大投资和重点项目的决策和执行过程监督。在日常工作中逐渐形成了监审工作秩序，监审人员通过事前参与项目的研讨、可行性分析，在申报阶段审查投资和项目立项流程是否完备以及决策的合规性。同时，在投资和项目执行过程中监审体系同样具有监督责任，发现在执行中的偏差或问题敢于叫停、纠正或制止，切实有效地防范企业经营风险。

遗留问题清理方面。根据北京广播电视台《关于落实2015年度审计意见开展整改工作的通知》要求，歌华集团设立专项工作领导小组，将年度审计整改纳入集团重点工作。同时，集团2016年加大清理整顿力度，从公司清理、保留公司规范化管理、政府资金清理、遗留问题清理、内部借款清理、物业设施经营、项目清理、融资贷款清理等11个方面着手完善企业经营管理工作，从多方面防范企业风险和重大审计问题。

项目运行管理方面。全面推进“一岗双责”，即行政管理岗位人员在日常工作中同时肩负项目经营和操作的职责，通过职能部门项目中的直接参与，大大提高项目的运行管理效率，降低成本，既为项目操作的品质提供了有力保障，也为企业的转型升级进行了有益尝试。

（北京歌华文化发展集团）

北京歌华有线电视网络股份有限公司概况

北京歌华有线电视网络股份有限公司（简称“歌华有线”）于1999年9月经北京市人民政府批准成立，授权负责全市有线广播电视网络的建设、经营和管理，并从事广播电视节目收转传送、视频点播、网络信息服务、基于有线电视网的互联网接入服务、互联网数据传送增值业务、国内IP电话业务和有线电视广告设计、制作、发布业务等。

歌华有线公司于2001年在上海证券交易所上市（股票代码600037），是国内有线网络首家上市公司、国内第一批三网融合广电试点企业、北京市第一批文化体制改革试点单位、北京市高新技术企业，2009—2011年连续三届入选全国文化企业30强，2012年被中宣部等四部门评为全国文化体制改革工作先进单位，2014年入选首届首都文化企业30强，连续被评为纳税信用A级企业和上交所上市公司治理样板企业。

截至2016年底，公司拥有26个部门、15个分公司、9个控股子公司（含2个二级控股子公司），近2800名员工。拥有有线电视注册用户580万户（其中高清交互数字电视用户483万户），家庭宽带用户50.6万户。除总前端机房外，拥有一级传输机房15个、二级传输机房200余个、小区接入机房上千个，双向网络超过570万户，已形成覆盖全市16个区，可承载视频、语音、数据的超大型信息化基础网络。公司网内传输模拟电视节目59套，数字电视节目181套（其中高清电视节目33套）、数字广播节目18套和多种交互数字电视应用服务。

2016年主要工作：

一、加强基础网络建设

2016年，歌华有线公司实施双向网络改造建设40万户；实施DOCSIS 3.0升级工程覆盖200万户以上；启动光纤到户技术试点工程建设，完成8个光纤到户试点，共计5000余户；完成支撑云平台、高清交互平台支撑个人宽带、集客业务等相关网络建设和IP骨干网扩容升级；完成HFC网管等系统的功能优化和软件升级工作；开展城市副中心办公区有线电视机房和管道等基础设施规划，初步完成城市副中心（155平方公里）有线电视网络规划工作。

二、推进云平台建设，加强终端研发

云平台二期建设。进一步完善应用管理、测试系统、数据库能力平台等子系统建设，强化云平台跨媒体服务能力、内容聚合管理等能力；完成云飞视手机版的设计和应用开发工作；完成公司宽带门户网站的建设工作。

系列智能新终端研发工作。超清智能IP机顶盒已进入生产上线阶段；超清多媒体网关机顶盒启动了小规模用户试点和小批量采购；超清智能DVB+IP机顶盒已投入光纤到户试点小区应用。

三、积极应对市场竞争，发展宽带和集团业务

宽带业务方面，截至2016年12月底，歌华有线公司的家庭宽带总用户数达到50.6万户，较2015年底增加超过9万户，增长22%。在2015年主城区实现DOCSIS3.0覆盖的基础上，于2016年年底实现了昌平、通州、顺义、门头沟等远郊分公司机房设备升级；扩大与北京电信合作品牌“华翼宽带”建设；与房产中介等第三方合作，与速通网签订全面合作协议，进入房屋中介宽带接入市场；推出并优化宽带与有线电视、4K机顶盒、高清机顶盒、一体机等电视业务的融合产品，增强用户粘性。通过营销策略引导，12M及以上带宽用户占比由2015年底的55%提升至66%。家庭宽带业务平均渗透率达到9.81%，城区、郊区发展趋于均衡。

集团客户业务方面，2016年，歌华有线公司深入参与“智慧北京”建设，积极开展与政府合作项目。取得突破性进展的项目包括：无线北京、智慧社区、智慧密云、智慧乡村、社区文化站改造升级、“平安城市”建设、歌华视联网、歌华政企云平台、行业专网工程建设（如：北京市卫计委光纤直连项目、物美集团合作专网等）、自来水远程抄表、电梯运行安全监测等。

宾馆酒店数字化方面，完成103家宾馆酒店数字化工作，其中四星级以上高档酒店20家。

终端和付费节目销售方面，销售高清交互机顶盒31,090台，实现机顶盒、4K一体机等硬件销售收入同比增长24%。付费点播和付费应用业务实现销售收入同比增长92%。

（北京歌华有线电视网络股份有限公司）

北京电视艺术中心有限公司概况

北京电视艺术中心有限公司原名北京电视艺术中心，成立于1982年9月，2010年8月4日转企改制，更名为现用名。主要从事影视节目策划、制作、营销等业务。下属公司为北京电视艺术中心音像出版社有限公司。

截至2016年底，共制作生产电视剧200部，3327余集，译制片百余部千余集，及一大批电影、专题片。多部优秀作品获“金鹰奖”“飞天奖”“五个一工程”奖，并取得连获全国大奖的四连冠佳绩。

2016年主要工作：

北艺公司在艺术创作上继续坚持精品战略，题材上探索多样化风格。播出的电影、电视剧有：电影《北京时间》全国上映票房收入3096万元，同步出版的DVD获优秀奖； 32集电视连续剧《杀尽豺狼》在北京、上海、浙江、四川、重庆等地地面频道播出；16集电视剧《家国纪事》于2016年2月份在中央一频道首播；现实题材励志剧《一起长大》首次尝试先网后台的播出模式，于2016年10月15日在乐视网会员频道正式上线；北艺联合出品的都市情感剧《嘿，孩子》于2016年11月8日在浙江中国蓝剧场独家首播；根据郭小川长篇叙事诗改编的40集抗战剧《一个和八个》在北京影视频道等地面台播出。

2016年运作发行工作的电视剧有：《铁血军歌》《小五当官》、现代剧《诱惑》《“负二代”的幸福生活》。

在做好电视剧生产的同时，继续抓好精品创作，反映“北漂”爱情生活的电视剧《我爱北京天安门》、反映中华人民共和国成立初期铁路系统对敌斗争的反特剧《铁道卫士》、广电总局扶持的重点电影项目《杜重远》、与公安部宣传局金盾影视中心合作的系列涉案偶像剧《不说再见》（暂定名）等剧本在创作中。

为更好推广公司作品，2016年北艺公司携新戏《一起长大》等参加“北京电视节”“上海电视节”、春推会、秋推会、文博会、海峡两岸广电影视文化展等，受到电视台的关注。

（北京电视艺术中心有限公司）

北京中北电视艺术中心有限公司概况

北京中北电视艺术中心有限公司原名北京中北电视艺术中心，成立于1995年1月。2003年7月转企改制，更名为现用名。主要从事影视艺术创作、策划制作等业务。

公司自1995年成立以来，共生产电视剧节目40余部千余小时。成功创作《神州第一街》《不嫁则已》《补天裂》《京都纪事》《太祖秘史》《一生有你》《猎人笔记之谜》《前清秘史》《孝庄秘史》《对手》《内线》《大唐女巡按》《南国有佳人》《内线前传》等一大批思想性、艺术性、观赏性相统一，社会效益、经济效益双赢的电视剧，荣获“五个一工程奖”“飞天奖”“金鹰奖”“春燕奖”等国家及北京市各类奖项40余项。

2016年公司筹备两部新剧《虎刺梅》《战争与和平》，下一步会抓好这两部电视连续剧的制作规划。

（北京中北电视艺术中心有限公司）

北京音像公司概况

北京音像公司原名北京市广播电视服务公司，成立于1979年，1985年7月北京市广播电视服务公司与北京音像出版社合并成立北京音像公司。2006年5月，在全国出版行业中率先完成转企改制，是具有音像制品出版发行、录音录像、节目复制、境外音像制品引进出版和影视节目制作、电视剧（乙级）拍摄和技术推广服务及专业承包等多种经营范围的国有企业。

公司自成立以来，始终以弘扬民族传统文化为宗旨，录制上万小时的节目，包括民族声乐、器乐、戏剧、曲艺、少儿节目、通俗歌曲、外语教学等；出版、发行上千品种的音像制品，开山之作是——中央电视台的《跟我学》和北京人民广播电台的外语教学节目辅助教学盒式录音带；拍摄《姊妹行》《军魂》《康熙大帝》《中方雇员》《警苑神掌》《美容院》《那个年代》《小井胡同》《都市名片》《独行侍卫》等多部电视连续剧和《成语故事》《星星点灯》《 张灯结彩》等电视系列短剧，《雍和宫》《智化寺音乐》《孙中山在北京》《侯宝林》等专题片，其中有些电视剧和专题片还远销海外；多次获得国家和北京市颁发的奖项。同时，北京音像公司还引进出版了来自于美国、加拿大、法国、俄罗斯、日本等国家的优秀音像制品。

2016年主要工作：

公司继续加强内外合作，拓展业务。承揽大型企业和机关团体宣传册、光盘制作任务；制作完成王潮歌艺术团《又见平遥》《又见国乐》和中信国通企业管理《俄罗斯歌曲100首》及新新传媒《党建》频道后期产品等；《歌声回首六十年》《侯宝林相声精选》等4个音像制品入选国家新闻出版广电总局农家书屋重点出版物推荐目录；音像制品《纪念中国共产党成立九十五周年—红旗颂》获北京市优秀主题出版专项资金补贴；《红色乐章》《侯宝林相声全集》获北京地区音像出版物专项资金项目补贴；《歌的记忆》《家园》音、视频公益广告作品分获北京市广播类、电视类优秀公益广告作品扶持项目补贴，《歌的记忆》还获国家新闻出版广电总局广播电视公益广告专项资金扶持项目补贴；与北京音像资料馆合作开展《馆藏视频资料抢救》旧版修复工作和《口述历史》拍摄项目；承接广播电视报社《老年合唱》和《太极拳》拍摄任务；制作完成《我的朋友猪迪克》动画片78集英文翻译；完成北京市东城区《东城资讯》栏目制作，并再次中标2017年该项目；继续承接城市电视视屏工程安装维修和500平方米仓储业务。

（北京音像公司）

北京瑞特影音贸易公司概况

北京瑞特影音贸易公司成立于1993年3月，是经北京市广播电影电视局批准并指定的北京地区唯一从事境外卫星电视节目代理业务的机构。负责向北京市广播电影电视局传媒机构处批准的机构销售经国家广播电影电视总局批准的境外（包括香港、澳门）卫星电视节目及解码器，拥有HBO、CNN、STAR-MOVIES、AXN、凤凰电影等33套亚太6号卫星平台上的境外加扰卫星电视节目。

2016年主要工作：

一、服务保障

1．全国“两会”期间，由市广电局、市国家安全局、市文化市场执法总队和瑞特公司等单位成立联合检查组，对两会代表驻地接待单位进行现场检查，瑞特公司负责接收卫星传输电视节目的播出安全。

2．配合万豪行政公寓、钓鱼台国宾馆、瑞吉酒店等多家单位为接待俄罗斯、摩洛哥、印度等国领导人来访接收临时境外卫星节目提供技术支持和保障服务。

3．配合中视及总局卫星平台于2016年5月24日0时进行的新旧系统升级改造工作。3天内通知近600家用户。割接期间安排专人彻夜值守，接待用户咨询，顺利完成此次卫星系统升级工作。

二、业务培训、交流

瑞特公司邀请中视卫星电视节目有限责任公司召开境外卫视用户管理与服务工作北京地区经验培训交流会。会议上由中视对瑞特公司员工进行境外卫视用户管理与服务工作基本知识和工作流程进行培训，并针对培训内容和工作中出现的问题及如何开拓市场等进行交流。

（北京瑞特影音贸易公司）

北京北广传媒数字电视有限公司概况

北京北广传媒数字电视有限公司成立于2003年7月，截至2016年，开播付费频道11套，其中覆盖全国的6套，覆盖北京的5套，开办数字音频广播2套，节目平台内容涉及教育、影视、娱乐、休闲、房产家居等领域，覆盖全国1亿收视人群。

搭建国内领先、国际先进的数字电视节目播出平台。其中，全国性数字电视节目集成平台具备6路高清码流（约18套节目）、6路标清码流（约60套节目）集中上星的集成能力和多套高、标清卫视节目的远端加密集成能力，集中上星传输7套高清卫视35套标清付费频道，并远端加密2套高清卫视频道和2套标清卫视频道。该平台具备播出50套标清频道、10套高清频道的播出能力，是目前国内唯一的可实现磁带和码流双制式播出并支持多屏交互的数字电视节目播出新平台，提供直播、点播和新媒体多屏播出等多项强大的技术功能。

2016年主要工作：

一、业务发展

《爱家购物》频道依据新《广告法》等国家相关管理办法，制作单件商品购物短片，重点播出应季商品和受消费者信赖商品。每期节目首播时长12小时，全天24小时滚动播出，保证频道全年365天客户零投诉。

公司与手机电视业务运营公司——歌华视讯文化有限公司签订合作协议，共同基于中国移动、中国联通和中国电信的手机平台等视频播放终端以节目信源直播、节目点播、节目增值服务应用等业务模式开展深入合作。2016年12月2日，《四海钓鱼》《车迷》频道节目在中国移动咪咕视频应用终端正式上线。

12月16日20时启动北京市空气重污染红色预警各项应急措施，北京市教委随即根据预警通知紧急发布了《北京市教育委员会关于启动空气重污染应急红色预警指令的通知》，要求全市中小学实行弹性教学方式。数字电视公司立即对此做出响应，紧急调整《考试在线》频道相关节目，在停课期间每日16：00——18:00时段播出"北京数字学校"栏目，利用数字电视平台为学生提供中、小学专业课堂教学内容，使学生能够在家完成主要课程的自主学习。

二、技术开发

2016年，数字电视公司在完成云鼎网视频交易服务平台节目版权保护系统项目基础上，再度中标云鼎网旗舰店（专营业务系统）建设项目，并建设完成。以旗舰后模式为用户提供视频交易，同时搭建品牌宣传和视频相关产品的销售平台。另外，公司对云鼎网视频交易版权保护系统中NAGRA PRM版权保护系统也进行扩容升级。

8月23日，公司作为《爱家购物》频道运营主体出席由中国电视购物联盟和家有购物频道主办的"第二届中国电视购物行业高峰论坛"，并发布了《中国电视购物行业标准（试行）》。

（北京北广传媒数字电视有限公司）

北京北广传媒移动电视有限公司概况

北京北广传媒移动电视有限公司成立于2003年8月，是北京市属开发运营广播电视新媒体的专门机构之一，由北京北广传媒集团有限公司、北京电视产业发展集团、北京广播公司、北京歌华有线网络电视股份有限公司和北京歌华投资中心有限公司共同发起组建。

2004年2月14日国家广电总局正式批复同意集团在公交、地铁、轻轨、出租车等交通工具及其他公共场所试行开办移动电视节目，呼号为：北京移动电视。北京移动电视成为经国家广电总局批准的北京地区唯一一家运营地面移动数字电视的机构。

北京移动电视采用世界先进的数字电视技术，利用北京DS－48和DC－22单频网发射两套无线数字信号，实现地面数字设备实时接收电视节目。在中央电视塔、京广中心、名人广场、491发射台，建设一主三辅4个数字发射机站，形成有效覆盖北京市区六环内的数字单频网，日覆盖受众超过1300万人次。公交终端车辆数为10，994辆，屏幕数量21，826块，分布在617条线路，月均开机率为96.75%。

2016年主要工作：

一、媒体播控中心运行顺畅，安全播出零事故

2016年，移动电视共实现公交频道安全播出6026小时，城市频道安全播出5294小时，地铁频道安全播出6222小时。完成春晚、"两会"、中国共产党成立95周年大会、"神11"发射、"G20峰会"等活动和重点赛事的转播工作共162次，累计转播时长113.5小时。实现安全播出零事故。

二、坚持正确舆论导向，节目生产接地气重民生

节目制作关注百姓视角，全情讲述"温

暖的城事”，制作《我在北京挺好的》52集；《秀逗爱生活》完成“福彩”特别专题共10集；集成上播《纪实天下》《时尚印象》《奇趣自然》等节目；制作上播生活服务信息逾百条，寒潮、空气污染等各类气象预警信息近百条；播出公益宣传片8300分钟。

三、业务发展创新

青少传媒学院2016年6月正式成立，学院以公司软硬件为依托，对5岁至17岁中小学生进行青少年电视艺术教育，包括小主持人培训和小记者培训等教育方向。项目深入北京市多所重点中小学校开展公益实践课活动，参与学生人数超过500人次。

“秀”系列网络直播项目于2016年5月正式立项，通过对公司资源的再开发与网易合作，利用手机客户端进行直播。内容以实时路况直播为主线，穿插不同主题内容，参与各类热点话题直播。全年共完成20次直播，观看人数累计超过400万。

“美匠人”项目以公司官微为基础，通过移动电视、社会化媒体等多种渠道搭建技能、手艺、生活智慧的传授、分享、交流平台，传达积极乐观的生活理念，公司首次实现了拥有自己的IP原创内容。

公司进一步发挥首都资源集聚优势，拥抱互联网。官微与活动紧密结合：预定免费早餐、粉丝试吃、抢票、竞猜、担任活动志愿者等全新体验，微信粉丝人数5千余人，原创微信超过135条，接触受众超过200万人次。移动电视与北京市福彩中心合作组织公益活动“走进双色球”活动覆盖9100万人。

（北京北广传媒移动电视有限公司）

北京北广传媒影视股份有限公司概况

北京北广传媒影视股份有限公司原名北京北广传媒影视有限公司，成立于2003年12月，2015年6月4日更名为现用名。由北京北广传媒集团有限公司、北京电视产业发展集团、北京歌华有线电视网络股份有限公司、北京人民广播电台和北京歌华投资中心有限公司共同出资组建。

公司拥有丰富的影视策划、制作、营销经验，独特的媒体优势和较强的投资、生产能力。

2016年主要工作：

40集电视剧《复婚前规则》在江苏地面台播出；38集电视剧《忘情歌》顺利关机，预计在2017年4月进入发行程序；由公司投资拍摄的电视剧《想说原谅不容易》在北京开机。

在拍摄电视剧的同时，公司策划、发行、制作等有关部门针对现有储备的剧本进行研讨、沟通及论证，以求剧本创作更贴近市场。公司将剧本研讨、甄别常态化，并有策划部门专人专岗负责，为公司持续经营、长期发展建立制度化和责任化奠定了坚实基础。电视剧《二锅头传奇》《大红袍》《大火磨》等多部剧本均在创作过程中。

公司领导带队，携新片《复婚前规则》参展2016年北京电视节；携《忘情歌》和《复婚前规则》随北京广播电视台赴台湾参加“2016年第二届海峡两岸影视文化展”，受到一定关注；携电视剧《复婚前规则》参展北京“第十一届中国北京国际文化创意产业博览会”；公司领导受邀赴美国参加2016年中美电影节，参观中美电影节总部、参加美国电影市场交流会和中美电影合作高峰论坛，进行影片推广并作商务洽谈。中美电影节上，影视公司的参展电视剧《复婚前规则》荣获“评委会金天使奖”。

（北京北广传媒影视股份有限公司）

北京北广传媒城市电视公司概况

北京北广传媒城市电视有限公司成立于2004年12月16日，是北京市属开发运营电视新媒体的专门机构之一，主要从事楼宇电视和户外大屏电视的经营管理。城市电视作为政府公共信息发布和城市应急预警平台，担负着政府政令、城市信息、城市预警等社会公共信息传播任务。

城市电视主营业务为楼宇电视联播网及户外大屏电视联播网。截至2016年12月31日，城市电视楼宇电视国标屏保有量达6549屏；大屏电视联播网共集合7处7块LED大屏幕。

城市电视是政府公共信息发布平台和城市应急预警发布平台、担负着政府政令、城市信息、城市预警等社会公共信息传播任务。每天从早7点到晚10点，连续15小时播出。

播出栏目分为新闻资讯、文化娱乐、生活服务、公益宣传四大类。同步转播的节目有《新闻联播》《北京新闻》。在播栏目由三部分构成：自制、集成栏目；与委办局合作栏目；引进栏目。其中自制、集成栏目有：《城市播报》《体育新闻》《实时财经》《每日文娱播报》《中国梦365个故事》《非常幽默》等；与委办局合作栏目有：《演艺罗盘》《我的工会我的家》《96310纪事》《城市天气站》《百姓就业》等；引进栏目有：《光影大视界》《城市悠乐惠》《环球财讯》《高光点》《果酱果酱》等。

2016年主要工作：

楼宇终端B屏内容栏目化，将媒体向年轻化、内容多元化转型，使B屏内容更及时、美观、有趣。

2016年节目内容进行了一些调整和改进。在常规类图片上，把原有的24节气从原来的一张节气图，调整为节气系列图片，节日、公益类图片更加轻松、温暖；在内容类图片上，增加每月的政策解读，政策解读在主题选择上更加吸引受众、更加简洁一目了然；在栏目板块类图片上，有轻松、年轻、时尚的《星期吧》，每周推出不同风格的主题外，依主题配以图片及文字。以“生僻字”为切入点的《装个文化人》荣获2016年北京广播电视台颁发的数字电视节目创新奖。

（北京北广传媒城市电视有限公司）

北京北广传媒地铁电视有限公司概况

北京北广传媒地铁电视有限公司成立于2007年，是由北京北广传媒移动电视有限公司和北京市地铁运营有限公司共同发起并组建的有限责任公司。公司下设办公室、财务部、技术部、运营管理部、节目部5个部室。公司以强大的交通运营和传媒资源为依托，把地铁电视打造成政府公共信息平台、城市应急预警平台、乘客生活资讯平台和企业广告宣传平台。

地铁电视节目播出时间与地铁运营时间同步，达到18.5小时，主要是通过在北京市地铁运营有限公司目前具有运营权的地铁线路上的列车车厢、站台和站厅内的电视终端上接收、播放节目和广告。地铁电视公司在歌华大厦投资建设了独立的节目播控中心，策划、制作、发布地铁电视节目并独家经营地铁电视广告业务。

一、2016年主要工作

地铁电视作为党的舆论宣传平台，积极宣传党和政府的路线、方针、政策。截止到2016年12月底，积极配合市委宣传部、各委办局及双方股东播出宣传片共计60版，25340分钟。此外地铁电视与北京市城市预警中心积极联系，时刻关注北京天气、气候预警情况，积极响应，截止到2016年12月共发布各类滚动文字预警大雨、雷电等出行信息160余次。为了更好的丰富节目内容，公司积极与各媒体、单位寻求合作机会，上刊新节目《非常静距离》、《娱乐便利贴》。

地铁电视公司一直在为提高地铁电视的开机率和稳定性想办法。截至2016年底，完成4条线路的地铁电视系统维护工作。组织维护单位对1、2号线地铁电视系统进行全线设备清扫；加强1、2、13、八通线维修维护及巡视工作；

完成地铁八通线、13号线和1号线电视终端及相关配件的招标、采购工作，并于10月开始设备更换；完成1号线31组车载电视系统双天线改造项目试验车的安装工作。

筹备各项新线纳入工作，包括配合地铁新线研究电视接入方案；经过多次调研，根据纳入新线的设备情况，制定若干条纳入线路车载电视插盘播出方案。

2016年完成播控中心非编系统的升级改造项目招标、合同洽商、实施等工作。并于年底完成系统验收工作。

公司对各类外来节目、各种广告，实行双岗双审、复检的制度，从而保证节目、广告播出的安全。在全国、北京“两会”等重要时间，公司按照市委宣传部、北京广播电视台的工作要求，严格执行节目三级审查制度和负责人值班制度。2016年节目播出、广告上载、施工、交通和消防等都实现安全零事故。

根据董事会批复的文件，目前已完成向双方股东分配2015年度的红利共计800万元。

（北京北广传媒地铁电视有限公司）

鼎视传媒股份有限公司概况

鼎视传媒股份有限公司原名鼎视数字电视传媒有限公司，成立于2005年12月，2014年11月由有限公司整体变更为股份有限公司，更名为现用名。鼎视传媒是全国性数字付费电视节目集成运营机构，由北京北广传媒集团有限公司、北京北广传媒数字电视有限公司、央广传媒发展总公司、天津时代天创传媒发展有限公司、山东电视新传媒文化传播中心、安徽广播电视台共同发起成立，主要为全国数字电视用户家庭提供付费电视节目。

2016年主要工作：

公司继续巩固节目落地区域，共集成合作20套数字付费电视频道、13套高标清卫视节目、8套购物节目。付费频道销售业务直接签约合作网络公司共计258家。累计数字电视用户总数为14375.7万户，占全国现有数字电视用户21000万户的68.5%，电视购物频道发行共计落地120个地区，累计机顶盒用户达到11094万户。

传输的28套数字标清节目有：《四海钓鱼》《证券资讯》《央广健康》《职业指南》《家庭理财》等20个数字付费频道。同时，还为《快乐购物》《央广购物》《优购物》《时尚购物》《风尚购物》《家有购物》《家家购物》《环球购物》8个数字电视购物频道提供集成传输及发行服务。传输的13套数字高标清卫视节目有：北京卫视、湖南卫视、金鹰纪实、深圳卫视、广东卫视、黑龙江卫视、山东卫视、湖北卫视、北京纪实高清、辽宁高清、三沙卫视、厦门卫视、福建东南卫视。

（鼎视传媒股份有限公司）

北京北广置业有限公司概况

北京北广置业有限公司成立于2006年12月15日，由北京北广传媒集团有限公司投资组建。公司以开发北京影视城项目，整合北京广播电视台房地产资源，按照集影视制作、文化创新、艺术教育、文化商品交流、影视文化观光等为一体的多元化经营战略进行开发建设。北京影视城项目是北京市的重大文化产业项目，项目一期占地面积930亩，已经建成的项目包括中国电影博物馆、影视节目制作中心。

2016年主要工作：

一、积极推进北京影视城项目建设

在前期工作的基础上，继续加强与城市规划、土地管理等部门联系，加强与市委宣传部有关部门联系，深入研究土地证更名、规划方面的有关政策，推进项目。

二、西方城市景区项目开发建设进展顺利

西方城市景区项目全面开工建设，办理市政工程的申报审批和开工筹备工作，西方城市景区项目建设整体进展顺利。

三、做好电视节目制作中心的运营管理工作

经过十多年的运行，电视节目制作中心的设施设备老旧严重，这几年，先后对供电、水源热泵系统、安防系统、消防系统、排水系统等进行了改造，提高节目制作中心的运行保障能力。在维修更新设备的基础上，2016年委托恒有源公司对老旧的水源热泵系统进行全面的检测维修，并提供定期的技术检测和指导服务。实施屋面防水工程。聘请保安等人员，加强院内出入管理和夜间消防安全值班。新修临时停车场，保障满足活动需要。

（北京北广置业有限公司）

北京中广传播有限公司概况

北京中广传播有限公司成立于2009年12月，由中广传播集团有限公司、北京北广传媒投资发展中心、北京人民广播电台、北京电视台共同出资组建，主要承担移动多媒体广播项目（CMMB）在北京地区的建设和运营。

公司采用中国自主研发的移动多媒体广播（CMMB）技术，通过自身运维的多媒体广播覆盖网向在北京地区的手机、PDA、MP4、GPS、笔记本电脑等小屏幕接收终端传送高质量广播电视节目和提供数据增值服务。内容上实现对CCTV-1、CCTV-5、CCTV-新闻、北京卫视、睛彩电影、睛彩北京、中央人民广播电台、中国国际广播电台视听节目的传送。

2016年主要工作：

一、保障移动多媒体广播电视网络

移动多媒体网络电视承载着中央首长和部委领导车载终端使用服务任务。公司与中广传播集团签署协议，重点负责延庆、密云、通州、平谷、怀柔五个郊区站点CMMB网络运维工作，全年共支付各站点运维经费109万元，支付歌华链路传输费用78.4万元。公司克服资金和设备备品备件短缺的困难，开支31.97万元对延庆、密云、通州、平谷、怀柔等站点的发射机设备进行恢复技术状态性检修。修改完善《移动多媒体广播电视覆盖网运行维护指导手册》《移动多媒体广播电视覆盖网运行维护管理规范》和《移动多媒体广播电视覆盖网故障上报及奖惩细则》，并依照管理规范制订了站点《安全管理规定》和《发射站点巡检制度》，坚持每周巡检，明确安全职责，规范操作内容，确保CMMB网络运维和覆盖效果。

二、加快网络融合和智慧广电业务

基于现有网络覆盖条件，在努力维持现有业务的基础上，公司不断探索和发展新业务形态，推出了智慧社区、太原高铁电视、宣武医院三个项目。

1．智慧社区项目

智慧社区项目以移动多媒体广播电视网络建设和运营为基础，在城市各社区布点覆盖，开展公共文化融合媒体发布平台的建设和运营工作。平台以实现政府宣传文化工作的社区化、网格化、分众化、精准化为核心，同时在平台搭载国家应急广播和多项紧急救援设备及其他服务。已安装14套平台设备，为3680户，约1万人提供政务融合平台服务。

2．太原高铁电视项目

2016年9月，北京中广传播与铁道影视中心、太原铁路局太原晋太实业（集团）广告分公司签署合作协议，成立“高铁列车电视节目运营部”，北京中广传播负责太原铁路局管内高铁列车电视节目中新闻、体育、城市版块内容编排，联合创新打造符合广大铁路观众收视要求的睛彩北京高铁电视。同时共同负责太原铁路局管辖内高铁电视广告运营。

太原南站每天运行104趟高铁和动车，电视屏幕共有3680块，共有座位3万多个，日均运送旅客近10万人次，每天高铁电视覆盖10万人次的目标受众。

3．宣武医院项目

2016年9月，国家脑卒中抢救中心（宣武医院）、北京中广传播有限公司、中信数字技术有限公司联合签署合作协议，建立远程脑卒中教育培训中心，以北京为基地，辐射全国，为西部地区医院提供脑卒中医疗培训服务。从普及重大慢性病防控着手，实现“三甲医院—基层医院—百姓家庭”三方远程医疗专网普惠服务。就广电网络支撑“智慧、惠民、规模化、可持续”的远程医疗健康服务。

本项目将合作开展以高龄、高危人群心脑血管病防控，推广远程卒中联网救治医院支持的脑卒中预防；宣武医院/国家卒中中心联网卒中救治医院专家团队与主流媒体合作医疗/健康科普、宣教；利用现代信息化手段输送心脑血管权威专家资源，支持分级诊疗、医养结合、心脑血管健康管理。提供便捷完善的线上线下医养结合服务通道，纳入文化休闲元素，优化居家养老体验。

（北京中广传播有限公司）

北京紫禁城影业有限责任公司概况

北京紫禁城影业有限责任公司成立于1997年4月，由北京电视台、北京电视艺术中心、北京市电影公司和北京文化艺术音像出版社共同投资组建，主要从事影视节目策划、制作、营销等业务。拥有专业化艺术创作团队和著名演职员签约队伍。

自成立以来，公司共摄制完成影片70余部，电视剧千余集。其中既有《狼图腾》《甲方乙方》《不见不散》《没完没了》《刮痧》《红色恋人》《赤壁》《倩女幽魂》《大海啸之鲨口逃生》《小时代》等商业大片，也有《离开雷锋的日子》《张思德》《生死牛玉儒》《背起爸爸上学》《法官妈妈》《紫日》《嘎达梅林》《香巴拉信使》《山乡书记》《一个人的奥林匹克》《铁人》《第一书记》《杨善洲》《天河》《百团大战》等主旋律影片；紫禁城影业公司摄制出品的《重案六组》《玉观音》《少年天子》《天下第一楼》《牟氏庄园》《人是铁饭是钢》《李春天的春天》《双城生活》《怪医文三块》《传奇大掌柜》《神机妙算刘伯温》等电视连续剧在中央电视台和各地电视台播出后，均创造了极高的收视率。获得过“华表奖”“五个一工程奖”“金鸡奖”“百花奖”“金鹰奖”“百合奖”等多个国家级大奖以及开罗、莫斯科、东京、北京等国际电影节的大奖。

2016年主要工作：

2016年公司电影创作情况：反法西斯题材电影《终极胜利》、校园喜剧题材电影《我大学室友的追爱窘途》完成全部制作并通过审查，其中《终级胜利》于2016年6月份首映并投放市场；电影《耀邦回乡》剧本在修改中；组织创作的电影《狱中八条》已完成三稿剧本，已于2016年11月完成剧本备案公示。电影《纽约人在北京》已经结束拍摄进入后期制作。根据央视栏目“谁是球王”创作的电影《谁是球王》（合拍片）已经取得合拍批复，并于2016年4月在北京梅地亚中心举行启动仪式；于2016年10月在广东中山开机拍摄。

电视剧创作情况：《传奇大掌柜》于2016年3月份在中央电视台电视剧频道的播出后取得较好的收视表现，获得社会各界的较高评价，荣获第28届电视金鹰奖优秀电视剧提名奖，该剧同时通过凤凰卫视在北美及新西兰等国家和地区播出。电视剧《永不低头》在北京电视台影视剧频道播出。由紫禁城影业公司立项并参与投资的电视剧《王子咖啡店》已结束拍摄，在后期制作中，2017年7月份在安徽卫视播出，并由安徽卫视协调江苏或东方卫视同步播出。

（北京紫禁城影业有限责任公司）

朝阳区广播电视新闻中心概况

朝阳区广播电视新闻中心正式成立于2003年6月，是在原北京市朝阳区广播电视局、北京市朝阳区新闻中心、北京朝阳有线电视、朝阳报社、北京市朝阳区有线电视网络中心的基础上组建而成。中心隶属于朝阳区委、区政府，是受区委宣传部的直接领导的全额拨款事业单位，主要负责本区的新闻宣传工作和新闻宣传队伍的建设，拥有《朝阳报》、朝阳有线电视和朝阳新闻网三个媒体平台。编制为120人，现有总人数168名，是北京市率先实行全员聘用制的区级广播电视新闻机构。所属的朝阳有线电视拥有3个电视播出频道：在北京电视台公共频道以每天3个时段、共4.5小时播出（7：30—9：00；12：30—14：00；19：30—21：00）；通过朝阳有线28频道和北京歌华有线电视网络股份有限公司“801朝阳社区频道”6：00—24：00播出。中心所属《朝阳报》周一、周三、周五出报，每期发行5万份。中心所属朝阳新闻网年点击量数百万次。

2016年主要强化“四个意识”：

一、围绕中心工作，放大主流声音

围绕朝阳区非首都功能疏解、生态宜居环境建设、城市环境治理、保障和改善民生、社会治理、重点领域改革等中心工作，策划组织系列专题报道160余场次，媒体报道及网络转载达到3.5万多篇次。中央电视台共报道20余次，比上年增长5%；《人民日报》共报道50余篇，比上年增长23%；《光明日报》共报道40余篇，比上年增长50%。北京电视台全年共报道300余篇次，《北京日报》报道350余篇，《新京报》《法制晚报》《京华时报》《北京青年报》等媒体都对朝阳发展变化给予关注和报道。

二、积极迎对处置，有效维稳降噪

有效处置突发事件，科学应对媒体舆情。加强重要时间节点重大舆情事件的预警和监测，对日常舆情进行汇总和分析研判，每日报送舆情报告。围绕网络社会舆情闭环处置机制建设，制定《关于建立网络社会舆情处置联动工作机制暂行办法》。2016年，实现365天无间断监测模式，共监测到媒体监督性报道1894篇。健全业务培训机制。重点加强对基层宣传主管领导、基层宣传干部的业务培训。对全区新闻发言人和30多家单位开展舆论引导和突发事件新闻应急处置培训，指导他们拟定新闻口径，主动引导舆论，实现信息共享、口径统一、联动处置。

三、改进报道质量，提升宣传效果

中心以总书记“2•19”讲话为重要行动纲领，把握“党媒姓党”的鲜明定位，牢记“三贴近”，深化“走转改”，努力推出有思想、有温度、有品质的作品。《朝阳报》创新内容和形式，推出“两学一做”“实事连民心”“一乡一亮点”等栏目，加强系列宣传，策划深度报道，推出《春韵》《风物》等副刊版面，有效提升报纸的可读性。朝阳有线抓住加强《问政》栏目策划，回应百姓关切；继续《镜头对准死角》，发挥媒体舆论监督作用；对《一周新闻综述》等多档栏目进行改版和包装，努力提升自制节目质量。

四、推进融合发展，拓宽宣传渠道

2016年1月7日，“北京朝阳”政务微信公众号正式开通，截至年底共推送内容291条，开展线上活动14次，线下活动8次，用户达13237名。内容单篇阅读量突破10万；微信公众号粉丝突破1万名；在北京政务微信排行榜排名突破前三名，先后两次位列第二；通过自有新媒体平台，引发市属媒体关注并跟踪报道。“北京朝阳”政务微信正式开通朝阳区微信矩阵板块，全区70余个区属部门、街乡、社区、村微信公众号形成集群效应。“北京朝阳”APP共发布新闻2725条、注册人数4220人、总阅读量突破20万人次。第三，“朝闻道”微信公众号致力于“朝阳大事、小事、身边事”，全年共推送365期，800余条，粉丝9960名。2016年12月20日新闻《十面“霾”伏下的逆行者，怎能忍心不爱你》，在当日北京政务微信热文榜名居榜首，而“朝闻道”凭借此文夺得全市政务微信排行榜第三名的好成绩。

（朝阳区广播电视新闻中心）

海淀区新闻中心概况

海淀区新闻中心于2006年2月28日成立，在撤销原海淀区广电中心和原《海淀报》社建制的基础上由两个单位合并而成，是区委区政府所属相当正处级的全额拨款事业单位。主要职责是利用电视、报纸、网络等媒体宣传党的路线、方针、政策，宣传区委区政府中心工作和全区经济社会发展情况，积极为区委区政府中心工作营造良好的舆论环境，同时担负区农村地区有线电视的管理服务等职责。

2016年完成的主要工作：

电视方面：

坚持“新闻立台”的总体发展思路，紧紧围绕区委区政府中心工作，加强和完善新闻选题策划，提高新闻节目质量。2016年，编导部根据区委、区政府重点工作和中心的工作宣传计划，围绕“无煤化”“环境整治”“京津冀协同发展”“两学一做”“核心区建设”“社会治理”“为民办实事”海淀区“十三五”规划等方面部署策划，将镜头对准基层，设立“主播走基层”“记者走基层”板块，实现新闻的“走转改”。结合重大节日，突出海淀作为科技、文化大区的特点，进行选题策划。共完成366期《海淀新闻》，新闻2500多条，在北京台播出160多条、中央电视台播出2条。全年共拍摄专题栏目129期（其中《创新中关村•核心区》48期、《明天•成长》21期、《红盾时空》共25期、《海淀风物志》35期），汇报片11部。《文明风尚汇》栏目的宗旨定位于贴近百姓生活，弘扬社会主义核心价值观，全年共播出226期。

报纸方面：

《海淀报》《中关村导刊》《都市生活周刊》“一报两刊”共出版报纸240期，编辑版面1576个，刊发各类新闻稿件7300余篇，约700余万字。《海淀报》出版150期，编辑版面640个，刊发消息、通讯、评论和图片新闻5000余篇（幅），约384万字；《中关村导刊》出版42期，编辑版面168个，刊发各类体裁稿件1000余篇（幅），100余万字；《都市生活周刊》出版48期，编辑版面768个，刊发各类体裁稿件1600余篇（幅），230余万字。《海淀报》不断强化服务意识和宗旨意识，提升重点单位的服务品质。全年共编辑制作收费专版约110个，收费专栏近20个，服务重点单位近30个。

新媒体方面：

一是增加原创内容的制作力度，确保海淀网高质量运行。网站新闻发布量继续维持在日均100条以上，月均网络专题制作量3个以上，日访问量突破三十万人次。二是积极开展线上线下活动，提升区属网站和新媒体影响力。三是完成“北京海淀”政务网站改版工作并增强内容供给力度。对“北京海淀”政府门户网站界面设计风格、栏目布局进行优化调整，4月24日上线，新版网站在内容建设上不仅严格依照政务网站考评指标要求及群众需求建设相关栏目，手机端的“云适配”版本也随后上线。增强政府网内容策划供给力度。与区委宣传部、区政府办、区公安分局、总工会、纪委监察局、区编办等部门配合制作重点专题，使政务门户网站成为政府信息发布的第一平台。区委区政府门户网月均信息发布量超过2000条。配合区信访办对区政府门户网站领导信箱（书记信箱、区长信箱）进行升级改造；与政务中心配合对全区网上办事事项进行重新梳理，确保网上办事准确性。四是启动全区政务网站和新媒体监管及备案工作。对全区政务网站和新媒体进行梳理。为网站和新媒体的集约化建设、管理和运维工作摸清底数，为今后工作开展打好基础。形成“北京海淀”政务新媒体品牌。结合国办、北京市政务网站考评指标，建立全区政务网站监测平台，以技术手段每月对全区政务网站进行检测分析，及时消除各种网站问题隐患。

（海淀区新闻中心）

丰台区广播电视中心概况

北京市丰台区广播电视中心的前身是丰台区广播站，成立于1957年2月，到2001年11月更名为北京市丰台区广播电视中心。2016年在履行宣传保障职能、推动广电事业科学发展等方面取得新成绩。有线803数字频道每天6:30至00:30播出，全天电视节目时长18小时。年内制作播出《丰台新闻》302期，1500条，时长4530分钟；完成区委区政府各类专题片24部；录制重大会议和活动10场；制作播出社会教育类节目125期2367分钟；频道公益宣传片28部；完成各类后期制作包装、音乐编曲任务99项，频道、栏（节）目、专题包装时长2982秒。多部作品获奖各类奖项。

一、认真履行宣传保障职能，服务全区各项工作

重点围绕疏解非首都功能工作，多次派出记者深入石家庄、保定等地，报道丰台区与河北、天津各地协同合作、企业疏解、投资共建的情况，播发《丰台与固安县共建京津冀高端商贸物流产业集聚群》《大红门商户到沧州创业》等报道30多条。《丰台新闻》开设专栏，对各街乡镇拆违建、治理开墙打洞情况进展、交通环境秩序整治行动及城管部门夜间执法等工作进行连续地宣传报道，播发相关新闻80多条。

依托“人大在线”“政协视窗”等栏目团队，完成年初“两会”、年底“三会”的宣传报道、大会播音和实况录制工作，报道区党代会、区人大及区政协的会议盛况。播放视频资料30余条，浏览量6700次；走基层到方庄等6个街乡镇，摄制基层干部群众“喜迎党代会”微视频3部，制作“党代会”宣传图文、视频在莲花池公园东门、太平桥社区两块户外LED大屏滚动播放，累计时长68小时。完成2016北京戏曲文化周、“高雄特色周•六合夜市在丰台”活动宣传报道任务、“月圆中秋　福满万家——丰台区2016‘卢沟晓月中秋诗会’活动”现场直播、“彩色跑”和“北宫森林音乐厅”等大型活动的录制工作。制作完成建党95周年宣传片《光辉95载》、专题片《“长辛店1921红色党课”主题教育活动》；完成庆祝中国人民解放军建军89周年宣传片《履行职责行使命》。对7月20日入汛以来首次强降雨，启动应急响应程序，对防汛情况进行及时深入的报道；全程报道第30届卢沟桥醒狮越野跑活动、2016年北京国际铁人三项赛，制作完成2016国庆节宣传片《热烈庆祝中华人民共和国成立67周年》。全年《丰台新闻》播出302期，1500多条，播出时长4530分钟。

《人大在线》《政协视窗》等9档社教栏目制作播出125期（场），时长2367分钟。完成区委区政府各类重要活动、人物宣传专题片、电教片24部；录制全区重大会议、培训、活动10场。创作频道高清宣传片28部，频道高清导视系统改版制作1套，完成各类后期制作任务99项，各类栏目、专题、宣传片音乐编曲、制作47部，完成频道、栏（节）目、专题节目包装时长2982秒。继续做好《清风苑》栏目，配合区纪委对“区纪委全会及报告解读”“廉政宣讲”等工作进行全程跟踪拍摄，留存资料约3300分钟。

与歌华有线多次核对推广户数及资金支付情况，开展入户核查工作，确定推广经费余款146.7万元。

二、稳步推进宣传平台建设

5月底前，标清制播网下线停播，高清制播系统正式上线测试播出。6月初，新媒体中心演播室正式开始录制节目，实现中心电视节目制作方式从标清向高清的转化升级。在中心的频道节目编排中，合理设置10个节目导视和调整段落，用来编排频道宣传、节目宣传、广告宣传等内容，调整更新公益广告节目90多次。

建立完成丰台广电微信公众号，启动莲花池、太平桥社区户外LED大屏远程监控、播控项目。全年在门户网站、微信公众号和户外LED大屏累计发布宣传丰台的视频、图文资料总计1500余份，累计浏览量12万次。

对新制播系统和安全播出流程进行自查，开展隐患整改工作，实现专业设备集中管理数字化，强化电视播出设备的定期维护和应急抢修能力，累计完成季度检修4次，播出系统应急抢修处置10余次，确保了电视播出安全。严格按照安全规章制度的要求，对户外大屏、机房、操作区、UPS间进行定期巡查，及时排除安全隐患，确保全年安全生产无事故。成立审播室，专门负责审查自办节目《丰台新闻》和引进节目的意识形态安全情况，制定中心意识形态安全管理规定，建立三级审片制度，确保节目质量和意识形态安全，责任到人。

（丰台区广播电视中心）

石景山区广播电视中心概况

北京市石景山区广播电视中心，成立于1987年12月，前身为石景山广播电视局，2001年10月更名为石景山区广播电视中心，拥有石景山有线电视媒体平台。作为石景山区委、区政府重要的新闻宣传机构，中心承担全区对内、对外电视宣传任务。2016年广电中心主要完成以下工作：

一、牢牢把握正确舆论导向，充分发挥新闻宣传职能

2016年宣传报道突出重点，围绕区域经济发展、城市建设、综合治理建高端、两学一做等先后开办了《深化改革进行时》《走进重点工程》《科协在线》《健康身边行》《安全身边事》《展望“十三五”》《劳动模范集体》《两学一做》《先锋》《庆祝建党95周年》《走进便民工程》等18个新闻板块；1—12月底，《石景山新闻》共播发新闻2001条。新闻专题节目《记者视线》制作播出158期。2016年，在市级以上新闻媒体播发新闻296条，中央台播发11条，在《北京新闻》播发57条，较有影响的有《石景山区进一步疏解非首都功能》《石景山区深度转型，建设宜居新区》《推动经济转型产业升级为全市经济增长作贡献》（提要），此外，七一期间在北京新闻播出《凝聚党旗下》人物宣传，提升对外影响力。

二、严格遵守四项原则，高清建设平稳落地

2016年，高清网络化建设全部竣工并投入使用。整项工程投入4200万元，对大演播厅、中演播厅、播出机房、制作机房及导播录播设备进行高清数字化改造，为提升节目制作质量和经营服务的竞争力提供了优质的设备条件。中心在工程开展的每一阶段、每一环节，都精心组织，严格按照议事规则和程序进行，严格做好重大资金使用实施廉政风险防控项目化管理，建立重大项目管理备案监督制度。在招标投标、设备采购、工程建设等工作环节做好动态化风险防控，稳中求进，完成整个项目建设。

三、节目质量不断提升，精品栏目越办越好

随着技术设备的升级换代，中心业务在采编水平方面也不断追求进步。通过开展业务座谈会，大力学习研究强化线索挖掘与节目策划、节目统筹、编排方面的业务能力，使电视宣传的高度、角度、深度都有所提升。强化节目监审员和业务学习例会职责作用，及时发现问题、整改问题。随高清建设项目进展陆续对栏目进行了改版升级，逐步提升了节目可视性。中心不断加大电视文化服务工作力度，以“构建高端普惠的电视文化生活体系”为目标，注重打造品牌电视节目和群众电视文化相结合，推出了精品百姓系列栏目。2016年，《百姓诵读》栏目制作播出52期，参与录制团体扩大到10多个，并从北京市走向外省市，《百姓剧场》《百姓DV》《百姓故事》等百姓系列栏目共制作播出260期，参与录制节目观众600人次，受众百姓达到100万次。大型电视文艺活动异彩纷呈。今年，中心围绕清明诗会、环保活动共参与策划、录制大型主题活动8场。特别是为纪念建党95周年，中心在一个月的时间内整体策划出一场《记住本来，开创未来》诗歌演唱会，整台晚会集思想性、艺术性于一体。完成各类专题片20部，题材涉及党代会专题片、政府工作片等全区性的重点工作、各委办局的重点工作以及特色工作，制作精益求精，较好地体现出思想性、新闻性、艺术性的有机结合。

四、着力抓好整章建制，加强制度化规范化管理

广电中心是党的新闻媒体，深刻明白必须遵守党的宣传纪律和新闻工作者职业操守。同时也结合中央全面推进“依法治国”的发展要求从自身做起，完善中心的整章建制工作，切实加强党风廉政建设和制度化规范化管理。2016年，继续完善内部控制制度，坚持贯彻“三重一大”纪律要求，坚持按制度办事、用制度管人。随区审计工作和公车改革工作的进行，完善补充了各项规章制度20余篇，努力构建务实有效的廉政风险防控机制、努力构建规范、和谐、稳定的事业发展环境。

（石景山区广播电视中心）

门头沟区广播电视中心概况

门头沟广播电视中心的前身是门头沟广播站，成立于1958年7月，2002年5月更名为区广播电视中心。2016年，门头沟区广电中心按照“三严三实”要求，贯彻落实习近平总书记系列重要讲话精神，在区委宣传部的直接领导下，围绕区委区政府重点、中心工作，扎实开展新闻宣传工作，为“十三五”时期全区经济社会发展开好局起好步营造良好舆论氛围。

2016年主要工作：

一、强化思想理论武装，凝聚思想共识

结合重点节日、传统民俗在《百姓说吧》中开展传统价值观宣传，安排弘扬社会主义核心价值观的公益广告展播，积极弘扬社会主义核心价值观，在全区营造积极向上的舆论氛围。围绕建党95周年及红军长征胜利80周年展开重点集中报道，在《门头沟新闻》节目中对全区建党95周年系列活动、特色党日活动等进行宣传报道，安排播出高清纪录片《斋堂岁月》及红色影片。围绕加强党的建设，强化党风廉政建设和反腐败工作宣传力度。在新闻节目中开设《两学一做见新风》栏目，深入宣传全区“两学一做”学习教育的重大意义、决策部署和进展情况，为“两学一做”学习教育营造良好的舆论氛围。围绕学习贯彻十八届五中、六中全会精神开展广泛的宣传报道，统一思想，凝聚共识。

二、围绕区委、区政府重点工作扎实开展内外宣传

围绕服务于区委、区政府重要决策部署的贯彻落实，服务于全区中心工作和重点工作，服务于全区人民的生产生活，关注重点、引导热点、化解难点，认真做好突发事件新闻报道和舆论引导。提升媒体服务能力和水平，为全区经济社会发展营造积极健康的舆论氛围。截止到10月底《门头沟新闻》共播出3150条（其中时政新闻644条、社会新闻1669条、时讯837条），专题节目60期，拍摄专题片6部。结合十三五开局之年，开设《展望十三五》专栏，对区十三五规划进行系列解读报道，为十三五开好局、起好步营造良好舆论氛围。开设《来自重点工程的报道》《推进房屋征收　惠及民生百姓》专栏，对S1线、长安街西延、棚户区改造收尾、棚改安置房建设等重点工程的进展情况进行了报道。结合门城新城城市环境整体提升工程，开办《环境整治　美化家园》栏目，对门城环境建设进行宣传报道。结合全区环境整治、大气污染治理等重点工作，在《广角镜》栏目中加大曝光力度，充分发挥媒体的舆论监督作用。积极配合门头沟区招商引资工作，完成《北京门头沟——开启发展新航程》宣传片的制作。充分利用外宣契机，形成亮点宣传。整合区内宣传资源，做好与北京台及中央台对接，积极报送有门头沟地域特色的亮点新闻。2016年，北京台新闻频道和中央电视台新闻频道播出门头沟选送新闻条数比去年大幅提高，截止到10月底，中央台和北京台共播出门头沟区电视新闻138条，北京新闻广播116条。

三、创新新闻宣传工作，提高宣传工作质量

进一步突出民生导向，加大民生新闻报道力度，把更多的镜头留给百姓和群众。目前门头沟新闻节目中社会新闻、民生新闻的数量已占到新闻播出总量1/3以上的比重，新闻节目中的《记者在基层》和《百姓说吧》栏目以及《信息高速路》“身边的故事”版块已成为品牌栏目，真正做到新闻宣传工作更加贴近基层、贴近实际、贴进群众，增强门头沟新闻的吸引力和感染力。适应数字化发展趋势，对后期节目制作网及播出机房进行高清化升级改造。1月20日，门头沟电视台高清频道试播，为事业进一步发展奠定良好基础。加强整体包装。结合高清制播，为进一步提升门头沟区电视台整体形象和影响力，对门头沟台进行高清整体包装。立足于创新，不断强化阵地建设。在做好原有栏（节）目的基础上，强化体裁、形式、手段及内容创新，《一周话题》栏目改为两个话题，既增加信息量又丰富报道内容。对《信息高速路》栏目进行改版，栏目形式融入时下流行的脱口秀模式、素人真人秀模式和纪实片模式，利用新兴传播媒介，开设《信息高速路》微信公众号，把自制栏目分版块碎片化，使传统媒体与新媒体有效融合，提高媒体的传播力、公信力及影响力。

（门头沟区广播电视中心）

大兴区广播电视中心概况

北京市大兴区广播电视中心是大兴区重要的新闻宣传机构，成立于2001年10月。其前身是大兴区广播站、大兴县人民政府广播科、大兴县广播电视局；现拥有大兴人民广播电台、大兴电视台、中华兴网和公众微信号“这里是大兴”等媒体平台，主要负责本区的广播电视宣传工作，电视节目纳入北京电视台公共频道播出。

2016年，主要完成以下工作：

一、强化意识形态引领，巩固宣传主阵地

大兴广电中心2016年宣传工作呈现出“报道数量多、选题角度多、高质量有深度的专题多”的喜人局面，大兴电视台全年共制作新闻1700余条，中央电视台、北京电视台等上级媒体采用播发新闻100余条，总时长约120分钟；制作各类宣传片和专题片16部；大兴人民广播电台（FM98.6）播出总时长6387.5小时；微信公众号《这里是大兴》全年共发送新闻214期，视音频图片新闻3700多条；微信公众号《大兴新闻》关注人数增长3倍；制作播出《爱我新区大讲堂》18期、《悦动新区 乐跑一夏》18期。

节目管理部更名为总编室，将全媒体中心和网络运营部整合为全媒体运营部，形成电台、电视台和全媒体三大媒体。总编室统筹协调，对内充分发挥调研、策划、编审工作，形成有合有分、步调协调、资源共享、优势互补的宣传格局，全年共策划联合宣传选题60余个，组织开展联合采访10余次，监审节目300多期，新闻专题节目2000余个。与区内媒体形成联动，选题共商，资源共享；与上级媒体积极对接，实现自采节目在中央台和北京台的不间断播出。

围绕中心引导舆论。紧紧围绕大兴区委、区政府的中心工作，坚持正确舆论导向，努力提高舆论引导能力，积极做好各项宣传工作。围绕新机场建设、五项重点基础工作、南海子文化活动季等推出专题系列报道20余个，播出新闻800余条。重点围绕新区经济发展、市政改造、居家养老、教育资源均衡等方面制作《发展中的大兴》系列报道。对2016世界月季洲际大会进行全程报道，围绕纪念红军长征胜利80周年、社会主义核心价值观、大兴榜样等方面制作播出大批新闻专题节目。

形成合力补齐“短板”。开通大兴广电中心官方微信公众号《这里是大兴》，开设30多个品牌栏目，被确定为区委宣传部官方微信公众号。强化品质提升质量。新闻节目进一步改进报道形式，满足群众的需求；对《10分关注》《爱我新区大讲堂》《瞧这一家子》等栏目进行改版，注重“接地气”。

活动品牌更加响亮。组织策划和主动参与各类社会活动，并通过多媒体手段的综合展现，不断拓展广电媒体的影响力。参与录制制作《温暖之春——2016新区职工联欢晚

会》《启航2016暨2015新区时光巡礼》等多部宣传片；成功举办电台听友联谊会、纳波湾文艺汇演、“爱在金秋，放歌新区”文艺演出等20多个线上线下精品活动。

二、创新管理机制体制，加快推进广电事业发展

1．强化安全播出管理。全年安全播出零事故，顺利完成全国两会等重大活动以及区内“三会”的安全播出保障工作；完成电台、电视台、户外大屏全年的安全播出工作；顺利通过了市局安全播出管理体系的检查；为中华兴网提供各类网络视频8200分钟，为媒资管理部提供视音频资料10000分钟。

2．细化财务审计工作。积极协调好与区内各相关部门的关系，做好财务管理工作，顺利完成2015年度部门决算、预算执行情况审计、重大项目资金申请及拨付、固定资产的清查及报废工作；编制2017年部门预算；做好会计报帐工作，并协调争取相关资金合理使用。建立健全内部控制体系、完善工作制度，强化内部审计职能，圆满完成对2015年中心“三公经费”的自查工作，配合区审计局完成2015年度预算执行情况的审计工作，制定内部控制体系建设实施方案，《内控手册（试行）》《制度汇编》等规范性文件进入试运行阶段。

3．严抓事业保障管理。完成后期高清播出系统的改造建设，整个项目投资人民币330万元；广播电视落地工程项目保证北京市各类广播节目和大兴人民广播电台调频98.6在各村镇的正常收听；实现电台电视台的网络直播，咪咕直播已将大兴电视台四套节目接入咪咕直播；升级改造多功能厅、120米演播厅和广播电台视频直播间以及普通直播间，做好文件的报送工作，2016年共接收文件、材料、期刊近4000份，签收、分发传阅文件2000多件，并完成所有文件登记存档。逐步完善媒体资料拷贝、磁带领用、机房管理等各项管理制度，全年累计拍摄储存视频、图片资料近20余场次。

4．规范广告协调管理。加强相关培训，严把广告审核关，杜绝虚假广告的播出，确保广告安全播出无事故；整理客户资源，主动做好客户与代理公司的接洽工作；节目编排上注重合规发布，内容积极正向；按时做好监听监看，及时对有问题的节目进行引导和调节。

（大兴区广播电视中心）

通州区广播电视中心概况

通州区广播电视中心成立于2001年10月。前身是通县广播站、通县人民政府广播科、通县广播电视局、通州区广播电视局。下辖通州人民广播电台、通州电视台和大运通州网三家通州主流媒体。2016年，通州区广播电视中心紧紧围绕通州区委区政府中心工作，以培育和弘扬社会主义核心价值观为宣传重点，为北京市城市副中心建设和全国文明城区创建提供强有力的舆论支持和保障。推进高清播出系统建设和传媒大厦建设，广电事业取得稳步发展。全年通州广播电台共播出5840小时，电视综合频道共播出2008小时，公共频道共播出1643小时，文艺频道共播出3285小时。

通州广播电台、通州电视台围绕“扬帆十三五 起航新通州”宣传主题，在《通州新闻》栏目推出了新城建设、生态文明建设、环境治理、创城工作等方面报道共计1600余篇，《两学一做》新闻版块每月播出近10条。《情暖2016》栏目是年初开始通州电视台倾力打造的一档节目，以宣传社会主义核心价值观为主题，讲述发生在这些普通人身上闪光的故事。《看通州 记者视点》作为通州电视台唯一一档新闻评论性专题节目，继续高举新闻（民生）、文化两面旗帜，在2016年，紧扣“兴通州”以及“探访”两大百姓关心关注的角度进行选题策划。《小强听•说》栏目作为通州首档新闻性谈话类栏目，继续以低视角、接地气的方式切入，在话题选择上，着重民生，关系社会发展、社区和谐、群众幸福。与通州区各乡镇、委办局联办的专题节目从选题、策划开始就紧紧围绕“北京城市副中心建设以及创建全国文明城区”这两大重点工作，全年17档联办节目共播出专题节目376期，播出时长4266分钟，合计71小时。有三挡新栏目开播，分别是《咱们工会》《健康通州》《科技让生活更美好》。2016年，通州区广播电视中心参与策划、录制、主持的各单位宣传活动26场次，制作北京城市副中心专题宣传片等电视宣传片。通州广播电台调频107.7兆赫停止“京东调频”呼号，启动改版工作，提升定位，加快与互联网融合发展，以城市管理为重点宣传内容，打造既具有运河文化特色又符合北京城市副中心定位的城市广播电台。通州区广播电视中心组织报送市新闻出版广电局公益广告专项扶持项目比赛，获得三项奖励及奖金；组织报送市新闻出版广电局北京市优秀广播电视奖评比，4件作品获奖；组织报送通州区文明办“讲文明 树新风”公益广告征集活动，13件电视作品获奖。2016年11月7日，区广播电视中心召开座谈会，纪念通州广播电视事业创办60年。通州区广播电视中心以“北京城市副中心权威全媒体平台”为新的定位，努力提升传播力、引导力、影响力、公信力。

（通州区广播电视中心）

房山区广播电视中心概况

房山区广播电视中心成立于2001年11月，前身是房山县广播站、房山县人民政府广播科、房山区广播电视局。拥有房山电视台、房山人民广播电台和房山广电传媒网等传媒机构。

2016年主要工作：

一、围绕中心，服务大局，助推房山转型发展

紧紧围绕区委区政府中心工作，积极作为，精准发力。在重大主题、重要活动、重点节日宣传报道中，打破常规规栏目界限和平台界限，采用多媒体联动报道，圆满完成区第八次党代会、区“两会”、2016“BRWSC”北京房山国际葡萄酒大赛、春季北京长走大会、建党95周年以及元旦、春节等传统节日的宣传报道；以生态建设、产业转型、城市转型等方面为主题，推出《聚焦环保》《新常态 新转型 新发展》《住建新看点》等十多个挂牌专题节目，从不同角度呈现房山区转型发展中的新亮点、新成就；大力弘扬社会主义核心价值观，先后推出《闪光的平凡》《烈日下的坚守》《新房山人》《匠心筑梦》等系列报道和《有时候，我们该为爱掸掸灰》《反哺少年 孝心无价》《远离毒品 牵手幸福》等多部公益短片。

二、坚持品牌创建，全力打造新型

主流媒体

全面实施精品战略，创作出《今日关注》《法治与生活》《新城故事》等优秀栏目，《点滴捐献再创生命精彩》《智慧农场点亮智慧人生》等节目荣获国家、市级奖项。精心策划推出教育类电视栏目《学通房山》和广播栏目《欢乐群英会》《相声大会》，丰富栏目设置，形成集时政、民生、教育、文化、法治、生活于一体的综合性版块，满足百姓需求。“航拍”制作的《大美房山》系列宣传片和《高端崛起》专题片，全面展现房山区的蓬勃发展。

三、加快融合发展，构建全媒体宣传格局

进加快传统媒体与新媒体融合互通，实现广播电视与新媒体无缝对接，推出《四季诵读》专栏和互联网新闻视听节目《房山一周事》。充分利用新媒体平台，不断创新传播方式，开设微信平台微官网，在区“两会”、长走大会、梨花节等重大主题宣传中，微官网开设互动专区，与电视报道、电台直播实现多媒体联动宣传；与区教委、区旅游委、青龙湖镇等单位合作推出《“一带一路”青龙湖网络摄影大赛》等10多项公益活动和评选比赛。

四、创新经营理念，促进传媒产业发展

为推动京津冀传媒文化产业协同发展，促进京津冀三地经济合作、产业合作，中心主动加强与河北、天津地区广电部门沟通合作，制定《关于加强京津冀协同发展 联手打造文化传媒产业的实施方案》，强化合作的深度、广度。同时，研究市场、把握规律，以满足客户需求为中心，主动将服务项目与客户的发展战略对接，夯实长期合作关系的同时，挖掘新的经济增长点，寻求新的合作模式。

五、强化技术支撑，助推广电事业平稳发展

2016年9月，房山电视台《房山新闻》栏目采用高清播出，房山电视台现有栏目全部实现高清化制播，标志房山电视台进入高清时代。随《房山新闻》高清演播室建成并投入使用，大幅度提升广电制播能力和服务能力。为强化安全播出，中心制订《广播电视安全播出管理实施细则》，实行安全播出工作追责制管理，严格把控电视、电台、新媒体信息发布；完成UPS供电系统改造项目，提高了供电系统的安全性，降低安全播出风险。

六、加强领导，全力推进组织建设

2016年，中心选举产生房山区广播电视中心机关党委，深入推进“两学一做”学习教育，通过讲党课、专题讲座、座谈会等形式，切实抓好理论学习中心组和广大党员干部的思想教育工作，严格落实“一岗双责”，严格执行“三重一大”制度。不断强化制度管理，制定议事制度、学习制度、民主生活会、党内外互相监督等制度；推进实施《ISO9000全媒体运营管理体系》和《内部控制制度》。不断强化人才队伍建设，坚持正确的选人用人导向，严格执行干部选拔任用制度；推荐优秀人才参加“优支人才”培养资助项目。

（房山区广播电视中心）

顺义区广播电视中心概况

顺义广电中心成立于2002年，为全额拨款正处级事业单位。下辖顺义电视台、顺义人民广播电台、《顺义时讯》报社三家媒体，拥有电视、广播、报纸、顺广传媒综合媒体平台四种媒体形式。中心在职员工共计173人。

顺义电视台于1994年9月2日正式开播。目前开办有《顺义新闻》《生活帮》《顺义时空》《情动绿港》《师说日》等新闻、专题栏目。顺义人民广播电台成立于1998年1月20日，目前全天播出17小时，开办有《顺义新闻》《越聊越开心》《大家帮助大家》等栏目，其中包括5档直播节目，每日直播时间8个小时。《顺义时讯》报社2007年5月10日创刊。每周四出刊，是一份集机关报与都市报风格于一体，拥有鲜明地域特色的报纸。该报全彩印刷，目前发行超过3万份。2015年1月1日，顺广传媒综合媒体平台正式上线运营，目前拥有20万余“粉丝”。通过顺广传媒网站和微信公众平台可以收看顺义电视台节目、收听电台广播、阅读《顺义时讯》的内容，进一步实现媒体融合。

2016年主要工作：

一、突出围绕“十三五”规划开展宣传

顺义电视台、顺义人民广播电台、《顺义时讯》报社继续开设《辉煌“十二五”，我们一起走过》《展望“十三五”，转型升级谈发展》等系列板块后，邀请各行业代表和各主要单位一把手走进直播间，畅谈“十二五”发展成就，展望“十三五”美好未来。《顺义新闻》开设“辉煌十二五发展关键词”“百姓眼中的十二五”等专栏，总结“十二五”的成就；并推出“实干十三五 转型升级谈发展”“实干十三五 开局之年再出发”专栏展现开局之年区各单位的发展思路和具体做法；专题部连续推出《辉煌十二五》《展望十三五 迈进新生活》《开局十三五 迈进新生活》三档专题栏目。《顺义时讯》先后策划采编《顺义区国民经济和社会发展第十三个五年规划纲要解读》，分七次对《纲要》重点内容进行摘要解读。推出“一把手”访谈系列报道。分别在《开局十三五 迈进新生活》栏目、《开局“十三五”，落实新规划》专版或专栏，围绕“建设绿色国际港、打造航空中心核心区、共筑和谐宜居新家园”的奋斗目标，结合各单位工作领域，畅谈“十三五”及开局之年的重点工作和目标任务。电视台专题部与区纪委合作，启动“绿港清风廉政网”访谈节目录制。各单位党政“一把手”畅谈对反腐工作的思想认识及反腐决心、举措，为全区反腐工作营造良好舆论氛围。

二、抓住重要节点、突出主题宣传

分别对全区深入开展十八届六中全会精神贯彻学习情况进行宣传，过去五年发展成就宣传，喜迎党代会、区两会的宣传报道。对全区重要会议、“村（居）规民约”“百日专项行动”“走基层 过大年”“清洁空气 共同行动”“文明红绿灯”“营改增”等做全方位、立体化的系列报道；在“三八”“五一”“七一”等重要节日，对“优秀党支部（党员）”“最美劳模”“优秀教师”等评选活动进行了专题展示，通过对这些优秀人物的事迹展播，弘扬正能量，弘扬了社会主义核心价值观，以榜样的力量引领社会新风尚。

三、承接、承作各领域总结片、大型活动

中心组建顺义形象宣传片拍摄团队，完成《顺义宣传片》。完成“区委组织部迎接建党95周年系列宣传总结片”“车展总结片”“顺义区十二五规划纲要评估报告总结片”“区纪委总结片”“区委改革办总结片”“区教委总结片”“区卫计委总结片”“区文明办总结片”“区消隐拆违打非

百日专项行动总结片”、配合顺义区第六届“道德模范”颁奖典礼，制作完成30位候选人、10位道德模范人物事迹短片等区级和各委办局总结片20余部。承办大型活动显示广电人的力量与智慧，完成2016年新春团拜会、第六届道德模范颁奖典礼。

四、把握发展机遇、大力发展新媒体

顺广传媒综合媒体平台（其中包括顺广传媒微信公众平台、顺广传媒手机APP、顺广传媒网站）经过一年多的探索尝试，运行稳定有序，在完成部门各项工作的前提下，先后组织开展了“我为妈妈献才艺”等多项规模大、参与人数多、影响力广、社会反响好的线上线下活动，已有“粉丝”171907人。

（顺义区广播电视中心）

平谷区广播电视中心概况

平谷广电中心成立于2002年，前身是平谷县广播站、平谷区广播电视局，拥有平谷人民广播电台和平谷电视台。2016年，平谷区广播电视中心紧扣中心，服务大局，围绕新闻立台、事业强台、经营活台扎扎实实做好五个方面重点工作。

一、围绕重点中心工作，提升新闻水平

完成《我区开启全域旅游建设模式》《城北湿地公园建设稳步推进》等新闻的播出。完成平谷棚户改造工程、《平谷榜样》等新闻的播出。做好两会前期预热、会前预热、会议期间报道和会后报道四个阶段完整链接，表达平谷声音。完成《区四届人大五次会议隆重开幕》《政协四届五次会议隆重开幕》等新闻的播出。对第十八届国际桃花音乐节的报道，突出“平谷美”“运动狂”“吃货乐”“快乐淘”等系列特色活动，打造平谷“休闲之都”品牌，扩大桃花音乐节新闻效应。完成《摇滚盛宴续写激情》《乐迷体验复古风》《2016理想音乐节唱响平谷》等新闻的播出。完成《全民参与卫生大扫除　掀起环境整治新高潮》《王成国带队开展全民大扫除》《姜帆带队拉练检查环境建设》等新闻的播出。完成春节团拜会、花会秧歌大拜年、2016年新春慰问演出、第六届中国乐谷欢乐节等大型文艺活动的录制和播出；完成区委常委、区政府党组、区政协党组“三严三实”对照检查、乡镇党委书记述职述廉的全场录制。全年《平谷新闻》共播出5780条新闻。

二、围绕专题节目创优，扩大栏目影响

《美丽平谷》《热点进行时》《百姓身边》《快乐宝贝》《警法在线》五个专题栏目节目质量全面提升，1—12月份共播出专题节目200期。3月份，《百姓身边》栏目新开辟百姓诵读环节，在节目内容上，以古今中外经典的诗词美文为主；节目形式上，让老师和学生走进演播室，诵读经典。融入背景、音乐等元素，给观众以美的熏陶。

三、继续加强外宣力度，展示区域良好形象

在北京电视台等市级以上媒体发稿122条，其中中央电视台10条。1月23日在中央电视台直播间播出《面对低温北京平谷加强供暖》，2月23日在中央电视台《朝闻天下》和《新闻直播间》播出《花卉方阵盛装欢度元宵节》，4月29日在中央电视台《共同关注》播出《北京钛合金玻璃观景台将开放》，11月1日在中央电视台财经频道《第一时间》和中央电视台新闻频道《共同关注》两个栏目播出《世界休闲大会主场平谷金海湖红叶》，12月2日在中央电视台新闻联播播出《宣讲接地气 精神入人心——北京市巡讲团走进平谷》。

四、稳步推进高清改造，加快新老媒体融合

高清化建设项目从2013年8月开始着手进行调研和方案设计，分两期进行建设，第二期主要是高清摄像机采购、高清审片室、自台监测及温感系统、外出录制全场高清系统、自办节目网上点播系统、新闻和虚拟演播室灯光改造系统、光缆迁改及数字电视改造工程、400平方米演播厅视频高清化、400平米演播厅音频高清化，400平方米演播厅舞美工程、400平方米演播厅灯光改造工程。高清设备改造工程全部完成，平谷广电成为在全市16个区县第一个实现高标清同步播出的区县。3月份，《平谷新闻》官方微信正式上线，微信户可以随时随地随身在阅读界面上观看整套平谷新闻，同时可以观看7条经过碎片化的单条新闻。4月11日起，平谷新闻、专题和广告节目在平谷绿谷信息网可以进行直播和点播，打破定时定点收看的局限，在世界各地只要有网络的地方就可以收看到平谷电视台的节目。4月份，通联系统成功开通，记者站的报道员可以在乡镇利用电脑，通过通联系统将稿件和视频轻松地传输到电视台的生产网上，方便编辑制作，节省时间、车辆、人力，提高效率。

五、加强管理提高素质，打造过硬广电队伍

1月，制定《广电中心“三严三实”专题民主生活会方案》，成功召开民主生活会。广电中心2015年绩效考评工作获得全区优秀第七的好成绩。根据新出台的法律法规的内容规定，及时修订完善广电规章制度、修改员工请休假制度，做到人性化与规范化相结合。

（平谷区广播电视中心）

怀柔区广播电视中心概况

怀柔区广播电视中心成立于2001年9月。前身是怀柔县广播站、怀柔人民政府广播科、怀柔县广播电视局、怀柔县广播电视中心。2016年，怀柔区广播电视中心高标准做好新闻宣传工作，全力打造广电“两微一端”新媒体平台、加快推进新演播室建设工程，着力提高舆论引导能力，推进节目创新，强化安全播出，促进公共服务，规范事业管理，为全区经济社会发展再上新台阶，实现“十三五”良好开局，提供强有力的精神动力和舆论支持。

一、牢牢把握正确的舆论导向，不断提高舆论引导水平

坚持团结稳定鼓劲、正面宣传为主的方针，围绕“换届选举年”精心策划年度重大选题宣传，全面报道全区各条战线十二五期间取得的成绩，十三五期间的怀柔城市功能定位、发展规划、重点工作。突出抓好重大活动的各项宣传，全力跟进第16届中国电影华表奖颁奖、中国电影新力量推介、纪念建党95周年重点影片推介典礼等重大活动，集中报道来自核心岛的一线新闻，实现“动态新闻不断线，专题专栏不断档”。推出《志愿者风采》系列访谈，以记者走基层的方式反映当代青年的积极向上的精神追求。2016

年，电视台制作《怀柔新闻》365套，对时政类及时效性强的稿件做到了当日新闻当日播出。截至12月底，共播出新闻稿件2821条；在市级媒体共播出怀柔方面的新闻、专题186条（期）。

以电视节目制播全面高清化为依托，开展了新台标、频道和节目的整体包装推介。不断进行新闻节目创新改革，推出《新春一线见闻》等一批专栏。建立栏目正常淘汰机制，加大电台节目整合创新力度，调整七档专题节目。推出《吐小槽扒新闻》《杨辰脱口秀》等专题。开办《梦想旅行日志》《音乐旅途》《饭点说吃》《天下档案》《奶爸奶妈总动员》《往事》等新专题，扩充电台节目信息量。鼓励各栏目组参与原创公益广告制作，强化与区内职能部门合作，开展公益广告宣传，弘扬社会主义主流价值观念。2016年，多篇作品先后获广播电视奖和北京新闻奖 。

二、着力构建安全保障体系，事业发展稳步推进

全面完成高清全台网改造工程，4月19日系统正式运行，10月18日怀柔一套高清节目正式上线。800平高清演播室建设工程年底竣工。完成广播楼传输设备、媒资设备以及光缆的迁移切割，并把怀柔广播电视台全部标清媒资内容迁移至市局媒资结点。实施担子山发射台的远程自动控制改造项目，技术维护、安全播出智能化水平进一步得到改善。“村村响”农村有线广播联网工程进入收官阶段，较好完成广播电视“村村通”和小调频维护维修等工作。

以建设新型主流媒体为目标，完善相关应用，细化用户体验，努力推进广电 “两微一端” 新媒体平台建设。怀柔广电“恋上怀柔”新闻客户端4月8日起实现试运行。新媒体平台围绕舆论引导、信息发布两大主要任务，开展了“High拍怀柔”启动仪式、“牵手五十载，和谐促创城”“爱心车队，一对一接送高考考生”等多种形式的线上线下互动活动，广泛运用微信直播、动画视频等全媒体手段进行策划包装，吸引众多观众与听众参加其中。2016年，“恋上怀柔” 新媒体信息阅读量近百万人次。

认真贯彻落实总局《广播电视安全播出管理规定》，根据技术工作新特点，修订和完善《担子山发射台维护检修制度》《新媒体管理制度》等规章制度。2016年，电视播出12113小时。其中，开路发射4836小时，广播播出发射5270小时，无重大安全播出责任事故。媒资库大洋标清存储37564条，高清存储1631条。

三、加强党的建设和党风廉政建设，事业持续健康发展

理论中心组、党员干部围绕习近平总书记系列重要讲话精神开展专题学习。定期进行党员集中活动，保证党员学习教育时间。严格执行廉洁从政各项规定，签定《党风廉政建设责任书》，深化责任制落实。制定《广播电视中心党风廉政建设和反腐败工作实施意见》，驰而不息纠正“四风”，加强对政治纪律执行情况的监督检查。完善重大工程、广告经营、设备采购招投标等重点领域及其关键环节的监管，每月对中心的重点工作进展情况进行跟踪检查。实施投资50万元以上的重点建设工程实行廉政承诺书制度，明确重点建设工程负责人、具体项目责任人的职责范围和行为规范。

围绕高清全台网技术应用，持续开展全员业务培训工作，不断创新干部培训方式，积极拓展培训渠道，与市级以上媒体建立全面联通机制，抽调中心优秀人员到市台进行学习实践。邀请业内有关专家学者定期实地指导点评节目，着力在日常工作和重要宣传

报道活动中不断提升新闻报道质量。加强干部职工教育培训考核保障机制，把年度考核和日常培训考核相结合。

（怀柔区广播电视中心）

昌平区广播电视中心概况

昌平区广播电视中心成立于2001年10月。前身是昌平县广播站、昌平县人民政府广播科、昌平县广播电视局、昌平区广播电视局。拥有昌平人民广播电台、昌平电视台和昌平广播电视网。2016年，昌平区广播电视中心紧紧围绕昌平区工作大局，按照《昌平区2016年宣传思想文化工作要点》明确的目标要求，聚焦中心工作、突出民生导向、强化技术创新，媒体影响力和感召力持续增强，为区域经济社会发展提供强有力的舆论支撑。

聚焦中心工作——围绕区域经济社会发展这一主线，持续追踪重要新闻线索及时有效发声，不断强化宣传报道“向心力”。《昌平新闻》在关注好区委区政府工作动态的同时，配合重点工作推出《迎接区两会 履职展风采》《爱心献社会 真情暖人间》等多组系列报道及时传递政府和百姓声音，全年共编播《昌平新闻》313期，采编制作新闻3200多条。充分运用电视台开办的10个专题栏目，围绕历史文化、“三农”发展、法制建设、安全生产、百姓健康等方面内容，深度宣传党和政府工作，先后制作播出1000多期专题片，坚持每天推出具有昌平特色的自办节目20至30分钟，形成良好的品牌效应。

突出民生导向——始终秉持主流媒体沟通民生的价值导向，深化走转改，不断生产有温度、有情感、接地气的百姓节目。继续拓展基层记者站服务功能，为镇街搞好宣传服务的同时，深挖基层新闻线索，从2016年7月1日开始，在《昌平新闻》中增加《来自基层的报道》板块，在每周二、周五，及时反应基层动态，回应百姓关切。社会、民生新闻比例大幅提升，占比由原先的50%多提升到近80%，基层反馈比较好。强化广播电台受众黏性，围绕百姓关心的话题，将节目扩容至30档，全天播音达到13个半小时。并且在年初开办了《乐享时光》直播栏目，加入了直播间电话连线现场问答环节，加强与百姓的互动。与相关行政部门合作，联合采制《昌平政法》《普法直通车》《与法同行》《乐享健康》等栏目，共计播出419期，节目时长156小时，民生服务功能凸显。注重搞好公益宣传，全年在中心各宣传平台共计播出公益广告12000多条，时长9000多分钟。《抗艾滋 反歧视 我们一起承担》《坚守平凡岗位 敬业奉献人生》分别被评为北京市2015—2016年度广播类公益广告扶持项目二类和三类作品；昌平广播电视中心再次被评为公益广告一类传播机构。《贯彻执行安全生产法 切实保护劳动者的人身财产安全》荣获第十二届全国法治动漫微电影作品征集展播活动公益广告类优秀奖。

强化技术创新——借助新技术全面升级全台网，借力新媒体持续增强宣传活力，实现了传统媒体和新媒体的相互促进、共同发展。全台网建设助推广播电视技术系统全方位升级，800平方米的播控中心、网络播出总控系统等重要项目建设都已竣工。还新建“1+1”频道，即1个高标清同播、1个独立标清播出频道，实现了制编播业务流程化、文件化、网络化以及制播技术的高清数字化，节目生产质量和效能极大提升。在做活广播电视网的基础上，持续开拓“一微一端”新媒体服务功能。在昌广传媒手机APP上线的基础上，1月份开通昌广传媒微信公众号，将广播电视台优质节目推送到移动端，新开设《焦点》《周六12点》《来信儿》《微镇街》等栏目，采编稿件298篇，平均粉丝量维持在3万左右，形成一定的社会影响力。在分平台宣传基础上，推进优质节目资源共享。将广播电视台内部优质节目资源在广播电视网、手机客户端、微信户外大屏等宣传平台进行联动播出，并开通网络直播和点播业务，传统媒体触角极大延伸。

（昌平区广播电视中心）

密云区广播电视中心概况

北京市密云区广播电视中心成立于2001年，前身是密云县广播站、密云县人民政府广播科、密云县广播电视局。2016年，密云一套电视节目累计播出5672小时33分钟，密云二套电视节目累计播出5719小时23分钟，调频广播节目累计播出5715小时42分钟。

2016年主要工作：

《密云新闻》牢牢把握舆论导向，巩固意识形态宣传阵地，共播出各类专栏30个。与区司法局合作，推出法制专题电视栏目《法润密云》，于1月9日开播；与区公安分局合作开办电视专题栏目《密云警视》，于4月12日开播。目前共设《事事关心》《教育专线》《法润密云》《密云警示》《税务之声》《檀州大舞台》六档专题节目。

密云人民广播电台继续坚持以新闻、专题节目为龙头，以娱乐服务类节目为基础，全面提升广播节目的丰富性和可听性。密云人民广播电台《密云新闻》节目同电视新闻节目同步，深入全面报道全区各个角落新年新气象，对春节节日的文化活动、节日交通、节日市场等进行全方位聚焦。专题栏目制作上，进一步规范、丰富、创新手段，在积极做好《今日密云》《三农有约》《我的社区我的家》《给您读报》等专题节目的基础上，重点打造《三农有约》节目，不断提高自办节目的收听率和宣传效果。

密云广电中心加大向市台传送新闻稿件的力度，于4月1日成立了重点报道组，全年共在北京电视台播出新闻55条。在北京市广播电视公益广告专项扶持项目优秀作品评选中，密云人民广播电台上报的公益广告作品《节能有道、节俭养德》和《珍爱生命、远离毒品》分别入选，并被评为广播二类和三类。

广电中心高清一期数字化改造项目于2016年2月进行初验，之后进行系统试运行，实现密云电视台电视节目前期素材采集到节目制作和播出整体高清化。高清二期建设项目包括：高清媒资管理系统、全媒体融合管理系统和高清演播室系统。全媒体融合管理系统将于2017年4月底竣工，区政府共投资四千余万元。

中心采取严格的管理制度，确保节目安全播出。对每一档新闻、专题类节目，在节目播出前由技术人员统一负责节目技审环节的审核。电台、电视台各系统设备的硬件要求，提前备好相应的硬件备份(服务器硬盘)，通过周检和日常维护，对有问题的硬盘及时更换。完成白土沟转播站和中心发射塔“中央广播电视节目无线数字化覆盖工程”项目建设，截止到12月底，密云的整体建设已基本完成。广电中心从细节着手，严格流程规范，认真落实安全工作责任制，加强监管和对突发事件的应急管理，提高处置能力，实行全天二十四小时值班制，领导带班，部门负责，责任到人，切实做好安全工作。

加强精细化管理和队伍建设，提高工作效能。推行ISO9001安全播出管理体系，认真贯彻执行国家广电总局第62号令《广播电视安全播出管理规定》及实施细则，全面提高安全播出水平。将2016年确定为精细化管理年，按照“大部制办公，层级式管理，小组负责制”的思路，在成立了新闻部、专题部的基础上，探索成立后勤服务技术保障部、党群部、对外联络部、广告部等综合工作部门，使中心的结构配置更加合理，职能更加到位，责任更加明确，管理更加科学，运转更加高效。依托中心新闻调度会、新闻部例会、《评审意见》，组织记者学习新闻策划、摄像、写作、后期制作等方面知识；定期聘请专家、业内资深学者举行讲座或由单位资深新闻工作者授课交流经验，培训职工达300余人次。选派编辑记者赴北京电视台业务培训2人，收到良好效果。在全体党员中开展“学党章党规、学系列讲话，做合格党员”学习教育。各党支部每月组织2次党员集中学习。及时购买和发放各种学习书刊和文件资料，还邀请区直机关工委“两学一做当先锋，机关党建走在前列”百姓宣讲团进行主题宣讲，组织党员开展主题党日活动，邀请区党史办负责人为党员做“两学一做”专题报告，使党员深受教育。

（密云区广播电视中心）

延庆区广播电视中心概况

北京市延庆区广播电视中心前身是延庆县广播站，始建于1958年。1979年升格为延庆县广播事业科。1987年，更名为延庆县广播电视局。2001年，改名为延庆县广播电视中心。2015年年底正式更名为北京市延庆区广播电视中心（延庆电视台、北京市延庆区新闻中心）。隶属于区委宣传部，为区级规范管理事业单位。

2016年主要工作如下：

人才建设方面：完成广电中心与新闻中心的融合，部分人员进行调整，工作关系更加理顺。中心党支部顺利完成换届选举；3名同志走上副科级领导岗位。

突出“世园会”“冬奥会”筹办举办、纪念建党95周年、长征胜利80周年、“两学一做”等重大宣传主题。2016年，《延庆新闻》共制播365期节目。推出“全会精神解读”“贯彻落实党代会精神以全面从严治党推动延庆发展新跨越”等专题报道，紧密配合全区重点工作。为纪念建党95周年，延庆电视台品牌栏目《妫川骄子》先后采访20余名建国前老党员，播出6集特别节目《妫川红色记忆》。纸媒方面，《延庆报》全年共出报153期，版面600余个。内容涉及“世园会”“冬奥会”纪念长征胜利80周年庆祝建党95周年、党代会、抗雾霾专题等。

外宣方面，除对接中央台新闻频道、北京台新闻通联中心外，与《北京时间》《优酷视频》等网络视频媒体建立合作关系。2016年，向中央电视台新闻频道报送新闻45条次，央视体育频道10条次，向北京电视台新闻频道报送新闻及拍摄素材160余条次，配合直播北京播出5条次，配合央视及北京台记者采访及提供新闻素材20余条次。延庆人民广播电台在中国乡村之声、北京人民广播电台等媒体发布新闻150余条次。

2015年度北京市优秀广播电视节目评选，《行走妫川百姓故事》系列报道、《白天鹅“点赞”延庆好生态》、快乐调频928《冬奥，我来啦》以及《相约长城、梦圆冬奥》等节目，分获广播、电视新闻类优秀作品以及播音、电视主持类优秀作品奖；在“2015—2016年度十六区报道”评选中，延庆人民广播电台报送的8个作品荣获1个一等奖、3个二等奖、4个三等奖，延庆广电中心同时荣获“优秀组织奖”。

2016年6月，中心与区社会工委联合开办《物业改革进行时》专题，全年共计播出联办节目291期，时长达2830分钟。延庆电视台不断创新《百姓大舞台》形式，请进来、走出去，让更多的文艺爱好者在《百姓大舞台》一展才艺；继2015年成功尝试录制播出《延庆百姓春晚》后，2016年《延庆百姓春晚》再接再厉，创造了参与人数、演出人数和收视率三个新高。《妫川骄子》栏目在“北京延庆”和“延庆在线公众微信平台”上播出，每期点击量普遍过万；延庆电台通过微博、微信第一时间碎片式推送消息，全年推送微博信息2000余条，最高阅读量突破6万。

2016年，延庆高清电视建设取得实质性成果。前期拍摄设备已经实现高清化，新闻制作网系统、新闻媒资系统、新闻专题演播室视音频系统和灯光系统已经搭建完成。第三期项目中的专题后期制作网系统、专题高清媒资存储系统、多功能综合监控系统和高清节目传输系统以及第四期项目正在积极推进。

中心严格按照区委区政府的工作要求，在区委宣传部的领导下进行政府信息公开。公开的内容主要涉及：一是政府各项会议报道。二是各类公益宣传。每天在黄金时段播出图像公益广告8条左右的，整屏字幕公益广告3条左右，全年共计播出各类公益广告4000余条次宣传区委区政府中心工作的精神要点。

广电中心与区政法委合作5档法制类节目，在节目形式上创新。《一路平安》利用全区交通摄像探头记录交通事故现场，分析交通事故成因，用真实的事件教育驾驶员。《妫川说法》全年20期节目做成微电影，采用以案说法的形式，呈现给广大观众。《金盾之光》《法庭内外》《检察视点》栏目则通过信息动态和典型案例的分析加强法治宣传教育。全年共计首播72期，首播总时长720分钟。

（延庆区广播电视中心）

大事记

2016年北京市广播影视大事记

1 月

1月1日 北京卫视播出国内首档聚焦“全面二孩”政策的真人秀节目《二胎时代》。

1月1日 北京广播电视报社主办的《北京电视》周刊休刊三个月（自2016年1月1日至3月31日）。

1月4日至3月4日 北京市新闻出版广电局对北京广播电视台、相关市属机构、14个区广电中心等20家安全播出责任单位所运行的安全播出保障体系和1家监测机构所运行的安全播出监测服务能力进行全面评估，通过体系成熟度评估进一步识别各单位管理薄弱环节，提升各单位安全播出保障能力和监测机构安全播出监测服务能力。

1月4日 北京卫视举行48集历史传奇电视剧《少帅》首播新闻发布会，该剧讲述一代名将张学良辉煌又坎坷的一生。

1月4日 北京人民广播电台音乐广播推出全新品牌“微课”，以微信群为互动平台，通过语音、图片、音乐、小视频、文字等手段对特定主题讲解，突破时间、场地等落地活动的限制，在全国广播界引领“DJ微课”新风尚。

1月6日 由北京团市委主办，北京电视台和北京青年报社联合出品的大型社会学纪录片《中国式奋斗》，举行首映礼。

1月7日 北京卫视开播大型创业真人秀《我是独角兽》。

1月8日 北京电视台生活节目中心《美食地图·一探到底》爱心驿站，正式揭牌；同时，贯穿全年的爱心帮扶活动也正式启动，首位受助人现场接受爱心捐款10万元。

1月10日 北京电视台《2016环球春晚》成功录制。来自韩国、南非、泰国、美国、德国、荷兰、英国等13个国家近70位驻华使节、文化参赞和新闻官及华侨华人代表出席。

1月13日 北京歌华有线电视网络股份有限公司在“未来互联网峰会”上，获蚂蚁金服集团旗下支付宝颁发的“2015民生服务人气大奖”。

1月13日至15日 北京人民广播电台体育广播联合上海五星体育广播、山东体育休闲广播、南京体育广播、大连体育广播，共同录制春节特别节目《体育过大年 南北贺新春》，节目于除夕至初六期间在5家电台同时落地播出。

1月17日 北京人民广播电台交通广播与北京市延庆区委宣传部共同举办《1039发现——冰雪延庆，激情冬奥之“长城脚下，迷你冬奥”》活动，邀请1980年中国冬奥代表团旗手、速滑运动员赵伟昌，中国冬奥雪上第一金得主韩晓鹏等与听众互动交流。

1月18日 北京电视台联合北京出版集团、北京发行集团、北京青少年发展基金会和京东图书等多家单位举办的“带本书给家乡的孩子”第三季大型公益活动，拉开序幕。北京电视台还联合天津广播电视台、河北电视台、云南广播电视台、广西电视台、西藏拉萨市电视台、新疆和田地区电视台共同发起倡议，在全国树立“带本书给家乡的孩子”公益品牌。

1月19日 北京电视台召开北京新媒体集团情况说明及动员大会，介绍北京新媒体集团和相关公司整体情况。北京市委宣传部副部长严力强出席并讲话。

1月20日 北京人民广播电台2016年春节系列活动正式启动。首次采用“摇一摇”互动游戏。

1月20日 《2016北京电视台春节联欢晚会》在BTV大剧院录制。北京市副市长王宁、市委宣传部常务副部长王海平、北京电视台台长李春良等参加。

1月20日至28日 北京电视台顺利完成北京市“两会”报道任务，在北京卫视、新闻频道播出“两会”各类新闻、专题300多条。

1月23日 北京海润影业股份有限公司制作的电影《喊·山》入围哥德堡国际电影节，并于6月18日获第19届上海国际电影节最受传媒关注编剧奖、导演奖及电影频道传媒大奖。

1月26日 中国电影博物馆举办“梁音物品捐赠展——纪念梁音逝世一周年”专题纪念展揭幕仪式。梁音的夫人俞湖女士向中国电影博物馆捐赠照片、实物及各种资料512件，本专题展于6月初结束。

1月27日 北京市新闻出版广电局党组书记、局长、北京广播电视台台长李春良，与甘肃省广播电影电视总台台长康坚，签署战略合作协议，决定以9月举办的国家重大文化工程——“丝绸之路（敦煌）国际文化博览会”为契机，搭建京陇两地文化和产业平台，合作开发“丝绸之路文化年”主题电视节目带。

1月28日 北广传媒影视公司出品的电视剧《我的二哥二嫂》，在河南电视台都市频道2015年度《都市剧场》收视率排名全年第一，获收视十强奖。

1月29日 中国电影博物馆被中国科协授予“全国科普教育基地”称号。

1月30日 由中华世纪坛艺术馆承办的“和合家风”文化主题展在中华世纪坛开幕。

1月 北京电视台新闻节目中心全面展开治理大气污染宣传。《北京新闻》《锐观察》《北京您早》《特别关注》《直播北京》《晚间新闻报道》等新闻栏目以动态消息、专家解读、评论、读报、互动话题、专题片等多种形式，展现市委、市政府治理决心，聚焦各区、各单位治理举措。

1月 北京电视台承担的国家新闻出版广电总局《电视台制播网运维服务管理研究》科研项目，通过验收鉴定。该项目促进了国内电视台制播网运维模式的规范化、标准化发展，使得制播网运维工作更加系统、科学和高效。

2　月

2月1日 歌华有线高清交互数字电视平台上线“朝外生活圈”和“街景地图”两项云应用。“朝外生活圈”覆盖朝外街道七个社区、数万户家庭，为居民提供创新型街道、社区政务信息、周边生活信息和电视街景地图、教育地图、“老人安全护航”安全提示、社情民意调查等民生交互服务；“街景地图”为用户提供在电视上找房、查看景点等地图、导航、街景功能，是国内广电网络第一款融合电视与互联网街景地图的跨平台“广电互联网+”云应用。

2月3日 北京人民广播电台体育广播荣获北京市体育局、北京市体育记者协会颁发的“2015年度北京市体育宣传突出贡献奖”；体育广播记者采制的报道《鸟巢九日传奇》在2015年度北京市体育好新闻评选中获特等奖。

2月7日 北京人民广播电台交通广播推出“暖心回家路，除夕送红包”系列活动，包含“微信路况直播”和“微信红包添喜气”两个主题。

2月8日 《2016北京电视台春节联欢晚会》在北京卫视、文艺频道、青年频道播出。晚会围绕“家家好，国家好”主题，凸显出每个家庭的“小幸福”聚成整个国家“大幸福”的立意。

2月9日 人民网以《BTV环球春晚上演唱响“爱与沟通”融入乡愁乡情》为题，对晚会予以高度评价，称赞《环球春晚》“不仅是一台晚会，更是推动不同文明相互尊重、和谐共处、交流互鉴的桥梁”。

2月14日 北京北广传媒城市电视有限公司在位于世贸天阶大屏及富力广场的大屏上举办“全城视爱·弹情说爱”的主题互动活动。

2月16日 北京人民广播电台2015年度名牌栏目评选揭晓：荣誉栏目6个：《新闻热线》《交通新闻热线》《话说天下》《中国歌曲排行榜》《古典也流行》《激情赛场》；名牌栏目10个：《北京新闻》《教育面对面》《一路畅通》《新闻大视野》《读书俱乐部》《1039交通服务热线》《毛毛狗的故事口袋》《路况信息》《全球华语歌曲排行榜》《体坛夜话》；优秀栏目20个《人物空间》《吃喝玩乐大搜索》《资讯早八点》等。

2月16日 北京人民广播电台音乐广播全面报道欧美音乐界顶级盛世“格莱美音乐奖”颁奖典礼。

2月18日 北京电视台召开“2015年度播音主持作品专家奖”评审会，对北京电视台9个节目中心报送的51件作品集中评议，最终评选出10部年度获奖作品。

2月21日至26日 为纪念习近平总书记2·26讲话两周年，北京电视台推出系列报道、专题片及系列评论；同时，《北京新闻》播出大型系列报道《春潮》，通过回访5个习总书记曾经视察过的地点和亲历者，讲述北京两年来各方面的创新和成果。

2月23日至25日 由北京市新闻出版广电局副局长王霞担任组长，会同市国家安全局、市文化市场行政执法总队等相关单位，组成联合检查组，对全国“两会”接待单位接收境外卫视情况进行联合检查。检查组向受检单位传达相关文件精神，宣讲法规和工作要求，并对在检查中发现的问题当场纠正或限期整改。

2月25日 由中华全国新闻工作者协会、北京奥运城市发展促进会、北京市教育委员会、北京广播电视台指导、北京人民广播电台主办的第八届青少年英语大赛暨2016“我的冬奥梦”双语小记者全国选拔赛正式启动。

2月25日 北京人民广播电台、北京电视台与张家口广播电视台举行冬奥新闻宣传合作协议签字仪式。签署的协议，包括建立新闻合作机制、实现节目资源共享与合作、开展技术与人员交流等。

2月26日 由北京人民广播电台《教育面对面》联合北京市教委、北京教育考试院、北京考试报共同制作的“2016北京高招直播咨询”举行启动新闻发布会。这是连续第14年举办北京高招大型广播咨询。

2月26日 北京电视台在“第八届中国电视南方论坛暨2015年度中国电视满意度博雅榜发布会”上获多项荣誉：北京卫视获“卫星频道满意度前十强”称号，排名位列第二；《音乐大师课》栏目获“卫视娱乐类栏目满意度前十强”称号；《我是大医生》栏目获“卫视生活财经类栏目满意度前十强”称号；《杨澜访谈录》《档案》栏目获“卫视文教类栏目满意度前十强”称号；文艺频道《春妮的周末时光》获“地面频道娱乐。

2月26日 2015年度中国电视购物行业年会在湖南长沙举行，北京北广传媒数字电视有限公司董事长、总经理何公明应邀参加此次年会；在年度颁奖环节，数字电视公司“爱家购物”频道荣获年度新锐奖。

2月 北京市新闻出版广电局与公安部

门紧密配合，在打击治理非法广播专项活动中，监听确认非法广播线索254次，甄别举报线索150余次，查处非法广播窝点19个。

3　月

3月2日　北京电视台首届“诚信北京”315晚会录制完成。晚会以“新消费，我做主”为主题，以“我诚信，我承诺”“诚信北京，有你有我”为口号，力争实现首都电视媒体315晚会品牌零的突破。

3月2日　北京电视台青少·海外节目中心《军情解码》栏目与深圳卫视，作为除《人民日报》、新华社、中央电视台等国内主要媒体外，仅有的两家地方媒体，参加了中央军委政治工作部宣传局组织召开涉军媒体座谈会。

3月2日　北京人民广播电台技术中心与北京市无线电委员会检测中心，在北京顺义城区西南位置的裕龙花园小区查获违法发射设备一套。

3月3日至4日　北京市新闻出版广电局召开2016年工作会。学习习近平总书记在新闻舆论工作座谈会上重要讲话精神，传达全国、全市宣传部长会议和全国新闻出版广播影视工作会会议精神，明确2016年度重点工作。

3月3日　北京北广传媒地铁电视有限公司技术部、运管部在四惠车站进行双天线机顶盒调试（试验车）。

3月5日　北京北广传媒城市电视有限公司在全市7500余块楼宇电视和7块大屏幕对第十二届全国人民代表大会第4次会议开幕式以及李克强总理的政府工作报告进行全程现场直播。

3月10日至12日　北京人民广播电台与天津、河北两台并机直播三期特别节目《对话京津冀》。

3月11日　北京电视台摄制的大型系列纪录片《解放》启动仪式在重庆市红岩革命纪念馆举行。北京市委宣传部副部长严力强、重庆市委宣传部副部长马岱良等相关人员参加。此片为献礼中国共产党建党95周年。

3月15日　北京电视台财经频道和生活频道分别推出两台90分钟的特别节目－《首届“诚信北京”3·15消费者权益日晚会》和《〈生活2016〉3·15特别报道：维权在行动》。

3月18日　随着第13间BTV爱心图书室在河北保定市满城刘家台乡龙居村小学挂牌成立，由北京电视台与北京出版集团、北京发行集团联合发起的《带本书给家乡孩子》大型公益活动第三季圆满收官。

3月21日　北京北广传媒城市电视有限公司首次与北京市环保局合作推出全新改版节目《城市天气站》，在《天气预报》的基础上增加空气质量信息发布。

3月21日　北京海润影业股份有限公司制作的电视剧《猎人》在北京电视台卫视频道播出。

3月24日　北京歌华有线电视网络股份有限公司在京组织召开“京津冀上广深广电数据产品联合生产发布”研讨会，天津、东方、河北、广东、深圳、广州等多家广电公司共同推动区域性广电数据产品的联合生产，由歌华有线大样本数据中心负责对各单位提供的数据进行汇集、计算和发布。

3月25日至30日　北京人民广播电台与台湾中华广播商业同业公会共同主办的2016台湾·北京广播发展与合作交流会，在台北市广播公司举行。

3月27日　北广传媒数字电视有限公司获“美的永恒”第四届寻找北京最美慈善义工颁奖大会“最美公益媒体合作单位”奖。

3月27日至4月3日　2016年斯诺克中国公开赛在北京大学生体育馆举办，北京人民广播电台体育广播与北京市竞赛管理中心、斯诺克比赛主办方时博国际合作，首次成为赛事的官方媒体合作伙伴。

3月28日至30日 北京紫禁城影业有限责任公司，参加2016年度春季“首都电视节目推介会”，《老农民》获本次大会年度金奖。

3月28日至31日 由北京市新闻出版广电局、北京市怀柔区人民政府联合主办，首都广播电视节目制作业协会承办的“第四届京交会—2016年春季北京电视节目交易会”在北京会议中心隆重举行。本届交易会首次增加表彰平台——“紫禁之巅影视京榜”揭榜典礼。本届交易会共吸引海内外电视节目制作机构及相关产业机构380余家近1800人，电视节目播出机构及海外来宾160余家近600人，围绕包括电视剧、动画片、纪录片、电视栏目等多元的电视节目形态进行研讨和交易。交易会共集结近750部电视剧作品，收录网络剧超18部，以及多部优秀的动画片、纪录片、电视栏目作品。

3月29日 北京电视台与北京市新闻出版广电局联合举办2015年度“影视京榜·新春盛典”，这是北京电视台连续八年邀请业内同仁并首次与北京电视节目春季交易会联手共话发展的一次盛会。国家新闻出版广电总局电视剧管理司司长李京盛、北京市委宣传部常务副部长王海平、北京电视台台长李春良、总编辑王珏等参加。

3月31日 北京人民广播电台交通广播被中国扶贫基金会授予“2015年度爱心媒体”荣誉称号。

3月31日 歌华有线高清交互数字电视平台上线“炫佳卡通”。“炫佳卡通”是一款以全高清动画内容+配套益智的IP游戏组成的创新型栏目，超过5000集动画内容，汇集了知名动漫卡通及相关休闲益智游戏。

3月 北京北广传媒移动电视有限公司确保全国“两会”各项转播、宣传报道工作顺利完成，零事故。

3月 北京广播电台17人赴台参加第四届京台广播发展与合作交流会，交流两岸广播节目业务，研讨广播合作形式。

4　月

4月1日 北京市新闻出版广电局委托国家新闻出版广电总局监管中心和社会第三方机构对北京广播电视台各频率频道及区县广播电视台播出的广告进行全方位的监听监看，并每周提供监听监看信息、每月提供监听监看报告。实现全市广播电视广告播出监管全覆盖。

4月1日 北京人民广播电台体育广播微信、微博对“焕新”徽章实物图片，独家首发，吸引5000多球迷关注，提高用户忠诚度和活跃度，提升体育广播的社会影响力和品牌效应。

4月1日 北京人民广播电台文艺广播举办22周年台庆活动，5档直播节目在直播过程中通过微信平台“摇一摇”功能为听众、网友送出上千份实物及现金红包。

4月1日 北京市副市长王宁一行到北京歌华有线电视网络股份有限公司调研，要求发挥文化科技融合发展优势和网络、终端资源覆盖优势，更好支撑教育、文化、民政、养老等政务需求，为首都公共服务体系建设和文化大发展大繁荣发挥更大作用。

4月7日 北京广播电视台主管、北京广播电视报社主办的《北广人物》杂志第1期，创刊面市。《北广人物》由《北京电视》更名而来，以向社会传播正能量、特别是北京电视台报道过的人物为报道宗旨；同时推出微信、微博版，丰富了报道手段。

4月7日 北京歌华有线电视网络股份有限公司网上营业厅微信支付缴费渠道成功上线。用户可通过网上营业厅使用微信支付订购个人宽带CM业务、VOD包月/包年业务、清缴有线电视、付费点播和游戏类业务欠费。

4月7日 北京海润影业股份有限公司在新三板挂牌上市。

4月8日至23日 第六届北京国际电影节"格瓦拉+微票儿·北京展映"举办。组委会设立统一网上售票平台，方便观众网上购票、在线选座。展映500部优秀影片、1000余场次，并举办近百场主创见面活动。30家展映影院、高校覆盖城六区及怀柔、大兴等郊区，观影人数达22万余人次。

4月9日 第六届北京国际电影节电影嘉年华在怀柔区开幕，该届电影嘉年华设主、分两个会场，分别为雁栖湖景区和怀柔影视城。以"同乐•童趣•回归"为主题，推出40余项集电影文化、休闲娱乐、旅游度假于一身的精彩活动，较往年新增影视穿越游、微电影现场拍摄、汽车影院、萌宠乐园等活动，90余家媒体近150名记者到场采访报道。

4月10日 北京歌华有线电视网络股份有限公司涿州子公司完成涿州市林屯乡赵官屯村宽带接入工程，此工程为涿州歌华首个宽带接入工程。

4月12日 北京新媒体集团及其所属北京新闻媒体有限公司、北京时间股份有限公司举行揭牌仪式。

4月14日 北京国际电影节纪录单元首个活动、第五届（2016）"青春的纪录"环太平洋大学生微纪录作品大赛启动仪式暨第四届（2015）获奖作品颁奖礼，在北京电视台举办。

4月15日至19日 北京北广传媒地铁有限公司代表出席在成都举行的中国第十一届传媒大会。

4月16日 第六届北京国际电影节在北京雁栖湖国际会展中心开幕。来自世界各地的国际知名电影节主席，驻华使节，电影人和电影制片机构，电影市场、论坛嘉宾代表以及新闻媒体记者等3000余人参加。中共北京市委副书记、北京市市长王安顺代表北京市人民政府和电影节组委会致辞，中宣部副部长、国家新闻出版广电总局局长、国家版权局局长蔡赴朝宣布电影节开幕。意大利导演吉赛贝·托纳多雷，美国导演、制片人、本届"天坛奖"国际评委会主席布莱特·拉特纳也分别发表感言。

4月17日 第六届北京国际电影节纪录单元开幕式举行。北京电视台纪实频道节目中心制作的纪录片《一起长大》，荣获评审团特别推荐中国题材短片。

4月17日 第六届北京国际电影节北京策划•主题论坛之中外电影合作论坛举办。国家新闻出版广电总局电影局局长张宏森致辞。美国制片人伊恩·史密斯和詹姆斯·沙姆斯，博纳影业董事长于冬，意大利导演吉赛贝·托纳多雷，美国导演、演员娜塔利·波特曼，美籍华人导演许诚毅等嘉宾出席论坛并参与讨论。

4月17日至24日 北京市新闻出版广电局组团赴美国、古巴执行出访任务。17日至19日，团组组织9家北京广播影视科技企业赴美国拉斯维加斯参加2016美国广播电视展（NAB），举办"中国北京广播影视科技发展技术交流会"等系列活动；20日至24日，赴古巴深入了解北京市企业采用中国地面数字标准在古巴开展数字电视覆盖及机顶盒工厂建设等项目建设情况，拓展与古巴相关机构的合作领域。

4月18日 第六届北京国际电影节北京策划•主题论坛之中国电影衍生产业高峰论坛举办。北京市副市长王宁、中影股份董事长喇培康分别致辞。论坛通过国内外资深人士对中国电影衍生产业发展趋势、中外电影衍生品市场差异以及中国电影衍生品开发与版权保护的相关内容进行分析研讨。

4月20日 北京北广传媒城市电视有限公司参加“展望十三五，发展谱新篇”——走进首都国企系列宣传活动情况介绍会，并参与负责活动的全程宣传工作。

4月21日 北京市新闻出版广电局举办“2016年北京市优秀网络视听节目征集评选活动启动会暨网络视听节目创新趋势论坛”，并发出“推动网络视听正版化产业联合倡议”。

4月21日 第六届北京国际电影节电影市场项目签约仪式举办。国家新闻出版广电总局电影局副局长梁戈、北京市新闻出版广电局副局长韩昱在签约仪式上分别致辞、发布成果。电影市场签约金额总计163.31亿元，同比增长17.96%。创投项目报名数量创历史新高，收到报名项目674个，同比增长48%。

4月22日 第六届北京国际电影节北京策划•主题论坛之“探寻电影之美高峰论坛：喜剧电影的魅力”在中国电影博物馆开幕。中国电影家协会分党组书记张宏、中国电影博物馆党委书记陈志强、北京市新闻出版广电局副巡视员卞建国出席论坛并致辞。本届论坛以喜剧电影的魅力为主题，结合电影产业发展热点，从电影美学的角度，深入探讨、交流喜剧电影作品在创作、传播等方面的美学效果和科学规律。

4月23日 北京海润影业股份有限公司制作的电视剧《一马换三羊》在山东电视台卫星频道播出。

4月23日 第六届北京国际电影节闭幕式暨“天坛奖”颁奖典礼隆重举行。来自国内外的300余家媒体及近600名影迷参加了红毯仪式。颁奖典礼上，北京电视台“天坛奖”十大奖项揭晓：电影《帮派》（阿根廷），分别获得最佳影片奖、最佳编剧奖、最佳女主角奖；路易斯·霍夫曼凭借丹麦电影《地雷区》获得最佳男主角奖；最佳导演奖颁给了丹麦电影《理想主义者》的克里斯提娜·罗森达尔。

4月24日和30日 中国电影博物馆组织两次丁荫楠导演观众见面会活动，分别在中国电影博物馆6号和1号影厅举行，放映丁荫楠导演作品《周恩来》和丁荫楠、丁震导演作品《启功》。丁荫楠、丁震导演与观众进行映后交流。

4月25日至5月4日 北京人民广播电台交通广播完成2016北京国际车展报道。本次车展报道通过广播节目内容、新媒体交互、现场落地三个方式，构建全媒体立体化活动阵容。

4月26日 北京紫禁城影业有限责任公司、海润影业等联合出品的电影《纽约人在北京》，举行开机仪式。该片是以篮球明星斯蒂芬·马布里为主角的自传型电影；前NBA巨星阿伦·艾佛森加盟；马布里等出席开机仪式。

4月27日 由北京紫禁城影业有限责任公司、文漫媒体有限公司、北京正泓文化有限责任公司、中视体育娱乐有限公司共同出品的大电影《谁是球王》，在北京举行启动仪式。

4月 由北京市新闻出版广电局副局长王霞带队参展法国戛纳电视节。2008年起至2016年市广电局已连续9年组织北京地区的影视机构组成北京影视代表团参加戛纳电视节，并在电视节上设置“北京联合展台”。此届还举办以“在戛纳说中文、认识中外朋友、促成国际合作”为主题的华语派对活动。同时与法国戛纳电视节组委会主席Paul Zilk先生进行会谈，洽谈深度合作。

4月 北京电视台《传承者》栏目，荣获国家新闻出版广电总局2016年第一季度广播电视创新创优节目。《传承者》是国内首档聚焦中国非物质文化遗产展示与传承的大型文化类节目。

4月 北京电视台在2015年度全国金帆奖评比中获金帆奖综合大奖，这是北京电视台连续第七年获奖。

4月 北京电视台自主研发设计的“智慧党建”APP正式上线。该软件具有群发通知、调查投票、传送文件、信息查询、即时通讯、互动交流等功能，支持内部信息分享和党员干部在线学习教育。

4月 北京新媒体集团和中国电信北京分公司签署战略合作协议。双方联合发布“天翼高清北京IPTV”家庭全媒体交互平台产品，并在移动数据、增值服务、宽带业务等层面，展开全方位深度合作。

4月 北京市新闻出版广电局组织开展北京市2015—2016年度广播电视公益广告专项资金扶持项目征集活动。经项目评审委员会评审并公示，最终确定扶持项目85个。其中，电视作品一类6个、二类8个、三类21个；广播作品一类6个、二类8个、三类16个；传播机构类一类6个、二类8个、三类6个。在对北京市广播电视作品和机构给予专项资金扶持的基础上，择优推荐广播类优秀作品6个、电视类优秀作品6个、优秀传播机构6个，参与国家新闻出版广电总局组织的广播电视公益广告专项资金扶持项目评审。

5　月

5月3日 北京电视台完成2016春季北京国际长走大会暨第二十二届房山旅游文化节直播报道。

5月3日至8日 中国电影博物馆和北京市政府外事办公室在馆内联合举办俄罗斯电影周，展映片目为：《吟游诗人》《士兵之父》《愿望树》《白比姆黑耳朵》《未完成的机械钢琴曲》。

5月5日 “《中国影院简史》研讨暨推介会”在中国电影博物馆举行。该书是对中国影院的发展历史进行长时段、系统化研究的首部影院史通史性著作，填补当前电影史研究领域的一项空白。

5月7日 北京歌华文化发展集团中华世纪坛“法国文化月”在京举行。活动推出包括视觉艺术、装置艺术、艺术电影、音乐剧等代表法国优秀文化艺术水准的系列、多层次推进交流互动，搭建两国人民友谊桥梁。

5月10日 北京歌华有线电视网络股份有限公司组织召开新产品新服务发布会，正式发布融合有线直播、回看、时移和互联网电视内容的4K超清智能机顶盒，同时发布“亲情一刻”家庭电视相册云应用和“歌华生活圈”智慧社区云应用。

5月11日 北京北广传媒城市电视有限公司董事长、总经理罗艳红代表北京户外媒体运营商并作为点评专家参与“第13届中国户外传播大会”上“媒体本身的革新和突破”议题的讨论。

5月14日 北京电视台推出“首都国企开放日”大型直播报道。该活动由国务院国资委、北京市委宣传部、首都文明办、北京市国资委、教工委、团市委等联合主办，首都百家国企首次同时向市民开放，使市民体验国企新风貌，感受国企新变化。

5月14日 北京人民广播电台交通广播与北京市新能源汽车发展促进中心、北京汽车博物馆等多家机构共建的北京市新能源汽车展示体验基地正式揭牌。基地围绕“绿色北京　守护蓝天”的主题，集展览展示、科普教育、充电网络建设、新能源汽车试乘试驾及购销体验等于一体。

5月14日 北京紫禁城影业有限责任公司出品的电影《终极胜利》，在法国戛纳召开新闻发布会。

5月14日 北京市人力资源和社会保障局

与北京市新闻出版广电局联合举办北京市首次数字编辑专业技术资格初级和中级考试，有2416人参加考试，有近400人通过考试取得中级、初级职称。

5月中旬 北京市广播电视监测中心组织开展安全播出应急演练。东城、西城、朝阳文委和14个区广电中心技术人员参加学习和演练。

5月16日 北京电视台录制《军情解码》特别节目“抗美援朝历史巨制——致敬最可爱的人”。

5月16日 中国电影博物馆邀请中国电影家协会秘书长、研究员、博士生导师饶曙光为全馆员工作题为《中国电影结构性调整与科学发展》的专题讲座。

5月17日 北京广播电视报社在大学生体育馆举办“第二届北京广播电视报社全民健身公益活动太极交流盛会”，来自北京市各社区的28支社区代表队和60余名太极爱好者进行太极拳各项目的团体和个人比赛交流活动。

5月17日 中国电影博物馆在白俄罗斯明斯克举办“中国电影国际巡展——中国电影走进白俄罗斯”展览，活动历时一个月，观众人数37230人次。

5月20日 北京人民广播电台“广播新声代”第五届全国主持人大赛圆满收官。活动历时7个月，来自全国各地3000多名选手报名参加，经历初赛、复赛、半决赛和决赛，最终评选出新闻组和综艺组冠亚季军。

5月23日 中宣部改革办副主任高书生、国家新闻出版广电总局数字出版司副司长冯宏声一行，到北京歌华有线电视网络股份有限公司调研，听取电视图书馆项目情况汇报，并就新闻出版与广电融合以及数字出版等深入交流。

5月24日 北京瑞特影音贸易公司配合中视及总局卫星平台，顺利完成卫星系统升级改造工作。

5月25日 国际排球联合会主席阿里 格拉萨一行到北京电视台参观交流。副总编辑朱江与格拉萨先生座谈，介绍了北京电视台概况和体育频道在宣传排球方面的情况；阿里•格拉萨表示，国际排联非常重视电视传播在排球运动发展中的作用，今后会加强与北京电视台合作。

5月26日 北京市委常委、副市长陈刚，北京市委常委、宣传部部长李伟，到北京电视台《暖暖的新家》栏目改造家庭参观调研，并与栏目组及相关设计师座谈。北京电视台党委书记、台长李春良，北京市政府副秘书长张维等参加。

5月28日 由北京市国有文化资产监督管理办公室主办，北京歌华文化发展集团建设运营的国家对外文化贸易基地（北京）承办的第四届中国（北京）国际服务贸易交易会·文化创新板块开幕，28家重点文化、科技、金融企业和一系列重大项目在展会上亮相。推介展示北京市促进文化贸易发展的系列创新成果，推动国家对外文化贸易基地（北京）建设等工作。

5月31日 北京人民广播电台城市广播作为唯一受邀广播媒体宣传国家卫计委、北京市政府主办的“无烟北京健康中国”2016年世界无烟日暨《北京市控制吸烟条例》实施一周年活动。

5月 北京电视台与澳大利亚广播公司共同主办“中澳纪录片周”优秀纪录片展播。

5月 北京人民广播电台在“时代之声”（2015）全国广播业综合实力大型调研成果中，荣获“全国最具品牌影响力省级广播电台”称号；文艺广播在“时代之声”（2015）全国广播业综合实力大型调研成果中荣获“全国最具品牌影响力省级广播频率

（文艺类）”称号。

6　月

6月5日至17日　2016法国昂西国际动画电影节举行。北京电视台卡酷少儿卫视参加此次活动，并于16日成功举办“北京动画梦”主题沙龙。

6月12日　北京紫禁城影业有限责任公司出品的电影《终极胜利》“理想之夜”香港首映礼，在九龙湾国际展贸中心星影汇盛大举行。

6月14日　北京紫禁城影业有限责任公司参加第二届国际文化产业投资洽谈会，为公司影视剧创作寻求合作。

6月15日至17日　北京市新闻出版广电局组织参加法国昂西国际动画电影节，北京动画首次以官方的身份，亮相世界舞台。本次活动由市局主办，北京电视台卡酷少儿卫视和卡酷传媒有限公司承办，组织二十多家国内动画公司参展，推介三十多部国产顶级动画作品，举办多场主题活动与展览交易。在6月16日当天举办“北京·动画梦”主题沙龙，邀请包括卢森堡总理，法国电视联盟主席等行业名流助阵，展示中国最高水准的优秀动画作品，推动中国动画在世界舞台的影响力与号召力。

6月18日至20日　北京市委宣传部副部长余俊生带队赴浙江广播电视集团和江苏省广播电视总台调研，北京电视台台长李春良等相关同志参加。李春良代表北京广播电视台与江苏省广播电视总台台长卜宇签署了两台战略合作协议。

6月21日　由“北京榜样”大型主题活动组委会主办，北京市委宣传部、首都文明办、北京广播电视台、北京人民广播电台组织实施的“北京榜样”故事巡讲首场启动。

6月22日　北京北广传媒城市电视有限公司作为世界O2O博览会暨IN＋2016创新大会官方合作媒体，携楼宇电视终端亮相大会。

6月23日　由四达时代集团主办的第六届非洲数字电视发展论坛23日在北京经济技术开发区开幕。来自39个国家广播电视部门，以及中国政界、企业界300多名代表汇聚一堂，就未来非洲各国数字电视发展展开探讨，以进一步推动非洲数字化。

6月24日　北京海润影业股份有限公司制作的电影《独龙之子高德荣》获第十六届电影华表奖提名奖。

6月25日　北京紫禁城影业有限责任公司出品的影片《百团大战》《狼图腾》，获第16届中国电影华表奖优秀影片奖。

6月25日至26日　北京广播电视报社与北京市文联和北京市老龄办联合举办第三届北京市老年舞蹈大赛暨“舞动北京”群众舞蹈大赛决赛。共有130多支老年舞蹈团队报名，60支团队入围决赛。

6月26日　北京人民广播电台首届听友节暨第七届“听众喜爱的名牌栏目”大型评选活动正式启动。

6月27日至7月1日　北京电视台为献礼建党95周年，制作的大型纪录片《解放—人民的选择》在北京卫视播出。该片创作拍摄历时8个月，跨越17个省、自治区、直辖市，行程近10万公里，采访各界相关人士百余名。

6月29日　据中共北京市委文件，胡东任北京市新闻出版广电局党组成员；7月5日，据北京市政府文件，胡东任北京市新闻出版广电局副局长。

6月30日　“影博•影人专题展五：燃烧的汪洋”主题展览开幕式暨专题座谈会在中国电影博物馆举行。著名导演黄健中，著名演员田华、王晓棠、谢芳以及原北京电影制片厂的老艺术家、专家学者、汪洋的家属和新闻媒体代表共计200人参加活动。

6月至8月　中国电影博物馆举办第七届

少年儿童电影配音大赛公益活动，历时2个多月，设10个分赛区，6万余人直接参与，吸引了60万少年儿童和家长的关注，共有80名小选手参加决赛。

6月 北京电视台在《北京新闻》推出“以创造历史追求艺术的精神规划设计建设好城市副中心”专题报道，先后播出《海淀：以创新支持城市副中心建设》《西城教育卫生文化优质资源输入通州》《生态提升产业融合 朝阳区全力服务城市副中心建设》《大兴经济生态全方位对接副中心》四期节目，分别从创新科技企业、优化教育资源、提升文化品质、融合医疗资源、规划城市布局、提升生态环境等方面，多角度、立体式反映北京城市副中心建设的进展和成就。

6月 北京人民广播电台“听听FM”客户端入驻乐视应用商店。这是北京人民广播电台在建立“听听FM”移动互联网平台的基础上，以矩阵模式将优质内容扩散到车联网、智能电视、智能音频等终端的重要探索。

6月 由北京市新闻出版广电局董明副巡视员带队的3人出访团，赴英国谢菲尔德参展谢菲尔德国际纪录片节。北京市新闻出版广电局与谢菲尔德国际纪录片节达成多项合作意向，其中包括常年在谢菲尔德纪录片节推广北京题材影视作品，共同规划、合拍北京主题纪录片作品，邀请谢菲尔德作为会选送优秀作品并组团参加北京国际电影节。同时北京电视台纪实频道也借此平台推广节目交易，影视合拍等合作规划与BBC/ITV等主流纪实类电视平台达成相应合作意向。

6月底 中央电视塔主发射机房改造，北京北广传媒移动电视有限公司48频道启用备用发射机，确保单频网传输安全。

7 月

7月1日 为迎接党95岁生日，北京人民广播电台音乐广播联合北京交响乐团举办《红旗飘飘·纪念中国共产党建党95周年音乐会》。

7月1日 京视传媒公司主办的“养生堂健康手机”发布会，在北京电视台举行。北京电视台、京视传媒公司相关负责人及享佳健康集团、中国移动政企分公司、京东商城等合作代表参加。

7月1日 北京北广移动电视有限公司32寸下屏业务于正式上线运行，并逐步完善32寸屏审、编、上载、推送工作。

7月2日 由北京紫禁城影业有限责任公司、睦谷富文化传媒（北京）有限公司、理想文化传媒有限公司、潍坊广播电视台等单位联合出品的电影《终极胜利》在北京首都电影院举办首映礼。

7月5日 全国多地汛情严峻，北京电视台成立抗洪救灾报道领导小组，新闻节目中心派出6路记者先后奔赴受灾最重的湖北、安徽、江苏、浙江、福建、四川六省采访。

7月5日 歌华有线欠费缴纳业务成功开通支付宝PC端及手机端支付渠道，登录支付宝网站进入“生活便民”或手机支付宝“生活缴费”。此举，可实现有线欠费补缴，亦可对全业务账户充值。

7月5日至9日 北京人民广播电台体育广播作为官方合作媒体，转播斯坦科维奇洲际篮球冠军赛，这是目前在中国举行的最高级别的官方国际篮球赛事。

7月8日 北京电视艺术中心有限公司自主研发的电视剧《铁道卫士》在北京市委宣传部《2016年度文化精品重点项目（第一批）》征集评审中入围。

7月8日 北京人民广播电台“2016中国童书博览会”直播活动启动。8日至16日，北京人民广播电台新闻、城市、故事、交通、文艺、外语、爱家7个专业广播进行14场现场直播，助力书香北京，倡导全民阅读。

7月10日 中国电影博物馆举办“电影大讲堂：百年中国电影”讲座，主讲人是北京大学比较文学与比较文化研究所教授戴锦华。

7月11日 北京广播电视台召开领导干部会议。北京市委常委、宣传部部长李伟出席并讲话。市委市政府决定：赵卫东任北京广播电视台副书记，北京广播电视台副台长、总编辑，北京人民广播电台台长（兼）；免去席伟航北京广播电视台副书记，北京广播电视台常务副台长，北京人民广播电台台长职务。

7月16日至8月7日 中国电影博物馆和北京市政府外事办公室在馆内联合举办印度电影展映，展映片目为：《印式英语》《巾帼拳王》《双簧影帝》《10号国道》《迷情杀机》。

7月19日 由中华世纪坛世界艺术馆、意大利文化遗产旅游活动部博物馆总局、费拉拉艺术基金会和费拉拉现当代艺术馆联合主办的“回望美好时代——意大利19世纪末-20世纪初绘画精品展”在中华世纪坛开幕。

7月19日 北京市新闻出版广电局和北京广播电视台在广播大厦，联合举办党风廉政建设培训，邀请市纪委党风政风监督室赵玉岐主任作辅导报告，赵玉岐主任介绍近年来全市贯彻落实中央八项规定、市委15条实施意见以及开展纠“四风”工作和纪律审查等情况。北京市新闻出版广电局党组书记、局长、北京广播电视台党委书记、台长李春良从精心落实好主体责任；切实防止违反中央八项规定和“四风”问题反弹；再次强调要遵守规矩和纪律三个方面对与会人员提出工作要求。北京市新闻出版广电局副处级以上干部、北京广播电视台中层以上干部共300余人参加培训。

7月20日 “北京榜样”大型主题活动组委会主办，北京市委宣传部、首都文明办、北京广播电视台、北京人民广播电台组织实施的“北京榜样”故事巡讲活动举行。北京市委常委、宣传部部长李伟，北京市委常委、市委秘书长张工出席。

7月 北京电视台精心打造《市民对话一把手·京津冀协同特别节目》，分别邀请北京市交通委、商务委、卫计委、经信委、人社局、环保局等委办局一把手，解答市民关心的问题，为推动北京未来发展营造良好舆论氛围。

7月 北京人民广播电台与北京新媒体集团建立新媒体业务深度融合，成立大编辑部，形成选题策划、直播报道联动机制；共建24小时网络直播节目频道；打造基于广播直播间的电台主持人网红队伍。

8 月

8月1日起 北京人民广播电台新闻广播《新闻热线》与北京市非紧急救助服务中心12345展开进一步合作，新闻热线电话65159063将转由12345接听，并开通每天24小时人工接听服务。

8月2日 按照市委宣传部、市文资办的指导意见，北京歌华文化发展集团与北京市文化投资发展集团达成合作共识，共同投资建设国家对外文化贸易基地（北京）。该基地立足于整合全市文创资源、实现投资渠道多样化、打造北京服务全国的文化贸易综合服务平台。

8月2日 北京电视台台长李春良与北京市台办主任汪明浩一行座谈，围绕办好“第二届两岸媒体人北京峰会”，以及深化京台媒体合作事宜深入交流。

8月3日 6:00（里约时间）北京人民广播电台奥运报道团队抵达巴西里约热内卢，体育广播前方记者、主持人及第一任中国奥运旗手共同完成《激情奥运，里约绽放——开幕式特别节目》。北京时间11：00，驻扎在里约科巴卡巴纳地区前方直播间正式开始播音，首次采用“4G背包”实现跨洋转播。

8月4日至9日 北京人民广播电台文艺广播《我们出发吧》在直播中，首次采用微信公众号“喊红包”互动方式。“喊红包”是听众通过微信公众号语音功能，喊出提前设置好的关键词，喊完后系统会自动提示听众是否中了红包大奖。

8月14日至18日 由北京歌华文化发展集团承办的2016“共创未来——中美青年创客大赛”总决赛与系列活动在中华世纪坛举办。北京歌华文化发展集团因成功承办中美青年创客大赛总决赛，被中华人民共和国教育部授予“最佳合作伙伴”荣誉称号；被北京市科委授予“北京市设计创新中心”；被北京市科委、北京众创空间联盟授予“北京市众创空间”；标志歌华集团双创板块建设，得到政府主管部门和社会各界认可。

8月15日 中国电影博物馆邀请故宫博物院院长单霁翔为馆内员工作题为《守望与传承——浅析故宫工匠精神的当代实践》的专题报告。

8月16日 航海家郭川做客北京人民广播电台体育广播里约直播间，北京电视台新闻频道、体育频道也对专访同时进行了录制。

8月17日 北京电视台与北京人民广播电台、北京新媒体集团，联合召开重点宣传项目合作专题会商会，分别介绍各自正在开展和计划开展的重点宣传项目，并就如何进一步密切合作、共同做强品牌深入讨论。

8月18日 北京北广传媒城市电视有限公司荣获2016中国户外广告业大会“中国户外品牌传播卓越成就奖”。

8月18日 歌华有线高清交互平台“爱八角生活圈”智慧社区电视云服务举行上线仪式。“爱八角生活圈”实现“吃、住、行、游、购、娱、健”七个方面的网络化服务，形成街道活动、为民服务、多彩社区、老街坊居家养老、好帮手公益家园、文化体育、教育地图、一刻钟生活圈、街景地图等10个功能模块。

8月19日至20日 在北京市新闻出版干部学校北京市新闻出版广电局举办2016年北京市新闻出版广电版权系统依法行政法制培训班。局机关各处室、局属事业单位、市属新闻出版广电机构、各区文委法制部门相关人员共100余人参加培训。北京市新闻出版广电局副局长杨培丽同志参加培训并作开班讲话。

8月19日至21日 北京歌华文化发展集团主办的2016 Maker Faire Beijing（北京创客盛会）开幕，动员社会各层近5万人现场参与，鼓励人人成为创客，普及全民创新的“工匠精神”。

8月20日 北京电视台《跨界歌王》第一季圆满收官。总决赛CSM35城收视率1.9%，位列所有省级卫视第一名；百度指数达1238218，创全国新开播季播节目纪录；跨界歌王主话题总量超100亿，创新开播综艺节目新纪录。

8月23日 西藏自治区人民政府党组副书记、政府顾问孟德利一行到北京歌华有线电视网络股份有限公司考察调研并座谈，双方就北京、西藏两地有线电视的发展状况以及在教育、文化等领域的合作深入交流。中共北京市委宣传部副部长余俊生、北京歌华传媒集团有限责任公司负责人参加会议。

8月23日 由中国电视购物联盟和家有购物频道主办的“第二届中国电视购物行业高峰论坛”，在贵州贵阳举行；北京北广传媒数字电视有限公司，作为《爱家购物》频道运营主体出席。

8月24日 据中共北京市委文件，杨烁任北京市新闻出版广电局党组书记。免去李春良北京市新闻出版广电局党组书记职务。8月30日，据北京市政府文件，杨烁任北京市新闻出版广电局局长、北京市版权局局长。免去李春良北京市新闻出版广电局局长、北京市版权局局长职务。

8月24日至26日 北京北广传媒城市电视有限公司参加第二十五届北京国际广播电影电视展览会，围绕自有42寸楼宇电视国标终端为展示核心，对公司旗下的楼宇电视联播网及户外大屏联播网进行推广式宣传。

8月24日至27日 北广传媒影视公司携新片《复婚前规则》参加2016年北京电视节。

8月25日 北京紫禁城影业有限责任公司参加“2016第十四届中国国际影视节目展”，推广公司剧目。

8月25日 安徽铜陵市郊区区委副书记、区长张琼，率铜陵赴京招商活动考察团一行八人来到北广传媒影视公司，带来铜陵大通影视传媒文化产业园的最新扶持政策。

8月25日 中国电影博物馆举办“电影大讲堂——‘影博·影人专题展五：燃烧的汪洋’”讲座，主讲人是著名电影文学家、剧作家苏叔阳。

8月25日至9月1日 北京人民广播电台技术中心分别协助河北无线电管理局和北京无线电管理局，依法铲除了三个严重干扰交通广播收听的非法电台。

8月 北京电视台圆满完成二十国集团（G20）领导人杭州峰会报道任务，全面介绍了中国经济新变化新亮点和对世界经济的贡献。

8月 北京人民广播电台体育广播连续转播里约奥运会中国女排半决赛及决赛，创收听佳绩。与2016年同时段相比，上升了81%。

8月 华谊兄弟传媒股份有限公司与《美国队长》系列导演罗素兄弟携手共同成立合资公司，旨在攻占全球性超级系列IP的高地。

9　月

9月2日 北京市纪委到北京人民广播电台宣布给予汪良党纪、政纪处分决定。

9月7日 北京市新闻出版广电局召开领导干部会议。北京市委常委、宣传部部长李伟出席并讲话。市委组织部副部长张彤军宣读市委、市政府关于杨烁、李春良职务变动通知：杨烁任北京市新闻出版广电局党组书记、局长，市版权局局长；免去李春良北京市新闻出版广电局党组书记、局长，市版权局局长职务。

9月9日 北京广播电视报社组织老读者参加《北广人物》周刊发展专题研讨会，请老读者为《北广人物》把脉，为杂志发展提建议。

9月11日 北京海润影业股份有限公司制作的电视剧《终极使命》在重庆电视台卫星频道播出。

9月13日 北京市新闻出版广电局召开安全播出电视电话会议。会议传达国家新闻出版广电总局和市委市政府有关安全工作要求，通报了近期全国安全播出事故典型，并对“中秋节”“国庆节”重要保障期的安全播出提出要求，北京广播电视台、市属机关单位、歌华有线、14个区广电中心等相关人员参加会议。

9月14日 北京新媒体集团与中国青年报社举行战略合作签约仪式，共同启动“北京时间中青报”产品，同时联合开启首个项目——“中秋明月夜，天涯共此时”卢沟晓月大型直播。

9月17日至10月4日 中国电影博物馆和北京市政府外事办公室在馆内联合举办西班

牙电影展映，展映片目为《特鲁曼》《露水情缘与悲伤电影》《哈桑之路》《18道爱滋味》《南十字星》。

9月20日 北京歌华有线电视网络股份有限公司旗舰营业厅正式对外营业。营业厅以产品展示、业务宣传、用户体验为主；另有附加缴费服务和业务办理，着力引导用户多使用电视、网络等终端缴费渠道。

9月22日 北京电视台举行以“在北京赢天下”为主题的2017年北京卫视重点资源推介会。600余名来自企业、广告圈的嘉宾参加。

9月22日 （当地时间）由北京市新闻出版广电局主办、四达时代集团承办的“2016北京影视剧非洲展播季”在尼日利亚首都阿布贾隆重举行。

9月23日 北京市政府专题研究北京电视台《大家谈》节目。市长王安顺主持召开专题会议，研究电视台《锐观察》新增专栏《大家谈》的节目内容，要求多方联动，以“疏”代“堵”，把专栏办成意见表达平台、政群沟通平台。

9月23日至10月7日 由文化部、北京市人民政府联合主办、北京歌华文化发展集团和北京工业设计促进中心共同承办的“2016北京国际设计周”在京津冀地区举办。歌华集团和设计周组委会并轨运作，联动中华世纪坛、歌华大厦、国家对外文化贸易基地（北京）三个公共文化服务平台，以及遍布京津冀的28个分会场，共举办9大板块、500余项创意设计活动，吸引参与观众超过800万，带动文化旅游、拉动各类设计消费总额逾20亿元。

9月24日至25日 北京人民广播电台动听调频直播2016年iHeart Radio音乐节，这是国内媒体首次现场直播该音乐节。

9月26日 北京电视台新闻节目中心策划制作的60集大型系列报道《寻踪长征路》正式亮相，分别在《北京您早》《特别关注》和《北京新闻》等栏目滚动播出。

9月27日 北京海润影业股份有限公司制作的电视剧《胭脂》在东方卫视、浙江卫视首轮播出。

9月30日 北京市编办批复同意撤销北京市新闻出版广电局所属北京国际影视交流促进中心，并在北京电视台增设内设机构北京国际电影节运行中心（京编办事〔2016〕85号）。

9月 北京新媒体集团以“互联网思维”全景报道G20杭州峰会。北京新媒体集团与战略合作伙伴中青报组成的20名前方报道团队、165名后方工作团队，以先进的全媒体直播技术，实现了演播室与直播平台对G20峰会的多点同步、全景式直播报道。

10 月

10月4日至7日 北京北广传媒城市电视有限公司通过大屏联播网MSTP专线，依靠IPTV技术，实现中央电视台控制播出，首次作为中国网球公开赛与浪琴表国际马联（FEI）场地障碍世界杯赛事合作伙伴，点对点对两项赛事进行户外大屏终端的视频直播。

10月10日至18日 由北京人民广播电台策划制作，市政府新闻办与北京人民广播电台新闻广播联合推出的八集纪念长征胜利80周年专题报道《长征——不朽的丰碑》，陆续在新闻广播多个节目中播出。

10月11日至12日 中国—葡语国家经贸合作论坛在澳门召开第五届部长级会议。四达时代集团总裁庞新星被中国国际商会聘任为中国与葡语国家企业家联合会中国委员会副主席并现场接受委任状。

10月12日 北京电视台举行“‘天涯共此时’—BTV跨年大型新闻行动”启动仪式。中国侨联副主席、北京市人大副主任李昭玲，国务院国资委新闻中心主任毛一翔，北京市委副秘书长、市委宣传部副部长严力强，国务院推进“一带一路”工作领导小组办公室负责人欧晓理等，以及泰国、俄罗斯、新加坡、南非、乌兹别克斯坦驻华使节出席活动。

10月12日至17日 北京北广传媒影视有限公司随北京广播电视台赴台湾参加“2016年第二届海峡两岸影视文化展”。

10月13日 国际奥委会文化顾问、奥林匹克遗产文化项目全球推广负责人斯考特·吉文斯，访问北京电视台，并就北京电视台“2017 BTV跨年环球歌会”奥运主题把控、未来六年奥林匹克文化战略推广、开办奥运频道等，与相关负责人深入研讨。

10月13日 北京紫禁城影业有限责任公司参加在湖南长沙举行的第十一届金鹰电视艺术节，电视连续剧《传奇大掌柜》，获本届电视剧提名奖。

10月14日至21日 北京广播电视台派3人赴捷克、斯洛伐克参加第十一届数独世锦赛和第二十五届谜题世锦赛，推介宣传中国数独运动发展情况，商洽筹办数独世青赛事宜。

10月15日至23日 由文化办、北京市人民政府主办、北京歌华文化发展集团等承办的“北京国际摄影周2016”在京举办。本届摄影周历时9天，在中华世纪坛以及全市13个分会场共举办65个展览、25场论坛、14场专题推介活动，参观人数共计35万人，网上在线浏览量超过2500万人次。

10月15日 北京电视艺术中心有限公司出品的电视剧《一起长大》，在乐视网会员频道正式上线。该剧从筹备之初就一直秉承“精品”理念，并首次尝试先网后台的播出模式，每周更新六集，目前上线十集已达到6500万点击，关注度和播出效果可观。

10月17日 北京北广传媒城市电视有限公司成功完成神舟十一号载人飞船发射转播工作，并第一时间在楼宇频道全程安全转播中央电视台综合频道播出的《神舟十一号载人飞船发射》。

10月18日 北京电视台首部抗美援朝主题动画片《最可爱的人》，在卡酷少儿频道播出。

10月18日 北京电视台新闻频道、影视频道在歌华有线网实现高标清同步传输播出。自此，北京电视台已拥有6个高清播出频道，其中5个为高标清同播频道，频道高清化比例超过50%，处国内先进水平。

10月18日 北京市新闻出版广电局党组书记、局长杨烁，向来局调研的市委宣传部副部长余俊生介绍首都新闻出版广播影视行业发展现状及面临困难。余俊生要求：在新形势面前，要时刻保持忧患意识和危机意识；在精品创作方面，要讲好中国故事，讲好北京故事，大力促进文化输出；在体制改革方面，要进一步简政放权，优化行政服务。

10月21日 北京人民广播电台音乐广播与北京交响乐团联合主办《长征长征》特别交响音乐会举办，在音乐会之前，通过长征知识问答、红色歌曲猜歌名、开设主题微课、征集长征主题照片等，向听友普及长征知识，弘扬长征精神。

10月21日 北京市新闻出版广电局召开北京影视出版创作基金第一届理事会第一次会议，选举产生理事会及理事长、副理事长和秘书长，审议通过《北京影视出版创作基金章程》及相关工作制度。局党组书记、局长杨烁主持会议，北京市委宣传部副部长余俊生对基金管理提出要求。

10月22日 据中共北京市委文件，免去王霞同志北京市新闻出版广电局党组成员职务。

10月22日 据中共北京市委文件，免去戴维同志北京市纪律检查委员会驻北京市新闻出版广电局纪检组组长职务。

10月22日 北京电视台与华彬集团签约，正式启动大型原创冰雪真人秀《跨界冰雪王之冰上星舞》。该节目是北京电视台继《跨界歌王》《跨界喜剧王》后继续深耕的又一“跨界品牌”。

10月22日至23日 全国广播电视编辑记者、播音员主持人资格考试进行。国家新闻出版广电总局人事司司长王向文等到北京地区考场巡考，对考区工作给予充分肯定；北京市新闻出版广电局领导杨烁等陪同巡考。

10月23日 由北京电视台主办，青少·海外节目中心、京视传媒公司、BTV乐益达少年科学院联合承办的2016年“BTV乐益达青少年科技创新大赛”落幕。大赛以“创客空间　创意未来”为主题，为全国青少年科技爱好者提供了展示、交流、竞技的平台。

10月23日 第23届中国国际广告节中国广告长城奖、中国公益广告黄河奖揭晓。北京人民广播电台《天猫——堵篇》《<我要跑步>节目宣传》获长城奖铜奖；《摇红包——芈月版》获长城奖优秀奖；《放下手机陪陪孩子》《走失的小山雀》获黄河奖优秀奖。广告长城奖始办于1982年，被业界誉为中国“广告界的奥斯卡”；中国公益广告黄河奖则是我国迄今为止公益广告的最高奖。

10月24日至29日 北京广播电视台派4人赴美参加2016年纽约电视节。

10月25日 北京人民广播电台、电视台与张家口广播电视台举行冬奥新闻宣传合作协议签字仪式。决定，北京、张家口两地电台、电视台建立新闻合作机制、实现节目资源共享与合作策划等。

10月26日 北京人民广播电台交通广播获首届全国交通广播综合影响力调研评比“最具影响力交通广播频率（省级）”；《一路畅通》获首届全国交通广播综合影响力调研评比“最具品牌效应栏目”；杨洋获首届全国交通广播综合影响力调研评比“广播节目主持人影响力——最受听众欢迎十佳主持人”等重量级奖项。

10月26日 北京人民广播电台爱家广播《我们爱阅读》栏目主持人小雨姐姐，在第六届书香中国北京阅读季阅读盛典上，荣获“北京阅读季金牌阅读推广人”称号。

10月26日 北京市新闻出版广电局和北京电影学院联合主办的第十一届中国北京国际文化创意产业博览会国际电影产业发展研讨会召开。来自北京理工大学、AMD中国、THE FOUNDRY、乐视、派华文化等研究机构和企业十余位行业专家，共同研讨VR虚拟现实技术与电影工业艺术形式之间的结合、虚拟现实技术对中国电影产业未来发展的影响等问题。

10月27日 北京市新闻出版广电局与北京银行联合举办支持文化创意产业发展暨银企战略合作签字仪式。现场举行“北京影视出版产业最佳服务银行”“北京银行文化创意专营支行”授牌仪式及银企战略合作签字仪式；北京银行与北京雨枫文化传播有限公司等8家新闻出版广播影视企业，签订总计10.1亿元意向性授信协议，全力支持文化创意企业发展。

10月27日 北京北广传媒城市电视有限公司首次携最新型55寸高清楼宇电视终端以及人脸识别技术设备亮相第十一届中国北京国际文化创意产业博览会。

10月27日至30日 北京市新闻出版广电局组织北京市相关单位在中国国际展览中心1B展馆举办新闻出版广电专业展，主题是“改革创新，融合发展”。

10月28日 全国首档原创科普纪实节目

《熊猫奇缘》在北京卫视开播。节目中，“全球熊猫爱心大使”黄晓明携手4组嘉宾共同体验“熊猫人”不平凡的守护工作，真实还原鲜为人知的“熊猫故事”。

10月29日 中国广播电影电视社会组织联合会主办的第十八届“全国十佳DJ”大赛落幕，北京人民广播电台音乐广播主持人滕兵荣获“全国十佳DJ”称号。

10月29日至30日 北广传媒影视公司受邀赴横店参加“2016年中国（东阳横店）影视文化产业发展大会”，参与浙江影视发展论坛、并出席2016横店影视节暨第三届“文荣奖”颁奖典礼。

10月30日 来华进行国事访问的几内亚共和国总统孔戴一行在北京参观考察了四达时代集团，并与四达时代集团总裁庞新星等进行了会谈。

10月31日 北京歌华有线电视网络股份有限公司荣获工业和信息化部授予的“互联网+企业采购标杆企业”称号。

10月31日至11月6日 北京北广传媒影视有限公司受邀赴美国参加2016年中美电影节，参展电视剧《复婚前规则》获“评委会金天使奖”。

11 月

11月1日 北京人民广播电台城市广播“市民对话一把手——院长直播 守护健康”系列开播。该节目连续推出五年，已成为北京市属医院新闻发布平台。2016年实现在医院现场网络视频直播。

11月1日 北京市新闻出版广电局组织召开2016年电影制片管理工作培训会。会议就电影备案立项、制片管理和影片审查等工作的流程要求和相关问题，与制片单位交流。

11月2日至8日 北京新闻出版广电局组织北京电影代表团参加美国电影交易市场（AFM）推介、中国电影招待会、中国电影研讨会、美中影视博览会及“金色银幕”合拍片颁奖典礼、中美电影节“东方之夜”等活动，展映优秀影片6部；出访加拿大，参观访问加拿大国际电影电视节组委会、北美电影家协会和加拿大电影电视学院，介绍北京电影产业和北京国际电影节等有关情况，对有关合作事项进行深入交流。

11月5日 《光明日报》刊发《跨界：喜剧创作的新尝试》，高度评价北京卫视《跨界喜剧王》在喜剧类节目上另辟蹊径，将现实价值渗透进喜剧作品内核，专注内容深度，让观众欣赏到一档气质不凡的喜剧综艺节目。

11月5日 北京北广传媒城市电视有限公司作为2016 One Show中华创意节战略合作伙伴受邀亮相活动现场，并在“北京户外地标媒体”世贸天阶LED大屏上全程直播本届中华创意奖颁奖盛典。

11月7日 中华全国新闻工作者协会第九届理事会第一次会议暨中国新闻奖、长江韬奋奖颁奖会在京举行。北京人民广播电台新闻广播现场直播节目《冰雪五环、聚焦冬奥——2022年冬奥会举办城市揭晓》，获中国新闻奖广播直播类一等奖。

11月8日 据北京市政府文件，戴维同志任北京市新闻出版广电局副局长；免去王霞同志北京市新闻出版广电局副局长职务。

11月8日 北京电视艺术中心有限公司联合出品的都市情感大戏《嘿，孩子》在浙江卫视《中国蓝》剧场独家首播。

11月9日 北京电视台举行“跨界，一起来——2017北京卫视重点资源推介暨广告签约会”，发布2017年北京卫视新版面、新资源、新策略。活动吸引了全国排名前30的广告代理公司、节目制作公司和全球顶级模式公司代表的热情参与，现场实现广告签约15.7亿元。

11月11日 在北京电视台大剧院，北京广播电视台举办广播电视节目创新奖颁奖典礼。

11月12日 北京市委宣传部、市文化局与北京电视台联合主办，北京电视台生活节目中心等承办的“舞动北京”全民广场舞大赛总决赛圆满结束。报名参赛的800余支队伍，激烈角逐，最终产生三支冠亚季军队。

11月14日至20日 北京人民广播电台推出“北京城市副中心建设进行时”系列报道及系列访谈节目。

11月17日 北京市新闻出版广电局和怀柔区人民政府联合主办的“2016年秋季北京电视节目交易会”在北京市怀柔区举办。本届秋季北京电视节目交易会注册人数约为2600人。参展电视节目制作机构420家，动画、纪录片、电视栏目制作机构30家，进场参展电视剧节目800余部、3万余集，其中前期筹备301部11837集；制作中110部4136集；首轮发行231部8774集；二轮发行157部6509集。电视纪录片41部、10409集；电视动画片27部、1338集。为了更好推动京津冀文化协同发展，河北省承德市将借助本次交易会平台举办“京津冀•承德市临空经济区影视产业发展专场推介会”。

11月18日 第二届两岸媒体人北京峰会在京举行。北京广播电视台总编辑、北京人民广播电台台长赵卫东，代表北京人民广播电台与台湾中原广播股份有限公司签署《关于节目交流合作的协议》并做主旨发言。

11月18日 北京地铁电视公司在北京广播电视总台举行的“助我中华”表彰大会上获奖。

11月19日 北京卫视《跨界喜剧王》第一季圆满收官。全季12期节目CSM35城收视率最高达1.47%，位列同时段第2；北京地区收视率高达6.06%；百度指数达265万，创全国同时段开播季播节目纪录；多次被《人民日报》《光明日报》等“点赞”。

11月20日 受国家艺术基金委托，由北京歌华文化发展集团主办的“2016年度国家艺术基金传播交流推广项目”在江西省美术馆启动。这是歌华集团首次与国家艺术基金达成的平台层面的、长期深入的推广合作。首轮推介的103件/组优秀艺术作品，在北京、上海、南京、福建等全国20个城市巡展。

11月21日至22日 北京电视台参与主办的第二届“世界电视日”世界电视大会举行。活动期间，北京电视台推介了《大西山》《跨界歌王》、“天涯共此时大型新闻行动”等一批优秀节目。

11月22日 北京市广播影视协会组织召开第二十六届中国新闻奖北京广播电视获奖作品研讨会，就协会推荐的北京人民广播电台广播直播节目《冰雪五环、聚焦冬奥——2022年冬奥会举办城市揭晓》和北京电视台电视纪录片《生命缘——请你替我活下去》荣获第二十六届中国新闻奖一等奖进行研讨。获奖作品主创代表，北京广播电视台及所属北京人民广播电台、北京电视台，通州区广电中心、顺义区广电中心的有关领导和专家进行深入研讨。会议倡议北京广电新闻采编人员学习获奖作品的创作经验和采编人员良好的新闻职业操守和专业技能，把创新创优工作提高到一个新的水平。

11月22日 四达时代集团与加纳足球协会在北京签署战略合作协议。未来10年，四达时代将在泛非地区和中国推广加纳足协旗下的主要足球赛事，并促进中非在体育产业方面的合作。

11月23日至12月2日 北京广播电视台派所属北京新媒体（集团）有限公司随中华全国新闻工作者协会赴新加坡、马来西亚、泰国进行海外华文媒体交流。

11月24日 （当地时间）四达时代成功

获得巴基斯坦DTH牌照。这是巴基斯坦政府发布的首张卫星电视运营牌照，也是四达时代获得的首张亚洲国家卫星电视运营牌照。

11月26日 北京海润影业股份有限公司制作的电影《三人行》获第53届台北金马影展金马奖最佳导演提名、最佳原创配乐提名。

11月27日 北京电视台《传承者之中国意象》收官，12期节目央视索福瑞35城收视率最高达1.41%，位列同时段第二；北京地区收视率最高4.82。

11月28日 《北京市新闻出版广电局收听收看数据平台》项目鉴定会由中国广播电影电视社会组织联合会技术工作委员会组织召开。与会专家认为“该项目充分利用了大数据分析、多维度预警和躁动值设置等多种技术，可以为北京市广播电视内容的导向管理、质量管理和行业管理提供技术支撑，具有较强的创新性，达到国内领先水平，具有很强的行业推广价值”。

11月28日至12月2日 北京歌华有线电视网络股份有限公司荣获2016年中国技能大赛——“广达杯”优秀组织奖，该竞赛是由国家新闻出版广电总局人事司和中国就业培训技术指导中心主办、中国广播电影电视社会组织联合会有线电视工作委员会承办的。

当地时间11月29日 北京市新闻出版广电局主办的“2016北京优秀影视剧南美展播季活动”，在哥伦比亚首都波哥大成功启幕。遴选翻译《空中看北京》《超级工程——北京地铁》等反映当代北京建设发展的优秀纪录片现场播放，并举办北京影视推介会，推介《北京时间》《北京爱情故事》等反映当代北京生活题材的优秀影视剧。作品播出后，受到当地群众欢迎和媒体人士好评，为中拉文化交流年增添了光彩。

12　月

12月1日 为贯彻落实全国安全生产电视电话会议暨北京市安全生产会议精神，北京市新闻出版广电局党组书记、局长杨烁带队到平谷区调研，就行业安全提出三点要求：一是时刻保持安全防范意识；二是加强安全播出监测监管；三是加强值班值守，确保高山转播站正常运行。

12月2日 北京北广传媒数字电视公司与北京歌华视讯文化有限公司合作的移动端增值服务业务，在中国移动咪咕视频平台正式上线。首期上线频道为《四海钓鱼》和《车迷》。

12月3日至12月25日 中国电影博物馆和北京市政府外事办公室在馆内联合举办瑞典电影周，展映片目为：《打扰伯格曼》《瑞典爱情故事》《重回同学会》《正面蕉疯》《自我》。

12月6日 北京市委常委、宣传部部长李伟与新疆维吾尔自治区党委常委、宣传部部长田文座谈，专题研究纪录片《新疆》有关工作。

12月6日 北京电视台举行2017大型跨年系列启动发布会。活动先后推出中国一佳劳伦斯冠军奖颁奖盛典、张艺谋挂帅的大型冰雪真人秀《跨界冰雪王》、10小时大型直播新闻年汇《跨越2016》、2017跨年环球歌会及零点倒计时跨年灯光秀等。

12月6日 上海贝尔股份有限公司副总裁金剑等一行，到北京歌华有线电视网络股份有限公司交流，充分表达希望与歌华有线在700M、物联网、有线网络系统和VR等领域开展深入合作愿望。

12月6日 北京新媒体集团（以下简称“集团”）与“华人头条”签署战略合作协议；22日，集团与国家大剧院签署战略合作协议；23日，集团与中国铁道旅行社在“北京时间号”冰雪之旅首发专列上签署战略合作协议；30日，集团与电台签署战略合作协议。

12月7日 北京市委副秘书长、市委宣传部副部长严力强，到北京人民广播电台调研采编播队伍建设情况，电台领导班子成员及各部门主要负责人参会。

12月7日 北京紫禁城影业有限责任公司、天域媒体科技有限公司[天域4D全感音]技术全球首度发布会暨《Beyond Skyline》电影首度试映会，在香港铜锣湾时代广场举行。

12月11日 北京海润影业股份有限公司制作的电视剧《北上广依然相信爱情》在浙江卫视首轮播出。

12月13日 中广联合会评奖工作部正式公布2014年度中国播音主持“金话筒”奖获奖名单。北京人民广播电台5名播音员主持人分获3个奖项：新闻台朱秦获2014年度中国播音主持“金话筒”奖——广播播音员主持人人物；交通台李嘉佳（嘉佳）、金盛博（盛博）的作品《不可回避的青少年性教育》获2014年度中国播音主持“金话筒”奖——广播主持作品；新闻台滕莹石（滕欢）、李锐的作品《资讯早八点——新鲜资讯》获2014年度中国播音主持“金话筒”奖提名奖——广播播音作品。

12月13日 北京歌华文化发展集团建设运营的国家对外文化贸易基地（北京）成功引进美国独资演出经纪机构“龙之传奇”和新西兰影视制作知名机构“HUHU”工作室等平台型企业。

12月13日 电影《罗曼蒂克消亡史》在中国电影博物馆隆重举行电影首映仪式。影片导演程耳、演员葛优、章子怡等多位主演到场，片方代表华谊兄弟传媒集团的执行总裁、副董事长兼总经理王中磊和导演程耳向中国电影博物馆捐赠该片的电影拷贝和海报。

12月13日 北京歌华有线电视网络股份有限公司数字媒体公司，与朝阳区八里庄街道签署“八里庄家视生活圈”电视云服务平台合作协议。该平台紧扣养老、为老服务主题，包含养老介绍、我的健康管家、社区医院挂号、便民养老服务等四大板块。

12月14日 北京歌华有线电视网络股份有限公司数字媒体公司与通州社工委签署“北苑生活圈”便民电视云服务平台合作协议。该平台覆盖北苑街道18个社区，约4.6万居民，以“一刻钟社区服务圈”为核心，形成六大功能模块，即：关注北苑、为民服务、文教卫体、公益组织、一刻钟服务圈、多彩社区等。

12月14日至16日 北京市新闻出版广电局协调北京市经信委、工商局、质监局共同组成“北京市卫星电视接收设施专项整治督查组”，对北京市部分持证机构、以及卫星设施生产、代理单位进行实地检查，并完成督查评分。

12月16日 北京市启动空气重污染红色预警，市教委紧急要求全市中小学实行弹性教学方式。北京北广传媒数字电视公司对此反应迅速，即刻调整《考试在线》频道相关节目，在停课期间每日16：00-18:00时段播出“北京数字学校”栏目，利用数字电视平台提供课堂教学内容，使学生能够在家完成主要课程的自主学习。

12月16日 北京电视台举行2017年BTV专业资源推介会，重点推介八个地面频道、卡酷少儿、纪实高清两个卫视频道、以及北京国际电影节的优质资源，来自全国各地企业和广告客户代表300余人参加。

12月16日至21日 北京全市雾霾红色预警期间，北京歌华有线电视网络股份有限公司迅速启动教育平台“停课不停学”活动，免费向全市中小学、幼儿园提供10项教育应用和4万课时在线资源服务。

12月29日、30日 市新闻出版广电局分三批组织召开2016年度广播电视节目制作经营机构管理工作会议。近5000家北京市属广播电视节目制作经营机构负责人参加会议。29日下午，国家新闻出版广电总局传媒机构管理司副司长戴振宇出席会议并讲话；电视剧管理司规划发展处处长朱正文通报电视剧管理及精品创作相关情况；市新闻出版广电局党组成员、副局长戴维做题为《创新创优推进首都广播影视繁荣发展》的主旨讲话。会上布置了广播电视节目制作经营机构业绩审核和统计年报工作,并对相关软件系统进行讲解。

12月30日 中华世纪坛传统文化季拉开序幕。传统文化季推出以家风为主题的展览、非遗演出以及冰雪主题文化市集，将文化传承与传统文化节日相结合，为以家庭为单位的受众群体提供形式多样、内涵深厚、品位高雅的活动场所。世纪坛首演剧场以巡演方式展示推介非遗演出剧目，推动优秀传统文化作品在国内外演艺要素市场的创投交易。

12月31日至2017年1月22日 中国电影博物馆和北京市政府外事办公室在馆内联合举办巴西电影周，展映片目为：《朝圣：保罗·科埃略最棒的故事》《人生如戏》《消失在迷幻雨林》《失恋男人旅行日记》《希望球场》。

12月 中国电影博物馆第一本年鉴《中国电影博物馆年鉴（2016）》编印完成，年鉴集中记录和反映中国电影博物馆2015年度各项事业的发展成果，包含图片、综述、专项纪事、职能履行、业务建设、党群建设、大事记和附录等内容，全书共计5.1万字，图片65幅。

12月 “中国电影博物馆展览大纲修订”2016框架稿完成，全稿11000余字，涉及“新十年的中国电影成就”等19个方面。

12月 根据《中共北京市委关于王海平同志任职的通知》（京委〔2016〕704号）（京政任〔2016〕304号）（京委〔2016〕703号）文件，王海平同志任中国电影博物馆馆长、中共中国电影博物馆委员会副书记。

12月 北京北广传媒移动电视有限公司《同在蓝天下 爱心1+1》获得第24届北京新闻奖组织策划奖，这是移动电视首次获得该奖项；《秀逗爱生活》《用爱铺就援疆之路》分获2015年度北京市优秀广播电视节目文艺类优秀作品和电视新闻类优秀作品。《豆腐人生》和《80后博士的机器人梦》分获第十八届首都女记协好新闻评选二、三等奖。

12月 国家新闻出版广电总局2015—2016年度广播电视公益广告扶持项目评选结果揭晓，北京市新闻出版广电局选送的3件广播作品、4件电视作品、2个播出机构及3件知识产权单项作品共12个项目，获总局扶持资金89万元，位居各省（市）之首。

2016年 北京瑞特影音贸易公司配合万豪行政公寓、钓鱼台国宾馆、瑞吉酒店等多家单位，为接待俄罗斯、摩洛哥、印度等国领导人来访接收临时境外卫星节目提供保障服务。

2016年 北京歌华文化发展集团建立未来艺术实验室。该实验室是由中华世纪坛艺术馆联合文化艺术及各领域尖端产学研机构共同推出的艺术孵化平台。实验室2016年1月成立，出品《漂流的文明——世界文明多媒体特展》《新印象莫奈:时光映迹艺术展》《技术伦理》《安徒生魔法乐园》等多媒体艺术展，成为艺术与科技的产学研全要素全方位融合的平台型实验室。

2016年 北京市新闻出版广电局全年持续开展非法广播打击治理工作。从2月份至年底，在落实国家新闻出版广电总局和公安部组织的开展打击治理非法广播专项行动中，监听确认非法广播线索254条次，甄别举报线索150余条次，出具设备鉴定意见19份，参与市公安、文化执法部门查处19处非法广播窝点的行动。年底，北京市新闻出版广电局和传媒机构管理处肖永哲同志分别获得国家新闻出版广电总局2016年开展打击治理“黑广播”违法犯罪专项行动先进单位和先进个人。

2016年 北京音像资料馆开展口述历史项目，全年采访7名老同志，拍摄时长约2400分钟，查找调阅馆藏资料（素材）约300分钟。完成成片3部，留存于媒资系统，并以高清DVD形式保存入光盘塔。

2016年 北京光线传媒股份有限公司实现票房64.2亿元，其中《美人鱼》创造33.9亿的中国影史票房纪录，《从你的全世界路过》票房创造8.8亿元国产爱情片的票房纪录。

2016年 华谊兄弟传媒股份有限公司出品的电影《我不是潘金莲》获2016年多伦多电影节国际影评人费比西奖；第64届圣塞巴斯蒂安电影节最佳影片金贝壳奖；主演范冰冰荣获最佳女主角银贝壳奖；导演冯小刚获第53届台湾金马奖最佳导演奖。

2016年 华谊兄弟传媒股份有限公司和美国STX合作影片的票房达2.8亿美元，约合19亿人民币。其中，小成本影片《坏妈妈》票房斩获1.8亿美元（逾12亿人民币），成为北美暑期档黑马。此外，公司参与投资的《魔兽》的全球票房达到近30亿人民币。

2016年 大唐辉煌传媒有限公司制作的电视剧《警花与警犬》入选国家新闻出版广电总局《2016年度中国电视剧选集》；《守婚如玉》荣获2016澳门国际电视节“优秀电视剧大奖”。

2016年各区广播影视大事记

1 月

1月1日 北京市昌平区广播电视中心微信公众号“昌广传媒”正式上线。

1月7日 朝阳区广播电视新闻中心创办的“北京朝阳”官方政务微信正式上线。

1月12日 北京市丰台区广播电视中心启用2016年新节目播出单。自办节目《今天我出镜》停播；引进节目《音乐排行榜》《奋斗》停播；新引进的《历史档案》、《法治中国》开播。

1月12日至15日 北京市丰台区广播电视中心派出报道团队，全时段、多视角报道区人大、区政协“两会”声音。

1月18日 北京市房山电视台播出系统高清化改造项目完成。新系统满足了房山电视台高清频道、房山有线标清频道、以及房山电视台标清频道的节目播出。

1月20日 北京市昌平区广播电视中心增加一个高清频道，成为北京市首批区级广播电视中心实现高清播出的单位。

1月20日 北京市门头沟电视台高清频道试播。

1月27日 北京市新闻出版广电局党组成员、副局长王霞一行，到北京市昌平区广播电视中心检查安全生产工作。

1月 顺义电视台《顺义新闻》先后推出：“辉煌十二五 发展关键词”“辉煌十二五 我们一起走过”“百姓眼中的十二五”等专栏，总结十二五的成就；并推出“实干十三五 转型升级谈发展”“实干

十三五 开局之年再出发”专栏，展现开局之年顺义区各单位的发展思路和具体做法。

1月 为宣传好顺义区十三五规划，《顺义时讯》先后策划采编了《顺义区国民经济和社会发展第十三个五年规划纲要解读》，分七次对《纲要》重点内容进行摘要解读。

1月 北京市通州区广播电视台开播《文明通州》电视栏目，每周播出1期，集中反映创建通州文明城区，弘扬文明风尚的情况。

2　月

2月18日 北京市海淀区文委召开影院安全生产工作会。会议对电影放映提出四项要求：一是利用影剧院电子大屏、LED显示屏等媒介营造文明氛围；二是对放映结束因通道狭窄黑暗容易造成拥挤踩踏等安全隐患，立即排查整改；三是通过应急演练提高场所防恐防暴能力；四是继续开展禁烟工作，保持场所秩序。

2月22日 在第六届中国乐谷欢乐节暨2016年秧歌花会大拜年活动中，北京市平谷区广播电视中心播出《百档花会齐聚平谷闹元宵》《市级媒体聚焦乐谷欢乐节》《金猴迎春 万民同庆》等6条新闻，全面立体展示活动盛况。

2月22日 北京市丰台区广播电视中心播出“发现丰台之美”年度晚会。

2月23日至26日 朝阳区广播电视新闻中心协助昆明市委宣传部，做好昆明产业项目推进会媒体邀请等相关工作。

2月29日 北京市怀柔区广播电视中心成立新媒体和演播室运营部。

2月 北京市通州区广播电视中心社会主义核心价值观主题宣传栏目《情暖2016》，正式开播，全年共播46期。

3　月

3月1日 北京市丰台区广播电视中心完成“三八妇女节”宣传片《建功“十三五” 巾帼在行动》制作，3月4日至3月8日播出。

3月1日 北京市平谷区广播电视口心平广传媒微信公众号上线，这是传统媒体向新媒体领域的拓展延伸。微信用户可随时随地在阅读界面上观看整套平谷新闻，还可看7条经过碎片化的单条新闻。

3月1日至5日 北京市丰台区广播电视中心完成“学雷锋活动纪念日”宣传片《爱满丰台 志愿服务在身边》制作；3月1日至3月31日播出。

3月3日 北京市房山区广播电视中心《房山新闻》栏目聚焦房山“十三五”规划和转型发展，策划推出的扬帆“十三五”主题系列报道，正式开播。

3月9日 北京市丰台区广播电视中心完成2016年植树节宣传片《珍爱绿色、珍爱我们共有的家园》；3月10日至3月31日播出。

3月9日 北京市怀柔区广播电视台正式开办互联网视听节目转播类服务．网站名称：怀柔电视台，网址：www.huairtv.com，备案号：京备AVSP2016018。

3月12日至15日 北京市丰台区广播电视中心完成“3.15”国际消费者权益日宣传片《新消费 我做主》，“3.15”期间播出。

3月31日 北京市石景山区广电中心录制“燃情记忆诗意北京”石景山区举办的第九届北京清明诗会。

3月31日 朝阳区广播电视新闻中心围绕非首都功能疏解，朝阳区组织对望京停车楼整治等街道地区功能疏解情况进行集中采访。邀请新华社、《北京日报》、北京电视台等近二十家媒体到场采访。

3月 朝阳区广播电视新闻中心新闻科被北京市妇女联合会、北京市总工会、北京市人力资源和社会保障局评选为北京市“三八”红旗集体。

3月 门头沟电视台结合十三五开局之

年，开设《展望十三五》专栏，对门头沟区十三五规划进行了系列解读报道。

3月 顺义电视台专题部开办新栏目《企业风》。

3月 顺义电视台专题部制作播出五集系列专题报道“展望十三五”。

4 月

4月1日 北京市平谷电视台自办节目开始在平谷政府网站进行同步直播和点播。

4月1日至4日 北京市丰台区广播电视中心制作完成世界卫生日宣传片《糖尿病要早预防 分级诊疗帮你忙》；4月5日至7日播出。

4月4日至5日 北京市丰台区广播电视中心播出《“清明节的铭记”主题教育系列活动在中国抗战馆启动》《长辛店街道文明祭奠革命烈士》《南苑街道开展“清明祭英烈”活动》等特别报道。

4月8日 北京市丰台区广播电视中心全程报道全国人大常委会副委员长王晨等全国人大常委会、全国人大专门委员会部分组成人员，到北宫国家森林公园植树。

4月8日 北京市怀柔区广播电视中心“恋上怀柔”“两微一端”新媒体平台，实现试运行。

4月9日 北京市大兴区广电中心举办大兴广播FM98.6“阳光陪伴，一路有你”听友联谊会暨群星演唱会。新华网、中新网等媒体进行现场报道。

4月11日起 朝阳区广播电视新闻中心高清拍摄制作开始试运行。

4月11日 北京市海淀区新闻中心正式接管区委区政府门户网站的日常运维和建设管理工作。

4月13日 朝阳区广播电视新闻中心《朝阳报》正式推出副刊，每周一期，每期2个版，增加朝阳报的文化性、知识性、趣味性。

4月19日 北京市怀柔区广播电视中心全面完成高清全台网改造工程，系统正式运行。

4月26日 为迎接“五一”国际劳动节，北京市昌平电视台推出系列报道《劳动者风采》，共播13期。

4月27日 在第十一届中国传媒大会上，北京市昌平广播电视台荣获“金长城传媒奖2015中国十大影响力城市电视台”荣誉称号。

4月29日 北京市丰台区广播电视中心全面跟踪报道“高雄特色周六合夜市在丰台”活动，记录两岸往来交流，促进两岸文化经济融合发展。

4月30日 北京市房山区广播电视中心完成发射机房UPS安装，将广播和电视发射机接入UPS供电系统，达到安全播出三级保障要求。

4月 顺义电视台专题部开办新栏目《安全伴你行》。

4月 顺义电视台为“北京第24届国际车展”制作外围保障工作专题片。

4月至5月 北京市大兴广电中心播音员主持人录制大兴本土作者为2016年世界月季洲际大会创作的文学作品45篇，并在微信公众号上发布，获得社会各界好评，最高点击率达到1600多人次。

5 月

5月6日 北京市丰台区广播电视中心报道中宣部、北京市领导园博园调研，观看首场实景曲剧—昆曲《牡丹亭》；全程录制“中国中东欧国家艺术合作论坛”座谈会实况。

5月7日 北京市房山区广播电视中心整合传统媒体与新媒体优势资源，围绕“绿色北京 基金小镇”主题，全方位、多角度、深层次对“2016春季北京国际长走大会”活动进行强力报道，充分展示房山区“生态宜居示范区、中关村南部创新城”的新定位和新形象。

5月10日 北京市大兴广电中心主办的"声动八方，欢庆盛会"文艺汇演在北京市大兴区纳波湾月季园举行，记者编辑、播音员主持人登场表演歌曲、黄梅戏、琵琶独奏、诗朗诵等。大兴区小学生代表也走上舞台，展示快板、舞蹈、架子鼓、书法等才艺，歌手姜鹏、柴华、彦倾、左东川、陈宝欣前来助阵。

5月20日 北京市延庆区广播电视中心应急广播"村村响"正式开通午间广播时段，广大农民听众可在每天11:30至12:00、18:00至18:30两个时段收听到延庆本地广播，实现了区、镇、村三级办广播目标，既能及时传达党和政府的方针政策，又能在突发事件中及时发布信息，起到稳定人心作用。

5月30日 北京市丰台区广播电视中心高标清同播系统下迁升级改造顺利完成；30日零时起，高标清同播系统正式上线测试播出，试播期为2016年5月30日零时至11月30日零时。

5月 朝阳区广播电视新闻中心围绕第四届京交会、全区"5.12"防灾减灾日活动、朝阳区打造首个无地锁街道、朝阳区工地防尘设施、朝阳区花会活动、崔各庄乡"三进三民"等主题策划宣传报道。

5月 北京市平谷区广播电视中心深化"两学一做"新闻报道，在新闻提要之后推出"党员先锋"片头，统领整套新闻，既吸引观众视线，又突出整套节目亮点。

5月 北京市延庆区广播电视中心投入33万余元，利用三个月时间对使用多年的广播电台音频工作站，进行升级改造。

5月 顺义电视台专题部制作播出"十三五——一把手访谈"系列报道二十一集。

5月 顺义人民广播电台文艺部承办的第八届北京端午文化节——2016年全国龙舟邀请赛暨北京市端午节龙舟大赛开幕式在顺义奥林匹克水上公园举行。

6　月

6月2日 北京市昌平区广播电视中心制作的电视广告《贯彻执行安全生产法切实保护劳动者的人身财产安全》获第十二届全国法治动漫微电影作品征集公益广告类优秀奖。

6月2日 为深入贯彻落实习近平总书记指示和《京津冀协同发展规划纲要》，北京市房山区广播电视中心与天津市宝坻区新闻中心，举行战略合作框架协议签约仪式。

6月3日至27日 北京市丰台区广播电视中心完成"优秀共产党员""优秀党务工作者"制作任务，共拍摄《走心的好书记》、《党旗迎风展　热血铸平安》、《年年寻常日　热情总为民》等8部电教片。

6月6日 北京市昌平区政法委与昌平人民广播电台联合采制的法治类栏目《昌平政法》，在调频FM103.1兆赫首次播出。

6月16日 北京市密云区广播电视中心召开"精细化管理年"活动推进会。

6月25日 海淀区新闻中心将"海淀新闻"升级为"北京海淀"官方微信，并联合全区63家部门微信组成海淀区政务微信矩阵。

6月27日 北京市丰台区广播电视中心制作完成中国共产党建党95周年宣传片《光辉95载》；6月27日至7月5日播出。

6月28日 北京市石景山区广播电视中心录制"七·一"晚会。

6月29日 北京市昌平人民广播电台FM103.1推出首档直播节目《乐享时光》，每周三开播特别版块《普法直通车》。

6月 北京市房山电视台传输系统改造完成，实现主备信号源和主备传输通路经由不同光路的双路由、双备份，达到国家新闻出版广电总局62号令要求。

6月 在北京市优秀广播电视节目评选中，北京市房山区广播电视中心电视节目《点滴捐献 再创生命精彩》，广播节目《智慧农场点亮智慧人生》《低头一族危害大 抬起头来更健康》分别荣获电视新闻类优秀作品和广播新闻类优秀作品；《新老年俗齐上阵 自办“村晚”过大年》《走进不朽之歌—— 没有共产党就没有新中国 》荣获播音主持类优秀作品。

6月 北京市房山区广播电视中心自台监测系统建成。

6月 北京市平谷区广播电视中心配合区政府前街棚户改造项目，平谷新闻开设《加快中心城建设 建优美宜居新城》栏目。

6月 北京市延庆电台与食品药品监督管理局联合开办的新栏目《食药连着你和我》，正式开播。

6月 北京市怀柔区广播电视中心获得2015—2016年度，北京市广播电视公益广告专项资金扶持项目二类传播机构。

6月 北京市通州区甘棠调频广播发射天线升级改造工程完工，通州无线广播电视发射效果大大提升，同时兼顾数字化调频广播发射。

6月 为配合区招商引资工作，门头沟区广播电视新闻中心制作《北京门头沟—开启发展新航程》宣传片。

7 月

7月1日 北京市昌平电视台在《昌平新闻》《相约》《真情故事》《时空关注》《视角》等栏目中，制作播出各种形式节目庆祝中国共产党成立95周年。

7月1日 北京市延庆区广播电视中心《妫川骄子》栏目组，成功策划庆祝建党95周年大型专题节目《妫川红色记忆》。节目以党组织建立发展、革命军事斗争、建国前老党员、优秀妇女代表、革命时期党群关系等内容为切口，拍摄制作了“星火燎原”“战火洗礼”“革命脊梁”“巾帼英雄”“鱼水深情”“薪火相传”六集专题节目，播出后获较高点播量。

7月14日 北京市丰台区广播电视中心制作完成庆祝中国人民解放军建军89周年宣传片《履行职责 执行使命》；7月27日至8月3日播出。

7月19日 国务院妇儿工委副主任、全国妇联党组书记、副主席宋秀岩，带队到丰台区调研妇女儿童工作；北京市丰台区广播电视中心全程拍摄报道。

7月20日 北京市遭遇入汛以来首次强降雨，丰台区广播电视中心派多路记者对全区防汛及时报道，房山区广播电视中心迅速组织雨情报道。

7月21日至22日 海淀新闻中心举行2016年海淀区政务网站和新媒体业务培训会，全区70余家单位近150人参加培训。

7月22日 中共北京市朝阳区委十一届十二次全体（扩大）会议举行，朝阳报、朝阳有线和两微一端全方位进行报道和解读。

7月22日 北京市丰台区广播电视中心派出报道组，全程陪同大型电视剧《长辛店》主创团队到丰台实地考察长辛店地区红色文化、工业文化及古镇文化，为电视剧创作提供素材。

7月22日 北京市昌平区广播电视中心，被评为北京市2015-2016年度传播机构类公益广告扶持项目一类优秀传播机构。

7月28日 北京市大兴区副区长陈晓君到大兴区广播电视中心开展调研活动，嘱咐编辑记者们在高温季节做好防暑工作。

7月 朝阳区广播电视新闻中心组织调研团队分别走进人民网和《法制晚报》，参观学习新媒体建设情况，并与相关人员座谈交流。

7月 北京市延庆区广播电视中心高清播出系统工程硬件搭建及软件安装全部完工。自此，延庆电视播出正式进入高清时代。

8 月

8月2日 北京市门头沟区机构编制委员会下发《关于印发<北京市门头沟区广播电视新闻中心主要职责内设机构和人员编制规定>的通知》（门编委字[2016]20号），对门头沟区广播电视新闻中心的“三定”规定进行核定。

8月10日 市级专家组到北京市密云区广播电视中心验收高清一期数字化项目。

8月11日 北京市房山区广播电视中心派出多路记者，对中共北京市房山区委七届九次全体（扩大）会议进行全面报道。

8月16日 海淀新闻中心与今日头条共同举办“北京海淀”政务头条号矩阵集体入驻今日头条签约仪式，全区42家单位集体入驻“北京海淀”今日头条号，是全市16区首家矩阵式入驻。

8月22日 北京市丰台区广播电视中心节目编排全面更新：停播《民防时空》《生活大百科》；运行新节目播出表，对4个导视段位和4个补时节目重新编排。

8月31日 北京市丰台区广播电视中心制作宣传片《活力动力生命力》片头、完成专题片《中国－中东欧国家艺术合作论坛》片头包装及专题片《中国－中东欧国家艺术合作论坛》。

8月 北京市平谷区广播电视中心配合平谷区“平谷榜样”主题活动，开设《平谷榜样》专栏，播出《刘彦霞：用孝心撑起一个家》《小香玉：扎根基层办教育》《环保先行当楷模 优质服务赢赞誉》等新闻，体现中华民族传统美德，展示全区人民独特的人格风貌。

9 月

9月3日 北京市丰台区广播电视中心全程报道第30届卢沟桥醒狮越野跑活动和第四届长辛店站“千森杯”国际自盟公路越野职业一级赛。

9月5日 北京市房山电视台《房山新闻》栏目，正式开启高清播出，标志着房山电视台现有栏目全部实现高清化制播。

9月12日 北京市丰台区广播电视中心全程参与报道“月圆中秋 福满万家”的丰台区2016“卢沟晓月中秋诗会”。

9月12日 北京市延庆区广播电视中心完成党总支换届。段学锋当选总支书记，李永生为副书记，高耀宗、冯亚玲、郭爱琴为总支委员。

9月19日 北京市丰台区为确保依法进行区、乡镇两级人大换届选举，区委书记杨艺文，区委副书记、区长冀岩，区人大常委会主任王苏维，分别到宣传点参加宣传活动，区广播电视中心派出记者专程深入报道。

9月20日 北京市大兴广电中心举办南海子文化活动季之“爱在金秋，放歌新区”文艺演出，全国舞蹈家协会副主席陈爱莲跳起了《天路》，歌手齐航、陈娇、和平组合等分别演唱了经典歌曲，画虎名家浩源当场挥毫作画，播音员主持人也展示了才艺。

9月27日 北京市延庆区广播电视中心创作的《食在妫川·八六席》，在第九届中国旅游电视周优秀旅游电视节目评比活动中，获旅游电视专题类优秀作品奖。这是北京市地区唯一获得由中国电视艺术家协会颁发的优秀作品奖项。

9月27日 北京市房山区广播电视中心在2016年中国电视艺术家协会举办的第九届中国旅游电视周优秀电视节目推选活动中，报送的《大山深处古民居》荣获旅游电视专题类好作品奖。

9月29日 北京市石景山区通过广电中心

高清改造工程完成竣工验收。

9月 朝阳区广播电视新闻中心围绕2016年商务节举办“十三五”发展思路、重点功能区建设发展、朝阳区国际金融业发展等6场新闻发布会；对2016年商务节系列活动进行集中采访。

9月 “2016‘BRWSC’国际葡萄酒大赛”举办期间，北京市房山电视台《今日关注》推出五期《房山酒庄·行》专题节目，走进青龙湖、张坊、大石窝、周口店、城关五大酒庄，对房山区葡萄酒产业进行全方位、立体化展示。

9月 北京市房山广电传媒网获“2016年北京市优秀网络视听节目征集评选”活动优秀组织推荐单位殊荣；房山广电传媒网推选的《不朽的歌》《爷爷的演讲》获优秀原创网络电影短片；《有时候，我们该为爱掸掸灰》获优秀原创网络视听公益节目。

9月 在中国电视艺术家协会举办的2016年中国农民艺术节暨第八届新农村电视艺术节活动中，北京市房山区广播电视中心报送的《清退疏解低端产业 加大环境综合整治》，荣获优秀电视节目二等奖。

9月 北京市房山区广播电视中心通过电视台、电台、“FTV新媒体”微信公众号推出各种形式的中秋专题节目。

9月 顺义人民广播电台第四届听众节在顺义工人文化举行。整台晚会展示了顺义广播18八年发展历程和顺义区十三五开局取得的成绩。

10 月

10月1日 门头沟电视台启用高清整体包装。

10月10日 北京市顺义区银发达人评选举行颁奖典礼，10名选手成为2016顺义十佳银发达人。

10月10日 北京市密云区广播电视中心与北京大学第一医院附属密云区医院合办的“北大医院专家在密云”专题节目，播出后社会反响良好，中心领导与医院领导座谈，并赠送《事事关心》节目光盘。

10月15日 由北京市延庆区广播电视中心、区文明办和区科学技术馆联合成立的延庆区科技小记者团，在区科技馆正式揭牌。广电中心要利用双休日和寒暑假，对小记者进行新闻报道、微信编辑、摄影等相关知识和技能培训。

10月17日 北京市密云区广播电视中心派出三组记者，全程报道“2016 CBSA北京密云中式台球国际公开赛”。

10月18日 北京市通州电视台综合频道高清正式上线播出，实现了通州电视台播出质量质的飞跃。

10月18日 北京市怀柔区广播电视中心一套高清节目正式上线。

10月20日 北京市怀柔区广播电视中心承办的首届“High拍怀柔”，通过40天照片征集，截至10月20日，共收到作品22000余份，报名人员来自美国、英国、法国、韩国、印度等多国友人。最终，评出一等奖1人、二等奖3人、三等奖10人、特别奖（最大气奖、最萌奖、最洋气奖、最有爱奖、最嗨奖）5人。

10月20日 北京市房山区广播电视中心与区学习办、区教委，共同策划的全新教育改革发展专题栏目《学通房山》正式开播。

10月20日 北京市昌平区广播电视中心召开新型全台网系统全面启用新闻发布会。系统具有整合内部信息资源、降低生产、储存和管理成本以及增强核心竞争力等特点，提高中心节目制作水平和播出效果。

10月20日 北京市怀柔区广播电视中心采制的连续报道《众人合力救助先天性肝衰竭患儿》《聚焦三农——怀柔农业新气

象》，被北京新闻奖评选委员会、北京市新闻学会评为第二十五届（2015年度）北京新闻奖三等奖。

10月26日 北京市丰台区广播电视中心直播北京中小学知识产权教育推进大会在北京十二中召开的现场盛况。

10月27日 北京市石景山区广播电视中心党员参观纪念中国工农红军长征胜利80周年主题展览。

10月28日 北京市昌平区广播电视中心获北京市新闻出版广电局2015—2016年度北京市广播电视公益广告专项资金扶持项目一类传播机构；广播作品《艾滋 反歧视 我们一起承担》获2015-2016年度北京市广播电视公益广告专项资金扶持项目二类作品；电视作品《坚守平凡岗位 敬业奉献人生》获2015-2016年度北京市广播电视公益广告专项资金扶持项目三类作品。

10月28日 由北京市档案局和延庆区档案局组成的机关档案工作测评小组，到北京市延庆广播电视中心进行档案工作升级测评。经评定，广电中心被评为北京市区机关档案工作市级优秀单位。

10月 门头沟区广播电视新闻中心按照区财政局要求，出台《北京市门头沟区广播电视新闻中心内部控制手册（试行）》。

10月 顺义电视台《顺义新闻》开设“两学一做树新风”专栏，宣传报道顺义区在两学一做学习教育活动中表现突出的基层党支部、优秀共产党员。

10月 顺义人民广播电台为庆祝中国工农红军长征胜利八十周年制作的120集长篇报告文学《长征》开播。

11 月

11月2日 北京市大兴区政法委副书记乔登林等一行，到北京歌华有线电视网络股份有限公司调研，就大兴区2017年南九镇光改工程，进行交流并达成一致意见。

11月3日 北京市丰台区广播电视中心集中报道“第二十届北京·香港经济合作研讨洽谈会”开幕。

11月4日 北京市昌平广播电视中心报送的广播电视节目，在中国广播电影电视社会组织联合会城市广播电视台县级工作委员会2015年度节目创优评析中，分别被评为：电视长消息类一等奖《全国首个“双创社区”落户我区回龙观》；电视社教专题类一等奖《纪录片（天使红霞）》；广播播音主持类三等奖《热点关键词之毕婚族》。

11月7日 北京市延庆区广播电视系统举办“记者风采展”活动，欢度撤县设区后迎来的首个记者节。来自采编一线的编辑、记者、主持人，根据各自实际工作中的感悟，创作表演了小品《海选》、配乐诗朗诵《致记者》、独唱《妫川骄子情》等。

11月7日 北京市通州区广播电视中心召开座谈会，纪念通州广播电视事业创办60年。

11月8日 北京市石景山区广播电视中心学习习近平总书记关于第十七个记者节到来之际的重要讲话。

11月8日 北京市密云区广播电视中心密云一套电视节目实现高清播出。

11月17日 北京市门头沟区委组织部下发《中共北京市门头沟区委组织部关于宋奇等同志任免职的通知》（门组干[2016]71号），宋奇、班书臣、王幸国、苏燕平、李鹏，任门头沟区广播电视新闻中心党组成员。

10月18日至31日 朝阳区广播电视新闻中心按照“1+8+13”模式进行文博会整体宣传策划，召开1场新闻通气会、8场主会场新闻发布、13场分会场文化活动。

11月24日 北京市大兴区广播电视中心举办广播电视宣传业务培训班，200多名编辑、记者、通讯员参加此次培训。

11月25日 北京市昌平区广播电视台，荣获由中国广播电影电视社会组织联合会评选的“全国县级广播电视系统十佳电视台”荣誉称号。

11月25日 北京市房山电视台《房山新闻》高清演播室全新落成，通过验收。

11月25日 北京市延庆广播电视中心举办“延庆区与新疆墨玉县两地宣传系统摄像交流培训会”。来自新疆和田墨玉县文化体育广播影视局及当地乡镇的宣传干部，与延庆广电一线采编播人员共同参加培训。

11月26日 北京市丰台区广播电视中心全程报道中国共产党北京市丰台区第十一届委员会第十次全体会议；并利用新媒体平台，开展多种方式宣传。

11月 朝阳区广播电视新闻中心完成“2016年高清播放系统更新及配电室增容项目”——演播室系统、播出系统、政务网中心机房系统三个项目验收工作。

11月 北京市房山电视台《今日关注》栏目、房山人民广播电台《新城故事》栏目，荣获“全国广播电视民生影响力优秀品牌栏目”。

11月 由顺义电视台承办的顺义区道德模范颁奖典礼在顺义区影剧院举行。区委书记王刚、区长卢映川出席颁奖典礼。

11月 顺义人民广播电台综合部对电台的机房配套系统、直播机房的直播系统进行改造。

12 月

12月1日 北京市丰台区广播电视中心制作完成“中共丰台区第十二次党代会”宣传片；12月1日−9日播出。

12月1日 北京市房山电视台《房山新闻》栏目制作播出《转型促发展 百姓说变化》系列报道，庆祝即将召开的北京市房山区第八次党代会。

12月5日至8日 北京市平谷区广播电视中心提前策划、会后解读，圆满完成平谷区党代会新闻报道任务。

12月7日 北京市门头沟区委下发《中共北京市门头沟区委关于成立中共北京市门头沟区广播电视新闻中心党组、撤销中共北京市门头沟区广播电视中心党组的通知》（京门委[2016]29号），成立中共北京市门头沟区广播电视新闻中心党组，同时撤销中共北京市门头沟区广播电视中心党组。

12月8日 北京市丰台区广播电视中心制作完成《北京市丰台区第十六届人民代表大会第一次会议、政协北京市丰台区第十届委员会第一次会议》宣传片；12月9日−16日播出。

12月20日 海淀区新闻中心全媒体采编系统完成建设，上线试运行。

12月22日 朝阳区广播电视新闻中心围绕朝阳区“两会”召开开展相关报道。

12月26日 北京市密云区广播电视中心职工张博研，被中共北京市委宣传部、首都文明办评为2016年十大北京榜样。

12月28日 北京市新闻出版广电局副巡视员董明、市新闻报刊管理处相关领导，到昌平区广播电视中心检查工作。

12月28日 北京市新闻出版广电局副局长王野霏，到北京市密云广播电视中心检查工作。

12月30日 海淀区新闻中心将“海淀新闻”移动客户端升级为“掌上海淀”，完成系统开发开始上线试运行。

12月 朝阳区广播电视新闻中心《朝阳有线》开设“辉煌五年 精彩回眸”和“记者走一线”专栏，对朝阳区五年来的发展成就进行宣传报道。

12月 北京市房山区广播电视中心选送的《爷爷的演讲》，荣获“第四届亚洲微电影艺术节金海棠奖”好作品奖。

12月 北京市房山区广播电视中心报送的《反哺少年 孝心无价》公益短片，荣获“2016年全国敬老养老助老公益广告作品”电视类三类作品奖。

12月 北京市延庆区广播电视中心举办2016首届视频创作大赛。大赛主题为“美丽延庆 和谐家园”，内容涵盖延庆的人文历史、山川胜景、生态建设、社会发展、绿色大事等，经评选，《海坨风韵》《深山斜峰寻龙迹》获一等奖，另有二等奖4名，三等奖6名，优秀奖3名。

12月 北京市怀柔区广播电视中心800平米高清演播室工程竣工。

12月 北京市怀柔区广播电视中心赵明霞，入选2016年北京市宣传文化系统“百人工程”新闻界特别人才库。

2016年 北京市怀柔电视台制作《怀柔新闻》365期，对时政类和时效性强的稿件，做到当日新闻当日播出，共播新闻稿2821条。

2016年 北京市怀柔区广播电视中心在市级媒体播出怀柔方面的新闻、专题186条（期）。其中，《怀柔实施精准扶贫 加快低收入农户增收》《雁栖湖国际会都再迎盛事》《怀柔首届摄影文化季活动市民可免费观展》《怀柔获评中国摄影之乡》等一批符合“中国特色、北京特点、怀柔特质”的典型事例和经验做法，在央视综合、新闻、财经频道，北京卫视、财经、生活、体育等频道播出。

频率频道

2016年北京市属广电机构频率频道设置情况

北京人民广播电台频率一览表

频率名称	开办时间	播出时间	主要栏目设置	2016年新增节目栏目
新闻广播 FM100.6 AM828	1993年 3月1日	0:00—24:00	《健康有约》《新闻晨报》 《新闻热线》《北京新闻》 转播中央人民广播电台《新闻和报纸摘要》《气象服务》《新闻大视野》 《资讯早八点》《整点快报》 《夹叙夹议》《生态北京》 《警法在线》《话里话外》 《新闻天天谈》《新闻2016》 转播中央电视台《新闻联播》 《纪实文学连播》《看世界》 《健康北京》《照亮新闻深处》 《青春晚自习》《世说新语》 《大城小事 》《小小圆桌会》	《小小圆桌会》
北京城市广播 FM107.3 AM1026	2005年 3月1日	5:00—24:00	《天天向上》《京城帮帮团》 《旅行号1073》《职场帮帮团》 《楼市好声音》《教育面对面》 《财富大搜索》《北广购物》 《今夜私语时》《城市文化范》 《浪漫满城》《我爱问医生》	《今夜私语时》 《浪漫满城》 《我爱问医生》
故事广播 AM603	2009年 1月1日	6:00—24:00	《品读时分》《知识开讲》 《纪实传奇》《长书天地》 《人物空间》《今晚拍案》 《故事恳谈会》《读书俱乐部》 《晨钟书院》《阳光茶园》 《听说天下》《范儿生活》 《传奇书场》《光影留声》 《读史有学问》《太有财了》	《太有财了》

续表

频率名称	开办时间	播出时间	主要栏目设置	2016年新增节目栏目
体育广播 FM102.5	2002年1月1日	5:00—24:00	《体育新世界——雄鸡唱晓》《天下体育》《1025动生活》《体育新世界——喜鹊登枝》《1025游乐会》《饭点儿说吃》《体育新世界——金戈铁马》《金T高尔夫》《体坛夜话》《星光体育》《医医道来》《天天有彩》《人鱼小姐与马甲先生》《界内界外》《超级体验团》	《人鱼小姐与马甲先生》《医医道来》《1025游乐会》《天天有彩》《超级体验团》
音乐广播 FM97.4	1993年1月23日	0:00—24:00	《美丽清晨》《带你聆听》《永恒的魅力》《古典也流行》《边走边唱》《中国歌曲排行榜》《爱得更久点》《男左女右》《国家大剧院》《早安音乐秀》《汽车音乐汇》《10点说唱团》《娱乐东道主》《我的音乐旅程》《节奏驾到》《越娱越乐》《音乐加块糖》《全球华语歌曲排行榜》《歌飞扬》《特别创意》	《音乐加块糖》《歌飞扬》《特别创意》
文艺广播 FM87.6	1994年4月1日	0:00—24:00	《评书连播》《养生之道》《空中笑林》《娱乐有范儿》《知道不知道》《小说连播》《环球旅行家》《娱乐72变》《开心茶馆》《戏迷乐》《吃喝玩乐大搜索》《艺海说宝》《演艺群英会》《话说天下》《广播剧场》《午夜拍案惊奇》《美丽人生》《乐享生活》《娱情娱理》《我爱原声带》《听听糖耳朵》	《乐享生活》《娱情娱理》《我爱原声带》《听听糖耳朵》

续　表

频率名称	开办时间	播出时间	主要栏目设置	2016年新增节目栏目
交通广播 FM103.9	1993年 12月18日	0:00—24:00	《谜幻时空》《百姓TAXI》 《娱乐大篷车》《音乐旅途》 《一笑堂》《徐徐道来话北京》 《1039新闻早报》《交通新闻》 《1039交通新闻热线》《一路畅通》 《欢乐正前方》《汽车天下》 《航空在线》《警法时空》 《1039慧旅行》《长书连播》 《1039交通服务热线》《音乐来了》 《行走天下》《1039都市调查组》 《蓝调北京》《联e会》 《有我陪着你》《一起午餐吧》 《新闻晚知道》《梦想行动派》 《夜问同路人》《爱车公众号》	《夜问同路人》 《爱车公众号》
外语广播 AM774	2004年 9月17日	6:00—24:00	《英语早餐》《大学生英语在线》 《趣味青春英语》《怪怪故事屋》 《环球30分》《留学时间》 《欧美音乐节拍》《感受北京》 《英语广播剧场》 《张道真自学英语》《英语PK台》 《小鬼当家》《听世界》 《澳大利亚广播英语》 《赖世雄美语经典》《读书》 《英语万花筒》《悦生活》	《澳大利亚广播英语》 《赖世雄美语经典》 《读书》 《英语万花筒》 《悦生活》
爱家广播 AM927	2009年 1月18日	5:30—24:00	《天下传奇》《激情岁月》 《百姓健康大讲堂》《快乐合家欢》 《老年之友》《家里家外》 《毛毛狗的故事口袋》 《我和健康有个约会》 《我们爱科学》《爱家故事广播》 《我们爱阅读》	《我和健康有个约会》 《我们爱科学》 《爱家故事广播》 《我们爱阅读》

续 表

频率名称	开办时间	播出时间	主要节目栏目设置	2016年新增节目栏目
动听调频 Metro Radio FM94.5	2015年 5月18日	0:00—24:00	《Metro Night Mix》 《Wake up & Drive》 《On Air With Ryan Seacrest》 《High Tea Refill》 《Metro U—Turn》 《8+》 《X Fun》 《Weekend Brunch》 《Metro Reel Time》 《Weekend Go！》 《The Remix Top30 Countdown》 《iHeart Radio Countdown》	
有线教学广播 FM99.4	2002年 1月1日	6:00—24:00	《英语早餐》《大学生英语在线》 《趣味青春英语》《怪怪故事屋》 《环球30分》《留学时间》 《欧美音乐节拍》《感受北京》 《张道真自学英语》(第一、二、三、四册) 《英语PK台》《听世界》 《英语300句；日语300句；德语300句；法语300句；俄语300句》 《澳大利亚广播英语》 《赖世雄美语经典》《读书》 《英语万花筒》《悦生活》	《赖世雄美语经典》 《读书》 《英语万花筒》 《悦生活》
有线古典音乐广播 FM98.6	2002年 5月1日	0:00—24:00	《钢琴世界》《华夏神韵》 《POPS音乐》《交响空间》 《歌舞剧场》《CD博览》 《魅力演奏厅》	
有线通俗音乐广播 FM97.0	2002年 5月1日	0:00—24:00	《经典专辑》《劲舞节拍》 《爵士庄园》《浓情乐坊》 《咖啡时间》《世界音乐》	
长书广播 FM104.3	2002年5月	0:00—24:00	《广播剧欣赏》《经典戏剧故事》 《武林天下》《言情小说》 《拍案惊奇》《小说连播》 《精品小说》《诺贝尔获奖小说》	

续 表

频率名称	开办时间	播出时间	主要节目栏目设置	2016年新增节目栏目
有线戏曲曲艺广播 FM105.1	2002年5月	0:00—24:00	《长安大戏院》《梨园金曲》《评剧大观园》《戏剧空间》《电影录音剪辑》《空中曲苑》《地方戏》	
欢乐时光广播 FM106.5	2006年9月6日	6:00—24:00	《纪实广播小说连播》《田立禾侃相声》《边走边听》《娱乐百宝箱》《相声大会》《电影百年》《今古奇观》《娱乐杂货铺》《哈哈剧场》《评书连续听》《开心聚会》	
怀旧金曲广播 FM107.5	2006年9月6日	6:00—24:00	《经典走四方》《旧单车老情歌》《下一站的回味》《金曲无终点》《音乐在旅途》	

北京电视台频道一览表

频道名称	开办时间	播出时间	主要栏目设置	2016年新增节目栏目
BTV 北京卫视	1979年5月16日开播。2012年1月1日起标识变更为“BTV北京卫视”	6:00—次日6:00	周间： 《养生堂》《档案》 《生命缘》《时光缘》 《怀孕爸爸》《熊猫奇缘》 《暖暖的新家》《我是大医生》 《幸福的味道》《暖暖的味道》 《苗阜秀》《八八爸爸》 《闪电大作战》 《长大成人——我要上珠峰》 《鲁豫的礼物》 周末： 《跨界歌王》《跨界喜剧王》 《传承者之中国意象》 《音乐大师课》《我是演说家》 《二胎时代》 大型纪录片： 《解放——人民的选择》 《红军不怕远征难》	《解放——人民的选择》 《红军不怕远征难》 《时光缘》 《怀孕爸爸》 《熊猫奇缘》 《苗阜秀》 《八八爸爸》 《闪电大作战》 《长大成人——我要上珠峰》 《鲁豫的礼物》 《跨界歌王》 《跨界喜剧王》 《传承者之中国意象》 《二胎时代》

续 表

频道名称	开办时间	播出时间	主要节目栏目设置	2016年新增节目栏目
BTV文艺	1988年12月30日开播	6:00—次日2:00左右	栏目： 《每日文娱播报》 《1810我看行》《影视风云》 《春妮的周末时光》《星夜故事》 《脱口而出》《笑动2016》 《我爱我家》《我家有明星》 《光荣绽放》《文化之约》 《欢天戏地》《我爱书画》 《综艺麻辣烫》《综艺万象》 《欢乐微逗秀》 季播节目： 喜剧小品综艺季播节目《哎呀妈呀》、音乐推理真人秀《隐藏的歌手》 晚会： “书香中国”“京张心连心”等20余档大型晚会及活动	季播节目： 《哎呀妈呀》
BTV科教	1999年12月27日开播，前身为1993年11月1日开播的以教学节目为主的27频道	6:00—次日2:00左右	栏目： 《现场说法》 《法治进行时》《第三调解室》 《警法目录》《庭审纪实》 《法治中国60'》《您吃对了吗》 《健康北京》《记忆》 《最北京》《非常向上》 《留学生》《非常幽默》 《晚晴》	
BTV影视	1992年5月4日开播。2016年10月18日，频道改为高标清同播	6:00—次日6:00		

续 表

频道名称	开办时间	播出时间	主要节目栏目设置	2016年新增节目栏目
BTV财经	2001年7月1日开播	6:00—次日2:00左右	栏目： 《首都经济报道》 《理财》《财富故事》 《法眼看剧》《天下财经》 《天下财经投资者说》 《大牌价到》《创业北京》 《总裁读书会》《影响者》 《数说北京》《税收天地》 《问鼎世界》《才高八斗》 《拍宝》《财富晚间道》 《品味消费在北京》	栏目： 《大牌价到》 《创业北京》 《总裁读书会》 《影响者》
BTV体育	1986年12月30日开播	6:00—次日6:00	栏目： 《天天体育》《体坛资讯》 《声声体育》《足球100分》 《体育议起来》 《快乐健身一箩筐》 《欢乐二打一》《体坛荟萃》 《体坛荟萃—篮球风情》 特别节目： 全国扑克大赛、海洋沙滩狂欢节等群众性体育活动	

续 表

频道名称	开办时间	播出时间	主要节目栏目设置	2016年新增节目栏目
BTV生活	1996年11月8日	6:00—次日2:00左右	栏目： 《健康到家》 《快乐生活一点通》 《食全食美》《生活2016》 《生活面对面》 《美食地图·一探到底》 《选择》《生活广角》 《美食地图》《幸福厨房》 《生活+》《生活+家装攻略》 《第一房产》《四海漫游》 《我爱我车》《生活特供》 《选择精编》 《美食地图·一探到底美食汇》 《特别定制》《我爱食全食美》 《达人来了》(原名《健康到家》) 特别节目： 《上菜3》《北京礼物》 《美食地图之年货来了》 《2016北京国际车展〈我爱我车〉特别报道》 《"舞动北京"全民广场舞大赛》 《美食地图·一探到底》开播两周年特别节目"全是到底价"	栏目： 《特别定制》 《我爱食全食美》 《达人来了》(原名《健康到家》) 特别节目： 《上菜3》 《北京礼物》 《美食地图之年货来了》 《2016北京国际车展〈我爱我车〉特别报道》 《"舞动北京"全民广场舞大赛》 《美食地图·一探到底》开播两周年特别节目"全是到底价"
BTV青年	前身为2002年1月1日开播的BTV青少频道。2012年1月1日起调整为青年频道，频道标识变更为"BTV青年"	6:00—次日2:00左右	栏目： 《军情解码》《状元榜》 《北京客》《书香北京》 《谁在说》《青年探秘者》 《不许不开心》 季播： 《超强设计》 特别节目： 《2016年环球春晚》 《"奥运之城 冰雪约"2017BTV跨年环球歌会》 《第六届北京国际电影节开幕式晚会》 《融通之路》	季播： 《超强设计》 特别节目： 《2016年环球春晚》 《"奥运之城 冰雪邀约"2017BTV跨年环球歌会》 《第六届北京国际电影节开幕式晚会》 《融通之路》

续 表

频道名称	开办时间	播出时间	主要节目栏目设置	2016年新增节目栏目
BTV新闻	前身为2003年1月1日开播的BTV公共频道。于2011年1月1日推出BTV公共·新闻频道。2012年1月1日起调整为新闻频道，频道标识变更为“BTV新闻”。2016年10月18日，频道改为高标清同播	6:00—次日2:00左右	栏目： 《北京您早》《直播北京》 《特别关注》《新闻手语》 《红绿灯——平安行》 《都市晚高峰》《北京新闻》 《锐观察》《红绿灯》 《晚间新闻报道》 《这里是北京》《北京新发现》 《有话就说》《美丽乡村》 《北京议事厅》《都市阳光》 《消费观察》《镜鉴》《人才》 《怎么看》《党建进行时》 特别节目： 《大西山》《寻踪长征路》 《天涯共此时——见证者》 《春潮》 大型直播： 《关注强降雨 我们在行动》 《跨越2016》	特别节目： 《大西山》 《寻踪长征路》 《天涯共此时——见证者》 《春潮》 大型直播： 《关注强降雨 我们在行动》 《跨越2016》
BTV卡酷少儿	2004年9月10日开播动画频道。2007年1月1日更名为卡酷动画卫视。2012年1月1日调整为卡酷少儿频道	6:00—次日6:00	栏目： 《大玩家》《闪天下》 《卡酷幼儿园》《剧星派》 《卡酷动物园》《穿越吧少年》 《七色光》《凯叔讲故事》 特别节目： 《最可爱的人》《童话大作战》 《卡酷异想世界》 《冷不丁旅行团》 《BTV卡酷少儿动画春晚 》	栏目： 《大玩家》 《穿越吧少年》 《凯叔讲故事》 特别节目： 《最可爱的人》 《童话大作战》 《卡酷异想世界》 《冷不丁旅行团》

续 表

频道名称	开办时间	播出时间	主要节目栏目设置	2016年新增节目栏目
纪实频道	前身为2008年7月30日正式播出的奥运高清频道。2011年7月1日全新推出纪实高清频道。2013年7月，正式更名为“北京电视台纪实频道”。2014年6月8日，正式上星播出	6:00—次日2:00	栏目： 《影事》《纪实天下》 《昨天的故事》《时尚印象》 《奇妙之旅》《中国故事》 《寰宇客》 《探索》（原《奇纪实》） 《纪录片影院》	
长城平台北京电视台频道（国际频道）	2004年10月1日开播	每天首播7.5小时24小时滚动播出	该频道以人文节目为主打，荟萃BTV10个频道的精选内容，在长城平台上坚持“无电视剧纯自制栏目”播出。	

其他：

1.《电视先锋榜》各频道播出

2.《BTV电视购物》BTV财经播出

北京北广传媒数字电视有限公司频道一览表

频道名称	开办时间	播出时间	主要节目栏目设置	2016年新增节目栏目
京视剧场	2003年9月1日	21:00首播12小时，全天24小时轮播	电视剧	
爱家购物	2003年9月1日	00:00首播12小时，全天24小时轮播	电视购物类节目	
动感音乐	2003年9月1日	21:00首播4小时，全天24小时轮播	《华语至尊地带》《谁比我原创》《东张西望+天籁村》《高温派对》	
车迷频道	2003年11月1日	19:00首播6小时，全天24小时轮播	《环球车讯》《优车惠》《养护宝典》《百变车妆》《车迷会》《极速狂飙》《车迷演播室》《摩托范儿》《柳实训练营》《岩谈》《庞大车视界》《V拍车》《车主说》	
考试在线	2003年11月1日	16:00首播6小时，全天24小时轮播	《东方名家》《艺术很难吗》《精品课堂》《教子有方》《教育动画城》《名师讲堂》《考证直通车》《行行出状元》《科普中国》《益智园地》《playstory》等	《东方名家》《艺术很难吗》《精品课堂》《教子有方》《教育动画城》《名师讲堂》《考证直通车》《行行出状元》《科普中国》《益智园地》《playstory》等

续 表

频道名称	开办时间	播出时间	主要节目栏目设置	2016年新增节目栏目
优优宝贝	2004年1月1日	8:00首播6小时，全天24小时轮播	《全球育儿资讯》《谢宏真道理》《冠军宝贝训练营》《爹妈有话说》《儿科门诊》《婴幼养生》《成长指标》《健康风向标》《明星妈妈》《明星爸爸》《产科病房》《家和国乐》《奇趣宝典俱乐部》《彭博士课堂》《智慧赞妈咪》	
四海钓鱼	2004年1月1日	19:00首播6小时，全天24小时轮播	《渔我同行》《游钓天下》《钓赛进行时》《钓友汇》《品牌故事》《海钓玩家》《去钓鱼》《钓具博览汇》《展会最前线》《潮流风向标》《龙行天下》《黑坑江湖》《野钓江湖》《我的家乡有大鱼》《四海大擂台》《饵料兵工厂》《鱼乐无限》《钓尖江湖》《本心流钓鱼窍门》《利优比游钓行》《动感钓鱼》《东区钓技百事通》《游钓中国》《户外生活》《我的7日江湖》《高桥淡水行》《神么聚鱼》	《四海大擂台》《我的7日江湖》《高桥淡水行》《神么聚鱼》
弈坛春秋	2005年3月18日	8:00首播4小时，全天24小时轮播	《大赛精华》《围棋TV棋友联赛》《五佳瞬间》《猫哥讲定式》《超好用布局》《葛道网训精品课》《20天从零学会下围棋》《天下棋闻说》《棋力提高班》《美嘉围棋时间》《尖峰对决》	《大赛精华》《围棋TV棋友联赛》《五佳瞬间》《猫哥讲定式》《超好用布局》《葛道网训精品课》《20天从零学会下围棋》《天下棋闻说》

续 表

频道名称	开办时间	播出时间	主要节目栏目设置	2016年新增节目栏目
环球旅游	2005年4月8日	21:00首播4小时，全天24小时轮播	《魅力世界》《环球览胜》《旅游新天地》《大话游》《旅游资讯》《中国旅游》《环宇搜奇》《聚焦欧洲》《全球冲动》《旅游中国》	
新娱乐	2005年7月22日	0:00首播5小时，全天24小时轮播	《爱上牛芳的音乐》《爱上牛芳的美丽》《爱上牛芳的旅行》《爱上牛芳的电影》《星星的厨房》《超级星美味》	
置业	2005年7月28日	20:00首播4小时，全天24小时轮播	《家居DIY》《乐淘家居》《家有收藏》《魅力油画》《置业说法》《完全装修手册》《置业博客》《个性空间》《中华墨迹》《乐享空间》《海外建筑欣赏》	
	2003年11月1日	16:00首播，全天24小时轮播	《评书联播》《梨园金曲》	
		16:00首播，全天24小时轮播	《爵士经典》《爵士列车》	

续 表

频道名称	开办时间	播出时间	主要节目栏目设置	2016年新增节目栏目
北京之窗主频道	2009年4月30日	17:00—17:00	福彩合作“公益北京”系列节目：《公益周报》《彩讯及时通》《彩票大家玩》《真情手递手》《善聚公益》《彩票收藏》等	《彩票大家玩》(2016年5月8日)
北京之窗首都政务频道	2009年4月30日	17:00—17:00	《这里是北京》《数说北京》《百姓就业》《大吉成长记》	
福彩开奖(图文栏目)	2010年9月15日	17:00—17:00	福彩公告、北京市福利彩票各个彩种开奖信息	

北京北广传媒移动电视有限公司频道一览表

频道名称	开办时间	播出时间	主要节目栏目设置	2016年新增节目栏目
北京移动电视	2004年5月28日	5:58—23:00	《整点播报》《体育新闻》 《法治进行时》《今天提示》 《畅行北京》《我的工会我的家》 《饭饭团》《悠悠团》 《3分钟美食》《乐乘慧生活》 《黄金珠宝视界》 《中国梦——365个故事》 《北京旅游时间》 《爱心点亮归途》《教育新闻》 《我在北京挺好的》《绿动北京》 《96310纪事》《演艺罗盘》 《百姓就业》《一路同行》 《国家大剧院》《秀逗爱生活》 《我家有明星》《身边的好学校》 《翻滚吧地球》《周末去哪儿》 《尚周刊居尚》《尚周刊淘尚》 《请您欣赏》 《华夏文化鉴赏资讯》《影事》 《时尚印象》《寰宇客》 《奇趣自然》《纪实天下》	《华夏文化鉴赏资讯》 《影事》 《时尚印象》 《寰宇客》 《奇趣自然》 《纪实天下》

北京北广传媒城市电视有限公司频道一览表

频道名称	开办时间	播出时间	主要节目栏目设置	2016年新增节目栏目
城市电视	2005年8月1日	7:00—22：00	《城市播报》《体育新闻》 《实时财经》《环球财讯》 《百姓就业》《我的工会我的家》 《96310城管纪事》《演艺罗盘》 《剧情推动力》《光影大视界》 《每日文娱播报》《城市悠乐惠》 《中国梦365个故事》《非常幽默》 《高光点》《果酱果酱》 《城市天气站》	《高光点》 《果酱果酱》 《城市天气站》

北京北广传媒地铁电视有限公司频道一览表

频道名称	开办时间	播出时间	主要节目栏目设置	2016年新增节目栏目
地铁电视	2010年8月10日	5:00—23:30	《新闻地铁报》（一） 《新闻地铁报》（二） 《新闻地铁报》（三） 《新闻地铁报—体育》 《美食0换乘》《国家大剧院》 《中歌榜》《美丽俏佳人》 《超级访问》《星光隧道》 《微电影》《剧情推动力》 《小羊肖恩》《请您欣赏》 《环球财讯》《生活一点通》 《军情解码》《评影不离》 《时尚前沿》《开心速递》 《精彩足球》《空气质量播报》 《娱乐便利贴》《静距离》 《教育新闻》《身边的好学校》 《新周刊》《原创精选》	

2016年北京市各区广电机构频率频道设置情况

北京市朝阳区广播电视新闻中心频道一览表

频道名称	开办时间	播出时间	主要节目栏目设置
BTV 新闻频道 朝阳时段	2003年1月	首播 19：30—21：00； 重播次日 7：30—9：00 12：30—14：00	《朝阳新闻》 《一周新闻综述》 《朝阳名师讲堂》 《走进朝阳教育》 《地税你我他》 《平安朝阳》 《对话成长》 《社会学堂》 《校园万花筒》

北京市海淀区新闻中心频道一览表

频道名称	开办时间	播出时间	主要节目栏目设置	2016年新增节目栏目
BTV 新闻频道 海淀时段	2003年1月	首播 19:30—21:00 重播次日 7:30—9:00 12:30—14:00	《海淀新闻》《文明风尚汇》 《创新中关村·核心区》 《海淀风物志》《红盾时空》 《火线》《海淀教育》 《城管视点》《海淀1时间》 《警方在线》《海检播报》 《人口与家庭》《品质生活》 《文明海淀》	《海淀风物志》
802海淀 数字频道	2009年6月	每天 7：30—23：30 共16个小时	《海淀新闻》《文明风尚汇》 《创新中关村·核心区》 《海淀风物志》《城管视点》 《海检播报》《火线》 《海淀1时间》《海淀教育》 《警方在线》《文明海淀》 《品质生活》	《海淀风物志》

北京市丰台区广播电视中心频道一览表

频道名称	开办时间	播出时间	主要节目栏目设置	2016年新增节目栏目
BTV 新闻频道 丰台时段	2003年1月	首播 19:30—21:00 重播次日 7:30—9:00 12:30—14:00	《丰台新闻》《人大在线》 《政协视窗》《清风苑》 《丰台教育》《丰台消防》 《南城人物》《成长的天空》 《在身边》《真情零距离》 《法制风景线》《幸福生活大讲堂》等	
803丰台 数字频道	2007年 11月	首播 19:30—00:55 重播次日 6:30—19:30	《丰台新闻》《人大在线》 《政协视窗》《清风苑》 《真情零距离》《在身边》 《成长的天空》《丰台教育》 《南城人物》《丰台消防》 《法制风景线》《音乐排行榜》 《奋斗》《美丽俏佳人》 《看中国》等	

北京市石景山区广播电视中心频道一览表

频道名称	开办时间	播出时间	主要节目栏目设置	2016年新增节目栏目
BTV 新闻频道 石景山时段	2002年 12月20日	首播 19:30—21:00 重播次日 7:30—9:00 12:30—14:00	《石景山新闻》《记者视线》 《新闻盘点》《生活与信息》 《天气预报》	
804石景山 数字频道	2009年 11月9日	6:00—24:00	《教育新视线》《法治聚焦》 《旅游》《政协之窗》 《石景山服务》《百姓剧场》 《走进演播室》《百姓故事》 《生活与信息》《电视购物》 《天气预报》《百姓诵读》 《百姓DV》《石景山新闻》 《记者视线》《新闻盘点》	

北京市门头沟区广播电视新闻中心频道一览表

频道名称	开办时间	播出时间	主要节目栏目设置	2016年新增节目栏目
BTV新闻频道门头沟时段	2002年12月20日	首播 19:30—21:00 重播次日 7:30—9:00 12:30—14:00	《门头沟新闻》《视点关注》《信息高速路》《相约健康》《电视门诊》《工商在线》	《视点关注》

北京市房山区广播电视中心频率频道一览表

频率频道名称	开办时间	播出时间	主要节目栏目设置	2016年新增节目栏目
房山人民广播电台FM107	1989年9月	6:00—24:00	《房山新闻》《FUNHILL时间》《生活广场》《经典音乐》《评书连播》《音乐加甜点》《新城故事》《汇生活》	
房山人民广播电台FM96.9	2010年7月	6:00—24:00	《房山新闻》《FUNHILL时间》《生活广场》《经典音乐》《评书连播》《音乐加甜点》《新城故事》《汇生活》	
BTV新闻频道房山时段	2003年1月	7:30—9:00 12:30—14:00 19:30—21:00	《房山新闻》《今日关注》《funhill面对面》《文化纪事》《都市生活》《法治与生活》《我行我秀》《学通房山》	《学通房山》

北京市大兴区广播电视中心频率频道一览表

频率频道名称	开办时间	播出时间	主要节目栏目设置	2016年新增节目栏目
大兴人民广播电台FM98.6	1995年1月	6:25—24:00	《这里是大兴》《音乐随心听》《乌鱼来了》《悦听经典》	
BTV新闻频道大兴时段	2003年1月	首播 19:30—21:00 重播次日 07:30—09:00 12:30—14:00	《大兴新闻》《10分·关注》《爱我新区大讲堂》《镇街采风》《天天剧场》《经典剧场》《瞧这一家子》	

北京市通州区广播电视中心频率频道一览表

频率频道名称	开办时间	播出时间	主要节目栏目设置	2016年新增节目栏目
通州人民广播电台FM107.7	1991年12月	6:25—24:00	《通州新闻》《凡人凡语》《潞通新干线》《通州这方土》《整点资讯》《听在107.7》《音乐碟中谍》	《凡人凡语》《潞通新干线》《通州这方土》《整点资讯》
BTV新闻频道通州时段	2003年1月	首播 19:30—21:00 重播次日 7:30—9:00 12:30—14:00	《通州新闻》《看通州—记者视点》《小强听说》《百姓大秀场》《文明通州》《情暖2016》《咱们工会》《健康通州》《科技让生活更美好》	《情暖2016》《咱们工会》《健康通州》《科技让生活更美好》

北京市顺义区广播电视中心频率频道一览表

频率频道名称	开办时间	播出时间	主要节目栏目设置	2016年新增节目栏目
顺义人民广播电台频率FM92.9	1998年1月20日	6:25—23:30	6：25—23：30转播中央人民广播电台 《新闻和报纸摘要》 《新闻60分》 《燕京书场》 《929广播小说》（首播） 《快乐亦蝈鲜》（直播） 《悦耳聆听》 《家庭教育大讲堂/人口文化》 《新闻60分》 《越聊越开心》（直播） 《西部往事》《百年听书时》 《笑谈古今》 《全城都在点》（直播） 《大家帮助大家》（直播） 《新闻60分》《音乐百分百》 《读书品人生》 《929—广播小说（重播）》 《健康新生活》《星夜故事》	
BTV新闻频道顺义时段	2003年1月1日	首播 19:30—21:00 重播次日 7:30—9:00 12:30—14:00	《顺义新闻》 《情动绿港》 《顺义时空》 《健康有约》 《绿港e站》 《是非方圆》 《师说日》 《国学动漫城》 《纪录片》等	

北京市平谷区广播电视中心频率频道一览表

频率频道名称	开办时间	播出时间	主要节目栏目设置	2016年新增节目栏目
平谷人民广播电台FM89.2	1992年3月11日	6:30—8:20 11:00—12:00 18:30—19:30	《平谷新闻》《戏曲选粹》《法制园地》《相声集锦》《评书》《文苑之声》《宝贝课堂》《嗨，平谷》《流行金曲》	《文苑之声》《宝贝课堂》《嗨，平谷》《流行金曲》
BTV新闻频道平谷时段	2003年1月1日	首播 19:30—21:00 重播次日 7:30—9:00 12:30—14:00	《平谷新闻》《警法在线》《电视剧》《美丽平谷》《百姓身边》《热点进行时》《快乐宝贝》	

北京市怀柔区广播电视中心频率频道一览表

频率频道名称	开办时间	播出时间	主要节目栏目设置	2016年新增节目栏目
怀柔人民广播电台FM101.3	1996年11月	6:29—15:46 16:29—22:20	《怀柔新闻》《行风热线》《科普园地》《快乐游怀柔》《成长》《健康伴你行》《音乐无限》《故事会》《空中书场》《生活百事通》《人口与健康》《药品边防线》《天气预报》《明星魔幻秀》《消费生活新主张》《工商之声》《文学草堂》《水煮娱乐》《电台情歌》《丽人榜样》《FM·中国好声音》《生活E时代》《德云剧场》《往事》《音乐旅途》《请你欣赏》《饭点说吃》《梦想旅行日志》《吐小槽扒新闻》《杨辰脱口秀》《奶爸奶妈总动员》	《丽人榜样》《生活E时代》《德云剧场》《往事》《音乐旅途》《请你欣赏》《饭点说吃》《梦想旅行日志》《吐小槽扒新闻》《杨辰脱口秀》《奶爸奶妈总动员》
BTV新闻频道怀柔时段	2003年1月	首播 19:30—21:00 重播次日 7:30—9:00 12:30—14:00	《怀柔新闻》《文化怀柔》《法治时刻》《今日三农》《安全在线》《文明在身边》《环境时空》《生活大观园》	《怀柔环境》更名《环境时空》增加环保内容

北京市昌平区广播电视中心频率频道一览表

频率频道名称	开办时间	播出时间	主要节目栏目设置	2016年新增节目栏目
昌平人民广播电台FM103.1	1987年7月	6:28—21:32	转播《昌平新闻》，自办《乐享时光》《与法同行》等	在《乐享时光》直播栏目中增加《普法直通车》《乐享健康》《在党的旗帜下》《在长征路上》四个特别板块
BTV新闻频道昌平时段	2003年1月	首播 19:30—21:00 重播次日 7:30—9:00 12:30—14:00	《昌平新闻》 《时空关注》 《走进三农》 《农民课堂》《相约》 《真情故事》 《百姓话题》 《古今昌平》《视角》 《法治昌平》	

北京市密云区广播电视中心频率频道一览表

频率频道名称	开办时间	播出时间	主要节目栏目设置	2016年新增节目栏目
密云人民广播电台FM94.1	1989年	6:30—23:30	《密云新闻》《今日密云》 《法制传真》《我的社区我的家》 《教育园地》《密云经济报道》 《三农有约》《健康时空》 《音乐随身听》《评书联播》 《广播剧场》《我爱国粹》等	
BTV新闻频道密云时段	2003年1月	首播 19:30—21:00 重播次日 7:30—9:00 12:30—14:00	《密云新闻》《事事关心》 《檀州大舞台》《教育专线》 《疾控在线》《游遍密云》 《科普大篷车》《密云警视》 《中华德育故事》等	《密云警视》 《中华德育故事》

北京市延庆区广播电视中心频率频道一览表

频率频道名称	开办时间	播出时间	主要节目栏目设置
延庆人民广播电台 FM 92.8	1997年1月	6:30—22:10	《延庆新闻》《生活导航》《今日农村》《快乐调频928》《大东说消费》
延庆人民广播电台 FM98.8	1997年1月	6:30—22:10	《延庆新闻》《生活导航》《今日农村》《快乐调频928》《戏曲欣赏》
BTV 新闻频道延庆时段	2003年1月	19:30—23:30 每天早中晚滚动播出三次	新闻类：《延庆新闻》 专题类：《妫川骄子》 社教类：《一路平安》 文艺类：《百姓大舞台》 服务类：《妫川美食》

节目栏目

2016年北京市属广电机构重点节目栏目简介

北京人民广播电台

《冰雪五环、聚焦冬奥——2022年冬奥会举办城市揭晓》新闻资讯类节目。北京电台新闻广播于2015年7月31日播出，时长1小时21分。节目围绕申冬奥这一事件直播，因存在着很大的不确定性，主持人提前准备两套预案。在直播节目进行过程中，主持人与嘉宾、记者边穿插现场实况报道、边进行适当的点评、分析与串联。直播架构清晰，以鸟巢、水立方、延庆、张家口这几个和冬奥关系密切的地点为主线层层推进，每一个地点除连线现场记者展现申冬奥成功之后市民的喜悦之情外，更注重科普。冬季奥运会很多项目及意义并不为听众所熟知，所以节目注重介绍冬奥项目知识，使现场直播立体感突出、内容丰富、顺畅自然。该节目获得第二十六届中国新闻奖（2015年度）一等奖。主创人员：杨洪、李凯、杨迪、马骏、田甜、唐思萌。

《致远舰，你在这里！》新闻资讯类节目。北京电台美国洛杉矶1300电台（首播）于2015年10月20日首播，作品时长12分15秒。“丹东一号”清代沉船（致远舰）水下考古调查项目是2015年度中国十大考古发现之一，节目记者于2014年和2015年多次往返北京和丹东港进行深度采访，通过对参与事件的权威专家和关键人物的追踪式访谈，将考古过程中的感人发现、历史背后的故事以及当下的现实意义完整地勾勒出来并将听众的情感推向高潮。致远舰不仅寄托国人对邓世昌等烈士忠魂的敬意和情愫，还揭示出海战给中国近代历史乃至当下中国所处的国际政治格局带来的深远影响。节目经由中国国际广播电台华语环球广播以及北京电台七家海外合作华语电台播出后，引起强烈反响，获得第二十六届中国新闻奖国际传播三等奖等奖项。主创人员：吴梅红、戴蔚然。

《小鬼当家 kids Club》生活服务类栏目。北京电台外语广播（中波774）于每日17：30-18：00首播，21：30-22：00重播，时长25分钟。栏目面向6-12岁的孩子，采用欧美原版教材STEAM主题故事，通过寓教于乐的方式为目标受众提供和国际接轨的英语学习内容，实现日常英语学习的延展和提升。同时强调孩子的参与性，着力于英语实际应用能力以及国际素养的培养。栏目荣获2015年度少儿节目精品及国产动画发展专项资金项目三等奖。主创人员：监制：李杨、臧轶洁；主持人：Frankie（周超）。

《不可回避的青少年性教育》生活服务类节目。北京电台交通广播《1039都市调查组》于2013年6月3日20：00-21：00播出，时长1小时。据中国青少年生殖健康调查显示，未婚先孕和人工流产正在威胁着女性青少年的生殖健康……青少年性早熟令人吃惊，青少年被侵犯的新闻也不断发生。性教育究竟怎么做？性教育是谁的责任？性教育的难点究竟在什么地方？节目用数据反映公众对待性教育的行为和态度，面对这个禁忌和敏感的话题，主持人以开放的心态、从容的态度、适度的幽默感准确把握节目的基调和节奏，流畅自然地把数据和专家的讲解融为一体，传播正确实用的信息和知识，展现较高的把握能力和主持水准。节目获得2014年度中国播音主持“金话筒”奖广播主持作品奖。主创人员：主持人：李嘉佳（嘉佳）、金盛博（盛博）。

《正视吐槽背后的民生诉求　让死不起不再成为话题》新闻资讯类节目。北京电台新闻广播《北京新闻》于2015年4月5日播出，时长4分17秒。清明节当天记者抓住“死不起”契机这个话题，说明吐槽解决不了问题，深化改革才是出路。随着老龄化社会的加速，如何建立一个“让死者有尊严，活者能从容”的殡葬生态，已经成为迫切正视的民生问题。随着殡葬行业的体制改革进一步深入，民众殡葬观念的更新，所谓的死不起葬不起，不会成为困扰民生的真正的问题。评论播出被几家知名网站转载，获得北京电台新闻广播季评一等奖，北京电台2015年度最佳作品评论类一等奖，2015年度北京市优秀广播电视节目。主创人员：林俐、王劲清。

《全国首个区域机动车治污机构今天成立京津冀及周边地区启动超标车异地处罚》新闻资讯类节目。北京电台交通广播《交通新闻》于2015年6月4日播出，时长1分30秒。为突出新机构的新作为、体现广播的现场感，记者提前联系好执法部门，在机构成立后的第一时间前往六环外采访执法现场，记录“异地处罚”第一单。节目通过第一手的音响、权威部门的介绍、专家的点评等多个角度深入报道。报道播出后，不仅北京本地听众了解到七省市机动车区域治污的新机构，外省市司机和运输公司得知异地处罚等消息，进京路口的外省市超标车数量有所减少。区域联合形式给其他领域提供借鉴和参考，京津冀和周边省区市在燃煤、油品等方面陆续推出各种联合治污的举措，助力京津冀和周边地区改善环境。主创人员：记者：戚天。

《三元桥整体置换大修工程系列报道》新闻资讯类节目。北京交通广播《交通新闻》于2015年11月13日到15日播出，时长7分31秒。作为北京著名的交通节点，始建于1984年的三元桥承担京密路、三环主路和机场高速等多条城市道路的枢纽和转换作用。受到常年重载交通的影响，三元桥已经成为危桥，需要进行整体更换。由于地处中心城区核心位置，如何减少大修施工对社会交通的影响成为本次工程需要解决的第一要务。具有完全自主知识产权的千吨级驮运架一体机，首次在城区进行桥梁更换，这不仅是国内首次在特大城市重交通节点上的应用，更是国际上少有的特大交通工程。本组系列报道共分三集，分别介绍三元桥大修的背景、工程实施现场和突发情况处理、工程完工恢复交通等内容，全景展示三元桥整体置换大修工程的过程；特别是在大修过程中出现突发情况、启动应急预案的情况下，第一时间传递工程进展与交通服务信息。节目播出后引发听众的广泛关注，整组报道内容连续、体系完整，现场音响丰富多样，具有较强的可听性和实效性。主创人员：记者：黄河。

《战火中的旋律》综艺益智类节目。北京音乐广播（FM97.4）于2015年12月19日《特别创意》中播出，时长22分7秒。该节目以2015年中国人民抗日战争暨世界反法西斯战争胜利70周年阅兵式为切入点，精选在二战中诞生的音乐作品，讲述它们鼓舞斗志、见证历史、救赎生命的非凡作用。该节目制作精良，体现出较高的艺术水准和较强的表现力。获得2015年北京电台优秀节目音乐类一等奖，2015年度北京市优秀广播电视节目，2016年广播文艺节目专家创优评析（即第十八届专家奖）音乐类一等奖。主创人员：编辑：张鹏飞；播音：梁言；录音：王暄；艺术指导：冯健。

《冯满天的音乐梦》综艺益智类节目。北京音乐广播（FM97.4）于2015年6月28日在专题音乐类栏目《特别创意》中播出，时长21分40秒。节目主题鲜明，立意深远。节目主人公冯满天是一位杰出的民乐演奏家，他能谈能唱，弹起来优美动听富于个性，谈起来言之有理又饱含感情。通过对阮演奏家冯满天的演奏以及访谈，提出在音乐领域中，要坚持“和而不同”；可以向西方音乐学习，但是必须坚持和发扬民族音乐的独特性。节目音乐性强，语言与音乐结合恰当，获得2015年度北京市广播影视奖、北京人民广播电台年度优秀节目奖。主创人员：采编制作：关晓松；播音：酒杰。

《城市治堵，老难题寻找新思路》专题服务类栏目。北京电台城市广播FM107.3AM1026于2015年1月25日《市民对话一把手》栏目中7:30—8:30播出，时长1小时。节目就北京今后将如何缓解交通，小汽车出行比例能否明显下降，公共交通如何更加贴近市民需求等百姓极为关注的话题，邀请北京市交通委主任周正宇展开深入探讨。节目选题好，嘉宾权威提问到位。直播中，听众通过电话、微信等多种方式沟通交流，节目播出后解决听众反映的松榆南路乱停车等实际问题，受到好评。节目获得2015年度北京市优秀广播电视节目。主创人员：编辑：王晓颖；主持：黄彦。

《教育面对面》专题服务类栏目。北京电台城市广播FM107.3AM1026周一到周日17:30—19:00首播。该栏目是北京地区22个广播频率中唯一一档以中小学生及其家长为受众对象、全年365天直播的教育节目，也是独家与教育行政和考试部门合作举办、集中为中高考生及其家长提供咨询服务的栏目。栏目突出权威性、服务性，同时依托线上广播，开展线下活动、开发延伸产品、并全时化进行网络新媒体互动服务，为听众提供跨媒体服务及广播增值服务，得到听众充分肯定。节目先后获得2007、2008、2009年度国家广电总局优秀原创少儿精品栏目奖、精品节目奖；2014年度北京电台“听众喜爱的优秀栏目”；2014年度北京电台“名牌栏目”；2014年度全国城市台品牌栏目；2015年度北京电台“名牌栏目”；2015年度北京广播奖等。主创人员：张延红、张铮、杨阳、高傲、秦天。

《卢沟桥不会忘记》综艺益智类节目。北京电台音乐广播 FM97.4在专题音乐类栏目《特别创意》中于2015年7月5日播出，时长 22分11秒。节目有三位采访对象：抗战名将佟麟阁将军之子佟兵、参与筹建抗日战争纪念馆的郭景兴老人、还有在卢沟桥边工作生活19年的北京市委党史研究室办公室副主任李明圣。三位人物的生活、工作都和卢沟桥有千丝万缕的联系。节目从卢沟桥这一具有特别意义的地标开始，将三人的采访有机地和音乐融合在一起。节目制作精良，张弛有度，穿插丰富的音乐素材，如军乐《献花曲》，抗战歌曲《大刀进行曲》（合唱版、三高演唱会现场版）、《旗正飘飘》、歌曲《满江红》《重整河山待后生》、童声歌曲《卢沟谣》等。整部作品感觉流畅，音画对位准确，主题肃穆庄严。获得2016年度北京广播影视奖，2015年度北京人民广播电台优秀节目奖。主创人员：采访、编辑、制作：才涛；采访：徐冉；播音：于越。

《战火玫瑰》综艺益智类节目。北京电台音乐广播于2015年12月26日《特别创意》栏目中播出。该节目以纪念中国人民抗日战争暨世界反法西斯战争胜利70周年为切入点，精选反映二战中女兵题材的文艺作品，包括歌剧《这里的黎明静悄悄》、纪实文学《我是女兵，也是女人》、话剧《战火玫瑰》等，角度新颖、立意深刻，具有较强的艺术感染力。获得2015年北京电台优秀节目评选综艺类二等奖，2015年北京市优秀广播电视节目等奖项。主创人员：编辑：张鹏飞；播音：白钢、小晏；录音：王暄；艺术指导：冯健。

《爱相随》专题服务类节目。北京电台爱家广播《老年之友》栏目于2015年4月4日、5日播出，时长45分21秒。节目关注如何给予晚期肿瘤患者更多人文关怀，从老年听众熟悉的北京琴书泰斗关学增老先生生前与病魔搏斗的痛苦经历讲起，引入缓和医学的概念。对于肿瘤晚期患者来说，仅靠药物、技术来战胜肿瘤远远不够，更多地需要来自医生的人文关怀。缓和医学强调医生在控制患者疼痛及各种有关症状的同时，对其心理、社会、灵性问题予以重视，最终为病人和家属提高生活质量。本期节目嘉宾为医疗领域的专家和一线人员，以及临终关怀的志愿者和生命文化的学者，他们从多个角度和不同的侧面阐述什么是缓和医学、缓和医学的必要性、以及如何还病人生命最后的幸福感的重要意义。表现手法有新意，音效好，节目质量很高。获得2015年度北京市优秀广播电视节目。主持人：芳华。

《一座营盘》广播剧节目。北京电台文艺广播《小说连播》栏目于2015年6月1日至8月4日每天中午12:00—12:30播出，每集时长30分钟，共65集。长篇小说《一座营盘》作者陶纯，是解放军总装备部创作员，曾获五个一工程奖、全军文艺新作品一等奖。小说主要塑造布小朋、孟广俊两个军人形象。他们都是文革后入伍，以不同方式实现个人梦想，弄潮的同时也被时代潮流塑造。最终，刚被授予中将军衔的孟广俊面临牢狱之灾；廉洁正直的布小朋，虽坎坷不断，但成长为A基地司令员。节目由总政话剧团著名演员翟万臣演播，播出后，据央视索福瑞调查数据显示，收听率和占有率均为北京广播市场同时段最高份额。节目获得2015年度北京市优秀广播电视节目。主创人员：录音师：孟孟；责任编辑：吕鲁波。

《国画大师李苦禅的“暗战”生涯》广播剧节目。北京电台文艺广播于 2015年12月27日播出，时长24分17秒。该节目是七十集大型系列评书《京华英雄》中的一集，李苦禅是中国美术史上一位承前启后的艺术大师，他一生力倡“必先有人格方有画格，所谓人格——爱国第一”。他既是一位国画写意大师，也是一位爱国志士。他隐藏半个世纪的秘密身份直到二十世纪八十年代才被披露出来，他的地下革命故事至今仍然鲜为人知。节目结合评书演员徐德亮讲述的有关李苦禅先生抗日的评书故事，特意采访李苦禅先生的儿子李燕先生并制作该节目。一经播出，受到听众的高度赞扬。主创人员：策划：王为；监制：张宏；编辑：徐北威；解说：唐甜甜；录音师：张校茵。

《中国男子4*100米接力突破历史》新闻资讯类栏目。北京电台体育广播《雄鸡唱晓》栏目于2015年8月30日播出，时长3分51秒。北京田径世锦赛上，中国男子接力队历史性的摘得银牌，这是中国体育的重大突破。作为现场报道，节目详尽地介绍现场的环境、气氛，流畅地描述比赛过程，包含奖牌变更的戏剧化过程，并且融入运动员现场的感受。整条消息一气呵成，有比赛实况、有历史背景，有运动员过生日的细节；情感充分，现场感强，犹如置身赛场，让听众重温比赛激动人心的瞬间。获得2015年度北京市优秀广播电视节目。主创人员：记者：

陈姝。

《多说了一句话》优秀剧目。北京电台文艺广播于2015年9月23日22：30播出，时长5分钟。该剧是文艺广播为参加中国广播剧研究会第四届微剧大赛精心制作的一部形式新颖的广播微剧。以短小精悍的篇幅，讲述在一辆公交车上发生的民生趣事，讽刺那些不留口德、“多说了一句话”造成不必要矛盾的社会现象。该剧风趣幽默，反映北京市井生活，创作形式也颇具创新意识，将相声与广播剧糅合在一起，起用相声演员串场叙事，具有浓郁的京味儿特色。获得中国广播剧研究会第四届微广播剧大赛金奖，2015年度广播影视大奖广播剧奖（含微剧）提名奖。主创人员：策划：李唯唯、郝卫群；编剧、导演：徐然；演播：李寅飞、叶蓬、曾颖、于浩、宝木等。

《“奔跑着创业”的毛大庆》专题服务类节目。北京电台体育广播《界内界外》栏目于2015年5月12日播出，时长20分57秒。节目邀请刚刚从万科集团辞去高级副总裁职务开启创业步伐的地产界精英毛大庆来畅聊自己的跑步人生。当下的毛大庆只做两件事——跑步和创业，他戏称自己正在“奔跑着创业”。这样一位痴迷跑步的重量级的创业者，代表运动跨界的典型。节目的问题设置由浅入深，从跑步对企业精英的影响衍生到人生哲理，毛大庆回答真诚、幽默，不乏深刻寓意。节目策划精准，选题亮点突出，进程流畅，内容深浅兼得。节目获得2015年度北京市优秀广播电视节目。主创人员：主持人：张婧琳。

《点赞〈诗经〉》综艺益智类节目。北京电台故事广播AM603KHz《品读时分》栏目于2015年12月12日播出，时长22分11秒。本节目借屠呦呦研究员获得诺贝尔奖的契机，以创新方式介绍古代文化经典《诗经》。以歌曲、电影、当代诗歌等大家喜闻乐见，易于理解的方式对《诗经》的来源、内涵、语言特点、审美价值等文学要素进行解读，再配上美学家蒋勋的深入浅出、娓娓道来的讲解，引导听众接近和理解文化经典。节目尽量靠近网络时代的语言风格，以轻松幽默的语言与《诗经》的古典语言形成反差，从而拉进听众与经典的距离。主持人以恰当的语气、节奏和感情色彩表现和烘托内容，对呈现主题和帮助听众理解节目的内涵起到了关键性作用。节目获得2015年度北京市优秀广播电视节目。主创人员：采编制作：关晓松；播音：陈光。

《黑白南极》综艺益智类节目。北京电台故事广播AM603KHz《故事悬谈会》于2015年12月13日播出，时长21分14秒。2015年11月，戴建成摄影展《黑白南极》在中国美术馆举行。两年前戴建成远赴南极拍摄，虽然只拍了十天，但是用练了40年的功底来完成拍摄。回来后戴建成查出癌症，他利用术后时间编辑整理，有了《黑白南极》画册和展览。节目从戴建成去南极初衷讲起，谈起他途径雷克海峡惊心动魄的拍摄，为何用黑白拍摄，到南极后为拍摄一个好镜头付出大量时间等待，为拍摄不同视角登上人迹罕至的高山拍摄海湾，趴在地上拍企鹅，突出一个为艺术奋不顾身的摄影师形象。最后戴建成表示，自己这种精神跟几十年军人经历有着密不可分的关联。主持人案头准备充分，对戴建成南极之行点滴了如指掌，节目中和嘉宾自如对话。节目获得2015年度北京市优秀广播电视节目。主创人员：编辑、主持人：于晓丹（小丹）。

《阮痴》专题服务类节目。中国国际广播电台华语广播《全景中国》于2015年2月5日播出，时长19分50秒。节目通过一位中国民族乐器“阮”的演奏者的故事，向听众生动地讲述他从传统乐器的学习，到接触现代流行音乐后的迷茫，再到传统的回归和与现代音乐的有机结合这一过程。节目通过中国国际广播电台在全球落地，播出后获得非常好的反馈。有听众说从节目背后，甚至可以看到北京乃至整个中国在传统与现代的磨合中如何前行的过程，有迷茫，有纠结，但最终传统的价值被重新认知。节目音响丰富，连贯自然，获得2015年度中国国际广播新闻奖一等奖。主创人员：刘慧 、刘兴宇。

《破碎的花朵》专题服务类节目。中国国际广播电台华语广播《全景中国》栏目于2015年12月30日播出，时长10分10秒。慰安妇问题是二战后的重大历史遗留问题，在世界反法西斯胜利70周年之际，韩日就慰安妇问题达成所谓“协议”，节目向世人揭示日军强征慰安妇的历史真相。节目采访到为慰安妇进行维权和历史研究的多位中外专家，他们用生动具体的讲述阐明慰安妇问题是涉及亚洲多国的共同课题，是涉及人性、政治的历史难题。每一名慰安妇就像“破碎的花朵”，她们的一生因战争、因日本军国主义制度而凋零、葬送。节目获得2015年度中国国际广播新闻奖二等奖。主创人员：张瑞丽。

（北京人民广播电台）

北京电视台

《红军不怕远征难》优秀剧目。BTV北京卫视于2016年10月17日至21日19:30播出，系列片共9集，每集时长60分钟。摄制组先后前往14个省区，翻越都庞岭、老山界、娄山关、乌蒙山、夹金山、岷山、六盘山，渡过潇水、湘江、乌江、赤水、金沙江、大渡河，祭扫一百多处红军烈士纪念碑和无名烈士墓，采访两百多位长征亲历者、见证人和红军后代。该片不仅重现当年怀揣革命理想与信仰的年轻人以及他们所经历的艰苦卓绝的壮丽征程，还以更加贴近当代年轻人心理的角度，展现一个他们不曾了解过的长征，对当今的年轻人具有强烈的现实意义。该片首次尝试双“讲述人”的方式。为观众带来最真切的现场感、情景感和贴近感。突破了长期以来对长征历史艺术创作的视觉惯性，大量采用三维地图、实地讲述、角色扮演和实景演绎相结合的方式，用镜头对话历史，用电影化手法再现长征场景。该片在省级卫视所有长征系列节目中收视排名第一，与节目播出伴随推出的微博话题“青春与梦想的远征”登上微博热门话题榜第一名，话题阅读量超过3700.08万。主创人员：总制片人：吕军、孙浩；总导演：吕军；制片人：刘晓彤；执行总导演：吴志勇、刘晓彤；总撰稿：吴志勇；执行制片人：成诚等。

《跨界歌王》综艺益智类节目。BTV北京卫视2016年5月28日至8月20日每周六21:08播出，共13期，每期时长100分钟。该节目是北京卫视原创的大型明星跨界音乐竞技节目，以跨界明星的歌曲演唱为核心，体现“王者无界”的节目理念。节目在北京电视台大剧院进行录制，对大剧院进行创新改造，设计分割出“试唱间”、“大舞台”和“休息室”的三度空间，只有通过评委考核的歌手才有资格升上主舞台为观众演唱。参加节目的大部分歌手都是影视演员，栏目组所有歌曲的编排都融入剧情表演的成分，营造出音乐剧的舞台效果。首次将“演唱”回归到“表演+唱歌”的综合艺术形态，丰富观众的视听享受，也让跨界歌手们有机会展现自己的功力。节目在北京地区的平均收视率5.04%，全国35城市平均收视1.51%，刷新北京卫视季播节目纪录；四期节目单期收视率位列省级卫视同时段第一；索福瑞欢网52城实时数据位列省级卫视第一；酷云实时数据份额位列省级卫视第一；视频点击量突破15亿次；微博话题总讨论量突破100亿，创造综艺节目纪录。主创人员：出品人：李春良、胡刚、丁芯、史小东、宋歌、林卫平；总监制：王珏、徐滔；总制片人：王奕；策划：胡杰等。

《跨界喜剧王》综艺益智类栏目。BTV北京卫视于2016年9月至11月每周六20:30播出，共12期，每期时长100分钟。栏目邀请来自音乐界、演艺界、文化界、体育界、商界等各个领域的代表人物，在五位喜剧经纪人的帮助下，以喜剧的面貌进行跨界演绎，竞争年度跨界喜剧王的荣誉。节目突破传统喜剧表现形式，全力打造多元化中式幽默，让观众从笑声中感受各行各业的酸甜苦辣以及笑对人生的生活态度。在节目播出同时，明星在网络平台参与直播，揭秘台前幕后花絮。《跨界喜剧王》成功延续“跨界”品牌的声势，并将之推向更高的维度和广度，使得“跨界”与北京卫视的平台气质进行价值融合。主创人员：孟梦、景思斯、曹扬、刘小溪、刘佳、李静。

《传承者之中国意象》综艺益智类栏目。BTV北京卫视于2016年9月11日至12月4日每周日21:18，共13期，每期100分钟。节目延续第一季《传承者》的精神内核，继续致力于中国文化的传承，邀请国内众多顶级表演团体或个人，对中国非物质文化遗产、传统曲艺、现代歌舞、当代流行艺术等顶级内容，通过意象式呈现，既保留传统文化特色，尝试传统与现代、静态与动态的跨界融合，让观众欣赏到中华优秀传统文化的博大精深，展现出在经典中创新，在继承中发扬的中国艺术发展历程，并从艺术之美中读懂中国文化和民族精神的深刻内涵。运用电影艺术中“子弹时间”的拍摄手法，将极致瞬间“凝固”在舞台上，并展现360度的全维度视角，以电视化的技术手段填补舞台艺术的观看盲区，全方位展现顶级艺术的精妙，阐释中国意象的美学意境。节目获得2016年第二十二届白玉兰奖最佳综艺栏目提名。主创人员：执行总导演：郝竞波；导演：李想、杨李逸奕、张於、汲宣、裴尧、王美、刘韵、王凯、刘萌、张馨雨。

《中国梦365个故事》优秀剧目。BTV北京卫视、BTV新闻、BTV财经、BTV生活、BTV青年和BTV纪实频道于2016年每周播出，周一、周四在《北京新闻》首播，并于周二到周日在BTV财经、BTV生活、BTV青年和BTV纪实重播，每集时长3分钟。节目展现各行各业普通人的故事和命运，打造讲述当下中国百姓平凡故事的心灵史诗。该片以“讲述普通人的命运故事”为宣传策略，坚持不摆拍、不情景再现等原则，追求现场感、真实感，拍摄对象涵盖了社会各阶层、各民族、各地域、各年龄、各职业，覆盖全国各省市，兼顾全国56个民族、港澳台和海外华人。自2013年12月在《北京新闻》播出以来，至2016年底已经播出306集，在北京卫视的平均收视率为7.71%，网络总点击率逾3亿次。节目受到学界的关注与观众的热烈反响，2016年获得亚洲微电影艺术节“金海棠”奖，中广协第十届“纪录中国”创优活动“人文（自然）奖”。主创人员：吴群、王宇、李淼、聂焱、李明、林天趣、尹谦、刘瑜。

《解放——人民的选择》优秀剧目。BTV北京卫视于2016年6月27日至7月1日

22:08播出；系列片共5集，每集时长60分钟。该剧以“人民的选择”为主题，时间跨度集中于解放战争时期，通过揭秘珍贵档案、发掘尘封影像、寻访历史见证人、全面实景拍摄等方式，充分展现“人民创造了历史，历史选择了中国共产党来领导人民、造福国家”的历史论断。该系列纪录片被国家新闻出版广电总局列为重点扶植项目。播出后《人民日报》(海外版）发表评论稿《珍贵档案佐证人民的选择》，《北京日报》《北京晚报》《北京青年报》《今晚报》等20余家平面媒体对该片首播进行重点报道；搜狐、新浪、网易、新华网、央视网、法晚网、凤凰资讯等各大网站均对该片开播进行重点推送；截至首播次日12:00，新浪微博话题“纪录片解放”阅读量达2152.2万余次，讨论量达2.3万。主创人员：制片人：黄炜、孙浩；总导演：黄炜；执行制片人：郝霖；导演：胡杰、廖祎蕾、杜冰、许璐；助理导演：吴炳彦、张聪、宋晨阳、沈思然、崔鑫琳；制片：严彬彬。

《档案》优秀剧目。纪录片类。BTV北京卫视每周一至周三22:35首播，每期节目时长50分钟。栏目是北京卫视唯一一档历史纪录片栏目，选题广泛而深刻，包括涉及中外交往和引起国际关注的内容、国际国内已解密的高等级军事档案、公安档案、安全档案；与中国相关的近现代国际关系等内容。节目形式以案件和事件现场实录回放为线索，首次披露国内大案要案、社会传奇、情感故事等；其内涵深外延广，节目贴近百姓生活，紧跟时代脉搏。讲述者依据内容抛出的悬念和疑问，形成独特的戏剧化的节目创新亮点。通过舞台元素、活动影像元素、音效元素、实物元素等完成节目任务，采用拍摄影视作品时常用的单机分镜的拍摄方式，是目前国内电视节目中唯一一个采用此种方式拍摄的电视栏目。近几年承制《从一大到十八大》《辛亥档案》《苏联解体——8·19事件内幕》《伟大的抗美援朝》《砥柱中流——伟大的敌后抗战》《伟大的贡献》《西藏》《解放——人民的选择》等重大题材历史纪录片，在社会上引发强烈共鸣。栏目中的《伟大的抗美援朝》被评为第十三届精神文明建设“五个一工程奖”。2016年第四届优秀国产纪录片及创作人才扶持项目表彰活动上，纪录片《西藏》荣获“优秀系列片”奖，北京卫视荣获“优秀播出机构”奖。在第三届两岸四地广播电视与新媒体创新峰会上，《档案》栏目获“2015年度两岸四地品牌栏目四小龙”称号等。主创人员：制片人：吕军、黄炜；执行制片人：韩飞；主编：李丹、王蕴初、周凌姗；责编：侯璐；导演：王海、曲云鹏、赵宇、张雅琪、黄珊、刘晨雨、田青禾；主持人：梁植、赵岩松、谭江海；制片：王琳、王萧玄；后期：李明、孙鑫、闫龙娇。

《养生堂》专题服务类栏目。BTV北京卫视周一至周日17:35首播，每期时长60钟。栏目秉承“献给亲人的爱”，致力于成为中国最大的全民普及健康课堂，引领中国电视健康栏目的传播语态。2016年，栏目推出院士系列、院长系列、中华医学会主委系列、国医大师、国家级名老中医系列，充分体现权威性。栏目结合疾病防治日推出爱耳日、爱眼日、国际护士节、世界精神卫生日、世界卒中日、世界老年性痴呆病等多档特别节目，充分体现公益性。2016年3月播出世界防治结核病日专题节目，世界卫生组织艾滋病、结核病防治亲善大使彭丽媛教授全程参与录制。栏目把医学知识转化为通俗易懂的健康道理，把专业的医疗专家打造成为科普明星。栏目始终传递健康养生，是医养结合的大概念包括两个层面，其一是治病；其二则是治未病，也就是防病，防病不仅要“养生”，还要“养心”、更要“养神”。2016年栏目取得全国健康养生类栏目的收视冠军，除北京本地，栏目在上海、深圳、天津等超一线城市及全国的二三线城市，都具有超高的影响力，成为名副其实的全国性传播栏目。传播平台已突破单一的电视媒体范畴，形成了线上线下相结合，跨媒体、多元化的传播矩阵。微信公众账号平均每篇文章的阅读量超过十万，在全国所有的健康类微信号中，综合指数排名第一。主创人员：制片人：田天、王泓、华剑雄；主编：刘哲、王孜；主持人：刘洪悦、刘婧、丁一玲；制片：冯琪玮。

《我是大医生》专题服务类栏目。BTV北京卫视每周四21:18首播，每期时长70分钟。栏目打造全民明星医生的概念，以权威名医嘉宾团为核心竞争力，首次使用医生作为嘉宾主持人，通过意想不到的实证、互动等方式，向大众传播具有趣味性、实用性、科学性、权威性的医学知识；用活跃、直观、综艺的方式，解读人体的奥秘。把真实、活泼、亲切的医生形象呈现给电视观众。栏目带领观众了解前沿的健康生活理念，满足观众对基础医疗知识的需求，对传播慢性疾病的预防起到积极的作用；配合卫计委进行全年疾病防治日的科普宣传工作，普及科学的疾病预防知识，履行公共卫生职责。从首播到现在，栏目收获极佳的口碑，收视更是屡创新高，多次位居省级卫视同时段晚间自制栏目榜首，已成为省级卫视晚间黄金时间段最受关注的健康脱口秀节目。主创人员：制片人：吴犁犁、赵菲菲；主编：刘媇；主持人：悦悦；编导：胡月、杨威、闫一可、许栋、陈芊潼、杨彦君、王啸、杨懿丁、任天许、陈龙。

《北京新闻》新闻资讯类栏目。BTV北京卫视、BTV新闻周一至周日18:30并机播出，时长25分钟。栏目是北京电视台收视率最高、影响力最大的新闻栏目，是市委、市政府的主要宣传窗口，是北京市改革开放、经济发展、社会进步的重要展示窗口和宣传舆论平台。栏目以“权威发布政策信息悉心关怀百姓冷暖”为宗旨，以“准确、及时、严谨、规范”为准则，以“当天新闻当天首发”为传播理念，报道内容丰富全面，报道角度贴近有内涵，在追求时政新闻的严谨性、经济新闻的生动性、社会新闻的思想性的同时，不断扩大报道范围、延伸报道内容，给观众带来最便捷、最丰富、最关注、最有深度的资讯内容。2016年栏目北京地区收视率为6.37%，市场占有率稳定在20%以上。《北京新闻》曾连续两年获得中国新闻奖新闻编排一等奖，并多次获得中国广播电视奖、北京新闻奖、北京广播电视奖等奖项。栏目组曾获得“全国巾帼文明岗”荣誉称号。2016年，《北京新闻》新闻编排获得北京新闻奖二等奖。主创人员：主编：陈楠、李光军；编辑：石云、李晓军、崔菲、舒予；主持人：王晔、王小佳、聂一菁、陆放、孙扬、李扬薇、邬晔纬、马迟。

《特别关注》新闻资讯类栏目。BTV北京卫视、BTV新闻并机播出周一至周日12:00首播，每期时长58分钟。该栏目是一档综合性新闻栏目，坚持“关注社会发展、贴近百姓生活”的栏目宗旨。2016年由侧重本地民生，改版为全国卫视新闻定位。凭借午间播出的时间优势，大量运用现场连线与回传，提高新闻时效，拓宽节目视野。除北京重大及民生新闻外，重点关注国内、国际热点事件，与新华社、中国国际广播电台等国内外媒体合作，借助首都资源搭建权威平台，实现首都、国内、国际新闻全覆盖。2016年，全年平均收视率2.01%（北京卫视加新闻频道收视率），圆满完成北京市“两会”、庆祝建党95周年、纪念红军长征胜利80周年等重大选题的报道。聚焦“一带一路”和“京津冀协同发展”等国家战略，推出《天涯共此时》《京津冀市民对话一把手》等系列专题报，深度报道南方抗洪救灾、G20杭州峰会、世界互联网大会、英国脱欧公投、土耳其政变、巴西奥运会等国内国际重大新闻事件，充分运用电视包装手段，融合现场连线、新闻特写、演播室大屏等多种形式，丰富新闻报道的呈现形式，为观众提供快捷、翔实、权威的新闻大餐形成《小曹跑两会》《寻找最美家庭》《一辨真伪》等特色专栏。主创人员：主编：赵欣、李颖、段忠俊；编辑：尧弘、申京辉、方园、王欢、斯琴、陈军、刘瑶、周俊皓、李爽；主持人：曹一楠、桑朝晖、王巍、赵彬彬、范奕。

《北京您早》新闻资讯类栏目。BTV北京卫视、BTV新闻周一至周五7:00—9:00并机播出，每期时长120分钟。周六、周日7:00—8:30并机播出，时长90分钟；8:30—9:00BTV新闻频道播出，时长30分钟。栏目是中国最早的一档早间电视新闻节目，自开播以来，收视率和占有率一直保持全国同时段首位。节目定位为“站在北京看世界”，以全球视角梳理国内外新闻，同时兼顾评论、气象、路况、生活服务等各种内容，节奏快、信息量大，为全国观众提供清晨最适合的新闻早餐。2016年，北京地区两频道合计收视率为1.72%。获得2016年度北京优秀广播电视节目电视新闻类优秀栏目奖，曾在历年重大新闻直播及报道中获中国新闻奖、中国广播电视奖、北京新闻奖等众多奖项。2016年，圆满完成G20杭州峰会、爱心长征路、北京市两会、《过年啦》春节系列报道等。由栏目组织策划发起的《带本书给家乡的孩子》大型公益活动已经成为北京电视台品牌公益活动，活动联合全国7家省市电视台将12万册爱心图书送到全国21个省市自治区的200余所边远地区小学，并成立23个BTV爱心图书室。该活动产生了良好的社会效益，2106年受到中宣部《新闻阅评》专题表扬，两次在《人民日报》要闻4版专题报道。主创人员：主编：马迟、刘菲菲、黄广；编辑：王金春、李苑、肖窺、李铁牛、王延军、王大伟、赵静、王怡、杨蔚萇、李娜、闫彩荣、王亦鹏；主持人：孙杨、邬晔纬、张默、张伟、孙天旭、李扬薇、西鸥、陆放。

《大西山》优秀剧目。BTV北京卫视、BTV新闻2016年11月26日至12月5日早8：30—9:00并机首播，共十集，每集时长30分钟。该片由北京市委宣传部主办，海淀、石景山、门头沟、房山、昌平区委宣传部出资，北京电视台新闻节目中心制作，筹备、拍摄、制作将近千日，行程达数万公里，主创团队三年四季无休，前所未有地展开了一场电视人与大西山的多维度深度对话。西山对北京这座城市而言有着独特的意义，是太行山的一条支阜，从西方遥遥拱卫着北京城，古人称之为“神京右臂”。它不仅仅是一座自然之山，更是一座饱含着人文历史精华的山脉。该片富于开创性地全面挖掘西山看似简单、实则丰厚的人文历史资源，以纪录片手法将其作为讲述北京人文历史的载体，以西山的历史之大、人物之大、故事之大，吸引不同年龄、不同背景的观众认识、传承大西山文化，进而感受中华传统文化的精髓，坚定文化自信，树立大西山文化品牌，创新性地全代际覆盖式传播大西山文化。北京史学会会长李建平揭秘，正是由于为本片做调研，第一次全面梳理西山文化带，提出“大西山”这一人文地理新概念，才逐步提出长城文化带、运河文化带，为北京十三五规划纲要提出的三大文化带奠定坚实的基础；该片片前所未有地尝试了由市委宣传部主办、五大区委宣传部众筹一个大型重点项目、由北京电视台承担制作的方式，创新了运营模式；该片突破地域局限，力图从人类文明发展史和文化学视角，首创在纪录片将绘画元素、三维动画等艺术手段与情景再现巧妙融合，努力营造人文VR的视听感受，收视率堪比热播电视剧，受到各级领导、社会各界人士和广大观众的广泛赞誉。主创人员：王淳华、朱晓梅、卢晓南、甄梅、杨晓春、刘瑜、谭焱、许燕、王振。

《春潮》优秀剧目。BTV北京卫视2016年2月21日至26日19:30首播，共六集，时长15分钟。全剧共分为：两年回首、大国首都、协同发展、城建之基、大城之象、科学治污。分别从城市定位、京津冀协同发展、城市规划、市政建设、环境治理五个方面，反映在习近平总书记视察北京2·26讲话之后，两年来北京所取得的变化与发展，以及未来"十三五"时期的蓝图。主创团队从各个层面入手，努力做到将一部鲜活、生动的北京宏伟发展蓝图呈现给观众。共采访北京市及天津、河北近30位委办局相关一把手及负责人，采访群众、创业者、专家学者近20人，在三周的前期拍摄时间里共派出摄制组40多组次，从胡同到博物馆、从居民家中到企业生产一线，将一组组政府数据还原成发生在市民身边的变化。为使画面表意功能更强，带给观众独特的视觉感受，栏目采取比照视频资料拍摄等方式，进行同景别再现拍摄，将过去与现在在画面呈现中实现无缝衔接。引入更加生动、形象的动画表达，同时配以简洁直接的数据呈现，将政府数据发布做得直观明晰、生动有趣。整部专题片共完成11个片中特效动画，时长超过450秒。栏目平均收视率达到4.77%，排在同时段的前列。主创人员：主编：成强、丁苏萍；撰稿：刘祺；编导：林天趣、李颖、武奕；摄像：金昌、王鹏、霍庆海。

《中国梦365个故事》BTV北京卫视、BTV新闻、BTV财经、BTV生活、BTV青年和BTV纪实频道每周一、周四在《北京新闻》首播，并于周二到周日在BTV财经、BTV生活、BTV青年和BTV纪实重播，每集时长3分钟。栏目定位为"人文生态的真实记录、普通百姓的心灵之光"的系列人物"微纪录"作品，通过3分钟的体量，展现各行各业普通人的故事和命运。栏目坚持"讲述普通人的命运故事"为宣传策略，坚持不摆拍、不情景再现等原则，追求现场感、真实感，表现人物的同时，与当代社会背景勾连，从而将个人梦想与国家梦想相连接。节目的拍摄对象涵盖社会各阶层、各民族、各地域、各年龄、各职业，覆盖全国各省市，兼顾全国56个民族、港澳台和海外华人。自播出以来，至2016年底已经播出306集，在北京卫视的平均收视率为7.71%，网络总点击率逾3亿次。2016年，《中国梦——365个故事》开始在德国莱茵美、萨沃、杜塞尔多夫、城市电视台等4家电视台播出。10月起，在"四达时代"非洲法语自办频道及非洲Startimes series F1频道等海外媒体和网络新媒体播出，"四达时代"自办频道辐射法语区的国家包括：刚果金、刚果布、布隆迪、几内亚、卢旺达、马达加斯加、喀麦隆、科特迪瓦等。节目成为外国观众了解真实的当今中国、了解普通百姓生活和精神追求的新窗口。获得2016年亚洲微电影艺术节"金海棠"奖，中广协第十届"纪录中国"创优活动"人文（自然）奖"。主创人员：吴群、王宇、李淼、聂焱、李明、林天趣、尹谦、刘瑜。

《第六届北京国际电影节开幕式》综艺益智类节目。BTV北京卫视与BTV青年于2016年4月16日并机播出，时长101分钟。节目由北京电视台青少海外节目中心大型活动科承制，来自世界各地的国际知名电影节主席、驻华使节、电影人和电影制片机构、电影市场、论坛嘉宾代表以及新闻媒体等1500余人出席本届开幕式。晚会以“北京邀请你”为主题，在极致创意和唯美格调的光影盛宴中向全世界发出邀请——这个春天，来北京看世界最好的电影！开幕式分为“致时代”“致电影”“致北京”“致观众”四个篇章，以电影叙事和有故事的舞台为创作原则，歌舞汇演结合仪式典礼，完成七大评委亮相、评委会主席讲话、15部入围影片推介、开幕式影片创作团队亮相等议程，整场晚会热烈、紧凑，散发着浓浓的京腔京韵与中华文化的风采。开幕式晚会获得总局领导，市领导、电影节国内外嘉宾，及社会各界的高度赞扬。4月16日红毯以及开幕式的直播，取得全国35城市0.65%的收视率，在同时段直播的三个上星频道中位列首位；北京地区北京卫视该直播取得3.19%的收视。主创人员：总导演：段嵘；制片人：郝洁、石涛；技术制片人：程军；导演：李蓓、单岩柏；视觉总监：张蕊；导演组：张媛、关歌、徐士悦、曲冉、高淳溪；导播：殷鹤鸣；直播导演：贺兴无、张晓彦、吕敬、韩琳、齐萌、王轩；舞美制作总监：孙游、石悦。

《“奥运之城 冰雪邀约”2017BTV跨年环球歌会》综艺类益智类栏目。BTV北京卫视与BTV青年于2016年12月31日19:30并机直播，时长3小时45分钟。晚会的主题是“奥运之城，冰雪邀约”。歌会以冰雪为主体元素，以冬奥为串联线索，以“冰雪精灵的冰雪奇幻秀”的故事线为依托，用“冰雪邀约，友谊梦想，奥运接力，共享共赢”四个元素组建歌会整体架构。那英、张信哲、黎明、崔健、孙楠、杨坤、古巨基、罗志祥、萧亚轩、张杰、魏晨、大张伟、关晓彤等明星悉数出场，郎平、惠若琪、丁宁、秦凯、何姿、申雪赵宏博等体坛巨星也一一亮相，在跨年中融入鲜明冬奥元素，助力2022年北京-张家口冬奥会。张艺谋首度跨界挂帅真人秀节目《跨界冰雪王》，并携张静初、左小青、林更新、曹格等8位节目嘉宾提前亮相跨年歌会也成为一大惊喜。两届格莱美音乐奖的最佳流行男歌手得主迈克尔·波顿、澳大利亚爵士天后蕾恩卡·克莉帕克、欧洲歌唱大赛冠军芒斯·赛默洛以及14岁美国天才少女莱希·沃克实力献唱，素有“冰上沙皇”之称的俄罗斯花滑运动员普鲁申科、被誉为加拿大最伟大的体育明星之一的科特·布朗尼等也参加了晚会。该节目是北京电视台举办的第一年跨年晚会，第一小时同时段收视排名位列第一，全国三十五城收视排名第二。主创人员：郭巍、龚鹏、朱沿延、张释文、石璐娃、岳月、王轩、马岩松、蒋苏华、李媛媛、周艳丽、曲冉、刘蜜、冯胜男、张惠君。

《融通之路》优秀剧目。BTV北京卫视、BTV青年、BTV新闻于2016年12月19日周一、20日周二、21日周三、26日周一、27日周二，每晚23:10起播出2集，共10集，每集时长30分钟。作为北京电视台的重点项目，十集纪录片《融通之路》致力于用电视手段、纪录片语言传播“一带一路”倡议，以古今丝路上的贸易为主线，把握并彰显传统陆海丝绸之路沿线国家互联互通，实现经济共荣、贸易互补、民心相通的时代脉动。在时间轴线上，本片以张骞通西域为开篇，讲述陆上和海上两条丝绸之路的兴衰，直至今天“一带一路”的宏伟蓝图，纵贯两千年；在地理轴线上，本片派出摄制组分赴中亚、欧洲等多个国家，用生动的镜头捕捉现实细节，还原历史故事，用鲜活的人物、真实的生活展现丝路风情。力图通过对时空轴线的交错组合，全方位、跨时空展现“一带一路”风貌，讲述贸易改变世界的故事。2017年1月13日出版的《人民日报》上，刊发题为《是历史的更是当代的——评大型电视纪录片<融通之路>》的评论文章，对纪录片《融通之路》给予充分肯定。中央民族大学资深教授、吉尔吉斯共和国国家科学院外籍院士胡振华说：“（本片）定会起到重要的‘民心相通’宣传作用和收到很好的社会效益，它也定能进一步增进中国人民与丝路沿线国家、地区人民之间的传统友谊，有助于丝绸经济带的建设。”主创人员：出品人：李春良；总策划、总监制：王珏；总制片人：袁子勇、张苏；总撰稿：宋民；总编导：王赤；主编：乔鲁京、吕敬、王任飞、段静欢；编导：徐士悦、余文、苏抒、耿 、李东巍、朱彬、段静欢、谷悦欣。 珅

《书香北京》专题服务类栏目。BTV青年每周六、日20:30首播，每期时长45分钟。该栏目是北京电视台青年频道2010年倾力打造的唯一一档原创知识文化类谈话节目，以创新为目标，垂直细分打造专业化电视读书节目。在知识文化类节目中，《书香北京》异军突起，是上升势头、收视率和影响力最好的电视书节目。栏目以社会热点话题为切入点，以书为载体，邀请各行业权威专家围绕书的核心价值进行解读。《书香北京》团队已制作500多期知识文化类节目，邀请1000多位嘉宾，以书为载体，传递书香。获得2015年度中国广播影视大奖优秀栏目奖，2015年度“北京劳动模范集体”，2014年北京市“三八红旗集体”称号，2014年北京市“最美慈善义工提名奖”等。主创人员：吴玮、白钢、吕楠、周清青、王洋、顾云鹏、陈立一、段静欢、马潇，佟美佳、于晓琳、李文文。

《2016年北京电视台春节联欢晚会》综艺益智类栏目。BTV北京卫视、BTV文艺、BTV青年于2016年2月8日19:35首播，时长210分钟。晚会主题鲜明，内容丰富，气势恢弘，场面宏大，有设计，有创意，有内涵，有温度，文化气息浓郁，营造的节日气氛热烈。晚会以百岁老人的生活、心愿等直接切入，确立温情的主基调，晚会进行过程中，相继呈现李光曦等三位老歌唱家、付笛生一家、两位百岁老人等不同家庭的温暖情结，自然阐释出“国是家的国、家是国的家”的命题。晚会以歌舞《家家好　国家好》结束，前后呼应，主题贯穿始终。晚会在体现家国情怀的同时，有机地注入猴年元素，两条主线同步推进，相辅相成。国家大事也在节目中得以体现，还艺术地呈现出北京文化、过年文化、民俗文化，呈现出北京的底蕴。晚会原创作品比重超过80%，语言类节目均为原创，多数歌舞均为原创，无论是节目设计还是舞美灯光都力求突破，亮点不断。整台晚会笑声不断，掌声不断，感动不断。主创人员：策划：李春良、王珏、艾冬云、潘全心；导演：孙仝、毕鲁克、许佳多、李婧；撰稿：张文天；摄像：楚孝义、冯晓峰、褚旭。

《哎呀妈呀》综艺益智类栏目。BTV文艺频道2016年1月至3月每周日19:35播出，共12期，每期时长70分钟。该栏目是一档带有二度空间的情景式社会题材的喜剧节目，通过幽默的小品表演形式，再现人们生活中遇到的具有新闻性、普遍性、警觉性问题，让观众收获快乐的同时，学会如何巧妙、智慧地化解矛盾。寓教于乐，服务百姓。演员的跨界表演、戏内戏外的巧妙间离、360度舞台全景调度、场景的个性设计等，因其独特的创新形式，让《哎呀妈呀》在文艺频道众多节目中风格凸显，给观众留下深刻印象。

2016年获得北京地区平均收视1.75%、最高收视2.97%、平均占有率4.64%的骄人成绩，成为文艺频道的收视黑马。2016年3月获得中国电视艺术家协会“电视文艺创新栏目”奖；在2016年度北京广播电视台节（栏）栏创新奖评选中，获得“栏目创新银奖”。主创人员：监制：潘全心、齐建彤；总导演：焦峰；导演：赵伟、唐月喜、龙舒、王杨、吴瑕、张蕊、王雅娟；责编：吴涛；制片主任：王炳川；艺人统筹：李木子、金京。

《每日文娱播报》新闻资讯类栏目。BTV文艺频道周一至周日每晚18：45首播，每期时长45分钟。自2002年创办以来，一直把“文化价值发现者”作为栏目口号，坚持“文化彰显品位”的理念，坚持弘扬社会主义核心价值观，坚持向观众传递正能量。《每日文娱播报》一直强调独家内容、独特视角、独到观点，在忠实记录文化娱乐事件现场的同时，力求从更深的层次进行分析，解读娱乐真相，发出不一样的声音。栏目运用互联网思维操作选题，推翻以往的选题策划流程，根据近期热点，自发策划主题，把传统的新闻报道变成讲故事。从自上而下播新闻转变为服务于观众的新闻。播报从传统的文娱新闻转变成为群众服务的娱乐新闻，观众变成了用户。在严格遵守广电总局规定的前提下，播报注入年轻人关注的新鲜内容、加入最好玩的元素，坚持娱乐节目也要传递社会主义主流价值观的原则，杜绝节目中出现低俗媚俗庸俗的内容，实现节目内容安全和节目播出安全无事。2016年北京地区收视率为1.55%。主创人员：主编：常群、王春华、徐立、蒋超、贾乃锐、宫璇；责编：肖京文、陈姝燕、徐颖媛、孔慧；主持人：陈竞、陈阳、赵韦至、欧阳慧。

《法治进行时》新闻资讯类栏目。BTV北京卫视、BTV科教频道周一至周日12:00首播，每期时长55分钟。栏目于1999年开播，安全播出6000多期。以独特的新闻视角、真实的现场报道以及鲜活的法治案例，打造家喻户晓的品牌栏目。2016年开始，栏目重点打造融媒体平台，多方了解电视观众和网络观众的需求，全面整合微信公众号、企鹅号、头条号、栏目官方微博、徐滔法律服务网等网络平台。与腾讯、360、一直播、网易、北京时间等多方合作，实现电视屏和手机双屏互动。大量运用4G视频技术，使节目更具实效性。2016年11月11日，推出微信平台，微信直播、地图实时视频爆料、律师和粉丝一对一实施互动成为栏目新媒体的主要特色。栏目收视率、占有率和广告创收连续多年在全台的所有节目中稳居前三位，2016年，栏目全年平均收视率为3.82%。与公安局勤务指挥中心合作推出《北京110》，与市消防局联合推出《平安119》，与国际防卫学院合作推出《法治训练营》，这些固定版块都是栏目精心制作的精品专题纪实节目，在观众中形成固定收看习惯，社会各界反应良好。主创人员：制片人：陶继忠、钟南南、郭玉林、王丹；主编：刘井元、王建国、葛宏鹏、马良、王卓、潘旭；主持人：王振龙、张富丽。

《最北京》专题服务类栏目。BTV科教频道每周日20:00首播，每期时长50分钟。该栏目是一档为北京人、北京城量身定制的专题节目，以老字号、老街区、老物件等为道具和场景，以现场隐蔽拍摄采访为手段，以演播室三人行的谈话为主要形式，在“寻访北京之最”的话题引领下，展示北京这座城市在城市生活方方面面的变迁，用京味语言的特点展现地域风情、文化，是科教频道周末晚间一档有味道、有情怀、有纵深，好看、好玩的节目。京味、文化、传承是《最北京》节目的最大特点；“胡同情怀、百姓故事”是《最北京》的节目定位；“行走中的相声、北京人的乡愁”是《最北京》的节目宗旨；“演播室脱口秀+户外真人秀+隐蔽拍摄”是《最北京》最主要的表现形式。2016年获得北京广播电视台“创新栏目类”评选的金奖，2016年北京电视台优秀节目中的“优秀栏目奖（新闻类）”。主创人员：制片人：周波；主编：程文；编导：张爽、马枥鑫、刘峥、徐子淇；编辑：李爽；制片：赵明岩；主持人：关文平、夏婷。

《首届“诚信北京”315消费者权益日特别节目》专题服务类节目。BTV财经频道2016年3月15日18:30分首播，时长90分钟。节目以“诚信北京”为主旋律，以“商之诚信、人之诚信、城之诚信”为架构，避免以往一味打击过错行业企业单一监督格局，通过真假对比做到信息有用、观赏有趣、选题有料、消费有账。平衡在经济下行背景下来之不易的市场商业诚信氛围，将北京财经上升到中央格局层面，彰显首都媒体的主流价值观和新闻情怀。节目实现当日首播收视率0.95%，市场份额3.14%。节目播出后反响热烈，受到中宣部新闻局《新闻阅评》的专题表扬，肯定北京台315晚会区别于央视和其他地方台、用正面形式宣传“北京精神”的创新做法；北京市委宣传部也用“成风化人、引导导向、创新模式、寓教于乐”16个字肯定了晚会的成功。中关村管委会、首都精神文明办等多家单位发来表扬和贺信。获得北京广播电视台2016年度创新节目银奖。主创人员：监制：宗燕红；总导演：韦嘉；编导：董棠、姚舜禹、周可夫、信薇娜、王凯；主持人：李杰、张伟。

《欢乐二打一》综艺益智类栏目。BTV体育频道周一至周五17:55首播，每期时长50分钟。栏目是北京地区唯一一档扑克益智竞技类节目，是北京电视台体育频道收视率最高的常规性栏目。以传播健康、文明、向上的扑克益智竞技项目为宗旨，活跃首都电视观众的业余文化生活为目标，推动传统电视媒体内容生产向新媒体互联网前段延伸融合。在节目中注重竞技性、趣味性、娱乐性的高度统一，赛制规则制定科学合理、通俗易懂，贴近百姓，同时也兼顾公开公平公正原则，内容环节设置照顾到全人群的收视特点。《牌局解析》等板块为国内同类型节目首创和独创。2016年北京地区全年收视率为2.43%，单期节目收视率达到3.75%。在目标收视群数据上，在4+以上人群中基本做到全覆盖。主创人员：制片人：孙松、李岩；编导：何泳芳、孟文、蒋雅妮、张冉、平平；主持人：张鹏、赜彤、陆姝；解说：金巍、李岩。

《生活2016》（现名《生活这一刻》）专题服务类栏目。BTV生活频道周一至周日每天18:30—20:00播出，每期时长90分钟。该栏目是以民生新闻为主体、资讯与服务相结合的生活资讯节目；杂糅播报、讲述、访谈、演示等多种样态，形成创新形态；综合新闻资讯和生活服务，形成创新内容。生活态区域化的演播室设计，大型道具全媒体新技术的综合运用，用生动有趣的形式传递新闻资讯与服务信息，传播主流价值观。节目热点多、服务实、节奏快、形态新，以民生为本，秉承平民视角，关注民生百态，倡导健康的价值理念，促进社会进步和谐。2016年新闻评论版块《画龙点睛》一经推出得到国家广电新闻出版总局刊文表扬。2016年平均收视1.4%，稳居北京地区同时段第三年创收5000—8000万，是全台投入产出比及利润最高的栏目之一。主创人员：制片人及主编：高燕、刘春艳、张璐、汤军军、张楠、张劲松、杨苗、郭笑梅；编辑记者：张毓倩、康楠、张燕民、徐璐、查干、李浣、贾璇、余翔、刘艳飞、万臻、李建利；主持人：高燕、阿龙、吴冰、李向显、秦天。

《最可爱的人》优秀剧目。BTV卡酷少儿频道于2016年10月18日首播，每集13分钟，共14集，每集时长13分钟。该片以家喻户晓的抗美援朝战役为背景，演绎人民志愿军激昂疆场的英雄故事。两集一个故事，讲述七个抗美援朝时期的典型英雄人物，相当于七部动画微电影。每个故事一个主题词：勇敢、机智、团结、顽强、创新等，展现出战争时期中华儿女的精神力量。该片以章回体的叙述形式展开。在战争形式上，从阵地战、坑道战、奇袭、穿插战等不同角度入手，使动画片更具差异化和可看性；在故事的选择上，既有前线战争场面的英雄群像，又加入后方军民鱼水情的人文情怀；在时间的跨度上，将涵盖从1950年到1953年的重要事件，既有初期的英雄成长，又有末期的慷慨激昂，力争用动画形式描绘出一幅抗战时期的英雄全景。用孩子们最喜爱的动画形式，以志愿军战士伟大的英雄主义气概激励当代少年儿童。2016年10月18日，《最可爱的人》首播当天核心人群收视在全国所有省级卫视35城收视排名中位列全国第二。作为2016年广电总局爱国主义重点动画项目，在全国50余家省级卫视和动画少儿频道进行了展播。主创人员：总导演：蒲文苑；执行导演：郭衍超、路漠、朱业、贾祎、高博、徐一超；编剧：赵宁宇、陈亮、陈澍玲、郝茹；统筹：冯焕斌、李严、汪莎莎；分镜设计：姜舒航、王佳琪；美术设计：张振宇、王佳琪、朴林海、杨阳；剪辑：路漠；配音导演：路知行。

《2016 BTV卡酷少儿动画春晚》综艺益智类节目。BTV卡酷少儿频道于2016年2月4日至6日播出，一共三场，前两场时长60分钟，第三场时长90分钟。晚会以“好玩儿hold（猴）不住”为主题，打造音乐人偶舞台剧《童话奇趣夜》、游艺晚会《游乐园奇幻夜》、全三维动画盛典《圆明园奇妙夜》三场创意出奇的狂欢盛典，首创用游戏闯关形式串联舞台剧、首次汇集最全的动漫明星混搭演绎、首次将迪士尼花车巡游搬上电视荧屏、首次将圆明园盛景在电视上进行动画复原。三场晚会北京地区4+平均收视率为0.85%，4—14岁目标观众收视率为2.75%，全国35城市4+平均收视率为0.39%，4—14岁平均收视率为1.62%。首场《童话奇趣夜》播出同时段4—14岁观众收视在北京所有频道排名第一，在全国各卫视频道中排名第一；全龄收视在所有卫视频道排名第二；第二场《游乐园奇幻夜》播出同时段4—14岁观众收视在全国所有卫视频道排名第二。在动画春晚的带动下，频道2月4日至6日全天全国35城平均市场份额1.45%，省级卫视排名稳居前10位，2月4日还以1.57%的高份额创下频道在全国市场单日份额的历史最高纪录。主创人员：导演：李严、袁媛、李菲菲、王淳、王沛珊、杨　、杨钊、朱业；策划：张媛媛、王昭、王家慰、白辰荣、郭衍超；后期：宋超、李骁、琚正一；视频包装：张天鹏、陈恒、陈笛、赵静、杨婉娟；主持人：赵舒婷、杨若天、刘一男、王雅婷、张体松、王奥。

《时尚印象》优秀剧目。BTV纪实频道于每周三21:00首播，每期时长27分钟。这是一档以纪实风格的手法创作的纪录片化的栏目，以时尚的理念，挖掘和记录那些观念时尚、行为时尚、作品时尚、成就时尚的人和事，挖掘和记录的每个故事主体都秉承着“时尚的力量时代的能量”的创作宗旨。每期节目通过记录他们不同凡响的创业经历、创作精神、时尚理念、生活方式，表现他们的一种创新精神和执着态度，同时也表现他们面临困难时的艰辛与不易。力求传递创意无限、积极向上、努力进取的正能量。2016年度，《时尚印象》栏目共策划制作47期常规节目、8期特排节目。16期节目在首播或是重播的收视率，仍然超过0.1%。其中首播收视最高达0.21%，重播最高收视达0.35%。多期节目获得国内各项大奖，如《纸有一个梦想》于2016年6月被国家新闻出版广电总局评为年度国产纪录片及创作人才扶持项目优秀短片，被中国广播电影电视社会组织联合会评为第十届“纪录中国”创优评析社会（新闻）类一等节目，11月荣获中国视协电视纪录片学术委员会颁发的第22届中国电视纪录片短片十佳作品奖（一等奖）。栏目连续两年获得中国视协电视纪录片学术委员会颁发的第22届中国电视纪录片十佳栏目奖（一等奖）。主创人员：策划/制片人：钱丹丹；编导：齐芳、宋小鹏、冯阳、苗荟、刘岩、陈正；摄像：马勇杰、刘虎军；责编：高宇博；解说：郭煜。

（北京电视台）

北京北广传媒数字电视有限公司

《我的家乡有大鱼》专题服务类栏目。北广传媒数字电视有限公司《四海钓鱼》频道每周日晚21点播出，时长25分钟。该栏目是一档以“普通钓友”为主打的竞赛类节目，每期节目由五位钓友组队，展现普通钓友为了实现钓大鱼的梦想，团结互助、拼搏挑战的故事。它抛弃以往传统垂钓竞技类节目中以“职业钓手”为主体的做法，将节目的主体锁定在“普通人”这一层面。典型的人物形象、真切的团队关系，折射出不同人物之间的真实故事，这种情绪和情感的展现，更加“贴近实际、贴近生活、贴近群众”。节目播出以来得到业内及观众的广泛好评，在钓友中产生一定影响力。2016年9月，在2016年度北京广播电视台节（栏）目创新奖评选中，获得“数字电视节目创新奖”。11月，栏目在2015年度中国广播电视数字付费频道行业创优评析节目评优中，被评为2015年度全国播出频道一等优秀栏目。主创人员：朱文生、张帆、张凌雁、周思彬、康铜、陈婧、邵淑杰。

《彩票大家玩》综艺益智类栏目。北广传媒数字电视有限公司《北京之窗》每日02:10、05:10、08:10、11:10、14:10、17:10、20:10、23:10轮播，京视剧场频道每日21:10播出，全年27期，每期时长40分钟。2016年，数字电视公司首创全国首档彩票综艺竞技节目《彩票大家玩》，在首都彩票圈中积累较高人气。节目邀请资深彩民参与竞赛，以现场游戏+实时购彩相结合的方式，首先在游戏过程中植入福彩游戏玩法，再通过选手实时购彩分出胜负，节目既展现福彩玩法的趣味性与刺激性，又通过资深彩民的现场购彩展示彩民风采与购彩技巧，方便观众了解彩票、购买彩票。主创人员：总制片人：梁自珍；执行制片人：席慧；总导演：王彤羽；编导：冯宁、张妍婷、王丹、李茜茜；主持人：赵琦、龚洁。

《彩票大家玩》节目照

北广传媒数字电视有限公司名牌栏目一览表

频道名称	栏目名称	首播时间	重播次数
四海钓鱼	竞技风云	每周日20:00	每日首播一次，重播三次
	四海大擂台	每周四19:30	每日首播一次，重播三次
	我的7日江湖	每周二21:00	每日首播一次，重播三次
考试在线	Playstory	周一至周五16：35	周一至周五每天首播一次，重播三次
	精品课堂	每天16：48	每日首播一次，重播三次

（北京北广传媒数字电视有限公司）

北京北广传媒移动电视有限公司

《我在北京挺好的》专题服务类栏目。北京移动电视每天6:00—23:00播出，每档时长5分钟。栏目通过采访在北京工作、学习、生活的典型代表，生动展现他们在北京生活、工作及学习的情况，讲述他们克服挫折的经历，他们对北京这座城市的感情，对这座城市经济、文明发展的奉献和付出以及他们对未来的期许等等。栏目自开播以来，通过一期期人物的生动展现，源源不断地向受众传递正能量，弘扬真善美。主创人员：王莹、闫新疆、王琛、薛霞、刘军、侯超。

《我在北京挺好的》节目照

《秀逗爱生活》优秀剧目。北广传媒移动电视每天6:00—23:00播出，每档时长5分钟。该剧是北广传媒移动电视自制的迷你剧集。无厘头是本剧的看点，动作表演及其神经质演出是本剧的亮点。短剧男主角秀逗表现的是现实生活中各种令人捧腹的形象，看似捧腹，但不低级趣味，突出正面宣传，传达真善美，摒弃假恶丑。同用喜剧的形式宣传公益主题，将公益宣传片引入短剧的模式进行更新的诠释。该剧连续两年获得北京广播电视台创新节目大奖。主创人员：王莹、闫新疆、王宇、赵韫、程絮、宋若微。

《百姓就业》专题服务类栏目。北广传媒移动电视6:00—23:00播出，每档时长5分钟。该栏目由移动电视与北京市人力资源和社会保障局合作打造，该栏目分为四大节目形式和一个固定版块，即新闻专题、人物专题、互动类节目、职介活动特别节目加上服务信息类版块《招聘信息》，内容兼具服务性、可视性及实用性。节目采用四种形式轮换播出、招聘信息固定播出的方式，从不同角度、不同方面为百姓提供切实地服务。主创人员：王莹、闫新疆、王琛、薛霞、于森、侯超。

《饭饭团》专题服务类栏目。北广传媒移动电视公交频道每日7:00—9:00、17:00—18:00播出，时长每档3—5分钟。该栏目是一档展示美食、分享美食的节目，以参与免费试吃的观众为主角讲述用餐感受，百姓参与是此节目的一大特色。出镜的观众，均来自于参与“饭饭团免费品大餐”活动的美食达人，他们热爱美食，乐于分享，让节目充满亲近感，而线下的选拔和线上展示的有机结合，以及为广大观众持续提供免费试吃机会，让节目先天就具有广泛的群众基础，得到高度关注。主创人员：王莹、闫新疆、李敬、李信扬。

《悠悠团》专题服务类栏目。北广传媒移动电视每日7:00—9:00、17:00—18:00播出，时长3分钟。栏目的创办宗旨是“免费带观众畅游北京，悦享生活”。拍摄从参与体验的观众的视角出发。栏目实施“体验式营销方式”的战略选择，通过关注受众的真实综合体验，实施体验营销策略，为受众打造符合他们收视需求的电视节目，从而进一步体现电视节目的“三贴近”原则。可以说《悠悠团》不仅仅是个栏目，更是一个移动电视热心观众的俱乐部，还是一个长期的活动，以此为观众打造温暖的精神家园。主创人员：王莹、闫新疆、李敬、阎絜、李信扬。

《整点播报》节目照

《整点播报》新闻资讯类栏目。北广传媒移动电视每日6:00—23:00逢整点播出，每天6档（含更新档），全天共播出15次，每档时长5分钟。栏目前身为集成类新闻栏目《新闻资讯》，后历经多次改版，不断改版、创新，无论节目形式和内容都趋于完善。2011年7月25日正式更名为《整点播报》，以本市的民生类新闻为主，同时还兼顾国内新闻、国际新闻、财经新闻等，既突出服务性，更强调可视性。主创人员：王莹、张蕾、孔源源、杨帆、魏丹、隗炜、张妍、罗茜、王晓辰。

（北京北广传媒移动电视有限公司）

北京北广传媒城市电视有限公司

《城市播报》新闻资讯类栏目。北广传媒城市电视每日播出，时长3分钟、1分钟。栏目以“好看、实用、服务”为特色，结合新媒体户外播出的特点，选取每日各类新闻资源中的重大新闻事件、重要资讯信息，第一时间发布，随时更新，全天高频次滚动播出。在内容编排上，每条新闻都控制在20秒左右，更适合户外短暂收视。主创人员：姜丽红、闫颖、王阳、于波。

《体育新闻》新闻资讯类栏目。北广传媒城市电视每日播出，时长2分钟。该栏目是一档全新的集成类体育节目。内容丰富，是当天最重要体育消息的超级浓缩版。主创人员：马磊、李兴国、张振南。

《实时财经》新闻资讯类栏目。北广传媒城市电视每日播出，时长1分钟。该栏目是由城市电视自制的一档节目，包含国内外最新财经资讯，在股市开盘、闭市后，第一时间发布最新数据。总结当天股市情况，回顾当天大盘指数、人民币汇率等信息。主创人员：马磊、李兴国、张振南。

《96310》新闻资讯类栏目。北广传媒城市电视每日播出，时长10分钟。该栏目由北京市城管执法局与北广传媒城市电视联合推出，以“报道城市管理，倾听百姓心声”为宗旨，主要以行业新闻、热点追踪、案例分析为主，所有新闻报道贴近百姓、平实有趣。通过独特的报道视角、运用生动的表现形式，向广大市民讲述“城管的事”，在“平民新闻”及与市民互动中力求使百姓与政府进行有效地沟通。主创人员：张普原、姜丽红。

《中国梦365个故事》优秀剧目。北广传媒城市电视每日播出，时长3分钟。该栏目由北京市委宣传部、北京电视台联合推出，讲述一个个普通人追求梦想的故事，该片以“平民化、原生态、纪实性、讲故事”为特色，诠释了中国梦归根到底是人民的梦，每个人都有梦想成真的机会。主创人员：马磊、于波、闫颖。

《演艺罗盘》综艺益智类栏目。北广传媒城市电视每日播出，时长10分钟。该栏目是城市电视与北京市文化局联合推出的一档文化信息服务栏目，该栏目以公益性为宗旨，围绕北京文化市场，将首都丰富的各类文化演艺信息，通过视频、文字、图片等形式详细全面的介绍给观众，该栏目的三个板块《演艺速递》《演艺聚焦》《演艺天天看》根据宣传需求的不同而设置，分别从不同侧重点介绍演艺市场上各类演出的动态、内容、团体、票务信息等。《演艺罗盘》是京城新媒体中唯一档专门介绍文化演艺资讯的电视栏目，也是城市电视一档品牌自制栏目。主创人员：巫菁菁。

《光影大视界》综艺益智类栏目。北广传媒城市电视每日播出，时长2分钟。该栏目介绍即将上映或正在上映的热门电影，如：影视剧故事的梗概、精彩看点、片场花絮、主创专访以及最后给出一个量化的指标推荐。节目内容简单精干，实用性强，是户外和楼宇电视平台上播出的“观影指南”类的节目，观众通过这个节目能够对电影有一个最直观的感受，对电影的消费行为能够产生一定的影响。主创人员：巫菁菁、杨庭磊。

《每日文娱播报》综艺益智类栏目。北广传媒城市电视每日播出，时长10分钟。该栏目是一档集成北京台《每日文娱播报》的栏目，栏目一直强调独家内容、独特视角、独到观点，在忠实记录文化娱乐事件现场的同时，力求从更深的层次进行分析，解读娱乐真相，发出不一样的声音，在文化娱乐界形成强大的话语权和影响力。主创人员：马磊、李兴国、张振南。

《剧情推动力》综艺益智类栏目。北广传媒城市电视每日播出，时长5分钟。该栏目是由北京电视台与北广传媒城市电视联合推出的一档栏目，专门介绍北京电视台影视频道近期热播剧，以节目预告的形式，截取出电视剧最精彩的部分，达到让观众先睹为快的最佳效果。主创人员：杨凌一、姜丽红。

《非常幽默》综艺益智类栏目。北广传媒城市电视每日播出，时长1分钟。该栏目是一档全新的幽默视频节目。节目收录家庭生活中用DV、手机、照相机等有意无意拍摄到的各类有趣视频，将开创真实、亲民的全新娱乐生活方式。主创人员：马磊、李兴国、张振南。

《我的工会我的家》专题服务类栏目。北广传媒城市电视每日播出，时长2分钟。该栏目是由北京市总工会、北京人民广播电视合作，北广传媒城市电视制作的一档职工服务资讯栏目。节目通过“工运动态”、“专题报道”和“帮服信息”等板块，对各区县工会、总公司工会开展的活动和不同时期的工作重点进行全面报道，同时提供招聘信息、法律援助、工会维权、生活保障等内容。主创人员：巫菁菁。

《百姓就业》专题服务类栏目。北广传媒城市电视每日播出，时长5分钟。该栏目是由移动电视和北京市人力资源和社会保障局制作的一档服务类节目，该节目以政策和信息资源为背景，及时、准确、权威发布社保资讯、解读社保政策，提供北京市职业介绍中心的就业岗位信息及公益资讯。主创人员：薛霞、刘颖霄。

《城市悠乐惠》专题服务类栏目。北广传媒城市电视每日播出，时长3分钟。该栏目是北京城市电视与北京融商传媒共同合作的一档生活资讯类栏目，该栏目让观众更全面地了解到北京近期举办的各类展会资讯、消费体验等活动信息。主创人员：李亚男、刘颖霄。

《城市天气站》专题服务类栏目。北广传媒城市电视每日播出，时长50秒。该栏目是城市电视首次与北京市环保局合作，在原有《天气预报》的基础上增加实时的空气质量监测播报和空气质量预报，让观众能够更及时、有效地了解身边的天气情况和出行信息，做到精准服务。主创人员：王阳、张振南、李兴国。

《高光点》新闻资讯类栏目。北广传媒城市电视每日播出，时长2分钟。该栏目是城市电视与北京艾维时代文化传媒公司共同推出的体育赛事集锦类栏目，呈现国内外重要体育赛事的精彩镜头。分为三个板块——优雅/极速定格、TOP榜、下期/赛事预告，内容包含精彩瞬间、比赛结果、近期赛事及下期节目预告。主创人员：杨浩、孙畅、刘颖霄。

《果酱果酱》专题服务类栏目。北广传媒城市电视每日播出，时长1分钟。该栏目是城市电视与壹酷文化共同打造的创意美食类栏目，一经推出就深受广大白领们的欢迎。栏目中介绍的美食都十分简单有创意，每一个制作过程都有文字详细说明，让人一目了然。此栏目全天滚动播出，适合时下忙于工作，无暇顾及饮食，却又要求高品质生活的单身白领们。主创人员：刘橙、巫菁菁。

（北京北广传媒城市电视有限公司）

北京北广传媒地铁电视有限公司

《美丽俏佳人》专题服务类栏目。北广传媒地铁电视每日播出，时长5分钟。该栏目是一档传递最新鲜的生活理念，告诉女人如何省钱，不买最贵，只买最对的时尚生活服务类节目。以白领成熟女性为主要收视群体，集各路时尚为一体，为现代女性提供榜样，打破传统信息类时尚节目规范，为爱美丽大众和商家提供学习和推广的平台。主创

《美丽俏佳人》栏目照

人员：陈园园。

《美食0换乘》专题服务类栏目。北广传媒地铁电视每日播出，时长5分钟。该栏目是一档紧密围绕都市生活群体日常美食消费领域，提供全面的资讯服务的节目。都市生活的群体常用的出行方式就是公交车和地铁，但上班族为了赶时间生活中吃是不可或缺的，栏目就是给出行的人群提供日常的美食服务。主创人员：陈园园。

《剧情推动力》专题服务类栏目。北广传媒地铁电视每日播出，时长5分钟。该栏目是在北广传媒地铁电视2011年与北京电视台联合推出的一档全新节目。抢鲜了解即将播出剧目的精彩看点，它将成为剧迷们了解电视剧的窗口，成为观众与电视剧之间互动的平台。主创人员：杨志涛。

《小羊肖恩》剧照

《小羊肖恩》优秀剧目。北广传媒地铁电视每日播出，时长5分钟。定格动画幽默哑剧，讲述了小农场上一只机智幽默的小羊肖恩和伙伴们的疯狂故事。小羊肖恩是一只机智幽默的小羊，无厘头式的英式幽默和后工业化时代的西方的写意的田园生活的设定，是成为中国有影响力的“都市休闲文化符号”。主创人员：陈园园。

《生活一点通》专题服务类栏目。北广传媒地铁电视每日播出，时长5分钟。百姓生活中的小发明、小窍门，通过快乐家庭的日常生活一一展现，使观众在轻松诙谐的家庭气氛中，便可学到简单实用的生活窍门。一个个奇思妙想，让生活充满幸福快乐；一个个新法窍门，让生活变得趣味无穷。最新的生活方式、最快乐的生活感受，尽在《快乐生活一点通》。主创人员：吕阳。

《微电影》优秀剧目。北广传媒地铁电视每日播出，时长5分钟。该栏目是地铁电视2012年引进的一档全新节目，创造性地采用了时下最新颖、时尚的“微电影”形式，题材朴实无华，感人，公益性强，具有平民化，大众化的视角，适合在移动状态和短时休闲状态下观看。其内容融合了幽默搞怪、时尚潮流、公益教育等主题，有的为单独成篇，也有的为系列剧，内容丰富，更新量大。主创人员：陈园园。

《军情解码》专题服务类栏目。北广传媒地铁电视每日播出，时长5分钟。栏目以军情“揭秘”为主打，选题涵盖军旅文化与战争文化，解析中外历史上的著名战争及政治战、经济战、心理战、文化战、情报战等不为人知的幕后故事。主创人员：吕阳

《评影不离》专题服务类栏目。北广传媒地铁电视每日播出，时长5分钟。该栏目是风行网制作并推出的原创电影评论栏目，一周两期，评点世界范围内的热映电影。每期节目以一部近期热映电影作为评述对象，介绍电影剧情，评点电影创作，为观众提供最客观的观影指南。主创人员：吕阳。

《教育新闻》新闻资讯类栏目。北广传媒地铁电视每日播出，时长2分钟。该栏目是一档和市委办局合作推出的教育类节目，一周两期，为公众提供教育资讯信息。主创人员：杨志涛。

《身边的好学校》专题服务类栏目。北广传媒地铁电视每日播出，时长3分钟。该栏目是一档和市委办局合作推出的教育类节目，每周一期，通过这档节目把好的学习资

源进行宣传，介绍身边好的中小学校，给公众提供教育类资讯。主创人员：杨志涛。

《开心速递》综艺益智类栏目。北广传媒地铁电视每日播出，时长3分钟。节目宗旨即“开心就好”，意在让乘客在车厢内伴随轻松活泼的音乐观看精心挑选制作的视频，感受轻松一刻的氛围。节目内容从国内外知名视频网站收集热门搞笑及特色视频，内容主要分为幽默搞笑、牛人特技、宠物萌宝、疯狂体育等几个方面。节目播出覆盖北京地铁4条主要线路的地铁电视播出终端，在9000块屏幕上全天播放8次以上，收视率达90%以上，受到乘客好评。主创人员：马婧、苏妍。

《时尚前沿》专题服务类栏目。北广传媒地铁电视每日播出，时长5分钟。该栏目是2015年地铁电视引进的一档全新生活服务类电视节目，节目内容从旅游购物、护肤彩妆、服饰品牌到各店家举行的活动等讯息，通过北京地铁电视媒体平台把北京市的一些商家特色或者文化广而告之给更多的观众，给观众提供一个可以丰富的时尚前沿信息，通过节目的形式一起参与与时尚有关的话题。主创人员：陈园园。

《星光隧道》综艺益智类栏目。北广传媒地铁电视每日播出，时长5分钟。是一档以播出中外古典音乐和世界各民族音乐以及流行音乐为主要内容，大力弘扬中国民族音乐的娱乐类节目，现已成为首都地铁这一主要公共交通工具上推广流行歌曲传播的流行前沿阵地。主创人员：陈园园。

《空气质量播报》专题服务类栏目。北广传媒地铁电视每日播出，时长1分钟。是与环境保护教育中心合作的一档预告空气质量状况的公益节目。该栏目内容为预报北京市各城区、县的PM2.5浓度范围数值及空气质量状况，提醒乘客是否适宜开窗通风及户外活动。主创人员：吕阳、陈潇。

《娱乐便利贴》栏目照

《娱乐便利贴》综艺益智类栏目。北广传媒地铁电视每日播出，时长5分钟。是一档主要介绍世界各娱乐发生地新闻的娱乐资讯类节目，主要分三个板块：第一板块是娱乐现场连线，国内外明星现场采访；第二板块是欧美娱乐圈的相关新闻；第三板块是亚洲娱乐圈的相关新闻。该档栏目视角独特，报道新鲜，全面报道国内外娱乐界热门动态。主创人员：王钦沛、吕阳。

（北京北广传媒地铁电视有限公司）

北京市朝阳区广播电视新闻中心

《朝阳新闻》新闻资讯类栏目。BTV－9每天19：32分首播，时长30分钟。栏目自1995年1月开播，《朝阳新闻》始终坚持于与朝阳区委、区政府保持一致，坚持正确的舆论导向，坚持“三贴近”原则，关注民生，关注生活，全方位，低角度，积极探索从会议挖掘有价值的新闻事实，朝着反映政府声音、满足百姓需求的方式不断转变报道形式和风格，取得了可喜的成绩。主创人员：朝阳区广电中心集体创作。

《名师讲堂》专题服务类栏目。2004年5月正式开播，朝阳有线电视台于每周六下午17:30—18：15首播，周日下午17:30—18：15重播，时长45分钟。是朝阳区教委和朝阳区广播电视新闻中心联合制作的一档教育类节目。节目除了给学生和家长有针对性地提供学习和教育方法外，也为老师提供了一个展示自身风采的平台。内容包括高考建议指导、中考指导建议、假期特色课堂。中高考期间话题涵盖语数英等学科复习策略，假期中，话题安排音乐、美术、插花、综合实践、地理、等特色假期安排，学龄段容纳广泛，幼教、小学、初中、高中、职业高中等特色门类。自2016年节目改版以来，深入展现五十余位朝阳区教师代表的风采，充分呈现朝阳教育的崭新风貌。主创人员：徐杰、张雯、董喆、王彦、王静波。

《走进朝阳教育》专题服务类栏目。2007年9月4日开播，是继《朝阳名师讲堂》栏目后，朝阳区广播电视新闻中心与区教工委、教委合办的第二档电视专栏节目。BTV北京公共频道（数字801频道）于每周一、四晚20:00—20:15首播，每周二、三、五、六晚20:00—20:15重播。2012年6月4日以新面貌改版首播。播出比例小学约占50%，中学约占35%，职业学校、幼儿园、教辅机构以及寒暑假特别节目约占15%。主创人员：张雯、董喆、王静波。

（北京市朝阳区广播电视新闻中心）

北京市海淀区新闻中心

《海淀新闻》新闻资讯类栏目。BTV新闻频道海淀时段、海淀数字频道每晚19：30播出，时长15分钟。该栏目是海淀区新闻中心的主打电视新闻栏目，多年来始终坚持把握正确的舆论导向，围绕区委、区政府的中心工作，宣传全区经济和各项社会事业的发展与成就，及时报道老百姓关心的热点问题，带来良好的社会声誉。主创人员：关心、刘文婷、王立民、吉伟等。

《创新中关村·核心区》新闻资讯类栏目。BTV新闻频道海淀时段、海淀数字频道每周三晚20：00播出，时长15分钟。该栏目由海淀区新闻中心与海淀园管委会联合主办，是全面反映、深度报道和权威发布核心区及中关村海淀园的建设成就、最新资讯的综合性专题栏目。该栏目记录核心区发展历史、宣传核心区建设成就、弘扬核心区创新文化、展示核心区时代风采，为核心区及海淀园的建设发展营造了良好的社会舆论环境。主创人员：刘仁、王赫等。

《文明风尚汇》专题服务类栏目。BTV新闻频道海淀时段、海淀数字频道每周一、三、五晚19：50播出，时长10分钟。该栏目是海淀区新闻中心为深入贯彻落实党的十八大精神，践行社会主义核心价值观，弘扬海淀区文明风尚，于2014年年初开办的一档社教类栏目。该栏目通过“今日来播报、点赞正能量、欢欢来纠错、礼仪来知晓”四个板块轮流组合播出，宣传海淀道德模范、北京榜样和各个岗位的先进人物，弘扬正能量，促进海淀区更加文明、和谐地发展。主创人员：尹婷婷、刘玉宇等。

《海淀风物志》专题服务类栏目。BTV新闻频道海淀时段、海淀数字频道每周二晚20：00播出，时长15分钟。该栏目旨在落实区领导关于海淀媒体要“深耕海淀”的指示精神，进一步繁荣区域文化建设，通过对海淀文化资源进行深度挖掘和广泛普及，引导海淀观众“深读海淀”，推动“全民阅读”活动，推动区域认同。主创人员：张晶、吕天翔等。

（北京市海淀区新闻中心）

北京市丰台区广播电视中心

《丰台新闻》新闻资讯类栏目。BTV新闻频道及丰台有线803数字频道周一至周六19：36首播，时长15分钟。1986年12月开播，该栏目旨在展现丰台发展，关注社会热点，及时发布丰台时政、经济、社会、文化、民生等最新资讯。2016年，《丰台新闻》围绕丰台区重点工作和百姓关注的大事小情，进行了全方位的新闻宣传报道，展现了丰台的发展成果，展示了丰台百姓的火热生活。新闻专栏“疏解非首都功能”“环境建设”“创新创业在丰台”“非遗文化”“教师风采”等呈现丰台经济社会的新变化、丰台的文化底蕴和丰台人爱岗敬业、奉献社会的美好品德。2016年共播发新闻1560条，4530分钟。

《南城人物》专题服务类栏目。BTV新闻频道及丰台有线803数字频道周一19：53首播，时长为15分钟。2014年4月7日开播，栏目采用纪实、专访的手法，讲述丰台各界先进人物平凡而真挚的故事，塑造可亲可敬的南城人物形象。2016年栏目以创建首都文明区为契机，发现“最美丰台人”，践行社会主义核心价值观，弘扬正能量。给丰台人搭建展示个人能力、彰显丰台文化、丰台形象的平台，并且把丰台之美延展到画面上、延伸到故事中。一经播出，受到社会各界的广泛关注和好评。

《在身边》专题服务类栏目。BTV新闻频道及丰台有线803数字频道周二20：10首播，时长15分钟。2014年8月5日开播，这是一档植根于普通百姓生活，注重平民视角，展现平民智慧的栏目，以“三贴近”作为重点，强化服务功能，用故事化的表现手法反映人民群众生活中的喜事、乐事，解决百姓的难事、烦事。栏目解读百姓心声，传播生活常识、报道新鲜资讯。突出“服务、好玩、好看、实用、亲民、互动”的风格。2016年增加《今天我出镜》的版块，让普通大众走进荧屏，展现百姓风采。

《丰台消防》专题服务类栏目。BTV新闻频道及丰台有线803数字频道隔周四19：53分首播，时长15分钟。栏目2014年1月开播，以宣传防火常识，提高百姓防火意识；展现基层消防官兵的生活和风采；介绍各个基层消防中队的建设亮点；及时报道北京市公安局丰台区消防支队的消防夜查行动为主要内容，贴近生活、贴近百姓，现场感强。通过《丰台消防》栏目，广大受众切实提高防火意识，增加防火知识。特别是老年人和小学生在各种消防活动的纪实拍摄播出中受益匪浅。

《人大在线》专题服务类栏目。BTV新闻频道及丰台有线803数字频道隔周二19：53分首播，时长15分钟。栏目2005年2月27日开播，2016年全程录制区换届宣传动员会实况，并对人大换届宣传日的活动进行集中报道。栏目播出的“选民拥护的好代表”荣获由国务院妇女儿童工作委员会办公室、中华全国妇女联合会宣传部和中国电视艺术家协会联合主办的《第七届女性题材优秀电视作品》优秀作品奖。

（北京市丰台区广播电视中心）

北京市石景山区广播电视中心

《百姓诵读》专题服务类栏目。石景山数字804频道播出，时长12分钟，自2013年9月开播以来，受到区里大力支持及广泛关注，已经成为石景山有线电视的品牌栏目之一。节目以“诵读经典，品味人生”为节目宣传口号及传播理念，主要内容以普及文化知识，弘扬朗诵艺术的为主，传播诗词歌赋文化。节目中以诗歌解析、作者介绍的方式串联，增添了趣味、富有教育意义。作为“百姓栏目”系列栏目之一，栏目宗旨是为打造一档百姓喜爱、教育性强、参与度高，为喜爱诗歌的爱好者搭建一个展示自我的平台。主创人员：穆青、李仓卯、刘梦辰。

《百姓诵读》栏目照

《法治聚焦》专题服务类栏目。石景山电视台数字804频道，每周四晚8点10分播出，时长15分钟。栏目由《警法快讯》《直击现场》《法在身边》《以案说法》《法治人物》《警情连线》等板块组成，主要报道区内各政法单位的重大新闻事件，栏目以弘扬法治精神，普及法律知识、推进法治建设、维护公众合法权益为宗旨，注重法、德、情的融合，展现政法战线的风采与业绩，突出本地特色，为全区经济社会发展营造良好法治环境。自2012年栏目进一步改版后，栏目重点关注石景山区法治领域热点事件、以独特的新闻视角、第一时间的现场报道以及真实、鲜活的法治案例独树一帜，第一时间发布法治信息，解读法治案件，成为百姓所关注和喜爱的栏目。主创人员：郭海涛、甄趁勇、高佳、李磊、张林。

《记者视线》新闻资讯类栏目。北京电视台BTV公共新闻频道石景山时段及石景山有线804数字频道每周一至周五19:50播出，时长15分钟。栏目就重大活动、突发事件、热点话题、对当事人对相关部门进行采访，选择焦点话题进行新闻评述。用我们的镜头记录普通百姓生活的原生态。“评论热点话题，反映社情民意，聚焦百姓生活”则是它的具体定位。栏目紧紧围绕区委、区政府工作重点，选择百姓普遍关心、社会反响大的问题作为议题，深切反映群众呼声，准确传递社情民意。主创人员：新闻部全体工作人员。

《生活与信息》专题服务类栏目。北京电视台BTV-9模拟频道、数字804频道每周日晚20:15-20:35播出，时长20分钟。栏目2007年初全面改版，风格清新、简约、时尚、休闲、具有亲和力和平民化。栏目定位是引导消费、传递资讯、服务百姓。节目围绕百姓衣、食、住、行等方面的需求和问题，提供相关资讯，探寻解决方法，方便百姓生活。开辟《Happy乐园》《健康桥》《吃喝乐购》《宜商宜居》等板块。2016年全年共制作并安全播出52期，自播出以来受到广大观众的喜爱。不断有观众来电话咨询，并提供线索，提出宝贵意见，信息量逐渐增多。主创人员：孟庆宾、张玉海、孙乐、谷雨、赵烁、孙博文、杨易、张海朝。

（北京市石景山区广播电视中心）

北京市门头沟区广播电视中心

《门头沟新闻》新闻资讯类栏目。BTV公共（新闻频道）门头沟时段每日19:34播出，时长15分钟。栏目以全区中心工作为宣传重点，坚持正确舆论导向，弘扬主旋律，坚持“三贴近”原则，关注民生，服务大局，全面、及时、准确报道门头沟区的新闻事件。该栏目是门头沟电视台收视率最高的一档新闻节目。主创人员：苏燕平、胡金旺、梁杰、刘越、吴南囡。

《视点关注》新闻资讯类栏目。BTV公共（新闻频道）门头沟时段每周一19:50播出，时长15分钟。栏目作为新闻节目的延伸增加群众采访的比重，加大评论力度和深度，结合时事对百姓关注的特定话题进行分析说理，以达到舆论引导的目的，为区委、区政府工作大局服务。该栏目是门头沟电视台收视率较高的一档新闻评论类专题节目。主创人员：苏燕平、蓝盛斓、张烁、刘小虎。

《百姓说吧》专题服务类栏目。BTV公共（新闻频道）门头沟时段每周五《门头沟新闻》播出，时长2—3分钟。栏目以“弘扬社会主义核心价值观，提升市民文明素质”为主题，每期确定一个“说”的内容，让观众说看法、说想法、说办法。节目内容贴近群众实际生活，深受群众喜爱。主创人员：苏燕平、胡金旺、王正、闫菲等。

（北京市门头沟区广播电视中心）

北京市房山区广播电视中心

一、广播栏目

《音乐加甜点》综艺益智类栏目。FM107每周四上午10:00—11:00播出，下午17:00、19:30重播，周日、周一10:00、17:00、19:30重播，时长60分钟。节目内容温暖轻松娱乐，在轻松听歌的同时传递祝福和爱。各种点歌祝福——生日、结婚、金榜题名、喜得贵子、各类感谢感恩、离别祝福、商家开业祝贺等。弘扬主旋律、贴合房山地气、具有自身特色、互动性强的音乐娱乐节目，以音乐为主要元素，突出服务性。主创人员：张佳佳。

《汇生活》专题服务类栏目。FM107每周三上午10:00—11:00，时长60分钟。栏目搭建房山经济生活广播新平台，是听得见的房山新生活。服务房山本地商业机构，引领舆论导向，让生活在房山的朋友了解房山新城的政治、经济、文化、娱乐、体育等生活层面的新发展，为百姓经济生活服务指南。栏目紧扣时代脉搏，把握正确的舆论导向，体现北京世界城市发展规划和房山“新城新业新生活”的定位，反映房山广大市民心声。将权威性、指导性与贴近性、服务性相结合。立足房山，服务听众，影响舆论，受益商服。主创人员：王雨佳、王维佳、冉迪、王辉、陈婷、赵晶晶。

《新城故事》专题服务类栏目。FM107每周二上午10:00—11:00播出，时长60分钟。栏目弘扬房山文化，宣传房山，推介房山，展现房山悠久的历史文化和人文资源。讲述老百姓身边自己的故事。节目旨在把触角伸入到社会的方方面面、各行各业，通过一个个平凡的故事，以小见大，展示新时期房山的发展变化。节目故事性强，真实感人，讲述身边事、百姓事或人文历史文化底蕴深厚的事件。进一步地贴近百姓，吸引听众的收听兴趣。在"第四届全国广播电视民生影响力调查"中，荣获广播电视民生新闻类10强品牌栏目称号。主创人员：陶枫、王磊、王小原、魏婷婷、詹捷。

二、电视栏目

《房山新闻》新闻资讯类栏目。房山电视台有线、无线频道每日19:36首播，时长15分钟。栏目全面、广泛、深入地报道发生在房山区的时政、经济、社会、科教、文化、体育等各个领域，广大群众普遍关心、关注的社会热点、问题以及与群众生活息息相关的时政要闻及民生新闻。时政新闻强调权威观点，为房山地区的经济社会发展和建设做好宣传报道工作。经济新闻强调宏观举措；科教新闻强调最新成果；文化新闻强调高雅品位；社会新闻强调客观报道。政令与政策、改革与发展、区情与世象，是主要报道内容，与地区经济社会发展相结合，坚持正确舆论导向，是节目的播出宗旨与原则。2016年《房山新闻》先后推出《扬帆十三五》《新起点　新征程》《新春走基层》《住建新看点》《2016两会特别报道》等栏目。栏目是房山区委区政府的喉舌，是展示房山形象、推介房山资源平台的窗口，也是外界了解房山的重要媒体。主创人员：王超、赵喜斋、田永超、李洋、王文峰、石金生、郭敏、张莹莹、张鸿波、许士跃、谢晋升、赵辉、牛兆祥。

《今日关注》新闻资讯类栏目。房山电视台有线、无线频道每日19:58播出，时长20分钟。栏目是一档多板块、突出热点、形式新颖的融服务信息、民生话题于一体的新闻资讯类栏目。重点报道全区发展建设中的热点、焦点、动态，说百姓话，服务市民生活，让观众在最短的时间了解周围的世界；以时尚、文明的气息，讲"好故事"、讲好房山"故事"、实时策划、跟踪动态，推动房山建设步伐。栏目因其富有超强的故事性、趣味性、实用性以及浓郁的风土人情，已经成为房山老百姓心中脍炙人口的一档民生类新闻节目。已有固定的受众人群，这些热心观众们会通过节目热线电话积极向栏目组提供有价值的新闻线索，参与到节目中来。节目自开播以来，始终以关注民生为己任，引发电视民生新闻的风潮，受到群众的一致好评和热烈欢迎。主创人员：宋晓方、孙亚琼、呼军齐、都琳、孟梅、田春子、王颖超、史建聪、付昌盛、陈竹、卢志丹。

《都市生活》专题服务类栏目。房山电视台有线、无线频道每星期二、四日晚8：45播出，时长10分钟。栏目以面向都市民众，服务都市生活，凸显都市风采为定位，把时尚与消费以及健康生活理念有机地结合在一起，它贴近百姓，服务百姓，是百姓的消费指南和生活好帮手。节目形式灵活多样，内容涉及教育、科技、商业、建筑、旅游、饮食、流行时尚、娱乐健身、养生技巧等方方面面，能让观众多角度地感受现代都市生活的点点滴滴。栏目开播10年，共播出10000多期、时长超过100000多分钟。栏目受众群体广泛，得到社会各界广泛认可，打造出一档区域主流媒体生活服务品牌。主创人员：史跃鹏、张海莲、李丹、王猛、郭丽、段雪冬、陈希颖、张静静、刘丽、陈志超、耿月娣、段龙斌、李新天。

（北京市房山区广播电视中心）

北京市大兴区广播电视中心

一、广播栏目

《这里是大兴》新闻资讯类栏目。北京阳光调频（大兴人民广播电台）FM98.6于每日7:00—7:30，12:00—12:30，19:30—20:00播出，时长半小时。栏目报道身边人、身边事。记录区域历史，传播地方文明。呈现新鲜立体的全景大兴，打造有深度、有温度的广播新闻。大兴地区五个公园和几十个村庄的有线广播均转播该节目。主创人员：房晓鹏、于蕾、靳石萌、曹蕾、于淼、杨颖、刘丽侠、杨景然、贾悦、吴晋昊。

《音乐随心听》综艺益智类栏目。北京阳光调频FM98.6周一至周日11：00—12：00播出，时长1小时。栏目每期组织新鲜的音乐主题以及精彩纷呈的音乐资讯，为听众带来高品质的听觉享受。主创人员：阿丽、张婷婷。

《乌鱼来了》专题服务类栏目。北京阳光调频FM98.6周一至周日8：00—9：00播出，时长1小时。播报娱乐资讯，畅聊轻松话题，让受众在上班路上保持愉悦的好心情。主创人员：袁媛、吴晋昊、张婷婷。

二、电视栏目

《大兴新闻》新闻资讯类栏目。1995年1月开播，BTV大兴时段周一至周日19：35—19：55播出，时长20分钟。该栏目以时政新闻为主要内容，通过时政新闻的“民本化”处理，突出“我们跟您最近”的节目理念，追求新闻报道更贴近、更迅捷、更生动之效果。栏目重要新闻报道配发“新闻背景”、“新闻链接”、“记者感言”等附加内容，以满足受众对资讯的深层次、多样化的需求，使时政新闻更具震撼力和影响力。主创人员：王纲、米雪梅、麻强、张剑、罗燕东、黄河、王剑秋、涂玲。

《爱我新区大讲堂》专题服务类栏目。2012年5月开播，BTV大兴时段每周日20：30—21：15播出，时长45分钟。栏目深入基层，倾听民意，访谈形式生活化、故事化，2014年10月栏目开办“实事实办”专题，服务于全区中心工作，搭建党和政府与群众面对面交流的平台，聚焦问题，解析矛盾，解读政策。2015年连续开展“一把手”深度访谈，说发展、讲问题、叙风险、畅心声。主创人员：李鹏、梁静、赵佳敏、刘小溪。

《瞧这一家子》综艺益智类栏目。2015年3月开播，BTV大兴时段周一晚20：30—21：15，时长45分钟。栏目立足于“五有五提倡”惠民工程，以家庭为出发点，传递出这个“社会基本细胞”的正能量。栏目从创新节目编排、优化节目结构、美化节目包装三方面下功夫，推进节目品牌建设，强化观众认知度，让越来越多的群众通过家庭才艺展示、讲述家庭故事、家庭知识问答等方式参与到栏目中来。主创人员：吴正浩、李静、崔浩、任立菲、宋浩然。

（北京市大兴区广播电视中心）

北京市通州区广播电视中心

一、广播栏目

《凡人凡语》专题服务类栏目。通州电台调频107.7兆赫播出，时长25分钟。2016年下半年开设该栏目，主要讲述通州平凡百姓、榜样人物、道德模范等通州本土人物和部分在全国范围内有一定时代意义的榜样人物故事。该栏目具有鲜明的个性特征，通过主持人生动、亲切的播讲，使得主人公的事迹更加深入人心，是弘扬社会主义核心价值观的本土代表作之一。节目播出半年来得到了广大听众的喜爱和欢迎。主创人员：李凡凡。

《张扬心情》综艺益智类栏目。通州电台调频107.7兆赫每日17:35播出，时长25分钟。栏目最初以主持人的名字命名，实则以一种张弛有度，让听众享受在飞扬的音乐节奏中，放松心情，消除一天的工作疲惫感，且不失内涵的一档音乐节目。栏目内容形式丰富，涵盖音乐专辑介绍、唱作人的介绍、音乐背后的故事、经典老歌回顾、流行排行赏析及欧美音乐的欣赏等。栏目在通州电台播出十年，以鲜明的主持人特色、丰富的节目内容、多变的节目主题，深受广大听众喜爱。主创人员：张扬。

《潞通新干线》专题服务类栏目。通州电台调频107.7兆赫每日上午8：35到9：00播出，时长25分钟。栏目是通州电台与大运通州网合作播出的一档汽车类录播聊天节目，以为听众服务，聚焦北京城市副中心为理念，主要播出有关汽车方面的各种资讯。节目分为平常版和周末版两个版本：平常版为周一到周五播出，主要内容为汽车资讯、各种小常识等。周末为汽车音乐电影。栏目听众锁定为年轻有车一族，以时尚、实用、轻松为特色，深受年轻听众欢迎。主创人员：张兆年。

二、电视栏目

《通州新闻》新闻资讯类栏目。通州电视台综合高清频道、综合频道、公共频道每日19：30播出，时长12分钟。多年来紧跟时政，并围绕通州区的时事热点，致力于报道通州百姓身边的大事小情，2016年先后开设《创城进行时》《法治通州》《关注潞城棚改》《两学一做》《服务民生》等多个新闻板块。作为通州电视台收视率最高的栏目，开播以来深受通州区地方百姓欢迎。主创人员：监制：王雪征、田波；责任编辑：吕建杰、李跃。

《小强•听说》专题服务类栏目。通州电视台综合高清频道、综合频道、公共频道每周日晚19：50，时长20分钟。栏目是通州电视台首档新闻评论类谈话节目，力求以最轻松自然的方式评论百姓喜闻乐见的话题。节目组放低身段、压低视角、深入基层，实现有听有说、有信息有态度、有故事有温度的节目样态。作为通州电视台唯一一档新闻谈话类栏目，深受观众喜爱。2016年紧紧围绕通州社会关注的副中心建设、文明创建、棚户区改造、教育、医疗等热点问题进行选材，为重点工作的推进营造良好的社会舆论氛围。主创人员：监制：王雪征、董继东；责任编辑、主持人：吴小强；编导：赵家琼、巩羽、郑育娟、李骁。

《文明通州》栏目照

《文明通州》专题服务类栏目。通州电视台综合高清频道、综合频道、公共频道每周六19:50播出，时长15分钟。该节目是通州电视台与通州区文明办联合开办的节目，于2014年3月正式开播。栏目跟随建设北京城市副中心，创建全国文明城区的步伐，弘扬文明风尚、曝光不文明行为。栏目提高通州居民对文明创建的知晓率、支持率、参与率，为提升市民文明程度做出突出贡献。主创人员：监制：王雪征、张斌；责任编辑：聂堂明、裴丽娜；摄像：付涛、田晟印。

（北京市通州区广播电视中心）

北京市顺义区广播电视中心

一、广播栏目

《大家帮助大家》专题服务类栏目。顺义人民广播电台2014年开办，每周一至周五17:00—19:00调频92.9兆赫顺义人民广播电台通过有线广播和无线调频同步直播，时长。节目以“帮助别人，快乐自己”为节目宗旨。在倡导互帮互助的同时节目还充分参与城市管理创新，搭建政府与市民沟通的平台。2016年栏目和区内交通、气象、环保、疾控、食药监局、检察院、消防、公安、工商等9家单位联合开办多档服务民生的日播和周播栏目，在加强与各职能部门合作的同时，也为市民与职能部门沟通开拓新渠道。主创人员：王会永、直守斌、张雨欣、焦英杰。

《大家帮助大家》栏目照片

《传奇》综艺益智类栏目。调频92.9兆赫顺义人民广播电台每天10:00—10:30首播，22:30—23:00重播，时长30分钟。栏目是顺义人民广播电台2015年开播的一档历史文化特色栏目，以“穿行历史长河，跨越沧桑岁月，讲述时光往事，细品人生传奇”为节目宗旨。制作大量传播历史文化专题节目，包括中国古代女性系列《权利巅峰的女人》《唐朝女人折腾史》等；清代皇陵解密系列《清东陵解密》《清西陵解密》；古代商贾系列《历史上的巨贾富商》历史探案系列《洗冤录》北京城市文化发展系列《话说故宫》《话说北京城》；姓氏文化系列《百家姓解读》民族发展史系列《中华民族的故事》等。主创人员：王会永、直守斌、张雨欣。

《广播小说》优秀剧目。顺义人民广播电台每日13:30—14:00首播，19:00—19:30重播，时长30分钟。顺义人民广播电台实施精品战略，加大自制广播小说的创作力度。先后创作本土作家王克臣先生描写顺义抗日战争历史的《风雨故园》；矛盾文学奖获奖作品《平凡的世界》；结合“三严三实”教育活动制作县委书记的好榜样《焦裕禄》；2016年10月11日为纪念中国工农红军长征胜利80周年，特别制作播出120集长篇小说《长征》，小说生动再现中国工农红军25000里长征人类历史上伟大奇迹波澜壮阔的历史。主创人员：王会永、直守斌、张雨欣、张跃。

二、电视栏目

《顺义新闻》新闻资讯类栏目。顺义电视台顺义一套、二套每日播出，时长15分钟。栏目自1994年开播以来，一直是顺义百姓始终关注的新闻节目。栏目立足顺义发展，充分发挥喉舌功能，影响社会舆论，记录顺义变化，讴歌发展成就，凝聚党心民心，架起政府与群众沟通的桥梁。现有编辑、记者18人，播音主持人4名。栏目注重从百姓视角解读新闻事件和大政方针，关注人民群众生活，突出贴近性。包括《清洁空气共同行动》《我的故事》《文明红绿灯》等长期栏目以及《转型升级 接力发展顺义这五年》《村规民约‘约’出美丽新农村》《两学一做树新风》《不忘初心 永远跟党走》等临时性专栏，为宣传顺义发展起到助推作用，成为顺义电视台最受群众关注的品牌栏目。主创人员：宋森、张海泉、王杰庆、付涛、贾斌。

《情动绿港》专题服务类栏目。顺义电视台每周二播出，每周一期，全年52期，每期时长10分钟。作为专题部开办9年的品牌栏目，栏目主要讲述顺义人身边的好人好事，以榜样的力量弘扬社会主义核心价值观。从2015下半年，栏目进行调整，增加行业精英内容报道，包括“优秀的企业家”、“优秀教师”、“最美医护人员”、“最美劳模”、“优秀党员”等，以行业精英的优秀事迹弘扬社会主义核心价值观，提升栏目行业影响力。故事感人、制作精良，很多节目获得北京市优秀广播电视新闻类优秀作品。每年推出20多部党建系列片，每一年均会有10多部被市委组织部北京长城网选用，有的被中组部共产党员网所选用。主创人员：宋森、李素华、孟凡华、孙燕洁。

《开局十三五 迈进新生活》专题服务类栏目。顺义电视台每周四首播，周五重播。每周一期，全年52期，每期时长10分钟。栏目是2016年顺义电视台专题部为服务区委区政府的中心工作而特别推出的一档栏目，围绕区里阶段性工作安排，进行主题性系列专题报道。栏目于3月31日首播，相继推出“辉煌十二五”5集系列、“展望十三五 迈向新生活”7集系列、“村（居）规民约”5集系列、“十三五一把手访谈”21集系列、“消隐打非拆违”5集系列、“转型升级 接力发展”党代会3集系列，党代会、两会5场会议转播制作系列等等，大体量、主题性、系统性地服务于区委区政府中心工作及区级重要会议及部署。主创人员：宋森、李素华、孟凡华、孙燕洁。

（北京市顺义区广播电视中心）

北京市平谷区广播电视中心

一、广播栏目

《平谷新闻》新闻资讯类栏目。平谷人民广播电台FM89.2频率，每天早中晚播出，时长15分钟。栏目以“关注社会发展，贴近百姓生活”为宗旨，突出平民化、地域性、服务性特点，围绕平谷区委、区政府的中心工作，全面、快捷地播报全区各个领域的重大事件及事件动态，为百姓和政府搭建沟通理解的桥梁。主创人员：王海河、王晓明、张赛等。

《文苑之声》综艺益智类栏目。平谷人民广播电台FM89.2频率，每天早中晚播出一集，时长10—15分钟。2016年新开设的栏目以散文、随笔、诗歌、小说等文学作品为主，充分发挥媒体作用，全力助推学习型平谷建设，既鼓励和倡导人们多读书、读好书，同时也为喜欢文学创作的人们搭建学习交流的平台。主创人员：王海河、王晓明、张赛等。

《法制园地》专题服务类栏目。平谷人民广播电台FM89.2频率，每天早中晚播出一集，时长10—15分钟。该栏目向人们传播和普及法律知识，积极营造法治型社会的浓厚氛围，引导人们学会用法律武器维护自己的合法权益。主创人员：王海河、王晓明、张赛等。

二、电视栏目

《平谷新闻》新闻资讯类栏目。PGTV-1每晚19：33播出，PGTV-2频道每晚20：00播出，时长15分钟。栏目内容以平谷地区本土新闻信息权威发布为基础，着眼于经济社会发展对新闻信息服务的要求；及时、准确传递区委、区政府的相关决策和公共信息；关注民生，突出反映社情民意；展现平谷“一区四化五谷”发展形象，满足全区人民享受优质新闻信息服务的需要。节目具有较强的可视性，得到全区广大干部群众的高度认可，是平谷人民最喜欢看的电视节目之一。2016年，《平谷新闻》共播出新闻5780条。市级以上新闻媒体播出新闻122条。其中中央电视台《新闻联播》播出10条。主创人员：李肖英、李东亮、王建、于丽丽等。

《美丽平谷》专题服务类栏目。PGTV-1、PGTV-2每周一晚8:00首播，时长15分钟。栏目旨在挖掘平谷历史，宣传平谷区日新月异的城市建设变化，以2020年世界休闲大会为契机打造生态、休闲、宜居的美丽平谷进行宣传。2017年美丽平谷栏目将对在“治水、治气、治电、治路、保安全稳定”四治一保中表现突出的典型村、典型事等进行宣传报道，同时也将以生态建设为主线，打造平谷的美丽蓝图、美丽景色、美丽城镇、美丽产物、美丽蓝天、美丽文化、美丽游玩、美丽农业。主创人员：王娟、胡水。

《快乐宝贝》专题服务类栏目。PGTV-1、PGTV-2每周二晚7：50首播，时长15分钟。栏目包括成长相册、才艺展示、真情流露三个板块，内容和形式都具有鲜明的儿童特色。节目的制作紧紧围绕快乐为主题，努力培养少年儿童高尚的道德情操和健康的人格。家真情流露环节，让孩子和家长可以平等的交流，以快乐为主题，寻找出更多的真实性，让家长和孩子做到真正意义上的情感交流。节目的互动性大于展示性，增加孩子与家长的室外亲子游戏互动，充分体现家庭和谐的氛围。栏目的口号是“快乐宝贝，宝贝快乐”！主创人员：李莉、赵建明、耿亮。

（北京市平谷区广播电视中心）

北京市怀柔区广播电视中心

一、广播栏目

《成长》专题服务类栏目。2010年5月1日开播，怀柔人民广播电台FM101.3频率每周四首播，周六、日重播，时长30分钟。该栏目是一档寓教于乐的青少年访谈节目，分为两个部分内容。一方面通过“菁菁校园”“童话天地”“阅读欣赏”等栏目，为青少年朋友提供知识性信息资讯，另一方面邀请相关教育学、心理学、法律领域专业人士作客录音间，和听众共同探讨青少年成长过程中的诸多问题，为听众解惑答疑。设置“青少年求助热线”“维权天地”“心理门诊”“一事一议”等板块。主创人员：武会立。

《快乐游怀柔》专题服务类栏目。2009年5月1日开播，怀柔人民广播电台FM101.3频率每周六日和法定假日上午9：00至11：00，下午13：00至15：00，日播出总时长4小时。该栏目以服务怀柔旅游、服务游客为宗旨，采取直播互动方式，围绕“吃住玩、游购娱”六大旅游要素，为听众提供全方位的旅游资讯服务。直播热线咨询电话：4001061616；短信参与平台69633516、69633526。主创人员：李晓红、苏春影、任欢、吴晶晶。

二、电视栏目

《环境时空》专题服务类栏目。2016年4月22日开播。北京电视台BTV新闻频道怀柔时段周五首播，时长12分钟。栏目与区市政市容委、区环保局合办，重点关注怀柔区环境绿化整治、生态环境保护等热点话题，报道全区环境治理方面创新成果。设置“记者发现”“环保在线”等板块。主创人员：王向红、韩飞、单坤宇。

《安全在线》专题服务类栏目。2006年1月16日开播。北京电视台BTV新闻频道怀柔时段每周二首播，时长15分钟。该栏目从不同视角介绍有关安全方面的资讯，揭示危害人们生产生活安全的各类问题隐患，引导人们提高规避风险、防范隐患的意识和能力。设置有“安全播报”“安全提示”“安全亮点”等板块。主创人员：周训玖、李臻、张钰晨、宋子琮。

（北京市怀柔区广播电视中心）

北京市昌平区广播电视中心

一、广播栏目

《与法同行》专题服务类栏目。昌平人民广播电台调频103.1兆赫每天7:50播出，时长10分钟。该栏目旨在向广大受众普及法律知识，解释法律规则，弘扬社会正气，警示违法行为。节目采取主持人与嘉宾对话的形式，讲述发案经过，追溯犯罪根源，诠释法律法规，点评案例争议，让法制观念深入人心，让知法、懂法、学法、守法成为人们日常行为的规范准则。所有案例均为本区发生的交通违法肇事、夫妻伤害赔偿、网络诈骗等刑事、民事案件。主创人员：段志玲、顾芸。

《乐享时光》专题服务栏目。昌平人民广播电台FM103.1每周一至周五，上午10:00-10:30播出，时长30分钟。该栏目是昌平人民广播电台开播的首档直播节目，填补昌平地区广播直播节目的空白。栏目寓意分享快乐的时光，是一档时尚轻松的话题聊天类节目，将社会效益放在第一位，立足昌平地区百姓的实际生活，以服务昌平百姓为宗旨，将涵盖气象服务信息、本地最新资讯、轻松话题互动、精彩音乐分享等多项内容。2016年该栏目围绕法制、卫生健康、党建、长征等主题相继创办《普法直通车》《乐享健康》《在党的旗帜下》和《在长征路上》四个特别板块。主创人员：李阳、李楠、陈宏、王勤、张馨、王莹、孙学进、郝金钰、梁禹。

二、电视节目

《昌平新闻》新闻资讯类栏目。北京电视台BTV公共·新闻频道昌平时段周一至周六19：30首播，次日07：30、12：30重播，每期时长15分钟。该栏目以报道大事要闻，传播舆情资讯，聚焦昌平发展，关注民生民情为宗旨，分为时政新闻和民生新闻两大部分，并不断增加民生新闻的报道力度。2016年7月1日起，每周二、周五增加《来自基层的报道》特别板块，集中反映基层动态。该栏目内容具有政策性强、收视率高、影响力大的特点，在昌平电视台收视率位居最高，是昌平电视台最重要的栏目之一。主创人员为《昌平新闻》新闻部。

《真情故事》综艺益智类栏目。2008年开播，昌平电视台综合频道每周一19：50首播，周二7：50、20：20、周三8：20重播，每期10分钟。《真情故事》栏目以人物为主线，讲述人与人、人与社会之间的真情故事。显示平淡中的伟大，琐碎中的崇高，展示人性的真、善、美。栏目开播八年多来深受观众喜爱，是昌平电视台一档品牌栏目，继连续三年获北京广播影视奖优秀栏目奖后，又获得2012年全国十佳电视栏目奖、2011–2012中国最具品牌价值电视栏目奖、金长城传媒奖等，2015年、2016年连续两年获北京市“优秀原创网台联运视听节目”。在栏目中播出的《阳春白雪的故事》获中国广播影视大奖广播电视节目电视专题片大奖、全国区县广播电视节目专题片一等奖；《牵手》《王丽娟和她的智光学校》《天使红霞》等多部作品获得市级及国家级奖项。主创人员：张易柳、岳禺宁、于涛、孙铭阳、闻涛、刘洋。

《古今昌平》综艺益智类栏目，2008年开播。在昌平电视台综合频道每周三19:50分首播，次日7：50、周五20：20、周六8：20重播，每期时长10分钟。栏目利用影象，对昌平6000年来，特别是建县2000多年的历史和文化，进行分系列、多层次梳理，让受众认识昌平、了解昌平、爱上昌平。栏目已制作播出《探秘十三陵》(122集)、《文物往事》(60集）等10个系列400多期。其中《探秘十三陵》系列被译成英文版，成为“昌平礼物”，并在中国教育电视台《首都纪录》栏目中播出。2013年被昌平区政府纳入昌平历史文脉梳理体系，并获全国电视十大名专栏奖。2016年，栏目制作播出《考古发现》《古树名木》系列，深受百姓喜爱。主创人员：王江红、袁玥、朱玉婷、于涛、孙铭阳。

（北京市昌平区广播电视中心）

北京市密云区广播电视中心

一、广播栏目

《密云经济报道》新闻资讯类栏目。创办于2012年1月，密云人民广播电台每周二18:10播出，时长20分钟，年播出稿件300余篇。节目致力于站在客观的角度，全面准确反映密云工业、农业、商业、旅游业等领域的经济建设成果，其中2015年播出的“蓝色地中海，健康新网咖”获得北京新闻奖三等奖、2016年播出的通讯“干峪沟村闲置农宅变身时尚乡村酒店”在听众中引起强烈反响，起到良好社会宣传效果。节目的连续播出为建设和谐宜居首善之区营造良好的舆论氛围。主创人员：黄晨昭、王立伟。

《音乐随身听》综艺益智类栏目。2014年6月1日开播，密云人民广播电台每周一至周日13:15分首播，17:00重播，时长50分钟。这是一档针对上班族和有车一族的音乐互动的节目，每一期奉上好听轻松的音乐，让忙碌的人在空闲时间得到充足的放松。节目通过听众群、新浪微博、微信平台的互动，加强与听众的交流沟通。节目内容丰富多彩，已成为密云人民广播电台一档品牌栏目。主创人员：张博研、牛薇。

二、电视栏目

《法润密云》专题服务类栏目。2016年1月9日开播，隔周周六20:10首播，时长15分钟。该栏目是密云区法制宣传教育领导小组办公室与北京市密云区广播电视中心合办的一档法治类专题电视栏目，围绕深入学习贯彻十八届四中全会精神和实现密云区“四个走在前列”奋斗目标，广泛动员社会力量，发挥电视媒体生动直观、覆盖面广的优势，以群众喜闻乐见、通俗易懂的形式开展法制宣传教育工作，普及与广大人民群众生产、生活密切相关的法律法规知识，营造全区学法用法守法遵法的良好法治氛围，培育公民法律意识和法律素养。

《中华德育故事》综艺益智类栏目。自2016年元月起开播，密云电视台每周日晚20：01首播，次日重播，节目时长21分钟。密云电视台和制片公司合办的一档以德育为主的动漫精品类节目。汇集千年榜样传奇，亲近圣贤德行智慧，动漫解读中华八德精神营养，从孝、悌、忠、信、礼、义、廉、耻八个方面，解读为人处世最高标准，让女人更贤淑，让男人更豁达，让孩子更孝顺，让家庭更和睦，让社会更和谐。(引进节目无主创)。

《檀州大舞台》每周五晚20：00在密云电视台一套首播，时长30分钟。2016年制播“密云大山里的巴马”“密云镇街特色文化巡礼”“百姓风采齐荟萃 文化盛宴贺新春”“爱育花朵 情润童心”等节目。为庆祝中国共产党建党90周推出“难忘的岁月”主题系列节目，通过抗战组歌、文艺汇演、走进英雄战斗过的地方、展示抗战英雄事迹和人性光芒等形式，回顾红色历史，为伟大的中国梦而奋斗。全年共播出58期。

（北京市密云区广播电视中心）

北京市延庆区广播电视中心

一、广播节目

《今日农村》专题服务类栏目，FM92.8兆赫、FM98.8兆赫每周二、周五晚18：10首播，当晚20：40，次日7：30、11：40、16：00重播，时长18分30秒。该栏目是延庆电台的一档保留节目，开办长达18年之久，多次在省市级评选中获“优秀栏目奖”。是延庆人民广播电台的一档面向农村、服务三农、统筹城乡、服务大众的节目，是城市了解农村的窗口，农村走向城市的桥梁。开设有“妫川新貌”“信息大篷车”“资讯快递”“农博士走一线”“妫川大舞台”等板块。2015年，栏目创新工作方式，探索“百姓点菜、记者牵手、专家把脉”的报道形式，将百姓提出的有关农事生产生活中的问题，邀请专家第一时间到田间地头为农民现场答疑解问，受到广大农户的欢迎。主创人员：王晶、赵倩女。

《生活导航》专题服务类栏目，FM92.8兆赫、FM98.8兆赫每周一、周四晚18：10首播，当晚20：40，次日7：30、11：40、16：00重播，时长18分30秒。该栏目是延庆人民广播电台的一档生活服务类节目。开播以来，始终秉承服务的宗旨，本着快捷，实用、大信息量的原则，融知识性、生活性、参与性为一体。主要为听众朋友们提供生活资讯、健康指南、疑问解答、二手商品买卖信息等全方位的生活服务。节目以现场报道、短信互动、嘉宾访谈等多种形式，接近与听众的距离，吸引听众参与，成为听众生活的好帮手。《生活导航》开办以来，以时尚、轻松的节目定位，“全心全意”的节目宗旨，有的放矢的服务赢得了不同受众群的喜爱，成为了延庆人民广播电台一档品牌节目，收听率较高。主创人员：滕薇、杨竣翔。

《延庆新闻》新闻资讯类栏目，FM92.8兆赫、FM98.8兆赫每日18:00，重播时间为当晚21:00，次日7:20、10:30、11:30，时长10分钟。该栏目是延庆人民广播电台唯一一档本区新闻节目，节目以宣传党的方针政策，迅速准确及时报道全区物质文明、精神文明、政治文明和生态文明情况为主；充分发挥广播特色。在报道中采取文字、现场报道、录音报道、专题报道等不同形式，增强宣传效果，及时准确传达区委区政府的声音，当好桥梁和纽带。2015年《延庆新闻》中的节目报送北京人民广播电台，播出百余条。主创人员：刘杨。

二、电视节目

《妫川骄子》专题服务类栏目。延庆1台、3台每周日20:15播出，隔周首播，次周重播，时长20分钟。自2014年6月29日开播以来，真实地展现一大批优秀妫川儿女在商界、文化艺术界、教育界、体育娱乐界、政界等拼搏奋斗，成就事业的精彩人生故事，产生良好的社会反响，达到预期的励志效果。在庆祝建党95周年之际，《妫川骄子》节目组在进行大量的走访、座谈、调研工作之后，成功策划庆祝建党95周年大型专题节目《妫川红色记忆》。节目以党组织建立发展、革命军事斗争、新中国成立前老党员、优秀妇女代表、革命时期的党群关系等内容为切口，拍摄制作“星火燎原”“战火洗礼”“革命脊梁”“巾帼英雄”“鱼水深情”“薪火相传”六集专题节目，每集20-30分钟，总计播出160多分钟。节目在电视和网络平台同步播出，特别是在北京延庆、延庆在线微信平台播出后，获得较高的点播量，观众广泛给予好评。主创人员：延庆电视台集体创作。

《百姓大舞台》综艺益智类栏目。延庆1台、3台每天新闻后播出，时长10分钟。该节目是延庆电视台针对广大热爱文艺活动的百姓们开办的互动性栏目，宗旨是希望所有拥有才艺、爱好表演的普通百姓能够找到属于自己的舞台，绽放光彩，起到很好的社会效果。主创人员：卫京京、刘晓松、闫二苗、吴冰歌、范佳俊、宋克冰。

《食在妫川》专题服务类栏目。延庆1台、2台、3台每周四21：25分播出，时长10分钟。该节目旨在挖掘延庆美食，弘扬妫川饮食文化，让观众从饮食文化的侧面认识和了解延庆的历史和发展中着的延庆。这是一部讲述延庆美食的系列纪录片，栏目集纪实性、欣赏性、艺术性、参与性于一体。通过节目让观众达到美食、情感、文化的多重共鸣。栏目集合延庆写作、美食、摄像制作等方面的专家及优秀团队共同打造。节目选题贴近生活，拍摄制作精良。2015年9月经延庆电视台及北京延庆官方微信平台联合推出，在社会上引起强烈反响，收视率及微信点击率都居同类栏目之首。主创人员：延庆电视台集体创作。

（北京市延庆区广播电视中心）

产业发展

北京市广播影视产业发展情况

2016年，北京市共有广播影视节目制作经营机构6066家，比上一年新增2558家。其中，事业单位21家，国有控股企业72家，国有独资企业66家，国有参股企业23家，民营企业5156家，其他16家。广播影视从业人员98083人。全年经营创收669.72亿元，同比增长27.5%。其中，广告创收254.93亿元，同比增长18.8 %；电影票房收入30.28亿元，同比下降3.9%；有线电视网络收入34.98亿元，同比增长33.7 %；其他收入349.53亿元，同比增长38.7 %。

电视剧、动画片生产情况

2016年，北京市电视剧、动画片创作生产坚持以人民为中心的创作导向，充分发挥首都地缘、人才、资源优势，质量显著提高，涌现出一批思想性、艺术性、观赏性相统一的精品佳作。

截至2016年底，全市共有影视制作机构6066家，其中持电视剧制作许可证（甲种）的单位23家。全年北京电视剧备案公示341部、11935集，占全国的28.3%。共审查电视剧79部3247集，取得发行许可证的电视剧64部2673集，占全国的24%。在送审的79部剧中，现实题材46部，占58.2%。其中，当代题材45部，占57%（当代都市题材32部，当代涉案题材2部，当代农村题材5部，当代青少题材3部，当代其他题材3部）；现代题材1部，占1.2%；历史题材33部，占41.8%。其中，近代题材30部占38%（近代革命题材12部，近代传奇题材14部，近代其他题材3部，近代都市题材1部）；古代题材3部，占3.8%（古代传记题材1部，古代其他题材1部，古代武打题材1部）。

电视动画片备案公示41部1998集20242.5分钟；取得发行许可证的动画片30部749集9858分钟。审查通过的动画片中，童话题材8部，教育题材6部，历史题材3部，现实题材2部，神话题材1部，科幻题材1部，其他题材9部。

为了繁荣北京电视剧、动画片、纪录片的艺术创办，北京市重点采取了以下措施：

一是组织北京电视节目春、秋交易会。春季交易会吸引了346家影视公司参展，其中电视剧制作发行公司308家，纪录片公司7家，动画公司9家，海外公司4家，相关产业公司18家。交易会参展电视剧突破600部，为历届之最，其中现实题材作品占90%以上。另外还有纪录片、电视栏目33部、2033集；动画片28部、1424集。

秋季电视节目交易会共有国内外电视节目制作机构及相关产业机构340余家近1800人参与其中，电视节目播出机构130家460余人，海外来宾20家28人，各级领导、嘉宾、新闻记者和非注册参会专业人士约300人。交易会集结了664部约26782集电视剧作品，18部共862集动画片作品，以及44部约12849集纪录片、电视栏目作品。

二是继续实施“走出去”工程。2016年4月，连续9年组织北京地区的影视机构参加戛纳电视节，并在电视节上设置“北京联合展台”。本次“北京联合展台”总面积80平方米，共组织28家公司近50人携37部1077集电视剧、动画片、纪录片参展。为满足各制作机构的不同需求，展台分别设置了专属展位和公用展位。参展期间，赞助了“电视剧买家MIP Drama”活动并举办了以“在戛纳说中文、认识中外朋友、促成国际合作”为主题的华语派对活动。同时与法国戛纳电视节组委会主席Paul Zilk洽谈深度合作。

2016法国昂西国际动画电影节于6月15日—17日举办，北京市新闻出版广电局首次以官方的身份，亮相昂西国际动画电影节。本次活动，组织20多家国内动画公司参展，推介30多部国产顶级动画作品，举办了多场主题活动与展览交易。特别是在6月16日当天举办了“北京动画梦”主题沙龙，邀请了包括卢森堡总理、法国电视联盟主席等行业名流助阵，展示中国最高水准的优秀动画作品，扩大了中国动画在世界舞台的影响力与号召力。

2016年6月，北京市新闻出版广电局派出访团，赴英国谢菲尔德参展谢菲尔德国际纪录片节。北京市新闻出版广电局与谢菲尔德国际纪录片节达成了多项合作意向，其中包括常年在谢菲尔德纪录片节推广北京题材影视作品，共同规划、合拍北京主题纪录片作品，邀请谢菲尔德选送优秀作品并组团参加北京国际电影节。同时北京电视台纪实频道也借此平台推广节目交易，与BBC/ITV等主流纪实类电视平台达成相应合作意向。

三是推进影视精品创作。以题材规划开发为抓手、以政策资金支持为动力、以人才培养扶持骨干企业为支撑、以弘扬社会主义核心价值观为核心、以“五个一工程奖”推荐优秀作品为重点，全面统筹电视剧作品的文化属性、产业属性、宣传属性和公益属性，兼顾社会效益与经济效益，推出了一批思想精深、艺术精湛、制作精良的优秀电视剧作品，如《咱们结婚吧》《警花与警犬》《中国式关系》《九九》《情满四合院》等。为推动北京影视文化精品生产，相继出台《北京影视出版创作基金管理办法》和《北京影视出版创作基金实施细则》，在扶持政策和资金的引导推动下，挖掘出一批优秀题材的电视剧、纪录片、动画片作品，电视剧《书圣王羲之》《外科风云》《虎父犬子》《百年追梦》《花儿与远方》等；纪录片《大西山》《传家本事》等；动画片《鹿精灵》《冰雪冬奥村》等。

广告经营情况

2016年，北京广播电视传统媒体的广告经营，面临着愈来愈严重的广告市场竞争，特别是新媒体的冲击。为了改变困境，北京电台、北京电视台等传统媒体，都不断地推进广播电视广告经营改革，力求改变广告创收急剧下滑的局面。

北京电台2016年广告签约额累计5.95亿元，同比下降1.7亿元，降幅22%。为了尽可能地扭转下滑局面，广告经营中心推出了一系列举措：一是抢抓市场机遇。在第31届里约奥运会和第14届北京国际车展等到来之时，广告中心推出系列广告营销产品，吸引阶段性广告投放。其中，第14届北京车展广告创收就达339.5万元；二是对现有广告产品进行及时调整，并开发20多套针对性产品，打造适应新形势的营销体系；三是成立内部专业化服务团队，有针对性地对接市场和代理公司，打通资源、市场、客户之间的通道；四是深挖创收增长点，对传统广告行业进行剥离细化，新行业增收明显；五是及时调整营销策略，开展“818广告客户回馈”活动，针对新客户和非季节性客户推出针对性促销产品，积极改进广告经营工作，进行818促销活动反馈调查，为后续推出的促销计划提供参考；六是打破经营僵化环节，调整修订经营政策，主动适应市场变化。为寻找新的广告增长点，制订合作公司实施细则，进一步拓展客户渠道，推行稳健的价格策略，制定灵活的价格机制，推动整合营销。改变广告招标策略，调整预售政策，有效利用资源，增加广告吸引力。

北京电视台2016年广告总收入21.24亿元，比上一年减少5.4亿元，降幅20.25%。北京卫视频道的广告创收，是拉动全台广告经营的突破口。该频道全年广告创收14.56亿元，占全台广告收入的68.54%。这一年，北京卫视广告经营呈现新亮点：一是拓展代理公司资源，实现全新合作与战略合作。2016年，北京电视台与全国30多家重头广告代理公司建立了战略合作关系，共同开辟广告市场；二是持续引进新客户，促进老客户增量投放，这一年直接签约广告客户比上一年增幅200%，其中新客户增加41.9%；三是以内容营销产品为主导，开展大型活动增收，如春节联欢晚会、北京国际电影节等大型晚会和活动，促进了广告的增收；四是做大做强季播节目，拉动晚间黄金时段广告增收。2016年，北京卫视季播节目的广告收入占总收入的40%，仅《跨界歌王》创收就突破2亿元；五是走遍全国，走到客户身边，增强广告市场推广力度。北京卫视在北京、上海、广州、海口等广告客户相对集中的城市举办广告客户交流会，介绍广告经营政策，公布广告优惠价格，承诺广告播放效果，从而，吸引了愈来愈多的客户在北京卫视投放广告。

有线电视网络发展情况

2016年，北京歌华有线电视网络股份有限公司（下称歌华有线公司）实现营业收入26.65亿元，同比增长3.77%；实现净利润7.25亿元，同比增长7.79%。截至2016年底，公司总资产150.84亿元，净资产126.9亿元；北京有线电视注册用户达到580万户；其中，高清交互累计推广数量达到483万户，同比增长23万户，家庭宽带用户达到50.6万户，同比增长超过9万户。

一、加强基础网络建设

2016年，歌华有线公司加大基础网络建设力度，提升网络和系统质量，以及对业务的支持能力。一是加强双向网络改造建设及光纤到户试点工作。实施双向网络改造建设40万户；实施DOCSIS 3.0升级工程覆盖200万户以上，提升支持开通家庭高带宽业务网络承载能力；启动光纤到户技术试点工程建设，完成8个光纤到户试点，共计5000余户；二是传输承载网建设。完成支撑云平台、高清交互平台支撑个人宽带、集客业务等相关网络建设和IP骨干网扩容升级。完成了互联网出口缓存测试、系统割接上线和互联网出口资源建设；三是网络和业务运营支持系统建设。完成HFC网管等系统的功能优化和软件升级工作。iBOSS系统实现对光纤到户实验网业务、VoIP语音业务、各类宽带销售模式、游戏、点播、集团数据等业务的支撑。完成开发iBOSS移动端，满足了维护人员上门服务处理业务的移动便捷性需求；四是开展城市副中心信息化建设工作。初步完成城市副中心（155平方公里）有线电视网络规划工作。

二、推进云平台建设

云平台二期建设进一步完善应用管理、测试系统、数据库能力平台等子系统建设，强化云平台跨媒体服务能力、内容聚合管理等能力。完成云飞视手机版的设计和应用开发工作以及公司宽带门户网站的建设工作。

系列智能新终端研发工作，超清智能IP机顶盒已进入生产上线阶段，多媒体网关机顶盒启动小规模用户试点和小批量采购，超清智能DVB+IP机顶盒已投入光纤到户试点小区应用。

三、大力发展宽带和集团业务

截至2016年12月底，歌华有线公司的家庭宽带总用户数达到50.6万户，较2015年底增加超过9万户，增长22%。在2015年主城区实现DOCSIS3.0覆盖的基础上，于2016年年底实现了昌平、通州、顺义、门头沟等远郊分公司机房设备升级，百兆高带宽产品进一步扩大覆盖范围；扩大与北京电信合作品牌“华翼宽带”建设，推出华翼高带宽产品；深入与房产中介等第三方的合作，与速通网签订全面合作协议，进入房屋中介宽带接入市场；2016年，根据国家“提高网速、降低资费”的整体工作要求，调整了宽带产品价格体系，丰富了套餐设置，加大了营销力度，包括有针对性地开展宽带送账期、续费有礼、实物赠送等优惠活动，推出并优化宽带与有线电视、4K机顶盒、高清机顶盒、一体机等电视业务的融合产品，增强用户粘性，促进全业务融合发展。通过营销策略引导，12M及以上带宽用户占比由2015年底的55%提升至66%。家庭宽带业务平均渗透率达到9.81%，城区、郊区发展趋于均衡。

集团客户业务方面，2016年，歌华有线公司将智慧城市业务作为战略发展方向，充分发挥公司网络、技术、资源和本地化优势，深入参与“智慧北京”建设，积极开展与政府合作项目。在保证专网专线接入、IDC等集团客户业务稳定增长之外，抓住互联网+、物联网、云计算等新兴市场崛起带来的发展机遇，全力推进集客业务发展。加强基于云平台、视联网平台及物联网平台的新产品开发，创新产品与服务，积极推进智慧广电发展建设；重点加强政府客户全业务拓展，并着力打造教育、金融、医疗、环保、交通、商业企业等重点行业应用服务。取得突破性进展的项目包括：无线北京项目、智慧社区建设、智慧密云项目、智慧乡村项目、社区文化站改造升级项目、“平安城市”建设、歌华视联网项目、歌华政企云平台项目、行业专网工程建设（如：北京市卫计委光纤直连项目、物美集团合作专网等）、自来水远程抄表项目、电梯运行安全监测项目等，此外，新中标了中石化专网、卫计网、物美专网、武警进京检查站、森林防火、建设银行等多家银行、北京市环境信息中心IDC业务等项目。

宾馆酒店数字化方面，完成103家宾馆酒店数字化工作，其中四星级以上高档酒店20家。

终端和付费节目销售方面，销售高清交互机顶盒31,090台，实现机顶盒、4K一体机等硬件销售收入同比增长24%。付费点播和付费应用业务实现销售收入同比增长92%。

四、打造平台优质资源，促进新媒体融合发展

一是高清交互数字电视新媒体。2016年，高清交互数字电视传输181套数字电视节目（含标清数字电视频道148个、高清数字电视频道33个）和18套数字广播节目；提供直播、看吧、点播、院线、回看、新闻、综艺、教育、文化、健康、游戏、生活、政务、电视营业厅共14大项应用。平台在线视频点播类节目数量突破12万小时，其中高清节目近6万小时。实现了“BTV影视”高清等6套高清频道入网播出。教育专区在雾霾等极端天气期间，积极配合市教委开展课程直播与点播服务，搭建了“直播互动教学平台”，改版升级“北京数字学校”，并上线了

"首都教育"、"经典阅读"、"歌华课堂"专题栏目。单日访问量最高达135万次，全年课程访问量近3000万次，充分发挥了"停课不停学"的作用。文化专区电视图书馆1.0版本实现在重庆、天津、甘肃等省市落地，为近1000万用户提供电视图书在线阅读和讲座视频点播服务。2016年12月，"电视图书馆"2.0版上线，包括电子图书百万册、音视频资源8000集，同时增加"卖书"、"听书"、视频讲座等付费业务，实现多终端数据共享和付费下载功能。歌华全频道滚动字幕进入常态化运行，2016年累计发布预警类、服务类政务信息近千次。

二是广告经营。2016年，歌华有线公司积极开拓直投广告客户，与各大银行、委办局、事业单位等进行广告合作；实行开机广告、导航条广告及贴片广告承包制。与数据公司开展合作，打造全新的广告主认可的数据标准体系。2016年下半年，歌华有线全资子公司——北京歌华益网广告公司正式运营，致力于利用互联网思维模式，深挖歌华互动媒体潜力，变观众为用户，和各大广告代理公司、广告主共创互动媒体广告生态圈。

三是"中国电视院线"。2016年，东方嘉影电视院线传媒股份公司成立。截至2016年底，电视院线已在25个省市落地，覆盖用户超过3000万户，实现了"中国电视院线"在全国的统一运营和统一管理。

四是"中国广电大数据联盟"。公司积极推进与中国广播电视网络有限公司和全国各地有线电视网络公司的合作，共同打造"全国收视数据新产品"。"中国广电大数据联盟"一期产品——《京津冀有线电视收视数据报告》现已生产48期。包含：京津冀三地有线电视用户每日不重复开机率、收视时长，三地共有频道收视率，央视频道组收视率、地方卫视频道组收视率以及回看的使用频率等相关内容。同时，歌华有线公司依托"中国广电大数据联盟"全力打造《全国重点城市广电大数据一期数据产品》，确立以直播收视率为基础进行数据生产，与上海、天津、河北、广东、广州等地合作，生产完成一期数据产品样刊1.0版本。此外，还为中央电视台、北京电视台等提供收视数据服务，得到了电视台的充分认可。歌华有线大数据业务积极拓展与行业内各专业公司合作，已与索福瑞、尼尔森、秒针等开展了长期的数据研究和服务合作。

五是互联网电视和手机电视新媒体方面。正式启动了与上海百视通、杭州华数、湖南芒果TV、央广银河、中国国际广播电视网络台（CIBN）、中国网络电视台（CNTV）和南方传媒（SMC）等全国七大互联网电视牌照方的平台对接工作，基于歌华全媒体聚合云平台，在存量机顶盒上实现DVB+OTT的内容集成模式，为歌华有线公司云平台用户提供优质互联网视频服务。手机电视开通了咪咕视频、咪咕阅读、语音杂志、联通手机电视等5大业务模块，其中，歌华手机电视中国移动咪咕视频业务已发展15万包月会员用户。

六是导视频道。"歌华导视"定位于宣传高清交互平台、推介各电视频道的优秀节目内容、推广首都各类文化演出活动。2016年7月12日，歌华导视频道正式实现高、标清同播。年内，平均收视率超过多家地方卫视高清频道。

七是游戏业务。进一步加强规范游戏业务运营管理，优化用户操作体验，并加强了对合作单位的监督管理。歌华游戏注册用户数超过260万人次。

八是VoIP语音业务。VoIP业务是歌华有线公司"三网融合"业务的重要组成部分。已完成技术系统测试，并在5家分公司进行试验试点工作。

九是创新产品方面。2016年，歌华有线公司在北京市场首推4K超清智能机顶盒。上线了“亲情一刻”广电特色家庭电视相册云应用产品和“电视街景地图”，这两项应用是互联网业态在有线电视平台上的产品创新。

文化会展、演艺情况

2016年，北京歌华文化集团依托中华世纪坛文化会展平台，引进一批在文化艺术、剧目演出、展览展示等细分文化市场具有较强专业力的社会机构和组织，合作打造了一批具有市场化空间且可持续发展的亮点项目。5月1日至8月31日，在世纪坛数字艺术展厅举办了“印象莫奈展”。该展览以莫奈逝世90周年为背景，引用多媒体感应技术，让观众获得身临其境的感觉。展览总收入超过1500万元，其中门票及衍生品直接销售收入700万元，收益200万元。在中华世纪坛举办的“和合家风”主题展，分为家庭、家族、家国3个部分，通过对家书、家信、家谱等传家精品的展示，以文物、文献、艺术装置、影像资料与多媒体相结合的表达形式，讲述一段段家庭、家族、家国故事，引发社会“注重家庭、注重家教”。“镌刻世纪”展是根据中华世纪坛40位中华文化先贤雕像，通过新影像艺术和历史资料而启动的一场为中华文化先贤再造像的艺术行动。展览以动静结合的手法呈现先贤们的风骨，追寻他们的智慧和精神。受国家艺术基金委托，由歌华集团主办的“2016年度国家艺术基金传播交流推广项目”在江西省美术馆启动。首轮推介优秀创作活动从2014年度获得资助并结项的项目中评审出优秀作品，包括47位艺术家在内的103件/组艺术作品，在北京、上海、南京、福建等全国20个城市进行巡展推介。

演出方面，歌华文化集团坚持北京原创、全国推介的“首演剧场”，全年上演剧目48部，演出119场，入场观众2.8万人次，各项数据均为过去三年的总和。通过优秀剧目的资源整合，在“第二届中关村儿童演出季”“2016年中关村金秋演出季”“第七届海之声新年演出季”中，共有14个演出项目获评A、B类奖项。同时，基于与创作机构、剧场院线、票务网站的合作平台，2016年集团与各大城市的院线剧场达成一站式合作，推出的《子丑寅卯》等5部精品剧目在全国范围内推介，累积巡演28场，巡演足迹遍及北京、上海、深圳、广州等城市。

2016年，歌华文化集团还举办了一系列品牌性公益文化活动，向社会推广传统节日文化和公共文化。4月1日，“2016中华世纪坛清明主题文化周”正式启动，活动以“薪火相传”为主题，通过“圣火传递”“童贤共读”“春殇花祭”等活动环节，邀北京各界群众共同追溯中华文化先贤的思想，重温中华民族共同拥有的文明。除了举办清明当日的礼敬先贤文化活动外，中华世纪坛还在圣火广场设置了献花礼坛，邀请广大市民前来为先贤献花，让更多的普通民众深度参与到中国传统节日的仪式中来。6月1日，中华世纪坛2016“世纪之爱”六一儿童周的系列活动正式展开，当天活动根据“爱祖国、爱生活、爱未来”三大板块展开，深入开展群众性爱国主义教育活动，激发爱国热情、凝聚人民力量、培育民族精神。6月至9月，“2016中华世纪坛北京节拍——艺术教育体验夏令营”在中华世纪坛举行，活动分为魔法地图、梦幻剧场、创意学院、大师课堂4个板块，其中沉浸式演出1台、展览3个、讲座5场、夏令营7期、剧目7个、演出16台、专场16场、亲子课21场及汉字体验教育，以3–14岁的少年儿童及其家庭为主要受众，是集多媒体交互体验、演出、展览、亲子课堂等多种形式于一体的大型系列暑期艺术教育体验夏令营，期间共26.4万人次到场参与，为青少年儿童带来难忘的暑期欢乐体验。9月14日晚，第八届“诗意中国中华世纪坛中秋原创诗会”在中华世纪坛南广场举行，来自全国各地的诗人代表，首都军人、学生和五好家庭代表，中华世纪坛会员及合作教育机构代表等共700余人在现场观看诗会，以吟诵诗词的古老形式庆祝中国的传统中秋佳节。10月15日至10月23日，由文化部和北京市政府共同主办，中国艺术摄影学会、中国摄影家协会、新华通讯社图片中心、北京歌华文化发展集团承办的“北京国际摄影周2016”在中华世纪坛举办。本届摄影周以“影像在场”为主题，包括开幕活动、系列展览、摄影讲堂、摄影市场、特约活动等几大板块，在为期9天的时间内，推出65个展览（涵盖近30个国家数百位摄影师的3000余件作品）、1场主题论坛、1场专家见面会、14场推介活动、24场讲座、7大城区13个分会场。摄影周受到社会广泛关注，据不完全统计，摄影周期间主会场及分会场观众达35万人流量，200多家媒体对活动进行报道，48万人在线观看摄影周开幕式直播，相关微博话题阅读量近1000万人次。

北京市广播电视节目制作经营持证机构情况

截至2016年12月31日，批准的北京市属广播电视节目制作经营许可证持证机构共6066家，2016年度新增2558家，变更延续许可证有效期的机构1145家，其中，变更注册资金机构92家，变更法人代表机构159家。

一、公司注册地址区域分布构成情况

在全市广播电视节目制作经营机构中，朝阳区2370家，2016年新增1229家；海淀区889家，2016年新增372家，朝阳海淀两区合计占全市机构总数量的60.87%；远郊区机构普遍偏少（见表–1）。

表–1 市属广播电视节目制作经营机构区域分布表

区县	机构数量（个）	百分比（%）	2016年新增机构数量（个）
东城区	325	6.07	106
西城区	236	4.41	86
朝阳区	2370	44.27	1229
海淀区	889	16.6	372
丰台区	401	7.49	247
石景山区	188	3.51	79

续表

门头沟区	54	1.01	17
房山区	39	0.73	23
通州区	208	3.88	100
顺义区	86	1.61	41
大兴区	116	2.17	43
昌平区	87	1.62	46
平谷区	63	1.18	26
怀柔区	215	4.02	100
密云区	65	1.21	37
延庆区	12	0.22	6
合计	5354	100	2558

二、机构性质构成情况

北京市属广播电视节目制作经营机构按其机构性质划分，有民营企业、国有独资企业、国有控股企业、国有参股企业、事业单位和其他类型。在全市5354家持证机构中，民营企业5156家，占总数的96.3%；12月新增民营企业265家；全年新增2558家机构中有2532家民营企业（见表-2）。

表-2 市属持证机构构成表（按机构性质划分）

机构性质	机构总数量（个）	百分比（%）	2016年新增机构数量(个)
民营企业	5156	96.3	2532
国有控股企业	72	1.34	4
国有独资企业	66	1.23	8
国有参股企业	23	0.43	0
事业单位	21	0.39	9

续表

其他	16	0.3	5
合计	5354	100	2558

三、注册资金规模及构成情况

市属广播电视节目制作经营机构注册资金总规模为803.06亿元，其中，2016年新增注册资金总额为307.373亿元，有92个机构在注册资金上进行变更。注册资金规模在1000万元以上的机构共1754家，占总数32.75%；民营机构注册资金规模占总额的85.65%；注册资金前10位的机构中民营企业居多（见表–3、表–4、表–5、表–6）。

表–3 市属机构注册资金构成表

注册资金(万元)	机构数量（个）	百分比（%）	2016年新增机构数（个）
300至1000（不含）	3600	67.24	1804
1000至5000（不含）	1388	25.92	609
5000至10000（不含）	254	4.74	118
10000以上	112	2.09	27
合计	5354	100	2558

表–4 市属机构注册资金规模及构成表（按性质划分）

机构性质	机构总数量（个）	注册资金（亿元）	2016年新增机构数量（个）	2016年新增注册资金（亿元）
民营企业	5156	687.87	2532	299.968
国有控股企业	72	43.62	4	0.9
国有独资企业	66	30.69	8	5.86

续表

国有参股企业	23	21.96	0	0
事业单位	21	1.65	9	0.428
其他	16	17.3	5	0.217
合计	5354	803.06	2558	307.373

表-5 市属机构注册资金区域分布表

区 县	注册资金（亿元）	2016年 新增注册资金（亿元）
东城区	80.01	23.557
西城区	27.53	8.204
朝阳区	288.93	119.833
海淀区	218.01	84.259
丰台区	53.02	18.942
石景山区	19.06	5.207
门头沟区	12.45	8.542
房山区	2.68	1.675
通州区	22.26	8.966
顺义区	11.63	4.842
大兴区	15.69	6.804
昌平区	5.29	2.608
平谷区	6.37	1.043
怀柔区	32.36	8.059
密云区	7.02	4.581
延庆区	0.75	0.25
合计	803.06	307.373

表–6 注册资金规模全市前10位的持证机构

持证机构名称	注册资金（万元）	机构性质	所属区
北京新媒体(集团)有限公司	310796.91	民营企业	海淀
中国有线电视网络有限公司	173990.3	国有参股企业	丰台
北京光线传媒股份有限公司	146680.42	民营企业	东城
北京歌华有线电视网络股份有限公司	116835.2026	国有控股企业	海淀
中国出版集团公司	114235.36	民营企业	东城
北京三快科技有限公司	104000	民营企业	海淀
万达影视传媒有限公司	100000	民营企业	朝阳
中新国创文化发展有限公司	98888	民营企业	朝阳
百合网股份有限公司	97650	民营企业	朝阳
兰雄传媒有限公司	90000	民营企业	东城

四、从业人员规模及构成情况

全市5354家广播电视节目制作经营机构上报从业人员98083人，其中2016年新增持证单位从业人员共计31417人。从业人员10人以下的微型企业3941家，占74.06%；从业人员数在10人—99人的小型企业1185家，占23.36%；从业人员数在100人—299人的中型企业94家，占1.85%；在300人以上的大型企业37家，占0.73%。民营机构从业人员占全行业的79.53%，全市从业人员数量前10的单位中，民营机构居多（见表–7、表–8、表–9、表–10）。

表–7 市属机构从业人员规模构成表

人员规模	机构数量（个）	百分比（%）	2016年新增机构数量（个）
少于10人	3941	73.61	2021

续表

11人——99人	1272	23.76	500
100——299人	102	1.91	29
300人以上	39	0.73	8
合计	5354	100	2558

表-8 市属机构从业人员规模及构成表（按机构性质划分）

机构性质	机构数量（个）	员工数量（人）	2016年12月新增员工（人）	2016年新增机构数量（个）	2016年新增员工（人）
民营企业	5156	77815	2485	2532	29618
国有控股企业	72	9209	0	4	350
国有独资企业	66	5066	0	8	733
国有参股企业	23	936	0	0	0
事业单位	21	292	0	9	94
其他	16	4765	10	5	622
合计	5354	98083	2495	2558	31417

表-9 市属机构从业人员所属区域分布表

区 县	员工数量（人）	2016年新增员工数量(人)
东城区	6021	1453
西城区	5231	1309
朝阳区	34200	12979
海淀区	31349	7940
丰台区	4916	2185

续表

石景山区	3896	1231
门头沟区	1099	181
房山区	311	187
通州区	2462	730
顺义区	945	406
大兴区	2486	714
昌平区	1454	601
平谷区	817	314
怀柔区	2274	863
密云区	457	276
延庆区	165	48
合计	98083	31417

表-10 从业人员数量全市前10位的持证机构

机构名称	员工数量	机构性质	所在区
中视科华有限公司	2365	国有控股企业	海淀
乐视网信息技术（北京）股份有限公司	2106	民营企业	海淀
北京天盈九州网络技术有限公司	1600	民营企业	海淀
合一信息技术（北京）有限公司	1212	民营企业	海淀
北京星潮在线文化发展有限公司	1000	民营企业	海淀
北京百度网讯科技有限公司	1000	民营企业	海淀

续表

金银岛(北京)网络科技股份有限公司	953	民营企业	海淀
新华网股份有限公司	810	国有控股企业	大兴
北京字节跳动科技有限公司	686	民营企业	海淀
北京家有德顺文化发展有限公司	657	民营企业	朝阳

(北京市新闻出版广电局传媒机构管理处)

新媒体

2016年北京市广播电视新媒体发展情况

北京电台入驻“北京时间”七档节目的主持人展示和节目推介

2016年，北京市广播电视新媒体经过机构重组，资源整合，融合创新，推动数字付费电视、移动电视、城市电视、地铁电视、鼎视电视、手机电视、网络广播电视，以及高清交互电视和家庭宽带等业务的发展。通过新媒体节目栏目建设，技术系统构建，营销活动的开展，进一步拓宽新媒体的传播渠道和影响力。

一、数字付费电视

数字付费电视由北京北广传媒数字电视有限公司运营。自2003年7月成立以来已播出付费电视频道11套，数字音频广播2套，节目内容涉及教育、影视、娱乐、休闲、房产家居等领域，现已覆盖全国1亿收视人群。

有线数字付费电视频道经营管理。运营《四海钓鱼》《优优宝贝》《新娱乐》《车迷》《环球旅游》和《考试在线》6个覆盖全国的数字付费电视频道；运营《京视剧场》《爱家购物》《动感音乐》《弈坛春秋》《置业》5个覆盖北京地区的数字付费电视频道；运营《戏曲广播》《爵士音乐广播》2个数字广播频率。

数字电视数据业务服务。运营《北京之窗》数据服务，以多路视频轮播加图文查询的播出方式，为百姓提供政务公开、公共服务和生活消费服务等实用信息。

提供数字电视节目信息服务。为北京地区广大数字电视用户提供翔实准确的节目信息服务，通过歌华有线电视网络上载播出的数字电视频道及有线广播节目信息共186套。

2016年发展情况：

用户营销方面。《四海钓鱼》频道连续推出大型系列赛事《坑冠争霸群英会》和《四海大擂台》，赛事覆盖全国20个省区，历时半年时间。根据赛事制作的节目在有线数字电视网络传输基础上与网络媒体合作，在优酷、CIBN手机电视等，推出节目点播和频道节目直播。同时，推出频道APP“去钓鱼”，形成节目互动和与植入产品的互动营销。5月28日《优优宝贝》频道承办国际性论坛“六一国际儿童发展健康论坛”活动，邀请亚洲和国内顶尖专家共同探讨儿童健康问题。

节目制作方面。推出综艺互动节目《彩票大家玩》，采用线上节目创作与线下彩民竞赛相结合，充分利用微信平台、歌华高清交互应用招募选手，完成线下竞技；通过腾讯摇TV等新媒体手段，增强节目的观众互动，分析用户收视习惯。该节目通过《北京之窗》《京视剧场》、北广传媒移动电视、北广视彩、北京福彩官网、腾讯视频、优酷视频、今日头条等全媒体渠道播出，并且与福彩手机报、彩经网、中彩网、腾讯彩票、京报网彩票频道、国家彩票杂志、彩民周刊、公益时报共同合作推广。公司制作两档全国竞钓赛事王牌栏目《黑坑江湖》和《四海大擂台》在《四海钓鱼》频道中播出。其中，《四海大擂台》节目首次推出钓鱼导师概念，让草根渔友近距离接触全国竞钓大师，现场实战演练，边学边赛，持续提高节目关注度。

技术发展方面。公司在完成云鼎网视频交易服务平台节目版权保护系统项目基础上，中标云鼎网旗舰店（专营业务系统）建设项目，现已建设完成等待验收。旗舰店模式将为用户提供视频交易的同时，搭建品牌宣传和视频相关产品的销售平台。同时，为支持业务发展，公司对云鼎网视频交易版权保护系统中NAGRA PRM版权保护系统也进行扩容升级。全年共播出13.14万小时，实现全年播出无事故。

获得的奖项。《四海钓鱼》频道负责人朱文生被中国广播电视社会组织联合会数字付费频道工作委员会评为“全国播出频道行业优异带头人”。在2016年度北京广播电视台节目创新奖评选中，四海钓鱼频道《我的家乡有大鱼》获得“数字电视节目创新奖”。3月，在北京市慈善义工联举办的“美的永恒”第四届寻找北京最美慈善义工颁奖大会上，公司获得“最美公益媒体合作单位”奖。9月，在首都公益慈善联合会主办的2016年“首都慈善奖”评选活动中，“公益北京”系列节目获得“慈善项目示范奖”。2016年1月，公司制作的公益宣传片《平安北京》获得2014—2015年度北京市新闻出版广电局举办的广播电视公益广告专项资金扶持项目二类作品，并获得扶持资金20万元。

（北京北广传媒数字电视有限公司）

二、移动电视

北京移动电视由北京北广传媒移动电视有限公司运营。每天播出17小时，主要栏目36个，利用覆盖北京市区六环内的数字单频网传输，接收公交终端车辆数为10,994辆，屏幕数量21,826块，日覆盖受众超过1300万人次。

2016年发展情况：

播控中心运行顺畅，安全播出零事故。全年移动电视共实现公交频道安全播出6026小时，城市频道安全播出5294小时，地铁频道安全播出6222小时。完成春晚、“两会”、中国共产党成立95周年大会、“神11”发射、“G20峰会”等活动和重点赛事等转播工作共162次，累计转播时长113.5小时。

节目方面关注百姓视角。制作52集《我在北京挺好的》；完成《秀逗爱生活》“福彩”特别专题共10集；新集成播出《纪实天下》《时尚印象》《奇趣自然》等节目的移动电视版；播出生活服务信息逾百条，寒潮、空气污染等各类气象预警信息近百条；播出公益宣传片8300分钟；“秀”系列节目网络直播项目于5月正式立项，通过对公司资源的再开发与网易合作，利用手机客户端进行直播。内容以实时路况直播为主线，穿插不同主题内容，参与各类热点话题直播，开拓移动电视业务新增长点。共完成20次直播，观看人数累计超过400万人次。

多项举措创新运营。大屏革新小屏改良，终端安装任务完成。32寸下屏业务已于7月1日正式上线运行。与此同时，经与公交集团技术部沟通，移动电视终端安装管理全面纳入公交集团新车技术评审。完成播出运维电子数据库系统开发项目。公司结合自身业务特点研究开发了“播出运维电子数据库系统”，已完成基础数据录入和系统初始版本的搭建，并申报软件著作权。在确保单频网安全传输的基础上，参与北京市新闻出版广电局“行政村发射站运维”“转播站运维”两个政府采购项目公开招标并中标。行政村发射站和转播站都处于正常运转中。首次实现公司在无线广播电视领域的技术服务输出。“美匠人”项目以公司官微为基础，通过移动电视、社会化媒体等多种渠道搭建技能、手艺、生活智慧的传授、分享、交流平台，传达积极乐观的生活理念，公司首次实现拥有自己的IP原创内容。公司官微与活动紧密结合，原创微信超过135条，受众超过200万人次。移动电视与北京市福彩中心合作组织公益活动“走进双色球”，活动覆盖9100万人。

（北京北广传媒移动电视有限公司）

三、城市电视

城市电视由北京北广传媒城市电视有限公司运营。自2004年12月以来，主要从事楼宇电视和户外大屏电视的经营管理。楼宇电视联播网采用地面数字广播进行传输，各终端通过机顶盒接收信号，通过编码和解码转化为可视的电视画面，采用最新一代国标终端机，以PAD式“城市派”外观设计为主打，独特的分屏设计可以实现画面分区域播出，并通过数据广播技术实现个性化播出，全天搭载天气预报、空气质量指数、出行信息、城市预警信息发布等公共服务信息，以便满足不同受众需求。截至2016年12月31日，每天播出15小时，播出18个栏目，楼宇电视接收屏6549块。

播出栏目。自制、集成栏目有《城市播报》《体育新闻》《实时财经》《每日文娱播报》《中国梦365个故事》《非常幽默》等；委办局合作栏目有《演艺罗盘》《我的工会我的家》《96310纪事》《城市天气站》《百姓就业》等；引进栏目有《光影大视界》《城市悠乐惠》《环球财讯》《高光点》《果酱果酱》等；同步转播栏目有《新闻联播》《北京新闻》。

2016年对楼宇终端B屏内容进行栏目化、年轻化、多元化转型，节目从及时性、美观性、趣味性等各方面都有大幅提升。把原有的24节气从原来的一张节气图，调整为节气系列图片；增加每月的政策解读，注重选择吸引受众、一目了然的主题；《星期吧》除了每周推出不同风格的主题外，还依主题而配以美图及文字，内容向网络媒体靠近，语言幽默、青春、犀利，呈现丰富多彩的新样式；结合时下热点，推出《疯狂动物城特辑》《春节特辑》《博物馆特辑》《猴年马月特辑》等一系列特辑；《装个文化人》以“生僻字”为切入点，夺人眼球，该栏目荣获2016年北京广播电视台颁发的数字电视节目创新奖。

B屏推送技术革新更近一步，实现静态图片的“即时”推送，在应对突发事件、重大事件、热点事件时，凸显媒体时效性和应对速度。配合即时推送的开发应用，即时内容制作也迈上一个台阶，在突发事件来临时，内容制作部门与技术推送部门联动运转，在最快1小时内将突发事件的简要报道、预警信息等内容播发到全市城市电视楼宇电视屏。城市电视真正在B屏实现新近发生、新近报道的及时性。

截至2016年底，城市电视大屏电视联播网共集合7处7块LED大屏幕，该联播网成功完成中国共产党成立95周年大会、“神十一”载人飞船发射、国企开放日等重大活动的实况转播，完成里约奥运会等重大活动的宣传报道任务。同时，每天定时转播《新闻联播》《北京新闻》。

2016年大屏电视联播网终端分布一览表

地点	规格	朝向	地址
工美大厦	183平方米	南	东城区王府井大街200号
太阳宫珠宝城	74平方米	西南	朝阳区三元桥西北侧
世贸天阶A屏	413平方米	西	朝阳区光华路9号
来福士广场	173平方米	东北	东城区东直门立交桥西南角
中汇广场	325平方米	东南	东城区东直门南大街11号
富力广场	200平方米	东南	朝阳区双井富力商场
春平广场	288平方米	北	朝阳区工体东路20号

户外大屏联播网开展中秋“超级月亮”慢直播活动。9月15日、16日，中秋节团圆之时，策划并举行主题为“超级月亮”慢直播活动。通过户外大屏，利用专业天文设备将震撼的满月景象以及难得一见的月表、环形山、月海等天文景观采集下来，以近距离超高清形式在户外大屏上实时呈现一轮“超级月亮”，令身处各大屏现场的观众能够用肉眼直接观赏到最具视觉冲击的天文级月球画面和中秋圆月从升起到天顶的全过程；城市电视携手北京新媒体集团“北京时间”为“超级月亮”的拍摄幕后花絮并对世贸天阶活动现场进行全程多路网络直播，网络点击量逾50万人次。

（北京北广传媒城市电视有限公司）

四、地铁电视

地铁电视由北京北广传媒地铁电视有限公司负责运营。自2007年以来公司以强大的交通运营和传媒资源为依托，努力把地铁电视打造成为政府公共信息平台、城市应急预警平台、乘客生活资讯平台和企业广告宣传平台。

地铁电视节目播出时间与地铁运营时间同步，每天播出18.5小时，主要是通过在北京市地铁运营有限公司具有运营权的地铁线路上的列车车厢、站台和站厅内的电视终端上接收、播放节目和广告。地铁电视公司在歌华大厦投资建设独立的节目播控中心，策划、制作、发布地铁电视节目并独家经营地铁电视广告业务。

2016年播出主要栏目28个，新开办4

个，其中《原创精选》和《娱乐便利贴》栏目影响力比较大。1月开办的《原创精选》栏目，是一档以“有创意、有思想、有态度”为宗旨，推荐各种创意搞笑视频、优质微电影和动画以及其他优秀热门视频的娱乐栏目，时长5分钟。3月开办《娱乐便利贴》栏目，时长5分钟，分三个板块，即娱乐现场连线，国内外明星现场采访；欧美娱乐圈新闻；亚洲娱乐圈新闻。

（北京北广传媒地铁电视有限公司）

五、鼎视数字电视

鼎视传媒股份有限公司原称鼎视数字电视传媒有限公司，为全国性数字付费电视节目集成运营机构，成立于2005年12月。2014年11月变更为股份有限公司。

2016年，鼎视传媒股份有限公司继续巩固节目落地区域，共集成传输20套数字付费电视频道、13套高标清卫视节目、8套购物节目。付费频道销售业务直接签约合作网络公司共计258家。累计数字电视用户总数为14375.7万户，占全国现有数字电视用户21000万户的68.5%，电视购物频道发行落地共计120个地区，累计机顶盒用户数达到11094万户。

传输的28套数字标清节目有：《考试在线》《车迷》《优优宝贝》《环球旅游》《新娱乐》《收藏天下》《央广健康》《百姓健康》《四海钓鱼》《证券资讯》《快乐宠物》《电子体育》《职业指南》《家庭理财》《中国气象》《音像世界》《人物》《财富天下》《家政》《美食天府》20个数字付费频道。同时，还为《快乐购物》《央广购物》《优购物》《时尚购物》《风尚购物》《家有购物》《家家购物》《环球购物》8个数字电视购物频道提供集成传输及发行服务。传输13套数字高标清卫视节目：北京卫视、湖南卫视、金鹰纪实、深圳卫视、广东卫视、黑龙江卫视、山东卫视、湖北卫视、北京纪实高清、辽宁高清、三沙卫视、厦门卫视、福建东南卫视。

（鼎视传媒股份有限公司）

六、CMMB手机电视

CMMB手机电视由北京中广传播有限公司承办，自2009年开播以来，承担移动多媒体广播项目（CMMB）在北京地区的建设和运营。

2016年发展状况：

加快开展网络融合和智慧广电业务。推出政务融合智慧社区、太原高铁、宣武医院三个项目业务。

政务融合平台项目。以移动多媒体广播电视网络建设和运营为基础，把城市末端社区文化基础设施和基本公共服务项目互联共享，共建和谐智慧社区建设运营的新模式。在城市各社区布点覆盖，开展公共文化融合媒体发布平台的建设和运营工作。平台以实现政府宣传文化工作的社区化、网格化、分众化、精准化为核心，同时在平台搭载国家应急广播和多项紧急救援设备及其他服务。已安装14套平台设备，为3680户，约1万人提供政务融合平台服务。

睛彩北京高铁电视项目。2016年9月，北京中广传播与铁道影视中心、太原铁路局太原晋太实业（集团）广告分公司签署合作协议，成立“高铁列车电视节目运营部”，北京中广传播负责太原铁路局管内高铁列车电视节目中新闻、体育、城市版块内容编排，联合创新打造符合广大铁路观众收视要求的睛彩北京高铁电视。同时共同负责太原铁路局管内高铁电视广告运营。睛彩北京高铁列车电视主要是服务旅客、旅客安全教育等内容。太原南站每天运行104趟高铁和动车，电视屏幕共有3680块，共有座位3万多个，日均运送旅客近10万人次，每天睛彩北京高铁电视覆盖10万人次的目标受众。

宣武医院项目。2016年9月，国家脑卒中抢救中心（宣武医院）、北京中广传播有限公司、中信数字技术有限公司联合签署合作协议，建立远程脑卒中教育培训中心，以北京为基地，辐射全国，为西部地区医院提供脑卒中医疗培训服务。从普及重大慢性病防控着手，实现“三甲医院—基层医院—百姓家庭”三方远程医疗专网普惠服务。

（北京中广传播有限公司）

七、网络广播电视

网络广播电视系北京网络广播电视台BRTN，于2014年1月8日正式上线播出，由北京电视台主办。2016年4月12日，新媒体业务板块从北京电视台剥离转制，正式成立北京新媒体（集团）有限公司（以下简称北京新媒体集团），业务模式较之前有很大的变化。

北京新媒体集团是北京广播电视台所属，北京电视台与北京文化投资集团发展有限责任公司共同出资组建的全市新媒体平台。下设北京新闻媒体有限公司、北京时间股份有限公司两家子公司。北京新闻媒体有限公司（以下简称“新闻公司”），是北京新媒体集团旗下全资子公司，承担北京新媒体集团、北京时间股份有限公司所有新媒体平台和产品的内容生产工作。北京时间股份有限公司（以下简称“时间公司”）是北京新媒体集团与奇虎360公司共同出资成立的，负责运营“北京时间”网站和新闻客户端的全系列新媒体产品。4月12日，北京新媒体集团及新闻公司、时间公司挂牌成立并开始运营，“北京时间”网站和新闻客户端同步上线。网站以北京网络广播电视台为基础平台，依托北京电视台独特的视频内容优势，与奇虎360科技有限公司的渠道优势相结合，实施内容生产与技术研发双轮驱动，以大流量助推新闻视频资讯传播。

“北京时间”是北京电视台新媒体的业务出口。北京新媒体集团与国家大剧院、中青报、北京电台等多家机构深度合作，组建联合编辑部，在“北京时间”开辟专区；与扬州、徐州等众多地级市主流媒体组建合资公司，地面频道全面铺开；开创云记者、云媒体模式，与遍布全球30多个国家和地区的近3000名专业记者签约，40余家主流媒体成为北京时间合作伙伴，超过30000个机构（包括政府机构、专业媒体和自媒体）入驻“时间号”。

“北京时间”开创全景直播这个重大新闻事件和大型活动报道全新模式，建立完整的新闻源和类目体系，不断丰富资讯内容，拓展频道数量，并准确赋予每一条内容多重标签，为智能推荐提供基础保障。“北京时间”已从上线之初的7个频道，发展成为拥有41个频道、14个特色栏目、涵盖国内所有省市地方频道的完整架构。

“北京时间”完成24小时播控平台整体业务建设，实现内容生产服务平台无缝对接；完成新媒体演播室系统升级，通过IP方式接入4讯道高清新媒体演播室、4讯道新闻播报演播室及三间房新媒体演播室。北京时间成功研发智能视频生产工具AlphaCut，不断设计改进智能化CMS系统功能，实现热点内容推送、直播流筛选、备播流筛选、视频串单编辑、备播单下载以及M3U8下载等功能，显著提高生产效率。截至12月31日，“北京时间”网站流量已经超过上线时的102%，日均页面浏览量（PV）已达1.6亿次、峰值为2.2亿次，日均访问用户数（UV）达2.2万次，用户每天在北京时间停留的阅读时长高达48分钟。

（北京广播电视台）

八、北京歌华有线新媒体发展情况

歌华有线高清交互数字电视平台上线
“朝阳生活圈”“街景地图”两项云应用

1.高清交互数字电视新媒体。2016年底累计完成483万户高清交互数字电视机顶盒的推广。高清交互数字电视平台传输181套数字电视节目（含标清数字电视频道148个、高清数字电视频道33个）和18套数字广播节目；提供直播、院线、点播、回看、新闻、综艺、教育、文化、健康、游戏、生活、政务、电视营业厅等应用。平台在线视频点播类节目数量突破12万小时，其中高清节目近6万小时。“教育”专区在线课程资源超过4万节，时长超过8500小时。单日访问量最高达135万次，全年课程访问量近3000万次。“文化”专区“电视图书馆”2.0版上线，包括电子图书百万册、音视频资源8000集，同时增加“卖书”“听书”、视频讲座等付费业务，实现多终端数据共享和付费下载功能。保障运维“数字文化社区”300个社区服务站，年内完成1600小时视频更新量，近300次站点巡检维护工作；开展“美丽东城”项目运维服务工作，完成更新1900条新闻、资讯、文化等内容以及300部电影内容，日均点播约5万余次。“生活”专区新上线玄佳卡通、奇幻王国付费栏目，该专区在线节目内容超过160部、4000集，共2000余小时，累计点播量934万次。4月，在“歌华ITV”公众号上线“歌华挂号”免费公共服务应用。

广告经营。下半年，歌华有线全资子公司——北京歌华益网广告公司正式运营，致力于利用互联网思维模式，深挖歌华互动媒体潜力，变观众为用户，和各大广告代理公司、广告主共创互动媒体广告生态圈。

中国电视院线。1月18日，东方嘉影电视院线传媒股份公司设立，注册资金5亿元。截至年底，电视院线已在27个省级有线网络公司31个前端落地，合计覆盖高清交互用户3032.2万户，实现“中国电视院线”在全国的统一运营和统一管理。全年电视院线共更新506部影片，较2015年增长18%，实现全网首播独播影片15部。

中国广电大数据联盟。推进与中国广播电视网络有限公司和全国各地有线网络公司的合作，共同打造“全国收视数据新产品”。一期产品——《京津冀有线电视收视数据报告》已制作50期。内容包含：京津冀三地有线电视用户每日不重复开机率、收视时长，三地共有频道收视率，央视频道组收视率、地方卫视频道组收视率以及回看的使用频率等相关内容。全力打造《全国重点城市广电大数据一期数据产品》，确立以直播收视率为基础进行数据生产，与上海、天津、河北、广东、广州等地合作，生产完成一期数据产品样刊1.0版本。

互联网电视和手机电视。正式启动与上海百视通、杭州华数、湖南芒果TV、央广银河、中国国际广播电视网络台（CIBN）、中国网络电视台（CNTV）和南方传媒（SMC）等全国七大互联网电视牌照方的平台对接工作，基于歌华全媒体聚合云平台，在存量机顶盒上实现DVB+OTT的内容集成模式，为歌华有线公司云平台用户提供优质互联网视频服务。手机电视开通咪咕视频、咪咕阅读、语音杂志、联通手机电视等5大业务模块，其中，歌华手机电视中国移动咪咕视频业务已发展包月会员15万用户。

创新产品。在北京市场首推4K超清智能机顶盒。该款机顶盒融合有线直播和互联网电视，提供基于城域网的互联网电视服务，以及有线数字电视的直播、回看和时移。提供近200部4K大片并每周更新；节目总储备量超过120万小时。

上线“亲情一刻”“歌华生活圈”和“街景地图”等广电云应用。“亲情一刻”是具有广电特色的家庭电视相册云应用产品，为每位歌华用户提供属于家庭的电视云主页，具有“家庭云主页”平台的技术创新和“一云多屏”便捷应用特色，支持基于移动互联网APP客户端的应用以及移动终端与电视屏的多屏互动；“歌华生活圈”是结合北京市各街道、社区推进智慧社区建设的电视云服务，以手机与电视终端交互模式，为居民提供创新型的街道、社区便利服务，包括社区资讯、“老年餐桌”“老人安全护航”、社情民意调查与统计等民生交互服务等。全年上线“朝外生活圈”“爱八角生活圈”“八里庄家视生活圈”“北苑生活圈”等项目；“街景地图”为用户提供在电视上找房、查看景点及旅游线路等地图、导航、街景功能。“游戏业务”优化用户操作体验，并加强对合作单位的监督管理。“歌华游戏”注册用户数超过260万人次。

2.家庭宽带业务。2016年，歌华有线公司家庭宽带业务全年净增9万余户，累计达50.6万户。在2015年主城区实现DOCSIS3.0覆盖基础上，于年底实现昌平、通州、顺义、门头沟等远郊分公司机房设备升级，百兆高带宽产品进一步扩大覆盖范围。

产品。2月，根据DOCSIS3.0升级进度，高宽带产品正式纳入营销体系，优化了35M—110M宽带产品资费及套餐配置，全年净增高宽带用户2.8万户；5月，依托公司研发的4K超清智能机顶盒，推出4K宽带融合套餐，满足用户多终端的收视需求；根据城区高宽带产品销售状况，积极与北京电信展开合作，推出“华翼宽带”50M、100M产品；并配合电信积极介入房屋租赁宽带接入市场，启动“链家自如”及“我爱我家”项目宽带接入试点；推出宽带产品与其他产品的融合套餐；“VoIP语音业务”项目已完成技术系统测试，并在5家分公司进行试验试点工作。

营销策略。2016年继续组织丰富多彩的营销活动，以活动带销售，强化“歌华宽带”品牌建设。3月，为回馈老用户，推出续费有礼活动，针对续费老用户，赠送电视院线点播卡；5月，将宽带产品与基础业务结合，在买宽带送收视费基础上，推出预存收视费送宽带活动，兼顾中低端用户需求；7月，围绕硬件销售体系，重新梳理宽带捆绑策略，将宽带产品与高清机顶盒、4k电视组合打包，推动全业务发展；10月，通过市场调研，根据用户实际需求，推出办宽带送实物大礼活动；11月，针对双“十一”电商节，推出宽带促销活动，依托电子渠道将促销活动推广至全市范围，取得良好效果；12月，配合歌华感恩周活动，调整宽带特惠产品策略，策划高、中、低三档特惠产品，并推出“宽带买送礼上礼”，宽带缴费用户额外赠送华数高清节目包。

重点措施。注重多元化营销，密切关注竞争对手营销动向，有针对性的开展营销活动，将宽带产品与公司现有主营业务紧密融合，灵活开展营销活动，拉动用户增长。

注重产品创新，积极开发新的产品应用。完成VoIP产品的项目启动、系统开发、产品测试相关工作，并于12月正式启动试验试点推广，弥补了公司“三网融合”业务中语音业务的空白。

深化外部合作，通过与北京电信、速通网合作，成功进入链家自如、我爱我家等房地产中介市场，已发展用户近千户，并将于后期在全市推广。

加强数据分析，从产品、价格、服务等多方面着手，为分公司提供数据支持，协助分公司开展各类营销活动。

（北京歌华有线电视网络股份有限公司）

九、北京电台新媒体发展情况

北京电台有16套广播节目接入北京广播网（网址：www.rbc.cn），全球听众都可以在线实时收听到北京电台16套广播节目。2016年北京广播网完成改版升级。7月，完成对广播网技术平台向云平台迁移的工作，对整体平台进行重构和创新，迁移后的北京广播网对移动客户端有良好的支持，针对手机和PAD提供专门的模板；音频直播点播技术全面升级，音频流升级为硬件压缩，较以往在稳定性与音频品质上都有所提升；视频直播业务升级为主流技术，在节省带宽的前提下直播更加清晰流畅。北京广播网页面进行优化，增设“听听FM”专区，突出广播音频特色；设置“微关注”专栏，发布全台微信原创内容；调整导航栏，将电台介绍等服务信息放在显著位置。同时，北京广播网手机版页面功能进一步增强。

北京广播网配合宣传台内主要品牌活动。截至12月31日，共制作“广播过大年”“我的环保日记”“名牌栏目评选”“银发达人”“建党95周年”“赢在创意”“长征胜利80周年”“2017北京电台广告资源推介会”“市民对话一把手——院长直播守护健康”“西藏雪顿节”等大型报道专题14个；网络直播“金猴迎春 全城贺岁 广播过大年”“9.26听友节”收官派对、“百字情书暖心会”“北京电台2017年新节目访谈”等大型活动。

音频内容对外推广成效显著，并有了一定的经济收益。截至12月31日，网络媒体中心将台内13档重点节目推广到蜻蜓FM、多听FM、考拉FM、网易新闻、一直播等九个新媒体平台，共上传4525期节目，总播放次数5101.3万次。截至12月底，“咪咕听书”平台上共推送节目类听书36部，作品类听书7部，总章节近5500章。单本听书点击量均在10万次+，重点听书均在100万次+，在咪咕听书上总结算金额近28万元。

成立视频团队，完成十项共32次视频拍摄任务。其中七项为各新媒体平台拍摄短视频，三项为电台内部会议培训拍摄，拍摄总长为98小时。既服务台内需求，也丰富“两微一端”上北京电台品牌的展示形式。其中在里约奥运前夕与体育广播合作摄制真人秀节目《约战2016》，每集10分钟共10集，总制作时长100分钟，该系列节目在北京广播网、北京体育广播官方微信、北京时间、爱奇艺等新媒体平台播出，收到良好反响。

微信与节目深度互动，微信公众号粉丝总量稳步增长。截至12月31日，矩阵平台中的33个微信号粉丝总量达161万。网络媒体中心负责运营的8个微信公众号单篇文章平均阅读量超过1.4万人次，本年度共有4篇阅读量超过10万人次的文章，单篇原创图文阅读量最高达到20.97万人次。

全年共进行331次微信摇一摇活动，其中春节期间摇一摇活动效果最为突出：总参与用户量达44万人，总摇量达2154.3万次，总净增粉丝9.1万人。配合全台名牌栏目评选，网络媒体中心设计开发微信投票功能，开展听友节摇一摇活动，总用户量为10.05万人，总摇量为3083.1万次，广告展示总量为3101.5万次。发布《规范微信公众帐号运营管理规定》，对全台在用微信公众帐号进行重新备案登记，保护全台用户资源；协同广告经营中心推出北京电台微信广告刊例，为广告上提供更为丰富的新媒体宣传资源。

（北京人民广播电台）

十、北京电视台新媒体发展情况

4月12日，原北京电视台新媒体发展中心从北京电视台剥离转制，正式成立北京新媒体集团，业务模式较之前有很大的变化。为了能配合北京新媒体集团完成其内容生产工作，北京电视台网络管理部协调项目集成商，共同对技术系统进行适配性改造，增加内容下发平台，与“360云”进行对接，并支持北京新媒体集团旗下的“北京时间”24小时直播收录和生产。“北京时间”上线以来，制发了104097条内容，累计时长达12328小时。

2016年北京新媒体集团的IPTV播控平台迅猛发展，新增电信运营商承载平台，新增《淘少儿》和《4K超清》两个轮播频道，新上线安卓系统机顶盒，同时将《淘电影》和《淘剧场》变为付费频道。点播内容量需求大幅度增加，带来大量引入内容的再生产，北京电视台网管部对CP引入系统、内容管理系统进行全力保障，完成IPTV点播内容生产量10881条，总时长4845小时。

在新技术新项目上，北京电视台大力推动VR技术的发展，对VR拍摄、合成与制作体系进行透彻的研究与实践，提供完整的VR技术解决方案，参与2016年北京国际电影节、北京电视台2016年五四青年节活动、北京冬奥组委进驻场地和第四届中国（北京）国际服务贸易交易会的VR拍摄与制作，提供VR直播与点播服务，紧跟新技术潮流，提供新媒体产品。

（北京电视台）

2016年度北京人民广播电台微信创新案例介绍

截至2016年12月31日，北京电台共有微信公众号87个，已通过备案的有75个，其中已接入微信矩阵的有33个，共有粉丝161万个。运营效果较为突出的微信公众号有3个：《北京交通广播》《北京体育广播》和《吃喝玩乐大搜索》。

“北京交通广播”微信公众号。内容以转载本地交通新闻等为主，在强大的线上广播平台的支撑下，具有粉丝基数大，阅读数量多，听众粉丝互动活跃等特点，截至2016年12月31日共有粉丝308656个，发布文章1419篇，其中原创17篇，累计阅读1300多万人次，累计点赞数3万多个，《【可恨】北京外卖小哥冒暴雨送餐，未按时送达被客户侮辱，最后饭菜被全部扔出》单篇阅读最高达13万人次。

“北京体育广播”微信公众号。截至2016年12月31日共有粉丝5.95万人，累计阅读数超过了242万人次，累计点赞数超过了1万次，传播力超过了89%的微信运营者（据新榜统计）。其中传播最广的一篇原创文章是《梁叔：毫无职业精神，做掉扎切罗尼，问题就能迎刃而解吗》，阅读1万多人次。2016年，体育广播微信公众号发布天数353天，发布篇数1160篇，总数96万字以上，超过了93%的运营者（据新榜统计）。

“吃喝玩乐大搜索”微信公众号。截至2016年12月31日共有粉丝96917人，日均阅读超过2万人次。单篇原创图文阅读量最高达到20.97万人次。全年累计阅读数超过513万人次，累计点赞数超过1万个，微信发布图文稿1616篇，在其他新媒体平台累计发稿2098篇。从2016年8月份微店正式运营，流水263万元，利润65.5万元，利润率24%。这是目前全台唯一一个利用微信平台，线上线下互动进行营销且取得效果的微信公众号。

（北京人民广播电台）

北京市网络视听节目服务管理情况综述

推动网络视听正版化产业联合倡议启动仪式

2016年，北京市新闻出版广电局本着“强化管理、完善服务、探索创新”的工作思路，网络视听节目管理完成多项重点工作。

一、创新网络视听节目内容的监管

先后组织开展2016年“清源”“净网”“护苗”和云盘传播色情信息专项整治行动，重点对PC端、移动端和互联网电视端首页、二级页的新闻、资讯、文娱、影视、综艺、音乐、动画、纪录片等频道进行重点排查，全面清理政治有害和色情淫秽等视听节目。同时加大对UGC（用户原创内容）及聚合类视听网站的管理。截至12月底，共清理下线政治有害视频323条，清理淫秽色情和低俗信息24634条，提交市文化市场行政执法总队处罚网站15家。

加强网络直播和移动互联网传播视听节目管理，开展相关调查摸底工作，初步建立北京地区互联网直播平台数据库。开展对直播平台违规问题的查处工作，重点对未取得相关资质而擅自开展直播网络视听节目业务、群体性事件直播及超范围从事时政类视听节目行为进行管理。及时对咸蛋家、一直播、小咖秀、考拉FM等4家网络直播平台违规开展视听节目服务行为进行叫停和约谈，对其中2家提交市文化市场行政执法总队进行查处。

加强网络原创视听节目管理。在现有的《视听新媒体动态》的基础上，增加《网络剧、网络电影监看报告》和《网络剧、网络电影月度研究报告》，对6家重点网站上线的网络剧和网络电影进行实时监看，对优秀网络剧和网络电影进行评议，对违规网络剧和网络电影提出处理建议。全年下线禁播低俗、情色违规网络剧和网络电影98部，下线修改40部。全面启动网络原创视听节目规划建设和管理，参考传统电视剧、电影和网上引进境外剧等管理工作成熟经验，结合重点网络原创节目的特点，着手制定重点网络原创节目备案、规划及剧本审核、重大题材和特殊题材成片审查等一系列管理办法，细化工作流程，明确责任分工。开始组织专家对特殊题材的网络影视原创节目进行评议。

加强网上境外影视剧管理。2016年全年审核网上境外电视剧137部1757集，电影143部；发放许可证240部1692集，其中电视剧121部1673集，电影119部；审核不通过26部111集，其中电视剧7部92集，电影19部。

加强微博、微信等网络社交平台传播视听节目管理。制定工作方案，启动微博、微信等网络社交平台传播视听节目管理。开展相关调查摸底工作，结合本市实际情况，分步实施。前期重点加强对本市持证网站开展相关业务的管理，开展网站自查自纠工作。

开展无证视听网站分类处理和非法网络电视接收设备治理工作。责成市局互联网视听节目监管中心搜索排查无证网站，对发现的217家无证网站进行分类处理，其中有48家网站经教育已自行停止违法行为，53家网站提交市通信管理局予以关闭，20家服务器在境外的网站上报总局协调处理。还查处经营非法网络电视接收设备公司2家，配合昌平公安局查处1起非法经营网络电视接收设备案件，及时出具非法设备内容鉴定证明。

二、做好相关事项行政审批工作

依法做好信息网络传播视听节目业务的初审和广播电视视频点播业务的审批工作。截至年底，全市共有“信息网络传播视听节目许可证”持证单位123家，广播电视视频点播（甲种）证1家，广播电视视频点播（乙种）证19家。全年共审核上报信息网络传播视听节目许可证申请、增项、变更、延续等各类材料74份；审批广播电视视频点播业务许可证（乙种）的申请3件、延续5件、注销4件，审核上报广播电视视频点播业务许可证（甲种）延续材料1件。对未按照《互联网视听节目服务管理规定》办理审批手续的单位，以及变更办公场所、法人、网址、网站名称等事项未及时备案的单位，予以约谈、诫勉谈话。全年约谈存在违规问题持证网站相关负责人50余人次，对未经审批擅自变更股东或股权结构的4家单位提交市文化市场行政执法总队予以处罚。

三、推动网络视听精品创作和传播

4月21日，举办“2016年北京市优秀网络视听节目征集评选活动启动会暨网络视听节目创新趋势论坛”。来自政府主管部门、网络视听平台、视听节目制作机构、版权保护单位、网络文化投资机构等相关领域的两百多位业界代表参加本次活动，发出“推动网络视听正版化产业联合倡议”。

开展“2016年北京市优秀网络视听节目征集评选活动”。共征集作品349部，62部作品荣获北京市优秀网络视听节目殊荣，10家网站荣获优秀组织推荐单位，并给予资金奖励扶持。62部优秀网络视听节目在爱奇艺、优酷、搜狐等10家重点网站进行联播展映。联播展映专题页面点击量1134余万次，展播页面视频播放总量为1.0787亿次,传播效果非常好。开展国家新闻出版广电总局2016年“弘扬社会主义核心价值观•共筑中国梦”主题原创网络视听节目征集推选活动和中国网络视听节目服务协会“2016优秀网络视听作品推选活动”。向国家新闻出版广电总局推荐2016年“弘扬社会主义核心价值观•共筑中国梦”主题原创网络视听节目征集初选作品97部，向中国网络视听节目服务协会推荐“2016优秀网络视听作品推选活动”初评作品55部。经总局评审，《被遗忘的礼物》等11部作品在“2016‘中国梦’原创网络视听节目推选活动”中获奖，《最好的我们》等14个项目在“2016年度优秀原创网络视听作品推选活动”中获奖，《爱奇艺网络影视节目规划管理》被评为2016年度创新案例，并将总局下拨的2016年度网络视听节目内容建设扶持专项资金共计149万元发放至各被补助单位。

与北京市网信办联合举办第六届北京国际电影节网络电影单元展映活动。搜狐、优酷、爱奇艺、乐视和1905电影网推荐130余部网络电影作品，选出64部优秀作品参与展映，播放量突破1.5亿次。同时举办“创新　融合”网络电影行业交流会，邀请政府机构、视频网站、影视公司、专家学者、制片人等行业精英及网民代表、主流媒体参加，探讨网络电影业态的发展走势，探索政府管理部门引导、鼓励、推动网络电影行业发展的新路径。

组织重点网站开展“中国梦，义工情”第五届最美慈善义工评选活动网络宣传，大力宣传公益人物，积极传播公益理念，彰显网络视听新媒体的社会责任。

四、加强网站从业人员队伍建设

组织近300名审核员参加中国网络视听节目服务协会组织的审核员培训班，取得网络剧、微电影等网络自制节目审核资质。通过《网编大讲堂》在线学习平台，对网站一线编审人员进行培训，全年录制12期。指导北京网络视听节目服务协会组织开展两期《继承长征精神，铭记历史，圆梦中华》主题教育实践活动。通过纪念红军长征80周年，重走长征路，追寻红色足迹，重温红色记忆，重温长征精神,对网络视听节目服务从业人员进行以革命传统教育为主要内容的培训,引导网站努力传播正能量。60余家网站参加活动。

五、开展管理专项调研

对网络剧、网络电影生产、创作和传播情况、存在问题和管理对策等方面进行调研，起草《北京市网络剧、网络电影发展现状及管理对策》调研报告，并向国家新闻出版广电总局提出管理建议。

开展《移动互联网视听节目发展与管理》课题研究工作。对移动互联网视听节目服务发展现状、存在问题以及服务与管理重点问题做出基本清晰和准确的判断，对各持证单位上报的移动客户端软件功能内容进行核实，对其他各类未经许可擅自通过移动互联网开展视听节目服务的情况进行摸底核查，走访调研腾讯、优酷、爱奇艺等8家门户和专业类互联网企业，获取大量真实和有代表性的资料，形成比较全面和完整的课题报告，并通过专家终审。

加强微博、微信等网络社交平台传播视听节目的管理。结合北京市辖区内网络视听节目服务发展现状，实际管理工作中存在的困难和问题，制定出相关落实工作方案上报市委宣传部。重点对全市持证网站通过移动互联网和微博、微信社交平台传播视听节目情况进行摸底核查，梳理出相关数据资料，制定管理措施。进一步密切与市网信办、市公安局、市通信管理局、市文化市场行政执法总队等相关管理部门关系，建立和完善应急响应机制、协作联动机制等，力争做到信息共享、联合查处、协同管理。

（北京市新闻出版广电局网络视听节目管理处）

2016年北京市信息网络视听节目机构一览表

序号	许可证号（备案号）	开办单位	网站名称	登录地址
1	0105094	北京华奥星空科技发展有限公司	华奥星空	www.sports.cn
2	0103032	中广亚广播信息网络有限公司	中广网	www.catv.net
3	0103028	北京广播电视台	北京网络广播电视台	www.brtn.cn
4	0104056	北京千龙新闻网络传播有限责任公司	千龙新闻网	www.qianlong.com
5	0104053	北京在线九州信息技术服务有限公司	天天在线	www.116.com.cn
6	0104054	北京歌华有线电视网络股份有限公司	歌华宽带	www.gehua.net
7	0105081	北京歌华文化发展集团	新视界	www.dvod.com.cn
8	0105087	北京联合网视文化传播有限公司	联合网视	www.uitv.com.cn
9	0105097	乐视网信息技术（北京）股份有限公司	乐视网	www.letv.com
10	0105093	北京雷霆万钧网络科技有限责任公司	tom网	www.tom.com

续 表

序号	许可证号（备案号）	开办单位	网站名称	登录地址
11	0108231	北京光线易视网络科技有限公司	E视网	www.ewang.com
12	0108272	网乐互联（北京）科技有限公司	看吧宽频	www.kan8kan.com
13	0107195	中共北京市委干部理论教育讲师团	“宣讲家”网站	www.71.cn
14	0108246	北京优朋普乐科技有限公司	优朋影视	www.voole.com
15	0108296	北京网尚文化传播有限公司	网尚文化	www.vv8.com
16	0108251	北京网罗天下生活科技有限公司	100度享乐网	www.100du.com
17	0108267	酷溜网（北京）信息技术有限公司	酷6网	www.ku6.com
18	0108275	北京青年报网际传播技术有限公司	北青网	www.ynet.com
19	0108270	北京时越网络技术有限公司	悠视网	www.uusee.com
20	0108258	迈视（北京）网络传媒技术有限公司	迈视网	www.maxtv.cn
21	京备AVSP2008015	北京市大兴区广播电视台	中华兴网	www.zhhxw.com
22	0108259	北京搜狐互联网信息服务有限公司	搜狐网	www.sohu.com
23	0108290	北京风行在线技术有限公司	风行网	www.fun.tv
24	0108283	合一信息技术（北京）有限公司	优酷网	www.youku.com
25	0108268	北京六间房科技有限公司	六间房	www.6.cn
26	0108308	北京华艺汇龙网络科技有限公司	艺通网	www.etoote.com
27	0110536	北京偶偶网络科技有限公司	偶偶网	www.ouou.com

续　表

序号	许可证号（备案号）	开办单位	网站名称	登录地址
28	0108265	北京动艺时光网络科技有限公司	时光网	www.mtime.com
29	0108284	北京万方数据股份有限公司	万方数据	www.wanfangdata.com.cn
30	0108278	北京智汇游信息技术有限公司	17173视频	www.17173.com
31	0108271	新传在线（北京）信息技术有限公司	新传宽频	www.nubb.com
32	0108274	北京搜房科技发展有限公司	房天下	www.fang.com
33	0108291	北京捷报互动科技有限公司	捷报网	www.jeboo.com
34	京备AVSP2008014	北京市顺义区广播电视台	顺广传媒	www.bjsytv.com
35	0108298	北京暴风科技股份有限公司	暴风影音	60.28.110.236
36	0108292	北京中视互动科技发展有限公司	中视互动网	www.citv.cn
37	0110516	北京百度网讯科技有限公司	百度	www.baidu.com
38	0108309	北京勤能通达科技有限公司	勤能影视圈	www.tvquan.cn
39	0108319	北京晨报社	北京晨报	www.morningpost.com.cn
40	0108330	北京三纪讯通科技股份有限公司	天使网	www.zgangel.com
41	0109404	北京和讯在线信息咨询服务有限公司	和讯网	www.hexun.com
42	0109359	北京华星互联文化传播有限公司	如意影视网	www.165tv.com
43	0109343	同方股份有限公司	清华同方学堂	www.edu—sp.com
44	0108325	北京摩苍科技发展有限公司	摩视网	www.shanlink.com

续 表

序号	许可证号（备案号）	开办单位	网站名称	登录地址
45	0110549	粉娱（北京）科技发展有限公司	粉娱网	www.fenyucn.com
46	0109388	赛尔网络有限公司	校园梦网	www.cdream.com.cn
47	0109368	北京三进宇通通信设备有限公司	三进宇通音乐网	www.rock3g.cn
48	0109360	互动在线（北京）科技有限公司	互动在线	www.hudong.com www.hoodong.com
49	0109362	北京酷我科技有限公司	酷我音乐网	www.kuwo.cn
50	0109376	北京天空世纪信息技术有限公司	天空宽频	www.tvsky.tv
51	0109379	北京空中信使信息技术有限公司	空中网	www.kongzhong.com
52	0109389	北京卡酷传媒有限公司	北京卡酷动画卫视	www.kaku.tv
53	0109377	北京文国网络技术有限责任公司	文国网	www.veduchina.com
54	0110427	掌中微视（北京）科技有限公司	微视网	www.kinpower.com.cn
55	0109380	华友世纪通讯有限公司	哈哇网	www.hawa.cn
56	0109390	中传视友（北京）传媒科技有限公司	视友网	www.cuctv.com
57	0110515	北京汉高华网络科技有限公司	我要达达	www.51—dada.com
58	0110576	原上草网络信息技术（北京）有限公司	原上草	www.igroot.com
59	0109405	北京华通京信通信技术有限公司	腾空网	www.tengkong.com
60	0109500	北京飞宇电脑技术有限公司	飞宇网	www.feiyu.com.cn
61	0109406	北京网高科技股份有限公司	财界网	www.17ok.com

续 表

序号	许可证号（备案号）	开办单位	网站名称	登录地址
62	0110517	北京北纬通信科技股份有限公司	北纬30度	www.bw30.com
63	京备AVSP2009016	昌平区广播电视台	昌平广播电视网	www.cprt.com.cn
64	0110533	共青团北京市委员会	青檬网络	www.qmoon.net
65	0110525	北京中录国际文化传播有限公司	中录宽频	www.zlvod.cn
66	0110524	金银岛（北京）网络科技股份有限公司	金银岛	www.315.com.cn
67	0110542	北京中润互联信息技术有限公司	中润网	www.8169.com
68	0110556	北京新媒视讯科技有限公司	新频道	www.xinpindao.com
69	0110545	北京掌讯远景数码信息技术有限公司	北京掌讯	www.handinfo.cn
70	0110563	游艺星际（北京）科技有限公司	哈啪咪	www.hapame.com
71	0110538	北京巨鲸音乐网络技术有限责任公司	巨鲸音乐网	www.top100.cn
72	0110534	北京科普兰德科技有限公司	颐家家居	www.e-jjj.com
73	0110551	优活联盟（北京）科技有限公司	优活联盟	www.yoholm.com
74	0110531	北京新东方迅程网络科技股份有限公司	新东方在线	www.koolearn.com
75	0110543	北京易车信息科技有限公司	易车网	www.bitauto.com
76	0110553	北京车之家信息技术有限公司	汽车之家	www.autohome.com.cn
77	0110554	北京富华创新科技发展有限责任公司	金融界投资理财网	www.jrj.com
78	0110418	北京豆网科技有限公司	豆瓣网	www.douban.com

续 表

序号	许可证号（备案号）	开办单位	网站名称	登录地址
79	0110544	北京爱奇艺科技有限公司	爱奇艺	www.iqiyi.com
80	0110484	北京红番茄联众通信技术有限公司	艺人网	www.300hu.com
81	0110552	北京智德典康电子商务有限公司	爱卡汽车网	www.xcar.com.cn
82	0110583	北京瑞奥视科技有限公司	瑞网	www.today365.com.cn
83	0111605	工控网（北京）信息技术股份有限公司	工控网	www.gongkong.com
84	0110446	北京天方金码科技发展有限公司	天方听书网	www.tingbook.com
85	0110461	北京宇晨亿荣网络科技有限公司	酷燃网	www.krcom.cn
86	0110557	北京艾斯凯国际民族文化传播有限公司	中民网视	www.cewtv.com
87	0110428	北京康隆盛科技有限公司	乐看	www.lekan.com
88	0110550	北京新网视信传媒科技有限公司	橙果网	www.chengo.com.cn
89	0110569	北京赛鸽天地广告有限公司	赛鸽天地	www.rpw.com.cn
90	0110535	北京华思维泰克科技有限公司	维洱	www.u2to.com
91	0110562	北京雷盟盛通文化发展有限公司	V族网	www.vzuu.com
92	0110568	北京一天连讯信息技术有限公司	画娱网	www.hydiy.cn
93	0110537	北京梦之窗数码科技有限公司	糖豆网	www.tangdou.com
94	0110582	北京联想调频科技有限公司	联想阳光在线	www.lenovo.net
95	0110581	北京万企科技有限公司	北京万企科技有限公司网站	www.cew.cn

续 表

序号	许可证号（备案号）	开办单位	网站名称	登录地址
96	0110588	北京清大世纪教育投资顾问有限公司	清大学习吧	www.eee114.com
97	0110453	大地时代文化传播（北京）有限公司	大地传播	www.dadifilm.com
98	0110587	完美世界（北京）网络技术有限公司	完美时空	www.wanmei.com
99	0110416	北京库客音乐股份有限公司	库客数字音乐图书馆	www.kuke.com
100	0110426	北京凯铭风尚网络技术有限公司	YOKA时尚网	www.yoka.com
101	0110437	北京太极国际体育发展有限责任公司	太极体育网	www.21tjsports.com
102	0110460	北京君合百纳通信技术有限公司	亮了网	www.liangle.com
103	0110413	北京宽客网络技术有限公司	音悦网	www.yinyuetai.com
104	0110475	北京天天宽广网络科技有限公司	酷米网	www.kumi.cn
105	0110438	北京世纪超星信息技术发展有限责任公司	超星图书馆	www.superlib.com
106	0110567	北京优视米网络科技有限公司	优米网	www.umiwi.com www.youmi.com
107	0110424	芝麻开门网络数字技术（北京）有限公司	芝麻开门网	www.zmkm.org.cn
108	0110448	北京德法利投资有限公司	中彩网	www.zhcw.com
109	0110452	北京中童联合资讯服务有限公司	中童在线	www.looklook.cn
110	0110471	北京《瑞丽》杂志社	瑞丽网	www.rayli.com.cn
111	0110594	中体彩彩票运营管理有限公司	竞彩网	www.sporttery.cn
112	0111612	华录出版传媒有限公司	东东007	www.dongdong007.com

续 表

序号	许可证号（备案号）	开办单位	网站名称	登录地址
113	0111614	新星出版社有限责任公司	声动网	www.singdoo.com
114	0111622	国家大剧院	国家大剧院官方网站	www.chncpa.org
115	0111624	北京荣信天诚科技有限公司	看视界	www.1iptv.com
116	0113658	北京卓众出版有限公司	第一工程机械网	www.d1cm.com
117	0112632	北京市可持续发展科技促进中心	北京科技视频网	www.bjscivid.net
118	京备AVSP2012012	北京市房山区广播电视台	房山广电传媒网	www.funhillmedia.com
119	0108269	京华时报社	京华网	www.jinghua.cn
120	0114665	北京广播公司	菠萝网	www.bolo.cn
121	京备AVSP2014013	北京市通州区广播电视台	大运通州网	www.dayuntongzhou.com
122	1110559	北京中期移动传媒有限公司	都市宽频	www.361cc.com
123	京备AVSP2016018	北京市怀柔区广播电视台	怀柔电视台	www.huairtv.com

（北京市新闻出版广电局网络视听节目管理处）

技 术

2016年北京市广播电视技术工作综述

在2016年美国广播电视展（NAB）上，中国（北京）广播电视展区受到外国专业观众关注

一、科技管理

完善全市“十三五”时期广播影视科技发展规划。市新闻出版广电局邀请广电系统专家就规划内容逐条进行论证，提出修改意见，并参照国家新闻出版广电总局“十三五”时期广播影视科技发展规划及专家意见进行补充完善，专家论证后正式印发。

组织开展2015年全市广播电视节目技术质量优秀作品评选。委托中国电影电视技术学会承办，全市参评广播节目33个，电视节目47个。组织全市有关技术人员参加全国广播电视技术能手竞赛。开展“2016年北京市广播电视（调幅广播、调频和电视广播）技术能手竞赛培训”，邀请中国传媒大学有关专家按照总局竞赛复习大纲要求，对全市广播电台和电视台近40名技术人员进行为期3天的理论知识培训，并组织考试选拔，依据竞赛选拔成绩，分别推荐调幅广播、调频和电视广播竞赛成绩第一名的三位同志参加2016年全国广播电视（调幅广播、调频和电视广播）技术能手竞赛。

举办北京市广电系统高清播出技术管理与运维培训。培训围绕“提升管理服务，确保安全播出”的主题，北京电视台就高清系统建设、系统参数设定、视音频指标、运维管理等方面的经验与各单位进行分享，各区就高清化建设和播出中的体会和问题分别发言，对共性问题进行深入探讨，并赴怀柔广电中心进行现场交流。举办北京市广电科技企业相关政策宣讲会。北京市50余家广播影视科技企业的近80名代表参加会议。总局科技司司长王效杰解读“十三五”时期我国广播影视科技领域十大发展目标和主要任务、重点项目。北京市国有文化资产监督管理办公室投融资处处长吴锡俊，分析北京市文化产业的现状及发展形势，并就北京市文化创意产业扶持为大家进行政策宣讲，使企业能够充分了解“十三五”时期我国广播影视科技领域发展方向及主要任务，为企业准确把握行业发展脉络，争取国家新闻出版广电总局重点项目在北京落地提供帮助，同时对企业申请北京市文创项目，积极推动“科技+文化”、科技“走出去”起到助推作用。

二、安全播出

认真做好安全播出日常管理工作。认真落实安全播出管理体系，狠抓工作落实，顺利完成春节、全国两会、清明节、五一劳动节、国庆等重要时期安全播出保障任务和日常安全播出保障工作。深化安全播出管理体系工作。完成2015年度安全播出管理体系审核工作，引入安全播出管理成熟度评估概念，在常规审核的基础上，对各单位安全播出管理体系落实情况进行全方位的综合评估。编制印发评估报告，并征求评估规范修改意见。

开展广播电视相关信息系统等级保护自查和测评抽查工作。通过利用自查工具逐一检查各系统安全。对广播电视信息系统等级保护进行测评抽查，抽取北京电视台、北京广播电视媒体播控中心、房山区广电中心、平谷区广电中心各一个信息系统，委托国家新闻出版广电总局信息安全测评中心进行测评。组织开展全市新闻出版广播电视系统关键信息基础设施检查。加强地下管线管理，督促系统内管线权属单位开展隐患排查和整改，并检查落实。

三、高清交互电视工作

对前期高清交互机顶盒推广工作进行绩效评价。北京市高清交互数字电视推广工作作为一项政府文化惠民工程取得显著成效，通过7年时间（2009—2015）使全市460万户居民收看到高清交互数字电视。2016年上半年委托第三方机构对高清交互机顶盒推广市级补助资金项目的绩效情况进行评价，形成绩效评价报告。在前期绩效评价报告给出的建议基础上，总结460万户高清交互推广工作的经验，提出下一步全市还没有高清交互的100多万用户的工作方案，并委托第三方评估机构对该方案进行可行性研究和专家论证。在此基础上，市财政局委托第三方咨询公司对《可研报告》及《普及工作方案》进行技术和政策评估论证，形成《北京市高清交互数字电视普及方案》，并会同市财政局报市政府批准。

四、三网融合工作

召开三网融合工作会。市三网融合工作协调小组办公室组织协调小组办公室主要成员单位市通管局、市经信委召开三网融合工作座谈会，交流工作，研究进一步推进三网融合工作。学习领会国务院关于推进三网融合推广方案和国协办关于在全国范围全面推进三网融合工作深入开展的通知精神，听取各试点单位分别就试推两阶段工作汇报，对北京市三网融合业务下一步平稳、规范地开展提出要求。

推进广电、电信业务双向进入。鼓励北京电视台与电信企业进一步加强合作，为IPTV业务在全市扩大推广范围积极准备，5月17日，北京电视台和北京电信签署IPTV

合作战略协议。鼓励歌华有线公司开展基于有线电视网的互联网接入业务、互联网数据传送增值业务等。在三网融合大背景下，歌华有线公司全力实施“互联网+”战略、“宽带广电”战略和“广电＋”行动计划，积极主动开展云计算、大数据、智能技术等一系列关键技术的研发和应用，推出的云游戏、云飞视、云博物馆、国学诵读、北京数字学校、教学互动平台、健康专区等一系列特色云应用，2016年2月1日，集社区服务、安防、健康、购物等多项智能业务的“朝外生活圈”正式上线。截至年底，全市IPTV用户达到119万户，有线电视网络个人宽带用户达到50.6万户。

五、广播影视科技企业“走出去”情况

2016年4月18至21日以“政府搭台、企业唱戏”的模式组织北京市九家广播影视科技企业参加美国广播电视展（NAB2016），充分发挥政府引导作用，集中展示北京市广播影视科技领域优秀企业的产品技术。展会上，北京局主办的“中国（北京）广播影视科技创新展——中国（北京）展区”在NAB2016展览会上盛装亮相，在为期4天展览期间，来展台参观的销售代理商、设备制造商、广播电视播出机构、媒体资讯、会展协会等专业观众超过800人次；展会期间还举办“中国（北京）国际交流活动”与“中国（北京）广播影视技术交流会”等多项主题活动，吸引来来自北美、欧洲等地区与国家的超过100人次观众参与；中国的广播影视行业的技术专家与NAB、IABM、InterBEE等国际知名广播影视机构的技术代表现场交流，寻求合作机会。展览直接成交额近540万美元，意向成交额318万美元。北京中视广信科技有限公司与松下公司关于P2Cloud产品的落地达成重要战略合作，在“中国（北京）广播影视技术交流会”现场举行签约仪式，宣告双方达成长期战略合作协议。

六、广播电视公共服务工作

一是提升已有广播电视公共文化服务设施的运行维护水平。加强转播站、行政村发射站以及媒资共享平台运行维护管理，定期进行设备巡检，提高设备故障维修维护响应速度；开展转播站运维工作检查及转播站安全检查，提高节假日及重要保障期的检查力度；有针对性地开展技术培训，提高运维人员知识储备及解决问题的能力；及时召开运维情况总结协调会，监督运维情况并改进、完善运维工作方式方法，不断提高运维工作质量，保证广播电视安全播出。二是开展行政村发射站新农村改造移机。针对因新农村改造等原因所导致的部分行政村发射站设备停机的情况，为保证原有广播发射机继续发挥效能，让新农村改造后的地区也能收听到北京新闻广播及北京城市广播的节目，对原址发射机等配套设备进行拆除并移机到改造后的新址，保证农村地区广播节目的信号覆盖，保障农村地区公共文化服务质量。三是继续按照总局统一部署，实施北京市六个台站的中央广播电视节目无线数字化覆盖工程工作。通过召开项目建设启动部署会、实地踏勘、技术交底等一系列工作，对供货及施工单位明确各项要求，强调各环节注意事项，协调各方积极协作配合，制定周密详细的工作计划及施工方案；施工期间实地检查工程情况，及时对施工中的问题进行现场指导，密切关注施工质量和施工进度，保证工程按照计划进行，为后续工程开展打下良好的基础。四是加强广电领域京津冀协同发展。研究召开京津冀协同发展广电科技资源共享研究会，共同研讨广电科技资源共享、协同发展，为实现区域协同发展提供指导。

（北京市新闻出版广电局科技处）

北京人民广播电台广告智能监播系统情况

一、系统情况

系统功能。广告智能监播系统负责广告合同录入审核、排期录入、串编音频。该系统的广告播单和广告音频作为监播系统的播前单的基础，要求通过音频特征值对比的方式，对有音频的广告进行监播，包括硬广告和协调单广告监播。通过系统给出广告的多播、漏播、错播、时间错播等情况，并给出相关监播报告。

系统技术架构。为确保广告系统、制作系统、播出系统、慢录系统（负责生成实际播出音频）的安全，在不改变现有工作流程的前提下，系统部署在播出网。在播出网完成音频广告监播系统建设。

监播方式。通过播前音频生成的音频特征值，与播后音频形成的特征值对比，形成实际播出单即播后单。把播后单与广告系统的播单和协调单管理模块的播单对比形成每天的监播报告。

二、技术要求

1．**特征值提取。**能够录制S48格式音频并生成特征值文件；支持实时语音流和音频文件两种方式；需要提供特征值生成接口，使慢录系统能够调用，实时生成特征值；特征值压缩比不小于9:1。

2．**特征值对比。**特征值对比准确率100%；适用范围支持长度不小于3s的录播广告音频。

3．**并发性。**针对普通服务器（单CPU英特尔®至强®处理器E5-2609v22.5GHz，内存16G），可支持4路语音数据的比对。单条广告在24小时音频文件中对比时长应控制在90秒以内。

三、网络拓扑

“广告智能监播系统”建设在播出网，与播出系统、广告系统、漫录系统同一网内。特征值计算服务器负责实时收录音频并计算音频特征值。

广告监播计算服务器从特征值计算服务器获取实时收录并计算的特征值，从广告系统获取的广告音频并计算特征值，对比广告音频特征值和实际播出音频特征值，形成实际播后单。

广告监播计算服务器把播后单与广告系统的播前单进行比较，形成监播结果存入广告监播应用/数据库服务器。

广告监播应用/数据库服务器负责提供监播系统应用服务和数据存储。

四、应用情况

2016年6月20日，北京人民广播电台广告智能监播系统（以下简称广告智能监播系统）正式交付运行使用。共监播8套北京电台频率，包括：交通广播、文艺广播、新闻广播、城管广播、故事广播、体育广播、爱家广播、音乐广播。经过5个月的使用，功能基本稳定、安全、可靠，完全达到了合同目标。广告智能监播系统每个功能模块上线软件完全符合北京电台相关部门提出的要求。监播准确率达到100%。

提高服务质量，提升电台广告服务履约能力提高广告主的满意度；降低监播成本，为每个频率每年节约20万的监播费用；提高准确率，使用先进的音频复合声纹对比技术进行自动监播，大大提高监播准确率；提高及时性，播出后第二天上班前得到监播结果，随时生成任意时间段监播汇总情况；提高管理水平，保证广告播出质量，确保合同履约能力，从而提升广告经营管理水平。

（北京人民广播电台）

2016年北京电视台新技术应用情况

2016年北京电视台根据节目制作播出业务发展需要，开展新技术系统的搭建和应用。全媒体演播室建设提升观众的参与度并加强后台客户数据的管理，实现纯虚拟节目，展现实景无法实现的视觉环境和景深效果以及特殊效果。云制播网络系统建设，实现两个台址同城异地的应用工具访问和数据中心级别灾害备份。同时，增加存储空间，缩短素材上载、打包、渲染的时间，提高成功率。

一、全媒体演播室建设与应用情况

北京电视台新台址建有两个全媒体演播室，一个为科教频道直播栏目《法治进行时》使用的演播室，该演播室于2015年在原演播室基础上进行全媒体化改造而成，每天完成一小时的直播任务，节目中包含微信、微博互动、网络电视会议、新闻4G连线直播、后台互动数据管理等全媒体元素，是北京电视台首个真正意义的全媒体演播室。2016年对该演播室相关互动功能完成更新与升级，提升观众的参与度并加强后台客户数据的管理。另一个全媒体演播室为演播楼401演播室，该演播室于2016年底建设完成，其演播现场包含实景舞美与虚拟绿箱两部分，既可分别完成不同类型的节目录制又可以通过整体设计完成虚实结合的节目效果。该演播室配备背景大屏幕一套，播报三联屏一套及其各自的大屏内容包装软件，可实现传统素材画面、视频的播放，同时还可以实现微博微信、网络视频音频等互动信息的实时大屏呈现以及多屏之间的调度与互动。另外，实景区也包含一块虚拟大屏的绿箱背景，可实现实景中的虚拟大屏效果和虚拟景物出屏的震撼效果。演播室的绿箱部分可制作纯虚拟节目，展现实景无法实现的视觉环境和景深效果以及特殊效果，现有卫视的《档案》《我是大医生》《生命缘》等栏目在此进行虚拟节目的录制。

另外，与全媒体演播室配套建设的演播室专用无线网络、无线视频传输、轨道机器人、虚拟演播室等子系统也都投入使用，先后参加《跨年歌会》《BTV春节联欢晚会》等大型节目的录制。

二、云制播网络系统建设与应用情况

北京电视台云制播网络系统建设是北京电视台现有全台网络化制播体系改造的第一步，它基于云计算架构，以节目制作与演播业务需求为主导，以两个老旧制作系统更新换代为契机，采用私有云架构进行制播网络系统的建设，为后续制播体系的全面改造开展探索尝试工作。

1．满足广电行业需求、适配北京电视台应用场景的私有云架构

云制播网络系统建设按照云架构IaaS、PaaS、SaaS三层，设计实现基础资源层、平台服务层和应用工具层三部分，两个子项目群按层级进行解耦和分包招标，并选取PaaS层中标厂商作为项目群的总集成商。设备选型过程中，采用不同厂商的计算、交换、存储设备，以便积累各种设备的使用经

验。分包采购的模式使得项目群有多家集成商参与，台方主导下的各集成商互相协作、技术攻关是本项目的难点之一。

系统在SaaS层重点实现虚拟桌面方式的非编等应用软件的工具化重构。系统在PaaS层重点完成电视业务逻辑的抽象、提取和实现，将业务逻辑抽象为融合资源库、统一流程驱动、媒体处理能力服务、对外接口服务等平台级服务。提供自服务门户完成资源和能力的统一灵活管控。系统在IaaS层重点实现了SDN+VXLAN+NFV的安全网络交换环境和GPU资源池化。

系统采取同城异地的部署模式，在大北窑台址集中部署基础资源层、平台服务层，在苏州街台址部署应用工具层以及最小化的应急备份模块，实现同城异地的应用工具访问和数据中心级别灾备。

苏州街台址用户接入区的工作人员通过远程桌面方式与大北窑台址数据核心区的计算资源建立连接，使用大北窑台址存储资源上的视音频素材以及数据库等各种平台级服务开展远程节目生产工作。

2．为电视台网络化节目制播体系的升级转型提供有效途径

北京电视台现有制播体系是基于SOA面向服务架构为基础进行设计建设的，分为主干平台和应用系统两个部分。主干平台包含基础网络平台、业务支撑平台两个组成部分，是整个制播体系的基础架构，所有应用系统均建立在该平台之上。基础网络平台提供互联互通的物理链路；业务支撑平台构建和定义各种互联标准、规范和方法，应用系统据此进行数据互通和业务交互。应用系统按照所提供业务支持的性质分为生产制作型和共享服务型两类。前者包括新闻、体育、综合、包装等网络，后者包括媒资管理、演播共享、信号收录、总编室编播等网络。总编室编播系统与播出系统之间依据主干平台制订的互联标准，建立独立、专用的节目送播接口；主干平台通过高安全区与办公系统相连，提供制播体系的外部数据交互接口。

两个子项目建设的系统按照相对独立的平台级服务进行部署，即两朵系统完整、架构同型、配置异构、独立运行的制播私有云；同时，系统对外作为原有网络化节目制播体系的一部分接入主干交换平台，实现互联互通和业务交换。这样，可以通过系统的规划、实施和运行过程，为台内原有技术体系的私有云化积累经验，并在未来的升级转型过程中在这两朵制播私有云基础上进行选择性的扩展，最终完成整个体系的转化过程。因此，本项目为北京电视台现有全台网络化制播体系的改造和发展验证一种即前瞻跨越又稳妥可行的高安全低成本解决方案。

在项目建设过程中解决一系列疑难问题，诸如瘦客户端在虚拟桌面的工作模式下出现异常色块、画面撕裂问题；非编软件在虚拟化计算资源上运行不稳定、声话不同步问题；集中上下载帧精度问题等等。

系统建成投入使用后解决生活节目中心、财经节目中心、科教节目中心等现有制播业务需求。采用高性能生产站点，增加了存储空间；素材上载格式多样，缩短上载时间；减少打包、渲染的时间，提高成功率，提高节目制播效率；在不同业务之间实现站点、存储资源的灵活调配；制播平台内站点具有多样性、部分站点具有包装功能、上监功能；优化流程，流程类型优先级区别对待，保障重点和时效性高的节目。

系统建成投入使用后还打破过去一个系统运维团队从软硬件维护到应用业务支持一条龙的运维模式，采用业务支持运维、系统服务运维、基础资源运维三个互相支持又相对独立的运维组织架构，每个团队在自己所

负责的领域做到各有专长，以达到提高运维质量和运维效率的目标。

三、超高清、VR等新技术应用实践

2016年，首次运用超高清技术试验录制《2016年北京电视台春节联欢晚会》；完成超高清纪录片《最后的沙漠守望者》摄制；开展VR的技术研发与内容摄制实验。

（北京电视台）

歌华有线公司广播电视新技术开发及应用情况

2016年5月10日，北京歌华有线电视网络股份有限公司组织召开新产品新服务发布会

2016年，北京歌华有线电视网络股份有限公司紧紧围绕有线电视安全传输和网络信息安全、高清交互数字电视新媒体平台建设和全媒体聚合云服务平台建设，加强新技术开发及应用创新，取得重要成果。

一、强化云平台支持能力，推进IP化

完成云平台优化设计、二期建设规划工作，进一步强化云平台面向“无所不在的视频服务”能力支持，年内面向IP化视频直播服务扩容至156套；宽带门户网站上线；完成IP CDN系统二期、统一应用门户二期、云平台融合应用管理系统和云平台测试体系第一阶段、数据库能力平台（DBaaS）等云平台子系统建设工作。

加强云平台内容聚合管理能力，支持跨平台全媒体资源迁移、填充，实现节目实时增量更新、元数据自动全量补全、节目全局搜索等功能；云平台流化应用加载系统升级优化，面向新智能终端主要交互应用迁移，互联网电视内容集成播控平台引入；完成云平台各相关软硬件系统的升级、改造、扩容工作；完成云平台门头沟及延庆分节点IT设施的集成及其与歌华大厦云平台核心节点互联扩容工作；持续推进网格化运营维护支撑系统建设；完成IBOSS二期存储系统冗余化改造。

完成主要应用向IP平台迁移工作，使原有的应用可以适应新终端的展示，保证新终端的内容丰富度。

二、CA应急信息发布系统

2016年，CA应急字幕广播完成多次北京市应急字幕播发工作，先后全网发布“春节元宵节烟花爆竹禁放”“防汛”“7·20强降雨”“空气重污染橙色预警”等多种预警类、

服务类政府信息，全年发布信息近千次。支持约350万台机顶盒的应急字幕发布工作，并根据市预警中心和业务部门要求，完成CA应急字幕二期系统研发工作，增加可更换字幕显示背景、播放周期、显示位置等功能，进一步提高应急信息发布的安全性、稳定性和可靠性。

三、终端系列化

2016年，歌华有线公司在原有标清单向机顶盒、高清单向机顶盒、高清交互机顶盒、一体机等终端产品的基础上，成功推出4K智能网关机顶盒、4K智能DVB+IP机顶盒、4K纯IP网络机顶盒和4K智能一体机等终端产品，形成针对不同用户使用场景需求的终端系列。

1．4K智能网关机顶盒

4K智能网关机顶盒支持真4K（4KP60、HDR、10bit色域）视频解码，实现云平台全业务的展现，具备传统数字电视功能，继承歌华有线高清交互应用，能够运行丰富的Android应用。网关功能模块为用户提供高带宽服务、支持多协议多终端接入并同时为多终端提供高质量多媒体服务、支持即插即用。网关功能模块内置支持DOCSIS3.0的CM，具备家庭组网功能和网络路由、交换功能、安装歌华有线软终端的智能终端通过网关收看电视节目。

2．4K智能DVB+IP机顶盒

4K智能DVB+IP机顶盒支持真4K（4KP60、HDR、10bit色域）视频解码，实现云平台全业务的展现，具备传统数字电视功能，继承歌华有线高清交互应用，能够运行丰富的Android应用。满足歌华有线公司FTTH光纤网络环境和DOCSIS网络环境下的机顶盒用户的高质量收视使用需求。

3．4K智能纯IP网络机顶盒

2016年歌华有线公司基于云平台能力，与互联网电视牌照方、机顶盒制造商、应用开发商联手，在全国有线电视行业、北京地区首次推出“4K超清全IP智能终端”。该产品不仅具备高清交互数字电视机顶盒的安全可靠、丰富内容和独家资源，同时，具备IP机顶盒操作简单流畅、应用开发快捷等优势。既可提供互联网电视服务，也可以收看清晰流畅的数字频道直播、回看和时移，极大提升用户的视听体验。

（北京歌华有线电视网络股份有限公司）

石景山区广电中心高清技术建设完成

2016年，石景山区广播电视中心高清网络化建设全部竣工并投入使用。项目总投资4200万元，包括机房改造、声学装修、十讯道高清演播室、制作媒资系统、硬盘播出系统等九个项目。高清建设全部项目均委托区采购中心公开招标，所采购设备均为国际主流产品；项目完成后由国家广电总局规划院进行验收；监理、审计全程参与，使中心高清网络建设成为阳光工程、优质工程。此外，在技术应用上大胆创新，如“集群式NAS”“虚拟编辑”“全系统监控”等新技术的采用，提高了系统的使用效率和安全性，在广播电视技术中具有一定的领先地位。石景山广电中心高清网络化建设丰富的电视节目制作手段，提升节目质量，为全区电视观众提供更加优质、清晰的电视信号，在石景山区的广电事业发展史上具有里程碑意义。

（石景山区广播电视中心）

电 影

2016年北京市电影发展情况综述

2016年，作为“十三五”规划的开局之年，在中宣部、国家新闻出版广电总局的指导下，在市委、市政府的领导下，北京市新闻出版广电局深入贯彻党的十八大和习近平总书记文艺座谈会重要讲话精神，坚持以人民为中心的创作导向，坚守中华文化立场，始终把社会效益放在首位，以满足人民群众精神文化需求作为出发点和落脚点，坚持顶层设计先行、法治思维发动、改革创新驱动、体制体系联动，着力促进北京电影产业健康繁荣发展。

一、电影创作硕果累累，精品佳作不断涌现

2016年，北京市新闻出版广电局充分发挥地域优势、人才优势、产业资源优势，结合北京电影工作实际，通过政策引导、资金扶持、资源调动等多种形式，抓原创、抓精品，电影创作呈现出创意活跃、类型丰富、佳作不断、持续繁荣的良好态势。电影剧本梗概审查共受理备案2744部，同比增长13%，颁发拍摄许可证1483部；生产电影315部，占全国772部的40%，比上年270部增长16%。推出了《北京遇上西雅图之不二情书》《大鱼海棠》《陆垚知马俐》《快手枪手快枪手》《从我的全世界路过》《湄公河行动》等一系列具有北京特色、首都水准、良心之作的优秀电影作品。在票房收入破5亿元的12部国产影片中，北京创作生产的影片有6部（《湄公河行动》《澳门风云3》《从你的全世界路过》《北京遇上西雅图之不二情书》《寒战2》《大鱼海棠》）。2016年度第16届华表奖获得优秀故事片奖的10部影片中，北京出品或扶持的影片有8部（分别为《狼图腾》《智取威虎山》《战狼》《百团大战》《捉妖记》《破风》《解救吾先生》《亲爱的》）占80%；在其余10个单项奖中，北京出品或扶持的影片有6部，占60%。

2016年，北京地区的电影产品结构体系日益走向丰富、合理、成熟，继续涌现出《丝路英雄云镝》《狼兵吼》《清水里的刀子》《哈斯巴根的天骄》等一批艺术性和观赏性俱佳的少数民族影片；《大鱼海棠》《刺猬小子之天生我刺》《阿唐小来的奇幻之旅》等多部制作精良的动画影片，进一步丰富了电影市场，满足了不同民族、不同人群的观影需求。北京的电影生产数量和票房影片数量、影片的票房贡献率，继续居于全国领先地位。

二、影院建设快速发展，电影市场持续繁荣

2016年，北京市新闻出版广电局继续根据《关于加快首都电影产业发展的实施意见》《北京市数字影院建设发展规划》《北京市多厅影院建设补贴管理办法》等一系列政策措施，稳步推进影院建设和市场繁荣。至12月底，全市新建影院25家，新增银幕223块，全市影院已达到207家，院线25家，银幕总数达到1273块，平均1.8万人拥有一块银幕，居全国第一。全市放映电影228.4万场，同比增长15.3%；观影人次6873.43万，同比下降4.1%；票房收入30.28亿，同比下降4%。北京电影票房曾连续10年领跑全国各大城市，今年首次被上海超过900万元，原因主要是上海影院建设增速高于北京市（多60余家）。

2016年，积极加强引导和监管，推动电影市场持续繁荣方面，采取了多种方式，多方发力。一是继续落实多厅影院建设补贴政策，采取差别化支持政策，加大五环路以外影院建设扶持力度，引导影院建设合理布局和均衡发展，对9家符合资助条件的新建影院给予

1835万元的资金扶持；组织专家对《北京市多厅影院建设补贴管理办法（试行）》进行了论证和修订。二是继续推动“北京市特色影院”建设，加强对先期确立的三家“艺术电影”、“经典电影”和“儿童电影”主题影片放映特色影院的管理和指导，召开了特色影院总结分析会，采取统一选片，统一排片，统一票价，统一宣传放映机制，全年共放映影片631场次，观影达到19525人次，总票房205118元，平均上座率29.87%，主题影片放映受到了广大观众的肯定和好评。三是加强影院监管，召开了维护电影市场秩序、提高放映质量的院线和影院工作会，完成了影院票务系统、新票纸应用的检测和验收，建立不定期的巡查机制，组织开展电影市场整治活动，对全市30余家影院进行现场督查，对影院电影放映质量，国家电影综合票务系统和第三方售票系统使用情况进行重点检查，对违规造假票房等行为及时查处，保持北京电影市场良好的发展态势。

三、农村电影放映工程深入推进，电影公共服务水平不断提高

北京市新闻出版广电局以保障农村群众基本文化权益为重点，不断加大对农村电影公益放映工作指导和管理力度。根据农村电影公益放映过程中出现的新情况、新特点，指导各区县文委和电影公益放映实施部门，积极了解群众的观影需求，及时向供片方反馈，以保障需求和群众满意为原则，精心安排放映方向和影片，并根据实际需求调整放映场次，提高新片比重，建立了影片自选、场次自调、方式自定等影片保障和放映长效机制，坚持进乡村、进社区、进工地、进校园、进福利院所、进军营，大幅提升北京农村电影公益放映质量和数量，缩小城乡居民的电影文化差距，让农村群众切实享受电影红利。

建设“北京农村公益放映”微信公众平台，建立了北京农村电影放映工程监管服务平台，为群众提供便捷快速服务，加强了农村电影放映的管理和调控。2016年农村电影公益放映17.58万场，观影人次794.37万余人，是全国唯一每个行政村放映达到40场的地区，农村公益放映水平继续位居全国前列。一是更换新播放器4051台，为325台流动放映设备全部加装了室外天线。二是帮助指导门头沟区文委完成2套2K数字电影播放系统集成方案。9月中旬，门头沟“3D电影进乡村”活动正式启动。帮助指导大兴区文委完成“光影大兴 数字新区”公益电影系列活动策划方案。三是组织完成三批次国家电影数字节目中心流动放映平台系统、北京农村公益放映监控平台系统培训，培训各区文委、电影中心和乡镇相关人员共计300余人次。四是北京农村公益放映监控平台系统通过国家应用软件产品质量检测检验中心、北京软件产品质量检测检验中心的检测和专家组初步验收，8月底面向各区开放进行试运行。

北京市新闻出版广电局将坚持以习近平总书记在文艺座谈会上的重要讲话为根本遵循，坚持人民为中心的创作思想，坚持社会主义核心价值观，以实现中国梦的宏观要求引领电影创作，促进电影持续快速繁荣，进一步推动电影市场发展，不断扩大市场规模，积极推进电影公益放映，不断提高公共服务质量。

（北京市广播电影电视局电影管理处）

2016年北京市电影公益放映工作总结

一、主要成绩及做法

一是坚持进乡村、进社区、进工地、进校园、进福利院所、进军营，坚持影片自选、场次自调、方式自定，每季向各区委宣传部和文

委通报电影公益放映任务完成情况，公益放映质量有提升。扎实开展庆祝建党95周年、长征胜利80周年等专题放映活动。一至十二月份，电影公益放映17.28万场，观影人次794.37万余人，及时发现异常放映播放器190套，异常放映场次1415场。

二是北京农村公益放映监控平台系统通过国家应用软件产品质量检测检验中心、北京软件产品质量检测检验中心的检测和专家组初步验收。组织专家组对项目软件系统进行初验，专家认为软件系统设计目标明确，内容全面，技术系统先进，统计数据准确，一致同意通过初验。八月底面向各区开放进行试运行。

三是完成2016北京农村电影放映工程、农村公益放映监控平台系统管理服务项目招投标工作。组织奔小康、世纪东方数字电影院线公司，更换新播放器共计4051台。为解决流动放映播放器多数在室内播放导致监控模块信息传输不畅的问题，为325台流动放映设备全部加装了室外天线。

四是帮助指导门头沟区文委完成2套2K数字电影播放系统集成方案。9月中旬，门头沟“3D电影进乡村”活动正式启动，乡村群众在家门口可以免费观看3D新片、大片。帮助指导大兴区文委完成“光影大兴 数字新区”公益电影系列活动策划方案。

五是组织完成三批次国家电影数字节目中心流动放映平台系统、北京农村公益放映监控平台系统培训，各区文委、电影中心和乡镇相关人员共计300余人次参加培训。

六是深入到中影器材、中影数字、中影巴可、NEC等9家公司和北京市6个区调研，召开座谈会20余次，反映研究、完善论证北京农村电影市场化实施方案。

二、对农村电影放映工作的建议

一是尽快实现中影新农村管理服务平台和国家电影数字节目中心流动放映平台对接。

二是农村电影放映定购平台定购影片的速度和数质量已经取得较大进步，希望进一步加大力度，更好地满足群众需求。

2016年北京市公益放映情况统计表

序号	区县	场次（场）			观影人数（人）	放映影片部数
		固定影厅	流动放映	小计		
1	东城区	0	731	731	24023	97
2	西城区	0	400	400	11721	74
3	朝阳区	697	605	1302	46510	182
4	海淀区	2555	1414	3969	148128	229
5	丰台区	2728	1059	3787	159077	61
6	石景山	0	1431	1431	81418	116
7	房山区	18282	1216	19498	995999	244
8	门头沟	11111	787	11898	1181375	355
9	延庆区	15335	867	16202	872061	410
10	昌平区	12000	960	12960	423650	66
11	平谷区	11258	958	12216	478240	64

续表

序号	区县	场次（场）			观影人数（人）	放映影片部数
		固定影厅	流动放映	小　计		
12	大兴区	23397	817	24214	311502	316
13	通州区	17761	598	18359	630685	403
14	密云区	14583	1167	15750	1048730	279
15	怀柔区	11655	980	12635	300498	193
16	顺义区	15577	1696	17273	1203295	350
17	开发区	48	150	198	26839	20
合　计		156987	15836	172823	7943749	3459

北京市新闻出版广电局
2016年度审查通过影片一览表

序号	片名	出品单位	类别	题材
1	山寨之王	北京京电金龙影视文化发展有限公司	国产	古装喜剧、故事
2	相亲那点事	北京子辰暄影视文化传媒有限公司	国产	爱情、故事
3	笔仙之前世今生	北京中影传奇影视文化传媒有限公司	国产	惊悚、故事
4	过年好	岩上映画文化传媒（北京）有限公司	国产	亲情贺岁、故事
5	婚前合约	北京木星时代文化传媒有限公司	国产	爱情、故事
6	甜水谣	北京卯光兄弟影视文化传媒有限公司	国产	爱情、故事
7	九纹龙史进之扬威华州	北京时代电影有限公司	国产	古装动作、故事
8	舒雅的春天	北京卯光兄弟影视文化传媒有限公司	国产	农村支教、故事
9	清水里的刀子	北京博拉广告传媒有限公司	国产	少数民族、故事
10	恐怖爱情故事之死亡公路	北京鸿水影业有限公司	国产	惊悚、故事
11	时速追捕令	北京身临其境文化股份有限公司	国产	警匪、特种
12	我的新野蛮女友	北京摩天轮文化传媒有限公司	合拍	爱情喜剧、故事
13	驴得水	北京斯立文化传播有限公司	国产	民国喜剧、故事
14	太阳河	恒艺东方（北京）国际文化传媒有限公司	国产	历史战争、故事

续表

序号	片名	出品单位	类别	题材
15	父母	萨伊纳伊（北京）文化传媒有限公司	国产	亲情、故事
16	台风过境	北京身临其境文化股份有限公司	国产	台风、特种
17	狼兵吼	北京名雅飞天影业有限公司	国产	历史战争、故事
18	育婴室	北京家乐创新影视文化传媒有限公司	国产	悬疑惊悚、故事
19	小鹰展翅	北京燕然未勒文化传播有限公司	国产	青春励志、故事
20	九纹龙史进之血战东平	北京时代电影有限公司	国产	古装动作、故事
21	欢乐魔法	今典环球（北京）国际文化传媒有限公司	国产	儿童魔幻、故事
22	先下手为强	北京中艺博悦文化传媒有限公司	国产	喜剧犯罪、故事
23	东江密令之复仇	北京银河空间文化传媒发展有限公司	国产	历史战争、故事
24	半熟少女	北京时代影响力影视文化有限公司	国产	青春校园、故事
25	我的特工爷爷	北京数字印象文化传播有限公司	国产	警匪动作、故事
26	童歌娃娃智斗黑风怪	北京浩昊科技发展有限公司	国产	动画、故事
27	农历十七	北京东方一处国际文化传媒有限公司	国产	农村、故事
28	思念爱	北京金强盛世文化传播有限公司	合拍	爱情、故事
29	青蛙大作战	北京海晏和清影视文化有限公司	合拍	动画、故事
30	东江密令之叛变	北京银河空间文化传媒发展有限公司	国产	历史战争、故事
31	阴阳眼	星美影业有限公司	国产	惊悚、故事
32	百家拳之津门八卦掌	阳明中天（北京）影视传媒有限公司	国产	动作、故事
33	少女合租日祭	酷锐赫兹（北京）影视文化有限公司	国产	悬疑惊悚、故事
34	梦想合伙人	北京乐华圆娱文化传播股份有限公司	国产	青春励志、故事
35	屠门镇之关西荡寇	北京诚成时代国际文化发展有限公司	国产	民国动作、故事

续表

序号	片名	出品单位	类别	题材
36	大刺客之鱼藏剑	北京宣华盛景影视文化传播有限公司	国产	古装传奇、故事
37	屠门镇之破茧之子	北京诚成时代国际文化发展有限公司	国产	民国动作、故事
38	谁动了我的大瓶	小村影视传媒（北京）有限公司	国产	犯罪、故事
39	睡在我上铺的兄弟	乐视影业（北京）有限公司	国产	青春爱情、故事
40	北梁的天空	青年电影制片厂	国产	家庭情感、故事
41	昆仑之恋	北京今成名元文化传媒有限公司	国产	爱情、故事
42	九纹龙史进之替天行道	北京时代电影有限公司	国产	古装动作、故事
43	夺命推理	中创美视（北京）国际影视传媒有限公司	国产	推理、故事
44	禁锢	杰思映像文化传媒（北京）有限公司	国产	犯罪惊悚、故事
45	烽火天龙山	北京红布衫文化发展有限公司	国产	历史战争、故事
46	减法人生	北京人和时光文化传媒有限责任公司	国产	励志、故事
47	诡咒	北京嘉傲泰合影视文化传媒有限公司	国产	惊悚、故事
48	心语阳光	浩艺（北京）文化传媒有限公司	国产	亲情励志、故事
49	东江密令之对手	北京银河空间文化传媒发展有限公司	国产	历史战争、故事
50	菲，跑！	北京尚泉文化传播有限公司	国产	体育励志、故事
51	谁的青春不迷茫	北京光线影业有限公司	国产	青春校园、故事
52	屠门镇之复仇之路	北京诚成时代国际文化发展有限公司	国产	民国动作、故事
53	屠门镇之绑架风暴	北京诚成时代国际文化发展有限公司	国产	民国动作、故事
54	老石	北京世纪润石国际文化传媒有限公司	国产	犯罪、故事
55	一条叫王子的狗	雪之梦（北京）影业有限公司	国产	宠物情感、故事
56	男神抱抱	六合华纳（北京）文化传媒有限公司	国产	喜闹剧、故事
57	东江密令之断尾	北京星河雨影视传媒有限公司	国产	历史战争、故事

续表

序号	片名	出品单位	类别	题材
58	画框里的女人	恒大影视文化有限公司	合拍	宫廷、故事
59	八仙传之钟离戏土豪	北京宣华盛景影视文化传播有限公司	国产	神话、故事
60	哈斯巴根的天骄	北京东方明星数字影视中心	国产	支教、故事
61	练胆儿	北京京粤世纪文化传媒有限公司	国产	都市情感、故事
62	屠门镇之金色山谷	北京诚成时代国际文化发展有限公司	国产	民国动作、故事
63	飞越江西	万达影视传媒有限公司	国产	自然风光、特种
64	钟馗送亲	万达影视传媒有限公司	国产	动画游戏、特种
65	隔壁班女神	北京泽西年代影业有限公司	国产	校园爱情、故事
66	血色烽烟之出生入死	东辉博瑞影视文化传媒（北京）有限公司	国产	历史战争、故事
67	乾元苍穹	中视永胜（北京）国际文化传媒有限公司	国产	农村、故事
68	血色烽烟之绝地锄奸	东辉博瑞影视文化传媒（北京）有限公司	国产	历史战争、故事
69	勿忘初心	北京飞天唐自头影视文化发展有限公司	国产	爱情喜剧、故事
70	骆驼祥子	国家大剧院	国产	歌剧、纪录
71	少年梦	北京宇宙中枢文化传媒有限公司	国产	创业励志、故事
72	爱心传递	北京吉祥海洋文化传媒有限责任公司	国产	公益、故事
73	闺房秘影	北京朗艺申景影视文化传播有限责任公司	国产	惊悚、故事
74	一次花开	北京星恒元国际影视文化传媒有限公司	国产	情感、故事
75	怎样预防儿童缺锌	北京得高文化传媒有限公司	国产	医疗、科教
76	北京遇上西雅图之不二情书	北京佳文映画文化传媒有限责任公司	国产	都市爱情、故事
77	屠门镇之孽缘惊魂	北京诚成时代国际文化发展有限公司	国产	民国动作、故事
78	月色迷途	北京吉祥海洋文化传媒有限责任公司	国产	涉案、故事

续表

序号	片名	出品单位	类别	题材
79	谁是坏孩子	北京东方明星数字影视中心	国产	青少校园、故事
80	别开门	恒嘉天晟（北京）影业有限公司	国产	心理惊悚、故事
81	终极胜利	北京紫禁城影业有限公司	合拍	历史人物、故事
82	乔乔的魔法	北京东方明星影业有限公司	国产	儿童、故事
83	诺尔玛	国家大剧院	国产	歌剧、纪录
84	大火种	北京海盛文化发展有限公司	国产	历史、故事
85	野长城	北京美狮影视文化有限公司	国产	犯罪、故事
86	热舞者之热舞之灵	芭乐互动（北京）文化传媒有限公司	国产	舞蹈青春、故事
87	愈合期	北京长镜头文化发展有限公司	国产	惊悚、故事
88	寻明胜	北京中实弘扬（北京）文化传媒有限公司	国产	先进人物、故事
89	傲娇与偏见	北京中联华盟文化传媒投资有限公司	国产	爱情喜剧、故事
90	等爱	北京星恒翔文化传播有限公司	国产	留守儿童、故事
91	非常意外	北京星路志合文化传媒有限公司	国产	喜剧、故事
92	玩命剧组	北京锐奇伟业国际文化传媒有限公司	国产	惊悚、故事
93	南国白桦	北京正君文化传媒有限公司	国产	人物传记、故事
94	惊门	北京皓仙文化传媒有限公司	国产	惊悚、故事
95	情况不妙	北京海润影业有限公司	国产	犯罪喜剧、故事
96	神行太保戴宗之歃血为盟	北京信义时代电影股份有限公司	国产	古装动作、故事
97	别离	天画画天（北京）影业有限公司	国产	亲情、故事
98	谜域之噬魂岭	北京多维视野文化传媒有限公司	国产	悬疑科幻、故事
99	图木舒克	汉昆文化传媒（北京）有限公司	国产	少数民族、故事
100	老伴，让我们再爱一次	北京河山祥瑞文化传媒有限公司	国产	老年、故事
101	盛先生的花儿	青年电影制片厂	国产	老年亲情、故事
102	小镇惊魂	中视龙影（北京）国际文化传媒有限公司	国产	犯罪、故事

续表

序号	片名	出品单位	类别	题材
103	土豪家的上门女婿	中盟盛世（北京）国际电影有限公司	国产	爱情、故事
104	爵迹	乐视影业（北京）有限公司	国产	动画、故事
105	白云桥	北京星宇华夏国际影视文化传媒有限公司	国产	心理、故事
106	下丁家大队	北京珞雅文化传媒有限公司	国产	农村英模、故事
107	33号公路	北京中视立方国际文化传播有限公司	国产	公路爱情、故事
108	丝路英雄·云镝	中毓（北京）文化传媒有限公司	国产	少数民族、故事
109	最萌身高差	中影新锐（北京）影视文化发展有限公司	国产	校园爱情、故事
110	砰然的山谷	北京一半风景文化传播有限公司	国产	爱情、故事
111	大烟炮！一千八！	北京东方一处国际文化传媒有限公司	国产	农村情感、故事
112	花开那时	北京泰丰懿影视文化有限公司	国产	爱情、故事
113	冲喜	北京聚鑫星耀文化传媒有限公司	国产	婚姻伦理、故事
114	你走以后	北京艺杰映画传媒有限公司	国产	自传纪录、故事
115	碟仙	北京风月影视传媒有限公司	国产	惊悚、故事
116	这里没有硝烟	北京汇恒盛世文化传媒有限公司	国产	反腐、故事
117	八仙传之铁拐李济世	北京宣华盛景影视文化传播有限公司	国产	神话、故事
118	荒村凶间	壹彤国际文化传媒（北京）有限公司	国产	惊悚、故事
119	夜魔人	北京半人马影视文化有限公司	国产	心理惊悚、故事
120	猴年马月	北京百思影画文化传媒有限公司	国产	喜剧、故事
121	事儿	北京秦淮雅颂文化传播有限公司	国产	社会、故事
122	刺猬小子之天生我刺	北京摩天轮文化传媒有限公司	国产	动画、故事
123	禁入者	北京山水世爵国际文化投资有限公司	国产	惊悚悬疑、故事
124	宝贝当家	美亚长城传媒（北京）有限公司	合拍	儿童喜剧、故事

续表

序号	片名	出品单位	类别	题材
125	那件疯狂的小事叫爱情	英皇（北京）影视文化传媒有限公司	合拍	爱情、故事
126	神行太保戴宗之夺命狂奔	北京信义时代电影股份有限公司	国产	古装动作、故事
127	小警风云之从警记	北京华沣艺采文化传媒有限公司	国产	民国侦破、故事
128	疯狂的旅程	北京索锐影视传媒有限公司	国产	公路、故事
129	封神传奇	博纳影业集团有限公司	合拍	神话、故事
130	小警风云之寻金记	北京华沣艺采文化传媒有限公司	国产	民国侦破、故事
131	小警风云之寻车记	北京华沣艺采文化传媒有限公司	国产	民国侦破、故事
132	小警风云之寻帅记	北京华沣艺采文化传媒有限公司	国产	民国侦破、故事
133	水牯子	影虫国际文化传媒（北京）有限公司	国产	农村、故事
134	风行者	世华智业投资集团有限公司	国产	励志、故事
135	夏天19岁的肖像	大盛国际传媒（北京）有限公司	合拍	悬疑、故事
136	校园恐怖故事	北京瑞格嘉尚文化传播有限公司	国产	惊悚、故事
137	小警风云之寻枪记	北京华沣艺采文化传媒有限公司	国产	民国侦破、故事
138	六弄咖啡馆	华视影视投资（北京）有限公司	合拍	爱情、故事
139	逃亡侏罗纪	北京身临其境文化股份有限公司	国产	游戏、特种
140	冲出龙谷	北京身临其境文化股份有限公司	国产	游戏、特种
141	我大学室友的追爱囧途	北京紫禁城影业有限责任公司	国产	爱情、故事
142	三少爷的剑	博纳影业集团有限公司	合拍	古装动作、故事
143	刘伦堂	华夏兄弟国际文化传媒有限公司	国产	先进人物、故事
144	西北风云	华视友邦影视传媒（北京）有限公司	国产	公安侦破、故事
145	夺命飞艇	北京身临其境文化股份有限公司	国产	游戏、特种
146	灵药之战	北京身临其境文化股份有限公司	国产	游戏、特种

续表

序号	片名	出品单位	类别	题材
147	我是处女座	中影上元（北京）国际影视投资有限公司	国产	爱情、故事
148	神奇魔方	北京身临其境文化股份有限公司	国产	游戏、特种
149	英勇的少年	北京身临其境文化股份有限公司	国产	游戏、特种
150	我的青春你来过	北京南国红豆影视文化传播有限公司	国产	青春校园、故事
151	龙拳小子	北京爱迪时代投资管理有限公司	国产	动作、故事
152	所爱非人	北京巨坞影视文化传媒有限公司	国产	科幻爱情、故事
153	夜半凶铃	北京原画面影视传媒有限公司	国产	惊悚、故事
154	爱神箭	北京一轮辉煌文化传播有限公司	国产	爱情、故事
155	我的青春永不逝	盛世华映影视文化传播有限公司	国产	青春励志、故事
156	南方以南	圣狮时代影视文化传媒（北京）有限公司	国产	爱情、故事
157	桑洼	北京时光纵横影视文化有限公司	国产	农村民俗、纪录
158	爱上处女座	北京小猪哼哼文化传媒有限公司	国产	爱情、故事
159	不成问题的问题	青年电影制片厂	合拍	民国历史、故事
160	人鱼校花	北京光影华视文化传媒有限公司	国产	奇幻爱情、故事
161	天使去哪儿？台湾单车假期	京太合环球影业投资有限公司	合拍	体育、纪录
162	白河警事	北京晖映天地国际文化传媒有限公司	国产	公安、故事
163	阿依达	国家大剧院	国产	歌剧、纪录
164	创业也疯狂	北京华栾迦叶文化传媒有限公司	国产	青春校园、故事
165	参孙与达丽拉	国家大剧院	国产	歌剧、纪录
166	请勿靠近	北京恒星世纪影视文化传媒有限公司	国产	悬疑、故事
167	叛逆的小天使	梦影时光（北京）文化传媒有限公司	国产	儿童、故事
168	致命倒数	北京文传世纪文化传媒有限公司	合拍	科幻、故事

续表

序号	片名	出品单位	类别	题材
169	午夜十二点	北京创世华美文化传媒有限公司	国产	惊悚、故事
170	我要再来一次	青年国本影视文化（北京）有限公司	国产	爱情、故事
171	五度空间	北京乙力山文化传媒有限公司	国产	惊悚、故事
172	冰之下	方金影视文化传播（北京）股份有限公司	国产	社会边缘人、故事
173	神秘宝藏	博纳影业集团有限公司	合拍	奇幻动作、故事
174	消失在黎明前	北京中评国影影视文化有限公司	国产	农村、故事
175	与青春有关的日子	北京源石影视文化有限公司	国产	青春、故事
176	恐怖禁忌之回头路	中艺英纳影业（北京）有限公司	国产	惊悚、故事
177	黑蝴蝶	浩安（北京）影视文化传媒有限公司	国产	情感、故事
178	春困	北京清柠文化传媒有限公司	国产	情感、故事
179	搞怪奇妙夜	北京尚格联合文化传媒有限公司	国产	喜剧、故事
180	向天真的女生投降	华视佰艺（北京）国际文化传媒有限公司	国产	爱情、故事
181	惊悚小说	坤倪文化传媒（北京）有限公司	国产	惊悚、故事
182	嘻哈英熊	中广树德国际文化传媒有限公司	国产	动画、故事
183	激赛	北京灏鑫上元影视文化传媒有限公司	国产	体育、故事
184	在世界中心呼唤爱	北京宸铭影视文化传媒有限公司	国产	青春爱情、故事
185	使徒行者	嘉映影业有限公司	合拍	警匪、故事
186	离散的范畴	北京实在好奇文化发展有限公司	国产	情感、故事
187	超能龙骑侠	恒大动漫产业有限公司	国产	动画、故事
188	筑梦人	北京东方班墨影视传媒有限公司	国产	国企商战、故事
189	你好，病人	北京乐观文泰传媒有限公司	国产	心理惊悚、故事
190	声音传奇	新纪实（北京）传媒投资有限公司	国产	声音艺术、纪录
191	神行太保戴宗之神行术	北京信义时代电影股份有限公司	国产	古装动作、故事

续表

序号	片名	出品单位	类别	题材
192	娜娜	北京白鹭国际影视文化传媒有限公司	国产	道德伦理、故事
193	绝非意外	北京百龙成影视传媒有限公司	国产	爱情公益、故事
194	完美有多美	北京伟世兄弟影视文化传媒有限公司	国产	奇幻爱情、故事
195	活宝	奥映星盛文化传媒（北京）有限公司	国产	喜剧、故事
196	少女打擂台	北京小猪哼哼文化传媒有限公司	国产	体育动作、故事
197	小明和他的小伙伴们	传奇天辉影视文化（北京）有限公司	国产	儿童喜剧、故事
198	飞越安徽	万达影视传媒有限公司	国产	风光、特种
199	咏春女孩	尚宝佳艺国际影视文化传媒（北京）有限公司	国产	动作、故事
200	天路十一组	北京乐齐影视文化投资管理有限公司	国产	铁路、纪录
201	警察“夏一笑”之快乐生活	北京大禹新媒体文化传播有限公司	国产	公安喜剧、故事
202	谜途杀机	北京鲜花盛开影业有限公司	合拍	警匪悬疑、故事
203	当年情	记忆同盟（北京）影视文化传播有限公司	国产	励志、故事
204	我的妈呀	北京天翼创媒文化传媒有限公司	国产	农村喜剧、故事
205	欧爸的情人	北京天舒容达文化传媒有限公司	国产	爱情、故事
206	蝴蝶公墓	美亚长城传媒（北京）有限公司	合拍	奇幻悬疑、故事
207	王牌对王牌	引力影视投资有限公司	合拍	警匪动作、故事
208	乔迁	北京盛世观唐文化传媒有限公司	国产	农村、故事
209	无悔的心	北京霖霖子千文化传媒有限公司	国产	革命爱情、故事
210	我叫李雪莲	北京耀莱影视文化传媒有限公司	国产	喜剧、故事
211	东北往事之破马张飞	北京乐华圆娱文化传播股份有限公司	国产	动作、故事
212	捉迷藏	北京数字印象文化传播有限公司	合拍	悬疑惊悚、故事
213	湄公河行动	博纳影业集团有限公司	合拍	公安、故事

续表

序号	片名	出品单位	类别	题材
214	梦中情缘	北京中视礴广文化传媒有限公司	国产	魔幻爱情、故事
215	小旋风柴进之丹书铁券	北京信义时代电影股份有限公司	国产	古装动作、故事
216	乡村女人	北京金茂星光影视文化有限公司	国产	农村、故事
217	旗袍先生	梦影时光（北京）文化传媒有限公司	国产	励志、故事
218	非常绑架	北京杰福瑞文化发展有限公司	国产	犯罪、故事
219	冒牌卧底	中广德丰文化投资（北京）有限公司	国产	犯罪、故事
220	生门	北京中视文公文化传媒有限公司	国产	医药卫生、纪录
221	28岁未成年	乐视影业（北京）有限公司	国产	奇幻爱情、故事
222	八仙传之吕仙惩贪记	北京宣华盛景影视文化传播有限公司	国产	神话、故事
223	补天战记	万达影视传媒有限公司	国产	游戏、特种
224	巢湖探秘	万达影视传媒有限公司	国产	探险、特种
225	善良的天使	北京突发奇想影视文化有限公司	合拍	国际合作、纪录
226	从你的全世界路过	北京光线影业有限公司	国产	爱情、故事
227	青春尚可	青年电影制片厂	国产	青春穿越、故事
228	脱皮爸爸	大地时代文化传播（北京）有限公司	合拍	家庭奇幻、故事
229	萤火奇兵	北京其欣然数码科技有限公司	国产	探险、动画
230	都市绘之我在这里	北京合纵星光音乐文化有限公司	国产	励志、故事
231	导火新闻线	北京源石影视文化有限公司	合拍	案件、故事
232	我相信	北京汉裕国际文化传媒有限公司	国产	人生选择、故事
233	浮世千	北京晟强文化传媒有限公司	国产	情感、故事
234	草根衙门之真假县令	北京弄影堂文化传媒有限公司	国产	古装侦破、故事
235	我说的都是真的	北京传习影视文化有限公司	国产	涉案喜剧、故事
236	草根衙门之临时捕快	北京弄影堂文化传媒有限公司	国产	古装侦破、故事

续表

序号	片名	出品单位	类别	题材
237	草根衙门之官银劫案	北京弄影堂文化传媒有限公司	国产	古装侦破、故事
238	八月	北京麦丽丝影视文化有限责任公司	国产	青少、故事
239	陪练者	北京般晨若曦文化传媒有限公司	国产	体育拳击、故事
240	三生三世十里桃花	北京中联华盟文化传媒投资有限公司	国产	仙侠爱情、故事
241	小阴谋大爱情	北京北映国际传媒有限公司	国产	爱情、故事
242	失恋399年	中海外大拇指文化传媒股份有限公司	国产	爱情、故事
243	广东十虎苏灿之卧龙在田	北京华沣艺采文化传媒有限公司	国产	古装动作、故事
244	广东十虎苏灿之潜龙出世	北京华沣艺采文化传媒有限公司	国产	古装动作、故事
245	广东十虎苏灿之龙战于野	北京华沣艺采文化传媒有限公司	国产	古装动作、故事
246	广东十虎苏灿之亢龙有悔	北京华沣艺采文化传媒有限公司	国产	古装动作、故事
247	南宋猎人之追猎八百里	北京佳锐奇文化传播有限公司	国产	古装动作、故事
248	咸鱼传奇	北京海元影业文化传媒有限公司	国产	励志、故事
249	南宋猎人之绝地反击	北京佳锐奇文化传播有限公司	国产	古装动作、故事
250	三流勇士	北京龙影威亚文化发展有限公司	国产	体育、故事
251	诡井	北京银狮影业文化传媒有限公司	国产	惊悚、故事
252	健忘村	万达影视传媒有限公司	合拍	奇幻喜剧、故事
253	广东十虎苏灿之飞龙在天	北京华沣艺采文化传媒有限公司	国产	古装动作、故事
254	红事	北京时光纵横影视文化有限公司	国产	婚俗、纪录
255	广东十虎苏灿之神龙摆尾	北京华沣艺采文化传媒有限公司	国产	古装动作、故事
256	中国推销员	北京市金神影视文化有限公司	国产	商战、故事
257	小旋风柴进之逼上梁山	北京信义时代电影股份有限公司	国产	古装动作、故事

续表

序号	片名	出品单位	类别	题材
258	藏·爱	北京焱阳众禾文化传媒有限公司	国产	公路、故事
259	A测试之爱情大冒险	博纳影业集团有限公司	国产	爱情、故事
260	黑暗迷宫	北京思泽汇通影视有限公司	国产	心理惊悚、故事
261	死党	北京龙韵时空文化传播有限公司	国产	惊悚犯罪、故事
262	渊子涯保卫战	北京海盛文化发展有限公司	国产	历史战争、故事
263	创业者联盟之草根崛起	艺佰艺（北京）文化发展有限公司	国产	励志、故事
264	致命还击	华娜时代（北京）文化传媒有限公司	国产	体育爱情、故事
265	花花世界灵魂客	北京越众和合国际影视文化有限公司	国产	亲情、故事
266	习武少年	友邦兄弟（北京）影视文化传播有限公司	国产	农村儿童、故事
267	灿烂这一刻	英皇（北京）影视文化传媒有限公司	国产	舞蹈励志、故事
268	盲童顾盼盼的音乐梦想	北京海晏和清影视文化有限公司	国产	儿童励志、故事
269	锋味江湖之决战食神	英皇（北京）影视文化传媒有限公司	合拍	亲情贺岁、故事
270	怪探司马洛之梦断青云	北京晶森文化传播有限公司	国产	民国侦破、故事
271	欢乐喜剧人	喀什喜剧者联盟影业有限公司北京分公司	国产	贺岁喜剧、故事
272	再入江湖	北京晶森文化传播有限公司	国产	民国侦破、故事
273	嫌疑人X的献身	北京光线影业有限公司	国产	推理侦破、故事
274	唐木的壶	北京东方纯钧影视文化传媒有限公司	国产	亲情、故事
275	奔跑吧！速递	北京东方纯钧影视文化传媒有限公司	国产	爱情、故事
276	狼	北京海晏和清影视文化有限公司	国产	爱情、故事
277	侦录实案之侠影危机	北京银河空间文化传媒发展有限公司	国产	古装侦破、故事
278	一起走吧	北京巨坞影视文化传媒有限公司	国产	公益慈善、纪录
279	侦录实案之逍遥法外	北京银河空间文化传媒发展有限公司	国产	古装侦破、故事
280	侦录实案之盗亦有道	北京银河空间文化传媒发展有限公司	国产	古装侦破、故事

续表

序号	片名	出品单位	类别	题材
281	别让妈妈流泪	北京盛世观唐文化传媒有限公司	国产	亲情反腐、故事
282	猎鹰追击	北京博众未来文化传媒有限公司	国产	公安侦破、故事
283	游戏规则	北京希世纪影视文化发展有限公司	国产	民国动作、故事
284	大乐师.为爱配乐	星光联盟影业（北京）有限公司	合拍	音乐、故事
285	异兽来袭	北京图傲文化传播有限责任公司	国产	冒险惊悚、故事
286	曼谷惊魂	北京星辰合力影视文化传媒有限公司	国产	惊悚、故事
287	不期而遇	聚禾影画影业（北京）有限公司	国产	公路、故事
288	宇爱同游	聚禾影画影业（北京）有限公司	国产	爱情奇幻、故事
289	铁道飞虎	北京耀莱影视文化传媒有限公司	国产	战争动作、故事
290	看我长大	美亚长城传媒（北京）有限公司	国产	青春、故事
291	南宋猎人之灵蛊魅影	北京佳锐奇文化传播有限公司	国产	古装动作、故事
292	南宋猎人之十里红妆	北京佳锐奇文化传播有限公司	国产	古装动作、故事
293	十七岁的雨季	梦影时光（北京）文化传媒有限公司	国产	青春校园、故事
294	侠义神捕之边城迷案	北京环影华艺文化传媒有限公司	国产	古装侦破、故事
295	纽约人在北京	北京海润影业有限公司	国产	体育、故事
296	我的启蒙老师	北京龙江文化传播有限公司	国产	农村教育、故事
297	小旋风柴进之簪花请命	北京信义时代电影股份有限公司	国产	古装动作、故事
298	黑白照相馆	千凰影视文化传媒（北京）有限责任公司	国产	奇幻、故事
299	南宋猎人之匹马中原	北京佳锐奇文化传播有限公司	国产	古装动作、故事

续表

序号	片名	出品单位	类别	题材
300	爆炒老板	国影智翼（北京）文化传播有限公司	国产	喜剧、故事
301	南南宋猎人之匹马中原	北京佳锐奇文化传播有限公司	国产	古装动作、故事
302	源·彩虹	北京天润传媒有限公司	合拍	奇幻、故事
303	阿唐小来的奇幻之旅	追光人动画设计（北京）有限公司	国产	历险、动画
304	津门奇案之艳遇	北京华瑞星辰文化传媒有限公司	国产	民国侦破、故事
305	绿野狂人	北京乐齐影视文化投资管理有限公司	国产	造林人、纪录
306	温暖的寒冬	北京河山祥瑞文化发展有限公司	国产	留守儿童、故事
307	津门奇案之元凶	北京华瑞星辰文化传媒有限公司	国产	民国侦破、故事
308	无处安放	北京新力量影视文化有限公司	国产	爱情、故事
309	惊魇	北京中艺天华广告传媒有限公司	国产	惊悚、故事
310	决赛日	匠心之轮（北京）文化传媒有限公司	国产	动作爱情、故事
311	小旋风柴进之传世宝藏	北京信义时代电影股份有限公司	国产	古装动作、故事
312	蛟龙入海	北京高岸视野文化传媒有限公司	国产	深海探测、特种
313	欢喜冤家不了情	北京旭日平安文化传媒有限公司	国产	农村爱情、故事
314	猫先生与猪小姐	北京海润影业股份有限公司	国产	爱情、故事
315	麻辣江湖	北京和灵影视文化有限公司	国产	动作、故事

（北京市新闻出版广电局电影管理处）

北京市城市电影院线市场

一、总体情况

2016年，北京城市院线市场放映场次218.36万场，比上年增长15.19%；观众人次6876万，比上年减少4.22%；票房收入30.283亿元，比上年减少4.00%。平均票价44.04元，比上年上涨0.10元。全年票房收入占全国城市院线票房的6.65%，较上年下降了0.53个百分点，全国省、自治区、直辖市票房排名第5，全国城市票房第2，排名均比上年下滑1位。

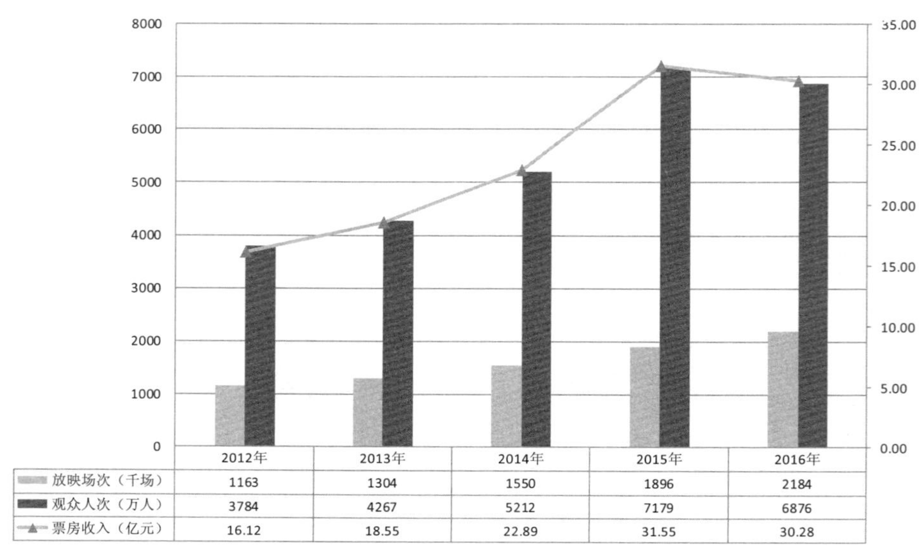

图4—4—1:2012—2016年北京城市院线市场三项指标走势

二、城市院线影院票房结构

2016年，全年97家影院票房超过1000万元，比上年减少1家。其中，票房3000万元以上影院30家，同比减少6家，票房2000万元以上的影院59家，票房合计21.075亿元，占北京城市院线票房的65.59%。

表4—4—1： 2016年北京城市院线市场三项指标结构

票房分档	影院（家）	银幕（块）	座位（个）	场次（千场）	人次（万人）	票房收入（万元）	累进票房（万元）	累进比例（%）
3000万元以上	30	298	48803	657.31	2724	141888	141888	46.85
1000万元—3000万元之间	67	471	68134	1030.78	3171	125832	267720	88.41
500万元—1000万元之间	33	178	27634	318.71	727	26165	293885	97.05
100万元—500万元之间	29	174	28473	145.76	225	7968	301853	99.68
50万元—100万元之间	9	51	8544	17.69	19	629	302482	99.88
小计	168	1172	181588	2170.25	6866	302482	—	—

续 表

票房分档	影院（家）	银幕（块）	座位（个）	场次（千场）	人次（万人）	票房收入（万元）	累进票房（万元）	累进比例（%）
50万元以下	23	87	10819	13.32	10	349	302831	100.00
合计	191	1259	192407	2183.57	6876	302831	—	—

三、北京城市影院及院线分布

2016年，北京可统计票房影院191家，银幕1259块，座位192407个。其中，10厅以上的影院28家，7-9厅的影院64家，4-6厅的影院74家，3厅以下的影院25家。相比上年，影院增加31家，银幕增加262块。

全市分布城市院线25条，比上年增加2条。其中，北京新影联旗下影院共54家，同比增加2家。中影星美26家，同比增加4家。上海联和旗下影院13家，同比增加6家。万达6家，中数10家，分别比上年增加2家、1家。票房1000万元以上影院分布在22条院线；其中，北京新影联22家，中影星美16家，上海联和7家，万达4家，中影数字6家。

表4-4-2： 2016年北京票房1000万元以上影院所属院线市场数据一览表

序号	院线分布	影院（家）	银幕（块）	座位（个）	场次（千场）	人次（万人）	票房收入（万元）	比例（%）	平均票价（元）
1	北京新影联*1	22	182	24741	388.31	1274	57893	19.12	45.69
2	中影星美	16	135	21457	305.69	1110	52497	17.34	48.22
3	上海联和*2	7	66	9922	121.38	612	26174	8.64	40.84
4	万达	4	40	7067	94.24	347	21179	6.99	61.03
5	中影数字	6	50	7896	111.39	379	18061	5.96	47.65
6	广州金逸珠江	4	34	5316	81.34	315	17100	5.65	54.29
7	重庆保利万和	7	48	8809	113.43	410	16233	5.36	39.59
8	深影橙天	5	32	6090	70.1	224	9556	3.16	42.66
9	华夏联和	4	25	3905	54.35	182	7721	2.55	42.42
10	广东大地	5	32	3577	76.48	195	7091	2.34	36.36
11	华夏新华大地	3	19	2973	46.62	150	6277	2.07	41.85
12	江苏幸福蓝海	3	23	3520	53.44	162	5612	1.85	34.64
13	长城沃美	2	16	2714	36.64	137	5085	1.68	37.12

续 表

序号	院线分布	影院（家）	银幕（块）	座位（个）	场次（千场）	人次（万人）	票房收入（万元）	比例（%）	平均票价（元）
14	中影南方新干线	1	8	1089	18.13	57	3559	1.11	58.93
15	四川太平洋	1	9	1475	19.34	62	3262	1.08	52.61
16	湖北银兴	1	7	1282	16.43	63	2552	0.84	40.51
17	浙江横店	1	6	527	14.59	60	1887	0.62	31.28
18	北京红鲤鱼	1	5	623	10.45	28	1596	0.53	57.00
19	世纪环球	1	7	1100	14.88	32	1509	0.50	47.16
20	北京明星时代	1	8	1448	16.5	49	1459	0.48	29.78
21	时代华夏今典	1	7	952	14.25	35	1220	0.40	34.86
22	山东新世纪*3	1	10	454	10.11	12	407	0.13	33.87
合计		97	769	116937	1688.09	5895	267720	88.41	45.41

注：*1．含1家影院转出前的三项指标数据；*2．含其他院线影厅巨幕放映的三项数据；*3．不包含1家影院转入前的三项指标

表4—4—3： 2016年北京票房3000万元以上的影院

本市排名	全国排名	影院名称	所属院线	场次（千场）	人次（万人）	票房（万元）	平均票价（元）
1	1	北京耀莱（五棵松店）	上海联和	28.03	224	9896	44.18
2	4	首都华融电影院	北京新影联	29.97	128	7557	59.04
3	7	北京UME国际影城（双井）	中影星美	23.06	115	7067	61.45
4	8	北京星美国际影城	中影星美	23.01	120	6841	57.01
5	12	北京金逸朝阳影城	广州金逸珠江	19.43	92	6111	66.42
6	13	北京万达影城CBD店	万达	21.89	89	5994	67.35
7	16	北京UME华星国际影城	中影星美	17.07	80	5576	69.70
8	20	北京UME国际影城（安贞）	中影星美	26.85	93	5280	56.77

续　表

本市排名	全国排名	影院名称	所属院线	场次（千场）	人次（万人）	票房（万元）	平均票价（元）
9	21	北京荟聚IMAX金逸	广州金逸珠江	26.29	110	5266	47.87
10	24	北京万达影城天通苑店	万达	21.89	87	5165	59.37
11	29	北京万达影城通州店	万达	27.44	87	5061	58.17
12	30	北京万达影城石景山店	万达	23.02	84	4959	59.04
13	39	中影影城北京千禧街店	中影星美	33.89	135	4680	34.67
14	50	美嘉影城三里屯店	北京新影联	16.96	51	4408	86.43
15	53	北京中影国际影城	中影星美	17.31	102	4360	42.75
16	68	北京新影联华谊兄弟影院	北京新影联	34.49	102	4178	40.96
17	75	北京嘉华国际影城学清路店	北京新影联	17.56	88	4033	45.83
18	76	卢米埃北京长楹天街IMAX影城	中影数字	21.81	88	4015	45.63
19	88	北京博纳优唐国际影城	中影星美	16.64	61	3898	63.90
20	95	华谊兄弟北京影院大红门店	北京新影联	27.47	94	3832	40.77
21	96	北京耀莱（慈云寺店）	上海联和	15.04	90	3792	42.13
22	120	美嘉影城中关村店	北京新影联	15.88	62	3494	56.35
23	124	北京保利马家堡影城	保利万和	18.47	79	3475	43.99
24	134	首都电影院昌平店	北京新影联	19.70	84	3395	40.42
25	135	洛阳新华角川国际影城有限公司北京大钟寺分公司	华夏新华大地	20.36	77	3392	44.05
26	138	北京金逸影城	广州金逸珠江	16.82	53	3369	63.57
27	142	北京传奇时代电影城	中影南方新干线	18.13	57	3359	58.93
28	152	北京红星太平洋电影城	四川太平洋	19.34	62	3262	52.61
29	168	北京博纳汇鑫	中影数字	23.55	69	3108	45.04
30	179	CGA国际影城（清河店）	中影数字	15.94	61	3065	50.25

（摘自中国电影市场报告）

2016年北京市电影院一览表

按：截至2016年年底，北京市共有电影院线25条，新增影院28家，影院总数达207家（停业影院18家）；新增银幕221块，银幕总数达1273块，人口银幕比和人均观影次数居全国首位，影院票房继续保持全国城市领先地位；新增观影座位2.68万个，座位总量达18.58万个，IMAX影厅13个。全年累计放映电影228.40万场，比上年增加30.27万场，比上年同期增长15.28%；观影人次6872.82万人次，比上年减少297.77万人次，比上年同期下降4.15%；电影票房收入30.28亿元，比上年减少1.25亿元，比上年同期下降3.96%。全市影院名称、地址、联系电话等情况列表如下：

东城区

序号	电影院名称	地址	座位数	电话	银幕数（块）
1	北京耀莱成龙国际影城王府井店	东城区王府井大街301号新燕莎金街购物广场地下一层MB124	622	65273227	9
2	北京横店影视电影城	东城区王府井大街253号王府井百货(北京市百货大楼)北馆8F	528	65231588	6
3	北京UME国际影城（安贞）	安贞桥环球贸易中心三期商场一层	1532	58257733	12
4	中影恒乐新世纪影院	东城区东长安街1号东方广场地下一层BB65	831	85185399	6
5	金宝汇百丽宫影城	东城区金宝街88号金宝汇6层—7层	808	85221977	5
6	百老汇影城国瑞购物中心店	东城区崇文门外大街18号国瑞城首层、地下一层、二层	1018	67171338	8
7	新东安影城	东城区王府井大街138号六层	975	65281988	8
8	北京东环电影城	东城区东中街9号东环广场B座地下一层	376	64185949	4
9	当代MOMA百老汇电影中心	东城区东直门香河园路1号当代MOMA北区4号楼	394	84388258	3
10	东四工人文化宫	东城区隆福寺街47号	772	64031596	4
11	北京搜秀影城	崇外大街40号搜秀城9层	686	51671226	5

续　表

序号	电影院名称	地址	座位数	电话	银幕数（块）
12	东图影剧院	市东城区交道口东大街85号	521	64042764	1
13	北京站电影院	东城区北京站内	106	51019999	1
14	北京市东城区青春光线影院	东城区和平里东街11号76号楼东区	66	64142287	1
15	北京市东城区传奇奢华影城	东城区市辖区北京市东城区东打磨厂7号	684	67086545	10
16	北京市东创影剧院			停业	2
17	明星电影院			停业	2
18	长虹电影院			停业	6

西城区

序号	电影院名称	地址	座位数	电话	银幕数（块）
1	剧空间剧场	西城区市辖区北京市西城区新街口北大街74号	371	63194412	1
2	新街口电影院	西城区西直门内大街69号	324	62252767	2
3	大观楼电影院	西城区前门大栅栏街36号	507	63030878	4
4	广安门电影院	西城区白广路8号	769	63522737	4
5	青年宫电影城	西城区西直门南小街68号	1042	66152241	5
6	北京耀莱成龙影城（马连道店）	西城区马连道路25号楼5层F510号、6层F610号商铺	825	63252722	7
7	地质礼堂	西城区西四羊肉胡同30号	1300	66178928	4
8	首都电影院大悦城店	西城区西单北大街131号大悦城10层	2005	66062266	14
9	首都电影院金融街店	西城区金融大街18号地下一层	504	66222046	6
10	国宾菁英影院	西城区月坛南街24号	532	68583461	4

续 表

序号	电影院名称	地址	座位数	电话	银幕数（块）
11	北京市工人俱乐部	西城区虎坊路7号	1432	63533121	4
12	4D数字影院	西城区西单北大街180号西单文化广场B1	146	66063515	1
13	首都电影院中华店	西城区天桥南大街3号	471	56928100	4
14	鑫融文体俱乐部			停业	1
15	影联首都时代电影城			停业	4
16	北京市红楼电影院			停业	5
17	北京春晖剧场			停业	1

朝阳区

序号	电影院名称	地址	座位数	电话	银幕数（块）
1	北京大地影院十里河铭泽店	朝阳区周庄嘉园东里32楼101内五层1号	849	87156732	7
2	北京大地影院垡头永辉店	朝阳区垡头翠成馨园甲401号地下一层	423	56350596	5
3	北京耀莱成龙国际慈云寺店	朝阳区慈云寺北里209号楼二层北侧部分及三层	1220	65980898	8
4	北京博纳优唐国际影城	朝阳区三丰北里2号楼悠唐生活广场B1层	1186	59775660	7
5	北京17.5影城比如店	朝阳区京顺路111号比如世界购物中心1层	423	64304175	4
6	北京传奇时代电影城	朝阳区朝阳公园路6号蓝色港湾国际商区SA-42号	1091	59056868	8
7	新影联华谊兄弟影院	朝阳区广顺北大街16号	1737	57620488	20
8	橙天嘉禾凤凰城影城	朝阳区曙光西里甲5号院24号楼L311、L312	656	56383227	5
9	世纪东都国际电影城	朝阳区东四环中路195号华腾新天地（法国天地）5层	1100	87952964	7

续　表

序号	电影院名称	地址	座位数	电话	银幕数（块）
10	北京UME影城双井店	朝阳区东三环中路65号5—6层	1712	59037171	10
11	北京17.5影城管庄店	朝阳区京通苑30号楼L307号	780	85377718	6
12	北京市望京DMC国际影城	市朝阳区望京新城A3区宝星生活广场5层1号	1130	64139608	6
13	北京枫花园汽车电影院	朝阳区亮马桥路21号	1400	64329884	6
14	望京星美国际影城	朝阳区望京街9号望京国际商业中心A座四层	1138	59203788	7
15	北京万达CBD店	朝阳区建国路93号万达广场B座三层	1409	59603399	9
16	中国科技馆	朝阳区北辰东路五号中国科技馆	828	59041542	2
17	CGV星星国际影城	朝阳区湖景东街11号	1172	84372280	8
18	北京北苑保利国际影城	朝阳区清河营南街7号院3号楼—1层101、102	1118	84870622	6
19	北京红星太平洋影院	朝阳区七圣中街12号院	1476	84240610	9
20	北京百丽宫影院	朝阳区建国门外大街1号国贸商城三期地下一层3B120	623	85351808	5
21	朝阳剧场	朝阳区东三环北路36号	1769	65071818	8
22	北京沃美影城	朝阳区朝阳北路17号4层	1265	56857007	8
23	金鸡百花影城	朝阳区北三环东路22号	910	64207759	7
24	世界城星美国际影城	朝阳区金汇路8号地下102室	1408	85907677	11
25	北京市劲松电影院	朝阳区劲松中街404楼	923	67767028	6
26	卢米埃北京芳草地影城	朝阳区东大桥路9号楼地下二层LG2—26单元	459	56907679	5
27	大地数字影院——北京望京麒麟新天地	朝阳区阜安西路11号楼合生麒麟新天地2层大地数字影院	564	57389734	6

续 表

序号	电影院名称	地址	座位数	电话	银幕数（块）
28	北京金逸影城双桥	朝阳区双桥路3号东星时尚广场5层	822	85527920	8
29	美嘉影城三里屯店	朝阳区三里屯北路19号三里屯太古里B1	1597	64176118	8
30	中国木偶剧院	朝阳区安华西里甲一号	818	64243697	3
31	紫光影城	朝阳区蓝岛大厦西区五、六层	1055	65992229	10
32	鲁信影城北京立水桥店	朝阳区立清路7号院地下一层	525	84671861	6
33	新影联阳光影城	朝阳区安立路68号飘亮广场北门地下一层	487	64928540	5
34	北京金逸影城（朝阳大悦城店）	朝阳区朝阳北路101号大悦城8层	1411	85517099	8
35	北京剧院	朝阳区安慧里三区十号楼	1179	64929491	7
36	北京星环影城	朝阳区汤立路201号院6号楼1层F—102、F—103	203	64127668	3
37	北京市朝阳区垡头地区文化中心	朝阳区垡头西里44号	160	87151293	2
38	北京新影联天宝国际影城	朝阳区祁家豁子路8号健翔大厦地下一层	1635	82994949	15
39	k酷影城	朝阳区北苑路42号四层	627	84929466	6
40	北京希杰星星国际影城有限公司将台分店	朝阳区酒仙桥路18号4、5层	975	84260800	7
41	北京嘉华国际影城姚家园路活力东方店	朝阳区姚家园路甲1号汽车交易市场20号楼四层	1108	51193399	9
42	中国电影博物馆	朝阳区南皋路9号	1191	51654567	6
43	卢米埃北京长楹天街IMAX影城	朝阳区常通路2号院1号楼5F—Z9/5F—Z21	2137	85095626	10
44	北京朝阳区艾米影城世茂店	朝阳区工体北路13号3号楼三层0301内B329、B330号商铺	82	15210267622	2
45	北京市朝阳区保利国际影城东坝店	朝阳区东坝中路38号金隅佳品MALL5层	1171	65771288	7

续 表

序号	电影院名称	地址	座位数	电话	银幕数（块）
46	北京市朝阳区耀莱成龙国际影城华贸店	朝阳区建国路89号院18号楼L02	73	13910297021	18
47	北京朝阳米瑞酷影城日坛店	朝阳区市辖区北京市朝阳区神路街39号10幢—01层（—1）—107 内	512	85306797	5
48	北京朝阳华谊兄弟电影汇影城	朝阳区新源南路甲2号华谊兄弟	136	65858855	5
49	北京市朝阳区奥兰环球影城	朝阳区来广营西路5号院地下一层局部（L101、B101）	1093	53317458	13
50	北京市朝阳区东融国际影城西直河店	朝阳区十八里店乡西直河商业中心甲9号	679	87151902	8
51	17.5北京苹果派影院			停业	4
52	北京万达望京店			停业	6
53	北京市红霞影剧院			停业	2

海淀区

序号	电影院名称	地址	座位数	电话	银幕数（块）
1	北京世茂国际影城	海淀区市辖区羊坊店路18号光耀东方广场4层	1448	57536166	8
2	耀莱成龙国际影城五棵松店	海淀区复兴路69号6号楼卓展购物中心5层耀莱成龙国际影城	3555	68188877	17
3	美嘉影城中关村店	海淀区中关村广场购物中心津乐汇3层	1614	59863777	8
4	北京金逸国际影城	海淀区中关村大街19号新中关B2层	868	82486800	7
5	UME国际影城（华星）	海淀区双榆树科学院南路44号	1508	82115566	8
6	五道口电影院	海淀区成府路23号	683	62313623	3
7	北京嘉禾万柳影城	海淀区巴沟路2号华联万柳购物中心五层	1117	82565511	6

续 表

序号	电影院名称	地址	座位数	电话	银幕数（块）
8	北京橙天嘉禾吉彩影城	海淀区玉海园五里22号配套商业楼（玉兴园）地下1层、地上1—4层	1309	62904234	7
9	橙天嘉禾上地店	海淀区上地华联购物中心4层	871	62667799	5
10	博纳国际影城万寿路店	海淀区复兴路51号北亚国际中心四层04—06，五层05—19	810	88178880	6
11	中影影院	海淀区新外大街25号	484	62263455	3
12	星美金源店	海淀区远大路1号金源时代购物中心五层	1968	88878696	9
13	17.5北京今典花园影城	海淀区文慧园北路9号今典花园9号楼一层	424	62228452	6
14	北京17.5影城今日家园店	海淀区西翠路5号今日家园8号楼F101室	200	88283458	4
15	17.5北京京果影城	海淀区四道口2号三层北侧	953	62115539	7
16	海淀中间艺术园—中间影院	海淀区西杉创意园1区6号楼	1057	62858257	7
17	国图影院	海淀区中关村南大街33号	1085	68485462	2
18	华影国际影城	海淀区花园路甲13号院7号楼—102	181	82257047	2
19	大地数字影院——北京西三旗物美影院	海淀区悦秀路99号通厦公元99	499	60603728	4
20	海剧	海淀区中关村大街28号	1234	82533588	3
21	海淀工人文化宫	海淀区万柳华府北街2号	662	82567215	5
22	国安剧院	海淀区花园东路甲16号	1003	62369772	4
23	北京金逸新都店	海淀区建材城中路6号新都购物广场1层	860	82936951	6
24	新华国际影城大钟寺店	海淀区北三环西路甲18号	1232	82511616	8
25	北京嘉华国际影城学清路店	海淀区学清路甲8号商业楼	1407	82732228	7

续 表

序号	电影院名称	地址	座位数	电话	银幕数（块）
26	CGV星聚汇影城（北京清河店）	海淀区清河中街68号华润五彩城购物中心二期项目L648号、L701号、L801号	1285	82816767	7
27	新华国际影城宝盛店	海淀区宝盛北里西区28号楼五层、六层	813	62905220	5
28	北京天幕新彩云影城	海淀区北三环中路67号25号楼1—3层	1143	58092222	7
29	北京万画四季青影城	海淀区西四环北路117号金四季购物中心中段三层	524	88493114	6
30	北京市海淀区耀莱成龙国际影城温泉镇店	海淀区温泉镇北部文化中心D座	547	62452939	6
31	大华环球世纪城影院			停业	4

丰台区

序号	电影院名称	地址	座位数	电话	银幕数（块）
1	丰青剧场	丰台区丰台路96号丰台青少年剧场	898	63810206	3
2	中影国际影城北京千禧街店	丰台区靛厂路千禧购物街4号楼F1—F3	2301	88177970	17
3	博纳国际影城方庄店	丰台区蒲黄榆路28号	1263	67699909	11
4	北京阳光星美影院	丰台区南三环东路成寿寺路2号2—3层	1090	67698585	9
5	保利北京马家堡影城	丰台区南三环西路16号1号楼五层	1391	87578551	7
6	北京星博正华影城	丰台区政馨园三区5号楼底商	481	87688666	10
7	幸福蓝海影城公益桥店	丰台区角门19号院2号楼4层	1006	67500828	7
8	北京中鼎兆通信息科技电影放映中心	丰台区大瓦窑新丰路甲1号1层	30	63851192	1
9	华谊兄弟影院洋桥店	丰台区马家堡东路101号院10号楼F6	1625	4000009009	13
10	北京保利万源影城	丰台区东高地万源北路航天万源广场五层	678	68198833	5

续 表

序号	电影院名称	地址	座位数	电话	银幕数（块）
11	北京市丰台区中影国际永旺店	北京市丰台区丰葆路88号院1号楼4层	1357	88177970	9
12	北京市丰台区大地影院大红门店	丰台区果园8号楼六层6016	486	87882365	7
13	北京市丰台区DMG影城悦秀店	丰台区开阳路8号悦秀城6层	891	63580090	5
14	北京市朝阳区东融国际影城草桥店	丰台区草桥东路1号上品折扣3层	1133	87887846	10
15	北京市丰台区恒业国际影城六里桥店	丰台区万丰路68号院5楼501	1307	63268070	8
16	北京丰台区莱纳恒泰影城	丰台区丰台北路18号院恒泰广场E座6层	1348	63836886	10
17	北京市丰台区万达国际影城槐房店	丰台区槐房南路6号院万达广场4楼	1928	67966599	12
18	北京市丰台区万达国际影城丰台店	丰台区丰科路6号万达广场6层	2421	83890606	14
19	北京摩威秀影城			停业	1
20	北京市中国评剧大剧院			停业	1
21	北京市紫燕娱乐中心			停业	1

石景山

序号	电影院名称	地址	座位数	电话	银幕数（块）
1	保利万和国际影城（北京苹果园店）	石景山区市辖区阜石路300号三层309—1	1372	53021058	7
2	北京万达石景山店	石景山区石景山路乙18号院4号楼3层	1607	68663399	10
3	古城电影院	石景山古城南路15号	730	68874790	4
4	山姆娱乐公司			停业	4

门头沟

序号	电影院名称	地址	座位数	电话	银幕数（块）
1	保利万和国际影城（北京苹果园店）	石景山区市辖区阜石路300号三层309—1	1372	53021058	7
2	北京万达石景山店	石景山区石景山路乙18号院4号楼3层	1607	68663399	10
3	古城电影院	石景山古城南路15号	730	68874790	4
4	山姆娱乐公司			停业	4

房山区

序号	电影院名称	地址	座位数	电话	银幕数（块）
1	环球星世纪影城	房山区兴房大街38号华冠欢乐城四楼	517	61375512	6
2	北京市燕山影剧院	房山区燕山岗南路3号北京燕山影剧院	945	69331001	4
3	北京市良乡影剧院	房山区良乡拱辰大街31号	748	69352415	1
4	新华国际影城	房山区北关西路14号	512	69351155	4
5	北京燕山文化活动中心	房山区燕山岗南路东一巷2号	915	69341151	1
6	幸福蓝海国际影城北京房山店	房山区广阳新路9号院1号楼中粮万科半岛广场3层	1538	50923706	9
7	北京SFC上影国际影城房山店	房山区拱辰街道天星街1号院7号3F—18	1030	52802652	7
8	北京市房山区DMG国际影城良乡店	房山区良乡拱辰南大街1号	907	69388300	6
9	北京市房山影剧院			停业	1

大兴区

序号	电影院名称	地址	座位数	电话	银幕数（块）
1	北京耀莱成龙国际影城西红门店	大兴区西红门镇欣旺大街8号鸿坤广场6层	1609	59542699	10
2	北京金逸影城荟聚IMAX店	大兴区欣宁大街15号7—03—122—C1荟聚购物中心	2209	60200870	11

续 表

序号	电影院名称	地址	座位数	电话	银幕数（块）
3	新华角川国际影城	大兴区黄村东大街火神庙商业中心E座5层	1229	81297050	7
4	北京大料国际影院	大兴区亦庄经济开发区文化园东路6号	1161	67859009	6
5	北京市大兴区影剧院	大兴区黄村西大街15号	1432	69252566	3
6	星美国际影城西红门店	大兴区西红门镇京良路10号3F—006号	1445	80258288	8
7	北京保利国际影城绿地缤纷城店	大兴区黄村镇金星西路3号及3号院3号楼4层07商铺	1355	80255600	8
8	北京嘉华美映影院	大兴区旧宫镇小红门路39号地下一层	774	58310538	6
9	北京唐阁影院	大兴区荣华中路8号院1号楼四层F4—01	975	52595199	7
10	北京玫瑰之约影院	大兴区魏善庄镇半壁店东大路53号院	155	89236102	3
11	北京市大兴区最影城	大兴区黄村镇百联清城购物中心三层北区最影城	339	69266605	4
12	北京市大兴区中传国际影城亦庄店	大兴区科创五街38号C座3层F3—C3006	1808	87227162	9
13	北京市大兴区卢米埃北京住总万科影城	大兴区忠凉路1号院1号楼五、六层L5001+L6001号	854	50927566	6
14	北京市大兴区SFC上影北京大兴龙湖店	大兴区永兴路7号院1号楼3F—2Z	1555	60276011	8
15	北京市大兴区CGV星聚汇影城亦庄店	大兴区荣华南路2号院9号楼F3—316	1144	67896008	7

通州区

序号	电影院名称	地址	座位数	电话	银幕数（块）
1	北京万达影城通州广场店	通州区新华西街58号万达广场1号楼5、6层	1931	50931111	12
2	北京银兴乐天影城	通州区翠景北里21号京通罗斯福广场五层	1282	80556767	7
3	北京市通州区米瑞酷影城乔庄店	通州区运河西大街132号	402	4000986865	4

续　表

序号	电影院名称	地址	座位数	电话	银幕数（块）
4	大地数字影院——北京米拉家园	通州区新海东路1号楼6层	552	80897926	5
5	北京博纳国际影城通州店	通州杨庄北里天时名苑14号楼F4-01	612	56351916	5
6	通州电影院	通州区西塔胡同1号	641	69542229	4
7	百尚影城	通州区马驹桥镇兴华中街北侧（潼关三区）9号	131	15311968955	2
8	北京西部牛仔汽车影院	通州区台湖镇创业园路8号	200	61539193	1
9	博纳国际影城土桥店	通州区梨园镇砖厂南里华远铭悦好天地5号楼301	966	61510188-800	7
10	北京市通州区耀莱成龙国际影城临河里店	通州区临河里33号楼3层301	1107	81588918	8
11	北京市通州区东融国际影城月亮河店	通州区芙蓉园513号楼	2653	80850020	15

顺义区

序号	电影院名称	地址	座位数	电话	银幕数（块）
1	北京博纳顺景国际影城	顺义区新顺南大街18号	1218	60406018	10
2	北京市顺义区影剧院	顺义区新顺北大街3号	1141	89472733	2
3	CGV星聚汇影城北京顺义店	顺义区新顺南大街8号1幢华联金街购物中心4层	1056	61490988	7
4	北京橙天嘉禾祥云影城	顺义区临空经济核心区安泰大街9号院7号	1673	57648166	8
5	北京大地影院顺义隆华店	顺义区仁和镇新顺南大街11号601室	983	89472732	8
6	北京市顺义区华彩恐龙主题影城	顺义区后沙峪双裕街45号九重汇商厦8层	1022	80498699	8
7	北京市顺博苑电影院			停业	1

平谷区

序号	电影院名称	地址	座位数	电话	银幕数（块）
1	北京市平谷影剧院	平谷区府前街3号	1007	69962434	2
2	北京市平谷区耀莱成龙国际影城平谷店	平谷区迎宾街1号院22号楼五层F5—13	1261	56867748	7

怀柔区

序号	电影院名称	地址	座位数	电话	银幕数（块）
1	北京传奇瑞丽电影城	怀柔区青春路15号	446	69627035	5
2	北京市怀柔影院	怀柔区富乐大街8号	403	89681640	1

密云区

序号	电影院名称	地址	座位数	电话	银幕数（块）
1	北京市密云大剧院	密云区鼓楼西大街1号	1125	69041575	2
2	北京密云米瑞酷影城	密云区鼓楼南大街瑞嘉商场4层	549	61090321	5

昌平区

序号	电影院名称	地址	座位数	电话	银幕数（块）
1	北京沃美影城回龙观店	昌平区回龙观同成街华联购物中心4楼	1439	4006819819	8
2	北京回龙观星美国际影城	昌平区回龙观镇西大街111号华联商厦三层星美国际影城	1011	80771188	6
3	昌平保利影剧院	昌平区鼓楼南街佳莲时代广场4层	642	60700001	4
4	首都电影院昌平店	昌平区南环路10号院1号楼金隅华科广场地上八层L8001号	1264	60749493	10
5	保利国际影城北京龙旗广场店	昌平区回龙观镇黄平路19号院3号楼三层F3—001	1342	82694321	7
6	中影国际影城（北清路永旺店）	昌平区北清路1号永旺国际商城购物中心	1343	80700847	8
7	大地数字影院——北京莱岭假日	昌平区昌崔路203号莱岭假日广场四楼	963	80100211	5
8	北京万达天通苑店	昌平区立汤路186号龙德广场五层万达影城	2017	84844742	9

延庆区

序号	电影院名称	地址	座位数	电话	银幕数（块）
1	大地数字影院——北京金锣湾	延庆区延庆镇妫水北街39号1幢H座一层	523	60165114	3
2	北京圣世苑培训中心影剧院			停业	1

电视剧

2016年北京电视剧（含电视动画片）制作发行情况综述

北京局组织北京地区的影视机构参加戛纳电视节上的宣传海报

2016年北京电视剧（含电视动画片）创作生产在国家新闻出版广电总局和市委宣传部的领导下，全面贯彻落实党的十八大及十八届三中、四中、五中、六中全会和习近平总书记系列重要讲话精神，紧密围绕“中国梦”主题，始终坚持“二为”方向、“双百”方针和以人民为中心的创作导向，充分发挥首都地缘、人才、资源优势，电视剧质量显著提高，涌现出一批思想性、艺术性、观赏性相统一的精品佳作。

一、基本情况

截至2016年底，北京市共有影视制作机构6066家，其中持电视剧制作许可证（甲种）的单位23家。2016年北京电视剧备案公示341部、11935集，占全国的28.3%；全年共受理电视剧变更事项170项，其中剧名变更38项，集数变更83项，制作单位变更49项；完成外籍人员参与拍摄电视剧报批50部次。

取得电视剧制作许可证（乙种）的电视剧121部5036集，电视剧制作许可证（乙种）变更14项；审查电视剧79部3247集，取得发行许可证的电视剧64部、2673集(含总局审1部12集)，占全国的24%。

在送审的79部电视剧中，现实题材46部占58.2%。其中，当代题材45部占57%（当代都市题材32部，当代涉案题材2部，当代农村题材5部，当代青少题材3部，当代其他题材3部）；现代题材1部占1.2%（现代其他题材1部）。历史题材33部占41.8%。其中，近代题材30部占38%（近代革命题材12部，近代传奇题材14部，近代其它题材3部，近代都市题材1部）；古代题材3部占3.8%（古代传记题材1部，古代其它题材1部，古代武打题材1部）。

完成电视动画片备案公示41部1998集20242.5分钟；取得发行许可证的动画片30部749集9858分钟。其中，童话题材8部，教育题材6部，历史题材3部，现实题材2部，神话题材1部，科幻题材1部，其他题材9部。

二、组织相关活动推进剧目生产

1. **北京电视节目交易会平台。**春秋两季北京电视节目交易会是新常态下贯彻落实习近平总书记文艺工作座谈会讲话精神和北京市新闻出版广电局引领行业科学谋划、创新发展的实际举措。2016年春季北京电视节目交易会于3月28日至31日在北京会议中心举行，吸引380家影视公司参展。参展电视剧突破近700部，为历届之最，其中现实题材作品占90%以上，纪录片、电视栏目33部、2033集，动画片28部、1424集。期间，市新闻出版广电局与《综艺报》社联合举办以“电视剧的质量效益之路”为主题的业务论坛，特邀专家学者和一线业者就“‘一剧两星一晚两集’后，电视台编播新趋势”相关话题进行业务探讨和知识辅导。另外，针对“新形势下，网络剧的市场与制播现状”，互联网电视新业态下，网络剧、微电影等网络视听节目的社会价值，不断强化网络文学作品内容的管理等热门话题进行深入探讨。2016年秋季北京电视节目交易会于11月17日至19日在北京市怀柔区举办。国内外电视节目制作机构及相关产业机构、电视节目播出机构等420家2600人参会。参展电视剧作品800部3万余集，动画片作品27部共1338集，以及纪录片、电视栏目作品44部12849集。交易会期间举办以“制播联手开拓内容产业新空间”为主题的论坛，组织业界专家和学者进行三场高峰对话，分别就影视公司涉水电影或综艺节目、卫视与地面频道的购播新趋势、制作业如何做好网络剧进行深入探讨。

2. **走出去工程。**4月，参展法国戛纳电视节。从2008年至2016年，北京局已连续9年组织北京地区的影视机构组成北京影视代表团参加戛纳电视节，并在电视节上设置“北京联合展台”。2016年“北京联合展台”总面积80平方米。组织28家公司近50人，携37部1077集电视剧、动画片、纪录片参展。为满足各制作机构的不同需求，展台分别设置专属展位和公用展位。参展期间，赞助“电视剧买家MIP Drama”活动，并举办以“在戛纳说中文、认识中外朋友、促成国际合作”为主题的华语派对活动。同时与法国戛纳电视节组委会主席Paul Zilk先生等官员进行深度合作洽谈。

2016年法国昂西国际动画电影节于6月15日至17日举办，北京市新闻出版广电局首次收到组委会邀请赴动画节参展，这是北京动画首次以官方的身份，亮相世界舞台。本次活动由北京局主办，北京电视台卡酷少儿卫视和卡酷传媒有限公司承办，组织二十多家国内动画公司参展，推介三十多部国产动画作品，举办多场主题活动与展览交易。6月16日举办“北京•动画梦”主题沙龙，邀请包括卢森堡总理，法国电视联盟主席等行业名流助阵，展示中国高水准的优秀动画作品。

6月，赴英国参展谢菲尔德国际纪录片节。北京市新闻出版广电局与谢菲尔德国际纪录片节达成多项合作意向，其中包括常年在谢菲尔德纪录片节推广北京题材影视作品，共同规划、合拍北京主题纪录片作品，邀请谢菲尔德作为会选送优秀作品并组团参加北京国际电影节。同时北京电视台纪实频道也借此平台推广节目交易，影视合拍等合作规划与BBC/ITV等主流纪实类电视平台达成了相应合作意向。

三、影视精品资助扶持情况

相继出台《北京影视出版创作基金管理办法》和《北京影视出版创作基金实施细则》，在扶持政策和资金的引导推动下，挖掘出一批优秀题材的电视剧、纪录片、动画片作品。电视剧《书圣王羲之》《外科风云》《虎父犬子》《百年追梦》《花儿与远方》等；纪录片《大西山》《传家本事》等；动画片《鹿精灵》《冰雪冬奥村》等；纪录片《中国故事》《一千零一夜》等被确定为2016年“北京市文化精品工程”重点项目。

（北京市新闻出版广电局宣传管理处）

北京市电视剧和动画片发行许可证目录

2016年北京市国产电视剧发行情况一览表

序号	剧名	集数	持证公司名称	题材	发行许可证号	发证日期
1	幸福，我们在路上	36	北京东方今鸣文化传媒有限公司	当代都市	（京）剧审字【2016】第001号	2016/1/4
2	一马换三羊	40	海润影视制作有限公司	当代都市	（京）剧审字【2016】第002号	2016/1/14
3	变身花美男	36	北京银禾世纪影视文化传媒有限公司	当代都市	（京）剧审字【2016】第003号	2016/1/21
4	铁血军歌	39	北京电视艺术中心有限公司	近代革命	（京）剧审字【2016】第004号	2016/1/21
5	战火红颜	40	北京润阳国际文化传媒有限公司	近代革命	（京）剧审字【2016】第005号	2016/1/25
6	杜心五传奇	42	北京中视精彩影视文化有限公司	近代传奇	（京）剧审字【2016】第006号	2016/1/26
7	萌夫木子李	40	完美时空（北京）影视文化有限公司	当代都市	（京）剧审字【2016】第007号	2016/1/26
8	古城小女人	48	北京利群影视文化发展有限责任公司	近代传奇	（京）剧审字【2016】第008号	2016/2/1

续　表

序号	剧名	集数	持证公司名称	题材	发行许可证号	发证日期
9	不是冤家不恋爱	66	北京华旭泽润文化传播有限公司	当代都市	（京）剧审字【2016】第009号	2016/2/3
10	小米的爱情	36	北京滴水天下影视传媒有限公司	当代农村	（京）剧审字【2016】第010号	2016/2/3
11	猎人	41	海润影视制作有限公司	近代其它	（京）剧审字【2016】第011号	2016/2/5
12	爱无痕	42	北京博纳中天国际文化传播有限公司	古代其它	（京）剧审字【2016】第012号	2016/3/9
13	雪海	40	北京优势文化传媒有限公司	近代革命	（京）剧审字【2016】第013号	2016/3/11
14	神探亨特詹	33	北京观海影视文化投资有限公司	近代传奇	（京）剧审字【2016】第014号	2016/3/16
15	书圣王羲之	46	北京若溪祥云文化传播有限公司	古代传奇	（京）剧审字【2016】第015号	2016/3/25
16	亲爱的婚姻	42	完美时空（北京）文化传媒有限公司	当代都市	（京）剧审字【2016】第016号	2016/3/25
17	太太万岁	42	北京合润德堂文化传媒股份有限公司	当代都市	（京）剧审字【2016】第017号	2016/3/29
18	追击者	32	嘉映影业有限公司	近代革命	（京）剧审字【2016】第018号	2016/3/31
19	秘密的背后	48	北京风雷动文化传媒有限公司	近代都市	（京）剧审字【2016】第019号	2016/4/13
20	中国式关系	36	北京金盛信马影视文化有限公司	当代都市	（京）剧审字【2016】第020号	2016/4/14
21	功夫之爱的速递	44	北京密贴夏国际影视传媒有限公司	当代都市	（京）剧审字【2016】第021号	2016/4/14

续 表

序号	剧名	集数	持证公司名称	题材	发行许可证号	发证日期
22	心如铁	68	北京完美影视传媒有限责任公司	近代传奇	（京）剧审字【2016】第022号	2016/5/9
23	魔都风云	50	华视友邦影视传媒（北京）有限公司	近代传奇	（京）剧审字【2016】第023号	2016/5/11
24	“恶”老板	36	北京坏猴子文化产业发展有限公司	当代都市	（京）剧审字【2016】第024号	2016/5/20
25	我的爱情撞上了战争	46	大唐辉煌传媒有限公司	近代其它	（京）剧审字【2016】第025号	2016/5/20
26	警花与警犬	44	大唐辉煌传媒有限公司	当代其它	（京）剧审字【2016】第026号	2016/5/23
27	孤战	52	北京上品艺润文化发展有限公司	近代革命	（京）剧审字【2016】第027号	2016/5/30
28	神犬小七第二季	42	北京完美影视传媒有限责任公司	现代都市	（京）剧审字【2016】第028号	2016/6/1
29	新边城浪子	50	北京东方飞云国际影视股份有限公司	古代武打	（京）剧审字【2016】第029号	2016/6/3
30	就是爱你	52	北京华谊兄弟娱乐投资有限公司	当代都市	（京）剧审字【2016】第030号	2016/6/14
31	东风破	42	天沐影业（北京）有限公司	近代传奇	（京）剧审字【2016】第031号	2016/6/17
32	咱们相爱吧	58	北京完美蓬瑞影视文化有限公司	当代都市	（京）剧审字【2016】第032号	2016/6/20
33	萌爸日记	32	晶羽翼儿童影视（北京）有限公司	当代青少	（京）剧审字【2016】第033号	2016/6/22
34	九九	49	北京泰合百联传媒广告有限公司	当代农村	（京）剧审字【2016】第034号	2016/6/28

续表

序号	剧名	集数	持证公司名称	题材	发行许可证号	发证日期
35	恋恋阙歌	42	北京中视精彩影视文化有限公司	近代传奇	(京)剧审字【2016】第035号	2016/6/30
36	幸福巧克力	40	北京华人天地影视策划股份有限公司	当代都市	(京)剧审字【2016】第036号	2016/7/4
37	虎胆神鹰	40	北京景星圆影视文化有限公司	近代革命	(京)剧审字【2016】第037号	2016/7/13
38	战金岭	40	北京天空星际文化传播有限公司	近代传奇	(京)剧审字【2016】第038号	2016/7/13
39	河畔新村	42	中盟盛世(北京)国际电影有限公司	当代农村	(京)剧审字【2016】第039号	2016/8/12
40	暖男记	30	华视友邦影视传媒(北京)有限公司	当代都市	(京)剧审字【2016】第040号	2016/8/31
41	红色护卫	38	北京九玖文化传媒有限公司	近代革命	(京)剧审字【2016】第041号	2016/9/1
42	老爸当家	40	北京金牌伙伴影视传媒有限公司	当代都市	(京)剧审字【2016】第042号	2016/9/14
43	女子特战队	39	北京金天地影视文化股份有限公司	近代革命	(京)剧审字【2016】第043号	2016/9/20
44	追击者	47	北京火石羽国际文化传媒有限公司	当代都市	(京)剧审字【2016】第044号	2016/9/26
45	秘密的背后	42	北京欢乐源泉影视传媒有限公司	当代都市	(京)剧审字【2016】第045号	2016/9/27
46	中国式关系	44	北京聚本文化传媒有限公司	当代都市	(京)剧审字【2016】第046号	2016/9/27
47	雪地娘子军	43	海润影视制作有限公司	近代革命	(京)剧审字【2016】第047号	2016/9/30

续 表

序号	剧名	集数	持证公司名称	题材	发行许可证号	发证日期
48	尖锋之烈焰青春	44	北京国龙影业投资股份有限公司	近代传奇	（京）剧审字【2016】第048号	2016/9/30
49	复婚前规则	40	北京北广传媒影视股份有限公司	当代都市	（京）剧审字【2016】第049号	2016/10/12
50	小饭桌的故事第一季	20	北京盛世凯华文化投资有限公司	当代都市	（京）剧审字【2016】第050号	2016/10/21
51	大牧歌	40	北京东方全景文化传媒有限公司	现代其它	（京）剧审字【2016】第051号	2016/10/21
52	小草青青	55	北京时代光影文化传媒股份有限公司	当代农村	（京）剧审字【2016】第052号	2016/10/27
53	北上广依然相信爱情	44	北京海润新视力影视制作有限公司	当代都市	（京）剧审字【2016】第053号	2016/10/28
54	决币	38	籁克印象影视文化传媒（北京）有限公司	近代革命	（京）剧审字【2016】第054号	2016/10/30
55	荡寇	40	皇氏御嘉影视集团有限公司	近代传奇	（京）剧审字【2016】第055号	2016/11/15
56	1931年的爱情	36	巨和影业（北京）有限公司	近代革命	（京）剧审字【2016】第056号	2016/11/15
57	下一站，别离	40	大唐辉煌传媒有限公司	当代都市	（京）剧审字【2016】第057号	2016/12/9
58	双喜盈门	43	北京御喜影视传媒股份有限公司	当代农村	（京）剧审字【2016】第058号	2016/12/13
59	我的！体育老师	38	北京华美时空文化传播有限公司	当代都市	（京）剧审字【2016】第059号	2016/12/23

续 表

序号	剧名	集数	持证公司名称	题材	发行许可证号	发证日期
60	学生兵	40	天沐影业（北京）有限公司	近代革命	（京）剧审字【2016】第060号	2016/12/28
61	新人在旅途	42	名扬映画（北京）文化传媒有限公司	当代都市	（京）剧审字【2016】第061号	2016/12/28
62	和女人的战斗	48	北京欢乐源泉影视传媒有限公司	当代都市	（京）剧审字【2016】第062号	2016/12/28
63	擒狼	36	北京广电影视传媒有限公司	近代革命	（京）剧审字【2016】第063号	2016/12/28
64	忏悔之门	12	北京春之泰影视文化传媒有限公司	当代涉案	（广剧）剧审字【2016】第003号	2016/02/03
合计64部2673集						

（北京市新闻出版广电局宣传管理处、规划发展处）

2016年北京市国产电视动画片发行情况一览表

序号	片名	集数	每集时长	片长	制作机构	许可证号
1	《快乐成长优优龙》	30	12	360	优优龙（北京）国际教育科技有限公司	（京）动审字【2016】第001号
2	《侠岚精编版》	52	25	1300	北京若森数字科技有限公司	（京）动审字【2016】第002号
3	《阿毛故事》	26	12	312	北京承启文化传播有限公司	（京）动审字【2016】第003号
4	《童歌娃娃智斗黑风怪》	50	11	550	北京浩昊科技发展有限公司	（京）动审字【2016】第004号
5	《新年来啦之巨门再现》	26	13	338	北京国是经纬科技股份有限公司	（京）动审字【2016】第005号

续 表

序号	片名	集数	每集时长	片长	制作机构	许可证号
6	《中华美德故事(67—72集)》	6	22	132	北京妙音动漫艺术设计有限公司	（京）动审字【2016】第006号
7	《中华美德故事(31—66集)》	36	22	792	北京妙音动漫艺术设计有限公司	（京）动审字【2016】第007号
8	《英雄江格尔(1—7集）》	7	13	91	北京金朐智者文化传播有限公司	（京）动审字【2016】第008号
9	《灵域(1—5集)》	5	12	60	北京爱奇艺科技有限公司	（京）动审字【2016】第009号
10	《神明之胄(1—5集)》	5	13	65	北京爱奇艺科技有限公司	（京）动审字【2016】第010号
11	《决敌篇之侠岚》	26	25	650	北京若森数字科技有限公司	（京）动审字【2016】第011号
12	《雪域奇缘》	8	13	104	北京卡酷传媒有限公司	（京）动审字【2016】第012号
13	《守法小公民》	26	6	156	北京金麟基业文化发展有限公司	（京）动审字【2016】第013号
14	《幸福四合院之史海拾瑛》	26	6	156	北京金麟基业文化发展有限公司	（京）动审字【2016】第014号
15	《参宝第二季》	26	13	338	北京大土国际文化投资有限公司	（京）动审字【2016】第015号
16	《参宝第三季》	26	13	338	北京大土国际文化投资有限公司	（京）动审字【2016】第016号
17	《图腾领域》	52	12	624	光盒力量（北京）动漫科技有限公司	（京）动审字【2016】第017号
18	《巴图的奇妙旅程》	30	15	450	北京盛世金鹰国际传媒有限公司	（京）动审字【2016】第018号

续 表

序号	片名	集数	每集时长	片长	制作机构	许可证号
19	《中华治水故事》	26	13	338	中国水利水电出版社	（京）动审字【2016】第019号
20	《龙心战纪（1—9集）》	9	23	207	北京爱奇艺科技有限公司	（京）动审字【2016】第020号
21	《神明之胄（6—12集）》	7	15	105	北京爱奇艺科技有限公司	（京）动审字【2016】第021号
22	《龙心战纪（10—13集）》	4	23	92	北京爱奇艺科技有限公司	（京）动审字【2016】第022号
23	《猪迪克之古怪岛大冒险Ⅰ》	26	13	338	北京百视文化传媒有限公司	（京）动审字【2016】第023号
24	《漫虫记》	26	12	312	北京承启文化传播有限公司	（京）动审字【2016】第024号
25	《参宝第四季》	26	13	338	北京大土国际文化投资有限公司	（京）动审字【2016】第025号
26	《幸福四合院之京味儿趣玩》	26	6	156	北京金麟基业文化发展有限公司	（京）动审字【2016】第026号
27	《最可爱的人》	14	13	182	北京电视台	（京）动审字【2016】第027号
28	《弹叮铛历险记》	26	11	286	北京爱原创科技有限公司	（京）动审字【2016】第028号
29	《鹿精灵（1—26集）》	26	13	338	梦东方电影有限公司	（京）动审字【2016】第029号
30	《熊猫学堂》	70	5	350	汉雅星空文化科技有限公司	（京）动审字【2016】第030号
合计30部749集9858分钟						

（北京市新闻出版广电局宣传管理处）

部分电视剧制作机构作品一览表

北京紫禁城影业有限责任公司

剧名	集数	出品单位	联合摄制单位（全部）	制片人	编剧	导演	主要演员
王子咖啡店	40	北京紫禁城影业有限责任公司	星映亚艺影视传媒有限公司、北京京视传媒有限责任公司	梁国勇	刘小卡	苏　平	杨　玏 徐　璐

北京电视艺术中心有限公司

剧名	集数	出品单位	联合摄制单位（全部）	制片人	编剧	导演	主要演员
铁血军歌	39	北京电视艺术中心有限公司、上海银润传媒广告有限公司、北京瓯越文化传媒有限公司	北京电视艺术中心有限公司、北京军区政治部战友电视艺术中心、北京瓯越文化传媒有限公司	林　兵	宋志鹏 李　克 周　葵	沈　涛 韩小龙	陈键锋 陶昕然 鲁冠廷 宋允皓

北广传媒影视股份有限公司

剧名	集数	出品单位	联合摄制单位（全部）	制片人	编剧	导演	主要演员
想说原谅不容易	40	北京北广传媒影视股份有限公司、浙江东阳震之影视文化有限公司	浙江东阳震之影视文化有限公司	刘国华	王之理	于　震	于　震 边潇潇

海润影视制作有限公司

剧名	集数	出品单位	联合摄制单位（全部）	制片人	编剧	导演	主要演员
《北上广依然相信爱情》	44	海润影视制作有限公司、北京海润新力量影视制作有限公司、云静资本管理（鄂尔多斯）有限公司、北京乐娱文化传媒有限公司	海润影视制作有限公司、北京海润新力量影视制作有限公司、云静资本管理（鄂尔多斯）有限公司、北京乐娱文化传媒有限公司	徐　健	张建祺	李　骏 年晓杰	朱亚文 陈妍希（中国台湾） 张　铎 曾泳醍 王　新 李依玲 黄　超 丁志诚 马灿灿 鲍　晓 陈　迪
《爱情没有暂住证》	41	海润影视制作有限公司、光环影业有限公司、上海万枝投资管理有限公司	天宇时代文化传媒有限公司、嘉会义禾有限公司	郭江喜	王　芸	简　川 薛志鹏	高云翔 马　苏 练束梅 蔡宜达 赵小侨（中国台湾） 龚慈恩（中国香港） 段旭明 张经伟 滕丽名（中国香港）
《遇见爱情的利先生》	38	海润影视制作有限公司、北京影尚文化传媒有限公司	海润影视制作有限公司	阎　旻	祝　明	陈铭章（中国台湾）	陈　晓 周冬雨 刘雪华（中国台湾） 叶　青 贾景晖 肖　涵 黄丽娅 于效辰 陈晓萍 任　山 米　热 冯大路

续 表

剧名	集数	出品单位	联合摄制单位（全部）	制片人	编剧	导演	主要演员
《舒克的桃花运》	47	海润影视制作有限公司、东阳悦文嘉瑞影视传媒有限公司、泛亚盛世文化产业投资有限公司	浙江海润影视制作有限公司	岳 峪	吉 虹 于 森	张 峰	陈 晓 颖 儿 王紫逸 孙 松 啜 妮 陶 慧 赵晓苏 姜瑞佳 胡亚捷 陈 炜 李昕亮
《追捕者》	40	海润影视制作有限公司、中国广播影视出版社、上海数元影视传媒股份有限公司	海润影视制作有限公司、中国广播影视出版社、上海数元影视传媒股份有限公司	赵浚凯 徐 行 陈奕名	荆丽鹏 邹 涛	赵浚凯 崔俊德	陈 龙 王 珂 于和伟 何政军 王 茜 钱勇夫
《和平饭店》	42	海润影视制作有限公司、北京主题传奇文化传媒有限公司、海宁壹线影视文化发展有限公司、上海新海润文化发展有限公司	海润影视制作有限公司、北京主题传奇文化传媒有限公司、海宁壹线影视文化发展有限公司、上海新海润文化发展有限公司	朱洪波	张 莱	李 骏	陈 数 雷佳音 李光洁

北京华谊兄弟娱乐投资有限公司

剧名	集数	出品单位	联合摄制单位（全部）	制片人	编剧	导演	主要演员
就是爱你	52	北京华谊兄弟娱乐投资有限公司	北京华谊兄弟娱乐投资有限公司、浙江刘波影视传媒有限公司	刘　波	刘　波	鄢　颇	吴秀波 宋　宁 杜诗颖 唐艺昕
好久不见	44	北京华谊兄弟娱乐投资有限公司	上海耀客传媒股份有限公司、北京华谊兄弟娱乐投资有限公司	刘　韬	王宛平	金　晔	杨子姗 郑　恺 张国立 江　珊

北京小马奔腾壹影视文化发展有限公司

剧名	集数	出品单位	联合摄制单位（全部）	制片人	编剧	导演	主要演员
烽火连城决	30	北京小马奔腾壹影视文化发展有限公司	广州广播电视台、广州市星霖文化传播有限公司、苏宁环球传媒有限公司、浙江紫峰影视传媒有限公司、连城县文化产业发展有限公司、上海咚咚锵影视文化发展有限公司、北京聚影文化传媒有限公司	李立功	李晓丹	周耀杰	杜　江 蒲巴甲 杨　源 齐　奎 申军谊 杜奕衡 刘迪妮 史　超 杨　玥

北京东王文化发展有限公司

剧名	集数	出品单位	联合摄制单位（全部）	制片人	编剧	导演	主要演员
遇见最好的我们	16	北京东王文化发展有限公司	北京爱奇艺科技有限公司、北京小糖人文化传媒有限公司	戴　莹 朱振华	李　嘉	刘　畅	刘昊然 王栎鑫 谭松韵 董　晴

大唐辉煌传媒有限公司

剧名	集数	出品单位	联合摄制单位（全部）	制片人	编剧	导演	主要演员
我的爱情撞上了战争	46	大唐辉煌（霍尔果斯）传媒有限公司、大唐辉煌传媒有限公司、煌程影业（上海）有限责任公司、派乐影视传媒（天津）有限公司	大唐辉煌（霍尔果斯）传媒有限公司、大唐辉煌传媒有限公司、煌程影业（上海）有限责任公司、北京电视台、中国国际电视总公司、中国广播电影、电视节目交易中心、辽宁广播电视台	倪　娜 孙玖江	张永琛	潘　越	巩　峥 徐梵溪
下一站，别离	40	大唐辉煌传媒有限公司、于和伟（上海）影视文化工作室、上海千易志诚文化传媒有限公司、北京光彩世纪传媒股份有限公司、山东星点文化传媒有限公司、浙江艺能传媒股份有限公司	大唐辉煌（霍尔果斯）传媒有限公司	李　琼 小　雅 付云云	邓宥瑜 马　竞 巩智星	潘　越	于和伟 李小冉 邬君梅

北京鑫宝源影视投资有限公司

剧名	集数	出品单位	联合摄制单位（全部）	制片人	编剧	导演	主要演员
深海利剑	40	北京鑫宝源影视投资有限公司	海军政治部电视艺术中心、北京电视台、北京鑫宝源影视投资有限公司、星梦工场文化传媒有限公司、北京完美影视传媒有限公司联合出品	王　驿 李鸿立	冯　骥	赵宝刚	高旻睿 刘　璐 王　阳 金禹伯 徐　洋 王佳宇

书报刊出版

2016年北京市广播影视书报刊一览表

公开出版物

类别	报刊名称	主管单位	主办单位
周报	《北京广播电视报》	北京广播电视台	北京广播电视报社
周刊	《北京广播电视报•人物周刊》(2016年4月停刊)	北京广播电视台	北京广播电视报社
周刊	《北京电视》周刊（2016年4月以后改名为《北广人物》）	北京广播电视台	北京广播电视报社
周报	《新广播》报	北京人民广播电台	北京人民广播电台
年刊	《2016北京广播影视年鉴》	《北京广播影视年鉴》编委会	北京市新闻出版广电局
年刊	《2016北京电视台年鉴》	北京电视台	北京电视台

类别	书籍名称	主管单位	作者	出版单位
图书	《北京广播影视发展研究文集(2015年)》	北京市新闻出版广电局	北京广播电影电视研究中心汇编	北京出版社 出版时间：2016.12
图书	《北京电视台发展研究文集(2015年卷)》	北京电视台	北京电视台编著	北京广播影视出版社 出版时间：2016.12

内部出版物

类别	报刊名称	主管单位	主办单位
月刊	《北京广播影视》	北京市新闻出版广电局	北京市广播影视学会
半月刊	《宣传业务》	北京人民广播电台	北京人民广播电台总编室
半月刊	《听众反映专辑》	北京人民广播电台	北京人民广播电台总编室
月刊	《电视文摘》	北京电视台	北京电视台研发部
月刊	《影博 · 影响》	中国电影博物馆	中国电影博物馆
月刊	《北京广播影视决策参考》	北京市新闻出版广电局	北京广播电影电视研究中心
月刊	《锐—国际电视节目模式》	北京电视台	北京电视台研发部
月刊	《BTV观察》	北京电视台	北京电视台研发部

2015年北京市广播影视书报刊简介

《北京广播电视报》

《北京广播电视报》创刊于1979年9月，是面向家庭，以导听导视为主的全方位的生活服务型周报。2016年《北京广播电视报》坚持自身定位，积极配合北京人民广播电台、北京电视台以及总台所属歌华有线、移动电视等兄弟单位做好宣传服务工作，做好百姓收视指南、养生保健服务方面的报道；努力加强评论的力度，除加强主评论策划外，还着力于增加评论的种类、样式及人员参与的广泛性，保持评论版的多样性风格，使有特色的评论成为两报一刊的旗帜性版面。4开40—48版。

《北京广播电视报》2016年第5、6期合刊封面

（北京广播电视报社）

《北广人物》

《北广人物》创刊于2016年4月，由原《北京电视》杂志更名而来，是一本面向广大中老年读者，以报道广播电视节目中的人物和人物中的新闻，用故事解读人生，在人生中寻觅故事，用真善美的情操感染人，以奋斗进取的精神鼓励人的杂志。

《北广人物》采用全新报道模式，封面文章和新闻部分重点选题采取策划前置、中长期重点选题储备制度，原创内容成倍增加。同时，突出新闻第二落点，突出角度的创新，新闻人物报道领域更宽，内容更丰富。4开56页。

《北广人物》2016年第16期封面

（北京广播电视报社）

《2016北京广播影视年鉴》

《2016北京广播影视年鉴》是由北京广播影视年鉴编委会编纂（北京市广播电影电

视局主持，北京广播电视台、北京人民广播电台、北京电视台、中国电影博物馆、区县文委及广电中心等协编）的一部资料工具书，创刊于2005年，每年编纂一卷，由中国广播影视出版社公开出版发行。

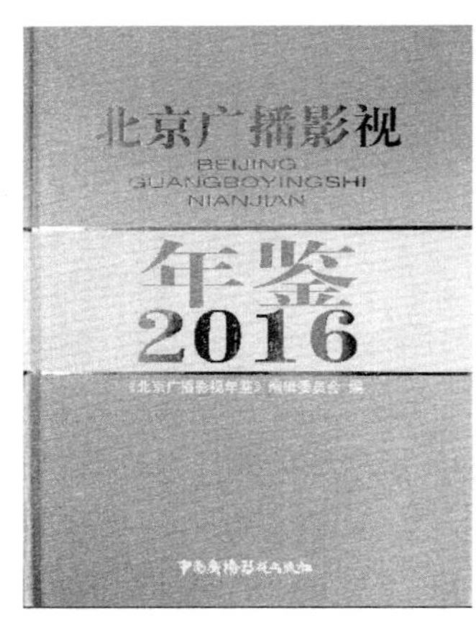

《北京广播影视年鉴》以马克思列宁主义、毛泽东思想、邓小平理论、“三个代表”重要思想、科学发展观为指导，坚持实事求是的编辑方针，贯彻“贴近实际，贴近生活，贴近群众”的编纂原则，全面反映北京市广播影视的基本情况和发展变化风貌，客观记述上一年全市广播影视业的新情况、新资料，为广播影视研究、决策服务，为广播影视大发展大繁荣服务。

2016年《北京广播影视年鉴》版为第12卷，共有19个栏目：图片、专项纪事、概况、频率频道、节目栏目、产业发展、新媒体、技术、电影、电视剧、书报刊出版、受众调查、组织机构、获奖作品、典型经验、交流合作、统计、大事记、索引等。全书65.8万字，发行1200册。国内书号：ISBN 978-7-5043-7827-9。

（北京市广播电影电视局史志办）

《北京广播影视》

2016年，《北京广播影视》期刊反映北京市新闻出版广电局紧跟以习近平为核心的党中央的战略部署，落实北京市委市政府的各项中心工作的情况；努力发现和展现北京广播影视行业发展的新特点，多角度报道北京广播影视行业同仁们的探索与实践；随着反腐的不断深入，期刊组织和发表各级党组织和党员学习有关文件精神的体会文章；反映北京市广播影视协会工作动态；全年共刊

登各类文章300多篇；发挥作为北京市广播影视行业发展交流和展示平台的作用。

对电影和电视剧创作的关注逐渐加强。《影视观察》栏目的内容逐渐丰富。电影节依然是期刊重点报道的内容，共组织9篇文章，近4万字。每期都保证至少有一篇电视剧的评论文章，全年共刊登电影电视剧剧评39篇，约18万字。北京春、秋季电视节目交易会，编辑部都派出编辑全程跟踪，及时反映活动进展情况及理论探索成果。媒体融合是当前广播影视行业的大趋势，期刊开辟《网络视听》栏目，迅速反应相关动态以及相关的探索与实践，全年共刊登文章30多篇。

媒介管理、节（栏）目的创新，在《媒介管理》和《业者探究》栏目充分展

示，全年共刊登此类稿件66篇，约20万字。坚持积极反映区属广电媒体创作，基本保证每期刊登1篇稿件。

（北京市广播影视学会）

《新广播报》

《新广播》报是北京电台投资出版的一份周报。主要报道听众关心的北京电台动态消息、重要活动，推介重点广播节目，介绍广播技术、新发展，讲述广播人台前幕后的故事，刊登听众对广播节目、活动的互动评议，以及依托广播节目内容的生活服务资讯等。

2016年，《新广播》报更多体现“新”的特点，以“新版式”展现别样风采。以“新媒介”开拓传播渠道。

新版式活泼时尚。《新广播》报在排版和色调上做出大幅改变，展现全新面貌，更多的利用插画、照片、图表、留白等手段，使版式更加活泼时尚，阅读起来更加轻松愉悦。

新媒介青春动感，“新广播”官方微信号在原有基础上做出新调整，着力打造“青春动感”的广播阅读平台。微信号在每周三和周五推送两次，两期微信相辅相成，提供更有趣的内容，增强与听众、读者之间的联络。

（北京人民广播电台）

《宣传业务》

《宣传业务》是由北京人民广播电台总编室主办，旨在促进台内外业务学习、交流的内部刊物。创刊于1992年1月15日，半月刊、标准16开，2016年1月起改为月刊。截至2016年12月，共编印600期。刊物下设栏目：专稿、专家评议、业务漫谈、探索与研究、体会与心得、听众论坛、业务动态等。

《宣传业务》作为北京人民广播电台的内部业务刊物，既是业务交流的园地，也是学术、理论探讨的阵地。办刊20年来，北京电台广大采、编、播人员及各相关职能部门紧密联系工作实际，全方位开展业务交流、学术探讨，撰写了许多优秀的理论文章。

（北京人民广播电台）

《听众反映专辑》

《听众反映专辑》由北京人民广播电台总编室主办，听众服务中心负责编辑出版，是北京电台反馈听众意见的内部刊物。该刊于1994年1月创刊，半月刊（“听评月”活动期间可增刊），标准16开。截止到2016年12月31日，累计出刊741期。2016年《听众反映专辑》全年出刊50期（含《听评月专刊》和《广播评议员专刊》），约100万字。

该刊遵循“精说成绩、细挑毛病、多提意见、建言献策”的方针，客观反映听众意见，刊载听众对北京电台的意见和感受，为北京电台与听众沟通起到桥梁作用，为北京电台调整节目、提高节目质量提供积极、客观的参考。

2017年，刊物以专业广播分类设置有“新闻广播”“城市广播”“故事广播”等栏目，同时还不定期设有“综合评议”“听众服务热线摘编”“短信精选”“微信公众平台摘编”及“正音正字”“听友交流”“北京广播网”等栏目，并定期编印《听评月专刊》和《广播评议员专刊》。

（北京人民广播电台）

《电视文摘》

《电视文摘》杂志创刊于1998年1月1日，由北京电视台主管、研发部主办，属内部出版刊物。办刊宗旨是荟萃信息精华，浓缩真知灼见。2007年底，该刊从内容编辑、栏目定位、版面设计等方面进行改版。刊物的主要内容有：动态传真——电视界重要会议、重大改革举措、频道栏目建设以及经营管理等方面的最新动态；理论研究类——媒体改革探索、发展战略研究、节目经营管理、频道栏目理论文章及部分受众包括专家学者对电视发展、建设的建议和评论；业务指导类——电视台具有影响的节目策划、运作、选题和广告经营发展方面的经验；人物介绍类——电视从业人员成长过程、创业经历、个性特点和开拓精神；海外信息类——世界各国电视行业的发展现状、机构设置、管理模式及最新节目动态。刊物现为月刊，大16开，64页，每期印制500册。

（北京电视台）

《锐—国际电视节目模式》简介

北京电视台研发部内部刊物《锐》创刊于2007年，原名《欧美电视节目样态》，双月刊；2009年改名为《锐》，单月刊。截至目前为止，《锐》已经内部出版近百期。发放的范围为台领导、总编室、广告部和各节目中心。

《锐》刊物内容主要依托于研发部每年向境外机构订购的欧美电视节目动态以及欧美电视节目发展趋势等相关信息。从2011年起，《锐》的“观察与专题”版块容纳研发部与中国传媒大学电视与新闻学院合作对国内、国际电视节目动态及电视节目研究的相关成果。刊物主要由趋势、动态、模式、观点调查、专题等若干个板块构成。

2016年《锐》杂志主动策划“全媒体环境下地面频道盈利模式探讨”“‘媒介融合’与‘互联网＋’双重语境下地面频道的场景运营”“地面频道节目运营策略采访”“生活服务类节目的转型与融合”“日本综艺节目溯源与现状”“互联网环境下脱口秀节目发展研究”“国际垂直媒体发展的经验启示”等针对地面频道经营以及省级卫视节目模式研发升级的专题。2016年4月戛纳春季电视节过后，《锐》杂志与国内电视研究团队沟通、组稿，形成“2016年戛纳电视节最新推介节目”和“从戛纳春季电视节世界电视模式的发展趋势”的专题内容。

（北京电视台）

《影博·影响》

《影博·影响》(中国电影博物馆馆刊)是中国电影博物馆主办的一份独具特色的电影类综合性内部刊物，其宗旨是传播电影文化，拓展博物馆公共文化职能，开展社会教育，服务观众和行业人士，为观众和业界搭建交流渠道。

密切关注电影发展动态，宣传推广优秀国产影片，积极开展与业界的联系与交流，发挥好桥梁纽带作用。重点报道《长城》《罗曼蒂克消亡史》《追凶者也》《太阳河》《我不是潘金莲》《北京遇上西雅图之不二情书》等国产影片创作情况，报道了第六届北京国际电影节、第19届上海国际电影节、第25届中国金鸡百花电影节等国内重要电影活动。

围绕年度重点主题，分别策划中国电影2015年回望、中国电影的发展态势及未来前瞻、2015中国电影市场特征、国产惊悚电影的发展、巨幕电影：引领电影高新技术格式时代、中国电影衍生产业观察、网络大电影的发展现状与产业意义、影院的新时代及未来前瞻、影游互生与内容共赢、电影中的长征——纪念长征胜利80周年、电影教育与产业发展、自媒体影评新生态12期专题。重点报道了翟俊杰、霍建起、曹保平、穆德远、叶宁、忻钰坤、黄百鸣、陈逸恒等多位影人的艺术创作和近况。

大力宣传馆办的各类重要活动。全面报道了北京国际电影节“探寻电影之美高峰论坛——喜剧电影的魅力”，第七届少儿配音大赛，“中国电影国际巡展”，“影博·影人专题展五：燃烧的汪洋”，黄建新电影作品展映等国内影展，俄罗斯电影周等国际影展，以及电影大讲堂、光影知识乐园等特色活动和品牌活动。介绍馆内藏品的征集故事，刊载回忆电影人及电影往事的文章。

2016年，《影博·影响》出刊12期，每期印发2000册。在内容方面继续突出学术性、专业性，策划、影评、研究和史料类等栏目质量均得到提升，文博特色得到初步体现。

(中国电影博物馆)

《北京广播影视决策参考》

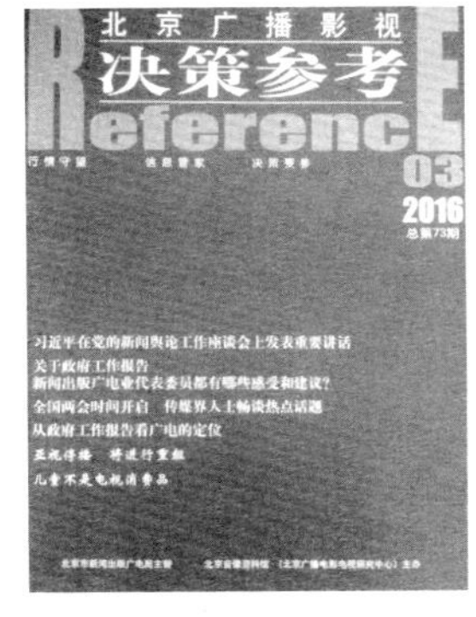

《决策参考》封面

《北京广播影视决策参考》月刊是由北京市新闻出版广电局主管、北京音像资料馆(北京广播电影电视研究中心)主办的新闻出版广播影视研究性期刊，内部刊物。本刊紧围绕“行情守望、信息管家、决策要参”的功能定位，包含“动态与趋势”“创作与生产”“运营与管理”“监管与服务”“观察与思考”“特别刊载”“政策解读”“域外视点”等栏目。

(北京广播电影电视研究中心)

《北京广播影视发展研究文集(2015年)》

《北京广播影视发展研究文集(2015年)》，是由北京市新闻出版广电局主管、北京音像资料馆（北京广播电影电视研究中心）汇编、北京出版社出版的理论研究性图书。2015年的文集共采用73篇文章69万字，优选编辑来自局、集团、两台一馆和区县广电中心的优秀研究成果及重大课题。出版社：北京出版集团公司北京出版社；出版时间：2016年12月；编者：北京音像资料馆（北京广播电影电视研究中心）。

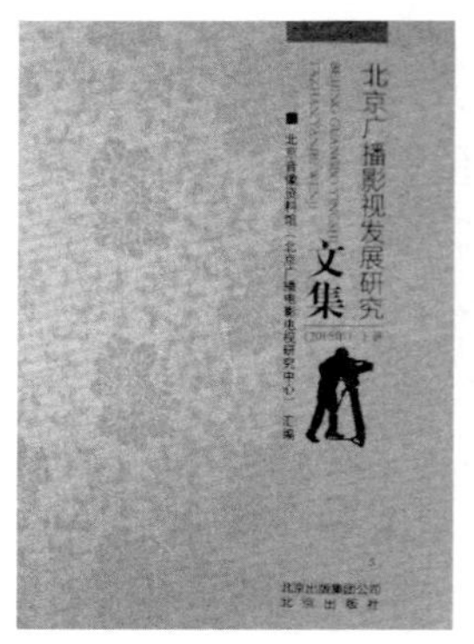

（北京广播电影电视研究中心）

受众调查

2016年北京人民广播电台广播节目受众调查情况

根据索福瑞北京地区广播收听数据，对北京广播节目受众情况做如下分析：

一、北京广播市场发展情况

北京广播市场整体收听率连续四年基本稳定。从索福瑞九年的收听数据来看，北京广播市场从2008年起整体收听率逐年下降，到2010年降至最低点。在经历了2011年的短暂回暖之后，2012年、2013年持续下降，2013年至2016年，北京广播市场整体收听相对稳定，起伏波动不大。2016年为4.943%，与上一年相比略有下滑。

听众规模、收听时长有所减少。2016年听众规模、收听时长较上一年有所下滑。在听众规模方面，2016年北京全年累计有718.2万人收听过广播，比2015年减少63.2万人；平均每天有436万人收听广播，比2015年减少36.5万人。在人均收听时长方面，2016年听众平均每天收听广播时长134分钟，比2015年减少0.2分钟。

早间和晚间时段收听率有所下滑，其他大部分时段较为平稳。从24小时分时段情况来看，2016年较2015年，早高峰07：00–08：00，晚高峰17：30–18：30两个时段收听率下滑相对明显，其他各个时段收听普遍与上年同期几近持平，变化不大。

二、北京广播市场三大台竞争情况：北京电台份额显著攀升；中央电台、国际电台下降明显

2016年北京电台的市场份额达到75.269%，与2015年相比提升3.665个百分点。中央电台2016年市场份额再度下滑3.352%，至19.323%。国际电台自2013年以来市场份额持续下滑，2016年继续下降28.339%，降至3.025%。

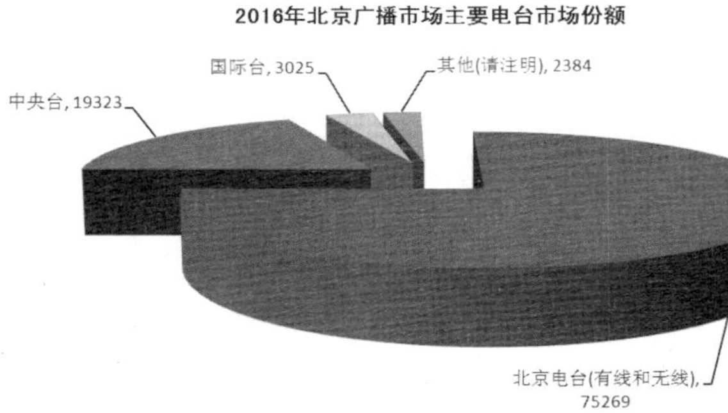

2016年北京广播市场主要电台市场份额

数据来源：索福瑞北京地区广播收听数据

从听众规模来看，2016年北京电台全年累计听众达到683.1万人，比2015年下降54.3万人，降幅为7.36%；中央电台听众规模为384.1万人，比2015年下降了66.0万人，降幅为14.66%；国际电台听众规模从2015年的192万人下降到2016年的140.2万人。三大电台听众规模均有下滑。

从听众人均收听时长来看，北京电台、中央电台2016年收听分钟数分别为121.3分钟和111.7分钟，较上一年有所提升；国际电台听众平均收听时长有所下滑，比2015年减少2.0分钟，为94.1分钟。

从整体的收听率和市场份额表现来看，北京电台收听率略有下滑但市场份额略有提升，与2015年相比收听率降幅为0.39%，

达到3.72%，市场份额上涨5.12%，达到75.27%；中央电台略有下降，收听率降幅为8.43%，至0.96%，市场份额下降3.35%，至19.32%；国际电台受到收听时长萎缩的强烈影响，收听率下降32.05%，至0.15%，市场份额下降28.34%，至3.02%。

三、北京广播市场各频率竞争态势：排名前五的频率份额排名与上年持平

2016年北京电台交通广播市场份额略有下滑，但仍然保持大幅领先。2016年交通广播市场份额达到28.323%，较2014年下滑了1.272个百分点。

北京电台文艺广播依然稳坐市场份额排名第二的位置，市场份额提升了2.795个百分点，从2015年的13.575%升至2016年的16.370%。

北京电台新闻广播2016年依然排在第三位，市场份额略微提升0.222个百分点，达到10.328%。

北京电台音乐广播2016年份额较2015年略有下滑，为8.224%，排名第4位；中央电台中国之声2016年市场份额下滑1.426个百分点，市场份额4.792%，排名第5位。

中央电台经济之声市场份额上涨1.215个百分点，达到4.588%，排名上升1位，排至第6位。中央电台文艺之声市场份额排名提升2位，排至第7位。北京电台城市广播排名提升3位，排在第10位。北京电台体育广播排名未变，排在第8位。中央电台音乐之声排名有所下滑，下滑3位，至第9位。

北京电台娱乐广播、故事广播份额排名有所提升，分别为11位和13位；中央电台劲曲调频、环球资讯广播、老年之声份额排名有所下滑，分列14至16位；北京电台轻松调频、爱家广播份额排名有所下滑；北京电台外语广播、中央电台乡村之声排名提升；其他频率排名保持不变。

2015—2016年北京广播市场22个频率市场份额变化情况（%）

频道	2016年	2015年	差值	2016年排名	2015年排名	排名变化
北京人民广播电台交通广播（FM103.9/CFM95.6）	28.323	29.595	-1.272	1	1	→
北京人民广播电台文艺广播（FM87.6/CFM93.8）	16.370	13.575	2.795	2	2	→
北京广播电台新闻广播（FM100.6/AM828/CFM90.4）	10.328	10.106	0.222	3	3	→
北京人民广播电台音乐广播（FM97.4/CFM94.6）	8.224	8.248	-0.024	4	4	→
中央人民广播电台第一套节目中国之声	4.792	6.218	-1.426	5	5	→
中央人民广播电台第二套节目经济之声	4.588	3.373	1.215	6	7	↑
中央人民广播电台第九套节目文艺之声	3.194	3.051	0.143	7	9	↑
北京人民广播电台体育广播（FM102.5）	3.135	3.314	-0.179	8	8	→
中央人民广播电台第三套节目音乐之声	2.903	4.311	-1.408	9	6	↓
北京城市广播（FM107.3/AM1026/CFM91.9）	1.386	1.272	0.114	10	13	↑
中央人民广播电台娱乐广播	1.335	0.240	1.095	11	18	↑
中央人民广播电台第四套节目都市之声	1.287	1.586	-0.299	12	12	→
北京人民广播电台故事广播（AM603/CFM89.1）	1.190	1.109	0.081	13	14	↑
中国国际广播电台劲曲调频（CRI HIT FM）	1.122	1.715	-0.593	14	11	↓
中国国际广播电台环球资讯广播（FM90.5/AM900）	1.100	2.068	-0.968	15	10	↓
中央人民广播电台第十套节目老年之声	0.506	0.701	-0.195	16	15	↓
中国高速公路交通广播（FM99.6）	0.446	0.410	0.036	17	17	→
中国国际广播电台轻松调频（CRI EASY FM）	0.441	0.438	0.003	18	16	↓
北京人民广播电台外语广播（AM774/CFM97.8）	0.361	0.198	0.163	19	20	↑
中央人民广播电台中国乡村之声	0.227	0.105	0.122	20	21	↑
北京人民广播电台爱家广播（AM927/CFM92.7）	0.059	0.201	-0.142	21	19	↓
北京人民广播电台动听调频（Metro Radio Fm94.5）	0.059	0.069	-0.010	22	22	→

数据来源：索福瑞北京地区广播收听数据

2016年市场份额排名前五的频率是：北京交通广播、文艺广播、新闻广播、音乐广播和中央电台中国之声。这5个频率占据了近七成的市场份额，剩下三成的市场份额由余下17个频率瓜分。2016年市场份额排名前五的频率占据68.037%的市场份额，与2015年的67.742%相比有所提升。

2016年北京广播市场22个频率市场份额分布图（%）

娱乐广播，1.335
环球资讯广播，1.100
高速公路广播，0.446
轻松调频，0.441
城市广播，1.386
劲曲调频，1.122
老年之声，0.506
外语广播，0.361
乡村之声，0.227
音乐之声，2.903
故事广播，1.190
动听调频，0.059
都市之声，1.287
爱家广播，0.059
体育广播，3.135
文艺之声，3.194
交通广播，28.323
经济之声，4.588
中国之声，4.792
音乐广播，8.224
新闻广播，10.328
文艺广播，16.370

四、北京电台听众构成：高收入听众比例逐年增多

北京电台2016年男女听众比例分别是50.9%、49.1%，近三年变化不大。

从年龄方面看，听众更年轻了。40岁以下的听众比例有所增加，其中，20岁以下听众比例上升0.7个百分点；21—30岁听众比例有所下滑；31—40岁听众比例上升1.2个百分点。40岁以上听众中，41—50岁、51—60岁听众比例分别下降3.0、0.1个百分点。

听众的收入构成进一步优化，低收入听众比例继续下降，中高收入听众比例大幅提升。个人月收入3000元以下的听众比例占比仅为三成；个人月收入3001—5000元和5001—8000元的群体占比分别上升3.7个和2.4个百分点，达到44.9%和15.8%，中等收入群体已经连续五年呈上升趋势；个人月收入8000—10000元的高收入人群达到5.1%。

听众的职业构成上，公务员和白领阶层虽占比略有下滑，但依然是中坚收听群体。

（北京人民广播电台）

关于北京电视台2016年春节联欢晚会的调查与分析

北京电视台2016年春节联欢晚会全国35城市收视率2.08%，北京地区合计收视率22.06%，北京卫视全天全国排名第一，全国同时段春晚收视第一。2016年的北京电视台春晚，以“家家好，国家好”为主题，用浓浓的家国情怀和北京特色为观众奉献上一道有创意、有温度、有笑声、有感动的新春视听盛宴。为了总结这次春晚的创作经验，听取观众特别是专家学者的意见，北京电视台研发部约请本台的专家顾问对晚会进行全程观看，并对晚会的艺术特点和传播效果进行分析点评。

情感朴实的北京电视台春晚

喻国明（中国人民大学新闻学院教授、新闻与社会发展研究中心主任）：给北京台春晚点个大大的赞。春晚的立意必须回到这一民俗的“原点”上：阖家欢乐、辞旧迎新。家是基点，亲情友情爱情是它的呈现方式，底层的生活逻辑是它的精神血脉。北京电视台的春晚之所以被大家叫好就在于它情感朴实，不张扬不拔高。最可贵的，是里面有过年的传承里那些实实在在的东西：民俗，亲情，家长里短，以及爱。这是一台给老百姓看的晚会。它的主题定位是准确的：“我的世界只有你，有你才叫家……”。从北京台收视的火爆说明老百姓还是更多需要放松的文化产品消费，想传播还是要懂传播心理学，硬塞还不如不塞，润物细无声才是真正高手。

从容自信的大台气质

郎劲松（中国传媒大学新闻传播学部教授、影视创意与媒体运营研发中心副主任）：主题立意高。一部经典、两代猴王、三大主题，晚会既有京腔京味更有家国情怀。《西游记》是贯穿整台晚会的中华故事和经典场景，六小龄童和张卫健两代猴王以不同方式穿梭始终，特别是六小龄童作为最大悬念，让观众期待他的“大圣归来”，成为晚会的亮点和高潮，表现出向传统经典和向老艺术家致敬的高立意。文化北京、现代北京、国际北京是晚会的三大主题，同时将“一带一路”“中国梦”“京津冀协调发展”等内容在或国际化、或本土化的节目中画龙点睛地呈现，质朴中不失宏大，接天线与接地气相得益彰。

本土特色浓。本土艺人、本色出演、本位传播，体现出文化的自信和生活的温度。春节是传统节日，春晚应体现民族文化和传统文化特色。相比各电视台春晚的“明星大PK，砸钱大比拼”的土豪气，北京电视台显示出从容自信的大台气质，以本土艺人主打，以北京人喜闻乐见的艺术形式为主，特别是注重了老中青的代际传承、老北京的文化传播，表达出对家庭、对国家的深情。

创新意识强。开场别致，先声夺人，让观众“一见钟情”。开场由常见的演播室内景录播模式创新为演员入场过程的外景直播模式，带入感强烈，一镜到底，现场感和互动感十足，以长镜头吸引观众视线目不转睛进入晚会现场。演播室现场“天上人间，共迎猴年”的蟠桃宴氛围扑面而来，以《西游记》的故事让观众立刻产生共同语境下的情感共鸣。另外，整台晚会突出联欢的喜庆和自在，节目编排启承转合自然流畅，舞台舞美不奢华却充满现代感和技术含量。

“大闹天空”的北京电视台春晚

陆地（北京大学新闻与传播学院教授、博士生导师、北京大学视听传播研究中心主任）：北京电视台的猴年春晚“猴”味十足。猴的特性主要有四：好动、多变、聪明、喜性。这台春晚基本符合这些特性，自然可以“大闹天空”了。

满场猴戏。要想体现“好动”的特性，节目中没有“猴子”是不行的。但是，这些

“猴子”是不可能从动物园牵来的，只能靠与“猴”有缘的人来实现。于是，北京电视台先是邀请了曾在影片《西游降魔》中饰演过孙悟空的黄渤披挂上阵，出任猴年春晚的推广大使，“上蹿下跳”。接着，出演过86年版电视剧《西游记》、96年TVB版《齐天大圣孙悟空》孙悟空形象的六小龄童、张卫健纷纷亮相，各逞“猴艺”。这还不够“好动”，于是，导演又安排京剧名角裘盛戎之孙裘继戎与世界街舞冠军肖杰合作了一段精彩的舞蹈——《真假美猴王》，乐翻全场。

四面埋伏。猴子的多变怎么在晚会上表现呢？北京台的春晚首先在舞台的不断变化上动起了脑筋，将传统晚会的一面舞台变成四面舞台、立体舞台。舞美将BTV大剧院的后台、耳台、甚至观众席都变成了春晚的舞台，整个剧院近三千平米都变成了节目现场，而且营造出了一种天宫的感觉。舞台上设置的9大升降台，好像9只灵活的猴子，上下翻飞，不但自身成为一景，而且让整个节目呈现出全方位而又错落有致的透视感。

锐意创新。猴子的聪明表现在节目上就是创新。京视猴年春晚的节目可谓是创意不断。最显著的特色就是“混搭”。比如，相声节目《吴李取闹》，偏偏把一个普通话都说不好、以形体演技为特长的香港著名演员吴镇宇和“京片子”李菁合在一起说学逗唱，“笑果”自然不错。以演唱校园歌曲蜚声中外的王洁实在春晚节目中“一反常态”，跟何云伟、王玥波、应宁等合作表演了相声《告猴儿》，果然“说得比唱得好”。

三位年过古稀的歌唱家李光羲、刘秉义、杨洪基一直是北京台春晚的常客，今年意想不到地唱了一首柔情似水的《摇篮曲》。老艺术家唱童谣，不但体现了一种对照和反差，而且显示了三位老者的艺术多样性。

在众多仙女簇拥下飘然而至的四大天王，原来竟是高矮胖瘦、参次不齐。巴特尔、何云伟、孙明明和陈龙往舞台上一站，一语不发，就赢得了满场的笑声。

至于猴子的“喜性”，则在京视春晚对“家”的主题选择和舞台设计、服装、道具、音乐配置以及节目内容中，几乎无时不显、无处不现。

一台关注需求侧的猴年春晚

刘燕南（中国传媒大学传播研究院教授、博师生导师、受众研究中心主任）：北京卫视的猴年春晚带我们回到最原初的过年民俗：人情亲情接地气；温暖、团圆、大联欢。同样是主旋律，北京电视台的春晚，称得上是一台真正关注和适应需求侧的晚会，无疑更具正能量。

强调观众视角，突出“猴元素”传播。所谓观众视角，就是“观众想看什么”和“观众要看什么”两个关键。2016猴年新春，盼望“大圣归来”是诸多观众的心之所愿。北京台在“猴”元素上做足文章：86版《西游记》的六小龄童、TVB版《西游记》的张卫健、95年《大话西游》中的唐僧罗家英以及2015年大电影《万万没想到：西游篇》主题曲演唱者贾乃亮等，都作为演出嘉宾现身晚会。此外，相声《告猴儿》《新西游说》、舞蹈《真假美猴王》等节目都将“猴元素”浓墨重彩了一番。

最是感怀家国情。国与家的协调与统一，是中国人传统思维中最核心的价值图腾，猴年北京卫视春晚将“家是最小国，国是千万家”的理念放大，强调每一个家庭的小幸福聚成了整个国家的大幸福。晚会开始前播出的“百位百岁老人宣传片”，百人百岁，意蕴深远，隐含着祝福和祈愿。立足朴实的亲情，展现家国情怀的内在逻辑，用老百姓喜闻乐见的形式传递丰富的精神内核，是这台春晚的可贵之处。

无论是六小龄童章金莱后台再现“章氏猴戏脸谱”，还是《大宅门》剧组用小品加脱口秀的方式引出介绍“燕京八绝”的八位手艺继承者，包括北京琴书大师关学曾的孙女关晓彤、梨园世家京剧名角裘盛戎之孙、裘少戎之子裘继戎都在北京台春晚上演绎了经典。这些节目中透露出的恰恰是“家”的内涵与“国”之大义：传承——传承猴王精神、传承京韵文化、传承中国艺术……，由此勾勒出一幅血脉相承、继往开来的家国新图景。

总之，北京台打造的猴年春晚，将“猴味儿”“京味儿”“年味儿”“人味儿”四味合一，呈现出一台接地气、关注需求侧的春晚。文艺本就是老百姓精神的火光，春节晚会这场盛宴更应成为引导精神前途的灯火。只有站在观众需求的角度，才能反映出中国老百姓最渴望的幸福百态。

丙申的盛宴，时代的欢歌

高晓虹（中国传媒大学新闻传播学部学部长）：大年初一，北京台春晚亮相荧屏，为我们烹制了一道立足北京、辐射中华、传承文化、互动四方的文化盛宴，塑造了一部色彩浓郁、民心所向、传播力强的艺术作品。

传递家国情怀的仪式化传播。北京台春晚以“家家好，国家好”为主线，我们看到，老艺术家携孙辈共同上春晚，中年歌唱家三口齐聚登舞台，追怀既往，感慨时光，唱响了“小家庭汇聚大幸福，家家好才能国家好”的时代旋律。这一晚，没有束之高阁的“汇报演出”，也不是一场简单粗浅的“全民狂欢”，而是巧妙地将家国情怀融入其中，将民众的生活感知带入了一个公共的、集体的共鸣空间，使晚会本身成为现代国家和人民大众互为关照、水乳交融的情感仪式。

凸显猴年京味的特色化传播。正值丙申猴年，北京台春晚以《师傅来了》打头阵，以六小龄童为“符号”，讲述章氏家族几代人的“猴戏故事”，将传统文化与猴年特色相呼应。此外，晚会聚焦北京的“前世今生”，不仅有“大宅门”的老朋友带来老北京的“燕京八绝”，也有90后的北京姑娘关晓彤唱起《前门情思大碗茶》。这可不是几张简单的“明星牌”，而是皇城记忆与时代发展的巧妙结合，是京城文化与现代传承的相得益彰。

聚焦百姓心声的人性化传播。在北京台春晚，106岁的新疆奶奶让人难忘。当主持人问及新年心愿，她说：看天安门，上春晚！电视画面上，百岁奶奶在儿孙的搀扶下登上天安门，又切回到舞台布景的艺术空间，老人情不自禁走上舞台献上了一段新疆舞……一个饱含深情的世纪老人，一个追求美好的边疆百姓，一个有血有肉的春晚人物让人肃然起敬。

多媒介共分享的艺术化传播。多屏互动的媒介环境创造了新的收视行为，改变了家庭成员对于共同事件的参与和体验，以致于全家看春晚却各有各的方式。就北京台春晚而言，一方面，它仍然保持了电视传播的表达优势，比如，“一镜到底”的戏剧化开场设计、灯光舞美打造的猴年蟠桃盛宴等。另一方面，晚会也认识到了电视线性传播的制约和限制，通过网络在线直播、微博话题送祝福、抢红包发福利等方式，引导观众使用不同平台、不同渠道参与春晚互动，初一下午，北京台春晚的微博访谈开讲10分钟，即冲入综艺榜第一名。新媒介为传统春晚注入了新的活力和趣味性。

想观众所想才是办好春晚的关键

于秀娟（国家新闻出版广电总局发展研究中心政策研究所副研究员）：根据央视索福瑞数据统计，2016年北京卫视在全国35城市的收视率为2.08%，市场份额为6.34%，创历史新高。而且蝉联收视率、微博互动、微信互动，三项核心数据第一，蝉联省级卫视春晚三连冠。

猴年主题欢乐祥和。2016年北京台春晚多个节目围绕“猴”的概念，将多部《西游记》影视剧、多版孙悟空的演职人员请到现场表演节目，尤其是伴随几代人长大的美猴王扮演者六小龄童“大圣归来”现场变装，激发起观众对经典影视剧带来的美好回忆。港版“孙悟空”张卫健长达数分钟的开场说唱迅速将电视机前的观众带入现场欢乐的海洋，相声《告猴儿》《西游新说》，裘继荣、肖杰的舞蹈《真假美猴王》等，这些与“猴”有关的节目贯穿晚会、前后呼应，表现形式热闹、时尚且极具观赏性，致力于打造喜庆的节日氛围。春晚Logo也由“猴、2016”构成，猴的身体与数字融为一体，同时演化出祥云、寿桃等吉祥意象，生动活泼，寓意鲜明。

内容平实接地气。整台晚会内容设置以观众为上，既重明星效应，又重草根情怀；既重节目编排，又重舞美时尚。既请来萧敬腾等当红明星，又有新疆百岁奶奶等普通百姓；既有京剧、评弹等传统艺术，也有说唱、街舞等流行艺术。无论从演员选择还是节目编排设置上都能够做到兼顾不同年龄段观众的需求，无论是反腐题材还是情感题材都说出了百姓的心声，确实是一场为百姓举办的晚会。

情感设置温暖有爱。晚会抓住“家家好，国家好”的主题，将个人与社会、国家紧密关联。高晓攀、刘洪悦的爱情题材小品《恋爱倒叙》，嘻哈五虎将表演的《相亲公园》，看似小格局，其实真切自然，只有每个人的婚姻幸福、家庭稳固，整个社会才有可能安定和谐。春节是举家团圆的时刻，演职人员也希望能够和自己的家人共享天伦之乐。节目组安排杨洪基等老一辈艺术家和自己的孙辈共同登台演唱，付笛声、任静夫妇也带上儿子一起演唱经典歌曲《知心爱人》，这种安排既是配合主题表达的需要，也凸显了人文关怀。整台晚会的情感点设计张弛有度，有笑有泪，有起有伏，更关键的是无论笑泪、起伏，都发自观众内心深处，而不是隔靴搔痒。

艺术形式创新性强。本台晚会注重创新，艺术形式新颖。开头的“一镜到底”时尚、热闹，迅速营造欢乐气氛，大受年轻人的欢迎，考验演员功力的同时也折射出导演的创新精神。《野蜂飞舞》让8岁的小钢琴手与歌星郭峰比赛钢琴弹奏速度，节目运用数字技术，将难以具象化的声音、节奏呈现在LED屏上，凸显比赛的紧张气氛，引来观众们的一片喝彩。戴玉强、魏松、莫华伦三位高音歌唱家演唱的《丝路情思》，融合了陕北民歌《天下黄河九十九道弯》和意大利歌剧的旋律，将东西方文化元素混搭。在晚会舞台的设置上，BTV大剧院的后台、耳台、甚至观众席都是本届春晚的舞台，360度呈现，既保留了剧院春晚的仪式感，又打破了与观众之间的距离感。

（北京电视台）

2015年北京人民广播电台对全国60家电台发展情况进行调查

2016年2、3月间，北京电台研究中心对全国60家省级和省会城市电台进行了跟踪调查。调查显示，2015年全国共有18个新增或改变的频率；已有9家电台启用了测量仪来采集收听数据；各地电台的新媒体发展已完全转战移动互联网，有一半电台建立了统一的管理部门；全国广播广告收入5年来首次出现下降，专题广告限令影响较大；可统计的创收过亿的单频率已达17家。

一、频率布局略有变化

调查显示，60家电台在2015年共有18个新增或改变的频率，新增和改变的数量较上一年均大幅减少。其中，中央台、杭州台、广西台、宁夏台、山西台等5家电台各新增了一个频率，共8家电台的13个频率其呼号或定位发生了改变，变动最大的是上海台，共调整了3个频率的定位。

二、部分电台启用收听调查测量仪

在使用收听数据的46家电台中，单独使用索福瑞和赛立信数据的各有22家电台，两家数据都采用的电台有10家，两者之外还参考使用尼尔森的有3家电台。从收听数据的采集方法来看，已有中央、上海、山东、青岛、南京、云南、贵州、黑龙江、河南等9家电台采用了测量仪；日记卡、测量仪两种方法混用的电台包括山东台、中央台、南京台和贵州台；另外贵州台、黑龙江台采用的测量仪数据仅限于车上，河南台采用的是尼尔森的测量仪和赛立信的车载测量仪，并考虑将两方数据均纳入考评体系。

三、微信发展势头超越App

2015年，各地电台的新媒体发展已完全转移至移动互联网。共有40家电台推出了APP手机客户端，但除了河北“即通”、广东“X直播”的用户数超百万，西安“无线西安”有300万元创收、宁夏“红枸杞”有28.9万元创收外，绝大多数的电台APP无论用户量还是创收均不理想。微信的发展则好得多，浙江交通之声用户数破百万、河北交通广播90万、中央台“中国之声”5C万，哈尔滨交通广播单条消息的阅读量最高达200万，济南台、宁夏台、新疆台、吉林台、杭州交通经济广播、南京交通广播、郑州汽车912等台的微信号已实现盈利。除自建自营新媒体外，西藏、武汉、陕西、昆明、兰州、贵阳、吉林等地电台均与蜻蜓FM有合作，合肥、江西等台与上海电台的“阿基米德”有合作。

相比2014年，对新媒体进行统一管理的电台增加了近一倍，达到30家，其中中央台、上海、北京、广东、重庆、南昌等台成立了公司管理新媒体，济南、福建、南宁、乌鲁木齐、兰州、海南、天津、广西、云南、佛山、厦门、郑州等台已将新媒体表现纳入了员工的考评体系，郑州台全年对新媒体的奖励达到100万元。为适合媒体融合发展的趋势，深圳、石家庄、黑龙江等台已成立全媒体中心，成都、长沙建立了新闻中央厨房或调度中心，宁夏、长沙等台建设了全媒体技术平台或播出平台。

四、全国电台创收略有下降

根据现有资料统计，2015年全国61家省级和省会城市电台的广告收入总和为121.84亿元，与2014年相比略有下降，近五年来首次出现负增长。其中，创收增幅最大的5家电台分别是上海台、河南台、江苏台、黑龙江台和深圳台，相比2014年分别增加了6600万元、5500万元、5000万元、4900万元和4300万元。

2015年全国电台广告创收TOP及收入构成

排名	名称	广告创收总额（单位：亿元）	收入构成
1	北京	8.59	保健品专题2530万元，购物类专题1570万元，活动营销事件营销1210万元
2	上海	7.96	硬广7.2亿元，专题2000万元，活动营销5600万元，其他收入5000万元。另外保健品300万元，约占总收入0.4%
3	中央	7.87	硬广占99%，专题广告收入占1%，活动收入不计入广告收入
4	深圳	5.90	整台承包给上海韬略的价格为4.05亿元，但台内广告部还有回包的任务，其中包括2000—3000万元的活动收入
5	浙江	5.10	广告、活动、新媒体
6	天津	5.00	专题广告约占总体广告收入的40%
7	陕西	4.79	硬广60%，专题40%。保健品专题收入1.8亿元，占比37.6%
8	黑龙江	4.39	专题广告1.3亿元约占30%，品牌广告与活动占70%，活动约9000多万元
9	江苏	3.90	无
10	湖南	3.88	品牌广告占75%，专题广告约4000万元，约占10%，活动营销创收4000多万元，占15%

2015年广告创收破亿的广告频率（不完全统计）

排序	频率名称	2015广告创收（单位：亿元）	2014广告创收（单位：亿元）
1	中央台中国之声	5.59	6.00
2	北京交通广播	4.85	5.00
3	上海动感101	3.30	2.50
4	深圳交通频率	3.00	3.06
5	浙江交通之声	2.30	2.08
6	黑龙江交通广播	1.90	未统计
7	上海交通广播	1.50	1.50
8	湖南交通频率	1.40	1.55
9	辽宁交通广播	1.30	未统计
10	上海love radio	1.20	1.20
11	杭州交通经济广播	1.19	未统计
12	重庆交通频道	1.10	1.09
13	北京音乐广播	1.10	1.00
14	陕西新闻广播	1.10	0.40
15	新疆949交通广播	1.10	未统计
16	浙江之声	1.00	未统计
17	中央台经济之声	1.00	1.00

从排名来看，2015年全国收入前三强的电台与上一年保持一致，上海台升至第二位。受广播大环境的影响，全国收入前10位的电台中也有3家出现了下降，其中两家的下降幅度在亿元以上。收入增幅最大的为上海台（6600万元），江苏台首次进入全国前十。

根据不完全统计，2015年广播单频率创收过亿的共有17家，仍以交通频率为主。其中上海动感101和陕西新闻广播的收入比2014年分别增长了8000万元和7000万元，而6家频率没有增长甚至是负增长，广播市场整体大盘的收缩也影响到了这些广播界的“优等生”。

本次调研还对部分电台的收入构成进行了研究。品牌硬广告仍是绝大多数电台的主要收入来源，如昆明台、中央台、北京台、济南台、上海台和长春台的品牌广告占比都达到90%或更高，仍有5家电台其专题类广告占全台的比重在30%以上，最高如沈阳台占50%，陕西台的医疗专题收入达到1.8亿元。相比之下，也有不少电台通过优化收入结构来探索媒体转型，如黑龙江台、上海台、佛山台等通过活动营销年收入达5000万元以上，发展势头良好。

（作者单位：北京人民广播电台研究中心）

组织机构

北京市新闻出版广电局（市版权局）

（统计截至2016年底）

领导成员：

党组书记、局长：李春良（至2016年8月）、杨烁（自2016年8月）

党组成员、副局长：王野霏

党组成员、副局长：戴维（自2016年11月）

党组成员、纪检组长：戴维（至2016年10月）

副局长：杨培丽

党组成员、副局长：王霞（至2016年11月）

党组成员、副局长：韩昱（至2016年7月）、胡东（自2016年7月）

党组成员、副局长：张苏（自2016年3月）

副巡视员：卞建国

副巡视员：董明

内设机构：

办公室、政策法规处、规划发展处（产业促进处）、公共服务处（安全监管办公室）、综合审批服务处、新闻报刊管理处、出版管理处（古籍整理出版规划办公室）、数字出版处、印刷发行处、出版物市场管理处、宣传管理处、电影管理处、传媒机构管理处、网络视听节目管理处、版权管理处、科技处（三网融合协调处）、财务处、人事处、机关党委、工会、驻局纪检组监察处

部室主任：

办公室：

主任：李伟；副主任：卢川、洪华中

政策法规处：

处长：赵红仕；副处长：王东迎

规划发展处（产业促进处）：

处长：王伟；副处长：李国新

公共服务处（安全监管办公室）：

处长：王亦君；副处长：刘民武

综合审批服务处：

处长：贾丁丁

新闻报刊管理处

处长：喻萍；副处长：张俊杰

出版管理处（古籍整理出版规划办公室）：

处长：冯献省；副处长：丁惠

数字出版处：

副处长：桑润勤

印刷发行处：

处长：李国荣；副处长：王春平、邓勇

出版物市场管理处：

处长：冷文波

宣传管理处：

处长：韩云升；副处长：石东正、柴成

电影管理处：

处长：韩方海；副处长：王海楠

传媒机构管理处：

处长：马德献；副处长：谢杰

网络视听节目管理处：

处长：丁梅；副处长：许立国、夏斐

版权管理处：

处长：卢志鹏；副处长：邢芳英、满向伟

科技处（三网融合协调处）：

处长：陈煜；副处长：安凭、张春彦

财务处：

处长：秦华；副处长：荣学良

人事处：

处长：单志忠；副处长：解楠、张秋生

机关党委：
专职副书记：姜威（负责机关党委工作）
工会副主席：姜威
驻局纪检组监察处：
处长：刘学文；副组长：马峥

地址：北京市东城区朝阳门内大街55号
邮编：100010
电话：010-64081079
网址：www.bjrt.gov.cn

北京市新闻出版广电局直属机关工会

领导成员：

工会主席：王野霏
工会副主席：姜威
经审委主任：刘国军
女工委主任：路梅
第一届工会委员会委员：王野霏、苗本长、刘国军、谢杰、满向伟、路梅、程玉生、林芳建、赵晨、马妍
工会其他组成人员：
组织委员：苗本长、刘国军、林芳建
宣传委员：程玉生、王珏
文体委员：满向伟、赵晨、马妍
生活委员：黄景兰
福利委员：谢杰
经审委委员：张秋生、刘若昕、于娟娟、彭焘
女职工委员：安凭、赵鹤、刘思思、姚佳

下属工会单位：

北京联合出版公司工会
地址：北京市东城区朝阳门内大街55号
邮编：100010
电话：010-64081907
邮箱：15010166966@163.com

北京市广播电影电视局离退休人员管理服务中心

领导成员：

主　任：钱富奎
副主任：郑兵

地址：北京市朝阳区建外大街甲14号
邮编：100022
电话：010-64081125

北京市广播电影电视局后勤服务中心

领导成员：

主　任：王晶
副主任：邵顺荣、杨子君

内设机构：

综合科、房管科、保卫科、车管科

地址：北京市朝阳区建外大街甲14号
邮编：100022
电话：010-64081266
传真：010-64081878

北京市广播电影电视局信息中心

领导成员：

主　任：郑新梅

副主任：路梅

地址：北京市朝阳区建外大街甲14号

邮编：100022

电话：010-65157503

北京市广播电视监测中心

领导成员：

主　任：魏利明

副主任：朱祥锋、吉春

内设机构：

综合科、监测科、安播科、技术科、网管科

地址：北京市朝阳区建外大街14号

邮编：100022

电话：010-65155241

北京音像资料馆（北京广播电影电视研究中心）

领导成员：

副馆长：韩浩（兼研究中心副主任）

副馆长：段燕燕（兼研究中心副主任）

内设机构：

办公室、资料部、制作部、研究部、史志部

地址：北京市东城区安乐林路18号

邮编：100075

电话：010-87258004

北京市广播影视作品审查中心

领导成员：

主　任：智黎明

副主任：周红颜、刘文东

内设机构：

办公室、电视剧审查科、电影审查科、网上境外剧审查科

地址：北京市朝阳区建外大街14号

邮编：100022

电话：010-85012424

北京市广播影视协会

（第六届理事会）

领导成员：

会　长：杨淑琴

副会长：何桂芝、宋春华
常务副会长兼秘书长：智黎明
副秘书长：孙巍、史椰森、何拥军、周红颜
监事长：王立平
监　事：秦华、石鸿印

内设机构：

秘书处、《北京广播影视》编辑部

部门领导：
《北京广播影视》主编：杨淑琴、张晓爱
执行主编：胡亚利
地址：北京市朝阳区建外大街14号704室、711室
邮编：100022
电话：010-85012430/85012429

北京电影协会

领导成员：

会　长：刘洪鹏
副会长：于冬、马月庆、韩方海、王长田、邓永红、叶宁、许建海、陆瑶、高军、燕羽
秘书长：闫于京
监事长：刘学文
地址：北京市朝阳区建外大街甲14号
邮编：100022
电话：010-85012204

中国电影博物馆

领导成员：

馆长、党委副书记：王海平(2016年12月任职)
党委书记、副馆长：陈志强
党委副书记、纪委书记：李米莉
副馆长：李志斌、王健

内设机构：

办公室、财务部、组织人事部、保障部、保卫部、研究部（馆刊编辑部）、技术部（网络信息中心）、藏品部、社会教育部、活动管理部、展陈部、影院部、开发部（基本建设办公室）

部室主任：

办公室：
副主任：孙丽
组织人事部：
主任：冯雪梅
研究部（馆刊编辑部）：
主任：苏志军；副主任：高宁
藏品部：
主任：张树新
社会教育部：
主任：许鹰；副主任：齐英
活动管理部：
主任：王宁
展陈部：
主任：米兆田；副主任：王小华
财务部：
副主任：马懿
保障部：
副主任：林青
技术部（网络信息中心）：

副主任：赵晓清

影院部：

副主任：谢野

开发部（基建办公室）：

副主任：白俊峰

地址：北京市朝阳区南影路9号

邮编：100015

电话：010-64311588（办公室）

010-84355959（总机）

010-51654567（服务咨询电话）

传真：010-64311588（办公室）

网址：www.cnfm.org.cn

北京广播电视台

领导成员：

党委书记、台长兼北京电视台党委书记、台长：李春良

党委副书记、副台长、总编辑兼北京人民广播电台党委书记、台长：赵卫东（2016年6月任党委副书记、副台长、总编辑兼北京人民广播电台台长；2016年7月任北京人民广播电台党委书记）

党委副书记、常务副台长兼北京人民广播电台党委书记、台长：席伟航（2016年6月免去党委副书记、常务副台长兼北京人民广播电台台长；2016年7月免去北京人民广播电台党委书记）

纪委书记、工会主席：王伟

副台长兼北京歌华有线电视网络股份有限公司党委书记、董事长：郭章鹏

副台长：苏仁先

副台长：窦晓东

内设机构：

党委办公室、办公室、研究发展部、运营管理部、媒体管理部、技术部（技术资源运行中心）、法律事务部、财务部、纪检监察部、审计部、人力资源部、工会办公室

部门领导：

党委办公室：

主任：杨秀英；副主任：蔡廷杰

办公室：

主任：张常珊；副主任：李增明、李剑

研发部：

副主任：石群峰

运营管理部：

主任：陈乐天；副主任：曹军（正处级）

媒体管理部：

主任：张冬林；副主任：耿雪梅、李洪兴（兼团委书记）、喻琳（副处级干部）

技术部：

主任：王建

法律事务部：暂无

财务部：

主任：余维杰；副主任：姜春海

纪检监察部：

主任：侯召国；副主任：林松雪

审计部：

主任：刘惠

人力资源部：

主任：孟庆存；副主任：刘晓辉

工会办公室：

主任：罗霄

地址：北京市朝阳区建外大街14号

邮编：100022

电话：010—65157259

传真：010—65157259

网址：www.bmn.net

北京人民广播电台

领导成员：

党委书记、台长：席伟航（至2016年7月4日）、赵卫东（自2016年7月4日）（兼）

党委副书记、总编辑：王秋

党委副书记、常务副台长：陈晓红

纪委书记：赵泽勤

副总编辑：陈晓海、张松华（2016年1月退休）、李秀磊

副台长：秦晓天、边建

总工程师：李晓晖

台长助理兼节目制作中心主任：李捷

内设机构：

办公室、总编室（播音主持管理部）、党委办公室、纪检监察审计办公室、人力资源部、计划财务部、广告管理部、工会、技术中心（总工办）、网络媒体中心（计算机中心）、八零四发射台、广播发展研究中心、媒体资料和版权部、产业发展部、品牌传播部、节目制作中心、新闻广播、城市广播、故事广播、体育广播、音乐广播、文艺广播、交通广播、外语广播、爱家广播、青年广播、网络媒体中心和计算机中心、技术中心和总工办、播音主持管理部和总编室合署办公

部门领导：

办公室：

主任：牟燕文；副主任：吴曦（2016年7月援藏）、徐学军、梁磊、陈博（试用期自2016年4月13日）

总编室：

主任：孙巍；副主任：刘莹、谢先进、陈雪瑾（兼职自2016年10月31日）

党委办公室：

主任：许秀玲；副主任：平建学、马兴

纪检监察审计办公室：

纪委副书记兼主任：陈云；副主任：王辉

人力资源部：

主任：周燕玲；副主任：游良婕、李静（2016年1月20日辞职）、马玉章（试用期自2016年4月13日）

计划财务部：

主任：陈春梅；副主任：李淼、吕放

广告管理部：

主任：陈晖（至2016年12月29日）

副主任：陆彤（主持工作，聘期自2016年12月9日）张秋萍、罗燕萍

广告经营中心：

主任：郑金诗（至2016年8月18日）、边建（代管，至2016年12月29日）、秦学刚（聘期自2016年12月29日）；行政总监（副主任）：李康；营销总监（副主任）：陆彤（至2016年12月9日）；副主任：殷宗林

播音主持管理部：

主任：张树荣（至2016年8月12日）；副主任：陈雪瑾

工会：

主席：范晓茜；副主席：张丽、任怀珠

技术中心：

主任：张旭；副主任：刘爽、谷会敏、高素萍

网络媒体中心：

主任：张军（至2016年5月12日）、边建（代管，至2016年8月26日）、郑金诗（聘期自2016年8月26日）；副主任：边江、刘彤

八零四发射台：

台长：张国强；副台长：邓亚程、王春平

广播发展研究中心：

主任：景兵（至2016年12月8日）

副主任：王伟（主持工作，聘期自2016年11月15日）、崔海丰

媒体资料和版权部：

主任：张苹（至2016年12月8日）、纪烈鸿（聘期自2016年12月8日）；副主任：孙超

节目制作中心：

副主任：吕雪瑞、伍洲彤、王金成、牛力

新闻广播：

党支部书记：罗湘萍；台长：罗湘萍（至2016年12月8日）、景兵（聘期自2016年12月8日）；副台长：张红力、李哲勇、宋梓祯

城市广播：

台长：李革；副台长：张晶宇（至2016年11月15日）、张延红（自2016年12月22日）

故事广播：

台长：孟庆煜；副台长：李琳

体育广播：

台长：蔡明可；副台长：张友信

音乐广播：

台长：陈京英；副台长：郑晓慧

文艺广播：

台长：李唯唯；副台长：王为（至2016年11月15日）

交通广播：

台长：唐琼；副台长：罗霄兵、延安

外语广播：

台长：纪烈鸿（至2016年12月8日）；副台长：张晶宇（主持工作，聘期自2016年11月15日）、曹军生

爱家广播：

台长：傅珊珊（至2016年5月12日）；副台长：伍洲彤（主持工作，聘期自2016年11月15日）

产业发展部：

主任：秦学刚（至2016年12月29日）、陈晖（聘期自2016年12月29日）；党支部书记兼广播公司党支部书记：郑海涛；副主任：伍洲彤（聘期自2016年1月8日，至2016年11月15日）、杨雯静、张蓉（试用期自2016年4月13日）

品牌传播部：

副主任：张延红（自2016年2月26日，至2016年12月22日；试用期自2016年2月26日，至2017年2月26日），陈炳岩（聘期自2016年1月8日）

地址：北京市朝阳区建外大街14号

邮编：100022

电话：65159125

网址：www.rbc.cn

北京电视台

领导成员：

党委书记、台长：李春良（兼）

党委副书记（2016年1月任）、总编辑：王珏

党委副书记、常务副台长：韦小玉

党委副书记、纪委书记：彭司海

党委委员、总工程师：田方

副总编辑：艾冬云、徐滔、朱江（2016年8月30日免）

副台长：王澎、李岭涛

内设机构：

党委办公室、办公室、监察审计办公室、人事部、工会办公室、计划财务部、行政部、保卫部、基建办公室、研究发展

部、总编室、广告部、经营管理部、离退休干部办公室、总工程师办公室、制作部、播出部、动力部、技术设备管理部、转播传送部、信息网络管理部、卫视节目中心、新闻节目中心、文艺节目中心、科教节目中心、影视剧中心、财经节目中心、体育节目中心、生活节目中心、海外节目中心、青少年节目中心、动画节目中心、纪实频道节目中心、新媒体发展中心、北京国际电影节运行中心

内部机构：

办公室—史志办、监察审计办公室—招投标办公室

注：青少年节目中心、海外节目中心在台内合并为青少•海外节目中心

部门领导：

副总工程师：毕江

党委办公室：主任：郝洪

副主任：孙书明

办公室：主任：宋莲

副主任：王昕、李晗

总编室：主任：史椰森

副主任：高譪、刘虎

总工程师办公室：主任：林平

副主任：王立冬、徐志军

研究发展部：主任：秦新春

党支部专职书记：马克燕

副主任：李文升、刘晓隽

监察审计办公室：主任：周久兰

副主任：周志豪

工会办公室：主任：钱毅

副主任：李迎军

人事部：主任：杨建忠

副主任：高扬、陈冬

计划财务部：主任：孙成刚

副主任：汪红、王京梅

行政部：主任：王开平

副主任：纪勇、卢英锁

主任助理：李雅涛

保卫部：主任：钟强

副主任：赵修明、马世飞

广告部：副主任：张红

基建办公室：主任：冯平

党支部专职书记：张宇青

副主任兼招投标管理工作领导小组办公室主任：朱晓宇

经营管理部：主任：孙洪斌

副主任：戴巧玲、买剑平

卫视节目中心：主任：马宏

副主任：李利影、程军、邵晶

新闻节目中心：主任：张庆

编辑部主任：周永萍

副主任：王毅；副主任兼要闻采访部主任：徐京玲

要闻采访部副主任：张晓鲁

副主任兼社会新闻采访部主任：丁晓阳

社会新闻采访部副主任：袁朴

副主任兼新闻评论部主任：刘民；

副主任兼新闻专栏部主任：黄瑨；

综合管理部主任：李大功

青少年节目中心：主任：袁子勇

副主任：陈晔、姚大禹、张苏

文艺节目中心：主任：潘全心

党总支书记：李兰

副主任：齐建彤、庄小红

科教节目中心：主任：杜研

副主任：张宾、王勇

影视剧中心：主任：张恒

副主任：郭跃进、严澍、朱礼庆

财经节目中心：主任：宗燕红

副主任：岳民、白平

体育节目中心：主任：焦少波

副主任：邱大卫、宋健生、王少华

生活节目中心：主任：赵彤

副主任：刘学军、任友红、白艳军
动画节目中心：主任：张帆
副主任：史月光、周方
纪实频道节目中心：副主任：严崴、赵波
播出部：主任：王方
副主任：刘宏亚、金强
制作部：主任：郑星
副主任：王浩、孙海峰
转播传送部：主任：朱雨稼
副主任：韩士聪
动力部主任：王晓龙
副主任：刘颖、侯宏炜
技术设备管理部：主任：刘晓光
副主任：章泽群
信息网络管理部：主任：周旭辉
副主任：李湧、李程
史志办公室：主任：赵福明
副主任：闫军才
老干部办公室：主任：刘绍芬
副主任：孟传妍
北京卡酷传媒有限公司：
总经理：齐学耕
北京电视产业发展集团：
总经理：刘方平
北京京视卫星传媒有限责任公司：
董事长：牛振青
北京京视电广传媒有限责任公司总经理、兼北京京视传媒有限公司总经理：赵峥铮
新纪实（北京）传媒投资有限公司：
总经理：曹征
北京紫禁城影业有限公司：
总经理：许建海
援藏干部：宗昊（正处级）、援疆干部：翟涛（副处级）
借调干部：马国颖（副处级）
地址：北京市朝阳区建国路甲98号
邮编：100022
电话：010－85336688（总机转）
传真：010－85338000
网址：www.btv.com.cn

北京歌华文化发展集团

领导成员：

党委书记、董事长：王建琪
总经理：李丹阳
副董事长：姜建秋
党委副书记、纪委书记、
副董事长：苏春华
副总经理：葛立智、陈工、张莉、黄春雷、王昱东、李斌
总工程师：陈刚
总经理助理：石海燕、高颖、蒋南风、秦玉良、戴迎春

内设机构：

集团办公室、党委办公室、人力资源办公室、计划财务办公室、企业管理办公室、研究宣传办公室

部门领导：

集团办公室：主任：李丹
副主任：佟芳
党委办公室：主任：杨志华
工会副主席兼副主任：汪健
副主任：周静（代理）
纪委专职干部：肖红
人力资源办公室：主任：杨志华（兼）
副主任：黄月欣
总监：李文武
计划财务办公室：主任：李峰

副主任：苏京
企业管理办公室：主任：刘冰（代理）
副主任：冯玉、焦宁
安保总监：胡培生
研究宣传办公室：主任：李斌（兼）
副主任：范颖

直属机构：

北京歌华文化中心有限公司：
董事长：黄春雷（兼）
总经理：岳进
党总支书记：张滨
北京歌华投资中心有限公司：
董事长：苏春华（兼）
总经理：蒋南风（兼）
党总支书记：王利
歌华文化贸易中心
董事长：姜建秋（兼）
总经理：高颖（兼）
党总支书记：朱会东

地址：北京市东城区北小街青龙胡同1号歌华大厦14层

邮编：100007
电话：010—84186060
传真：010—84186001
网址：www.gehua.com

北京歌华有线电视网络股份有限公司

领导成员：

党委书记、董事长：郭章鹏

党委副书记、副董事长、总经理：卢东涛

党委副书记、纪委书记、工会主席、副董事长、常务副总经理：马健

董事、总会计师：胡志鹏

副总经理：何拥军、康朝晖、吴铭、唐文伟

董事、副总经理、董事会秘书：梁彦军

总工程师：曾春

总经理助理：姜宏志、韩霁凯

内设机构：

战略投资部、党群工作部、纪检监察部、办公室、行政部、人力资源部、财务部、营帐中心、规划设计部、计划建设部、维护管理部、重要用户保障部、物资管理部、传送部、网管中心、信息部、集团客户部、市场营销部、新媒体中心、媒资部、大样本数据中心、稽核管理部、总工办、播控部、法务部、安全保卫部26个直属部门。

另设：城中、朝阳、海淀、丰台、石景山、门头沟、房山、大兴、通州、顺义、昌平、怀柔、密云、平谷、延庆15个分公司；北京歌华有线工程管理有限责任公司、歌华有线数字媒体公司、北京歌华益网科技发展有限公司、涿州歌华有线电视网络有限公司、歌华有线投资管理有限公司、北京歌华视讯文化有限公司、燕华时代科技发展有限公司7个一级控股子公司；北京歌华益网广告有限公司、北京歌华有线客户服务信息咨询有限公司2个二级控股子公司。

部门领导：

副总工程师：吴建林、石江明、王厚信、卢春梅、沈文

副总经济师：田秋

副总会计师：王琰

党群工作部：主任：黄卫京；副主任：赵国庆、杨云

纪检监察部：常务副主任：余孝纬

稽核管理部：主任：傅蕾红；副主任：乔晓欢

办公室：副主任：丁颖磊

行政部：主任：张宁；副主任：张为尧

人力资源部：主任：方丽；副主任：王晓芳、张宇航

法务部：副主任：朱瑞明

财务部：主任：吴春燕；副主任：居冬辉、李铭、杨启薇

信息部：主任：沈文（兼）；副主任：孙灵芝、王霍南

市场营销部：主任：韩霁凯（兼）；副主任：马麟祥、仉福江

规划设计部：主任：黄枫；常务副主任：黄国安；副主任：顾志强、刘光（2016年10月13日任）

传送部：主任：王厚信（兼）；常务副主任：汤军；副主任：徐长江、李军炜

播控部：主任：黄美莹；副主任：赵宇、李清、陈森

物资管理部：主任：吴铭（兼）；常务副主任：史言；副主任：白莹、杨楠

安全保卫部：主任：李洪；常务副主任：曲伟

计划建设部：主任：黎江；常务副主任：孟宇明；副主任：满全安、夏鹏

维护管理部：常务副主任：刘建平；副主任：于金生

重要用户保障部：主任：赵宏伟；副主任：马刚

战略投资部：主任：黄铁军；常务副主任：于铁静；副主任：刘贞（2016年4月20日离职免职）、李昂

集团客户部：主任：成锐；副主任：时晨阳、庄永、葛原

新媒体中心：主任：姜宏志（兼）；副主任：赵文、胡佚、丁晓旭

媒资部：主任：张婕；副主任：张俭、李雷

大样本数据中心：主任：姜宏志（兼）；常务副主任：刘晓杰；副主任：吉钰丽

营帐中心：主任：孙景红；副主任：李燃

网管中心：主任：卢春梅（兼）；副主任：魏柏林、周捷

总工办：主任：曾春（兼）；常务副主任：沈彤；副主任：林霖、范新伟（2016年12月14日离职免职）

城中分公司：总经理：潘铭；副总经理：贾文杰、石连成

朝阳分公司：总经理：鞠维铭；副总经理：李秀珍、范雪峰、江庆红

海淀分公司：总经理：刘宇明；副总经理：马鑫、王星

丰台分公司：总经理：王军；副总经理：叶海星、刁立军

石景山分公司：总经理：陈慕风；副总经理：王彬、周晓平

大兴分公司：总经理：田秋（兼）；常务副总经理：赵寿强；副总经理：代国平

房山分公司：总经理：郑林；副总经理：李云鹏

通州分公司：总经理：石江明（兼）；常务副总经理：宋宝贵

门头沟分公司：总经理：吴建林（兼）；常务副总经理：王艽军

延庆分公司：总经理：王国庆；副总经理：王芳

顺义分公司：总经理：王志亚；常务副总经理：李庆江；副总经理：王晓光

昌平分公司：总经理：高巍；常务副总经理：刘芳

怀柔分公司：总经理： 继东；副总经

理：黄宇东

平谷分公司：总经理：李明生；常务副总经理：权晓宇

密云分公司：总经理：郭国林；副总经理：王小明、周继旺

北京歌华有线工程管理有限责任公司：董事长：唐文伟（兼）；总经理：王刚；副总经理：卓志祥、沈德忠；党支部副书记：朱慧珍

北京歌华有线数字媒体有限公司：董事长：梁彦军（兼）；总经理：刘光华；常务副总经理：刘严

涿州歌华有线电视网络有限公司：董事长：唐文伟（兼）；总经理：周彭生；常务副总经理：贺磊；副总经理：赵守礼、孙广智

北京歌华有线客户服务信息咨询有限公司：董事长：康朝晖（兼）；总经理：钱正；常务副总经理：闫宝利、邹玉华

北京歌华益网科技发展有限公司：董事长：吴铭（兼）；总经理：王刚（兼）

东方嘉影电视院线传媒股份公司：董事长：姜宏志（兼）；副总经理：王琰；财务总监兼综合管理中心总监：王琰（兼）；产品技术中心总监：刘夫涛；工程维护中心总监：钟军；院线运营中心总监：李兰

北京歌华益网广告有限公司总经理：董事长：吴铭（2016年9月18日兼任）；总经理：张晓耕（2016年5月25日任）；副总经理：胡佚（2016年9月7日兼任）、周轩（2016年9月7日任）

地址：北京市东城区北小街青龙胡同1号歌华

大厦7层

邮编：100191

电话：96196

网址：www.bgctv.com.cn

歌华有线电视网络股份有限公司旗舰营业厅一览表

序号	营业厅名称	联系地址	联系电话
1	东城小街桥	东城区东直门北小街青龙胡同1号歌华大厦一层	59260846
2	东城夕照寺	东城区夕照寺街东玖大厦B座101（绿景馨园13号楼101）	59260848
3	西城南小街	西城区西直门南小街133号101（西派国际公寓底商）	59260847
4	西城南华里	西城区南横东街南华里10号楼底商	59260849
5	朝阳团结湖	朝阳区水碓子北里2号楼西侧底商 （朝阳区地方税务局第二税务所对面）	59260842

续 表

序号	营业厅名称	联系地址	联系电话
6	朝阳劲松	朝阳区南磨房路16号院禧福汇底商7—3（平乐园路口向西200米路南）	59260841
7	朝阳管庄	高碑店街道朝阳路67号院财满街8号楼三层0301室	59260840
8	朝阳香河园	朝阳区柳芳北里12号楼东侧底商	59260843
9	朝阳望京	朝阳区望京街道望京西路首开知语城312号楼底商	59260845
10	朝阳亚运村	朝阳区慧忠北路慧忠里231号底商	57698522
11	海淀清河	海淀区清河小营桥（G6辅路）向北500米第一个路口向东100米，福美苑小区底商	59260400 59260401
12	海淀花园村	海淀区车公庄西路花园村社区8号楼1层（花园桥往东500米左右，京颐商场对面，过街天桥下路南）	59260427 59260854
13	海淀五棵松	海淀区万寿路街道西四环中路39号万地名苑底商39—6	59260438 59260439
14	海淀海淀路	海淀路50号北大资源楼东楼一层1117室（北京大学南门东侧）	59260470 59260471
15	丰台方庄	丰台区方庄紫芳园六区4号楼2—106（“方庄6号”底商）	59260860
16	丰台云岗	丰台区长云路2号院珠江御景（北门）底商10—17号	59260836
17	丰台马家堡	丰台角门18号枫竹苑2区1号楼103、203室	59260835
18	丰台科技园	丰台区科学城恒富中街2号院1号楼	59260861
19	丰台卢沟桥	丰台区小屯西路109号院6号楼底商	59260837
20	石景山古城	石景山区古城大街75号院3号楼底商（古城地铁站向西路口西北角塔楼底商）	59260862

续 表

序号	营业厅名称	联系地址	联系电话
21	石景山首钢	石景山区苹果园路临26号 （苹果园地铁站往北，首钢建总集团对面）	59260862
22	昌平天通东苑	天通苑东二区1号楼15门（农行东侧）	57698520
23	大兴黄村	大兴区黄村镇兴华南路25号	59260867
24	房山良乡	房山区长虹西路63号	59260870
25	门头沟	门头沟区绿岛水岸小区底商	59260873
26	顺义	顺义区拥军路2号	81490036 81492546
27	怀柔	怀柔区红乐园小区1号楼	59260877
28	延庆	延庆区东外大街57号	59260879
29	密云	密云区西大桥路42号院	59260872
30	平谷	平谷区文乐胡同12号	59260871
31	通州富河园	通州区安顺路301号富河园碧水明珠底商4—110	59260869 69555780

北京电视艺术中心有限公司

领导成员：

董事长兼总经理：张平

副总经理：沈然

艺术总监：郑晓龙

创作总监：李晓明

内设机构：

总经理办公室、计财部、宣发中心、剧本创研中心、技术部、导演工作室、制片人工作室、编剧工作室

下属单位：北京电视艺术中心音像出版社有限公司

地址：北京市海淀区皂君庙甲2号

邮编：100098

电话：010—62127625

传真：010-62115814

网址：www.btac.cn

公众微信号：beiyi1982

北京中北电视艺术中心有限公司

领导成员：

董事长：杨群

内设机构：

办公室、财务部、经营部、宣传部、制作部、总编室

地址：北京市朝阳区建外大街14号

邮编：100022

电话：010-65150607

传真：010-65150607

邮箱：zb01@zbtvart.com

网址：www.zbtvart.com

北京广播电视报社

领导成员：

社　长：李浩

总编辑：张彪

工会主席：宋杰

内设机构：

办公室（含组织人事部、研发部）、财务部、总编室、《北京广播电视报》编辑部、《北广人物》编辑部、广告经营部、广告管理部、活动部、发行中心

地址：北京市东城区安乐林路18号

邮编：100075

电话：010-67117161

传真：010-67134365

网址：www.bgtv.com.cn

北京音像公司

领导成员：

总经理：颜丙利

内设机构：

企划出品部、节目制作部、技术工程部、财务部、办公室

地址：北京市东城区安乐林路18号

邮码：100075

电话：010-67262518

传真：010-87268961

电子信箱：bavc@bavc.com.cn

网址：www.bavc.com.cn

北京瑞特影音贸易公司

领导成员：

总经理：何公明

市场总监：顾炜

工程总监：秦磊

财务总监：孟春敏
办公室主任:赵丽艳

内设机构：

办公室、财务部、市场部、工程部

地址：北京市朝阳区建外大街14号一层
邮编：100022
电话：010-65155284/65159086/65287112/65287113/65158729-620~627
传真：010-65155285
网址：www.ruite.cn

北京广播电视台服务中心

领导班子：

党支部书记、主任：郭长征
副主任：常斌、张业京
总工程师、工会主席：于进军

内设机构：

办公室、人事部、财务部、房屋产权管理部、后勤服务部、维修部、设备动力部、安全保卫消防部、职工食堂部

地址：北京市朝阳区建国门外大街14号
邮编：100022
电话：010-85012302
传真：010-65150630

北京北广传媒数字电视有限公司

领导成员：

董事长、总经理：何公明（兼北京瑞特影音贸易公司总经理）
副总经理：艾禾、梁自珍、梁燚

内设机构：

节目部、市场部、数据部、播出部、财务部、办公室

地址：北京市海淀区皂君庙甲2号
邮编：100098
电话：010-56317887
传真：010-56317980
网址：www.bjdtv.com

北京北广传媒移动电视有限公司

领导成员：

董事长、总经理：罗晓军
副总经理：许新德、张楠（2016年10月卸任）

内设机构：

办公室、资产财务部、广告管理部、节目部、播出部、技术研发部、品牌部

地址：北京市东城区北小街青龙胡同1号歌华大厦A座809室
邮编：100007
电话：010-59260500
传真：010-59260501
网址：www.bj-mobiletv.com

北京北广传媒影视有限公司

领导成员：

董事长兼总经理：刘亚辉

副总经理：郭涛、刘国华、张光北

内设机构：

办公室、财务部、策划部、制作部、发行部

地址：北京市东城区北小街青龙胡同1号歌华大厦B座821室

邮编：100007

电话：010-59260180

传真：010-59260181

邮箱：bamc_tv@bamc.com.cn

北京北广传媒城市电视有限公司

领导成员：

董事长、总经理：罗艳红

副总经理：李伟

总经理助理：崔娟娟

内设机构：

行政部、技术部、媒体开发部、媒体运营部、企划部、客户服务部

地址：北京市东城区东直门北小街青龙胡同1号歌华大厦A801室

邮编：100007

电话：010-59260088-8000

传真：010-59260066

客户专线：4007000086

网址：www.citytv.com.cn

微信服务号：bj-citytv

北京北广传媒地铁电视有限公司

领导成员：

董事长：王伟

总经理：阎伟力

副总经理：满向阳

内设机构：

办公室、财务部、技术部、运营管理部、节目部

地址：北京市东城区北小街青龙胡同1号歌华大厦B座818室

邮编：100007

电话：010-62232209

传真：010-62232209

鼎视传媒股份有限公司

领导成员：

总 经 理：蔡恒平

常务副总经理：王健

副总经理：秦敏

技术总监：曾平

总经理助理：马宁、高朋、柳轶

董事会秘书：王文旭

内设机构：

销售部、客户服务部、传输业务部、云鼎网项目管理部、财务部、技术部、行政人力部、总经理办公室

地址：北京市东城区东直门北小街青龙胡同1号B820室

邮编：100007

电话：010-59260099

传真：010-59260138

邮编：100007

网址：www.topv.com.cn

北京北广置业有限公司

领导成员：

执行董事：周宇清（北京歌华传媒集团有限公司副总经理兼）

总经理：裴成虎

副总经理：张克英

内设机构：

办公室、财务部、前期部

北京北广传媒集团有限公司授权管理单位：

北京影视城管理中心

北京现代电视艺术发展公司

北京东方艺苑物资仓储服务中心

地址：北京市朝阳区崔各庄乡南影路2号小白楼

电话：010-64325207

传真：010-64321062

邮箱：sr6567@163.com

北京中广传播有限公司

领导成员：

董事长、总经理：丁文辉

内设机构：

综合部、节目部、工程部

地址：北京市朝阳区南皋路129号4号楼

邮编：100015

电话：010-65900262

传真：010-65900262-8099

北京紫禁城影业有限责任公司

领导成员：

董事长：赵多佳

总经理、书记：许建海

内设机构：

办公室、财务部、影视剧部、第一创作室、演艺经纪部

地址：北京市西城区北三环中路乙6号伦洋大厦901室

邮编：100120

电话：010-62019597、62014931

传真：010-62019597、62014931

网址：www.fcmovie.com

北京国际影视交流促进中心

领导成员：

主　任：黄培

副主任：崔岩

内设机构：

办公室、评奖展映部、项目协调部、宣传推广部、接待安保部

地址：北京市东城区朝阳门内大街甲55号新闻出版大厦二期407室

邮编：100010

电话：010-64081926

北京市东城区文化委员会

领导成员：

党委副书记、主任：王伟东

党委书记、副主任：张恩东

副主任：郑亚东、骆桦、魏瑞峰、戚家勇

副书记：刘进

纪委书记：杨春兰

工会主席：付东亮

行政执法队队长：杨勇

内设机构：

党委办公室、纪检监察科、办公室、公共文化事业科、文化市场管理科（安全生产科）、文物管理科、综合审批科、演艺产业发展促进科、人事科、财务科

直属单位：

北京市东城区文化委员会行政执法队、北京市东城区第一文化馆、北京市东城区第二文化馆、北京市东城区第一图书馆、北京市东城区第二图书馆、北京市东城区文物管理所、北京市袁崇焕祠文物保管所、北京市文天祥祠文物保管所、北京市东城区第一图书馆会议中心、北京市钟鼓楼文物保管所、北京王府井古人类文化遗址博物馆、北京市东城区羊市口文化站、北京市东城区花市电影院、北京市东城区天坛南里文化娱乐中心、北京市东城区文化馆剧场、北京燕京评剧团、北京包装资料馆、北京东方国际文化交流中心

地址：北京市东城区崇文门外大街7号正仁大厦二段

邮编：100062

电话：010-67091091、67091090

传真：010-67091090

邮箱：dcqwhw@163.com

北京市西城区文化委员会

领导成员：

主任、副书记：孙劲松（兼区委宣传部副部长）

书记、副主任：张云裳（2016年9月9日调离）

调研员：贾文静（2016年8月2日调入）

副主任：孟盼（2016年12月16日调离）、吕丹、徐晓辉（2016年12月16日任）、古杨利、王顺、侯志伟

纪检组长：余涛（2015年11月调离）

工会主席：王来明

行政执法队队长：董伟民

内设机构：

办公室、政策法规科、公共文化科、非物质文化遗产科、文化产业科、文化市场管理科、文物科、财务审计科、党群工作办公室、人事科、监察科

直属机构：

行政执法队、西城区第一文化馆、西城区第二文化馆、西城区第一图书馆、西城区第二图书馆、西城区青少年儿童图书馆、西城区文物保护研究所、西城区文物管理处、北京宣南文化博物馆管理处（北京长椿寺管理处）、西城区非物质文化遗产保护中心、北京历代帝王庙管理处、北京李大钊故居管理处、西城区社会文化管理所

地址：北京市西城区后广平胡同26号

邮编：100035

电话：66561230

传真：66561231

网址：wenhua.bjxch.gov.cn

北京市朝阳区文化委员会

领导成员：

主　任：高春利

纪委书记：吕玫

副主任：潘小俪、马骏

行政执法队队长：李冬

内设机构：

办公室、文化科、文物管理科、出版发行管理科、电视音像管理科、组宣人事科、财务基建科、文化行政执法队

地址：北京市朝阳区东三环北路36号

邮编：100026

电话：010-65014855

传真：010-65086844

网址：www.risingsun.org.cn

北京市海淀区文化委员会

领导成员：

书　记：刘建朝

主　任：陈静

副主任（行政执法队队长）：邱文忠

纪检组组长：张树杰

副主任：柳阑

内设机构：

办公室、组织宣传科、公共文化科、审批管理科、法制督察科、文物科、监察科

下属执法机构：文化行政执法队

下属事业单位：区文化馆、区图书馆、区文物保护中心（博物馆）

地址：北京市海淀区颐和园路12号区政府综合办公楼

邮编：100080

电话：010-82617811

网址：whw.bjhd.gov.cn

北京市丰台区文化委员会

领导成员：

书记：史文彬

主任：王虹

副主任：刘颖、韩天顺、胡丽（9月任）

行政执法队长：李正平

内设机构：

办公室、文化科、文物科、文化市场管理科（出版发行科、版权科）、组织人事科

所属行政执法机构：文化行政执法队（下设办公室、一分队、二分队、三分队）

下属事业单位：文物管理所、图书馆、文化馆

地址：北京市丰台区西四环南路64号

邮编：100071

电话：010-83811361

传真：010-83811360

北京市石景山区文化委员会

领导成员：

党委书记:杨文钢

党委副书记、主任：王亚迅

党委副书记：刘跃华

副主任：郭明（文联主席兼）、董聪慧、杨光、王浩

纪委书记：郑彬

执法队队长：王援朝

内设机构：

办公室、文化科、文物科、市场科、组织人事科、监察科

地址：北京市石景山区石景山路18号

邮编：100043

电话：010-68607158

传真：010-88680857

北京市门头沟区文化委员会

主要领导：

党组书记：曲书法（2016年1月27日任）

党组副书记、主任：常蓉（2016年3月5日任党组副书记）

纪检组组长：董国岭（2016年1月27日任）

副主任：巩旭东、马骐、管瑞华（2016年10月12日任）

执法队队长：李军朝

副处级调研员：张银星

内设机构：

办公室、文化科、文物科、文化市场科、计划财务科、政策法规科、纪检监察科、文化行政执法队（含信息举报中心、行政执法一分队、行政执法二分队、行政执法三分队）

下属事业单位：

文化馆、博物馆、图书馆、影剧院、电影发行放映服务中心、文物事业管理所、文化创意产业促进中心

地址：门头沟区门头沟路8号

邮编：102300

电话： 69843315

传真： 69860988

北京市房山区文化委员会

领导成员：

主任：胡淑苹

副主任：刘开平、郝金英、韩民东

行政执法队队长：苏文江

纪检组长：刘利英

内设机构：

办公室、文物科、文化科、市场科、行政执法队

地址：北京市房山区良乡西潞南大街甲12号

邮编：102488

电话：010-69352012、69352106

传真：010-69352106

网址：whw.bjfsh.gov.cn

北京市大兴区文化委员会

领导成员：

大兴区委宣传部副部长、大兴区文化委党组书记、主任：王健

党组成员、副主任：石铭远、郝泽宏

党组成员、副调研员：周静

党组成员、行政执法队队长：周武军

工会主席：张洁

副处级调研员：于泉

内设机构：

办公室、人事教育科、文化文物科、文化市场管理科、内审科、行政执法队

下属单位：

图书馆、文化馆、文物所、北京市大兴区文化活动服务中心（北京市大兴区电影发行放映管理中心）、新华书店

地址：北京市大兴区兴华大街3段15号行政服务中心16层

邮编：102600

电话：010-81296733

传真：010-81296752

网址：www.dxwh.gov.cn

北京市通州区文化委员会

领导成员：

主任、书记：王立生

副主任：杨根萌、林长春、马俊艳（2016年8月任）

执法队长：彭绍常

内设机构：

办公室、文化市场管理科、公共文化科、政工科、财务科、非物质文化遗产保护科、文化行政执法队（下设法制科、执法一队、执法二队）

直属单位：

通州区文化馆、通州区图书馆、通州区

博物馆、通州区文物管理所、通州区电影管理中心、新华书店

地址：北京市通州区中仓街道车站路27号

邮编：101100

电话：010-80574354

传真：010-80574413

北京市顺义区文化委员会

领导成员：

书记、主任：马朝龙

副主任：赵保东、白桦、王辉

党组成员：张中茂（2016年1月—8月）袁树旺（2016年9月任）、赵保东、白桦、王辉、孟云会、张永山

调 研 员：陈永祥

工会主席：杭志强

内设机构：

办公室、政工科、计划财务科、文化文物管理科、文化市场管理科、著作权（广播电影电视）管理科

所属单位：文化委行政执法队（副处级）、文化馆、图书馆、文物管理所、北京焦庄户地道战遗址纪念馆、电影放映服务中心、影剧院、新华书店

地址：北京市顺义区光明南街拥军路

邮编：101300

电话：010-69443669

传真：010-69443757

网址：www.wenhua.bjshy.gov.cn

北京市平谷区文化委员会

领导成员：

主任、副书记：王文忠

书记：胡九军

纪检书记：张东胜

副主任：逯艳敏、王振红

工会主席：刘东彪（2016年9月1日离任）、张东伟（2016年10月20日任职）

执法队长：闫建华

内设机构：

办公室、政工科、文化文物科、审批科

直属单位：

文化行政执法队、图书馆、文化馆、博物馆、文物管理所、上宅文化陈列馆、电影发行服务中心、影剧院、新华书店

地址：北京市平谷区府前西街1号

邮编：101200

电话：010-69962871

邮箱：bgs2871@163.com

北京市怀柔区文化委员会

领导成员：

主任：夏占利

书记：陈宝明

副主任：郭大鹏、田正科、王冠蘅

执法队长：曾春根

工会主席：武学兵

副调研员：钟宏城、鲍云贤

内设机构：

办公室、政工科、财务审计科、文化科、演艺活动服务中心、行政许可和服务科、行政执法队

直属企、事业单位：

文化馆、图书馆、博物馆、电影发行放映服务中心、文物管理所、新华书店、北京玄影立声电影有线公司、栖湖艺术团

地址：北京市怀柔区迎宾北路7号

邮编：101400

电话：010-69623483

传真：010-69633250

网址：www.hrwh.gov.cn

北京市昌平区文化委员会

领导成员：

主任、书记：刘全新

副书记：贾月林

副主任：杨广文、李爱武、胡南

工会主席：史功岐

执法队队长：刘庆华

内设机构：

办公室、市场科、文化科、文物科、文化执法大队

机关内设科室：政工科、安全办、工会、创建办

直属单位：

文化馆、图书馆、文物管理所(博物馆)、影剧院、新华书店

地址：北京市昌平区府学路10号

邮编：102200

电话：010-69742257

传真：010-80110182

网址：cpwhw.bjchp.gov.cn

北京市密云区文化委员会

领导成员：

党组书记、主任：郝加瑞

党组副书记：邓德喜

文化行政执法队长：李卫革

副主任：李冬雨、胡书英

工会主席：柴军

内设机构：

党政办公室、文化活动指导科、文化市场管理科、法制科、文化行政执法队

直属单位：

文化馆、图书馆、文物管理所、大剧院、电影中心、新华书店、博物馆

地址：北京市密云区西门外大街2号

邮编：101500

电话：010-69041925

传真：010-69085706

北京市延庆区文化委员会

领导成员：

主任：张迁

书记：叶东

纪委书记：王淑奎

副主任：刘满利、节红霞、祁明东

调研员：程金龙 王燕青

内设机构：

政办室、财务审计科、文化科、文物科、文化市场管理科、文化行政执法队

直属单位：

文化馆、图书馆、公益电影放映中心、文物管理所、后勤服务中心、新华书店

地址：北京市延庆区高塔街57号

邮编：102100

电话：010-69182872

北京经济技术开发区社会发展局

领导成员：

开发区工委委员、管委会副主任，管委会办公室主任,分管社会发展局工作：沈永刚

社会发展局局长：常宸

社会发展局副局长、文体广电科负责人：张小戎

社会发展局文体广电科科长、开发区体育中心主任：王娜

社会发展局分管广电工作人员：李哲晖

地址：北京经济技术开发区荣华中路15号

邮编：100176

电话：010-67885647

传真：010-67880347

网址：sfj.bda.gov.cn/cms

北京市朝阳区广播电视新闻中心

领导成员：

主任：潘竞

党委书记：孙帅

副主任：洪剑斌、李昕宇、梁雪琴

专职副总编：刘振山、王曦

内设机构：

办公室（保密科）、总编室、人事科、财务科、资料室、新闻科、电视采访科、电视摄像科、电视编辑科、电视技术保障科、报纸采访科、报纸编辑科

下属事业单位：

北京朝阳传媒中心、朝阳传媒影视技术服务中心

地址：北京市朝阳区六里屯西里3号

邮编：100026

电话：010－65025172

传真：010－65022498

网址：www.chynews.cn

北京市海淀区新闻中心

领导成员：

书记、主任：王言敏

副主任：张庆洁、刘德兴

主任助理：关心、许虔、卫东

内设机构：

办公室、人事科、财务科、总编室、编辑制作部、新闻采访一部、新闻采访二部、专题部、技术播出部、播音主持部、动漫制

作部、媒资室、事业发展部、特刊部、要闻部、新媒体事业部

地址：北京市海淀区西四环北路11号海淀区政府第二办公区

邮编：100195

电话：010－88437116

传真：010－88487250

网址：www.bjhdnet.com

北京市丰台区广播电视中心

领导成员：

党组书记、主任：何岳飞（区委宣传部副部长兼）

党组成员、副主任：卢劼、李三鹏、刘宇

内设机构：

办公室、组织人事科、财务科、总编室、新闻部、社会教育部、专题部、制作部、策划推广部、技术播出部、新媒体部、审播室、督查室

地址：北京市丰台区西四环南路64号

邮编：100071

电话：010－63821570

传真：010－63814362

网址：www.bjftrt.com.cn

北京市石景山区广播电视中心

领导成员：

主任、党总支副书记：王国强

党总支书记、副主任：刘长成

副主任：贺启公

内设机构：

办公室、党务办公室、总编室、新闻部、节目部、技术播出部、广告部、财务部

地址：北京市石景山区古城大街61号

邮编：100043

电话：010－68840434

传真：010－68840434

北京市门头沟区广播电视新闻中心

领导成员：

党组书记、主任：宋奇

党组成员、副主任：王幸国、苏燕平、班书臣

党组成员：李鹏

内设机构：

办公室、财务室、总编室、电视新闻部、电视专题部、电视制作部、广告文艺部、电视播出部、广播电台、时报编辑部、时报采写部、时报美术部、网络管理部、网络宣传部、网络评论部

地址：北京市门头沟区新桥大街36号

电话：69843348

传真：69843348

邮编：102300

北京市房山区广播电视中心

领导成员：

党组书记、主任：路建华（区委宣传部副部长兼）

党组成员、纪检组长：于海军

党组成员、副主任、机关党委书记：朱惠强

党组成员、副主任、工会主席：马琳

副主任：武宏

内设机构：

办公室、总编室、时政要闻部、社会新闻部、电视专题部、电视文艺部、广告经营部、电台直播部、电台专题部、网络运营部、评审培训部、新媒体建设部、技术科、播出部、财务科、人事科、后勤事务部、安保部、事业发展部

地址：北京市房山区良乡西潞南大街6号

电话：010－69374235

传真：010－69370104

邮编：102488

邮箱：FTVbgs@163.com

北京市大兴区广播电视中心

领导成员：

党组书记、主任：巴洪栓（区委宣传部副部长兼）

党组成员、副主任：杜桂玲

党组成员、副主任：卫东海（2016年10月改任副调研员）

党组成员、副主任：王冬梅（2016年10月调入）

党组成员、纪检组长：侯晨侠

党组成员、总工程师：汪俊涛

内设机构：

办公室、总编室、电台、电视台、人事教育科、内部审计科、财务管理科、全媒体运营部、技术发展部、广告管理部、媒资管理部、播出部

地址：北京市大兴区兴政街7号

邮编：102600

电话：010－69244977

传真：010－69244977

网址：www.zhhxw.com

邮箱：yufuzi123@sohu.com

北京市通州区广播电视中心

领导成员：

党组书记：王志刚

主任：刘磊

副主任：王雪征、王小利、高玉强

内设机构：

办公室、政工科、总编室、新闻部、专题部、评论部、网络部、电台编辑部、技术科、播出部、财务科、广告部

地址：北京市通州区新华西街1号
邮编：101149
电话：010－69545860
传真：010－69545860
邮箱：tzgdbgsh@126.com

北京市顺义区广播电视中心

领导成员：

党委书记、主任：宋森

副主任：李素华、杨文武(纪委书记)、张海泉、王会永（工会主席）

内设机构：

中心：办公室、政工科、财务科

广播电台：综合部、新闻部、专题部、文艺部

电视台：新闻部、专题部、文艺部、总编室、技术部、新媒体部、广告部、媒资管理部

《顺义时讯》报社：办公室、采编部、事业发展部

地址：北京市顺义区拥军路4号
邮编：101300
电话：010－69466677
传真：010－69463670
邮箱：sytv1994@yahoo.cn

北京市平谷区广播电视中心

领导成员：

党组书记、主任：龚士宏

党组副书记：王久武

副主任：于刚、邱胜章、贾春节

内设机构：

办公室、政工科、财务科、总编室、新闻科、专题科、播音科、播出科、技术科、文艺科、广告科、后勤事务科

地址：北京市平谷区旧城街8号
邮编：101200
电话：010－69961255
传真：010－89983716
邮箱：guangdianzhongxin@163.com

北京市昌平区广播电视中心

领导成员：

党委书记、主任：刘晓梅

党委委员、纪委书记：王洪

党委委员、副主任、工会主席：刘大宾

党委委员、副主任：王纲

总工程师：王少冲

总编室主任：王江萍

内设机构：

办公室、政工科、总编室、宣传科、财务科、事业科、广播电视台、广播电台、电视节目制作中心、网络信息管理中心、昌北音像广告中心、永安城影视传媒中心

地址：北京市昌平区南环东路1号
邮编：102200

电话：010－69746088

传真：69742578

网址：www.cprt.com.cn

北京市怀柔区广播电视中心

领导成员：

主任：刘剑

党组书记：常金壮

副主任：刘金凯、杨桂霞

工会主席：赵海清

内设机构：

办公室、政工科、监察科、总编室、编辑部、新闻部、外宣部、专题部、文艺部、电台部、广告部、广播影视制作部、技术部、播出部、汤河口分站、新媒体部、演播室运营部

地址：北京市怀柔区府前街19号

邮编：101400

电话：010－69632646

传真：010－69644232

邮箱：gdzx@bjhr.gov.cn

北京市密云区广播电视中心

领导成员：

党组副书记、主任：孙明朝（区委宣传部副部长兼）

党组书记、副主任：王慧平

党组成员、副主任：陈宝国、廖玉雄

班子成员、总编室主任：石晓访

党组成员、节目制作科科长：赵雪松

内设机构：

办公室、人事科、财务科、党办室、差转台、总编室、广播电台、节目制作科、技术科、新闻科、播音科、经济科、社教科、法制科、广告文艺科、音像资料室、行政事务科、“村村响”有线广播节目播出管理中心

地址：密云区西大桥路18号

邮编：101500

电话：010－89095645 010—89096037

传真：010—89095645

邮箱：guangdianzhongxin@126.com

北京市延庆区广播电视中心

领导成员：

党组书记、主任：郭东亮

党组副书记：高德强

党组成员、纪检组组长：卢书华

党组成员、副主任：贺农林、胡玖梅、孙守锴

内设机构：

办公室、人事科、财务科、总编室、新闻科、专题科、文艺科、广播科、社教科、广告科、技术科、播控科、纸媒采访科、纸媒编辑科、媒体融合科、播音部

所属科级事业单位：

北京市延庆区电视转播站、北京市延庆区广播电视记者站、北京市延庆区广播电视服务部

地址：北京市延庆区高塔街73号

邮编：102100

电话：010－69103462

传真：010－69103462

邮箱：yqtv102100@sina.com

北京光线传媒股份有限公司

领导成员：

法人代表：王长田

内设机构：

总裁办、财务部、内审部、证券事务部、人力行政部、法务部、品牌部、采购部、明星影业、项目部、发行部、宣传部、新媒体宣传组、视频组、营销中心、制片部、艺人经纪部、彩条屋影业、青春光线影业

地址：北京市东城区和平里东街11号航星科技园3号楼3层

邮编：100013

电话：010—64516000

传真：010—84222188

网址：www.ewang.com

华谊兄弟传媒股份有限公司

领导成员：

法人、董事长：王忠军

副董事长兼CEO：王忠磊

内设机构：

以电影、电视剧、艺人经纪等业务为代表的影视娱乐板块；以电影小镇、电影世界等业务为代表的品牌授权与实景娱乐板块；以游戏、新媒体、粉丝社区等业务为代表的互联网娱乐板块；产业投资板块

地址：北京市朝阳区新源南路甲2号华谊兄弟办公大楼

邮编：100027

电话：010－65805888

网址：www.huayimedia.com

北京海润影视制作有限公司

领导成员：

董事长：刘燕铭

总裁：张晓建

副总裁：赵浚凯、张小军

总监级负责人：

董事会秘书：刘晖宇

总裁办总监：王柘涵

制作总监：蒋晓梅

发行总监：常君艾、张培

文学总监：孙金

新媒体总监：张春雨

财务总监：武德民

人力资源总监：刘葳葳

法务总监：唐凡

行政总监：王存林

档案中心经理：宋兆文

宣传部经理：马乐乐

内设机构：

总裁办、发行部、法务部、文学部、宣传策划部、财务部、新媒体事业发展部、信息档案管理中心、人力资源部、行政部

地址：北京市朝阳区北苑媒体村天畅园3号楼1、2层

电话：010－64897799

传真：010－64935440

邮编：100107

网址：www.hairunmedia.com

北京京都世纪文化发展有限公司

领导成员：

董事长：尤小刚

副总经理：董煊、王正华、尤文铮

人事行政总监：周敬淙

内设机构：

经营部、宣传部、演艺经纪部、影视基地、办公室、财务部

地址：北京市东城区广渠门外广渠家园名敦道商厦4号楼1206室

邮编：100022

电话：010－67110812

传真：010－67177299

网址：www.zjdtv.com

北京鑫宝源影视投资有限公司

领导成员：

总经理：丁芯

内设机构：

总经办、财务部、广告部、发行部、演艺部、新媒体中心、编辑部、制作部、法务部、行政部

地址：北京市朝阳区北苑路86号院311号楼

邮编：100101

电话：010－57805288

传真：010－57561288

北京东方飞云国际影视股份有限公司

领导成员：

董事长：白彩云

总经理：白旭飞

艺人总监：李婵

艺人宣传：计特特

经纪人：邓正宁

人事：李亚伟

宣传：景颢

后期总监：郭洋

财务：李秀芳　张宝增

内设机构：

财务部、行政部、后期制作部、艺人

部、宣传部

地址：北京市朝阳区北苑路86号院311号楼

邮编：100101

电话：010–57805288

传真：010–57561288

网址：www.dongfangfeiyun.com

北京东王文化发展有限公司

领导成员：

董事长：张晓武

总经理：范杰

办公室主任：于莉

内设机构：

发行部、宣传部、演艺经纪部、办公室、财务部

地址：北京市朝阳区朝外大街3号山水广场B座1102

邮编：100020

电话：010－65516019（传真转8002）

邮箱：dwwh2601@sina.com

网址：www.bjdwwh.cn

大唐辉煌传媒有限公司

领导成员：

董事长：王辉

常务副总经理：袁春雨

内设机构：

文学策划部、制作部、电影事业部、新媒体部、发行部、娱乐营销部、艺人经纪部、宣传策划部、影视基地、财务部、人力资源及行政部、法务部

地址：北京市朝阳区慧忠里233号中南影业大厦3层

邮编：100101

电话：010－82961395

010－82961399

传真：010－82961396

网址：www.dthh.com.cn

四达时代集团

领导成员：

董事长兼总裁：庞新星

内设机构：

董事会办公室、总裁办、研究院、传媒事业部、大视频事业部、终端事业部、技术支持事业部、海外事业部、海外市场拓展中心、海外拓展支持部、品牌市场部、移动通讯部、媒体合作部、媒体数字化事业部、投资管理部、技术中心、运维中心、人力资源中心、财务中心、商务中心、信息中心、法务中心、监审部、行政中心、宣传部、公共关系部、项目融资部、预算管理部、战略采

购办公室、项目管理办公室、秦皇岛管理部

地址：北京经济技术开发区科创十四街5号院

邮编：100176

电话：010-53012998

传真：010-53012997

网址：www.startimes.com.cn

获奖作品

北京市广播影视协会2015年度优秀广播电视节目评选结果（149件）

一、广播类作品

广播新闻（32件）

长消息：长安街最后一根烟囱今天关火

北京人民广播电台 史喻

系列报道：急诊不急让人着急

北京人民广播电台 韩萌

评论：正视吐槽背后的民生诉求，让死不起不再成为话题

北京人民广播电台 林俐、王劲清

新闻编排：2015年8月1日北京新闻（北京申冬奥成功）

北京人民广播电台 李彬、肖朝阳

组织策划：让历史告诉未来——纪念中国人民抗日战争暨世界反法西斯战争胜利70周年大型系列报道

北京人民广播电台 集体

专题：绿色出行倡导月，通勤时间大比拼

北京人民广播电台 集体

新闻访谈：专访我国滑雪事业奠基人——单兆鉴

北京人民广播电台 马骏

现场直播：冰雪五环、聚焦冬奥——2022年冬奥会举办城市揭晓

北京人民广播电台 杨洪、李凯、杨迪、马骏、田甜、唐思萌

消息：户口迁不了房子卖不掉，孤寡老人咋养老

北京人民广播电台 弓健

栏目：《北京新闻》

北京人民广播电台 集体

栏目：《教育面对面》

北京人民广播电台 张延红、黄缘缘、高波、杨阳、高歌、张铮

评论：沦为形式的年检是更该取消的奇葩

北京人民广播电台 高翔、张博

长消息：经适房标准八年未变，轮候家庭在等待中失去资格

北京人民广播电台 王博

专题：南水北调，调水难，管水更难

北京人民广播电台 肖佳佳、田甜

评论：出境旅游国人疯狂扫货，拉动内需亟待税制改革

北京人民广播电台 朱艳婷

新闻编排：2015年8月13日《交通新闻》下午版

北京人民广播电台 王敏

长消息：中国男子4*100米接力突破历史

北京人民广播电台 陈妹

专题：轮椅上的马拉松

北京人民广播电台 陈妹

栏目：《小梁故事会》

昌平区广电中心 梁禹、郝金钰、崔扬

长消息：APEC后怀柔有了“国际范儿”

怀柔区广电中心 崔丹、喻星、贾贤、吴晶晶

连续报道：众人合力救助先天性肝衰竭患儿

怀柔区广电中心 李晓红、任欢、杜治平、李玉、冀莹、肖军

新闻专稿：帮助他人快乐自己——记爱心救援队队长任永阳

顺义区广电中心 赵娜、张雨欣

专题：离婚不离家 守住我的爱

通州区广电中心 张嘉康、邹艳艳、杨尧、赵佳琼

长消息：一门俩院　前院北京后院河北

密云区广电中心 杨茜、蔡立君、孔亚青

长消息：“新农民”的“互联网+”时代

平谷区广电中心 于丽丽、潘晓政

长消息：苏志顺见义勇为善款全部捐慈善

顺义区广电中心 徐亚楠

短消息：北京市第一家大型地面光伏电站首月发电量突破100万度

密云区广电中心 黄晨昭、张爱红

系列报道：《行走妫川百姓故事》系列报道

延庆区广电中心 王晶、颜飞、卢丹丹、杨竑翔、吴佳羽、满桐轩

长消息：智慧农场点亮智慧人生

房山区广电中心 张佳佳、王维佳、詹捷、冉迪

新闻评述：低头一族危害大，抬起头来更健康

房山区广电中心 汪学武、魏婷婷、王辉、陈婷

长消息：“互联网+”让我区农村产权交易实现网上竞拍

顺义区广电中心 丁越、杜辉

长消息：行走在中日之间的历史传承者

通州区广电中心 石靖楠、王鹏威、赵卓鹏

广播境外播出（4件）

专题：致远舰，你在这里！

北京人民广播电台 吴梅红、戴蔚然

专题：阮痴

北京人民广播电台 刘慧、刘兴宇

消息：全球购格局下的中国双十一

北京人民广播电台 戴蔚然

专题：异域忠魂

北京人民广播电台 李锐、刘兴宇

广播播音与主持（10件）

主持作品：黑白南极

北京人民广播电台 于晓丹

播音作品：2015年3月30日《新闻2015》

北京人民广播电台 杨洪、江宁

主持作品：城市治堵，老难题寻找新思路

北京人民广播电台 黄彦

主持作品：阿弥陀佛么么哒

北京人民广播电台 常宏玖

主持作品：“奔跑着创业”的毛大庆

北京人民广播电台 张婧琳

主持作品：走进不朽之歌——《没有共产党就没有新中国》

房山区广电中心 张佳佳

播音主持：《快乐调频928》“冬奥 我来啦”

延庆区广电中心 吴佳羽

主持作品：你心中认为的浪漫是什么?

密云区广电中心 张博研

播音主持：焦裕禄——第三集

顺义区广电中心 张雨欣

播音作品：北京区县沿革的那些事儿

通州区广电中心 王姝

广播文艺(14件)

音乐节目：战火中的旋律

北京人民广播电台 张鹏飞、梁言、王暄

文学节目：点赞《诗经》

北京人民广播电台 关晓松、陈光

长篇连播：一座营盘

北京人民广播电台 翟万臣、吕鲁波、孟孟

广播剧：广播微剧《多说了一句话》

北京人民广播电台 李唯唯、郝卫群、徐然、李寅飞、叶蓬、于浩

音乐节目：冯满天的音乐梦

北京人民广播电台 关晓松、酒杰

音乐节目：卢沟桥不会忘记

北京人民广播电台 才涛、徐冉、于越

文学节目：找回《平凡的世界》

北京人民广播电台 关晓松、陈光

曲艺专题：国画大师李苦禅的“暗战”生涯

北京人民广播电台 王为、张宏、徐北威

综艺节目：战火玫瑰

北京人民广播电台 张鹏飞、白钢、小晏、王暄

音乐节目：来自这一片土地

北京人民广播电台 春晓

戏曲曲艺节目：绿叶也荣光——“戏包袱”马崇仁的人生掠影

北京人民广播电台 尚远

长篇连播节目：系列评书《京华英雄》

北京人民广播电台 王为、张宏、涂北威

综艺节目：欧美反法西斯电影幕后揭秘

北京人民广播电台 罗兵、张世强

广播广告节目：漂在北京之有梦想篇

北京人民广播电台 广告管理部

二、电视类作品

电视新闻（50件）

现场直播：《通向2022》

北京电视台 集体

社教专题：《他乡是故乡》第一集

北京电视台 刘民、吴群、陈岳、汤倩倩

社教专题：我的爱人——毛岸英

北京电视台 王未央、白虹洁、左博、曾珍、王嫄朝

专题：请你替我活下去

北京电视台 邵晶、李潇、刘书含

纪录片：《伟大的贡献》第二集

北京电视台 吕军、吴志勇、赵廉、李丹

纪录片：《西藏》——神圣疆土(上集)

北京电视台 黄炜、刘晓彤、张昱、郝霖

栏目：《养生堂》

北京电视台 田天、王泓、华剑雄、张梦寒、李率南

新闻访谈：探秘胜利日阅兵——空中方队训练

北京电视台 沈澜、吴筠、崔笑田、王任飞、刘微、朱彬

组织策划：《永远的丰碑——纪念中国人民抗日战争胜利70周年大阅兵》

北京电视台 集体

短消息："蜂鸟"振翅 中国的北斗导航芯片飞了

北京电视台 叶红、何涛

短消息：千名工人回家 交警保驾护航

北京电视台 朱炜、李爱国

新闻编排：2015年7月31日《北京新闻》

北京电视台 集体

系列报道：中关村：创新引领中国

北京电视台 李烨、陈静岩、龚飞

系列报道：我这五年

北京电视台 刘效、李烨、金蕾、叶红、张梦瑶、陈思如

长消息：96年历史的石景山热电厂为蓝天"告别北京"

北京电视台 集体

评论：别让胡同味儿淡了

北京电视台 国培源、何思、钱瑞泓、刘继葳、焦妍

新闻专题：生命缘特别节目——祈福•天津

北京电视台 集体

栏目：《这里是北京》

北京电视台 集体

栏目：《军情解码》

北京电视台 集体

栏目：《纪实天下》

北京电视台 集体

新闻编排：2015年11月15日《都市晚高峰》

北京电视台 集体

组织策划："美丽乡村 筑梦有我"北京广播电视台主持人牵手双百乡村"走转改"大型年度新闻公益行动

北京广播电视台 集体

专题：一个人的邮局

新新传媒党建节目部 黄栋、邱虹程、康宁

专题：你是这样的人——回忆周恩来总理

新新传媒党建节目部 王文辉、邱虹程、康宁

社教专题：互联网时代大学生如何创业

新新传媒党建节目部 戈妍、柳秀彬、邱虹程、司文

专题：互联网医疗如何缓解看病难

新新传媒党建节目部 戈妍、柳秀彬、邱虹程、车子谦

系列报道："菜篮子"里的故事

新新传媒党建节目部 集体

专题：为了实现"太空之吻"

新新传媒党建节目部 张圆、车子谦、刘钰、李超毅

组织策划：《我与抗战》系列节目

新新传媒党建节目部 集体

社教专题：菜市场如何升级改造

新新传媒党建节目部 王溪原、柳秀彬、司文、车子谦

新闻专题：用爱铺就援疆之路

北京北广传媒移动电视有限公司 张楠、侯超

长消息：盘活农村闲置房屋　打造休闲养老社区

怀柔区广电中心 崔颖、冀莹、杜治平、张倩

长消息："幸福晚年驿站"实现农村老人养老不离村

密云区广电中心 郭晓华、杨茜

长消息：全国首个"双创社区"落户我区回龙观

昌平区广电中心 王颖、杨志来、黄善毓、吴晶晶、李娜

短消息：白天鹅"点赞"延庆好生态

延庆区广电中心 古大鹏、周雯露、武增宇

专题：张鹊鸣的平凡之路

昌平区广电中心 岳禹宁、王强、田野、刘洋

系列报道：聚焦三农——怀柔农业新气象

怀柔区广电中心 崔颖、冀莹、杜治平、刘学、张倩、姜春妍

社教专题：有机农业的践行者

顺义区广电中心 罗颖、王帅、陈婕、孟凡华、孙艳洁

栏目：《创新中关村•核心区》

海淀区新闻中心 刘仁、高菲、王赫、吴新安、杨升、赵丹

短消息：下午四点星城商厦突然起火 火情得控未见人员伤亡

大兴区广电中心 王剑秋、刘通、张岩川

系列及组合报道：历史不会忘记

大兴区广电中心 米雪梅、孙冉、董雪、李凯、王真、冯立

系列报道：发现丰台之美•今天我出镜

丰台区广电中心 李悦、王媛喆、崔菁阳、杨超、谷玥、李建辰

新闻访谈：点滴捐献 再创生命精彩

房山区广电中心 安艳峰、王侠、曾颖、李硕、李剑锋

纪录片：斋堂岁月

门头沟区广电新闻中心 蓝盛斓、孟佳、蔡森

长消息：医联体保驾护航 家医服务温暖人心

海淀区新闻中心 刘伟曦、王宇飞、刘盈

专题：用心种出厚德果

平谷区广电中心 张春燕、王晔、胡水、李立明、王东奇

栏目：《生活实验室》

顺义区广电中心 李朔峥、季笑然、郭春祥、陈婕、孟凡华、孙艳洁、方攀

专题：社区好民警——高辉

朝阳区广电新闻中心 朱剑

社教专题：八旬老人　十五年助学路

通州区广电中心 王颖、聂堂明、张嘉康、邹艳艳

长消息：不一样的受阅

石景山区广电中心 穆慧、杨国栋、靳晶

电视境外播出（4件）

专题：京韵情

北京电视台 吴群、王宇、李森、林天趣

长消息：青年创客的O2O之路

北京电视台 集体

专题：杨国庆，将南口战役遗迹保护进行到底

北京电视台 张苏、张晓彦、高晰、肖鹏

长消息：小城崇礼变身冰雪运动天堂

北京电视台 张苏、吕敬、高晰、王一霖

电视播音与主持（14件）

主持作品：《通向2022》——北京申冬奥大型直播

北京电视台 孙扬

主持作品：《通向2022》——北京申冬奥大型直播

北京电视台 李杨薇

主持作品：《最美和声》第三季总决赛

北京电视台 栗坤

主持作品：名医夫妻的养生经

北京电视台 悦悦

主持作品：我的爱人毛岸英

北京电视台 孙宇

主持作品：花香鸟语世界的美丽传播者——李叶莉

丰台区广电中心 周霞

主持作品：新老年俗齐上阵 自办“村晚”过大年

房山区广电中心 孙亚琼

主持作品：《文明风尚汇》第445期

海淀区新闻中心 郑晓彩

播音主持：相约长城 梦圆冬奥

延庆区广电中心 满桐轩

播音作品：2015年11月10日《密云新闻》

密云区广电中心 武国栋、李优

主持作品：京北瞭望第一塔 为您守护北大门

怀柔区广电中心 韩飞

主持作品：感动顺义——顺义区第五届道德模范颁奖典礼

顺义区广电中心 任璐

播音主持：乐听亲子悄悄话

朝阳区广电新闻中心 董喆

主持作品：自古英雄出少年

石景山区广电中心 李雪

电视文艺(19件)

动画节目：2015年BTV卡酷少儿动画春晚——吉羊盛典

北京电视台 李严、朱业、郭衍超、王佩珊、杨瑒、杨钊

艺术片：2015年11月21日《传承者》

北京电视台 吴英东

综艺节目：2015北京电视台春节联欢晚会

北京电视台 孙仝、孙勤、毕鲁克、刘昊雪、许佳多

综艺节目：“明月照人还”——北京电视台2015年中秋晚会

北京电视台 集体

综艺节目：《2014北京喜剧幽默大赛颁奖典礼》

北京电视台 集体

综艺节目：《脱口而出》——歌咏比赛

北京电视台 孙仝、毕鲁克、许佳多、马远

原创歌曲：《北京蓝天》MV

北京电视台 集体

广告节目：纪念抗战胜利七十周年系列宣传片

北京电视台 集体

歌舞节目：2015年环球春晚

北京电视台 集体

文艺专题：剧院魅影来了

北京电视台 徐剑、薛炜、竺弋、杨柳

纪录片：一起长大

北京电视台 集体

纪录片：拾说什刹海

北京电视台 集体

纪录片：京城“板寸王”

北京电视台 钱丹丹、齐芳、马勇杰

纪录片：窗口•海外中国文化中心

北京电视台 集体

少儿节目：季播节目《音乐大师课——同唱一首歌》

北京电视台 郭畅、姚小莹

文艺栏目：《每日文娱播报》

北京电视台 集体

文艺栏目：《剧星派》

北京电视台 集体

综艺节目：第五届北京国际电影节开幕式

北京电视台 集体

文艺栏目：《秀逗爱生活》

北京北广传媒移动电视有限公司 集体

三、报刊类作品

《新广播》报（2件）

专题报道：寻找身边的空气污染源

北京人民广播电台 万轶群

新闻通讯：同唱这一首英雄赞歌

北京人民广播电台 薄莹

（北京市广播影视协会）

注：获得“2015年度北京市优秀广播电视节目奖”作品名单不再在各单位获奖名单中体现。

2016年度北京广播电视台节（栏）目创新奖获奖作品一览表

栏目创新奖

金奖：

《养生堂》

北京电视台卫视节目中心

《最北京》

北京电视台科教节目中心

银奖：

《非遗时光》

北京人民广播电台

《哎呀妈呀》

北京电视台文艺节目中心

《超级体验团》

北京人民广播电台体育广播

节目创新奖

金奖：

《2016北京电视台春节联欢晚会》

北京电视台文艺节目中心

《生命缘——天使之约》

北京电视台卫视节目中心

银奖：

《西藏》

北京电视台卫视节目中心

《首届“诚信北京”315晚会》

北京电视台财经节目中心

节目形态创新奖

《暖暖的新家》

北京电视台卫视节目中心

《我是大医生》

北京电视台卫视节目中心

《他们的故事，城市的记忆》

北京人民广播电台新闻广播

节目制作创新奖

《直击三元桥大修特别节目》

北京电视台新闻节目中心

《最后的沙漠守望者》

北京电视台制作部

《伟大的贡献》

北京电视台卫视节目中心

主题宣传创新奖

《解放》

北京电视台卫视节目中心

《口号记忆与社会变迁》

北京人民广播电台新闻广播

数字电视节目创新奖

《我的家乡有大鱼》

数字电视

《装个文化人儿》

城市电视

新媒体视听节目创新奖

《百名天使为爱益剪》

北京新媒体集团

《“北京时间”记者直击盐城灾区：最可爱的人在行动》

北京新媒体集团

（北京广播电视台）

注：获得“2016年度北京广播电视台节（栏）目创新奖”作品名单不再在各单位获奖名单中体现。

2015年度广播节目技术质量优秀作品一览表

排名	节目名称	类别	单位	主要完成人	等级
1	环球旅行家	环绕声	北京人民广播电台	曹漫、孟孟	一等3个
2	国画大师李苦禅的“暗战”生涯	语言	北京人民广播电台	张校茵、于立良	
3	歌曲《歌谣》	音乐	北京人民广播电台	曹漫、程春	
4	葬密者	片花	北京人民广播电视台	孟孟	二等8个
5	焦裕禄	语言	北京市顺义区广播电视中心	高嵩、王进松、张磊	
6	西贝柳斯交响诗《芬兰颂》	音乐	北京人民广播电视台	陈小斌、陈曦	
7	快乐亦蝈鲜	片花	北京市顺义区广播电视中心	高嵩、张磊、王艳丽	
8	招商登高而招	广告	北京市通州区广播电视台	宫宝文、王迪	
9	京剧《智取威虎山》选段	戏曲	北京人民广播电视台	于立良、秦润培	
10	国色天香	音乐	北京市通州区广播电视台	周广兵、宫宝文	
11	汽车天下	片花	北京人民广播电视台	梁和芝	
12	践行孝道文化	广告	北京市房山区广播电视中心	刘玉迎、武逸洋、卢双庆	三等9个
13	大运河	音乐	北京市通州区广播电视台	田鹏、宫宝文	
14	形象冬日雪满山川	广告	北京市通州区广播电视台	肖莉、老唐	
15	肮脏的战争	语言	北京人民广播电视台	王暄	
16	我的运河味 我的运河魂	语言	北京市通州区广播电视台	吴小强、刘乾	
17	报时小天使	广告	北京市顺义区广播电视中心	王进松、张磊、刘金耀	
18	爱心帮助热线	片花	北京市顺义区广播电视中心	高嵩、刘金耀、王艳丽	
19	FM107台宣（车厢版）	片花	北京市房山区广播电视中心	刘玉迎、杨建国、穆晓凤	
20	FM107台宣（风情版）	片花	北京市房山区广播电视中心	熊京生、石可、冯明耀	

2015年度电视节目技术质量优秀作品一览表

排名	作品名称	高/标清	类别	申报单位	制作人员	等级
1	2015年北京电视台春节联欢晚会	标清节目录制	综合文体	北京电视台	张博、王梦羽、李予民、汤炳钊、付兵、潘林娜	一等5个
2	《下一站婚姻》第23集	高清节目录制	电视剧	北京电视台	宋冰、杜月、雷瑗溪、马健、陈晨、李红燕	
3	2015年北京电视台春节联欢晚会	高清视频图形	演播室图形设计	北京电视台	杨光、梁家兴、胡嘉隆	
4	2015年第五届中国北京国际电影节开幕式	高清节目录制	综艺	北京电视台	赵爽、周通、黄松涛、董薇、生硕、祝建平	
5	《西藏》北京卫视档案节目大型纪录片先导片	高清视频图形	短片	北京电视台	黄锐、冯中锋、何晓琳	
6	友谊地久天长——环球春晚.环球行	高清节目录制	专题	北京电视台	侯婷婷、崔蓓、高亚美、田太峰	二等9个
7	2015 BTV 环球春晚	高清音频制作	综艺	北京电视台	姚银壮、杨宣军、张志杰、宋建、张晓晨、刘腾	
8	北京电视台2015环球春晚	电视灯光、美术设计制作	灯光设计	北京电视台	戴元殊、吴秋辰、张高琦	
9	《飞翔燕赵》第一集《文明之河》	标清节目录制	专题	北京电视台	王一、李澎、贺佳、刘丹丹	
10	2015 BTV 环球春晚	高清节目录制	综艺	北京电视台	赵娇、朱家仟、景云、祝子龙、张成明、王海	
11	《我的歌声里—卫健音乐时光》第二期	高清音频制作	综艺	北京电视台	姚银壮、范强、杨宣军、宋建、张晓晨、李璧彤	
12	2015年北京电视台元宵晚会	高清视频图形	片头	北京电视台	张晨旭、郭豪、张金秋	
13	北京新闻	标清节目录制	新闻	北京电视台	张洋、李彬、黄可、孙东燕	
14	《异镇》第一集	高清节目录制	电视剧	北京电视台	史文霞、张志杰、余婷婷、魏欣欣、朱玢、王慧敏	

续表

排名	作品名称	高/标清	类别	申报单位	制作人员	等级
15	北京电视台 2015环球春晚	电视灯光、 美术设计制作	美术设计	北京电视台	张文伊、马中怡、窦晋平	三等 14个
16	《我的歌声里—卫健音乐时光》第二期	标清节目录制	综合文体	北京电视台	鲁岩、张笑维、曹颜、史献宇、姜正雨、汪亚洲	
17	友谊地久天长—— 环球春晚.环球行	高清音频制作	专题	北京电视台	吴铮、姚银壮、张志杰、杨宣军	
18	特别关注	标清节目录制	新闻	北京电视台	季红、彭智唯、杨明媚、田铭晖	
19	西藏	标清节目录制	专题	北京电视台	王申为、董晨阳、许鹏、杨莹	
20	CBA（北京首钢VS广东东莞银行）	高清音频制作	体育	北京电视台	姜世杰、张磊、齐伟、陈思策	
21	伟大的奉献—— 民族面孔	高清节目录制	专题	北京电视台	薛思邈、高静海、秦玉鹏、祝传靖	
22	文化纪事	高清节目录制	专题	房山区广播电视中心	杨建国、熊京生、刘玉迎、许亚辉	
23	2015年亚洲足球冠军联赛（北京国安VS韩国全北现代）	高清节目录制	体育	北京电视台	郝纪、刘来生、段然、张宁、张骞、张来宝	
24	看通州	高清节目录制	专题	北京市通州区广播电视中心	赵坤、张丽莉、巩羽、卢昊	
25	《朝阳新闻》	标清节目录制	新闻	朝阳区广播电视新闻中心	李磊、刘洋、罗薇、张长生	
26	中超联赛直播	高清视频图形	演播室图形设计	北京电视台	王一沫、杨洋、王旭	
27	我行我秀	标清节目录制	专题	房山区广播电视中心	许亚辉、冯明耀、李岩峰、卢双庆	
28	文明出行 改变从今天开始	高清视频图形	短片	北京电视台	魏伯寅、刘睿、刘珞莹	

（北京市新闻出版广电局科技处）

注：获得“2015年度广播节目技术质量和电视节目技术质量优秀作品”奖的作品名单不再在各单位获奖名单中体现。

北京市2015—2016年度传播机构类公益广告作品扶持项目一览表

类别	序号	优秀传播机构
一类	1	北京广播电视台
	2	北京市通州区广播电视中心
	3	北京市门头沟区广播电视台
	4	北京市昌平区广播电视中心
	5	北京市石景山区广播电视中心
	6	北京市丰台区广播电视中心
二类	7	北京市朝阳区广播电视新闻中心
	8	北京市密云区广播电视中心
	9	北京市延庆区广播电视中心
	10	北京市房山区广播电视中心
	11	北京市平谷区广播电视台
	12	北京市大兴区广播电视中心
	13	北京市顺义区广播电视中心
	14	北京市怀柔区广播电视中心
三类	15	铁道影视中心
	16	爱奇艺
	17	中视金桥国际传媒集团有限公司北京广告分公司
	18	中华环保联合会
	19	中传视友（北京）传媒科技有限公司
	20	锐凯得国际影视文化（北京）有限公司

北京市2015—2016年度广播类公益广告作品扶持项目一览表

类别	序号	作品名称	报送单位或个人
一类	1	抗日反法之三条将军路篇	北京人民广播电台
	2	树的独白	北京人民广播电台

续表

类别	序号	作品名称	报送单位或个人
	3	保护湿地	北京人民广播电台
	4	让读书成为一种习惯	北京市延庆区广播电视中心
	5	孩子的成长需要陪伴	北京市平谷区广播电视中心
	6	歌的记忆	北京音像公司
二类	7	公益广告新儿歌 放下电子产品 乐享户外童年	北京市延庆区广播电视中心
	8	抗艾滋 反歧视 我们一起承担	北京市昌平区广播电视中心
	9	产权保护之盗梦篇	北京人民广播电台
	10	杜绝虚假信息	北京人民广播电台
	11	雷锋精神之爱岗敬业篇	北京人民广播电台
	12	践行孝道文化 弘扬传统美德	北京市房山区广播电视中心
	13	问候	北京四海朗月文化传媒有限公司
	14	节能有道 节俭有德	北京市密云区广播电视中心
三类	15	抗日反法之狼牙山五壮士篇	北京人民广播电台
	16	食品安全 关乎未来	吴兴有
	17	“北京榜样”话税收	北京市西城区地税局
	18	北京教改资源更普惠	北京人民广播电台
	19	我加入	北京市房山区广播电视中心
	20	环保出行靠大家	北京市延庆区广播电视中心
	21	媒体人拒绝抄袭	北京人民广播电台
	22	文明乘用扶梯	北京人民广播电台
	23	禁毒之白雪公主篇	北京人民广播电台
	24	打击侵权盗版 保护知识产权	北京市房山区广播电视中心
	25	远离毒品	北京市密云区广播电视中心
	26	爱心不折旧	王欣莹
	27	不做低头族	孙岩
	28	汇流成海 为国聚财	北京市怀柔区地税局
	29	储存罐里的对话	赵佳奇
	30	严禁从事有偿新闻和虚假新闻	北京人民广播电台

北京市2015—2016年度电视类公益广告作品扶持项目一览表

类别	序号	作品名称	报送单位
一类	1	保护未成年人安全公益宣传片	北京电视台
	2	榫卯—感悟传统传承文化	北京电视台
	3	文化传承—读书	北京电视台
	4	家门1	众和佳映北京文化传媒有限公司
	5	有时候我们该为爱掸掸灰	北京市房山区广播电视中心
	6	道路交通安全之安全带篇	中视金桥国际传媒集团有限公司北京广告分公司
二类	7	筷子	恋美汐影视文化传媒(北京)有限公司
	8	税收呵护美好生活	北京市国税局、北京市地税局
	9	老人的愿望	北京市通州区广播电视中心
	10	得蛙蛙系列公益广告剧 烟蒂篇	天地升华（北京）国际文化传播有限公司
	11	新闻从业人员“一规一约”规定篇	北京电视台
	12	幸福传承靠节约	北京恒友联合咨询有限公司
	13	火车宝贝 （温馨提示系列）四	铁道影视中心
	14	自己的书包我自己背	北京市石景山区广播电视中心
三类	15	大山里的税官	北京市地税局
	16	新闻从业人员“一规一约”公约篇	北京电视台
	17	请爱护公共自行车	北京市通州区广播电视中心
	18	天空中最亮的星	芭乐互动（北京）文化传媒有限公司
	19	寻碑 传承灿烂文化	北京市门头沟区广播电视新闻中心
	20	文明动车你我同行 导盲犬	铁道影视中心
	21	时代的步伐	中华环保联合会
	22	言传身教的力量	北京中韩友谊跆拳道俱乐部
	23	全国劳模的茶水	北京市国税局
	24	家园	北京音像公司
	25	对不起是一种真诚 没关系是一种风度	北京舜尧影视文化传播有限公司

续表

类别	序号	作品名称	报送单位或个人
	26	北京阅读季 就爱你阅读	北京方略博华文化传媒有限公司
	27	放下手机重拾温情 手指篇	中视金桥国际传媒集团有限公司北京广告分公司
	28	坚守平凡岗位 敬业奉献人生	北京市昌平区广播电视中心
	29	一个忘记历史的民族是没有希望的民族——纪念抗战胜利70周年	北京妫川银羽广告设计工作室
	30	如果不爱请不要伤害	中传视友（北京）传媒科技有限公司
	31	“美丽乡村 筑梦有我”大型公益行动一	新新传媒公司
	32	勤俭节约 从我做起	北京市丰台区广播电视中心
	33	易碎的山寨	北京烟花三月文化传播有限公司
	34	保护环境 从我做起	锐凯得国际影视文化（北京）有限公司
	35	摒弃陋习真爱环境	北京市延庆区广播电视中心

（北京市新闻出版广电局传媒机构管理处）

注：获得“北京市2015—2016年度广播、电视、传播机构类公益广告”的作品名单不再在各单位获奖名单中体现。

2016年北京市优秀网络视听节目征集评选活动优秀作品名单

优秀原创网络剧（7部）		
编号	作品名称	申报企业
1	他来了，请闭眼	搜狐视频
2	最好的我们	爱奇艺
3	匆匆那年：好久不见	搜狐视频
4	星际小蚂蚁之环球追梦	酷米网
5	《执念师》第二季	搜狐视频
6	知心	视友网
7	午夜计程车 第二季	优酷

续 表

优秀原创网络电影长片（3部）		
编号	作品名称	申报企业
1	生死棋局	优酷
2	私人律师	优酷
3	奔跑吧小凡	爱奇艺

优秀原创网络电影短片（17部）		
编号	作品名称	申报企业
1	希望树	视友网
2	贤二前传之谎言的代价	酷米网
3	煎饼·杰克逊	爱奇艺
4	判若云泥	爱奇艺
5	老兵	优酷
6	玉米人	优酷
7	为社会福 为邦家光	视友网
8	被遗忘的礼物	乐视网
9	一次离别	爱奇艺
10	别怕，有我	宣讲家网站
11	不朽的歌	房山广电传媒网
12	小睿必达	爱奇艺
13	天使蜜儿	优酷
14	守望	视友网
15	爷爷的演讲	房山广电传媒网
16	零元招租	酷六网
17	乒乓少年	爱奇艺

优秀原创网台联动视听节目（4部）		
编号	作品名称	申报企业
1	创客中国	乐视网
2	《真情故事》二伯盖果慧（上、下）	昌平广播电视网

续表

编号	作品名称	申报企业
3	发现北京	菠萝网
4	2016环球春晚抢先看	北京网络广播电视台

优秀原创网络视听公益节目(15部)		
编号	作品名称	申报企业
1	天梯上的孩子	搜狐视频
2	北京地铁一夜	千龙网
3	百名天使 为爱益剪	北京网络广播电视台
4	敖恩—胡杨林项目	百度
5	小时间	爱奇艺
6	留守之殇	优酷
7	从习近平给父亲的信中感悟父爱如山	宣讲家网
8	最美·生命最后的天使	视友网
9	五元新校舍	百度
10	遇见你 看见爱：敬一丹"奇遇"阿牛助办学	优酷
11	95岁抗战老战士捐款10万支援灾区	天天在线
12	太阳村的后裔	乐视网
13	北京警察故事	乐视网
14	星际小蚂蚁公益大使系列动画	酷米网
15	有时候，我们该为爱掸掸灰	房山广电传媒网

优秀原创专业类视听节目 (16部)		
编号	作品名称	申报企业
1	《传家》微记录	乐视网
2	小崔聊抗战	百度
3	电影人生	搜狐视频
4	张梁记	汽车之家
5	东方诺亚方舟	爱奇艺
6	奇葩说第三季	爱奇艺

续 表

编号	作品名称	申报企业
7	长城梦	优酷
8	火星情报局	优酷
9	我是谁	优酷
10	Christopher的北京出行日记	音悦网
11	红色万里行	视友网
12	《观新》——蓝天野执导话剧《贵妇还乡》濮存昕陈小艺联袂出演	千龙网
13	追星星的少女	北京科技视频网
14	杭钢岁月	搜狐视频
15	你看起来很好吃	乐视网
16	滴水不漏 43小时直击三元桥大修	北京网络广播电视台

（北京市新闻出版广电局网络视听节目管理处）

注：获得“2016年北京市优秀网络视听节目征集评选活动优秀作品”的作品名单不再在各单位获奖名单中体现。

2016年北京人民广播电台获奖作品一览表

奖项名称	获奖作品	届数	奖项等级	获奖部门及人员
中国新闻奖（2015年度）	《冰雪五环、聚焦冬奥——2022年冬奥会举办城市揭晓》	二十六届	一等奖	作新闻广播杨洪、李凯、杨迪、马骏、田甜、唐思萌
中国新闻奖（2015年度）	《致远舰，你在这里！》	二十六届	三等奖	外语广播吴梅红、戴蔚然
中国播音主持“金话筒”奖	人物获奖，不涉及作品	2014年度	广播播音员主持人人物	新闻广播朱秦
中国播音主持“金话筒”奖	《不可回避的青少年性教育》	2014年度	广播主持作品	交通广播李嘉佳（嘉佳）、金盛博（盛博）
中国播音主持“金话筒”奖提名奖	《资讯早八点——新鲜资讯》	2014年度	广播播音作品	新闻台滕莹石（滕欢）、李锐
中国国际广播新闻奖	《异域忠魂》	2015年度	一等奖	新闻广播李锐，外语广播刘兴宇

续 表

奖项名称	获奖作品	届数	奖项等级	获奖部门及人员
中国国际广播新闻奖	《阮痴》	2015年度	一等奖	新闻广播刘慧，外语广播刘兴宇
中国国际广播新闻奖	《破碎的花朵》	2015年度	二等奖	外语广播张瑞丽
中国国际广播新闻奖	《保安也文艺》	2015年度	二等奖	新闻广播张博，外语广播刘兴宇

（北京人民广播电台）

2016年度北京电视台获奖作品一览表

奖项名称	获奖作品	届数	奖项等级	获奖部门及人员
中国新闻奖	《生命缘——请你替我活下去》	第26届	一等奖	卫视
中国新闻奖	《历史传播中电视媒体的担当与创新——以北京卫视<档案>栏目为例》	第26届	二等奖	卫视（徐滔、马宏、王寅）
中国新闻奖	《别让胡同味儿淡了》	第26届	三等奖	新闻
北京新闻奖	《永远的丰碑——纪念中国人民抗日战争胜利70周年大阅兵》	第25届	组织策划奖	新闻
北京新闻奖	《通向2022》	第25届	一等奖	新闻
北京新闻奖	《生命缘》——请你替我活下去	第25届	一等奖	卫视
北京新闻奖	“蜂鸟”振翅 中国的北斗导航芯片飞了	第25届	一等奖	新闻
北京新闻奖	中关村，创新引领中国	第25届	一等奖	新闻
北京新闻奖	《96年历史的石景山热电厂为蓝天“告别北京”》	第25届	一等奖	新闻

续 表

奖项名称	获奖作品	届数	奖项等级	获奖部门及人员
北京新闻奖	《养生堂》	第25届	二等奖	卫视
北京新闻奖	《军情解码》——探秘胜利日阅兵——空中方队训练	第25届	二等奖	青海
北京新闻奖	《北京新闻》2015年7月31日	第25届	二等奖	新闻
北京新闻奖	《他乡是故乡》第一集	第25届	三等奖	新闻
北京新闻奖	《记忆2015》——我的爱人 毛岸英	第25届	三等奖	科教
北京新闻奖	我这五年	第25届	三等奖	新闻
北京新闻奖	《锐观察》——别让胡同味儿淡了	第25届	三等奖	新闻
北京新闻奖	《这里是北京》	第25届	三等奖	新闻
北京新闻奖	《纪实天下》	第25届	三等奖	纪实
北京新闻奖	2015年11月15日《都市晚高峰》	第25届	三等奖	新闻
北京新闻奖	《杨国庆，将南口战役遗迹保护进行到底》	第25届	三等奖	青海
全国广播影视学术论文评选	《用镜头展现“口述历史”的魅力》	第14届	二等奖	总编室（赵京梅）
全国广播影视学术论文评选	《北京电视台的新媒体发展之路》	第14届	二等奖	研发部（秦新春）

（北京电视台）

2016年度北京紫禁城影业有限责任公司获奖作品一览表

奖项名称	获奖作品	体裁	届数	奖项等级	获奖部门及人员
中国广播影视大奖“电影华表奖”优秀故事片奖	《狼图腾》	年代	第十六届	国家级奖项	出品方
中国广播影视大奖“电影华表奖”优秀故事片奖	《百团大战》	年代	第十六届	国家奖项	出品方
中国电视金鹰奖电视剧荣誉提名奖	《传奇大掌柜》	年代	第28届	国家奖项	出品方

（北京紫禁城影业有限责任公司）

2016年度北京广播电视报社获奖作品一览表

奖项名称	获奖作品	体裁	届数	奖项等级	获奖部门及人员
中国广播电影电视报刊协会好新闻奖	《<武媚娘传奇>：秀“事业线”不如拼事业心》	评论	2015年度	一等奖	李雪源
中国广播电影电视报刊协会好新闻奖	《陈佩斯：做喜剧一条道走到黑》	专访	2015年度	二等奖	刘颖
中国广播电影电视报刊协会好新闻奖	《文艺广播邀集评书名家倾情演播<京华英雄>》	通讯	2015年度	二等奖	陈文
中国广播电影电视报刊协会好新闻奖	《广播人讲故事伴留守儿童入梦乡》	消息	2015年度	三等奖	陈文
中国广播电影电视报刊协会好新闻奖	《筷子兄弟王太利：天上的父亲看得见我的成功》	专访	2015年度	三等奖	董岩
省级广播电视报新闻奖	《电视剧如此拍，还有多少正能量？！》	评论	25届	三等奖	李雄峰

续 表

奖项名称	获奖作品	体裁	届数	奖项等级	获奖部门及人员
省级广播电视报新闻奖	《李光曦为宜宾彝族儿童义演》	通讯	25届	三等奖	陈文
省级广播电视报新闻奖	《BTV＜生活面对面＞募捐10万元解燃眉之急》	通讯	25届	三等奖	冷梅

（北京广播电视报社）

2016年度北京市北广传媒数字电视有限公司获奖作品一览表

奖项名称	获奖作品	体裁	届数	奖项等级	获奖部门及人员
“美丽乡村筑梦有我”北京广播电视台主持人牵手“双百”乡村“走转改”大型新闻公益行动			2014—2016年度	最佳项目奖	北京北广传媒数字电视有限公司
中国广播电视数字付费频道行业2015年度创优评析节目评优	《野钓江湖》		2015年度	全国播出频道三等优秀栏目	北京北广传媒数字电视有限公司四海钓鱼频道
中国广播电视数字付费频道行业2015年度创优评析频道评优	北京北广传媒数字电视有限公司四海钓鱼频道		2015年度	行业优异频道	北京北广传媒数字电视有限公司四海钓鱼频道
中国广播电视数字付费频道行业2015年度创优评析节目评优	车迷会——穿越克什克腾	专题类	2015年度	全国播出频道二等专题节目	北京北广传媒数字电视有限公司车迷频道

续表

奖项名称	获奖作品	体裁	届数	奖项等级	获奖部门及人员
中国广播电视数字付费频道行业2015年度创优评析节目评优	坑冠争霸		2015年度	全国播出频道三等优秀栏目	北京北广传媒数字电视有限公司四海钓鱼频道
中国广播电视数字付费频道行业2015年度创优评析节目评优	我的家乡有大鱼		2015年度	全国播出频道一等优秀栏目	北京北广传媒数字电视有限公司四海钓鱼频道

（北京北广传媒数字电视有限公司）

2016年度北京市北广传媒移动电视有限公司获奖作品一览表

奖项名称	获奖作品	体裁	届数	奖项等级	获奖部门及人员
北京新闻奖	同在蓝天下 爱心1+1	专题	第24届	组织策划奖	节目部 闫新疆、李敬、孙宇、孙为、侯超

（北广传媒移动电视有限公司）

2016年度北京市丰台区广播电视中心获奖作品一览表

奖项名称	获奖作品	体裁	届数	奖项等级	获奖部门及人员
“第七届女性题材优秀电视作品优秀作品”奖	《选民拥护的好代表》	电视栏目	第七届	优秀作品	社会教育部 李璐、芦伟、周霞
“第七届女性题材优秀电视作品二类作品”奖	《南城人物·彭俊红》	电视栏目	第七届	二类作品	专题部 李悦、王媛喆、李建辰

（北京市丰台区广播电视中心）

2016年度北京市石景山区广播电视中心获奖作品一览表

奖项名称	获奖作品	奖项等级	获奖部门及人员
全国敬老养老助老公益广告	孝道	优秀奖	李雪、刘梦辰、王哲、靳晶
全国敬老养老助老公益广告电视	社区养老身边都是老街坊	优秀奖	谷雨、赵烁
全国敬老养老助老公益广告电视	倾听也是孝	鼓励奖	孙乐、廉栋

（北京市石景山区广播电视中心）

2016年度北京市顺义区广播电视中心获奖作品一览表

奖项名称	获奖作品	体裁	届数	奖项等级	获奖部门及人员
北京新闻奖	《帮助他人快乐自己——记爱心救援队队长任永阳》	新闻专稿	2015年度	二等奖	赵娜、张雨欣、王杰庆

（北京市顺义区广播电视中心）

2016年度北京市昌平区广播电视中心获奖作品一览表

奖项名称	获奖作品	体裁	届数	奖项等级	获奖部门及人员
北京新闻奖	《张鹊鸣的平凡之路》		2015年度	二等奖	岳禹宁、王强、田野、刘洋

续表

奖项名称	获奖作品	体裁	届数	奖项等级	获奖部门及人员
女性题材优秀电视作品	《真情故事：天使红霞》		第七届	二类作品	昌平电视台
女性题材优秀电视作品	《真情故事：如母大嫂——张玉新》		第七届	三类作品	昌平电视台
女性题材优秀电视作品	《真情故事：像花一样盛放—王秀花》		第七届	优秀电视作品	昌平电视台
女性题材优秀电视作品	《真情故事：当爱遇上“来自星星的你”》		第七届	优秀电视作品	昌平电视台
中国旅游电视周优秀旅游电视节目	《昌平赋》	宣传片	第九届	好作品奖	昌平电视台
全国法制动漫微电影作品征集展播活动	《贯彻执法安全生产法切实保护劳动者的人身财产安全》	公益广告	第十二届	优秀奖	昌北音像广告中心

（北京市昌平区广播电视中心）

2016年度北京市密云区广播电视中心获奖作品一览表

奖项名称	获奖作品	体裁	届数	奖项等级	获奖部门及人员
北京新闻奖	《北京市第一家大型地面光伏电站首月发电量突破一百万度》	广播类节目	2015年度	二等奖	黄晨昭、石晓访

（北京市密云区广播电视中心）

2016年度华谊兄弟传媒股份有限公司获奖作品一览表

奖项名称	获奖作品	届数	奖项等级	获奖部门及人员
多伦多国际电影节国际影评人费比西奖	《我不是潘金莲》	第41届	获奖	北京耀莱影视文化传媒有限公司、华谊兄弟传媒股份有限公司、北京摩天轮文化传媒有限公司、华谊兄弟电影有限公司、浙江东阳美拉传媒有限公司
圣塞巴斯蒂安国际电影节最佳影片金贝壳奖	《我不是潘金莲》	第64届	获奖	北京耀莱影视文化传媒有限公司、华谊兄弟传媒股份有限公司、北京摩天轮文化传媒有限公司、华谊兄弟电影有限公司、浙江东阳美拉传媒有限公司
圣塞巴斯蒂安国际电影节最佳女演员银贝壳奖	《我不是潘金莲》	第64届	获奖	范冰冰
台湾电影金马奖最佳剧情片	《我不是潘金莲》	第53届	提名	北京耀莱影视文化传媒有限公司、华谊兄弟传媒股份有限公司、北京摩天轮文化传媒有限公司、华谊兄弟电影有限公司、浙江东阳美拉传媒有限公司
台湾电影金马奖最佳导演	《我不是潘金莲》	第53届	获奖	冯小刚
台湾电影金马奖最佳女主角	《我不是潘金莲》	第53届	提名	范冰冰
台湾电影金马奖最佳原创电影音乐	《我不是潘金莲》	第53届	提名	杜薇

续表

奖项名称	获奖作品	届数	奖项等级	获奖部门及人员
亚洲电影大奖最佳电影	《老炮儿》	第10届	提名	华谊兄弟传媒股份有限公司、东阳向上影业有限公司、北京一响天开文化传媒有限公司、北京第七印象影视传媒有限责任公司、霍尔果斯春天融合传媒有限公司
亚洲电影大奖最佳导演	《老炮儿》	第10届	提名	管虎
亚洲电影大奖最佳男主角	《老炮儿》	第10届	提名	冯小刚
亚洲电影大奖最佳摄影	《老炮儿》	第10届	提名	罗攀
中国电影导演协会表彰大会年度导演	《老炮儿》	第七届	获奖	管虎
中国电影导演协会表彰大会年度男演员	《老炮儿》	第七届	获奖	冯小刚
中国电影导演协会表彰大会年度影片	《老炮儿》	第七届	获奖	华谊兄弟传媒股份有限公司、东阳向上影业有限公司、北京一响天开文化传媒有限公司、北京第七印象影视传媒有限责任公司、霍尔果斯春天融合传媒有限公司
中英电影节最佳导演	《老炮儿》	2016年度	获奖	管虎
中英电影节最佳女配角	《老炮儿》	2016年度	获奖	梁静
中英电影节最佳音乐	《老炮儿》	2016年度	获奖	窦鹏

续 表

奖项名称	获奖作品	届数	奖项等级	获奖部门及人员
大众电影百花奖最佳导演	《老炮儿》	第33届	提名	管虎
大众电影百花奖最佳男主角	《老炮儿》	第33届	提名	冯小刚
大众电影百花奖最佳女主角	《老炮儿》	第33届	获奖	许晴
大众电影百花奖最佳男配角	《老炮儿》	第33届	获奖	李易峰
大众电影百花奖最佳女配角	《老炮儿》	第33届	提名	梁静
大众电影百花奖最佳影片	《寻龙诀》	第33届	提名	万达影视传媒有限公司、万达影业（香港）有限公司、万达影业（青岛）有限公司、华谊兄弟传媒股份有限公司、北京光线影业有限公司、亚太未来影视（北京）有限公司、浙江蓝巨星国际传媒有限公司
大众电影百花奖最佳导演	《寻龙诀》	第33届	获奖	乌尔善
大众电影百花奖最佳女主角	《寻龙诀》	第33届	提名	舒淇
大众电影百花奖最佳男配角	《寻龙诀》	第33届	提名	夏雨
大众电影百花奖最佳女配角	《寻龙诀》	第33届	获奖	杨颖
香港电影金像奖最佳女主角	《三城记》	第35届	提名	汤唯
香港电影金像奖最佳女配角	《三城记》	第35届	提名	秦海璐

续表

奖项名称	获奖作品	届数	奖项等级	获奖部门及人员
中国电影华表奖优秀故事片奖	《失孤》	第16届	获奖	
中国电影华表奖优秀男演员奖	《失孤》	第16届	获奖	刘德华
香港电影金像奖最佳男主角	《失孤》	第35届	提名	刘德华
中国电影华表奖故事片	《天将雄师》	第16届	提名	耀莱影视文化传媒有限公司、华谊兄弟传媒股份有限公司、上海电影（集团）有限公司、耀莱文娱发展有限公司、耀莱文娱发展有限公司、新余鸿蒙文化投资管理中心（有限合伙）、深圳市腾讯视频文化传播有限公司、北京文资华夏影视文化投资管理中心（有限合伙）
中国电视金鹰奖电视剧	《卧底》	第28届	提名	北京华谊兄弟娱乐投资有限公司

（华谊兄弟传媒股份有限公司）

2016年度海润影视制作有限公司获奖作品一览表

奖项名称	获奖作品	届数	奖项等级	获奖部门及人员
中国广播影视大奖电影华表奖（十六届）优秀少数民族题材影片（提名）	独龙之子高德荣	十六届	提名	北京海润影业有限公司

（海润影视制作有限公司）

2016年度北京鑫宝源影视投资有限公司获奖作品一览表

奖项名称	获奖作品	届数	奖项等级	获奖部门及人员
全国十佳电视制片	《青年医生》	第十一届	优秀电视剧	北京鑫宝源影视投资有限公司
中美电影节金天使奖	《跨界歌王》	第十二届	最佳电视综艺节目	北京鑫宝源影视投资有限公司

（北京鑫宝源影视投资有限公司）

2016年度北京小马奔腾文化传媒股份有限公司获奖作品一览表

奖项名称	获奖作品	届数	奖项等级	获奖部门及人员
中国电视金鹰奖	《十送红军》	第二十八届	优秀电视剧奖	北京小马奔腾壹影视文化发展有限公司
全国电视制作业	《白云飘飘的年代》	第十一届	十佳优秀电视剧	北京小马奔腾壹影视文化发展有限公司

（北京小马奔腾文化传媒股份有限公司）

2016年度大唐辉煌传媒有限公司获奖作品一览表

奖项名称	获奖作品	届数	奖项等级	获奖部门及人员
澳门国际电视节“金莲花优秀电视剧大奖”	守婚如玉	2016	国际奖项	出品方
澳门国际电视节“金莲花最佳男配角奖”	守婚如玉	2016	国际奖项	王耀庆
全国电视制片业十佳电视剧出品人		第十一届	全国奖项	王辉
全国电视制片业十佳优秀电视剧	下一站婚姻	第十一届	全国奖项	出品方

（北京大唐辉煌传媒有限公司）

典型经验

植根中华传统文化　打造知名文化品牌

中华传统文化博大精深、源远流长，是炎黄子孙世代相连的精神血脉，是华夏儿女共同拥有的精神家园。传承好、传播好中华传统文化是我们媒体人的共同追求。近年来，我们认真学习贯彻习近平主席重要讲话精神，按照“传承历史文脉”的要求，不断巩固发展古都北京的历史文化优势，创办《养生堂》《非遗时光》《传承者》等一批富有中华文化底蕴和时代气息的优秀广播电视节目，获得了社会各界普遍关注和广大听众的好评。我们深切感到，主流传统媒体传承和传播中华传统文化，不仅意义重大，而且有优势、有成效、有前景，可以培育和打造出具有独特竞争力的知名文化品牌。

一、增强文化意识，勇担历史使命。“中华文化积淀着中华民族最深层的精神追求，代表着中华民族独特的精神标识，为中华民族生生不息、发展壮大提供了丰厚滋养。”传承弘扬中华文化是每一个中华儿女的应尽职责。广播电视媒体覆盖广、影响大，具有传承弘扬中华文化的独特优势。我们不断强化自身的文化担当意识，将中华文化因子植入每个节目、每项活动，以声音、影像的方式记录、呈现、传播、珍藏中华文化的精彩瞬间。强烈的使命感和责任感，持久的耐心和恒心，已促使传承弘扬中华文化成为我们自觉的文化追求。

二、挖掘文化内涵，展示思想力量。文化的魅力，来源于其中蕴含的思想力量。我们充分挖掘中华文化的精神内涵，以穿透时空的智慧光芒启示人、引导人。我们推出的电视真人秀栏目《传承者》，将镜头对准民乐、武术、戏剧、杂技、工艺等极具欣赏性、竞技性的项目，在展现精湛和绝美的传统技艺的同时，还邀请陈道明等知名艺术家担任嘉宾，组建能言善辩、代表青年人态度的青年团同台点评，为新老两代观点交锋提供碰撞舞台，在反复思辨中探幽发微、求同存异，获得思想认识上的升华。

三、丰富文化意象，触动受众内心。文化是抽象的，因此，需要借助于生动的故事和形象，才能有更强的穿透力和感染力。我们围绕浓缩文化精华、丰富文化意象苦下工夫，将传统文化中精彩、珍贵的部分提取出来，通过声音表达、画面展示等多种手段，为受众营造出一个易感知、有趣味的文化意象空间，进而激起受众对中华文化的关注、喜爱与尊敬。我们推出的广播节目《话说天下》，以个性化的语言生动讲述古今故事，以口述历史等形式深度探究历史话题。电视动画片《飞越五千年》，通过富有儿童亲和力的角色和故事，讲述中华五千年历史，寓教于乐、富有生趣。

四、注重文化落地，服务百姓生活。文化走进普通百姓的日常生活，才能拥有恒久长远的生命力。我们致力于寻找传统文化与现代生活的结合点，让传统文化真正成为涵养民族精神的最好粮食。开播八年的电视栏目《养生堂》，抓住普通百姓关注的健康养生话题，打破专家与主持人一对一访谈模式，通过案例分享、科学实证、动画演示、大型道具展示等多种手段，提供“看得懂、学得会、用得上”的健康知识和养生方法。从预防三高、糖尿病等常见病选题，到关注抑郁症、老年痴呆等特别策划，以及传递有关饮食、营养和运动保健的正确理念和知识，《养生堂》已成为全国亿万观众的健康顾问。

五、扩大文化影响，拓宽发展空间。当前，媒体融合发展大势所趋。我们立足北京广播电视台丰富的媒体资源，不断探索传统媒体、新兴媒体融合传播的方式方法，利用网站、微博、微信、移动客户端等多种方式传播节目，并大力开发品牌节目的衍生产品和服务，形成文化品牌传播的整体合力。我们2015年推出的《非遗时光》是一个有关非物质文化遗产传承的大型广播特别报道。这个节目不但在北京人民广播电台的新闻、故事、交通、文艺和外语广播等传统广播频率播出，还通过北京广播网、“听听”FM手机客户端、北京电台微信公众号等新媒体广为传播，衍生光盘、图书等产品也在紧张策划开发中。

（作者：北京广播电视台总编辑兼北京人民广播电台台长赵卫东）

为人民树一座丰碑

——北京电视台大型纪录片《解放——人民的选择》创作经验

由北京市委宣传部策划、北京电视台卫视节目中心《档案》栏目承制的五集大型纪录片《解放——人民的选择》，于2016年6月27日至7月1日在北京卫视播出。该片以“人民的选择”为主题，通过解密珍贵档案、发掘尘封影像、寻访历史见证人、全面实景拍摄等方式，展现“人民创造了历史，历史选择了中国共产党来领导人民、造福国家”的历史论断。该纪录片首播后引发社会各界关注。《人民日报》《北京日报》《北京晚报》《北京青年报》《今晚报》等20余家平面媒体对该片进行重点报道；新华网、央视网、搜狐、新浪、网易、法晚网等各大网站均对该片开播进行重点推送；国家新闻出版广电总局宣传司评价“《解放——人民的选择》立足历史、关照现实、放眼未来，通过讲故事、讲细节的方式，突破性地把‘人民的选择’这个主题说透了，可以说是一次巨大的成功”。

老历史与新视角——听人民自己讲述“人民的选择”

《解放——人民的选择》聚焦历史的大多数，也就是人民大众的身上，从而避免了传统主旋律纪录片“英雄史诗”般的叙事框架，找到了新的创作视角和档案素材，不仅描绘了中国共产党领导下的人民解放的历史河流，更描绘出了组成这条历史河流的每一朵跳动着的浪花。

《解放——人民的选择》采访了上百位各界人士，涵盖各阶层人民的代表。通过人们的亲口讲述，真实地还原历史。这其中，既有民革中央副主席、郑洞国将军的长孙郑建邦，第七届全国人大副委员长赛福鼎·艾则孜的女儿赛少华，闻一多烈士的儿子闻立雕等知名人士，也有刘胡兰烈士的家人、“南京路上好八连”的老战士、库尔班大叔的女儿、上海市劳动模范杨富珍、投诚的国民党军老兵等历史亲历者，同时还有国际共产主义战士阳早、寒春夫妇的儿子阳和平等国际人士。在众多历史见证人的采访中，可以清晰地看到：中国的各阶层人民，首先是选择了自己命运的解放，进而要实现民族的解放和国家的富强，而当时只有中国共产党，才能带领他们达到这一目的。

军事科学院战略研究部原部长姚有志对《解放——人民的选择》给予了充分肯定:“《解放——人民的选择》是这些年来《档案》创作的重大题材作品中很成功的一个，作为向建党95周年献礼的大片当之无愧。中国人民解放战争实际上就是觉醒觉悟的亿万人民群众和一百多万人民子弟兵紧密团结、紧密结合、紧密配合所进行的历史性选择，最终取得了历史性的胜利，这个是没有异议的。”

老档案与新发现——
珍贵文献影像还历史本来面目

《解放——人民的选择》创作项目组在中央档案馆、中国第二历史档案馆，以及数十家省、自治区、直辖市档案馆的大力帮助下，调集上百份大部分属于镇馆之宝的珍贵文献，以力透纸背的真凭实据，直面那段岁月，还历史本来面目。尤其值得一提，创作组与美国圣智学术机构旗下的盖尔出版社达成合作，从多达40000页的美国解密档案子集——《中国内战时期的中美关系》中，精挑细选并援引大量第三方原文档案，如《美军观察组向美国国会提交的报告》《宋美龄与马歇尔会谈实录》、美国披露并点评的《国民政府五年计划》等，为主题提供了强有力的佐证。

《解放——人民的选择》创作组与中国电影资料馆达成合作，甄选出近100分钟从未或绝少播映过的历史胶片，其中很多是国民党政府的制片厂摄制的，比如《国民党六中全会》《蒋介石60寿辰》《中美商约签订》《攻占延安时期的国军为人民服务处》等。而通过这些真实的影像，可以清晰地看到，长期以来被三座大山压迫和奴役的中国广大劳动人民，终于在自己的选择中解放了自己的命运，获得了首先作为人，进而作为国家主人的尊严。

大写实与小写意——
全面实景拍摄重返历史现场

《解放——人民的选择》创作组走出摄影棚，跨越17个省、自治区、直辖市，130多个县乡村镇，辗转10万公里，完成48处实地外拍讲述，引领观众重返历史现场，足迹走遍江河山川、沙漠雪原。从大雪压境的黑龙江到赤日炎炎的塔克拉玛干沙漠，从革命旧址陕北米脂县杨家沟的黄土高原到云南西双版纳的澜沧江边……该片通过重返历史现场的创新呈现，打破了观众和历史的距离感，营造了身临其境、感同深受的情境。

大场景、大写实的实地拍摄之外，《解放——人民的选择》节目组还尝试了“静物拍摄”等全新的写意手法。如果说这部纪录片中使用到的影视再现、插画动画、三维合成以及虚拟植入特效、航拍等技术手段是为了从大场景带入历史，那么这种“静物拍摄”在小细节带入历史方面，无疑取得了极佳的效果。如在陕西省清涧县枣林则沟村拍摄的石碾子磨玉米面的镜头，再现了当时这里的老百姓为毛主席磨玉米面做饭的情景，让人感慨“任历史沧海桑田，人民的选择始终如这石碾子一样坚如磐石”。这些器物、物件就像一个个历史故事的讲述入口，把观众代入“彼时彼刻”“那情那景”。正如中国社会科学院世界传媒研究中心、副研究员冷凇所说:“以小切口来展现大历史，纪录片《解放——人民的选择》创了一个新标杆，这是非常可贵的。”

（北京电视台）

主题鲜明 内容创新 猴年特色 北京文化

——北京电视台2016年春节晚会创作经验

北京电视台2016年春晚创作经验。中国传媒大学新闻传播学部新闻学院教授、媒介评议与舆论引导研究中心主任唐远清，观看了北京电视台春节联欢晚会后，对晚会的创作经验进行了系统总结。他认为，这台春晚为北京电视台取得了农历新年的开门红。

主题鲜明，温情浓郁。2016年北京电视台春晚的主题是“家家好 国家好”，节目设计中饱含家庭元素，晚会现场营造出团聚、喜庆、亲切、温情的家庭氛围，以百岁老人的生活及心愿等切入，营造举家团圆的温暖情境；晚会以歌舞《家家好 国家好》结束，前后呼应，主题贯穿始终。整台晚会因此确立了家国情怀的情感基调，巧妙阐释出“国是家的国、家是国的家”的命题，强调家是最小的国，国是千万家，每个人都与家国紧相连，每一个家庭的小幸福才聚成了整个国家的大幸福，引发观众情感共鸣，以情制胜，导向积极。

2016年北京台春晚延续了该台近几年来春晚的亲情线索，形成了温情浓郁的氛围。很多表演嘉宾都是一家人一起上春晚。如三位“萌爷”杨洪基、李光羲、刘秉义在演唱《摇篮曲》时，三位老人的孙女与他们同台演唱，这样的天伦之乐、温暖亲情，让观众无不感动。模范夫妻付笛声、任静带上儿子付豪一起演唱了两人经典歌曲《知心爱人》，同时大屏幕上配合播放他们二十年来的合影：从一对夫妻到三口之家，付豪从襁褓中的婴儿到翩翩少年，岁月变迁中不变的浓郁温情。来自新疆的106岁老奶奶、家住北京的百岁爷爷，这两位百岁老人携家人的相聚，可谓晚会最温情的桥段。

内容创新，原创多多。整台晚会绝大多数节目都是观众不曾见过的创新内容，让观众耳目一新。其中，原创节目多多，比重达到80%，语言类节目均为原创，多数歌舞均为原创，演唱的歌曲也全部根据晚会所需重新填词创作，重新编配，推陈出新，人物访谈、主持人串联均以小品化、戏剧化、节目化呈现。晚会中不少创新节目给观众留下了深刻印象：

开场节目《蟠桃盛宴》采取了“一镜到底”的创新形式，值得赞许。作为本次春晚特邀主持人的张卫健在一段《齐天大圣孙悟空》的经典台词后，唱着R&B从后台的安检处、走过演员化妆间的通道直至走入大剧院的演员入场口，这个过程中张卫健还要完成四次变装，最终，张卫健出现在春晚观众席上，随着他一句“蟠桃盛宴开始了”，北京电视台春晚的大幕徐徐拉开，春晚正式开始。

在语言类节目中，歌唱家王洁实跟何云伟、王玥波、应宁合作表演的群口相声《告猴儿》，王洁实的反串表演让人耳目一新；作为北京电视台春晚常客的白凯南，这次携手叶飞、蒋诗萌，表演的是创新升级版的“脱口秀”、酷口相声《我说说你听听》，既有变装，又有歌舞，甚至TFBOYS的《左手右手》也被他全新演绎，各种年轻时尚的潮元素不一而足；方清平的单口相声《我的理想》继续延续其蔫头蔫脑的“冷面”风格，几乎一分钟一个包袱，让人忍俊不禁；相声新秀曹云金和刘云天带来的是相声《你针对我》；“影帝”吴镇宇挑战起语言类节目，与相声演员李菁合作表演相声《吴李取闹》；“嘻哈五虎将”表演的是极具现实性的《相亲公园》，让观众在笑声中反思“剩男剩女”的问题；孙涛、邵峰、韩晴表演的小品通过艺术夸张，呼吁“有话好好说”；备受期待的苗阜、王声，给观众带来的相声《西游新说》，对西游记进行了一番“创新”解读；北京电视台主持人悦悦和相声演员高晓攀合演的小品《倒叙爱情》，上演了一出爆笑又充满甜蜜的“青春爱情”。

除节目创新外，晚会的节目设计也剔除了习以为常的三维动画片头，而创新采用宣传片写实的手法开篇；在舞美灯光方面，将BTV大剧院成功地设计改造幻化为高雅大气的天宫，并成功妆扮巴特尔、何云伟、孙明明和陈龙为“四大天王”“守卫天宫”，让人忍俊不禁；前台、后台、耳台有效延伸，使舞台与观众融为一体，互动性大大增强；尤其值得一提的是，晚会还创新了广告形式，让喜剧演员编排演绎广告，使得广告成为了晚会节目的一部分，这既提高了广告的可视性，赢得了广告主的认可，又提高了春晚语言类节目的丰富性。

猴年特色，结构巧妙。2016年是猴年，所以今年央视及几大卫视的春晚都纷纷放大了生肖“猴”的元素，凸显了猴年特色。但北京电视台春晚，在塑造猴年特色上可谓胜出一筹，“猴”元素风格最为鲜明。

北京电视台春晚从LOGO设计到节目构思都凸显了猴年色彩，并以“猴”为符号助推节目进展。晚会LOGO主题由“猴、2016”构成，在主体构图中巧妙地演化出祥云、寿桃等吉祥意象，生动活泼，寓意鲜明，同时有机融入了中国传统书法艺术中《猴寿图》的元素，猴头与寿桃形成一种丰富联想，而寿桃又寓意着吉祥，这样的主题与春晚喜庆团圆的氛围十分契合。

在嘉宾阵容上，北京电视台春晚将影视圈的“猴王”六小龄童、张卫健及戏曲界的“猴王”裘继戎等一起邀请到春晚舞台上，可谓强大的“猴”阵容。

在晚会结构上，北京电视台春晚设计巧妙，富有结构感和整体感，猴年元素与情感故事作为两条主线，同步推进，相辅相成。仅以开场节目为例，张卫健为蟠桃盛宴欢快揭幕后，对六小龄童的访谈直接阐明孙悟空被赋予的精神内涵，同时交代六小龄童呈现从人变成猴的过程，赋予晚会以行进感伴随晚会的进程，又陆续呈现与猴相关的节目。在前后节目的串联上，晚会采取多种串联方式，如小品化、戏剧化、节目化、嘉宾自然引出等串联方式，使得整体晚会有浑然一体的感觉。

“京味特色”彰显北京文化。与央视及其他省级卫视的春晚节目相比，“京味儿”可谓是北京电视台春晚的最大特色之一。北京电视台春晚通过巧妙策划组织一些“京味儿”浓厚的节目，彰显北京文化，为观众带来了一场具有北京地方特色的互动联欢盛宴，呈现出北京的独特文化底蕴。

电视剧《大宅门》可谓是京腔京味的经典作品，剧中白景琦一家的宅门故事已经成为老北京民俗文化中不可缺少的一部分。近几年《大宅门》剧组成了北京电视台春晚上的常客。今年，郭宝昌、斯琴高娃、雷恪生等“二奶奶”一家人出演的小品环节及“燕京八绝”传承人现场亮宝，向海内外观众艺术化地介绍了北京文化中著名的“燕京八绝”：景泰蓝、玉雕、牙雕、雕漆、金漆镶嵌、花丝镶嵌、宫毯、京绣八大工艺门类，它们充分汲取了各地民间工艺的精华，在清代均开创了中华传统工艺新的高峰，并逐渐形成了“京作”特色的宫廷艺术。

由北京琴书泰斗关学曾的孙女关晓彤演

唱的《前门情思大碗茶》，尽显老北京风情。值得特别补充的是，晚会播出时阎肃先生正处病危之时，剧组特地以字幕注明感念这首歌是20多年前阎肃先生专门为北京电视台春晚量身打造的，并祝福阎肃先生早日康复。这让人感动，也可谓是对晚会播出后几天不幸病故的阎肃先生的告慰。

同时，晚会还关照首都发展的现实，通过对足球运动员邵佳一、篮球运动员马布里、北京冬奥会形象大使李妮娜等的访谈，以及小品《哎呀妈呀》、歌舞《丝路情思》等节目，巧妙地呈现了9·3大阅兵、北京成功申办冬奥会、一带一路、京津冀协同发展、三元桥改造等北京大事、国家大事。其中，小品《哎呀妈呀》脱胎于文艺频道2016年的最新一档喜剧小品综艺季播节目《哎呀妈呀》，该档节目在开播后收视连创新高，剧中的一家人也成了北京人家的典型代表。

宣传得力，全媒体推广。北京电视台通过全媒体平台，举全力宣传推广春晚相关内容，各频道播放春晚宣传片，各栏目持续报道春晚相关进程；BRTN网站、BTV官方微信微博、大媒体客户端、北京IPTV同步更新春晚相关消息；各中心官方和个人微博微信配合发送春晚消息。此外，还协调北京人民广播电台交通广播、文艺广播、音乐广播、新闻广播进行宣传推广，联合歌华传媒集团共同搭建2016北京电视台春晚全程媒体支持平台，并实现网络及新媒体平台全覆盖。

（北京电视台）

以青春祭奠青春 以长征铭记长征

——北京电视台大型纪录片《红军不怕远征难》创作经验

为纪念红军长征胜利80周年，北京市委宣传部策划、北京电视台北京卫视《档案》栏目摄制的九集大型系列纪录片《红军不怕远征难》从2016年10月17日起，每晚19:30黄金时间在北京卫视播出。节目播出后在全社会引发强烈反响。中国社会科学院新闻所世界传媒研究中心秘书长、副研究员冷凇说：“《红军不怕远征难》解决了世界电视发展创新中纪实和剧情无法融合的困境与瓶颈，开创了以纪录片的方法呈现剧情化设计的电视语汇。它符合全年龄段、全媒体的欣赏。在这部片子里，专家看抉择，精英看精神，百姓看情感，青年看震撼，孩子看故事，电视人看幕后，朋友圈看揭秘。这部片子一定会引领世界电视的一个创新史。”

用一种青春祭奠另一种青春
用一段长征铭记另一段长征

一年前的10月17日，北京卫视《档案》团队《红军不怕远征难》摄制组在长征出发地——江西于都举行了纪录片的启动仪式。整整一年时间，摄制组重新走过这条牵引着中国历史进程的漫漫征途，在每一寸刻骨铭心的遗迹现场寻找当年的踪迹，记录今天的容貌。他们查阅档案，对话亲历者，寻找任何可以还原历史的真实资料，记录那些倾注血泪的长征故事。他们首创“双讲述人”的方式，在历史现场拍摄、在复现场景拍摄，只为将档案中的长征与心灵上的长征，原原本本地讲述出来。

《档案》栏目总制片人、《红军不怕远征难》总制片人、总导演吕军介绍说：“由于长征的历史几乎没有被记录在真实的影像中，稀缺的照片和不到两分钟的视频无法支撑600分钟的篇幅。而80年以来的关于长征的影视作品是它山之石。《红军不怕远征难》以历史记载和亲历者回忆录为真实准绳，希望突破对长征历史艺术创作的视觉惯性，选择符合史实，减少艺术加工和臆想的拍摄手法，再现拍摄尽量还原历史的影像。在‘美’与‘真实’的选择中，选择‘真实’。同时建立一个与长征历史相吻合的‘天地人’的视觉系统。”

长征是红色东方的青春组歌。80年前，中央红军开始长征的86000多人，指挥员的平均年龄不到25岁，战斗员的平均年龄不到20岁，14至18岁的战士占到了队伍的四成，他们是革命理想最年轻的捍卫者，也是红色政权最青春的建设者。

80年后，一批与他们年龄相仿的年轻人，沿着他们当年走过的路，开始了另一次长征。《红军不怕远征难》导演组的平均年龄不到30岁，从江西于都出发，他们途经广东、湖南、广西、贵州、云南、四川、甘肃、宁夏、陕西等14个省区，翻越都庞岭、老山界、娄山关、乌蒙山、夹金山、岷山、六盘山，渡过潇水、湘江、乌江、赤水、金沙江、大渡河，穿越松潘大草地，祭扫了一百多处红军烈士纪念碑和无名烈士墓，采访了两百多位长征亲历者、见证人和红军后代。

《档案》栏目主编、《红军不怕远征难》执行总导演、总撰稿吴志勇回顾整个过程时说：“我特别要感恩这次重走长征路，我们走过的每一个和长征有关的地方，遇到的每一个和长征有关的人，听到的每一个和长征有关的故事，直到现在我都历历在目，它们带给我的震撼和感动远远超过书本带给我的震撼和感动。在路上的很多时候，我们都有一种强烈的表达欲望，想把感受尽快写成文字，传达给更多的人。”

这群年轻的纪录片人，在将近一年的调研与拍摄中，重塑着80年前一群同龄人的故事。从未有一部描写长征的作品，以“青春”为焦点，10岁的刘福昌、17岁的郑金煜、19岁的石长阶、22岁的邓诗方……这些你可能从未听说过的名字成为这部纪录片的绝对主人公，为总共九集长达540分钟的纪录片灌注进青春的理想、朝气、无畏和质朴。而“在路上”的创作方式也回归纪录片的原点，从原点出发，从初心开始，尝试用更加新锐和独特的电视语汇，展开这段青春的对话。

在档案深处还原真实历史
在叙事之间解读长征精神

《红军不怕远征难》摄制组通过档案揭秘和影像叙事相结合的方式，探索了一种突破传统的“非虚构”创作。

档案，是故事的灵魂。《红军不怕远征难》摄制组通过实地调研，以及对长征亲历者、见证人和红军后代的采访，发掘出了100多份从未或较少被关注到的史料档案。

有一些档案是正本清源的重要文献，比如摄制组找到了1934年9月，也就是长征前夕出版的《红色中华》杂志，里面刊登了张闻天的一篇社论，其用意是向敌人释放烟雾弹为转移争取时间，是经过策划准备的战略转移。

有一些档案是转折关头的重要决策，比如1934年湘江战役前，红五军团团长董振堂和政委刘伯承手写给红34师的一份作战命令，命令他们要作后卫力量掩护全军过江。

有一些档案是饱蘸情感的历史见证，比如19岁的红军战士石长阶在长征前夕写给父母、却没有寄出的四封家书。比如红军战士为了向一户藏民家庭购买青稞充饥，插在田地里的一块刻着借据的木牌。

北京市党史研究室副巡视员刘岳表示："该片突破了以往纪录片的节目形态和表达方式，在立意确立、素材挖掘、呈现手法上，进行了全新的尝试，具有以下三个特点。一是用'心'诠释长征精神；二是新素材讲活老故事；三是创新手法贴近观众。长征被誉为'地球上的红飘带'，纪录片《红军不怕远征难》为这条'红飘带'又增加了一抹传承的亮丽。长征虽已远去，但红军用鲜血和生命铸就的长征精神，为中华民族的前行提供着源源不断的精神动力。新长征之路就在脚下，实现中华民族伟大复兴的中国梦，更加需要激情燃烧的青春，不忘初心的梦想追求。"

故事，是档案的延伸。大型系列纪录片《红军不怕远征难》用叙事的方式还原了一个个血肉丰满的人物形象，从多个角度讲述长征的故事。

这里有亲历者的角度。纪录片着重讲述了将近100位长征亲历者的故事，每个故事都浸透血泪。有些是党和军队的领导人，比如彭德怀在部队穿越潘松大草地的时候，由于饥寒交迫，献出了自己一路骑乘的大黑骡子给战士们充饥，下达命令的他却不忍直视牲口的目光。有些是连名字都叫不全的普通战士，比如红五军团第37团的炊事班长"老刘"，由于跟随部队三过夹金山，不幸牺牲在山顶的严寒中，贴身手绢里还裹着他留下的党费。

这里有敌对者的角度。比如通过蒋介石的多封电报和书信，读出了他在围剿红军的过程中几次胜券在握、喜形于色，但事后又因国民党的"窝里斗"而导致计划落空，愤恨难平的心理。比如纪录片讲述了1931年国民党第二十六军起义的过程，刻画出同样一群二十出头的国民党年轻士兵，不满国民党政权置抗日救国于不顾、坚持"剿共"的行为，愤然挺身揭竿而起，最终被收编为红军第五军团，在长征中立下赫赫战功。

这里也有旁观者的角度。在长征的途中，哪里有人民群众，哪里就是工农红军的根据地。《红军不怕远征难》用鲜活的语调，讲述了一位位拥军爱国的老百姓。比如抢渡于都河时，江西老表刘次垣把自家老宅的门板系数拆除，给红军搭浮桥。比如10岁的湖南少年刘发育，在湘江边看到了顺流而下的战士尸体，如今已经93岁的他清楚记得当年给一名奄奄一息的红军战士喂水的场景。比如瑞金的谢桂生，半个世纪用生命保护一块红军烈士纪念塔的残片，让历史的丰碑得以在原地重建。

《红军不怕远征难》用掷地有声的史料构建出轮廓立体、面目清晰的历史格局，又用饱含温度的笔触还原血肉丰满的人物，让主旋律纪录片的创作视角回归普通人，为平凡者树碑，用细节来说话，成为这部纪录片触动人心的关键。

《红军不怕远征难》是北京电视台北京卫视献礼长征胜利80周年的纪录片，也是致敬青春的纪录片，更是一部致敬信仰的纪录片。信仰清晰，道路才能坚定；信仰清晰，革命才能成功；信仰清晰，青春才能无悔。北京卫视大型纪录片《红军不怕远征难》在北京卫视播出，值得欣慰的是，越来越多的年轻观众守候在电视机前，与80年前的那群年轻人一起踏上征程。

（北京电视台）

寻找人物最美的侧面

——中国新闻奖广播专题《阮痴》创作经验

第26届中国新闻奖2016年6月27日公示，广播新闻专题《阮痴》入选“国际传播奖”参评作品。这期节目由北京人民广播电台记者刘慧采制、刘兴宇编辑制作，于2015年2月在中国国际广播电台《全景中国》栏目播出。

《阮痴》讲述了民乐演奏家冯满天数十年痴迷于中国传统民间乐器——阮，从学琴、弹琴、找琴到自己做琴的故事。

要讲什么故事？

人物报道须主题明确。作为人物报道的主角，冯满天很有代表性。他出身民乐世家，一度投身摇滚，后来回归民乐。他的个人经历可以折射出中西方文化碰撞、融合和发展的多个侧面。

此时，确定什么样的主题，就显得格外重要。确定了主题，才能在采访时有的放矢，用有限的精力去采录最有用的音响，挖掘最有价值的谈话；确定了主题，才有可能在不到15分钟的节目里，充分展现一个人几十年生活的一个侧面或一条线索；确定了主题，才能确立素材取舍的准绳，确保留下来的录音是最贴近主题的内容。这些素材要从不同的侧面，不断强调主题，才有可能让听众记住一句话或留下某种印象。

《阮痴》报道主题的明确，经历了从模糊到清晰的过程。记者通过查阅资料、去现场看冯满天演唱会，采访冯满天父亲、朋友和观众等前期工作，逐渐明确了报道主题，在和冯满天深度对话后，最终确定了主题。

故事主要围绕冯满天在精进阮琴艺术的过程中，逐步确立对中国民乐的文化自信。由于立意较高，也决定了在讲故事时，要融入改革开放后的社会背景，特别要讲清楚社会发展的大背景对个人的影响。

怎样讲好这个故事？

设计架构——寻找文化自信之路。确定故事主题是关于“讲什么”，而故事架构是关于“怎么讲”。故事架构包括先讲什么、后讲什么，录音的衔接，情节的推进，主要段落比例是否合适等。讲述既要流畅，又要设置悬念，吸引听众。

具体到《阮痴》，记者总结了冯满天确立文化自信的 4 个阶段：

第一阶段是出生月琴世家，少年得志的自信。为此，他放弃了去上海音乐学院读书的机会，因为那里的一些老师是父亲的学生。

第二阶段是排斥民乐，被初入中国的摇滚音乐吸引。有个情节是他用一把小叶檀的月琴，换了一把吉他的效果器。但是，后来他发现，“我学外国人学不像”。

第三阶段是他开始尝试将中西方音乐融合。用西方的吉他弹出京剧味道，用东方的阮弹出摇滚的味道。由于和摇滚乐队成员的理念不同，大家分道扬镳。他朦胧中看到了方向，但并不确定，一度陷入迷茫。

第四阶段是在困顿中被阮琴唤醒，最终确立对民乐的信念。父亲一句阮咸“非琴不是筝，初听满座惊”，重新燃起了他对阮的兴趣，他开始找琴、做琴，并复原了我国失传的阮琴制作工艺。他带着阮琴去德国演出，获得全场起立喝彩。

当拥有了文化自信，冯满天已经不需要再用呐喊去显示力量，在中山音乐堂的现场音乐会上，他敢于只弹最小的音量，同样结实而有力。

填充细节——突出人物的一个侧面 。明确了故事的架构，就像盖房子先搭起框架，接下来还要垒起砖头。这些砖头就是一段段音响，要把它们有机地衔接起来，同时将主题“涵化”在节目中。“新闻涵化”就是指记者用客观事实去表述观点，既避免了主观嫌疑，又能充分发挥记者的能动作用。

在《阮痴》报道中，记者围绕一个“痴”字来选取素材，来体现冯满天如何投入大量精力探索阮琴演奏和制作工艺。围绕“痴”字，记者选取了这样一些细节：

节目开篇部分，冯满天用阮弹出吉他、古筝的音调，体现他对阮的把玩之熟练。冯满天一边弹，一边赞赏说：“它往上能连接高音，往下能连接中音，它跟什么乐器又能有一个包容性的声音。它有中庸的性格，这就是我们中国人的性格”。言语之间体现了对阮的认同。

出生在月琴世家，小时候，父亲对音乐的痴迷和专注，也为他树立榜样。比如，父亲有一次炒菜，油入锅后，突然想到一个旋律，赶快进屋写下来，这时候，旁人大喊，“油，你家油要着了！”

冯满天对于喜爱的东西，总是舍得付出，不仅是阮，对当年喜欢的摇滚也是如此。上世纪八九十年代，投身摇滚的时候，他不惜拿祖传的小叶檀月琴换了一个效果器。

在人生最低谷，冯满天想过结束生命，在最后时刻，他想弹一段琴，送自己一段。但是弹到一半，眼泪就下来了，闭不上眼。他在最心灰意冷的时候，留恋的还是阮。

为了寻找“非琴不是筝”的声音，他寻遍全国制琴师；后来自己做琴，反复试验，在做废 47 把琴后，终于弹出了梦寐以求的琴音。

怎么让这个故事好听？

把叙事和音乐巧妙结合。《阮痴》使用了大量的“阮”声，有的是冯满天边说边弹，有的是作为垫乐，这些阮曲构成了故事的另外一条暗线，不仅增强可听性，也有助听众从音乐的角度理解冯满天。

在报道的开头和结尾，记者花了不少心思

把冯满天的讲述和阮音巧妙、自然地剪辑在一起。

节目开头，冯满天用阮弹唱摇滚歌曲《花房姑娘》，民乐和摇滚融合，这是理解冯满天的最典型的场景之一，也体现了古老的民族乐器如何在现代焕发活力。

接下来，由冯满天向听众介绍什么是“阮”。在《阮痴》节目里，阮是通篇报道最基本的要素，有必要在开头介绍。冯满天用阮弹出了古筝、吉他的调子，很有趣味，介绍几句，再拨弄几下，可听性较强。

节目结尾，在冯满天的讲述中，压混他演唱的《乡愁四韵》，继续升华主题，希望能让听众在乐曲中继续回味。结尾设计如下：

记者：在接受电视台采访时，冯满天说，他想成为一个接地气的民族音乐家，让世界听到中阮的声音，这一切的探索和追求，都来自他内心对民族文化的认同和热爱。

（阮声起，冯满天乐曲《乡愁四韵》，渐弱）

冯满天：我心里我有我的民族，我愿意说出来。别人就问我说，你走吗？我说长城能搬走吗？黄河能搬走吗？长江能搬走吗？我的根就在这。我去过长江，当我看见那个长江水的时候，我就想喝一口，给我一瓢长江水呀，酒一样的长江水……

（冯满天演唱的《乡愁四韵》垫乐渐强，“酒一样的长江水，酒醉的滋味是乡愁的滋味，给我一瓢长江水呀，长江水呀……”）

通篇报道使用了冯满天的多首乐曲，而且是结合不同的内容和情绪，使用了相应风格的曲子。

背景的融入，讲好中国故事。《阮痴》通过对事实和音乐的运用，充分展现了冯满天在民乐领域探寻文化自信的过程，体现了一位有担当的民乐演奏家对传统音乐的热爱、探索和贡献。但实际上他的背后是中国改革开放过程中，发生在很多文化人身上的迷失与回归的过程，甚至是中国这几十年来走过的道路的一个微小的缩影。

冯满天从小对阮痴迷，到接触了西方摇滚音乐后受到极大触动，改向投入摇滚音乐怀抱。在发现那并不能走进心灵时，他经历了更深层次的迷茫，甚至想到了结自己的生命。是阮琴的声音让他寻找到了自我，也拯救了自我。这不恰恰就是改革开放以后中国很多文化人走过的道路吗？一度崇洋媚外、失去自我，近些年又开始出现回归。这种文化自信的回归背后实际上是整个民族、整个国家自信的回归。也因为此，这档节目在通过国际台向海外播出后，获得了非常良好的反响，也得以在今年中国新闻奖国际传播类奖项的报送中获得评委的青睐，成为北京记协报送的唯一一篇国际传播广播类作品。

每个人物专题的创作，除去要发掘人物本身最美的一面外，更要看到这一面背后的宏大背景，才有可能由点到面、由面到体，节目才能呈现更多层次的深度，也才能让听众百听不厌。

（作者：北京人民广播电台刘慧 刘兴宇）

房山区广电中心京津冀协同发展宣传效果好

房山区广播电视中心站在国家战略的高度，在房山区全面转型发展的关键阶段，围绕中心，服务大局，牢固树立“创品牌、有特色、上水平、争一流”的工作理念，全力当好京津冀协同发展的见证者、记录者、参与者、推动者、引领者，为打造北京保定石家庄发展轴桥头堡提供舆论支持和精神动力。

围绕中心 服务大局 担当舆论先锋

增强学习意识、大局意识、服务意识，为京津冀协同发展保驾护航。面对京津冀协同发展大势，房山区广播电视中心明确要求新闻工作者要先学一步，多次组织学习习近平总书记关于京津冀协同发展重要讲话精神、《京津冀协同发展规划纲要》，使新闻宣传工作者全面领会、准确把握精神实质。同时，邀请市委党校教授对京津冀一体化协同发展进行讲解，使新闻宣传工作者能够站在国家战略和首都发展高度，对京津冀协同发展进行全面、准确、深入地报道。

提前谋划、整体联动、统筹安排，为京津冀协同发展助力加油。房山广电中心把推动京津冀协同发展作为宣传报道的重中之重。《房山新闻》开设《回顾2015 展望2016》《新常态 新转型新发展》等版块，播出《石楼镇：主动融入京津冀协同发展开创生态休闲示范镇建设新局面》《琉璃河镇：融入京津冀协同发展大局 加快转型发展》《青龙湖镇：加强生态文明建设 在京津冀协同发展中谋求更大发展》等63期节目，总时长达到200多分钟。同时，《房山新闻》栏目还制作播出《第三届京津冀六区市县协同发展研讨会顺利召开》《学习贯彻习近平总书记讲话精神 聚焦京津冀协同发展》等相关新闻37条，总时长达到130多分钟。《今日关注》《funhill面对面》栏目聚焦京津冀协同发展过程中的好经验、好做法，注重协同发展过程中的亮点，为广大干部群众解疑释惑、提振精神、鼓舞士气。

创品牌，提升宣传质量

强化品牌建设，突出栏目特点。在京津冀协同发展宣传报道中，《房山新闻》加大力度，第一时间对京津冀协同发展的重要新闻进行跟进报道，重点关注重要会议、重点工程推进等实时新闻，强化时政新闻的时效性和权威性；《今日关注》突出广度，以民生视角，全方位、多层次对京津冀协同发展的政策内容进行解读，更加注重服务性与贴近性；《funhill 面对面》突出深度，以访谈形式阐释发展理念，与嘉宾面对面交流，畅谈京津冀协同发展建设的新理念、新思想、新战略，体现内容的延伸性和丰富性；《文化纪事》突出厚度，围绕京津冀协同发展，讲述记录京津冀地区，不同的文化内涵，传播京津冀文化，展现京津冀风采；《都市生活》突出服务性，不断拓宽经营思路，加强与外埠沟通联系，实现合作共赢。

精心选题、精心策划、精心制作，扩大宣传影响力。社会新闻部开设《我在房山》人物专题类版块，节目聚焦来房山创业工作生活的“新房山人”，为建设魅力房山做着自己的一份贡献，体现房山开放、包容的人文环境。《匠心筑梦》版块将镜头对准普通劳动者，展现他们爱岗敬业、精益求精、一丝不苟地精神品质，为全区营造学习工匠、培育工匠的良好氛围。电视文艺部全新打造一档新栏目《学通房山》，聚焦区域教育改革发展中的热点问题、重要举措，集中展示房山区教育改革成果，着力拓展学习型房山建设，切实推进教育内涵发展。

传统媒体与新媒体深度融合，满足用户收视需求。房山广电中心借助房山广电传媒网、掌上房山新闻客户端、房山广电中心官方微博、房山广电传媒官方微信公众号等平台，采用新媒体的理念、技术、手段、形式，加大对京津冀协同发展的宣传力度，拓宽宣传范围，实现宣传方式的全覆盖、无缝连接，加强与用户的互动交流，提高用户的关注度和参与度。

主动作为，助推“一区一城”新房山建设

在房山区全面转型发展的关键时期，房山广电中心主动作为，敢于担当，紧紧围绕建设生态宜居示范区和中关村南部创新城的新定位，全面、准确、及时进行宣传报道，为推动房山转型发展贡献力量。

精准发力、开辟专栏，凝聚全区工作合力。房山广电中心紧跟发展形势，围绕区委区政府中心工作，明确宣传工作方向和宣传重点，唱响主旋律，弘扬正能量。

《房山新闻》栏目开辟了《聚焦环保》《减煤换煤 清洁空气》《清退疏解低端产业 全面加大环境整治力度》等专题栏目，播出节目40余条。通过专栏形式、强化报道主题，增强新闻带动力，更好地为全区转型发展提供强大精神动力。

《今日关注》《funhill面对面》《我行我秀》专题类栏目，制作播出了“落实责任 源头治理”“先退后引 边退边引 以退促引”“依法治理 交通陋习‘零容忍’”“开展减煤换煤防治大气污染”等30多条200多分钟的节目。节目从不同角度展现房山区在退出低端、改造环境、承接高端等方面呈现出一些新的亮点和好的态势，为推动全区转型发展营造良好的舆论氛围。

策划主题、推出系列报道，打造宣传整体声势。房山广电中心牢牢把握房山区发展的新目标新定位，围绕建设生态宜居示范区和中关村南部创新城的功能定位，进行整体策划，整体安排、整体编排，从生态、产业、社会发展等方面，全方位、多角度、立体化进行重点宣传，强化宣传主题，突出宣传效果。

《房山新闻》栏目利用新闻及时快速优势，播出“矿山垃圾变成聚宝盆 经济生态双丰收”“挖掘文化内涵 提升工作定位加快工程建设 树立现代生态休闲新城名片”“‘走出去’和‘请进来’相结合 夯实红酒产业发展基础”等节目105条，全面报道房山区生态建设、产业转型的可喜变化，真正把党和政府的声音传播好，把当代社会的主流展示好，把人民群众的心声反映好。

《今日关注》栏目以百姓喜闻乐见的形式，播出“清退疏解低端产业 加大环境综合整治”“基地发展惠及百姓福祉”“真情服务为企业基地速度创奇迹”等10期150分钟节目，打造出一批有思想、有温度、有品质的精品节目，讲好房山故事，传递好房山声音。

《funhill面对面》以访谈形式，进行深度报道，播出“改革促发展 集体经济助推新型城市化步伐”“小小食用菌 引领大农业”“第三产业促发展 休闲农业花样多”“就地掘金实现产业转型发展”等节目。

房山人民广播电台推出《推动房山全面转型发展，实现“新城新业新生活”房山梦》专题版块，从生态宜居示范区、中关村南部创新城、京保石发展轴桥头堡、民生保障等方面入手，制作播出30期300分钟的节目，都收到了良好的社会效果。

（房山区广播电视中心）

一档民生广播节目的突围

《新闻热线》是北京电台新闻广播 20 多年的老牌节目，是一档由听众直接参与的社会性新闻节目。节目此前一直保持着各种媒体通用的固定模式：热心听众打入热线电话提供新闻线索，热线编辑接听电话并且记录、筛选线索后追访，最后把追访过程制作成录音报道播出。但在互联网时代，越来越多的人选择用网络交流，电话数量减少，通过电话提供线索的群体趋向老龄化，节目的关注面逐渐变得狭窄，节目播出之后也难以收到有效的反馈。

面对困境，不能坐以待毙，只能想办法突围。适逢微信公众号遍地开花，《新闻热线》也申请了公众号，开始命名为“新闻热线特事特报”，后更名为“问北京”（ID：xinwenrexian65159063）。现在看来，这项探索为《新闻热线》在新媒体时代开辟出一条突围路径。

万事开头难，一开始，采编人员都不知道该如何运营公众号。内容上只是单纯地把当天早上播出的三条录音节目的文字稿稍微编辑一下，插入几张图片后直接发布，有些录音好听，但是文字稿并不一定吸引人。同时，公众号没有自己的特色和定位，只是录音节目的辅助发布平台。种种因素导致文章点击量不高，公众号订阅者寥寥，编辑做起来也有点灰心，公众号的实际运营状况跟当初的设想相去甚远。

在不断的摸索中，采编人员逐渐明晰了自己的定位——立足于北京本地，发布有料、有趣的信息。内容主要有两个来源：大部分来源于《新闻热线》的日常报道，编辑通过创意加工使它们更适合网络传播；小部分来源于网络的热点，编辑评论或解读，从专业媒体视角深加工，比如对软文的吐槽、对谣言的澄清等。这些内容高度契合时下传播热点，都取得了不错的传播效果。

明确定位、锁定内容后，开始思考如何丰富传播形式。缺乏直观形象是广播固有的短板，这一点恰好可以通过公众号来弥补，由此开始做了一些读图的尝试。2015 年 5 月 1 日，《北京市轨道交通安全运营条例》施行，其中规定，导盲犬可以在佩戴导盲鞍的状态下进入地铁，这条新规和以往相比是不小的进步。条例施行当天，盲人律师陈燕带领导盲犬从地铁 5 号线天通苑站进站，换乘 2 号线后，一路到达北京站。记者全程跟踪、记录、拍照，并及时回传给后方编辑。编辑将大量图片精心整理、编排，配以简明生动的文字，从导盲犬的视角讲述了带领盲人无障碍出行的故事。综观当天北京各兄弟媒体，像“问北京”这样在公众号中紧跟热点、反应及时、讲述生动的报道，无出其右。在当时只有几百位受众订阅公众号的情况下，这篇文章阅读量数以千计，带来了一个小惊喜。

除了内容和形式，公众号也给新闻报道流程带来了全新的方向。以往报道多以广播报道为主，公众号是辅助性的网络传播，想要突围就要打破常规，开始尝试以公众号为主策划报道。2015 年 9 月，节目组策划了“公共交通大比拼”报道，前方六路记者在晚高峰时段，从同一个起点出发，分别乘坐六种不同交通工具，去往同一个终点。在整个体验报道过程中，记者和后方编辑始终使用位置实时共享，在多个预设节点通过微信分享体验，后方编辑通过微信截图，用轻松幽默的语气撰文，当晚即在公众号发布。

内容上，这次报道选取的路线是北京通勤的代表性路线，颇具实用性；形式上，报道中通过位置实时共享、微信截图等方式呈现出记者的第一手体验，生动活泼、直观有趣。“实用＋有趣”让整个报道倍受好评。以公众号为出发点策划报道，改变了以往的新闻报道操作流程，从源头上将广播节目的报道和新媒体传播有机地结合在一起，使报道不仅好听，也在新媒体传播中更具表现力，这种尝试真正打通了全媒体新闻制作流程，为新媒体环境中的广播报道提供了新思路。

采编人员虽然是微信公众号运营的“新手”，但是并不拘泥于既有的微信运营经验，不断根据自身情况大胆尝试。很多研究中都提到，互联网人群的阅读方式趋于碎片化，长文章没人愿意看，只有短文章才能传播得更快、更广。除了碎片化的“速食”文章，采编人员有能力提供“有料”的深度好文，因此大家不放弃试水优质长文。2015 年 5 月推出的“老爷车”系列报道，精准切中了“老爷车”车主这个群体的关注点，在小圈子里掀起一波转发狂潮；2016 年 1 月发布的自住房品质调查报道，也是几千字的长文，这篇文章在自住房业主群里被不断转发、阅读，多位业主给公众号留言，发表自己的经历和感想。多次实践表明，只要找准受众的关注点，切中相关群体的利益，高质量、有深度的长文章也可以获得高阅读量。

使用热线电话是《新闻热线》延续了 20 多年的传统，如何让老传统在新时期转化成新优势，一直是大家思考的课题。经过一段时间的沉淀后，微信公众号中开辟了《语·录》栏目，在听众来电里选择有独到观点的音频，剪辑后在公众号发布。表面看来，这样的音频素材单一，好像不具备受欢迎的要素，但在实际运营中发现，这样的音频短小精悍，原汁原味，很容易吸引点击量。目前，《语 · 录》已经成为“问北京”公众号的特色栏目之一。《语 · 录》大受欢迎充分说明受众对于音频节目仍有较大需求，对于有趣的、能引起自己共鸣的音频，也乐于转发。同时，短小的音频不限制收听场景，即便在没有 WiFi 的环境中收听，也不会耗费过多流量，降低了收听门槛。

除了发布与传播，公众号本身还是征集新闻线索和收集反馈意见的重要渠道。与电话相比，通过公众号提供新闻线索，门槛低、简洁易操作，更符合互联网时代的交流特点。更重要的是，通过运营公众号，《新闻热线》节目逐渐聚集了一批相对年轻的受众，有利于节目未来的良性发展。

（作者：北京人民广播电台 弓健）

《梁书之土话新说》创新体会

《梁书之土话新说》是由体育广播策划、与网络媒体中心联合制作的一档新媒体原创节目，该节目充分利用广播、互联网、客户端等多媒体平台，发挥著名体育评论员梁言的号召力，以体育、文化等热点事件为切口，以北京土话为连接，体现老北京风味。

《梁书之土话新说》在体育广播微信公众号、腾讯视频、优酷、爱奇艺、今日头条等多平台播出，并获得较高关注度，在体育广播微信公众号的观看人数累计超过 5 万人，在各视频网站的浏览、播放量达到 30 万人次。其中《梁书之土话新说：祝首钢晚上比赛能盖了帽儿了》一期视频，在腾讯视频中播放量达到6.5万次以上。

一、栏目创新点

1．融合多元，播放媒介新。该节目除了在互联网上播出，从2015年1月起又新增了微信公众号播放，这一渠道的增加，扩大了栏目影响，也加强了用户的黏着度，使得公众号关注人数激增。

2．“土、洋”结合，内容角度新。栏目选择了“体育”+“京味儿”+“土话”的内容角度，把逐渐被人遗忘的北京老话儿与时尚年轻的运动结合在一起，让球迷们，尤其是年轻的球迷们了解地域感极强的北京文化。《没球儿看的日子五脊六兽》《国安队员训练穿的那叫“号坎儿”》等内容就深受年轻受众喜爱。

3．新老结合，节目立意新。无论是“体育”，还是“土话”，都是节目的外在表现，该栏目的核心价值还是传播北京传统文化，如《把家收拾四致去看球》《见煮饽饽都不乐的运动员》节目中就将北京城最新鲜的赛事与老北京过年的习俗、待人接物的谦和等老理儿结合在一起，宣传了北京文化中的精华。

4．碎片阅读，制作手段新。相比广播节目的“漫谈式”，《梁书之土话新说》遵循新媒体用户碎片化的阅读习惯，每期节目时长为3分钟左右。打破传统的结构束缚、语态束缚，创新节目剪辑和节目包装，充分发挥主持人优势，丰富表现手法，使用佳能5D、GPRO等新设备，使得节目做到图文并茂、言简意赅。

5．无缝衔接，互动手段新。因为该栏目在PC和手机等移动端播出，广播节目中虽不播出完整的节目内容，但是主持人与听众的互动中会经常引用微视频中的典故，以内容为纽带打通新旧媒体。此外，受众可以随时观看、留言，并点播自己感兴趣的北京土话儿，“离戏”“盖帽儿”等词语都是网友留言点播的内容。

二、栏目创新效果

1．延伸扩展了广播空间。该栏目有效培养了广播听众使用新媒体平台的习惯，通过内容互通，而非内容照搬来吸引传统广播用户关注体育广播的新媒体平台（微信），培养听众使用新媒体平台收听节目的习惯，拓展传统广播的表现形式。形成以声音为核心基础，多种表现形式共存的新型媒体形式。实现将听众转换为用户的目的，创造“互联网+”概念的广播新形式。

2．实现了新媒体反哺广播。利用新媒体平台推广《梁书之土话新说》节目，包括但不局限于微信公众账号、微博、视频网站（优酷、爱奇艺等）、新闻客户端（今日头条、新浪新闻，Zaker）等，实现全媒体覆盖推广。从新媒体平台中吸引用户，引流到广播中，扩大体育广播在新媒体平台中的影响力，形成品牌推广。自该栏目在新媒体中播出后，梁言主持《雄鸡唱晓》节目的收听率和市场占有率持续上升，截至2015年9月20日，较去年同期上升23%。

3．主持人资源得到深度挖掘。传统广播的很多主持人受播出载体所限，受关注程度不高。该栏目的创新尝试也为广播主持人走向更大舞台提供了借鉴。栏目利用梁言在听众中的老北京形象，选择用户关心的热点话题，将其在传统广播中积累的丰富阅历与评论功底发挥得淋漓尽致。

4．大力弘扬了京味儿文化。在网络横行的年代，很多年轻人精通各种网络用语，什么“我也是醉了”“喜大普奔”“十动然拒”等，北京文化和北京“土”话正在消逝，《梁书之土话新说》从细微的角度，悄然做着继承和发扬。

（作者：北京人民广播电台 蔡明可）

激情奥运 里约绽放

北京体育广播圆满完成里约奥运会报道

北京体育广播作为已经连续4届直接参与报道奥运会的广播媒体，在2016年里约奥运会的报道中，再次展现了专业实力、媒体竞争力及社会影响力。

一、内容生产的“梦之队”

新闻报道全面及时。北京体育广播本次派出了12人组成的报道组前往里约，在里约设立报道大本营，搭建广播直播间，报道本届奥运会。报道组由北京电台总编辑王秋带队统筹指挥，分为采访组和直播组。本次奥运报道，北京体育广播获得了3个赛会注册记者名额，以赛会注册记者为主组成的采访组以中国代表团所获金牌、世界级优秀运动员表现、本届奥运会筹办运行情况、赛事进展、巴西人文社会风貌等为主要关注点，采访内容覆盖了所有中国军团金牌、部分银牌和铜牌产生的过程，以及我国一些参赛项目实现历史突破的情况。前后方采编人员通力合作，在中国代表团奖牌产生后1小时内即可完成相关新闻报道录音专题的制作。由于语言、交通、治安以及时差等方面的问题，本次奥运会报道采访难度较大，记者们克服困难，全力出击，经常每天只能休息四小时左右，有的记者带病坚持工作。赛会期间，3位注册记者合计制作录音消息和录音专题145条。同时，记者提前向北京电台总台的新闻报道会商平台提供采访动向，供北京电台其它专业广播选择现场连线报道和录音报道。里约奥运会期间，记者们为北京新闻广播、交通广播、体育广播连线报道共160次。奥运会开幕前，体育广播里约奥运会前方报道组完成了对“北京时间2022号”三体帆船的重点采访，所完成的报道在北京电台多个频率以及北京电视台播出。

跨洋直播日夜颠倒。里约奥运会直播是北京电台第一次在南美大陆搭设现场直播间直播，空间跨越18000公里，时差相差11个小时。每天当地时间凌晨0:00 ~ 1:30（北京时间11:00 ~ 12:30），体育广播前方报道组从里约直播间传回直播节目，此时比赛日当天的结果都已经出炉，记者对相关运动员和教练员的采访也十分完整，记者赶制的报道得以在这个时段展现。北京电台在里约前方直播间参与直播的主持人、编辑、技术人员、节目监制在无法轮休的情况下，坚守17个日日夜夜，保障节目安全播出，直播内容精益求精，出色地完成了直播节目。里约奥运会期间，体育广播有两期前方直播节目具有特别的意义：一是7月31日，北京申冬奥成功一周年的特殊日子里，里约当地时间早9点（北京时间晚8点），中国航海家郭川船长掌舵的“北京时间2022”号帆船在顺利完成约5700海里的跨大西洋航行抵达里约热内卢海湾后，郭川船长作为特约嘉宾做客体育广播的里约直播间，接受体育广播的专访。二是在里约奥运会闭幕式结束1小时后，北京体育广播推出总结本届奥运会的特别节目，把里约奥运16天的比赛通过“三大突破”“三大遗憾”“三大感动时刻”“三大抢镜王”等几组系列进行梳理，以重要结点回顾的方式总结整届比赛，历数收获与遗憾。这个节目中还播出了前方报道组在奥运期间采录的录音专题《来自巴西声音》，这个专题收集了巴西葡语解说、里约海滩的声音、街头小贩叫卖声、奥运赛场加油声等音频，让广大听众切身感受巴西的魅力。

特别节目丰富多元。北京体育广播在里约奥运会期间堪称名副其实的“奥运频率”，每天直接报道奥运会的节目时长达到7小时05分钟，全频率全天候奥运声音连绵不断。大版块特别节目《激情奥运 里约绽放》均匀分布于早、午、傍晚及夜间，开辟多个专题专栏，如“奥运快讯”“记者在里约”“奥运金牌榜”“奥运明星谱”“奥运锐观察”“赛事前瞻”“奥运家书”等；奥运快讯、赛事预告随时插播重要赛事消息；晚间《体坛夜话》节目邀请权威嘉宾与听友一起共话奥运；《界内界外》节目在奥运期间制作系列访谈节目，邀请十多位国家级教练详细介绍奥运会主要运动项目的观赛知识；体育广播安排专人负责《夺金时刻》宣传片花制作，金牌产生后1小时内，体育广播即开始滚动播出《夺金时刻》，表现这枚金牌产生的激情瞬间，营造了良好的奥运气氛。

对里约奥运会的赛事报道分为赛前、赛中、赛后三个阶段，每个阶段的报道特色分明，从普及相关赛事知识和赛事看点预热、赛程记录分析、赛事结果总结反思三个层面挖掘奥运赛事报道内涵，邀请资深媒体人、退役国手、专业教练、奥运专家等30余人解读奥运，整个奥运报道延续到8月26日结束。

授权转播收听飙升。北京体育广播作为中央电视台授权使用里约奥运赛场电视信号的唯一一家国内地方广播媒体，充分利用授权，现场直播有中国选手参加的焦点赛事，再次彰显了北京体育广播“听到的比赛也精彩”的节目特色。北京体育广播连续转播中国女排参加的里约奥运会女排半决赛及决赛，受到听众好评，并创下收听佳绩。据赛立信的BSM测量仪实时记录数据显示，“中国女排奥运赛事决赛直播”在北京地区的总收听率是2.80%，其中北京体育广播为1.68%，收听人数超过60万。除对中国女排的两场直播外，北京体育广播在新闻节目中随时插播里约奥运会比赛现场的信号，还利用节目时段优势现场直播了里约奥运会羽毛球男子单打谌龙对阵李宗伟的决赛，满足了广播听众的收听需求。

二、创新带来的新突破

用有温度的语言，讲好中国故事、北京故事。北京体育广播推出了系列节目《奥运家书》，节目内容有从运动员、教练员征战里约前和家人的短信微信，也有他们在里约夺金后跟家人的交流，这个系列节目从最朴素的生活语言入手，展现温暖的奥运故事。《奥运家书》播出10期，采访了宫鲁鸣、许利民、邵婷、王宇、陈颖以及在本次奥运会夺金的丁宁、马龙、曹缘、林跃、刘晓彤等北京籍运动员，播出后受到听众好评。运动员、教练员与家人日常的沟通显得非常自然俏皮，他们和家人谈论更多的是心态，大家关注的是彼此的健康，想念的是家人的厨艺…… 此外，北京体育广播还策划了《巴西的七夕》《鬼马傅园慧》《老将常青、全凭热爱》《洪荒之力带来的翻译难题》等视角独特的报道，这一系列内容受到听众好评，相关内容被“今日头条”“搜狐体育”等多个客户端推荐。

拓宽新闻来源，奥运志愿者也成为“广播志愿者”。北京体育广播在里约奥运会期间邀请了8名中国籍志愿者为体育广播提供新闻线索，这些志愿者从原来的被采访对象转化为里约赛场的一个个采访注入点，通过志愿者的视角，介绍赛场内外的点点滴滴，直击中国军团的精彩比赛。奥运期间，这些志愿者从里约发稿18条，内容涵盖乒乓球、射击、自行车、游泳等大项和赛事运营等方面。其中，志愿者孔潇雪在游泳赛场第一时间发现了赛后发奖升旗仪式上中国国旗悬挂不规范这一事件，北京体育广播随即就此在官方微博上分析解释，该篇微博文章阅读量突破47万。此外，参与了对中国游泳运动员傅园慧的赛后发布会翻译工作的志愿者，感受到了对“洪荒之力”一词翻译的困难和多元化，也及时反馈给北京体育广播，北京体育广播随后及时制作了录音小专题《洪荒之力带来的翻译难题》，这个专题得到比较广泛的关注和转发。

首次使用4G技术完成长距离、长时间跨洋直播。由于在里约的直播时间长、距离远，对直播传输线路稳定性和质量要求高，里约直播的安全播出面临挑战和考验。为此，北京电台技术部门克服多重困难，确定了4G背包加速与Wi-Fi、amazon、google、阿里、百度、凤凰等国际国内云平台，SDN、VPN互联网加速的综合传输方案，最终确保了直播质量及节目文件传输速度，实现了里约至北京25小时安全播出的纪录。

新媒体与广播互补，保持全天奥运传播热度。在电台领导的统筹协调下，北京体育广播与“北京时间”（Btime.com）合作，双平台播出体育广播的原创视频节目《土话说奥运》，并联合采访奥运期间停泊在里约港的“北京时间2022号”。

北京体育广播官方微信在奥运期间增加内容数量，突出音频特色，放大独家观点，调整发布时间，每天在奥运比赛全部结束后的2小时再次引发一轮奥运题材的新媒体热议。此外，北京体育广播前后方报道团队利用体育广播官方微博开通的视频直播，累计观看人次超过15万。

线下活动将奥运与全民健身紧密结合。体育广播在奥运期间主办的“约战2016”活动既有“里约之战”的意思，也有普通百姓与冠军“相约挑战”的含义。“约”是活动传播的重要过程和方式，“战”是节目（活动）最终的呈现方式。活动从中国的金牌项目、优势项目、奥运新增项目三个维度选取10个奥运项目，邀请王丽萍、王海滨、田佳等10名世界冠军与普通百姓一起了解奥运项目，感悟奥运文化，向奥运冠军致敬。直接参与活动的听众近500人，报名人数约2000人，活动现场录制的音视频节目分别在北京体育广播、爱奇艺网站播出，视频播放次数突破10万次。

体育广播收听率明显上升。体育广播8月份的收听率和市场份额分别比上半年的平均数值上升20%和18%，个别时段上升幅度达80%，北京体育广播整体排名也上升1～2位。

奥运期间，北京体育广播微信公众号每天平均阅读量超过1万人，活跃度达到18%～22%，提高了5%左右，粉丝自里约奥运开幕后持续增加。

（北京人民广播电台）

广播电视收听收看以创新为驱动解决监管难题

新形势下，市新闻出版广电局积极探索广播电视节目发展和传播规律，从机制、制度和技术三方面大胆创新，建立了一整套科学高效的收听收看工作体系，较好地解决了多档监管难题。

一、机制创新，责任分解促进新型激励机制形成

2014年以前，广播电视收听收看主要是委托多位从宣传战线上退休的老专家完成前端的监播任务。这种工作模式优点是有经验

交流合作

2016年北京市广播影视对外交流合作情况

2016年，北京市广播影视系统积极开展对外交流活动。围绕中央“一带一路”建设的重大战略和北京市外交工作部署，注重出访实效，对外宣传与交流合作取得丰硕成果。

一、境外办展参展

北京市新闻出版广电局、北京广播电视台组织广播影视机构参加国外影视节展及相关活动10余次，展出一批优秀影视作品，扩大交流合作路径。

当地时间4月3日，北京市新闻出版广电局组团赴法国参加戛纳电视节，北京影视代表团展位面积达到80平米，3个专属展位；宣传推广手段呈现多样化，不仅在会场的主要位置和会务手册、杂志等媒介展示北京影视成果，而且通过赞助戛纳电视节“电视剧MIP Drama”，举办戛纳华语派对等活动推介北京影视，弘扬中国优秀传统文化。

4月17日至24日，北京市新闻出版广电局组织9家北京广播影视科技企业先赴美国拉斯维加斯参加2016美国广播电视展（NAB），举办“中国北京广播影视科技发展技术交流会”等系列活动；之后赴古巴深入了解北京市企业采用中国地面数字标准在古巴开展数字电视覆盖及机顶盒工厂建设等项目建设情况，拓展与古巴相关机构的合作领域。

5月29日至6月2日，北京市新闻出版广电局配合2016中俄媒体交流年，首次申请财政专项经费，组织全市影视制作、版权贸易相关机构赴俄，参加莫斯科世界市场内容交易展，并举办“北京影视走进俄罗斯”系列活动。重点推介了《北京青年》《北京时间》《杜拉拉升职记》《舌尖上的中国2》《茶》等由北京影视机构制作的优秀影视作品。

5月，由中国电影博物馆、中央电视台电影频道和白俄罗斯共和国文化部、白俄罗斯国立电影制片厂、白俄罗斯国家图书馆、白俄罗斯电视广播公司、白俄罗斯国家历史博物馆联合主办，中国驻白俄罗斯大使馆指导支持的《中国电影国际巡展—中国电影走进白俄罗斯》在白俄罗斯明斯克开幕，展览历时1个月，累计参观人数37230人次，内容包括：新闻发布会、“中国电影111年”大型实物和图片展览，在白俄罗斯国家电视台播出介绍中国电影发展历程的宣传短片，同时展映中国影片《寻龙诀》。

6月10日至19日，北京市新闻出版广电局派团组赴英国参展谢菲尔德国际纪录片节，并与主办方达成多项合作意向，其中包括常年在谢菲尔德纪录片节推广北京题材影视作品，共同规划、合拍北京主题纪录片作品，邀请谢菲尔德组委会选送优秀作品并组团参加北京国际电影节。同时北京电视台纪实频道也借此平台推广节目交易，影视合拍等合作规划与BBC/ITV等主流纪实类电视平台达成相应合作意向。

6月14日至18日，北京市新闻出版广电局首次收到法国昂西国际动画电影节组委会邀请，组团赴动画节参展，这是北京动画首次以官方身份，亮相世界舞台。活动由北京市新闻出版广电局主办，北京电视台卡酷少儿卫视和卡酷传媒有限公司承办，组织二十多家国内动画公司参展，推介三十多部国产顶级动画作品，举办多场主题活动与展览交易。6月16日举办了“北京动画梦”主题沙龙，邀请了包括卢森堡总理，法国电视联盟主席等行业名流助阵，展示中国最高水准的优秀动画作品，推动中国动画在世界舞台的影响力与号召力。

10月7日至12日，北京市新闻出版广电局派团组赴韩国、日本执行出访任务。参加第21届釜山国际电影节电影市场多项活动，举办“北京国际电影节釜山推介会”；参观东京电影节主要会场，并与美国、英国、韩国、日本等多家电影机构、新闻机构进行交流洽谈。

11月2日至8日，北京市新闻出版广电局组织北京电影代表团参加美国电影交易市场（AFM）推介、中国电影招待会、中国电影研讨会、美中影视博览会及“金色银幕”合拍片颁奖典礼、中美电影节“东方之夜”等活动，展映优秀影片6部，大力推介北京优秀电影和影视制作机构，广泛宣传推介北京国际电影节；出访加拿大，参观访问加拿大国际电影电视节组委会、北美电影家协会和加拿大电影电视学院，介绍北京电影产业和北京国际电影节等有关情况，展示北京电影行业的能力和实力，对有关合作事项进行深入交流。

11月27日至12月6日，北京市新闻出版广电局在哥伦比亚、厄瓜多尔和古巴举行“2016北京影视南美展播季”，以影像的形式展现北京精神，传播中国故事，树立北京形象，在南美引起积极反响，开启北京影视走进南美的序幕。此次展播，出境10天，9次航班，访问3国4城市，行程4万余公里。走访2个中国大使馆、9家传媒机构，举办2次启动仪式，播出2部北京题材纪录片，推介6部北京优秀影视作品，与几十家境外媒体、影视机构建立初步联系，签订2份意向性合作框架协议，展播作品播出覆盖16个国家、用户达650余万。12月28日，“中国电影国际巡展——中国电影走进美加”活动在美国北卡罗来纳州罗利市拉开帷幕。活动由中国电影博物馆和美国卡罗莱纳-中国友好交流协会、Lewis Group 集团有限公司联合主办，中国驻美国大使馆指导支持，活动内容包括：“中国电影111年”大型图片及部分实物展览，展映徐克执导的影片《智取威虎山》，映后进行影片交流座谈等。

二、国内交流合作

在国内交流合作平台建设上，继续重点打造北京国际电影节、北京电视节目交易会、北京国际摄影周等品牌项目。

3月28日至31日和11月17日至19日，2016年春季、秋季北京电视节目交易会分别举办。春季交易会首次增加表彰平台——“紫禁之巅 影视京榜”揭榜典礼。吸引海内外电视节目制作机构及相关产业机构380余家近1800人，电视节目播出机构及海外来宾160余家近600人，围绕包括电视剧、动画片、纪录片、电视栏目等多元的电视节目形态进行研讨和交易。交易会共集结了近750部电视剧作品，收录网络剧超18部，以及多部优秀的动画片、纪录片、电视栏目作品。

秋交会共吸引了近400家国内外电视节目制作机构及相关产业机构，150家电视节目播出机构以及25家海外来宾，共3000余人参会。参展电视节目制作机构420家，进场参展电视剧节目800余部、3万余集，其中前期筹备301部11837集；制作中110部4136集；首轮发行231部8774集；二轮发行157部6509集。电视纪录片41部10409集；电视动画片27部1338集。交易会设有领导巡展、电视节目推介、产业发展专项推介、产业高峰论坛四大主体活动。活动内容更加丰富、推介方式更加灵活、服务手段更加多样。

4月16日至23日，第六届北京国际电影

节在北京举办。来自50余个国家和地区300多家中外电影机构、1.5万名中外嘉宾参加电影节；500多部电影佳作参加展映，放映1000余场次，票房突破1000万元；电影市场签约163.31亿元，比去年电影节增加18%，创历史新高；全市各届群众100余万人次享受这个电影节日。

10月15日至23日，北京国际摄影周在中华世纪坛举办，涵盖开幕活动、系列展览、摄影讲堂、摄影市场、特约活动等几大板块内容。主题展览《梦幻的翅膀：新欧洲摄影》由世界著名图片编辑、德国《地理》摄影部主任如斯艾茜红策划，通过图像展现了真实的新闻事件或者社会问题。系列展览65个，其中国际展览18个，包括中国、法国、西班牙、葡萄牙、希腊、巴西、瑞士、德国、荷兰、波兰、芬兰、意大利、捷克、美国、孟加拉、以色列等近30国数百位摄影师的作品同时展出。首倡“摄影节中节”概念，与国内外重要摄影节的合作，成功推出西班牙摄影节推介展《欧洲之惑？走近四位摄影大师，浅谈当代欧洲摄影》。摄影周主题讲堂中，李树峰、朱宪民、茹丝、艾茜红、金宁、艾万特罗、张国田、布鲁诺勒达尔斯、吴钢等8位国内外知名摄影师、摄影学者围绕“影像在场”进行关于摄影理论、摄影实践、摄影观点、摄影潮流进行交流。

2016年，中国电影博物馆和北京市政府外事办公室联合举办了5个国际电影周（展），分别是：俄罗斯电影周、印度电影展映、西班牙电影展映、瑞典电影周、巴西电影周，共展映了《吟游诗人》《印式英语》《特鲁曼》《打扰伯格曼》《朝圣：保罗科埃略最棒的故事》等25部国际优秀影片。

三、出访来访合作

2月11日，北京音乐广播第58届格莱美音乐奖颁奖典礼转播小组吴志飞、陈小斌、常晓航三人抵达美国洛杉矶开始为期五天的转播任务。

5月14日，由北京紫禁城影业有限责任公司出品的电影《终极胜利》在法国戛纳召开新闻发布会。出品人李程、康亦涵、导演冼杞然携主创窦骁、约瑟夫·费因斯、刘小倩、徐嘉雯等出席发布会。

5月25日，国际排球联合会主席阿里格拉萨一行到北京电视台参观交流。

5月，北京电视台与澳大利亚广播公司共同主办“中澳纪录片周”优秀纪录片展播。双方各筛选7小时优秀纪录片作品，分别在两国电视台黄金时段进行展播，每天播出1小时。北京电视台纪实频道精选《影事》《纪实天下》《奇妙之旅》《昨天的故事》《时尚印象》等栏目制作的“传统技艺”“历史文化”“时尚运动”“京味美食”等多种题材优秀纪录片，在澳大利亚ABC电视台播出。澳大利亚ABC电视台也筛选了“澳洲艺术”“战争历史”“美食旅游”等具有澳大利亚特色的优秀纪录片在北京电视台纪实频道播出。

6月14日，北京电视台总编辑王珏、副总编辑朱江与来访的美国中文电视总裁蒋天龙进行座谈，围绕合作现状、国内外传统电视节目与新媒体融合及2017BTV全球跨年歌会合作事宜进行深入交流。

6月15日，希中友好协会副主席Eleftherios Kontos及希中友好协会中国代表Filippos Kontos到访北京新闻出版广电局，就与北京广播电视台的深度合作进行洽谈。北京新闻出版广电局、北京广播电视台、北京人民广播电台、北京电视台相关人员参加会谈，双方就2022年冬奥会报道、与马拉松运动相关的青少、旅游节目的制作达成初步意向。

6月22日至30日，北京人民广播电台交

通广播朱来生、肖若昕、王琛琛3人赴印度尼西亚进行高铁项目系列采访。

6月24日至29日，北京人民广播电台音乐广播陈小斌、王卓赴德国转播柏林森林音乐会。

6月25日至7月2日，北京人民广播电台边建等4人赴巴西落实奥运会转播事宜。

8月2日至27日，北京人民广播电台奥运报道团队（分为采访小组和直播小组，共12人）赴巴西里约热内卢，进行第31届夏季奥运会的前方报道工作。

8月21日至28日，北京广播电视台派所属新媒体（集团）有限公司1人随团赴日本执行2016年第一批中国青年媒体工作者访日代表团。

9月，北京电视台纪实频道及相关部门人员组团赴日本参加与NHK高层年度会议，并赴新加坡和香港就纪实频道与纪录片合作进行洽谈。出访团组与日本NHK的相关部门及新加坡新传媒集团（MEDIA CORP）、香港良友文化基金会等就纪录片合作的项目进行深入探讨，与日本NHK节目制作中心签署了合作备忘，与日本NHK北海道分社就2022北京-张家口冬季奥运会期间共同打造冰雪相关的纪录片项目及培训冰雪相关编导和摄像等事宜签署了会议备忘等。

10月13日，国际奥委会文化顾问、奥林匹克遗产文化项目全球推广负责人斯考特吉文斯来北京电视台访问，并就北京电视台“2017BTV跨年环球歌会”奥运主题把控、未来六年奥林匹克文化战略推广、开办奥运频道等与副总编辑徐滔及青少海外节目中心、纪实频道节目中心相关负责人和“2017BTV跨年环球歌会”总导演等进行深入座谈研讨。

10月14日至21日，北京广播电视台派3人赴捷克、斯洛伐克参加第十一届数独世锦赛和第二十五届谜题世锦赛，推介宣传中国数独运动发展情况，商洽筹办数独世青赛事宜。

10月24日至29日，北京广播电视台派4人赴美参加2016年纽约电视节。

11月6日至13日，北京人民广播电台新闻广播韩亮随第二批中国青年媒体工作者访日代表团赴日访问。

11月23日至12月2日，北京广播电视台派所属北京新媒体（集团）有限公司1人随中华全国新闻工作者协会赴新加坡、马来西亚、泰国进行海外华文媒体交流。

四、文化贸易和文化创意产业发展

3月23日，意大利文化遗产活动与旅游部博物馆总局局长乌戈索拉尼先生率代表团到访中华世纪坛，提出加强与中国博物馆合作的“意大利博物馆”计划方案，表示将与中华世纪坛共同研究拟定五年双边合作协议。2016年7月，中意文化部签署了《中华人民共和国与意大利共和国文化合作机制章程》，正式建立了中意文化合作机制。中华世纪坛艺术馆受文化部之邀，成为中意文化合作机制中方成员单位。

5月7日，“法国文化月”开幕式以“中法文化之春”北京站艺术论坛在中华世纪坛拉开序幕。活动持续一个月的时间，由视觉艺术、装置艺术、艺术电影、音乐剧、讲座及推介会6大内容维度组成，推出代表法国优秀文化艺术水准的七个活动：展览《林飞龙与法国诗人》《尼古拉克劳斯影像体验装置展》《印象莫奈：时光印迹艺术展》；音乐剧《少女，魔鬼和磨房》；法国艺术影片放映；法国文化月讲座及艾维尼蒙戏剧节专场推介。活动向公众展示迥异文化特征，带领中国观众重温二十世纪法国文化遗产，充分地呈现法国当代艺术作品和多彩的法兰西青春文化。

7月19日，中华世纪坛世界艺术馆、意大利文化遗产旅游活动部博物馆总局、费拉拉艺术基金会和费拉拉现当代艺术馆联合主办《回望美好时代——意大利19世纪末-20世纪初绘画精品展》在中华世纪坛开幕。展览展出54件来自佛罗伦萨乌菲奇美术馆、佛罗伦萨碧提宫现代艺术馆、费拉拉乔瓦尼博尔迪尼博物馆、罗马国家现当代艺术馆、帕尔马国家美术馆等意大利著名的博物馆或美术馆的珍品，是中意文化合作机制框架下文化展览交流的合作成果。

8月15日至19日，由教育部主办，中国（教育部）留学服务中心、清华大学、英特尔（Intel）公司、北京歌华文化发展集团承办，北京市国有文化资产监督管理办公室支持的2016“共创未来——中美青年创客大赛”总决赛在中华世纪坛举办。该赛事是第七轮中美人文交流高层磋商亮点活动之一，并纳入中美人文交流高层磋商成果清单。中美两国共计64支团队，270余名青年创客携优秀作品参加了在北京中华世纪坛举行的决赛。大赛的成功举办为中美两国青年提供了一个交流切磋、分享智慧的平台，引导支持中美青年共同打造具有社会和产业价值的新产品、新应用，进而促进中美人文交流。

9月20日至25日，中华世纪坛世界艺术中心与中国驻法使馆文化处、布鲁塞尔中国文化中心合作，主办《观我——一个中国人的肖像志》展览在巴黎参加了16区政府中国文化周活动，于10月17日至30日在布鲁塞尔参加了第二届中国欧盟艺术节活动，尝试了文化项目走出去。

10月25日，由新西兰议会议长戴维•卡特带队的新西兰商务代表团到访国家对外文化贸易基地（北京）天竺文化保税园，代表团此次访问意在加强新西兰企业对于中国境内综合保税区的了解，并专程参观了在基地建设中的HUhu studio中国工作室。以HUhu studio入驻为契机，国家对外文化贸易基地（北京）将吸引更多新西兰企业入驻天竺综保区，推动中新两国文化及商务的深入合作交流。

12月15日，中华世纪坛艺术基金会和俄罗斯达西纳姆达科夫艺术文化资助基金会共同主办《乌力格尔的神话——俄罗斯艺术家达西家族作品展》在中华世纪坛艺术馆开幕。展览展出了俄罗斯著名艺术家达西·纳姆达科夫及其家人创作的35件艺术品，其中艺术人偶作品20件、绘画作品15件，体现了对传统民族文化的传承与创新，反映了较高水平的艺术想象力和表现力。

（北京市新闻出版广电局、北京广播电视台）

北京市广播影视对台港澳交流合作情况

2016年，北京市广播影视系统继续保持与台港澳同行的交流合作关系，促进两岸三地广播影视的繁荣发展。主要情况是：

3月25日至30日，由北京人民广播电台与台湾中华广播商业同业公会共同主办的2016台湾·北京广播发展与合作交流会在台北市举行。北京人民广播电台17人赴台参会，交流两岸广播节目业务，研讨广播合作形式。

5月17日至24日，北京人民广播电台节目制作中心牛力等4人赴香港、澳门进行节目交流。

2月中下旬，北京人民广播电台交通广播主持人李嘉佳赴台报道“京津冀佛光山

2016年春节文化月”和“第五届高雄灯会艺术节暨北京特色周”活动。

5月3日至10日，受国台办邀请，由北京电视台纪实频道、中国传媒大学与国台办、九洲文化传播中心组成的团队，与台湾纪录片学术同仁和三所大学的同学，一同探讨了大家共同感兴趣的学术问题。北京电视台纪实频道二十部自制优秀纪录片，被国务院台湾事务办公室纳入“《文化中华》纪录片巡回走进校园活动”。这项活动也是国台办在2016年推进的重点项目之一。

6月6日至13日，北京电影博物馆赴台参加“京台社区发展论坛基层交流活动——海峡两岸少年儿童电影配音大赛台湾地区选拔活动”，开展“光与影”电影大讲堂、座谈交流及才艺展示、台湾赛区预选赛等活动，在当地收到良好反响。台湾当地承办机构高雄市青溪总会会长李玉文表示少儿配音活动让各位文化的小天使能够学习电影知识、发挥才艺特长、感受配音乐趣，盼望两岸一起，心手相连，共同播下中华文化的种子。

6月12日，北京紫禁城影业有限责任公司出品的电影《终极胜利》“理想之夜”香港首映礼在九龙湾国际展贸中心星影汇举行。该片导演冼杞然率领由Elizabeth Arends、徐嘉雯、Jesse Kove等组成的国际演员阵容，电影主题曲主唱叶丽仪等亮相。

9月25日至29日，北京人民广播电台副总编李秀磊随北京日报代表团访问台湾。

10月13日至17日，北京人民广播电台新闻广播记者刘萤萤随市委宣传部团组赴澳门采访。

10月19日至21日，北京人民广播电台新闻广播记者是珠丽随市贸促会团组赴澳门采访。

11月5日至11日，北京人民广播电台工会副主席张丽随市总工会出访台湾。

（北京市新闻出版广电局、北京广播电视台）

统 计

2016年北京市广播电视播出机构及节目开办情况

项目	单位	数量
一、机构情况	—	—
市级广播电视台	座	1
区县广播电视台	座	10
区县广播电视站	座	4
乡镇广播电视站	座	37
企事业广播电视站	座	9
二、开办广播电视节目情况	—	—
公共广播节目	套	26
其中：市级	套	17
区县级	套	9
付费广播节目	套	2
公共电视节目	套	26
其中：市级	套	12
区县级	套	14
对外电视节目	套	1
付费电视频道	套	11

2016年北京市广播电视播出情况

指标名称	单位	合 计	市级	区县
广播播出	—	—	—	—
公共广播节目	套	26	17	9
播出时间	小时	180641	132727	47914
播出自制节目时间	小时	138946	108410	30536

续 表

指标名称	单位	合 计	市级	区县
付费广播节目	套	2	2	—
播出时间	小时	17520	17520	—
电视播出	—	——	——	——
公共电视节目	套	26	12	14
播出时间	小时	131859	98753	33106
播出自制节目时间	小时	61982	41706	20276
电视剧播出数	部	447	387	60
	集	17810	15665	2145
付费广播节目	套	11	11	—
播出时间	小时	96360	96360	—
对外广播节目	套	1	1	—
播出时间	小时	8760	8760	—

2016年北京市广播电视节目制作情况

项 目	单位	广播节目	电视节目
制作广播电视节目时间	小时	222593	151506
新闻咨讯类	小时	21142	11215
专题服务类	小时	29942	65765
综艺类	小时	49274	17589
广播（电视）剧	小时	4879	11670
广告类	小时	15362	8477
其他类	小时	101994	36790
广播（电视）剧部数	部	45	64
广播（电视）剧集数	集	545	2673

注：此表的统计范围是指各类广播影视节目制作机构。

2016年北京市广播电视播出传输情况

项目	单位	2016年
中短波转播发射台	座	1
	千瓦	160
调频转播发射台	座	17
	千瓦	52.5
电视转播发射台	座	15
	千瓦	84.7
广播综合人口覆盖率	%	100
电视综合人口覆盖率	%	100
有线广播电视传输干线网络总长	万公里	19.41
有线广播电视用户数	万户	580.42
高清交互数字电视用户	万户	483.04
付费数字电视用户数	万户	76.4
农村有线广播电视用户数	万户	85.02
农村有线广播电视入户率	%	81.83%
总人口	万人	2170.5
农村总人口	万人	233.8
总户数	万户	529.3
农村总户数	万户	103.9

注：北京电视台科教频道有30千瓦的模拟发射机换成10千瓦的数字发射机。

2016年北京市广播影视创收总收入情况

单位：亿元

项目	2016年	2015年	增减额	增速(%)	占总创收收入(%)
总计	721.72	525.12	196.60	37.44%	100.00%
广告收入	254.93	215.35	39.58	18.38%	35.32%

续 表

项目	2016年	2015年	增减额	增速(%)	占总创收收入(%)
其中：广播广告收入	8.29	12.71	-4.42	-34.78%	1.14%
电视广告收入	66.24	62.00	4.24	6.84%	9.18%
广播电视节目销售收入	102.05	68.79	33.26	48.35%	14.14%
有线广播电视收视费	10.95	11.51	-0.56	-4.87%	1.52%
付费数字电视收入	2.50	0.57	1.93	338.60%	0.35%
三网融合业务收入	9.13	5.73	3.40	59.34%	1.26%
电影票房收入	30.28	31.51	-1.23	-3.90%	4.20%
其他创收收入	311.88	191.66	120.22	62.73%	43.21%

2016年北京市广播影视创收收入构成图

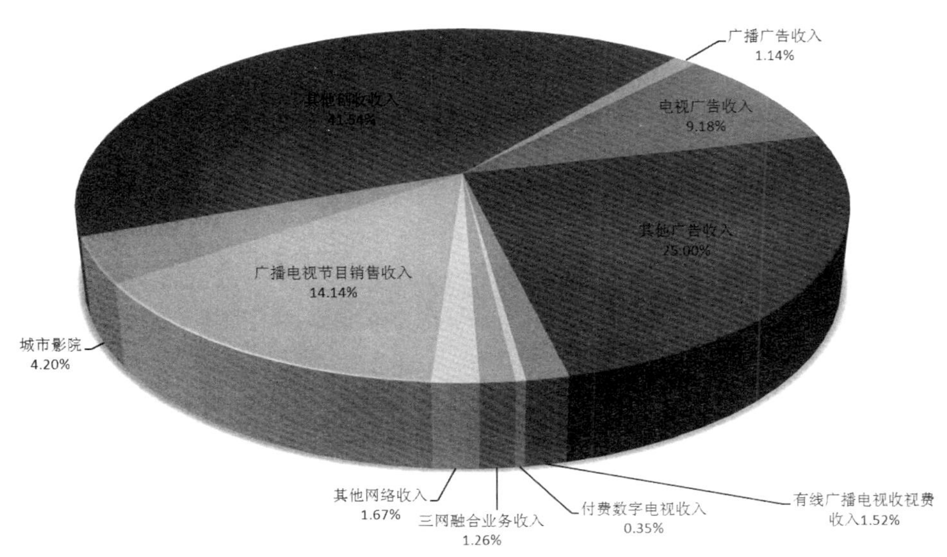

2016年与2015年北京市电影基本情况对比

项目	计量单位	2016年	2015年	增(减)量(±)	增(减) 比率(%)
电影院线数量	条	25	23	2	8.70%
电影院数量	家	207	182	25	13.74%
银幕数	块	1273	1050	223	21.24%
其中：IMAX巨幕	块	14	14	0	0%
影院座位数	万个	18.58	17.34	1.24	7.2%
院线放映场次	万场	228.35	197.98	30.37	15.34%
院线票房收入	亿元	30.28	31.51	−1.23	−3.90%
院线观众人数	万人次	6873.44	7164.21	−290.77	−4.06%
公益电影放映场次	万场	17.28	17.79	−0.51	−2.87%
流动放映场次	万场	1.58	1.44	0.14	9.72%
固定放映场次	万场	15.70	16.35	−0.65	−3.98%
公益电影观影人次	万人次	794.37	801.7	−7.33	−0.91%
流动放映观众人次	万人次	105.52	97.82	7.7	7.87%
固定观众人次	万人次	688.85	703.88	−15.03	−2.14%
全年电影剧本（梗概）备案	部	1483	1453	30	2.06%
全年国产影片审查	部	314	291	23	7.90%

2016年与2015年北京市城市院线电影票房收入对比图

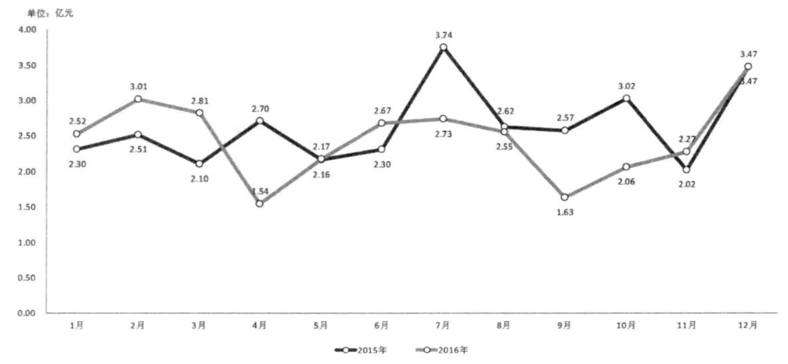

2016年北京市广播电视主要指标在全国的排位

<table>
<tr><th>项目</th><th>单位</th><th>全国总量</th><th>北京市</th><th>排位数</th><th>北京市
所占比重(%)</th></tr>
<tr><td>资产总额</td><td>亿元</td><td>13320.31</td><td>2140.37</td><td>1</td><td>16.07%</td></tr>
<tr><td>增加值</td><td>亿元</td><td>1801.51</td><td>126.68</td><td>4</td><td>7.03%</td></tr>
<tr><td>广播电视创收收入</td><td>亿元</td><td>4322.40</td><td>691.44</td><td>1</td><td>16.00%</td></tr>
<tr><td>其中:广告收入</td><td>亿元</td><td>1547.22</td><td>254.93</td><td>1</td><td>16.48%</td></tr>
<tr><td>有线电视收视费收入</td><td>亿元</td><td>457.92</td><td>10.95</td><td>18</td><td>2.39%</td></tr>
<tr><td>节目销售收入</td><td>亿元</td><td>365.05</td><td>102.05</td><td>1</td><td>27.96%</td></tr>
<tr><td>有线电视用户数</td><td>万户</td><td>22829.53</td><td>580.41</td><td>17</td><td>2.54%</td></tr>
<tr><td>数字电视用户数</td><td>万户</td><td>20157.24</td><td>529.15</td><td>16</td><td>2.63%</td></tr>
<tr><td>付费数字电视用户</td><td>万户</td><td>5817.15</td><td>76.40</td><td>21</td><td>1.31%</td></tr>
<tr><td>制作广播节目时间</td><td>万小时</td><td>782.03</td><td>22.26</td><td>17</td><td>2.85%</td></tr>
<tr><td>制作电视节目时间</td><td>万小时</td><td>350.72</td><td>15.15</td><td>7</td><td>4.32%</td></tr>
<tr><td rowspan="2">制作电视剧</td><td>部</td><td>334</td><td>64</td><td rowspan="2">1</td><td>19.2%</td></tr>
<tr><td>集</td><td>14932</td><td>2673</td><td>17.9%</td></tr>
<tr><td rowspan="2">制作电视动画片</td><td>部</td><td>261</td><td>30</td><td rowspan="2">3</td><td>11.5%</td></tr>
<tr><td>万分钟</td><td>12.51</td><td>0.99</td><td>7.9%</td></tr>
<tr><td rowspan="2">电视剧出口量</td><td>部</td><td>419</td><td>34</td><td rowspan="2">2</td><td>8.1%</td></tr>
<tr><td>集</td><td>25455</td><td>1325</td><td>5.2%</td></tr>
<tr><td>电视剧出口额</td><td>万元</td><td>29732.21</td><td>2370.32</td><td>3</td><td>8.0%</td></tr>
<tr><td>从业人员</td><td>万人</td><td>91.93</td><td>6.80</td><td>1</td><td>7.4%</td></tr>
</table>

2016年北京市广播电视节目交易情况

项目	单位	数量
全年广播电视节目销售收入	亿元	102.05
其中：电视剧销售收入	亿元	39.51
全年电视剧制作投资额	亿元	49.00
全年动画电视制作投资额	亿元	2.85
广播电视节目进出口总额	亿元	15.54
进口总额	亿元	15.11
出口总额	亿元	0.43
广播电视节目进出口量	小时	12347
进口量	小时	9262
出口量	小时	3085

人 物

人　物

杨烁，男（1968－），汉族，江苏吴江人。中共党员，大学学历，法学学士学位。北京市新闻出版广电局党组书记、局长，北京市版权局局长。1989年8月毕业于兰州大学新闻系，同年分配到中央人民广播电台工作，历任中央人民广播电台新闻节目部节目四组副组长、台新闻节目部节目四组副组长兼团委副书记、台党委办公室副主任、台办公室秘书处处长、台办公室副主任，2002年3月任中央人民广播电台办公室主任，2006年7月任国家广播电影电视总局直属机关党委副书记，2006年10月任广电总局直属机关党委常务副书记，其间曾兼任广电总局工会主席，2013年9月任中国国际广播电台副台长、分党组成员，2016年8月任北京市新闻出版广电局党组书记、局长，北京市版权局局长。

李春良，男（1962－）汉族，北京人。1984年8月参加工作，中共党员，研究生学历，电影学博士学位，高级记者，先后担任北京电视台新闻部记者、专题部编辑、专题部副主任、新闻评论部主任、北京有线广播电视台副总编辑、北京市广播电视局党组成员、副局长，北京市广播电影电视局党组成员、副局长，2010年2月任北京市广播电影电视局党组书记、局长，2014年7月任北京市新闻出版广电局（北京市版权局）党组书记、局长，2015年11月，兼任北京广播电视台党委书记、台长和北京电视台党委书记、台长，2016年8月卸任北京市新闻出版广电局（北京市版权局）党组书记、局长：创办首届北京国际电影节，已连续举办六届，创下电影节交易额第一等多项国内纪录。领导建成集监测监控、指挥调度、预警应急等功能于一体的广播电视安全播出保障技术体系，建设北京市应急广播系统。推动图书《上庄记》、电视剧《老有所依》《北平无战事》《巨浪》《三八线》、电影《一代宗师》《天河》《百团大战》等一大批作品获得国家级、国际级奖项，在北京广播电视台任职以来，重点推出《寻踪长征路》《解放——人民的选择》等大型纪录片，《跨界歌王》《传承者之中国意象》季播节目。

赵卫东，男（1970－）汉族，安徽繁昌人。1996年6月入党，1990年7月参加工作，吉林大学马克思主义理论教育专业研究生毕业，法学硕士，在职研究生（中国人民大学国民经济管理专业），经济学博士。曾任中宣部宣教局农村处副处长，办公厅副处级秘书，宣教局农村处处长，调研员，中国文联理论研究室副主任，中宣部政策法规研究室副巡视员。2015年2月任中共北京市委宣传部副部长。2016年7月任北京广播电视台党委副书记、副台长、总编辑兼北京人民广播电台党委书记、台长。

朱秦，男（1978–）汉族，辽宁人。2001年毕业于北京广播学院播音主持艺术学院，同年进入北京人民广播电台，2008年获得广播电视专业艺术硕士学位。历任《北京新闻》播音员，《新闻追踪》专题记者，《新闻2003—2010》节目主持人、记者、编辑；创办《世界纵览》节目，担任监制、主持人。现任新闻广播节目部副主任，并担任《新闻天天谈》节目主持人。还承担北京电台部分重大新闻题材直播报道的策划、撰稿及主持，如：世界环境日特别报道、历次中国航天发射特别直播报道、京津冀联合直播《对话京津冀》《让历史告诉未来——纪念世界反法西斯胜利70周年》等。工作15年间，制作的节目获得中国广播影视大奖、中国全国人大新闻奖、“五四新闻奖”、北京新闻奖等各级奖项若干。获得2014年度中国播音主持“金话筒”奖。

田方，男（1958–）朝鲜族，辽宁人。1982年8月毕业于北京广播学院无线电工程系电视发送专业，同年进入北京电视台工作，2004年7月至今任北京电视台总工程师，兼任中国电影电视技术学会副理事长、北京市广播电视局科技委电视技术专业委员会主任，高级工程师。组织进行了北京电视台制播系统的数字化改造，全面实现技术系统硬件数字化；组织进行了新电视中心整体技术方案的设计和实施，实现了“前期数字化、制作网络化、播出硬盘化、存储数据化、管理科学化”的预期目标；组织进行高清电视技术系统项目建设，推进BTV频道高清制播；积极跟进高新技术，组织开展3D、4K节目制播探索。多次荣获广电总局科技创新奖、电视节目技术质量奖（金帆奖）、中国电影电视技术学会科学技术奖、科技进步奖，2016年获得王选新闻科学技术奖。